高等院校旅游管理专业系列教材

旅游审美概论

曹诗图等　编著

南开大学出版社

天　津

图书在版编目(CIP)数据

旅游审美概论 / 曹诗图等编著. —天津：南开大学出版社，2013.1
高等院校旅游管理专业系列教材
ISBN 978-7-310-04095-7

Ⅰ.①旅…　Ⅱ.①曹…　Ⅲ.①旅游－审美－高等学校－教材　Ⅳ.①F590

中国版本图书馆 CIP 数据核字(2012)第 308028 号

版权所有　侵权必究

南开大学出版社出版发行
出版人：孙克强
地址：天津市南开区卫津路 94 号　邮政编码：300071
营销部电话：(022)23508339　23500755
营销部传真：(022)23508542　邮购部电话：(022)23502200
*
天津市蓟县宏图印务有限公司印刷
全国各地新华书店经销
*
2013 年 1 月第 1 版　　2013 年 1 月第 1 次印刷
230×170 毫米　16 开本　19.5 印张　2 插页　369 千字
定价：35.00 元

如遇图书印装质量问题，请与本社营销部联系调换，电话：(022)23507125

前 言

旅游与审美关系密切。"旅游是审美的散步,审美是旅游的精魂。"旅游,从本质上讲,主要是一种以审美活动为主要内容的身心自由体验,离开了审美,就谈不上什么旅游。旅游涉及审美的一切领域,又涉及审美的一切形态。旅游活动从根本上讲就是审美活动。旅游主要是在游览活动中寻求美的享受或身心自由的体验,愉悦身心,陶冶性情,从而增添生活乐趣,提高人的生命质量。对于旅游活动,必须从美学或审美文化的角度予以探讨。

从旅游的本质(审美等身心自由的体验)和旅游的属性(文化性)来看,在旅游学科体系的构建中,旅游美学、旅游文化学应是旅游学科的主要支撑(核心)学科。如果把这些重要学科抽掉,旅游学科的大厦就会坍塌。遗憾的是,现实中的旅游教育和旅游学科建设对旅游美学等不太重视,过分偏重于对旅游管理与旅游经济的研究,旅游美学或旅游审美却至今少人问津,学术界也极少有人涉足。旅游美学或旅游审美在一些旅游院校的课程设置中还没有被列入。开设最多的是功利色彩浓厚的经济类、管理类课程以及技术操作性强的实用型课程。虽然此类课程也很重要,但仅有这类课程是很不全面的,这样培养出的学生难免知识结构不合理,专业素养不高,发展潜力不大,不适应旅游业发展的需要。这种状况应该迅速改变。总之,作为旅游学科的重要基础课程,"旅游美学"或"旅游审美概论"应该被纳入旅游教育的课程体系,在教学和科研中予以重视。

教材是提高教育质量的关键。目前各级教育部门及学校领导乃至出版社,都非常注重教材的编写与出版,这是很有道理的。无论是对于教学质量的提高、教学方法的改进,还是学生的学习,教材都很关键。按照学术逻辑来讲,在某一学科,某一学者应该是先有学术论文,再有学术专著,进而才有教科书,这也就是说,好的教材应是在自己或他人学术论文、学术专著的基础上积淀、发展起来的。中国现代教育史上有不少名牌教授,代表性的著作就是一两本品牌教材,虽然名曰"教科书",却有相当丰富的学术含金量,让后人钦羡不已。因此,要编好一本教材,不仅要吸取相关学科在当代所取得的学术成果,而且还要融入编著者独创性的学术见识,根据教学规律,结合教学的实际需要,去伪存真,去粗取精,把教材内容逻辑化、系统化、精粹化,并有利于教师教授和学生自学。因此,一本真正优秀的教材，完全不亚于学术专著，是要花很大功夫的，绝不是现在社会上许多人认为的，教材没有多大学术价值，不需要什么学术水平，甚至"剪刀加浆糊"就可以解决。教材编写应摒弃这一错误观念和克服认识上的误区，坚持创新的原则、理论与实践相结合的原则、有利于教学和自学的原则。为适应我国旅游教育发展的需要，遵循上述原则，笔者编写了这本《旅游审美概论》教材。笔者根据当前旅游市场人才需求和旅游业的发展前景，以"理论与实际结合"为特色，致力于提高教材质量。本教材吸取国内现有同类教材的优点，紧密结合旅游专业的特点，力求满足教学和科研的需要。

我国旅游专业书籍资深编辑孙淑兰先生是笔者非常敬重的老朋友，她曾经负责过笔者撰写的《旅游哲学引论》一书的编辑工作，并对笔者在武汉大学出版社出版的《旅游文化与审美》（至今已发行第三版）一书很是赞赏。她退休后，极力约笔者编写一本旅游美学或旅游审美方面的教材。朋友之邀，盛情难却。本教材的主要内容以笔者原先出版的《旅游文化与审美》这本教材为基础，并根据旅游审美的主题在章节上进行了一些调整，例如，删去了一些旅游文化方面的内容，增加了一些旅游美学或旅游审美鉴赏方面的内容和案例，新增了旅游审美概述、旅游开发与审美、旅游服务与审美等章节。考虑到诸多方面的不成熟，教材名称没有用"旅游美学"，姑且命名为"旅游审美概论"。

本教材将理论与实践紧密结合，根据旅游管理专业本科教学实际，阐述了旅游美学的基础知识、基本理论和应用方法。本教材编写遵循"旅游审美的基础知识与基本理论——主要旅游景观与文化艺术门类的审美原理与实践——旅游开发、旅游服务（导游、酒店）等审美实践"的逻辑与思路，共分为旅游审美概述、自然风景与审美观赏、中国古典园林与审美观赏、中国传统建筑与审美欣赏、中国雕塑艺术与审美鉴赏、中国书法艺术与审美鉴赏、中国绘画艺术与审美鉴赏、中国传统音乐与审美欣赏、中国饮食文化与审美欣赏、民俗文化与旅游审美、旅游开发与审美、旅游服务与审美12章。旅游审美内容以中国为主，兼顾西方，在大多数篇章中进行了中西审美的跨文化比较。本教材脉络明晰，内容丰富，体系比较完整，观点比较新颖，简明扼要，深入浅出，通俗生动，避虚就实，务实求真，具有较强的可读性。书中不少内容是笔者长期从事旅游研究的成果结晶，并参考了不少同行专家的理论总结和研究成果。由于笔者学识有限，书的内容和质量难免存在一些问题，欢迎广大师生对本书提出批评和建设性的意见。

本书由曹诗图主笔并负责策划与统稿。孙天胜教授参与了第八章部分内容和第十章的编写，邓念梅副教授、汪胜华老师、夏华丽老师参与了第九章与第十二章的编写，杨崇君副教授、闫秦勤老师进行了部分案例的编写。此外，研究生李杜红、蒋剑岚、韩国威、杨万娟、刘雪珍进行了部分资料收集和校对工作。

武汉科技大学管理学院和武昌理工学院的领导对本书的编写和出版给予了大力支持。孙淑兰老师本书的出版付出了辛勤的劳动，谭传凤、朱华阳、王远坤、李星明、余意峰诸位学术同仁对本教材提出了宝贵的意见和建议，在此一并表示感谢。

曹诗图
2012 年 2 月

目　录

第一章　旅游审美概述 … 1
第一节　旅游与审美 … 2
第二节　旅游审美构成与旅游审美活动的基本特征 … 11
第三节　旅游审美文化的类型特征 … 13
第四节　旅游审美心理 … 15
第五节　旅游审美的境界追求 … 25
第六节　旅游审美文化的时空差异 … 31

第二章　自然风景与审美观赏 … 34
第一节　自然风景的审美特质 … 34
第二节　自然风景审美观赏方法 … 46
第三节　中西山水文化审美比较 … 49

第三章　中国古典园林与审美观赏 … 56
第一节　中国古典园林艺术概述 … 57
第二节　园林要素及其审美特征 … 63
第三节　园林构景手法与审美 … 73
第四节　园林游览与观赏方法 … 77
第五节　中西古典园林艺术审美比较 … 78

第四章　中国传统建筑与审美欣赏 … 89
第一节　传统建筑与旅游 … 90
第二节　中国传统建筑的主要形式 … 91
第三节　传统建筑审美特征与欣赏要点 … 105
第四节　中西传统建筑文化审美比较 … 110

第五章　中国雕塑艺术与审美鉴赏 … 122
第一节　雕塑与旅游 … 122
第二节　雕塑的艺术特点与形式 … 124
第三节　中国雕塑的发展脉络与艺术成就 … 126
第四节　中国雕塑的美学特征与雕塑艺术的鉴赏方法 … 137

第五节　中西雕塑文化审美比较 …………………………………………142
第六章　中国书法艺术与审美鉴赏 ……………………………………………148
　　第一节　书法与旅游 ………………………………………………………149
　　第二节　中国书法艺术的产生与发展 ……………………………………151
　　第三节　中国书法艺术的审美体现 ………………………………………161
　　第四节　中国书法艺术审美鉴赏要领 ……………………………………165
第七章　中国绘画艺术与审美鉴赏 ……………………………………………171
　　第一节　中国画概述 ………………………………………………………172
　　第二节　中国画的审美特征与鉴赏要领 …………………………………177
　　第三节　中西绘画艺术审美比较 …………………………………………180
第八章　中国传统音乐与审美欣赏 ……………………………………………189
　　第一节　音乐与人 …………………………………………………………190
　　第二节　传统文化中的音乐及音乐的分类 ………………………………191
　　第三节　传统音乐艺术的审美欣赏 ………………………………………193
　　第四节　传统民歌的地域之美与音乐分区 ………………………………198
　　第五节　中西音乐审美比较 ………………………………………………207
第九章　中国饮食文化与审美欣赏 ……………………………………………213
　　第一节　中国饮食文化概述 ………………………………………………214
　　第二节　中国饮食文化审美的构成要素分析 ……………………………216
　　第三节　各种菜点的美学风格及其特色 …………………………………222
　　第四节　中国的酒文化鉴赏 ………………………………………………226
　　第五节　中国的茶文化鉴赏 ………………………………………………235
　　第六节　中西饮食文化分析比较 …………………………………………239
第十章　民俗文化与旅游审美 …………………………………………………248
　　第一节　民俗文化概述 ……………………………………………………248
　　第二节　民俗文化中的旅游审美内容 ……………………………………253
　　第三节　民俗文化旅游审美的特征及其社会意义 ………………………255
　　第四节　民俗文化旅游开发的美学原则与途径 …………………………258
第十一章　旅游开发与审美 ……………………………………………………263
　　第一节　旅游开发的美学目标与审美需要 ………………………………264
　　第二节　旅游开发审美中应防止和克服的不当价值取向 ………………265
　　第三节　审美文化在旅游开发中的应用领域 ……………………………267
第十二章　旅游服务与审美 ……………………………………………………275
　　第一节　旅游服务工作者的审美形象要求 ………………………………275

第二节　导游服务审美……………………………………………278
　　第三节　饭店服务审美……………………………………………287
参考文献……………………………………………………………299

第一章 旅游审美概述

【学习导引】

　　旅游是集自然美、艺术美、社会美和生活美之大成的综合性审美实践活动，对于提高人的生命质量与改善人的生活质量乃至促进人的自由全面发展具有重要意义。学习旅游审美知识对于增强旅游者和旅游工作者的人文素质均具有不可忽视的促进作用。旅游审美概述是本教材的开篇之章，主要讲述旅游审美的基础知识与基本理论，这是引导学生进入旅游审美知识殿堂的门槛，尽管这些旅游审美的基础知识与基本理论可能有些生僻、深奥，但一定要潜心学习，否则将难以深入旅游审美的堂奥，获取丰富的知识宝藏。

【教学目标】

　　1. 分析和理解旅游活动与审美的关系。
　　2. 掌握旅游审美构成与旅游审美活动的基本特征以及旅游审美文化的类型特征。
　　3. 理解旅游审美心理的基本原理并了解主要审美学说的基本观点。
　　4. 认识和了解旅游审美的境界追求和中国传统的旅游审美思想。
　　5. 认识和了解旅游审美文化的时空差异。

【学习重点】

　　旅游活动与审美的关系，旅游审美构成与旅游审美活动的基本特征，旅游审美文化的类型特征，旅游审美心理的基本原理及主要审美学说的基本观点。

　　著名美学家叶朗教授曾经指出："旅游，从本质上讲，就是一种审美活动，离开了审美，还谈什么旅游？旅游涉及审美的一切领域，又涉及审美的一切形态。旅游活动就是审美活动。"我们认为，旅游主要是在游览活动中寻求美的享受（如风光欣赏、消闲娱乐等）或身心自由的体验，愉悦身心，陶冶性情，从而增添生活乐趣，提高生命质量，促进人的全面发展。对于旅游活动，既需要从审美心理学的角度加以分析，也需要从审美文化学的角度予以探讨。

　　本章主要是从旅游审美的基本概念、基础知识入手，分析说明旅游与美的关系、旅游审美构成与旅游审美活动的基本特征，介绍旅游审美心理的基本知识，描述旅游审美文化的不同形态，论述旅游审美应追求的境界，阐释中国传统的旅游审美思想，探讨旅游审美文化的时代变迁和中西旅游审美文化的差异，以求能够进一步把握旅游者的审美心理需求，为旅游开发、经营和服务提供一种美学思想指导。

第一节 旅游与审美

一、美与审美的概念

1. 美的概念

许慎《说文解字》对美的注释是："甘也。从羊从大，羊在六畜，主给膳也。"根据《百度百科》解释："美，金文字形，从羊，从大，古人以羊为主要副食品，肥壮的羊吃起来味很美。本义：味美。随着社会的发展，美的文化内涵得到不断丰富发展。"美的基本形态是艺术美和现实美。其中现实美包括自然美、社会美、教育美。那美的含义究竟是什么呢？蒋忠国主编的《审美艺术教程》一书中指出，对美的含义有广义、中义与狭义三种理解。就广义而言，美是一种能引起情感愉悦的价值，凡是能引起主体愉悦性的情感体验的价值关系，无论有形还是无形，都可谓之"美"；就狭义而言，美是不以内容为依托的、能引起情感体验的一种感性形式，它是人的一种精神性的审美需求的产物；就中义而言，美是美的内容与美的形式的有机统一体。美既离不开一定的内容，也离不开相应的形式，是内容与形式相互渗透、交互融合的结晶。美的内容就是以宜人的感性形式显示出来的对象的规律性与主体的目的性的有机统一；美的形式就是能显现对象的规律性与主体的目的性的有机统一的、能引起情感体验的形式。概而言之，美就是主体在对象化过程中积极地肯定和完美地体现自身力量，并能激发情感体验的感性形式。美具有客观社会性（美是一种不以个人的主观意志为转移的客观的社会存在物）、具体形象性（美是具体可感的，具有可观可闻的形象属性）、真挚感染性（美能令人喜悦、同情、爱慕、追求，能在感情上感染人、激动人、愉悦人）、自由开放性（美是自由创造的象征，意味着很好地体现主体的自由与理想）等特征。

2. 审美的概念

审美是人类认识世界的一种特殊形式，指人与世界（社会和自然）形成一种无功利的、形象的和情感的关系状态。审美是人的身心自由体验和全面发展的重要体现形式之一。简要地说，审美就是欣赏、领会事物（包括自然）或艺术品的美。具体地讲，就是对具体的欣赏对象和欣赏体验作出具体的审视与分析，懂得为什么"这样"美，美在"何处"。通过反复的审美实践，丰富审美经验，增强审美能力，提高审美的精神愉悦度。

"美感"是客观存在的诸审美对象在人们头脑中能动的反映。实际上，"美感"有两种不同的含义：一是指审美意识，这是广义的"美感"，它包括审美意识活动的各个方面和各种表现形态，如审美趣味、审美能力、审美观念、审美理想、审美感受等；狭义的"美感"专指审美感受，即人们在欣赏活动或创作活动中的一种特殊的心理现象。审美感受是构成审美意识的核心部分。

审美与美感有联系也有区别。美感是对纯粹的形式美的情感体验，它具有直觉观赏性、情感愉悦性、个体自由性、功利二重性等特征。而审美是美感的升华，这是因为：美感是一种"高级的快感"，而审美是一种"高级的美感"；美感偏重于个体对美的对象的情感体验，而审美偏重于个体对美感的理性梳理；美感偏重于直觉判断，而审美偏重于情理判断；美感主要是生理、心理层次的审美愉悦，重在感受与体验，而审美则要在情感体验的基础上升华为对于审美对象和情感体验的鉴别、分析和判断，需要投入更多的理智与见识，主要是心理思维层次的审美愉悦。因此，审美有别于美感，它是美感的升华。一般来说，审美具有观（观赏）、品（品味）、析（赏析）、评（评论）几个环节，这是一个由感性到理性逐层升级的过程。审美的基本标准是"真、善、美"的交互融合或有机统一。

二、审美理论与美学原理

审美理论与原理就是在审美实践、审美经验的基础上，从美学的角度予以概括和总结，并形成各种不同的审美学派。下面我们将对与旅游审美有着密切关系的几个主要的审美理论作一个简要的评述。

1. 移情说

移情的概念由德国美学家菲舍尔（1847—1933）提出，这一学说的主要代表人物为德国美学家立普斯（1851—1941）。"移情说"是西方传统美学中的代表性理论之一，它是要把人的主观感情移到外物中去，使外物生命化，具有人的感情。所谓移情，是指直观与情感直接结合，从而使知觉表象与情感相融合的过程，即将我们的情感"外射"到事物身上去，使感情变成事物的属性，达到物我同一的境界。当我们聚精会神地观照审美对象时，就会把我们的生命和情感移注到对象中，使原本没有生命的对象呈现出生命和情感色彩，从而使人与之发生同情和共鸣。"移情说"认为，只有在这种境界中，人才会感到这种事物是美的。

立普斯认为，审美欣赏实际上是一个移情的过程，产生美感的根本原因在于移情。他以古希腊建筑中的道芮斯石柱为例指出：当我们在观照石柱这一无生命物质时，我们却有石柱在"耸立上腾"、"凝成整体"的感觉。立普斯认为这源于两个方面的心理事实：一方面是我们运用动力概念，从力量、运动、活动等方面看待事物的形体，即机械的解释；另一方面是人格化的解释，即以己度物、把物看成人的解释。例如，"落红万点愁如海"，诗人秦观看到片片花瓣随风飘落，愁思顿起，这里秦观将愁绪寄予万点的"落红"，从而使得花开花落这一自然景象成为一种精神的象征。可以说，正是主观的生命情感与客观形式的完全融合促成了审美移情的达成。在这种移情的作用中，主观和客观由对立的关系变成了统一的关系，我们从中获得的美感实际上是一种自我价值感。

立普斯的"移情说"侧重于对主体心理功能的体验，把主体的感觉、情感等提到了审美对象的地位，揭示了美感中包含审美主体的心理错觉等美感心理规律，其主要特点是感情的外射。但是立普斯的"移情说"主要是建立在唯心主义基础上的。它夸大移情的作用，把美的根源和本质归结为人的移情，否定美的客观存在。它的最大缺陷就是否定了审美对象的客观性；在强调主体因素的能动作用时，忽视了对客体这一外部因素的分析。

2. 内模仿说

"内模仿说"侧重于从生理学和心理学结合的角度来研究审美心理与审美感受，对审美过程中某些生理、心理现象作了精细的描述和论证。其实"内模仿说"是"移情说"的一个变种，但二者又有诸多不同。一般认为，"内模仿说"的主要代表人物是德国心理学家、美学家谷鲁斯（1861－1946）。"内模仿说"主要从心理学和生理学角度研究美学。立普斯的"移情说"极力反对用生理学解释美学，而谷鲁斯恰恰在这一点上与立普斯截然对立，强调用内模仿的器官感觉来解释移情作用。从这个角度来看，谷鲁斯是从"移情说"转向"内模仿说"的先驱。谷鲁斯总是把游戏和模仿联系在一起，他深受席勒"游戏冲动理论"的影响，提出了"游戏练习说"来阐明艺术的起源。与此同时，谷鲁斯也不同意斯宾塞等人关于游戏和艺术是"发泄过剩精力"的说法，对美的起源的"游戏说"作了新的解释。谷鲁斯认为，游戏并不是与实用完全无关的，游戏其实是在为将来的实用目的作练习和准备。艺术也是一种游戏，只不过具有更高的目标。这就是说，艺术家希望通过这样一种游戏来影响别人，并以此来显示自己精神上的优越。显而易见，艺术作为高级游戏，同样离不开实用目的。谷鲁斯还指出，并不是所有游戏都是模仿性的，比如猫捉老鼠的游戏、小狗追咬嬉闹的游戏等，都是依靠一种本能冲动，用不着模仿。但是，作为高级游戏的艺术却离不开模仿。人只有以游戏的心态来观照对象时，才能获得美感，而在审美活动中，游戏与模仿总是联系在一起的。一般知觉的模仿大多外现于筋肉动作，而在审美欣赏活动中，模仿则是外物的动作姿态于内心中的再现，这种模仿大多内在而不外现，谷鲁斯因此称为

"内模仿",即审美主体在内心模仿对象精神上的或物质上的特点。例如诗人王勃登高望远,会有"天高地迥,觉宇宙之无穷"的感受。应当承认,在审美活动中"内模仿"现象确实是存在的。审美活动既涉及复杂的心理活动,也涉及复杂的生理活动,内模仿活动以人体器官的生理、心理功能为基础,尤其表现为一种意象性内模仿,也就是在想象中把主体摹拟为客体。

谷鲁斯在"移情说"的基础上提出了"内模仿说"。一般来讲,人的模仿可以分为两种,一种是外模仿即行为模仿,一种是内模仿即心理模仿。谷鲁斯的"内模仿说"显然属于后者。谷鲁斯的"内模仿说"认为,凡是知觉都要以模仿为基础,看见别人发笑,自己也想发笑;看见别人踢球,自己也不禁跃跃欲试;甚至当人们看见一个圆形物体时,眼睛也就不知不觉地模仿它,作一个圆形的运动。但是,审美活动中的模仿虽然建立在知觉模仿的基础之上,却与一般知觉模仿截然不同。一般知觉模仿多数在筋肉动作方面表现出来,是外现的;而审美的模仿大半内在而不外现,只是一种内模仿。谷鲁斯曾经举过一个观看跑马的例子对这种"内模仿说"加以说明。他说:"例如一个人看跑马,这时真正的摹仿当然不能实现,他不愿放弃座位,而且还有许多其他理由不能去跟着马跑,所以他只心领神会地摹仿马的跑动,享受这种内摹仿的快感。这就是一种最简单、最基本也最纯粹的审美欣赏了。"因此,谷鲁斯的"内模仿说"认为,审美主体在欣赏活动中,总是同情地分享着旁人或外物的姿态和运动,总会有一种内模仿的运动神经活动,从而在主体的心灵中产生一种自觉或主动的幻觉,仿佛要把自我变形投射到旁人或外物中去。显然,谷鲁斯和立普斯的观点虽然有分歧,但都以"审美同情说"为起点,各自朝两个不同的方向发展。立普斯的"移情说"侧重的是由我及物的一方面,即将审美主体的情感通过移情作用外移到审美对象上去。而谷鲁斯的"内模仿说"却恰好相反,侧重的是由物及我的一方面,即将审美对象的姿态或运动通过内模仿传递给审美主体。这就是二者之间重要的区别。谷鲁斯特别强调这种内模仿是对客体的内在的、心灵的模仿,并将其看作审美活动的主要内容。

"内模仿说"深入分析了美感过程中生理、心理活动的某些重要特征及其内在规律,强调审美主体的心理功能和对审美客体的体验,这对深入研究审美心理有一定积极意义,也具有合理性的一面。但是,"内模仿说"把美感的本质和根源只归结为生理的内模仿,片面夸大了它的作用,进而将生理快感与美感混为一谈,从而歪曲甚至否定了美感的客观内容和社会性质,因而无法真正揭示美感的本质。

3. 心理距离说

心理距离说是由瑞士心理学家、美学家、语言学家布洛(1880—1934)提出的。他于1912年发表《作为艺术的一个要素与美学原理的"心理距离"》一文,提出"心理距离说"。布洛受现代社会科学影响，接受实证主义哲学和心理学的观点，否认美的纯粹客观性，放弃对美的本质、美的客观因素的追究，另辟蹊径，从心理学角度研究美，从美感效应上研究美。他认为，只有从这种角度去考察美，才不会造成用客观标准、准则和范畴来抹杀掉丰富多彩的美感事实，使人们更加重视美感效应所表现出来的差异。布洛在批判传统美学拘泥于美的客观性的基础上，专注于由对艺术品的观赏而生的心理效应——审美意识或态度，于是他提出了"心理距离说"。首先，他所说的"距离"与一般意义上的时空距离不同，他指的是一种心理距离。这种心理距离是"通过使客体摆脱了人本身的实际需要与目的而取得的"。这就如同航船在海上遇到大雾，通常情况下，出于对可能遇到的险情的担忧，人们会产生烦躁、恐惧的情绪，然而，如果能够超越个人目的和实际利害，在自己与大雾之间建立一种心理距离，把海雾作为一种审美对象，人们就可以从容地欣赏这种海上雾景，从而获得一种美感或愉悦。这种美感或愉悦可以跨越时空，克服烦躁、焦虑与恐惧情绪。心理距离要求把对象置于主体的实际需要之外，把审美价值与实用价值、科学价值、伦理价值区别开来，要求审美主体以一种超功利和非实用的态度来对待审美对象。如果我们面对黄山的奇松首先想到的是能否做家具或当柴火，则是无法获得美感的。

　　布洛认为美学距离是一种"心理距离"——介于我们自身和那些作为我们感动的根源或媒介的对象之间的距离。我们观赏者对于审美客体所显示的事物在感情上或心理上保持的距离，这种距离既可以使对象无法与现实和自我直接关联而呈现出其本色，也可以使主体因为摆脱了自身与对象的功利关系而形成审美观照态度，使审美主体的情感转化为审美对象的特征进而获得审美享受或愉悦体验。布洛认为它是艺术创作过程中艺术气质的特征和审美过程中审美意识的主要特征。他又认为这种心理距离有一种矛盾，即"切身又带有距离"的"距离矛盾"。审美欣赏者或艺术创造者与作品既要有切身感，又要带有一定距离，保持"若即若离"的中庸关系。为了解决"距离的矛盾"，他提出"差距"和"超距"两个概念。"差距"是指主客体之间的距离太近：从主体方面说，是欣赏者不能用艺术的眼光去看待事物，艺术品只能引动人的普通的情欲；从客体方面说，是因为过分写实。"超距"是指主客体之间距离太远，它给人造成不可能、造作、空洞、荒谬等印象。"差距"和"超距"都是审美活动中的"失距"现象。他称这种距离的质变点为"距离极限"。凡是超出了"距离极限'而进入"失距"领域的"欣赏活动"都不会获得美感。由于"差距"和"超距"之间有一个很大的范围，所以应当允许人们在欣赏活动中存在个性差异，即"距离的可变性"。布洛的"心理距离说"的实质是指出人的审美活动和人的现实活动的本质区别，强调审美活动中的普遍差异性，为审美活动的独特性和非规律性寻找理论根据。"心理距离说"完全排斥对美的本质的追究,强调审美活动中主体方面的美感和艺术修养的重要性。

"心理距离说"对于我们的审美活动具有重要的指导意义。无论是自然景观还是艺术作品,都要求我们在对其进行审美观照的时候,既不能囿于日常生活中的是非得失观念,又不能以一种漠然的态度对待它们,这样才能保持一个恰适的心理距离,才能提高我们对于美的鉴赏能力,从而获得更为充分的、更为丰富的审美感受。

4. 异质同构说

"异质同构"是格式塔心理学的理论核心。格式塔是德文"Gestalt"的音译,最基本的用法是指物的形状、形式,具有"形式在感觉中生成"的含义。格式塔心理学派的代表人物是美国现代心理学家鲁道夫·阿恩海姆(1904—1986)。重新建构艺术本体,用形式而不是用社会文化关系解释艺术,这是西方现代美学的一个重要倾向。格式塔心理学派认为,在外部事物的存在形式、人的视知觉组织活动和人的情感以及视觉艺术形式之间有一种对应关系,一旦这几种不同领域的"力"的作用模式达到结构上的一致时,就有可能激起审美经验,这就是"异质同构"。正是在这种"异质同构"的作用下,人们才在外部事物和艺术品的形式中直接感受到"活力"、"生命"、"运动"、"平衡"等性质。阿恩海姆在其最重要的理论著作《艺术与视知觉》(1954)中,对视知觉结构作了大量的分析,并以此作为分析造型艺术的基础,充分阐述了他的"异质同构说"。

阿恩海姆是在论证艺术表现与象征性的过程中提出这一观点的。他认为,两种不同的媒介——一个是物质的,另一个是非物质的——在结构上还是可以等同的。譬如,我们在观看舞蹈时,会觉得那欢乐和悲哀的情绪是直接存在于舞蹈动作之中,这主要是因为舞蹈动作的形式因素与其表现的情绪因素在结构性质上是等同的。再如,一棵垂柳看上去是柔情的,并不是因为它看上去像是一个柔情的人,而是因为垂柳枝条的形状、方向和柔软性本身就传达了一种柔情的信息;或者说,是因为将那些垂柳的形式结构与柔情的心理结构进行比较后得出的感受。"一丝柳,一寸柔情",柳丝之所以能与柔情联系在一起,就在于柳枝力的式样与柔情在内心所形成的力的式样是一致的。我们在审美欣赏过程中之所以能产生美感,就源于我们的心理力与审美对象的生理力或物理力在结构上的一致。同构产生的过程,实际上是一种主体的知觉特征与客观对象所暗示的力的结构相对照的过程,而不是对于客观对象本身的接受过程。比如说,当我们在欣赏一尊雕塑的时候,我们的大脑并不是将这尊雕塑加以复制,而是通过知觉力对其结构、造型、色彩等因素所传达出的力进行感知,唤起一种和它的力的结构相同的力的式样,这种力在结构上所表现出的和谐、对称、完美,使我们在心理上获得审美的愉悦。

审美经验的形成是欣赏者知觉力与审美对象的表现力相互作用的结果，其中又以欣赏者的知觉力为主。

"异质同构"不仅可以当作一个审美观赏原理，而且还可以用作一种艺术创作原理，使人们注意从不同的事物之中寻找和表现它们的等同点。譬如，人们看"春山淡冶而如笑"，看"冬山惨淡而如睡"，从"浮云"中引发"游子意"，从"落日"里唤起"故人情"等审美经验，恐怕或多或少都与"异质同构"的观赏原理有些关系。事实上，异质同构现象在艺术欣赏和艺术创作活动中还是较为普遍的，尤其表现在雕塑、绘画、书法中，对于一些简单抽象的线条、形状组合，虽然我们不能明确地说出其蕴含的思想、内容、意义，但却能够在我们心中唤起一种情感，获得美的享受，原因就在于此。

"异质同构说"综合运用了现代科学的系统论、整体论、人类学、物理学场论和心理实验的方法，从一个新的视角来说明人的审美经验、解释艺术的基本原理，有其可取之处。它试图跨越西方传统美学上的主体与客体的对立、情感与外物的对立，在不同领域间建立一种"同构"。或者说，它在心与物之间搭建起了一座"力"的桥梁，以此作为审美活动中审美愉悦得以产生的根本原因。但是，它忽视了人类社会中的历史因素和现实因素对人的情感活动和审美活动的影响与制约，忽视了人类的社会实践与认识活动对人的心理以至生理发展的决定作用。而且，对于心理世界中的"力"的活动至今仍未得到科学的解释，单纯以"力"的图式来解释审美机制，未免有着简单化的倾向，这也是"异质同构说"的缺陷和难以令人信服之处。

5. 集体无意识说

"集体无意识说"主要是由瑞士心理学家、精神病学家荣格（1875－1961）提出的。荣格认为，人的无意识有个体的和非个体（或超个体）的两个层面。前者只到达婴儿最早记忆的程度，是由冲动、愿望、模糊的知觉以及经验组成的无意识；后者则包括婴儿实际开始以前的全部时间，即包括祖先生命的残留，它的内容能在一切人的心中找到，具有普遍性，故称"集体无意识"。集体无意识的内容是原始的，包括本能和原型。它只是一种可能，以一种不明确的记忆形式积淀在人的大脑组织结构之中，在一定条件下能被唤醒、激活。荣格认为集体无意识中积淀着的原始意象是艺术创作的源泉。一个象征性的作品，其根源只能在集体无意识领域中找到，它使人们看到或听到人类原始意识的原始意象或遥远回声，并形成顿悟，产生美感。所谓集体无意识，简单地说，就是一种代代相传的无数同类经验在某一种族全体成员心理上的沉淀物，而之所以能代代相传，正因为有着相应的社会结构作为这种集体无意识的支柱。

荣格认为，艺术是一种有生命的东西。艺术在本质上是某种超过个人、象征和代表人类共同命运的永恒的存在,能够纠正时代偏向、补偿和调节人类生活,因此在现代生活中起着类似宗教的作用。荣格反对用本能欲望来解释艺术创造的激情。他认为,创造激情来源于崇高的理想和伟大的抱负,即一种超出艺术家个人能力的创造自发性或"自主情绪"。自主情绪植根于无意识原型,一般人意识不到其存在。只有当人对外部生活的兴趣减弱,越来越沉醉于自己的内心生活,越来越返回到远古或人类的童年状态时,自主情绪才能获得动力乃至形式,进而暗中制约或影响意识,最终通过艺术得以象征性地表现,"远古或人类的童年"状态也就是荣格后来提出的重要假设——集体无意识。集体无意识的核心内容是"原型"或"原始意象"。

所谓"原型",是"我们在无意识中发现的那些不是个人后天获得而是经由遗传具有的性质……一些先天性的固有的直觉形式",是一切心理反映的具有普遍一致性的先验形式,或者说是心理结构的基本模式。在荣格看来,这种模式是人类远古社会生活的遗迹,是重复了亿万次的那些典型经验的浓缩或沉淀结果。所谓"原始意象"("原型"),从科学和因果关系的角度可以将其"设想为一种记忆蕴藏,一种记忆印痕,它来源于同一种经验的无数过程的凝缩。在这一方面它是某些不断发生的心理体验的沉淀,并因而是它们的典型的基本形式"。集体无意识是通过"原型"或"原始意象"及其赖以产生的心理背景和心理土壤推导出来的。

荣格的这一学说,不仅涉及神话和艺术的起源,而且涉及人的深层心理结构,对研究审美意识和美感的特征具有重要意义。譬如,外国游客到贵州少数民族村寨观看原始舞蹈"地戏",并不会存在文化距离或理解上的问题,而在惊叹不已的同时称其为"舞蹈的活化石"。看来,这种审美反应与心理结构显然与人类的原型意识和集体无意识有一定的关系。

三、旅游的概念

曹诗图等在《对旅游本质的哲学辨析》一文中认为:"旅游是人们以消遣、审美、求知等为主要目的,到日常生活环境之外的地方旅行、游览和逗留的身心自由体验。"旅游具有异地性、暂时性、业余性、愉悦性、非功利性、情景性等基本特性。其中愉悦性或审美性是旅游的本质特征。旅游的本质是审美、消遣等身心自由的体验。旅游业就是生产快乐的产业。旅游的六大要素中的"游"、"娱"就是愉悦性或审美性的表征。旅游是异地休闲和一种"游戏"活动(生命体的自由运动),具有很强的娱乐性、审美性、自由性、享受性。人们之所以到某地去旅游,或者是因为那里很美丽,或者是因为那里很奇异,或者是去放松,或者是去消遣。出游的主要目的不应是通过所从事的活动获得报酬或实利。离开了审美和消遣等身心自由的体验侈谈旅游没有多大意义。如果离开了审美和消遣等身心自由的体验这个本质，旅游就难以得到科学的阐释，难以见其丰厚的底蕴和活力，同时也使自身的发展失却本原性的根基和动力；如果抽掉了审美、消遣等身心自由的体验，旅游就成了无源之水、无本之木。不具备身心自由体验或审美、愉悦体验的异地活动，严格讲不能称为旅游。审美性或愉悦性应是旅游的本质特征之一。舍弃了它，便抽掉了旅游的灵魂，抛弃了旅游的本质，并容易导致旅游概念的泛化。

四、旅游与审美的关系

旅游的本质是旅游者在异地身心自由的体验。旅游的真正品质是体现人的自由生命活动，而"美是人的生命活力的自由表现"。因此，有学者认为，"旅游是体现、丰富、发展和完善自由生命的综合性的审美活动""旅游是人生的美学散步"（庄志民，2010）。审美是旅游者最基本、最主要的体验，审美体验是旅游活动最重要的本质内容，这可从"旅游"一词的本源含义得到说明。汉字具有形义统一的特点，据形索义是解读字、词本义的重要方法，也是探讨旅游本源含义的一种方法。沈长智从中国传统文化的视角，运用训诂学中"形训"的方法来研究旅和游的本义，探讨旅游的本源含义。他在《旅游的本源含义探析》一文中指出，据形索义，旅和游本义是两种性质不同的活动。旅是"氏"者或"氏"者人群进行的具有明确目标与方向的"失其本居"而到"他居"的活动。游（遊）是秉性略"方"但可以称得上"子"的人，以自然山水为审美对象而进行的修身养性活动。"旅游"一词，"旅"为前提条件，"游"为本质核心，因此，"旅游"的本源含义是基于自然山水审美的修身养性活动。著名美学家叶朗教授早在1988年就曾经指出："旅游，从本质上讲，就是一种审美活动。"旅游美学家王柯平教授在《旅游美学纲要》一书中认为："旅游是一项集自然美、艺术美和社会生活美之大成的综合性审美实践活动。"无论是风光欣赏还是消闲娱乐、文化旅游，几乎每一种旅游都是在寻求美的景观、美的享受，以愉悦身心，陶冶性情，增添生活的乐趣。黎启全教授分析认为："在某种角度上讲，旅游活动就是审美活动，这是因为：旅游活动与审美活动具有同质性，旅游心理活动和审美心理活动具有同质性，旅游活动和审美活动需求满足具有同质性。"

我们认为，和谐是美的本质与至高境界，美是和谐的体现。旅游的美学本质在于追求四种和谐，即人与自然的和谐、人与社会的和谐、人与人的和谐、人与自我（或人自身）的和谐。旅游是对美的发现与体验。而对美的发现与体验，与人的存在状态密切相关。美是和谐，和谐才会美，和谐才有美。作为旅游审美主体的旅游者，只有在旅游主体、旅游客体、旅游介体的和谐中，也就是在人与自然、人与社会、人与人、人与自我的和谐中，才能在旅游活动中真切地体验到旅游之美。人与自然和谐，会体验到自然之美；人与社会和谐，会体验到社会之美；

人与人和谐，会体验到人性之美、亲情之美；人与自我和谐，会体验到生命之美、自我之美乃至人类之美、世界之美。反之，在人与自然、人与社会、人与人、人与自我的"疏离"或"异化"中，则会失去美的体验，而只会感受到"形而上的迷失"和"精神的失落"。现代人寻求"精神家园"，渴望重新寻求到"自然"、"社会"、"亲情"、"自我"的"家园"。回归自然，体验文化，寻找自我，已经成为当今旅游的潮流。这意味着，和谐的"家园"之感是最重要的旅游审美的体验。

第二节 旅游审美构成与旅游审美活动的基本特征

一、旅游审美构成

1. 旅游审美主体

（1）旅游审美主体的概念。

旅游审美主体是指旅游审美行为的承担者。具体地讲，它是指有着内在审美需要、审美追求，并与旅游资源或旅游产品构成一定审美关系的旅游者。

旅游审美体验质量一方面与旅游产品本身的特质有关，另一方面与旅游者自身的文化素养、审美情趣、审美能力有关。如果旅游者不具备一定的文化素养、审美情趣、审美能力，旅游审美体验质量就会大打折扣。

（2）旅游审美主体的特点。

旅游审美主体具有一般审美主体的规定性：

①旅游审美主体是精神活动的主体。旅游审美活动是一种以主体内在的审美需求为根据和动因的活动，旅游审美需求在旅游审美活动中具体表现为旅游者的欲望、兴趣、情感与意识上的不同层次的需求。在旅游审美活动中，旅游者追求的主要是精神享受，物质享受是次要的。

②旅游审美主体是情感活动的主体。旅游者在旅游审美活动中主要是处于一种情感状态，否则就不可能进入审美境界获得旅游真正的乐趣。在旅游审美活动中，旅游者主要追求的是一种情感活动与情感交流的愉悦体验。

③旅游审美主体是自由生命活动的主体。旅游审美同其他审美活动一样，是摆脱了生理需要支配的活动，是脱离了对"物"的绝对依赖性的活动。对于缺衣少食、忧心忡忡的人来说，再美的景色也是无意义的。旅游审美主体不是粗陋的物质需要者，也不是低级的实用主义者，而是能对审美对象凝神观照、不旁及日常功利、不为物质欲望所纠缠的享有高度生命自由的人。在旅游审美活动中，旅

游者追求的是一种精神的放飞和生命的自由。

（3）旅游审美主体的审美尺度（审美标准）。

旅游审美主体的审美尺度（亦即审美标准）有两类：一是形式韵律尺度，通常称为形式美尺度，根源于人的心理结构和作为自然生命体的活动规律，如均衡、对称、比例、韵律等；二是形式意蕴尺度，根源于人的社会文化心理活动规律，与社会的理性观念相联系。如东方人偏爱静态美与伦理美、理想美，西方人偏爱动态美与科学美、现实美；我国北方人偏爱阳刚之美，南方人偏爱阴柔之美。

2. 旅游审美客体

（1）旅游审美客体的概念。

旅游审美客体是指旅游审美行为所及的客体，具体地说，就是具有审美价值属性（符合"美的法则"）、与主体结成一定审美关系的旅游资源和旅游产品。如自然风光、人文景观等。

（2）旅游审美客体的特点。

旅游审美客体具有自身特殊的规定性，这主要表现在以下几个方面：

①空间性，指旅游审美客体一般是包括一个区域空间的风光或景观，旅游审美主体可置身于风景实体之中或参与、融入其中进行观赏，达到景随步移、步移景换的审美愉悦。这与欣赏一件艺术品不一样，因为艺术品只能从外部观赏。

②广泛性，指旅游审美客体的丰富多样性，熔自然、社会、艺术、生活于一炉，包罗万象、蕴含万千。

③协调性，指旅游审美客体体现人与自然之间的协调关系，即自然景观美与人文景观美的有机融合，具有自身组合的和谐之美。

④变化性，即风景的时间变化性。风景在一定程度上受大自然季节变换的支配，随着时间的流逝而变化，具有时间的节奏与韵律之美。如"春山淡冶而如笑，夏山苍翠而如滴，秋山明静而如妆，冬山惨淡而如睡"（宋·郭熙《林泉高致》）。又如植物的季相变化，等等。

3. 旅游审美关系

旅游审美关系是指在旅游活动中，旅游主体的审美需要、审美结构与旅游客体的审美属性之间构成的一种"双向同构"关系。旅游审美关系的出现除具备主体与客体两个因素外，还有赖于人们的旅游审美社会实践活动。换言之，旅游审美关系是指具有审美需要的旅游主体（旅游者）通过旅游实践活动，在对旅游客体（景物）的那些"满足需要"的属性的把握或旅游主体与旅游客体的"对话与交流"过程中建立起来的。旅游者在特定的旅游环境中，与旅游审美对象结成多向度、多层次的审美关系，并在交互作用和观照体味中获得满足。

二、旅游审美活动的基本特征

1. 综合性的审美实践

旅游审美活动具有综合性的特点，这是由旅游审美对象的丰富多样性特点决定的，旅游审美活动集自然美、人文美、社会美、艺术美、技术美于一体，熔山水、古迹、建筑、园林、雕塑、书法、绘画、音乐、舞蹈、戏剧、服饰、烹饪、民俗、宗教等于一炉，涉及阳刚、阴柔、秀美、奇特、崇高等一切审美形态，可以满足人们不同层次的各种审美需求。

2. 特殊的审美场值

有学者借用的物理学中场的概念来分析比较旅游审美活动与其他审美活动的不同。审美场值作为特定的审美行为、经验或感受结果，通常在不同的时空与审美关系中表现出一定的差异性。旅游审美与山水文学审美就有着许多明显的不同。同样，欣赏一幅黄山风景的绘画作品或影视作品所获得的体验（"次陶醉"），与亲自游览黄山（全然陶醉的"高峰体验"）是无法比拟的。

3. 循环效应

由于内外两类原因的共同作用，往往促成部分旅游者成为某些旅游地的"回头客"，在旅游审美活动中产生循环效应。其内因主要有人类的社会文化心理需求及认知的循环与提高过程；外因主要是旅游景观的丰富性、变化性及旅游服务的艺术性、发展变化性。

4. 反馈作用

旅游审美活动可以起到促进旅游者的自由全面发展（身心得到放松，心灵得到净化，情操得到陶冶，精神得到升华，行为趋于善美）和社会文明的进步（促进人的行为按美的规律行事，促进人与自然、人与社会、人与人、人与自我的和谐）的巨大反馈作用。

第三节 旅游审美文化的类型特征

旅游审美领域大体可分为自然领域、社会活动领域和艺术领域，在发展的过程中历史地形成了自然审美文化、社会审美文化和艺术审美文化三种类型。

一、自然审美文化

自然审美文化是以大自然为载体的审美文化。人类审美在自然领域的展开相对较晚（因自然审美观受人与自然关系的制约，远古时代人类与自然之间存在敬畏、疏远的关系，与审美的本质——"和谐"背离较远），随着社会生产力的进步以及人类心智的开化，人类逐渐将自然由实用对象转化为审美对象。这种转变在中国大体始于先秦时期（如《诗经》中对山水风景的描写，庄子的"天地有大美"的观点等），成于魏晋南北朝时期（此时期人的精神世界自由解放，因而便有谢灵运、陶渊明一类"倾耳听波澜"、"性本爱丘山"的文人涌现以及山水诗文的勃兴）。就当今时代看，自然界在现代旅游审美活动中的地位仍然比较高，这是因为在工业化、城市化的进程中，越来越多的人渴望获得"久在樊笼里，复得返自然"或"返璞归真"的自然审美乐趣。

从旅游审美文化的角度上讲，自然景观的旅游开发应以"天人合一"的理念为指导，尽量突出自然的本真，保持原生态的天然美感，注重人与自然的和谐。

二、社会审美文化

人类的社会交往、社会活动过程也是美的创造过程。这些美普遍存在于人类的道德伦理、习俗礼仪、婚姻家庭、宗教信仰以及社会劳动和社会产品之中。旅游者所到之处，必然会以审美的态度观察、体验这些美，由此形成一种社会审美文化形态。

国家旅游局曾对一批美国游客作过有关到中国旅游的目的调查，调查结果显示：美国游客对中国人民的生活方式、文化习俗和伦理道德感兴趣的占一半多，超过以游山玩水为主要目的的人数比例。旅游业的发展证明，越来越多的旅游者正在由"娱乐性"、"消遣型"转变为"文化型"、"社会审美型"。这充分说明了社会审美文化在当今旅游中的地位。

从旅游接待地的角度看，我们需要重视以下几个问题：一是要有意识地拓宽社会审美的领域，有目的地开发一些具有典型性社会劳动、生活场景的旅游产品（如民俗文化博物馆、农耕文化体验地等）；二是要意识到接待地的良好社会风尚的养成，特别是对旅游接待地居民亲切友好、热情待人态度的培养，是增强旅游吸引力的重要途径（热情好客的民风也是重要的旅游资源，例如美国的夏威夷，我国的山东、四川等地）；三是要加强旅游服务人员的职业道德教育，旅游服务人员良好的职业道德，无形中会强化旅游者的审美感受和道德风尚体验。

三、艺术审美文化

旅游活动中的艺术审美文化，是指旅游者与作为旅游审美客体的各种艺术作品发生"双向同构"关系而产生的文化形态。

艺术作品具有鲜明的主体性特点，它决定了旅游活动中艺术审美文化的特点。

一是这种审美文化具有主导性、强制性，从而使得导游人员介入旅游者审美过程具有重要意义（如雕塑、绘画、书法艺术作品的审美鉴赏）。二是艺术品的审美价值主要在于它的内在意蕴。这种内在意蕴主要是社会文化的历史积淀。欣赏艺术作品必须具备一定的艺术文化修养。三是艺术审美对旅游者的反馈影响独特而深刻。艺术审美不仅具有娱乐、消遣作用，还具有审美认识和审美教育作用，使人受到真、善、美的熏陶，思想上受到启迪，引导人们正确地认识生活、认识世界，树立正确的人生观和世界观。

上述三类旅游审美文化对于旅游审美主体来讲常常是水乳交融、合于一体的。因此，我们在从事旅游业的实际工作中，必须对旅游审美文化充分重视并加以综合分析和灵活运用。

第四节　旅游审美心理

一、旅游审美需求与审美动机

1. 旅游审美需求

审美需求，是指促使人们从事旅游审美活动的一种内驱力。旅游审美需求是旅游审美行为的动力源泉。

人，作为一种复杂的社会存在，在生理条件、社会环境与文化氛围的相互制约和影响下，往往会产生各种各样的需求。其中有的偏重于物质，有的则趋向于精神；有的属于人类生存的基本保障，有的则是提高人的生活质量或生命质量的可能途径……按照美国心理学家马斯洛的"需求层次理论"，可以把人的需求分为七个不同的层次（见图1-1）。

据马斯洛所述，图1-1中最下两层一般被视为低级需求，其余五层为高级需求。只有当低层次的需求得到一定程度的满足之后，高层次的需求才有可能出现。审美需求是一种高层次的需求。若按层次论来推断，审美需求的出现首先有赖于其下五层次需求的实现。但在实际生活中，人的审美需求往往贯穿交织在各层需求之中。甚至可以说，审美需求是人的各种需求的内在动因之一。

审美需求作为人的一种统摄性和精神性需求，是改善人的生活质量或提高人的生命质量的重要杠杆之一。在旅游活动盛行的今天，人们的审美需求必然会以旅游为定向的形式出现，这是因为：

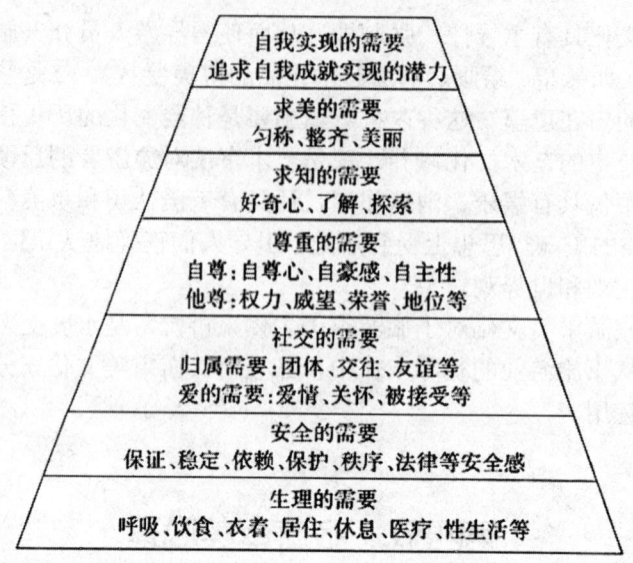

图1-1 马斯洛"需求层次理论"

（1）旅游是一项综合性的审美活动。它集自然美、社会美、艺术美等为一体，熔文物、古迹、建筑、园林、雕塑、绘画、书法、音乐、戏剧、舞蹈、风情、美食等于一炉，除了最大限度地满足人们的各种审美需求之外，还能满足人们的其他需求，如生理、尊重、社交、认知和自我实现等方面的欲望。

（2）随着科学技术的发展，人们的生活水平的提高，闲暇时间和可自由支配收入的增多，旅游这种物质与精神双重性的高级消费形式越来越受到人们的青睐，成为人们生活方式的一个重要组成部分，从而大大刺激和强化了人的旅游审美需求。

（3）未来的世界是审美的世界。这也就是说，人的本身需要审美化，客观事物需要审美化，劳动与休闲等生活也需要审美化。人类社会发展的过程，应是不断趋向美或和谐的过程。在发达国家，"一切都以美的名义"，"一切都应合乎美的标准"已成为十分流行的口号。审美化已经成为未来世界发展的根本趋势，而旅游作为人类社会审美化运动的特定产物和有力手段，必将不断激发人们的旅游审美热情。

2. 审美动机

旅游审美动机（aesthetic motive）泛指一种激发旅游审美行为的心理趋向，或者说是旅游审美需求（aesthetic need）过渡到旅游审美行为（aesthetic act）的心理中介。对旅游审美需求来讲，旅游审美动机是外界因素（社会生活条件和旅游目的地的审美价值等）和内在因素（个人的趣味爱好和情思意向等）交替作用生成的结果。它具有一定的指向性,即对旅游目的地有着相对明确的偏爱与选择。但对旅游审美行为而言,旅游审美动机只是一种心理刺激或促发动力。因为,旅游审美行为能否最后实现,通常涉及主观方面的一些条件或变量,比如旅游者主观的身体、经济和时间等条件,客观方面的交通、住宿接待等条件。旅游审美需求、旅游审美动机与旅游审美行为三者之间的互动关系可用图 1-2 表示:

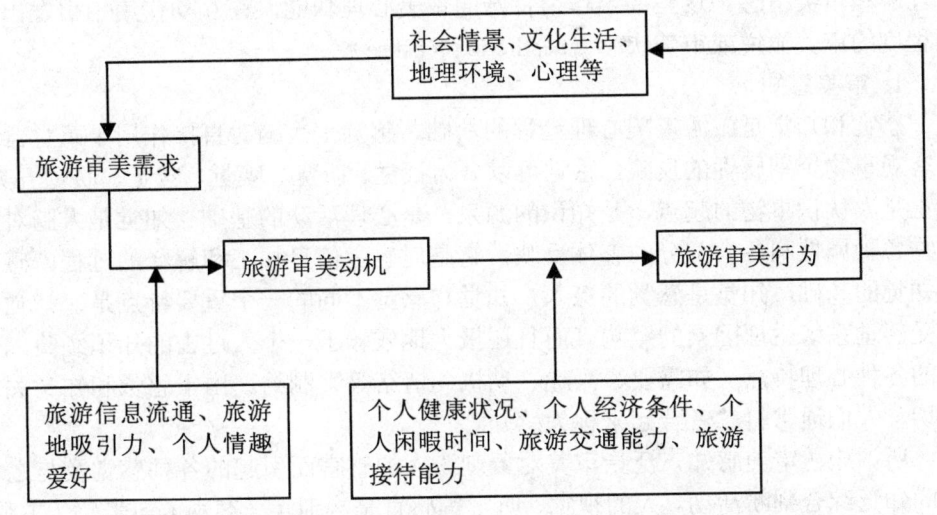

图 1-2　旅游审美需求、动机与行为三者之间的互动关系

　　旅游动机是多种多样的。从旅游者自身需求来说,有观光(审美观赏)、消遣(休闲度假)、社交、文化(求知)、宗教、保健、美食、猎奇、探险等旅游动机。比较而言,观光或审美动机是诸多旅游动机中的优势动机。因此,从游客的偏好和选择的角度分析,旅游审美动机可以分为以寻访景观名胜为导向的景观审美型、以鉴赏各种艺术表现形式为导向的艺术审美型、以审视社会劳动创造和民俗风情为导向的社会审美型和以品尝美食佳肴为导向的饮食审美型等。

　　毋庸置疑,任何旅游动机类型的划分均有一定的片面性。上述旅游审美动机尽管各有侧重,但对绝大多数游客来讲并不互相排斥,而是兼容并包的。也就是说,举凡出外观光游览的游客,其动机是多重的,既要欣赏旅游地的自然风光美和文化艺术美,也要体验当地的社会风尚和物质生活美。因此,旅游接待人员应充分考虑到游客的多重需求,在旅游活动安排上力求丰富多彩、细致周到,尽量满足游客的不同需求,达到创造最佳旅游体验的目的。

二、旅游审美的心理要素

旅游审美是旅游者在具体的观光游览活动中所进行的一种价值判断过程。该过程通常伴随着复杂、微妙但愉悦、自由的心理活动。如同其他形式的审美实践活动一样，旅游审美活动也涉及审美心理的四大要素：审美感知、审美想象、审美理解和审美情感。这些要素作为特殊的审美心理功能，在互动作用中引发出不同程度的审美愉悦或审美快感（aesthetic pleasure）。

1. 审美感知

感觉和知觉是旅游审美心理过程的基础。感觉是人脑对直接作用于感觉器官的客观事物个别属性的反映。感觉可以分为视觉、听觉、嗅觉、味觉、肤觉五类。感觉是人认识事物的起点，是知识的源泉，是心理活动的基础。知觉是人脑对刺激物各种属性和各个部分的整体反映，它是对感觉信息加工和解释的过程。感觉是知觉的基础，知觉是感觉的深入。知觉与感觉不同的一个重要特点是，知觉不仅受感觉系统生理因素的影响，而且还极大地依赖于一个人过去的知识经验，受人的各种心理特点（如需要、兴趣、动机、情绪等）制约。由于感觉和知觉关系密切，人们通常将二者合起来称为感知。

所谓旅游审美感知，泛指审美对象刺激人的感官而引起的各种感觉及与之俱来的知觉综合判断活动。人的视觉、听觉等感官是沟通美（客观）与美感（主观）的"渠道"，旅游审美主体通过视觉、听觉等感官作用于审美客体所形成的审美感知是洞悉旅游审美世界的"窗口"。旅游景观必须通过人的感知觉才有可能引起美感，有色有声的旅游景观无一不是被旅游审美主体感知后才诱发出审美愉悦的。如果我们把感觉、知觉比作照相机的镜头，那么，旅游景观必须通过它才能形成美丽动人的"照片"；如果我们把感觉、知觉比作钢琴的琴键，那么，旅游景观必须弹动它才能奏出动人心弦的"音乐"。

视觉和听觉是旅游审美的高级感官。一般来说，旅游过程中视觉和听觉的审美特点主要表现在：（1）视觉容易引起真切的形象感，听觉容易形成空灵的形象感。这是因为视觉形象往往比较具体、确定。由色彩、线条、体积等要素构成的形象，具有一种形态的体积实感，且视觉所摄取的形象大多与审美者的生活距离比较近，容易通过视觉引起人们真切的形象感。所以，德国诗人歌德称视觉为"最清澈的感觉"。而听觉形象看不见、摸不着，且听觉所摄取的形象大多与审美者的生活距离比较远，故往往显得有些虚无缥缈，容易通过听觉造成一种空幻朦胧或空灵的形象感。（2）视觉感受具有空间上的确定性，听觉感受具有时间上的流动性。视觉和听觉的这种特性是造成视、听形象审美感互有区别的客观原因。（3）视觉往往间接地唤起美感，听觉往往直接地唤起美感。这是因为，视觉美感一般建立在联想和理解的基础上,由于审美对象在通过视觉向美感过渡的过程中往往渗和着审美主体的联想和理解,因此就使得视觉美感的产生具有了间接性。而听觉形象和美感之间却构成了一种直接的、无须任何中介的情感呼应关系,即与人的情感反应联系特别密切,其联想因素和理解因素不必明显地介入其中,就可以迅速地拨动审美主体感应的心弦,诱发审美主体的美感共鸣。在旅游审美中,我们了解和掌握了审美感官的这些特点,就能更理想地在美的世界中遨游。

在旅游审美活动中,除了依赖于视觉和听觉这些高级感官外,还要注意发挥嗅觉、味觉、触觉这些重要感官的不同效用,从而多维地、立体地充分感受审美对象的特性,获得丰富而深刻的审美体验。

由于知觉不仅受感觉系统生理因素的影响,而且还极大地依赖于一个人过去的知识经验,受人的各种心理特点制约,因此在旅游审美心理研究中更多地使用审美知觉的概念。审美知觉有直接和间接之分。直接审美知觉是指审美感官与审美对象发生直接接触时所获得的审美知觉感受,这在亲临其境的旅游审美活动中表现尤为突出,而且最容易导致审美的动态感和立体感。间接审美知觉一般指对文学作品和音乐艺术的欣赏。它不直接与审美实体接触,而是通过文字符号或声音等媒介的刺激诱导,来间接地领略语言艺术和音乐艺术的审美价值。审美知觉经常涉及直觉因素。类似于一种"只可意会而不可言传"的感觉,便是我们所说的直觉作用。这种直觉当然不是纯然本能意义上的直觉,而是社会意义上或审美意义上的直觉,它"积淀和凝练"着一定的社会历史内容和集体无意识,并以感性和直观的形式影响着人的审美知觉能力。

值得指出的是,审美知觉不同于一般的实用知觉。因为后者在实用目的完成时便基本终止,不再注意和追求对象外在形体结构是否符合人的内在情感状态,也不再探索或反思对象的内容实质是否影响人的内在精神世界,等等。而审美知觉则恰恰相反,它渴望借助物我之间的非功利性审美关系或"异质同构"关系,使观赏主体的情感得以表现或宣泄、陶冶或升华。另外,审美知觉还具有综合性等特征。在表面看来,审美知觉似乎是迅速地直接判断的结果,实际上它渗透或交融着情感、想象和理解等心理因素,包含着个体的理想、偏爱、个性、信仰以及生活阅历等内容。

2. 审美想象

想象是审美心理活动的载体或展现形态,是人类特有的一种思维活动,其心理实质是建立在记忆基础之上的表象运动,即表象的再现、组合和改造。它能借助情感的推动,把审美感知中获得的审美意象与旧有的意象相连接,并进行综合,将其改造成具有更丰富、更生动审美内容的新的审美意象。

审美想象大致可以分为初级形式和高级形式。初级形式是指简单联想,它包括接近联想和类比联想。接近联想是由一事物想到他事物的心理过程。一般来说，在时空上比较接近的事物容易形成接近联想。类比联想则是具有相似特点的事物在人脑中反映的结果。

想象的高级形式包括知觉想象和创造性想象。知觉想象是一般审美活动中的想象。这种想象不能脱离眼前的事物，在风景观赏中最容易发生。如长江三峡的"神女峰"石柱，让我们立刻想起巫山神女的动人传说。冷冰冰的石柱在欣赏者的眼中化为了美丽动人、深情感人的神女形象。本无所指、无生命的原始物质材料经过想象的加工以后便好像被赋予了生命，这就是知觉想象的具体表现。

创造性想象类似于我们常说的形象思维，是艺术家创作过程中的想象。它是脱离眼前事物，在情感驱动下对回忆中的种种形象进行彻底改造的结果。在艺术实践中，创造性想象通常采用下列方式来进行形象重塑：一是各种表象、形象的综合与整合，即将记忆中的形象加以集中概括、重新组合，从而创造出新形象；二是各种表象、形象的比附和移植，即将当前感知的事物表象、形象比附和移植到记忆中的事物上去，或将实有的事物特征比附、移植到非实在的事物上去，从而在想象中创造出新的形象；三是将各种表象特征加以拓展，如黄山诸多奇松被称为"卧龙松"、"麒麟松"、"凤凰松"、"迎客松"等，这就是对松树的形式特征加以夸张变形的结果；四是物我相互转化、渗透，即在想象中"我"好像变成了对象，对象好像变成了"我"，从而达到"物我同一"的审美意境。

3. 审美理解

审美理解是人对审美对象的形式特征、本质、主客体相互联系等方面的把握和揭示。它既是认识、接受过程，又是积淀着想象、情感的能动创造过程。它的直接理解对象是作品或景物本身，而它的前提是对特定社会生活的理解。审美理解融合在审美心理各要素之中，在审美活动的感知起步阶段自然也渗透着审美理解。

由于人们在审美观照时的理解程度不同，往往会形成深浅不同的层次或水平。概括起来，有区分虚实、理解内涵、领悟意境三个层次：第一层次的理解主要在于区分现实状态与虚幻状态，即把现实生活中的事件、情节或艺术中的事件、情节和感情区别开来。譬如，在观赏海市蜃楼时不要把幻景当作可处可居的实景，在看戏时不要把剧情当作现实的真情……一句话，要清楚地意识到审美或艺术世界之"虚"与现实世界之"实"的分别。第二层次的理解是对审美对象（特别是艺术对象）内涵的理解。这个层次的理解对于积淀着深厚文化意蕴的人文艺术景观审美来说，显得更为重要。第三层次是对形式中融合着的意味或意境的领悟或直观性把握。在这个层次上，人们对事物内在意蕴和外在形式审美特质加以神会领略。它既可以表现为局部地体会理解对象的个别审美特性，又可以整体性地领悟对象的总体审美特征。在这一层次的理解中，包含了复杂的理智因素，因为把握事物的基本特征需要理智的参与，是审美想象、分析、综合、概括、判断等认识活动的必然结果。

4. 审美情感

审美情感是人对客体审美特征是否符合自己生理、心理需要而产生的独特的带有本质性、恒常性又具有变易性的主观体验和态度。比如，我们在春天的烟雨中观赏杭州西湖美景时，心里自然会荡漾着柔和恬美的情感体验。审美情感当中包括客体情感对主体情感的感染、主体对客体的情感和主体通过内省对自己心理、言行的情感态度，这是人情感的重要组成部分，反映了主体需要、满足与审美实践活动之间的效应关系、价值关系。

审美过程中的情感可以有两种说法：第一种是被当作审美对象的情感性质的知觉情感。比如，我们在暮春时节观赏落英缤纷，引起我们忧愁无奈的伤时情感，我们会认为这种情感本身就是处于景观客体内部的；第二种是审美心理各要素达到某种自由状态时的审美愉悦，即通常所说的审美情感。关于知觉情感，到底是表现了审美客体的情感状态还是表现了审美主体的情感状态，下面几种学说或观点比较有代表性。

一是移情说。移情说的主要代表人物是立普斯。他认为，当我们见到建筑或书法表现出栩栩如生的生命节奏和浓郁的人生情感时，我们根本没有形象思维（或想象）的余地，就能与对象一触即合。这个过程就是移情，移情是一种积极主动的投射，也就是在知觉中把我们的人格和情感投射（或转移）到对象当中，与对象融为一体。因此，它是自我本身的活动，是自我面对外物时采取的一种态度。

二是客观性质说。这种观点认为，审美对象本身蕴含着特定的审美情感与特点，对象的情感特点是由对象自身的结构性质决定的。这种强调物质第一性或客观事物性质的观点有其合理之处，但也存在明显的缺陷。显然，客观性质说无法解释人们观赏同一处景观所体验的情感差异很大这一审美现实。

三是格式塔学派。这种观点认为，外部自然事物和艺术形式之所以具有人的情感性质，主要是由于外在世界的力和内在世界的力在形式结构上"同形同构"或"异质同构"，主客体一旦接触，在人的大脑中就会与对象迅速达到合拍、一致，外部事物与人类情感之间的界限就模糊了，从而使外部事物看上去具有了人的情感性质。格式塔的"异质同构说"可以解释我们的审美现象。但要注意的是，内在心理结构与外部事物结构之间的同形或契合，是在人类审美意识漫长的发展过程中慢慢磨合的，它们之间有个关键的"桥梁"就是社会历史实践活动。正是因为社会实践活动，人的审美活动才从本质上区别于生物性的单纯心理反应。

总体而论，以上四种审美心理因素——知觉、想象、理解和情感，在审美实践中是彼此渗透、相互依赖、密不可分的。知觉因素是导向美感的起点，想象因素是美感的载体和展现形式，理解因素为美感指明了方向，而情感则为美感增添了动力。当这四种心理功能达到了自由和谐状态时，美感便油然而生。

三、旅游审美体验的分析

1. 旅游审美个性与类型

旅游审美个性是指旅游审美主体在审美情趣上的主观偏爱倾向，具体来说，就是旅游主体对旅游目的地、旅游审美对象及其审美价值的个人选择。譬如，在自然审美动机的指向性方面，有的崇尚阳刚之美，有的偏爱阴柔之美。审美个性的形成是一个复杂的过程，通常涉及先天和后天等方面的因素。先天因素是构成审美个性的自然条件，这其中主要包括个体的生理素质、神经类型、气质禀赋等。当然，审美个性的形成与旅游主体所生活的自然环境和社会环境也有着密切的关系，比如我国南方人偏爱阴柔之美，北方人偏爱阳刚之气。后天因素如社会实践、文化素养、生活阅历、职业、爱好、情趣乃至经济条件等。比较而言，后天训练对审美个性的形成具有决定性的意义，特别是通过社会实践中的审美活动，主体在认识美、创造美、发展美的过程中逐步形成个性化的审美心理结构。

个体感知形象能力的不同，个体心理特点、观察和思维方式的不同，个体生活经历和生活经验的不同，以及个体心境和情绪的不同等造成了审美个性的差异。从旅游者的审美理想和情趣等较为稳定的因素来分析，审美个性大致可以分为以下三种类型：

（1）阳刚型：具有这种审美个性的游客一般年轻力壮，血气方刚，具有冒险精神，喜欢攀悬崖、登绝壁、探洞穴、潜海底……追慕险峰绝处的无限风光，偏爱宏大、崇高的阳刚之美。

（2）阴柔型：具有这种审美个性的游客温婉沉静，平和安稳，安全意识强烈，趋于观日出、赏明月、听流泉、荡平湖……偏爱和谐安逸的清雅幽静，热衷婉秀妩媚的阴柔之美等等。

（3）中间型：具有这种审美个性的游客一般受生理状况或偶然因素（如情趣和安全系数等）的影响，外出旅游惯于审时度势，量力而为，信奉"当行则行，当止则止，其道光明"的旅行哲学。一旦拿定主意，也能涉险则尽其兴，入幽则尽其情，表现出一种灵活机动、随遇而安的旅游行为倾向，相应地，其观赏对象的选择范围较大。

2. 旅游审美意识系统

审美意识是人们在现实意义的基础上，力图超越现实，摆脱外在世界法则和内在生存需求的控制，从而进入自由理想王国的重要的心理途径，一般包括审观念、审美趣味、审美理想、审美知觉和审美感受等彼此关联的五大要素。

概而论之，审美观念（aesthetic idea or notion）泛指人在社会实践活动（主要是审美实践活动）中逐渐形成的对真、善、美、崇高等审美概念和艺术创造等问题所持有的一种基本看法或观点，是人的世界观、人生观与价值观的重要组成部分。审美趣味（aesthetic interest or taste）是人对审美对象的一种带有倾向性的和富有情感的直接评价，如喜欢或不喜欢、有兴致或无兴致等。审美理想（aesthetic ideal）作为审美意识形成的驱动力，是对审美最高境界（相对于个人而言）的一种追求，是审美评价的至上标准，体现着人类文明发展的终极目的和超越现实的内在希冀。审美知觉（aesthetic perception）是指感性认知审美对象的内涵价值或意味的一种特殊能力。它发端于感性知觉，在审美理想的推动或导引下，辨别、体认、欣赏以及把握审美对象，从中获得审美感知或审美满足。审美感受（aesthetic feeling）可谓审美意识系统的结果，是审美需求或欲望得到满足后引发出的一种高度兴奋的、神游八极的、无限自由的"高峰体验"。

参照审美心理学现有的研究成果，结合旅游审美活动的特性，可以把一般意义上的旅游审美意识活动作线性的简化描述，见图1-3。

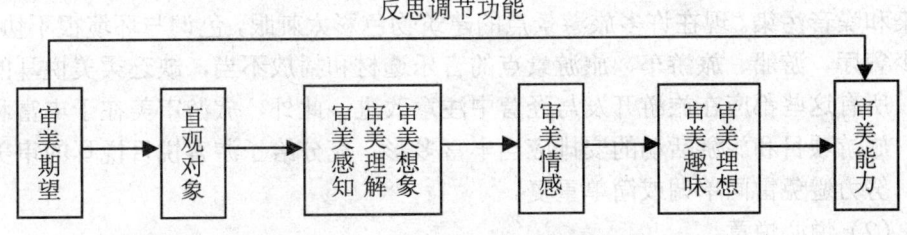

图1-3　旅游的审美意识活动过程

审美期望是旅游者通过旅游审美信息和间接审美经验对相关旅游景观的审美意象与价值的推测或假设。在旅游活动的具体实践中，旅游者在尚未到达旅游目的地之前，已经从大众传媒或声像文字中摄取到相关的审美信息，因此会对景观意象产生一种朦胧的先验性感受。直观对象是指旅游者亲临其境时对先前审美期望的印证过程，或者说是审美眼前的感性物象、对比原来的心理意象、进行初级审美判断活动。无论物象与意象两者对应与否，旅游者很快会摆脱这种干扰，采取随遇而安的态度，在凝神观照中自由地进入到审美感知、审美理解和审美想象等具有一定创造性的审美评价阶段。审美情感即狭义上的美感，是观赏或审美体验的结果，一般因人而异，可分为悦耳悦目、悦心悦意、悦志悦神等三个层次。不同的美感会对观赏者的审美趣味和审美理想产生不同程度的影响，随之再作用于审美能力，即审美鉴赏、评价和判断的能力，使其得以强化或提高。最后，旅游者通过直接或间接的审美经验，通过对相关审美信息的体认与反思，再自觉地调节自己对目的景观的审美期望与态度。这关系到旅游审美信息的效度与信度和旅游审美活动的良性循环等问题，因此应当引起旅游营销者的高度重视。

3. 旅游审美体验的层次

在旅游审美过程中，虽然审美内容差不多，如观其形、察其色、闻其香、品其味、听其声、觉其态、悟其质、辨其类、思其因等，但由于主体各自的审美感受在程度上不尽相同，往往显现出多层次性，这主要是因为审美感受一方面受制于审美对象，另一方面还受制于审美个性以及社会文化等因素。著名美学家李泽厚先生对审美体验层次这一问题进行过深入探讨，他把美感分为悦耳悦目、悦心悦意、悦志悦神三个层次，对于我们研究旅游审美很有启发。

（1）悦耳悦目

所谓悦耳悦目，是指以悦耳、悦目为主的全部审美感官所体验的愉快感受。这种美感形态通常以直觉为特征，以生理快适为基础。这是广大旅游者普遍的审美感受形态（例如，游览桂林山水、张家界、九寨沟等）。对于旅游产品的开发，形态要美丽，色彩要协调，声音要悦耳，对游人具有感官吸引力，注意杜绝视觉污染和噪音污染。现在许多旅游景点的建筑物色彩太刺眼，色调与环境很不协调；不少餐厅、游船、旅游车、旅游景点的音乐选材和播放不当，缺乏柔美悦耳的感觉。所有这些都应在旅游开发与经营中注意改进。此外，旅游审美在于丰富和新奇，旅游项目和旅游活动的安排应当丰富多彩，充分给予游客悦目悦耳的审美感受，努力避免雷同单调或简单重复。

（2）悦心悦意

悦心悦意是指人们透过眼前或耳边具有审美价值的感性形象，领悟到审美对象某些较为深刻的意蕴，获得审美感受和情感升华。这种美感效果是一种意会，在许多情况下很难用语言来充分而准确地表述，可谓"只可意会，不可言传"。例如，观赏齐白石的画，你感到的不只是草木、鱼虾，而是一种悠然自得、活鲜洒脱的情思意趣；又如你在登临云雾飘渺的黄山时，产生的飘然若仙之感和超然出世之情。

悦心悦意是比悦耳悦目更高层次的审美感受。如果说悦耳悦目以感性或直觉为主要特征，那么悦心悦意则以理解和想象为主要特征。悦心悦意的精神愉悦与悦耳悦目的感性愉悦相比，具有相对的持续性和稳定性。

（3）悦志悦神

悦志悦神是指主体在观赏审美对象时，经由感知、想象、情感尤其是理解等心理功能的交互作用，从而唤起的那种精神意志上的奋昂或愉悦状态和伦理道德上的超越感。它是审美感受的最高层次或旅游审美体验的最高境界。所谓"悦志",是对某种合目的性的人生理念的追求和满足,是对人的情趣、志向的陶冶;所谓"悦神"则是超越自我的精神感受。所谓"超越自我",并非否定自我,而是一种不受规则(包括道德规则与自然规则)强制、束缚,却又符合规律(包括道德规则与自然规则)的充分自由感受。悦志悦神这种美感形态之所以高级而深刻,是因为它体现了主体大彻大悟、从"小我"进入"大我"的超越感,体现了审美主体与审美对象的高度和谐统一。例如乘船游览长江、黄河,信步登临泰山、长城,将会唤起我们怀古之情和热爱大自然之情,给我们以民族自豪感、崇高的使命感和对大自然的敬畏感。这种美感不是一般在感性基础上的感官快适,也不是一般在理解基础上的心思意向的享受,而是一种在崇高感的基础上寻求超越与无限的审美境界。这种审美特质无疑是符合当今时代与社会发展需要的,是有助于自我实现的需要和有利于完善人性的。当然,这种境界的实现也有赖于旅游者自身知识素养的储备和人生追求的超越。

从旅游审美上讲,悦耳悦目、悦心悦意、悦志悦神之间是层次递进或层次提升的关系。从旅游境界上讲,这是一个由"物游"到"神游"或由"小我"到"大我"的过程。我们将其称为"旅游审美的金字塔三层次理论"。

第五节 旅游审美的境界追求

一、现当代审美研究转向:从主客二分到回归主客融合的生活世界

传统的实践美学认为,审美是审美主体对审美客体认识、征服的结果,即"人化自然"的产物。美即体现在"人的本质力量对象化"之中。这种传统的审美观念认为审美主体与审美客体是对立的、分离的。现当代哲学与美学研究反对主体与客体二分,强调人与世界合一、物我交融的生活世界。已经从主客对立的观点转向主客融合的超主客关系观点认为,在审美活动中,主体与客体之间存在着一种双向互动的交流关系。其中西方著名哲学家海德格尔所讲的"此在与世界"的关系就是这种超主客关系的一个典型,他认为人(主体)与世界(客体)是融为一体的。我国著名哲学学者张世英先生则进一步认为,人与万物皆可作语言交流;具有"民胞物与"精神的人,能唤醒万物与之作语言交流;"万物一体"是审美意识的境界的本体论依据。

此外,哲学家们还认为,世界万物都具有语言的性质,没有离开语言的独立

存在,这个观点不仅为西方现当代人文主义思潮的哲学家们所倡导,而且某些英美分析哲学家也在不同程度上以不同方式接受这种观点。在一个人与万物融合为一体的世界之中,不仅人有语言,而且万物皆有语言,只不过人以外的万物的语言是"无言之言"。

旅游是一种综合性很强的审美活动。旅游审美是指旅游主体在旅游活动中追求精神上的愉悦或享受的心理行为。中西传统文化的差异决定了中西旅游审美文化的差异,旅游审美主体的差异决定了旅游审美实质和旅游审美价值的差异。尽管中西方旅游审美存在诸多差异,但在本质和发展趋向上是基本一致的,那就是回归主客融合的生活世界。旅游审美是人与景物的交融。旅游审美意识的本质在于旅游主体与旅游客体的和谐,即审美主体与审美客体的契合或人与万物的一体性。在旅游审美活动中,旅游主体与旅游客体之间存在着一种双向互动的交流关系。对于一个具有较高审美境界的人,旅游审美是审美主体与审美客体的契合或语言交流,是一种"诗意的对话"。旅游者在与天地自然、人文技艺、人情世故的交流中体验生活世界的无限美好和生存的无穷境界,获得丰富的自由体验,从而激发自己热爱美、追求美、创造美的情趣和对自由、全面发展自我的渴望。

二、物我一体:中国传统哲学中的"逍遥游"、"比德说"、"随缘人生观"与旅游审美

旅游审美与中国传统哲学关系密切。中国人的旅游审美观蕴含着丰富的传统哲学思想。在几千年来的旅游审美实践中,逐渐形成了富有民族特色的旅游审美思想,这些旅游审美思想是在儒家、道家、佛家等多种思想流派和宗教文化影响下形成的,至今仍然影响着人们的旅游审美观。其中以"天人合一"的哲学思想特别是道家的"逍遥游"、儒家的"君子比德"和佛家的"随缘人生观"等对国人的旅游审美影响较大。了解我国传统的哲学思想对指导现代旅游活动和旅游事业的发展有着重要的理论与现实意义。

道家文化认为,人的最高境界是"逍遥",就是精神自由和人与世界的绝对同一。如老子反对人类中心主义,主张人与万物平等相处。庄子更是一个典型的、彻底的自然主义哲学家。《庄子》哲学反对主客二分,主张天人合一。它所说的"天与人不相胜",就是"天人合一"。在庄子看来,人与天合不是一种物质性的实践活动,而是一种具有感性意味的精神活动,用庄子的话来说就是"逍遥游",用旅游哲学概念来说就是"身心自由的体验"。而旅游则是"人们以消遣、审美、求知等为主要目的,到日常生活环境之外的地方旅行、游览和逗留的各种身心自由体验"。异地身心自由的体验是旅游的本质。体验的突出特点之一是一种主客体置换的心理活动,即要求将自身与对象联系起来,主体将自己虚拟成客体,让自身化

成对象，以客体的身份去感受，采取形象的整体把握的方式，这是一种"天人合一"的审美方式。人应该以超功利的审美眼光观照大自然，以诗意的态度对待万物，这可以从《庄子》"濠梁观鱼"的故事中得到说明。庄子"逍遥游"的主旨是讲如何实现人的精神自由问题，他认为"逍遥游"是个体的心灵漫游，其目的是通过"体道"实现心灵的彻底解放，达到绝对自由的精神状态，这是一个物我不分（两忘）、天人合一的理想境界。由此可见，道家文化的万物同一或人与物契合的思想，对于现代人的旅游审美来讲，具有重要的借鉴意义。

春秋战国时期，儒家思想形成了较为明确的"君子比德"思想。孔子提出"知者乐水，仁者乐山"（《论语·雍也》）的"比德说"。"乐水"，就是鉴赏水体时体味水的包容深浅、循川而流、因境而变、刚柔兼济的智慧，百折不回、一往无前、水滴石穿的精神；"乐山"，就是鉴赏山体时体味山生万物、人资以用、施惠于民的仁义，云雾天下、博大宽宏的胸怀。人们在对山水的审美观照中可以将观赏山水的思维感受形诸自身，使人的道德得以升华，秉性更加忠厚，智慧更加发达，性情更加恬淡，毅力更加坚韧，从而在心性修养上达到一个新的境界。古往今来的志士仁人都把山水游览作为修身养性的手段。儒家除了要求人们通过教育的方式塑造完美的人格之外，同时也倡导人们从自然审美对象中获取教育的灵感。在儒家审美观念中，山水不再是单纯物质意义上的山水，而是具有人性的某些品德，君子观赏山水不是简单地获得身心感官的愉悦，而是要从审美对象中获得塑造心灵美德的感悟。孔子说的"知者乐水，仁者乐山"，把人的仁、智方面的修养与山、水相联系；他说的"岁寒，然后知松柏之后凋也"，将松柏不畏严寒的自然特征与人的坚强不屈的精神品格相比拟。在中国，"比德"的传统审美思想一直影响着人们对自然美特别是对山水美的欣赏习惯。因为中国人对自然抱有一种人格化的审美倾向，故而大至自然山水，小至树木花草，观赏时都将理想人格投射进去，人们偏爱"岁寒三友"（松、梅、竹）、"四君子"（梅、兰、竹、菊）式的自然景物便基于此。从儒家的"比德说"可以看出，"比德"就是赋予山水（审美对象）以仁、智等道德人格，然后通过审美观赏，从中获得道德启示。我们认为，这种审美过程是人与物（或人与自然）的契合，审美主体与审美客体是融为一体的，即审美主体对审美客体（对象）进行精神投射或"移情"（信息输出），审美客体对审美主体予以灵境感应（信息反馈），审美客体（对象）是有生命的通灵的东西，它发生在语言的敞开之中，它在向人诗意地言说。这也可以说是"天人合一"的一种审美思想表现。一个具有较高人生境界的人，在游览自然山水和人文风物时，不是简单地欣赏风景名胜，而是把景物当作一种富有诗意的艺术品来看待，并与之进行对话和交流。因此，在这个意义上我们说真正的旅游是"诗意的对话"。

佛家尤其是禅宗，它透视人生与生命存在，是彻底非人类中心主义的。它在审美思想上提倡的是一种"随缘人生"的态度。既然人世间的一切都是既有亦非有，既空亦不空，而且空即是有，有即是空，那么，何必再纠缠与斤斤计较何者为有，何者为空呢？在禅宗看来：儒家注重礼乐、人间伦理等，这是一种执着；而道家高标超越，以"无"自诩，又何尝不是一种执着呢？因此，禅宗强调，要达到"随缘人生"的审美境界，首先要破执（包括我执与法执）。人只有在彻底破执、解除一切外部世界包括内部心理的种种执着之后，才能有"一切放下"的胸襟与气魄。因此，所谓"随缘人生"，实质上也就是一切顺其自然、物我一体。它与道家的"因任自然"颇有点相似。但在禅宗看来，道家的"因任自然"还有效法自然的意思，而禅宗心目中的随缘，则是顺其自然，心中不要有任何芥蒂，总之，一切按照生活的本来面目。这种"随缘人生"的审美态度，对于生活不再有任何刻意追求与企盼，它要求的只是对生活保持一颗无所执着的平常心而已。这种平常心看似极其简单，但却不是很容易达到的，恰恰是一种很高的人生境界。到了这种境界，世间生活对于他，可以说"日日是好日"。对于这种境界中的人，他可以随时随地领略人生与自然的和谐统一，体验天地之美与人生之美，无须任何外求。正如那首禅诗所说："春有百花秋有月，夏有凉风冬有雪，若无闲事挂心头，便是人间好时节。"禅宗教我们应尽情地去享受生活中之美好，去发现与追求生活中每日每时都可能遇到或是碰到的生命"高峰体验"。佛家文化中"随缘人生"的思想与审美态度，对于我们今天旅游审美同样具有重要的借鉴意义。

三、主客交融：西方现代哲学中的主体间性观点与旅游审美

审美活动是人类生命活动的理想形态，是一种人类通过它得以对人类本体存在深刻理解的方式，而不只是一种主体认识客体的方式，只有通过对人类本体的反思，只有从对审美活动的本体论内涵的揭示出发，才能触及审美本体或本质，并有助于揭示审美生成的真正奥秘。如前所述，传统的实践美学认为，审美是主体对客体认识、征服的结果，即"人化自然"的产物。美即体现在"人的本质力量对象化"之中。而西方现代哲学家胡塞尔和西方当代哲学家哈贝马斯，特别是基本本体论者海德格尔的主体间性（互主体性）观点发展了黑格尔的"相互承认"的观点，视审美主客为一体。海德格尔认为，审美的本质不是主体性的实现，因为在主客对立的前提下进行的主体征服客体的活动是不能实现自由的，而主体作为客体的占有者也是片面的。审美是主客对立问题的解决，这种解决不是主体征服客体，也不是主体认识客体，而是把审美活动建立在主体间性（互主体性）的基础上。主体间性关注主体与客体的关系，是人文地、诗意地、审美地把握世界的方式。它不是把世界当作客体、当作物，而是当作主体、当作人，是主体间进行平等的交往，通过对话、倾诉、倾听、交流从而达到相互理解。现实生活中围

于主客对立，不能真正实现主体间性并消除人与世界的对立。只有在审美活动中，通过主体间性的充分实现，才能真正实现人与世界的和谐统一。海德格尔的基本本体论的主体间性哲学还认为，只有在"诗性的语言"中才能进入本真的存在，只有在"诗意的栖居"中才能实现人与世界的和谐统一。

此外，立普斯的"移情说"也含有审美主体与客体交融的意思，部分具有主体间性观点。"移情说"认为："审美的快感是对于一种对象的欣赏，这对象就其为欣赏的对象来说，却不是对象而是我自己。或则换个方式说，它是对于自我的欣赏，这个自我就其受到审美的欣赏来说，却不是我自己而是客观的自我。"或者干脆说，审美过程中的移情就是"把自己'感'到审美对象中去"。人们旅游的过程，就是移情于大自然的过程，就是人与大自然诗意对话的过程。旅游者投身于大自然，与大自然相融合，是一生命与另一生命的碰撞与整合，是人与大自然的生命情感的交换，人向大自然虔诚地裸露心扉或"灵台"，大自然则向人敞开博大而富有诗意的襟怀。

由上述可见，在审美是诗意对话的认识中，中国道家的"逍遥游"、儒家的"比德说"、佛家的"随缘人生观"与西方哲学的"主体间性"、立普斯的"移情说"，尽管有着不同的文化背景和思想维度，但都把精神自由作为审美的主题，把物我同体作为审美的理想境界，有着异曲同工之妙。

我们认为，旅游审美也应该是主体间性的把握世界的方式，它应该把旅游对象（包括人与物）当作与自我主体交往的伙伴，与其进行对话、交流，从而达到充分的默契、理解和同一。旅游的本质是审美等身心自由的体验，而旅游体验的本质在于旅游主体与旅游客体的契合程度。旅游审美不是主体认识、改造客体，更不是主体征服客体，旅游审美是人与世界的融合、会通，是人性地、诗意地对待世界的方式。在对世界的理解中，人也达到了自我理解。旅游美学是关注旅游者生命诗意存在或美丽精神家园的学问，理应从基本本体论的主体间性（互主体性）和生命美学的层面来研究旅游审美。

四、旅游审美的最高境界是由"在场"洞见"不在场"，与审美对象进行诗意的对话

中国美学史上，刘勰的"隐秀说"在古典诗词审美中影响颇大。"隐秀说"类似于以海德格尔为代表的西方现当代哲学中的"显隐说"，它强调美在于表达出言外之情、画外之意、象外之象。刘勰认为，中国古典诗词的水平贵在含蓄与意境，其主要不在于说出的东西，而在于说出的言词对未说出的东西所启发、所想象的空间的广度和深度。诗语言的存在论根源在于人与世界的融合，致力于将隐含的东西显现出来。例如，李白的《早发白帝城》，这首诗的意境主要在于诗人借水流

之急速表现他遇赦归来、顺江而下的畅快心境。在这里，客体（急流）与主体（畅神）融为一体，完全是一种情景交融、天人合一的审美境界。如果简单地把这首诗理解为描写三峡彩云、猿声、急流、轻舟等美景，那就是按照主客关系模式的一种审美认识，未免缺乏诗意和审美情趣了。又如，柳宗元的《江雪》中的诗句"孤舟蓑笠翁，独钓寒江雪"，其美妙之处在于它表现了诗人不畏环境严酷、不与世俗合流的孤高风格。按照海德格尔的哲学观点，即由"在场"洞见"不在场"。以海德格尔为代表的西方现当代哲学中的"显隐说"一贯强调主客一体，强调"隐蔽"和不在场的东西对于"敞亮"和在场的东西的极端重要性，主张以有限的"在场者"显现无穷尽的"不在场"。这种美学观点与中国传统文化中的"天人合一"、"情景交融"的诗意境界颇有相通之处。

　　社会心理学派认为，旅游审美是主体外在物理世界和其内在心理世界在形式结构上存在着"同形同构"或"异质同构"，从而使得事物的形式结构与人的心理结构在大脑中引起了相同的电脉冲，导致外在世界与内在心灵的一致性，即达到"主客协调、物我统一"，由此产生主体对客体的共鸣。旅游既是在场的审美体验，也是"诗意的对话"——旅游者在旅游审美中应像欣赏诗一样，具有"物我一体"、"主客交融"的精神境界和"澄怀味象"的心境，由"在场"洞见"不在场"。我们以天坛的旅游审美为例予以说明。天坛是我国古典建筑艺术的杰作，它从南到北地势逐渐抬高，游人行进过程是一个由低向高的上升运动，旨在把人的视角引向天之"崇高"；天坛建筑突出圆的造型，且大多建筑构成同心圆，旨在把人的视角引向天之"圆融"；而建筑的基座多呈现方形，共同构成"天圆地方"的宇宙观意境；天坛建筑采用蓝色琉璃瓦铺顶，并种植大面积的柏树，旨在把人的视角引向天之"清朗"。天坛以高旷为地理形势，圆形为基本构图，蓝色为主体色调，翠柏、蓝天为环境背景，并使用了1、3、5、9等与"天"有关的尺度，突出地象征与体现了"天"这个文化主题。著名美学家杨辛先生认为："天坛是以实衬虚，一切导向虚空。""天坛建筑的妙处正在于以有限的建筑实体唤起无限的想象。""天坛给人的感受像读一首哲理诗，也像欣赏一幅写意画。它的意境不是停留在一般个人的情趣上，而是体现了天地间的化育生机，具有崇高、祥和、清朗的意境。"这一建筑杰作之美妙和诗意就在于它让"隐蔽"在背后的不在场的东西——天之"崇高"、"圆融"、"清朗"，通过"敞亮"和在场的东西——圜丘、皇穹宇、祈年殿等生动地显现出来。旅游境界低的人只能从表面上看到在场的"无言"的建筑，而旅游境界高的人则能同在场的"有言"的建筑进行对话与交流，洞见到隐蔽的、不在场的东西——天的"崇高"、"圆融"、"清朗"。这也就是说，天坛对于旅游境界低的人，无言以对；但对于旅游境界高的人来说，却与他进行着诗意的对话。旅游审美的最高境界是由"在场"洞见"不在场"，与大自然、名胜古迹进行诗意的对话。而能否进行诗意的对话,关键在于人是否具有"万物一体"(或天人合一)的人文情怀和"主客相融"的精神境界,能否具有"澄怀味象"的心境并把审美对象当作富有诗意的艺术品来看待、来欣赏。对一个具有"万物一体"(或天人合一)的人文情怀和"主客相融"的精神境界的旅游审美者来讲,即使一块顽石也会点头,与之进行富有诗意的言说。

在旅游已经成为一种大众生活方式和旅游审美出现部分异化的今天,学者们有必要追问和思考,人们旅游的目的是什么?当今的旅游和旅游审美是否内在地赋予了达到这种目的的功能?人们的旅游审美应追求什么样的理想境界?我们究竟应该如何看待旅游审美的本质?这些问题显然都是关于旅游必要的哲学思考。从"逍遥游"、"比德说"、"随缘人生观"、"隐秀说"、"移情说"、"主体间性"和"生命美学"等视角,从人的生命与其栖居大地间的关系层面求索,从人类生存的艺术化层面的诗化哲思中,我们或许能洞见旅游审美的真谛。

第六节 旅游审美文化的时空差异

由于旅游文化具有地域性、民族性、时代性、变异性等特点,旅游审美也就具有时空上的差异,从而形成旅游审美文化的时空类型差异。

一、旅游审美文化的时间差异

审美文化的形成必然受制于时代的社会经济状况,必须与该时代人们的世界观、生活方式、思维方式相适应。随着社会时代的发展变化,人的审美意识、审美文化也在不断地演进。不同的时代具有不同的审美观。旅游审美文化也是一样,同样具有时代差异或时间差异。

审美文化的时代差异主要体现在环境取向方面,不同时代,人们对于风景所作的美学判断有很大的区别。如在城市化时代,过去不屑一顾的荒野的自然美慢慢进入到人们的视野之中,这就是像神农架、大宁河小三峡、张家界、九寨沟、喀纳斯、青海湖等旅游地游客云集的原因。

不同文化背景和不同历史时期的人对自然大致有三种取向:第一种是人屈从于自然。这主要存在于生产力低下的社会,与旅游审美文化关系不大。第二种是人凌驾于自然之上。这与西方社会的犹太教、基督教传统文化观念和过去200多年的科学技术迅速发展和工业化勃兴有一定关系。在人类中心主义取向指引下,人们倾向于在征服自然、改造自然的过程中发现美,于是工业化城市等大规模的人造环境得到人们的青睐。第三种是人设法与自然和谐相处。它以"天人合一"为最高目标,如在工业化高度发达的今天,人们越来越渴望摆脱城市的喧嚣和功利社会的困扰,投身大自然的怀抱,体验和追求人与自然的和谐之美。

当代旅游审美文化的变迁,还表现在多样化、世界化、超功利化等方面,这些变化同样应当引起旅游界的高度重视。面对上述变化与挑战,旅游开发者理应进行深层次的思考,与时俱进地开发、经营旅游产品。

二、旅游审美文化的空间差异

旅游审美文化不仅存在着时间上的差异,还存在空间上的差异。

不同文化中的人对同一个对象的情感体验可能大不相同,正如法国哲学家勒内·笛卡尔所说:"同一件事情可以使这批人高兴得要跳舞,却使另一批人伤心得要流泪。"经验丰富的旅游从业人员大都有一种切身的体会:不同地区的旅游者在审美意识、审美行为等方面存在明显的差异(如世界上的东西方之间和我国南北地区之间不同的旅游审美文化差异)。如果我们能准确地把握好这种差异,将有益于组织适销对路的旅游产品,提供恰如其分的服务,满足不同旅游者的审美偏好。

旅游是一种跨越文化空间并联结异质文化圈的活动,因此,旅游文化常常伴随着接触、冲突、互渗和交融的发生,将不同的文化进行比较分析是十分有益的。比较旅游审美文化能开拓人们的视野,增强人们的宽容之心和和谐意识,使人们对旅游审美文化有更深刻的理解,并有利于提高旅游服务质量。

旅游审美文化在空间上的差异相当复杂,这里仅就中西之间的差异略作分析。概略地讲,中西方旅游审美文化的差异,表现为"重人"和"重物"美学思想的差异:中国人偏于抒情,重在意境的创构;西方人偏于写实,重在形式的塑造。中国人偏于理想美的寄托;西方人偏于现实美的享受。当然,随着中西文化的不断交流和融合,这种差异有可能逐渐缩小或者发生某些大的变化,但那必将是一个漫长的过程。而且,旧的地域差异缩小或消失了,新的地域差异又会产生和出现,世界永远是丰富多彩的!

关于中西旅游审美文化的诸多差异,如山水文化的审美差异,园林文化的审美差异,建筑文化的审美差异,绘画文化的审美差异,雕塑文化的审美差异,音乐文化的审美差异,饮食文化的审美差异等,这些将在以后有关章节作具体的分析比较。

复习思考题:
1. 何谓旅游审美主体、旅游审美客体?简要说明旅游审美关系。
2. 旅游审美文化有哪些类型?

3. 简述当今主要的审美学派及其主要观点。
4. 简述旅游审美心理要素。
5. 说明旅游审美感受的三个层次。
6. 简述中国传统的审美思想。
7. 为什么要研究旅游审美文化的时空差异?

第二章 自然风景与审美观赏

【学习导引】

　　自然风景拥有雄、秀、奇、险、幽、奥、旷、野、秘等各具特色的美，是旅游审美观赏的主要对象。本章"自然风景与审美观赏"，主要是帮助我们了解自然风景美的形态，如形象美（或形态美）、色彩美、动态美、声音美、朦胧美、巧合美等，认识其特征是如何表现出来的，进而掌握自然风景审美观赏的要领或方法，以提高我们的旅游文化素养和旅游观赏质量。

【教学目标】

　　1. 认识和了解自然风景的审美特质或主要表现形式。
　　2. 理解和掌握自然风景审美观赏方法。
　　3. 了解中西山水文化审美的差异。

【学习重点】

　　自然风景美的特征，自然风景观赏方法。

　　风景审美的研究是旅游美学的重要课题。这一课题的研究具有重要的理论意义（丰富美学、繁荣美学）和现实意义（促进旅游资源的科学开发和旅游业的健康、持续发展）。自然风景不分时代，不分阶级，世世代代为人们所欣赏、所赞美。欣赏风景可以增知长智（"旅游是读写在大地上的书"）、养性怡情、陶冶情操、丰富生活。把自然风景作为审美对象在我国由来已久，如孔子曰"知者乐水，仁者乐山"，南朝名士陶弘景说"山川之美，古来共谈"。在旅游业空前发展的今天，人们对风景美的欣赏更加普遍、更感兴趣了。

第一节 自然风景的审美特质

　　自然风景中蕴藏着各种各样的美，这些美表现出丰富多样的形式，如形象美（或形态美）、色彩美、动态美、声音美、朦胧美、巧合美……它们是风景美的主要特征或主要表现形式。游客大多是从形象美（或形式美、形态美）的角度游览、观赏风景，体味美感的。

一、形象美（或形式美、形态美）

黑格尔说过："美是形象的显现"。风景中最显著的特征是形象美。这里所讲的风景主要是指自然景观，并适当涉及人文景观，因这二者是密切联系的。所谓形象美（或形式美、形态美），是指旅游观赏的景观总体形态和空间形式的美。在欣赏旅游景观美时，首先应注意从分析形象特征入手，抓住构景要素的本质特点去认识。风景形象美的特征非常丰富，主要表现为雄、秀、奇、险、幽、奥、旷、野、秘等。

1. 雄（雄伟、雄壮）

"雄"是一种壮观、壮美、崇高的现象，它与"阳刚美"是同一审美范畴。雄的特征在自然风景中，特别是在山体中是广泛存在的，如"泰山天下雄"、"夔门天下雄"……这里的"雄"主要是指其高大的形象（相对高度）和磅礴的气势。泰山位于辽阔的华北平原东部边缘，绝对高度不算很高（主峰海拔1545米），但由于相对高度大，则以磅礴之气势凌驾于齐鲁大地之上，故显得特别高大雄伟。杜甫的《望岳》一诗中所写的"会当凌绝顶，一览众山小"，就是对泰山之雄的生动写照（见图2-1）。

图2-1 泰山天下雄

另外，山坡陡峭（因"视角效应"所致）、山体线条挺直、植被稀少、自然轮廓分明也有助于形成雄（伟）的特征，故北方的山多具有"雄"的特点。

除山体以外，水体也能产生雄（伟、壮）的形象。水的雄壮在于水面的辽阔和水势的激荡（如大海、瀑布、潮汐）。例如钱塘潮，每当大潮来时，有排山倒海之势,"远若素练横江,声如金鼓;近则亘如山岳,奋若雷霆",是典型的雄伟壮观、气势磅礴的水景(见图 2-2)。南宋文人周密对钱塘潮有"天下之伟观也"的赞誉。他在《观潮》中写道:"浙江之潮,天下之伟观也。自既望以至十八日为盛。方其远出海门,仅如银线;既而渐近,则玉城雪岭际天而来,大声如雷霆,震撼激射,吞天沃日,势极雄豪。"大诗人苏东坡在《观浙江涛》中亦赞曰:"八月十八潮,壮观天下无。"黄河壶口瀑布也具有"雄"的美感(见图 2-3)。

图 2-2 钱塘江潮水

图 2-3 黄河壶口瀑布

若山水之结合,更能产生"雄"的特征,如长江三峡中的瞿塘峡的"夔门天下雄",与陡峭的高山和奔腾的急流均是分不开的(见图 2-4)。三峡水利枢纽工程的建设,高峡出平湖,水平如镜,瞿塘峡"雄"的审美特色已今非昔比,但秀色更添。

自然风景中这些雄伟、壮观的形象,主要引起人们赞叹、震惊、崇敬、愉悦的审美感受。雄伟之美使人产生仰慕、敬畏、激励之情,增人豪情壮志,催人奋发进取。

图 2-4 夔门天下雄

2. 秀（秀丽、秀美、秀雅）

"秀"的主要特征是柔和、秀丽、优美、雅致、精巧，它与"阴柔美"属于同一审美范畴。"秀"在自然风景区中是常见的一种审美形态，例如"峨眉天下秀"是风景秀美的典范，又如"淡妆浓抹总相宜"的杭州西湖，如情似梦的漓江，山明水秀的江南春色，画廊般的巫峡，亭亭玉立的神女峰，绿水悠悠的小河，轻盈柔美的垂柳……都属于"秀"的审美形态。

自然风景秀美一般具有这样的一些条件：一是自然景物的体量较小，形态的轮廓、线条较柔和、优美，呈波形。二是具有良好的植被，如茂林修竹、繁花密草。这是南方风景多具有秀丽特征的原因。三是有水景或云雾相伴。秀丽的景色多有绿水清流，云雾缭绕，这也是"南秀"的原因之一，如庐山、峨眉山、桂林山水（见图2-5）等。

图 2-5 桂林山水——漓江

自然风景中秀美的形象，主要引起人们甜美、安逸、舒适、和谐、陶醉的审美感受。秀美的自然景观使人悠然自得，心绪平和，怡情养性。

3. 奇（奇特、神奇）

什么样的风景才称得上"奇"呢？这里的"奇"主要是指景观的形态非同一般，出人意料。人称"黄山天下奇"，"奇"就奇在黄山的石、松、云、泉都非同一般。以石而言，造型别致，千姿百态（如喜鹊登梅、金龟探海、松鼠跳天都等）；以松而言，或扎根于危岩，或挺拔于峭壁，多姿多态，妙趣横生（如迎客松、送客松、卧龙松、黑虎松等）；以云而言，烟云缥缈，波澜起伏，浩瀚似海；以泉而言，温泉终年喷涌，不溢不涸，可沐浴，可医疗。又如湖南张家界（见图2-6），云南的路南石林（见图 2-7），广东丹霞山的阳元石（见图 2-8）与阴元石，浙江雁荡山的山水，四川峨眉山的"佛光"，山东蓬莱"海市蜃楼"，重庆奉节的小寨天坑、巫溪的夏冰洞，湖北西陵峡的黄牛山毛泽东安卧像，宜昌高岚的睡佛山，当阳关陵无头树，沈阳、大连的怪坡，以及一些地方泉水中的喊泉、鱼泉、间歇泉、珍珠泉等，都是我国风景中的神奇景象。

图 2-6 天下第一奇山——张家界

图 2-7 路南石林

图 2-8 天下第一奇石——丹霞山阳元石

奇特之美的景观最能吸引游客,并能愉悦人的情感,启迪人的智慧,激励人们追求和探索。

4. 险(险峻)

"险(峻)"这种风景美特征,对旅游者特别是年轻游客和西方游客富有吸引力。往往越是险的地方游人越是想攀登,而且往往越是险的地方越有美丽奇特的风光。如王安石在《游褒禅山记》中所说,"世之奇伟、瑰怪、非常之观,常在于险远";又如毛泽东的诗句"无限风光在险峰"。黄山的天都峰、张家界的黄狮寨等都是以险、美著称。

什么样的景观才称得上"险"呢?以山的形态而言,坡度特别大,山脊高而窄,往往形成险峻的山势。华山即是例证。常言道:"华山天下险","自古华山一条路",华山峭壁如刀削斧劈,两侧皆是万丈深渊(见图 2-9),曾有壮汉眼望隧道不敢下而失声痛哭(如"韩愈投书"的故事)。又如黄山的天都峰、武当山顶的金殿与南岩宫、庐山的龙首岩、张家界的鹰窝寨、恒山的悬空寺(见图 2-10)、四川剑门关等,都是著名的险景。

图 2-9 西岳华山　　图 2-10 恒山悬空寺

险峻之美的景观给予人们的审美感受是惊喜、激越,它能锻炼人们的意志与胆略,激励人们奋勇进取,努力拚搏。

对于险峻美的景观的审美体验始于痛感而终于美感。它从心理不适开始,却以激情或紧张感得以释放、心理得以满足或愉悦而告终。

5. 幽(幽美、幽静、幽邃)

"幽"景常以崇山、深谷或山麓地带为地形基础,辅以铺天盖地的高大乔木为条件,构成比较封闭的空间。这种景观视域较窄小,亮度较低,空气洁净,景深而层次多,有迂回曲折之妙。可见"幽"与"深"、"曲"、"暗"、"静"是密切相联的。幽美在于深藏,景藏得越深越富有情趣,越显得幽美。这种景观常见于三面或四面环山、一方出口的山间小盆地,这里往往是建筑寺庙的理想之地,故有"深山藏古寺"之说。如五台山的寺庙(见图 2-11)、峨眉山的伏虎寺、泰山的普照寺、当阳的玉泉寺等,很能给人以幽静的美感。

我国自然风景中的幽美之地,首推四川的青城山,素有"青城天下幽"之说。我国著名作家老舍在《住的梦》一文中说,"夏天,我想青城山应当算作最理想的地方。在那里,我虽然只住过十天,可是它的幽静已拴住了我的心灵。在我所看见过的山水中,只有这里没有使我失望。到处都是绿,目之所及,那片淡而光润的绿色都在轻轻地颤动,仿佛要流入空中与心中似的。这个绿色会像音乐,涤清了心中的万虑。"

此外,四川的九寨沟、湖南张家界的金鞭溪、湖北建始的石门河(见图 2-12)等地"幽"的特征也很突出。

图 2-11　幽美的五台山寺庙　　图 2-12　幽美的建始石门河

幽景给人的审美感受是恬静、舒适、超逸,使人悠闲自得、超然物外,助人潜心静思,最宜养性颐情。这也许是佛寺道观建于幽静之处的原因之一吧。

6. 奥(奥美、奥妙、奥秘)

以"奥"为美的景观通常在空间构景上比以"幽"为美的景观更为复杂深隐、封闭迷离。如崖壁环绕、通道如隙的山间小盆地,曲折深奥的溶洞、石林景观均属此类。游人入乎其内,顿感奥秘无穷,幽深莫测,如扑朔迷宫。号称"天下奥"的武陵山区,峰密林茂,遮天蔽日,溶洞棋布,迷离神奇,对探幽访奥的游客具有很大的吸引力。以"奥"为美的典型景观还有桂林的芦笛岩(见图 2-13)、贵州的织金洞、云南的路南石林等等。

奥美的景观给人的审美感受是隐秘奇特,扑朔迷离,置身其间有别有洞天、超逸若仙的感觉,其美育功能是易于激发人们的好奇之心,进而对大自然的奥趣与奥秘进行深思和探索。

图 2-13　宛如迷宫的芦笛岩

7. 旷（旷远、辽阔）

浩淼的水面、坦荡的平原、苍茫的草原（见图 2-14）及登高峰而俯瞰群山，皆可谓之"旷景"，自有一种旷远辽阔之美感。上述景色的共同特点是视野极广、极远，一望无际，与"幽"景绝然相反。旷景具有雄浑、博大、深沉、单纯之势，在单纯与变化的协调中透出无限生机，对生活空间狭小、视域封闭的都市居民很有吸引力。我国典型的"旷美"景观首推"八百里洞庭"，故有"洞庭天下旷"之说。登岳阳楼远眺，方知"巴陵胜状，在洞庭一湖。衔远山，吞长江，浩浩汤汤，横无际涯；朝晖夕阴，气象万千。此则岳阳楼之大观也"。（范仲淹《岳阳楼记》）

旷远之美的景观，给人的审美感受与美育功能是使人视域空间开阔，心境开朗豁达，行事干练沉着。

图 2-14　辽阔坦荡的呼伦贝尔大草原

8. 野（天然、质朴）

以"野"为美的景观多见于原始天然、纯真古朴、富有野趣的景观，其一般很少受人类的干扰、雕饰或破坏。目前以"野"为美的景观已经不多，但还是可以寻觅到一些。例如：有大漠荒原之野的美（"大漠孤烟直，长河落日圆"），有山林之野的美（"返景入深林，复照青苔上"），有边塞之野的美（"走马川行雪海边，平沙莽莽黄入天"）。还有那美人的天生丽质，村姑的淳朴无娇等。它们的共同特点是妙境天成，绝少人为造作，可谓"天然无雕饰"。在环境污染、生态失衡的当代，人们亲近大自然、返璞归真的愿望非常强烈。具有天然野趣的风景区是人们特别向往之地，日益受到旅游者的青睐，如青藏高原（见图2-15）、喀纳斯（见图2-16）、九寨沟、张家界、神农架、小三峡、野三河等。

具有天然野趣之美的景观给予人的审美感受和美育功能是，具有自由自在之趣，苍凉悲壮之慨，助人童心不泯，使人心灵净化，促人率直磊落。

图2-15　天然美的青藏高原　　图2-16　原始美的新疆喀纳斯湖——月亮湾

9. 秘（神秘）

神秘是一种虚幻神奇、深奥莫测的审美风格。神秘感既不是一种平和的感受，也不给人造成巨大的精神张力，而是一种耐人寻味的深层次的美感。随着人类社会科学技术的不断进步，神秘的自然之谜、人文之谜不断地被人类揭开，但仍有不少的自然与人文景物笼罩在神秘的面纱里，吸引着人们的眼球，撩动着人们的心弦。诸如自然景观中的极地景观、海底世界、沙漠腹地、原始森林、高山冰川乃至宇宙空间，人文世界中的墨西哥玛雅文化景观之谜、埃及金字塔之谜、智利复活节岛雕像之谜、新疆楼兰古城之谜、湖北神农架的野人之谜（见图2-17）等，无不蕴藏着无数玄妙的神秘之美，吸引着、等待着人们去发现和欣赏。

图 2-17　自然秘境神农架

二、色彩美

色彩在构景中起着非常重要的作用，它与形象美相比，对人的感官更富有刺激性。姹紫嫣红的花草树木（花是色彩的"天使"），光彩夺目的朝晖夕阳，色彩斑斓的云霞彩虹，晶莹光洁的冰雪雾凇，流光溢彩的江河湖海，无不以其特有的色彩引人注目、诱人欣赏。

自然景观的色彩可分为山色（近山绿而远山蓝，渐远渐淡，层次可辨），石色（如丹霞山、黑石山、白石山、火焰山、紫金山、红石峡等），天色（如朝霞、彩云、雾霭等），水色（如九寨沟的五花海、黄龙的五彩池（见图2-18）、鸭绿江、漓江、清江等），植物色（如花卉、红叶等）。

图 2-18　四川黄龙彩池

古往今来，有许多关于自然景物色彩的歌咏与描写，如王勃的"落霞与孤鹜齐飞，秋水共长天一色"，白居易的"日出江花红胜火，春来江水绿如蓝"，杜牧的"停车坐爱枫林晚，霜叶红于二月花"，范仲淹的"浮光跃金，静影沉璧"，均可谓千古绝唱。朱自清先生把浙江仙岩的梅雨潭的绿水比作"一张极大极大的荷叶"、"一块温润的碧玉"。他将梅雨潭的绿形容为"醉人的绿"、"女儿绿"。他在《绿》一文中对自然景物的色彩美进行了高超的描述。

我第二次到仙岩的时候，我惊诧于梅雨潭的绿了。
……
我的心随潭水的绿而摇荡。那醉人的绿呀！仿佛一张极大极大的荷叶铺着，满是奇异的绿呀。我想张开两臂抱住她，但这是怎样一个妄想啊。

这平铺着、厚积着的绿，着实可爱。她松松地皱缬着，像少妇拖着的裙幅；她滑滑的明亮着，像涂了"明油"一般，有鸡蛋清那样软，那样嫩；她又不杂些尘滓，宛然一块温润的碧玉，只清清的一色——但你却看不透她！

我曾见过北京什刹海拂地的绿杨，脱不了鹅黄的底子，似乎太淡了。我又曾见过杭州虎跑寺近旁高峻而深密的"绿壁"，丛叠着无穷的碧草与绿叶的，那又似乎太浓了。其余呢，西湖的波太明了，秦淮河的也太暗了。可爱的，我将什么来比拟你呢？我怎么比拟得出呢？大约潭是很深的，故能蕴蓄着这样奇异的绿；仿佛蔚蓝的天融了一块在里面似的，这才这般的鲜润啊。

那醉人的绿呀！我若能裁你以为带，我将赠给那轻盈的舞女，她必能临风飘举了。我若能挹你以为眼，我将赠给那善歌的盲妹，她必明眸善睐了。我舍不得你，我怎舍得你呢？我用手拍着你，抚摩着你，如同一个十二三岁的小姑娘。我又掬你入口，便是吻着她了。我送你一个名字，我从此叫你"女儿绿"，好么？

色彩美最易于被人直观感受，对旅游者最富有吸引力。美丽的色彩能给游人带来赏心悦目的感受，乃至令人兴奋、神往、想象。

三、动态美

运动是生命的表现，运动具有力度，富有气势，运动所产生的美感能令人精神振奋，促使人们神思与遐想、激励和追求。如观钱塘江潮、看黄果树大瀑布、赏黄山云海等都可以有这种感受。

自然风景中的动态美，主要是由波涛、飞瀑、溪泉以及云雾的运动等自然景观所构成的。自然界中的风是形成动态美的主要动力之一，如垂柳拂岸、云雾缭绕等。

在特殊情况下，空间位置并未得到改变的物体（即静止不动的物体）也能产生动态感。例如，因岩石的纹理与植被的特殊组合关系形成漓江岸边的"九马画山"的景观（见图 2-19），隐约显现出众马奔腾的图案。特殊的造型与组合更能产生动态美感。如雁荡山有"灵猫捕鼠"景观，是相对的两崖上各有一石，酷似一猫一鼠，审美联想作用使人觉得好像猫追鼠逃，虽然这两块石头千年不动，却具有较强的动态美感。

在旅游审美过程中，想象力丰富的人往往善于发现动态美，更能欣赏动态美。

图 2-19　九马画山　　图 2-20　西澳大利亚地貌（这不是瀑布而是岩石）

四、朦胧美

朦胧美是相对于清晰而言的，如透过云雾看风景时，云雾中的景物若隐若现、模模糊糊、虚虚实实，使人产生神秘、幽邃、玄妙之感，易引起观赏者许多遐想。朦胧能使物体界线显得模糊，轮廓显得柔和，给人以虚无飘渺之感。朦胧不是"挡美帘"，而是"遮丑纱"，在特定的条件下，景色妙在模糊，美在朦胧。若清晰可见，其丑处则显露无疑，而朦胧则能"弥补"某些先天不足，显示出神奇的美感。如"月下看佳人"（即使佳人脸上有雀斑、麻点）就含有这方面的道理。又如云雾中的神女峰。游三峡于云雾中看神女峰，惟妙惟肖（见图 2-21）。若晴天用望远镜观之，看到的只是一块普普通通的石柱，令人大失所望、兴味索然。再如烟雨中的西湖（"山色空濛雨亦奇"），朱自清先生描写的《荷塘月色》，从审美的角度看，都体现出"朦胧美"的浓厚特色。"距离产生美"也含有"朦胧美"的意思。

中国人在审美上有欣赏朦胧美的偏爱，如"晴湖不如雨湖，雨湖不如雾湖，日湖不如夜湖"之说；人们对"雾失楼台、月迷津渡"等朦胧美景情有独钟。

游览中要想采获丰硕的朦胧美果实，关键在于变被动接受的欣赏心理为主动创造的欣赏心理，展开想象这双自由翱翔的翅膀。

图 2-21　朦胧美的神女峰

五、听觉美

听觉美又称声音美。在诸多自然景观中，听觉美有着丰富的内容，如高山流水、泉水叮咚、瀑落深潭、泉泻清池、惊涛拍岸、风起松涛、雨打芭蕉、幽林鸟语、寂夜虫鸣、稻香蛙唱等。概括起来，具有代表性的是水声、风声、雨声、鸟语等。在特定的环境中，它们能给人赏心悦目的音乐般的美感享受。

自然风景美中除上述五种表现形式外，还有嗅觉美（如梅花暗香、丹桂飘香、风送荷香）、质感美（如地毯式的草地）、巧合美（如曲阜孔庙的"五柏抱槐"、张家界的"神鹰护鞭"、雁荡山的"灵猫捕鼠"）等，它们共同构成丰富多彩的风景美，吸引着人们去发现，去研究。

第二节　自然风景审美观赏方法

伟大的先哲康德说过："一个能够在自然中发现美的人，是一个具有优美灵魂的人，值得令人尊敬"。可见善于在大自然中发现美对于人生有多么重要。怎样才能在大自然中敏感地发现美呢？其中一个重要的问题是观赏自然风景的方法问题。

如何有效地观赏风景呢？简单地说，离不开知识、方法、距离、角度、时间和情感。根据传统的赏景经验和自己的实践体会，我们总结出六个基本方法，即"观景先知，动静结合，变换视位，选择时机，抓住特点，调动情感"。可以将其称为"游览赏景的二十四字诀"。

一、观景先知

我们的审美感知不只是五官的感受,而且带有一定的理解、领悟因素。因此,当你要到某一自然风景地游览时,首先应了解一些该风景地的景物特点以及有关知识,这就是人们常说的"游景先问",这对观赏效果是大有好处的。例如:长江三峡中瞿塘峡的主要特征是"雄",巫峡的主要特征是"秀",西陵峡的主要特征是"险"或"奇",其成因主要是地壳的抬升和江水侵蚀的相互作用。如果游览之前对这些特征及其成因以及一些故事传说有所了解,游览观赏时就会特别注意,使了解到的知识在游览的实践中得到印证和深化。又如,武当山是中国著名的道教文化圣地、中国国家重点风景名胜区,1994年12月被列入《世界遗产名录》。武当山的美主要表现在人文景观与自然景观的结合,即建筑美与山水美的结合上。如果对有关知识了解不多,游览时可能会收获甚少,甚至感到失望。有的人到武当山游览后发出"不上武当想武当,上了武当上大当"的感叹,原因之一恐怕与此有关。只有对观赏对象有较充分的了解,才能有重点、有目的地进行游览,以便核对、印证、充实、深化已有的认识,从而获得最佳的旅游效果。

二、动静结合

动静结合即动态观赏与静态观赏相结合。动态观赏实际上是一种游览,或步行,或乘车,或乘船,这种游览方式比较适合观赏宏观之景或密集之景。动态观赏的特点是快捷、经济,如乘舟游览河流两岸风光。这种观赏方式对于游客具有较大的吸引力。如长江三峡、漓江、清江等,采用乘船游览活动这种动态游览方式。

静态观赏是旅游者在一定的位置上停留,面对风景的一种细致的欣赏活动,或注目观赏,或缓慢地移动视线,仔细品味其中的美感与奥妙,它比较适宜对精细、复杂、微观之景(如溶洞、奇石等景观)的观赏。

对动态与静态这两种观赏方法的选择,主要是视游览对象的特点与性质而定。需要强调的是,动观一般追寻天趣与动美,静观通常寻求情趣与静美。两种方法交替使用,方能领略景观的全貌,获得整体美感。事实上,动中有静、静中求动、动静结合的观赏方法,也符合旅游者在搜奇揽胜过程中的心理、生理节奏。只有这样,旅游者才能全方位享其美趣,得其神韵。

三、变换视位

我们所观赏的自然风光等旅游景观都是以整体连续的空间形式展现在眼前的,如同观赏连续不断的立体风景画面,这些画面有近有远,有大有小,而且随观赏者的动态游览的相对位置而变化,可以说是远望近观,各得其妙。要想完整地、深入地游览赏景,必须做到远近结合,宏微结合,远望得"势"(把握总体特征,有些景观造型,远观其形象逼真,一旦近看则面目全非),近观取"神"(把握细节与精华)。一般地说,壮观美、朦胧美、广袤美宜远眺,优美、奇美、细美宜近看;粗犷豪壮之美宜远看,精细灵巧之美宜近观。具体到自然景物来说,丛山、大海、悬崖、草原等宜远眺,稀树奇花、珍禽异兽、假山奇石宜近看。此外,"横看成岭侧成峰,远近高低各不同",还要善于变化游览观赏的地点、高度与视角,以达到移步换景的观赏效果。如三峡黄牛山毛泽东安卧像以在乐天溪口观赏位置为最佳。一般地说,远视可揽全景和整体的美(见图2-22),近看可观局部、细致的美,仰视足以显示景物的雄伟、高峻,平视可见景象开阔、辽远,而俯视则见其纵深层次,尽收眼底("欲穷千里目,更上一层楼","俯首群峰低,放眼天地宽")。

图 2-22 湖北建始野三河彩蝶瀑

四、选择时机

山水的自然美,随着春夏秋冬的季节更替和阴晴雨雪的天气变化乃至昼夜的变化而变化。古人曰:"春见山容,夏见山气,秋见山情,冬见山骨","夜山低,晴山近,晓山高"。这种变化的美,因时而异,各具特色。春季繁花遍地,鸟语花香;夏季草木苍郁,生机盎然;秋季天高云淡,硕果累累;冬季银装素裹,琼楼玉宇。四时之美,各有千秋。欣赏自然美要根据具体景物的特点,善于选择时机。如果到北京香山游览,最好是在秋季,观赏满山红叶,一饱眼福。又如观赏浙江"钱塘潮"、大理"蝴蝶会"、吉林的"树挂"(雾凇)都只有在特定时间前往才能得以欣赏。

自古道"良辰美景",自然界中的有些美景须待良辰才能被很好地欣赏。有些景观的美随天气条件而变化,在不同的天气条件下,观赏的效果大不一样,必须根据"因景制宜、因时制宜"的原则善于选择。如黄山的人字瀑,平时水量很小,很难形成"人"字,只有当大雨过后、水量大增之时,才能观赏到"人"字瀑的奇妙景观。至于西湖,则是晴日、雨天各有韵味和特色("水光潋滟晴方好,山色空濛雨亦奇"),关键在于如何把握景物特点,因时制宜地进行观赏。

五、抓住特点

我们所观赏的自然风光等旅游景观千姿百态,各具特点。对于自然景物而言,旅游审美中应注意抓住景物的特点,如形态美(雄、奇、险、秀、幽、奥、旷、野、秘等)、色彩美、声音美、动态美、静态美、朦胧美、巧合美、象征美等。抓住了自然景物或旅游景观的特点,将会大大提高游览观赏的质量。

六、调动情感

我国传统的风景欣赏经验很强调外在的景观与观赏者自己内心情感的交融,做到观景生情,以景悟情,以景激情,达到物我同一。这就要求旅游者对风景美较为敏感,具有丰富的情感和活跃的思想,做到"登山则情满于山,观海则意溢于海",迁想妙得,与大自然产生共鸣,而这些又是与个人的游览观赏经验、文化修养、美学素养及心理素质相联系的,特别是与游览者的想象能力分不开的。如苏东坡赞美西湖"欲把西湖比西子,淡妆浓抹总相宜",是在观赏的过程中展开了丰富而美好的想象与联想,将西湖的风光美与西施的人体美进行类比,别具一格地抒发了这一千古绝唱的赏景情怀。又如,法国美学家麦尔眉把山河类比为父母,他说,"山河之美使我想起了我的父母亲,我的父亲是一座山,既庄严,又吝啬。你想得到他的一块矿石,得付出比采矿石多几倍的血汗;我的母亲是一条河,她给我犹如流不尽的河水,你提千桶万桶她也不嫌多",亦可谓人与自然审美观照中的迁想妙得。如果说科学研究要控制情感的话,那么赏景审美活动则是情感越丰富越好。最后,需要说明的是,游览观赏中情景交融的出现每每有一定的条件,这与缓步漫游、凝视静观、精神自由等是分不开的,来去匆匆、走马观花、心绪不宁是达不到情景交融的审美效果的。

第三节 中西山水文化审美比较

中国人与西方人在对山水审美的视角、偏爱、情趣、内在意蕴、人文性表现等方面，有着各自不同的特点：

一、山水审美的出发点不同

在中国，"比德说"的审美思想一直制约着中国人对自然美特别是对山水美的欣赏习惯。人们深受重现实和世俗、重实践理性的儒家文化的影响，在山水审美中习惯将山水看作理想、追求、憧憬、道义以及人格等的象征。"智者乐水，仁者乐山"就是对这一倾向的高度概括，"比德"特征明显（"比德"就是赋予自然山水以仁智等道德人格，然后通过审美观赏，从山水中获得道德启示）。

西方人对山水自然景色的欣赏，不会寄托这么多的道德伦理内容。他们对山水的欣赏主要出自两点：一是纯粹欣赏自然的形态美，二是感受自然与人的心情的契合，"畅神"特征明显（"畅神"就是旅游主体将自然界当作审美对象，在欣赏性的旅游活动中得到神情舒畅、极视听之乐的审美愉悦）。

二、山水审美偏爱不同

从整体上说，奇峰怪石、江河湖海、溪流瀑布、奇树异花，中国人与西方人都是喜欢的。但如果我们从广义上理解自然山水的概念，那么仍会看到一些或大或小的区别。

中国人与西方人对水的审美着眼点有所不同。中国人爱水的柔和、润滑、洁净、秀雅等阴柔美形态；西方人的性格、心理与中国人有些不一样，同样是爱水，他们除了爱水的柔和、润滑、洁净、秀雅等阴柔美形态外，还特别对它的辽阔、汹涌、澎湃等阳刚美形态感兴趣。因此，他们更喜欢海洋以及与此有关的海湾、海岛、海滩等等。

中国人因为对自然抱有一种人格化的审美倾向，故而大至自然山水，小至树木花草，都将理想人格投射进去，如偏爱"岁寒三友"（松、竹、梅）、"四君子"（梅、兰、竹、菊）式的自然生物便是基于此。不同的是，西方人除了爱好直接生长在山水中的植物以外，还喜欢弥漫在山水上空的空气和阳光。中国人虽然也喜欢太阳，但更偏爱月亮，例如古今咏月诗文不计其数，而歌颂太阳的诗文相对较少（政治性的诗歌除外）。在西方文化中，日神阿波罗始终占有极其重要的地位。

中国人在山水游览中，特别喜欢空灵、神奇而又虚幻、玄秘的景色。如峨眉山的佛光、蓬莱仙境和许多以"仙"、"神"、"佛"、"龙"等为名目的景观。四川乐山卧形"隐佛"（乐山大佛位于"隐佛"心胸部位）的发现吸引了众多游客的观赏，这就是中国人旅游虚幻审美的典型。由于西方人具有爱激动、易兴奋、敢于冒险的性格特征，故他们更喜欢险峻壮丽的景观，如峡谷、险峰、峭壁、瀑布、大海等等。

三、山水审美情趣不同

中国人欣赏自然山水,认为最高境界是人与自然的融合,讲究物我同一。西方人在欣赏自然山水时却是将人与景置于不同的位置进行"交接"或"对接",互作观照,而不是完全融合、不分彼此。如"人闲桂花落,夜静春山空","感时花溅泪,恨别鸟惊心",这种中国人津津乐道的美文佳句,西方人也许认为是无病呻吟或小题大做,因为景中之"我"难以觅其踪影。

四、山水景观的人文性表现不同

在山水景观的人文性表现上,中国人甚于西方人。但具体方式也有所不同。中国的山水景观的人文性表现主要形式为特色点化(如"泰山天下雄"、"峨眉天下秀"、"黄山天下奇"、"华山天下险"等),诗文的描绘(如苏东坡咏杭州西湖的诗句等),神话故事与传说的渲染(如三峡神女峰的故事传说),与宗教的结合(如"天下名山僧占多")。相对来说,西方的一些自然山水景点就没有中国这么强的人文性色彩,除了一部分纯粹以本身的形态魅力吸引游客的景观外,带有人文性的景观,主要是戏剧、小说描绘的环境和传说依附。在人文性的描绘上,中国大多是歌颂善良、勇敢、智慧和战胜邪恶,结局圆满,而西方大多带有传奇和悲壮的色彩。

对上述中西山水文化审美差异,我们可以概括并归纳如表2-1。

表2-1 中西山水文化审美比较

	中　　国	西　　方
审美出发点与追求	意境美,"比德"("智者乐水,仁者乐山")	形态美,"畅神"
审美偏爱	山水,"岁寒三友"、"四君子"式生物,虚幻景,阴柔美(如歌咏月亮,月神崇拜)	大海、阳光、险峻美、阳刚美(如讴歌太阳,日神崇拜)
审美情趣	情景交融,物我同一	人景交接,互为观照
山水景观的人文性表现	显著。表现为特色点化、诗文描绘、神话与传说渲染,与宗教结合等	不显著。主要表现为戏剧与小说描绘的环境,传说依附等

复习思考题:
1. 举例说明自然风景美的主要特征或主要形式。
2. 怎样观赏风景?结合你自己的旅游审美实践谈谈体会。
3. 试对中西山水审美观进行比较。

案例阅读：

西湖品秀

图 2-23　杭州西湖

杭州西湖，是秀丽的典型。

和壮美不同，秀丽是一种明媚鲜妍的美，给人以清新、自然、亲切、喜悦的审美感受。

壮美给人以激励，秀美给人以陶醉。壮美是人与自然的对立，由对立走向和谐；秀丽是人与自然的亲和，由亲和走向融洽。一为激励人的精神，一为陶冶人的性情。

秀丽似醇酒，使你久久陶醉在清香之中。

西湖美景，使人陶醉！

蓝天白云，湖水澄碧，绿树掩映，雀噪莺鸣；天上人间，美丽如画。三面环山，层峦叠嶂；一湖中嵌，波平如镜；把天上云霞变幻的美景尽收眼底，船行湖中，有人行天上之感。苏堤、白堤像两条锦带，将湖面分割装点；三潭印月、湖心亭、阮公墩三个湖心小岛，像玛瑙点缀在美丽的镜面上，使人有心旷神怡之感。晴天有晴天的美景，雨天有雨天的诗意，还是苏轼的诗表达得好："水光潋滟晴方好，山色空濛雨亦奇。欲把西湖比西子，淡妆浓抹总相宜。"（《饮湖上初晴后雨》）纵观西湖全景，无不透露出秀丽的特色。

西湖美景，不仅如苏轼所说，是一种色彩与景色交汇的美景，如晴天的艳丽、雨天的空濛；而且也是一种声画交织的美景。如西湖十景之一的"柳浪闻莺"，烟花三月，千万柳枝摆动，浓阴深处，婉转莺啼阵阵传来，使你眼观美景，耳听美音，不是仿佛置身于神仙的境地么？加之在柳絮飘飞之时，还可以观赏到樱花、海棠、绣球、月季等各色花卉,不是使你更心旷神怡吗?

西湖之美,又是一种情景交融的美。如"三潭印月","天上一轮月,湖中影成三"的奇丽景象,素有"小瀛洲"之称。湖中有岛,岛中有湖。明月当空,湖水静谧,倒影如画,塔影幢幢,一种清幽、含蓄的美,会引起你无穷的神思遐想,使你在静谧优雅的境界中获得心理上的平衡,让你在平心静气之中获得精神境界的飞跃。无怪乎[明]万达甫有诗叹曰:"青山如髻月华浓,塔影浮沉映水空。只恐清风生两腋,夜深飞入蕊珠宫。"(《三潭印月》)这位老先生不也飘飘欲仙了吗?

西湖的美,也是一种坦荡、舒畅的美。不是吗?当你漫步在苏堤,湖水碧绿,柳枝泛绿,桃花争艳,远山含翠。此情此景,不是使你的烦恼顿消,心情十分舒畅吗?

西湖的美,又是山水相映成趣的美。山无水不媚,水无山不壮;山水相映,情趣盎然。群山环翠,又有孤山、飞来峰、北高峰、南高峰、宝石山、烟霞洞、黄龙洞、千人洞等美景,宛如给湖水戴上美丽的花环,加上阴晴雪雨的气候变化,在联系中显示无穷的情趣。

西湖的秀丽之美,使你乐滋滋、喜淘淘,欣慰、舒畅,别有一番滋味在心头。

(摘自张道葵:《自然美的特征与欣赏》,北京:文津出版社,1990年出版。略有改写)

黄山探奇

图 2-24　安徽黄山

黄山之高、之奇、之峻、之险，往往使人叹为观止。

纵观中国的名山，高峻奇险之代表者，当首推黄山。

黄山之高，真有点"刺破青天锷未残"之感。莲花峰居于黄山群峰之冠，海拔1860米；次为光明顶，海拔1840米；再为天都峰，海拔1810米。它们均给人昂首天外之感。黄山之高，是拔地而起，不是层层叠高，也不是孤峰突出，而是回峦叠嶂，群峰对峙，大小72峰，互相映衬。所以它的高，又是与"深广"相结合的，显得深厚凝重，气势磅礴。

仅仅是高，尚不能构成美的必然条件。为什么许多比黄山高的山不美，而独美黄山呢？因为黄山之高是与"奇特"结合在一起的。她得天独厚，大自然把那么多奇特的山峰一下子荟萃在黄山地区，叫你目不暇接，令人心驰神往。群峰诸岭，各以其奇特的形象，像一幅幅慢慢展开的画卷，逐渐地一一展开在你的面前：天都峰像一个顶天立地的英雄汉，接受千峰的叩拜；蓬莱三岛，小巧俊秀，在浓雾中隐现，极似神仙世界中的三姊妹；莲蕊峰，恰似含苞待放的莲花蕊心，又似扁舟泛游大海；牛鼻峰山，有两石似牛，构成"犀牛望月"的美景；黄山第一高峰莲花峰，像一朵硕大无比的莲花；鳌鱼峰，极似一条张嘴遨游的大鳌鱼；峰前几块巨石似螺蛳，构成意趣横生的"鳌鱼吃螺蛳"美景；仙桃峰，上尖下圆，貌似仙桃；狮子峰，像一只卧伏的雄狮；"梦笔生花"，一石峰拔地而起，酷似毛笔，构成"梦笔生花"的佳境；不远处又一小峰拔地而起，顶分五岳，极似笔架，与"梦笔生花"对称呼应，有"笔"有"架"，山水美与人的生活美联系起来，大自然也有了人间的情趣。还有一些奇峰构成"喜鹊登梅"、"双猫捕鼠"、"麒麟送子"、"仙人指路"、"天鹅卵蛋"等奇妙佳境。这些山形，与人们生活中美好的事物联系起来，使你产生一种亲切感；而她们又比所喻之物高出千百倍，使你产生惊讶的崇高感；这种双重的审美心理，使你陶醉在大自然的神奇峻秀的美之中。

黄山之奇，又与峻险相结合。黄山并不把她的奇景一下子展现在你的面前，而是逐步献给不畏险阻的跋涉者。无限风光在险峰，只有攀登上一个又一个险峰，才能尽情领略黄山的风光。不爬陡峭的天梯，不走过惊险的鲫鱼背，就到达不了天都峰，就领略不到千峰竞秀、天上人间的天都美景，感受不到极目远眺、心旷神怡的超然世外的审美境界。黄山群峰，峰峰奇特。当你汗流浃背爬上一个个名峰，既欣赏了奇峰美景，又产生了对自己力量确证的胜利感和喜悦感，从而产生一种精神奋发的力量，进入自然审美的最佳境界。

黄山之奇又是与云的诡异变化相联系的，构成浩瀚、空蒙、磅礴、瑰丽而又带有梦幻般的壮丽美。黄山由于特殊的地理、气候条件，云雾特多，一阵又一阵涌来，忽而涌来，忽而飘逝；似面纱、似美裳，装点着奇妙的黄山；黄山的云，又是瞬息万变的，一会儿似轻纱，一会儿似海浪；一时遮盖山峰，一时缠绕山腰；

一时铺天盖地，一时飘向天际；一时虚无缥缈，一时如银装素裹。如遇太阳初升或夕阳西下时，那云海又被染上灿烂的色彩，其美无穷。之所以会出现"猴子观海"的趣境，我看是云海的功劳。云海的漫涌、波动，才会衬托出猴山像真猴似的灵巧；云海的深广，又衬托了猴子遐想的神态。没有云海，此景的美感将大大地减色。

　　黄山的石，也是奇特的。石之奇与山之奇是相系的，这种联系又能构成无数奇妙的美景。正如方镜亮先生所指出："在波澜壮阔的峰海里，争相崛起的巧石，好似无数明珠撒落其间，把黄山点缀得分外绮丽、动人。这些巧石千姿百态，逼真逗趣，似人、似物、似禽、似兽，惟妙惟肖，丰富多彩，如同出自能工巧匠之手。"(《黄山散记》"巧石天成")从而构成"金鸡叫门"、"松鼠跳天都"、"猴子望太平"、"双猫捕鼠"、"犀牛望月"、"金龟探海"、"五老上天都"等奇景。

　　山无水不秀媚，山有水则神逸。黄山之水，亦为奇绝：有温泉、有溪流、有瀑布。当大雨初歇，溪水似白龙奔腾而下，蔚为壮观。人字瀑以其神奇的姿态，似两柄倚天神剑，耸立在你的眼前；更为壮观的是当大雨如注之时，千百条大小瀑布沿青峰而下，使你仿佛置身于水晶宫中，银光闪耀；又似听庞大的交响乐，心中充满着响亮的音乐。

　　黄山松又是一绝，不仅古朴苍劲，旁枝斜出，顶平如盖，而且形象奇特。如迎客松、接引松、黑虎松、凤凰松……给你以苍劲、刚强、奇特、凝重的审美感受，更惊叹它在石多土少的峰间生长，该有多么顽强的生命力啊！

　　总之，黄山的特征在于峻险、磅礴、雄奇、高超，又无处不体现"奇伟"二字。

　　黄山之奇，是峻险之奇、雄伟之奇。

（摘自张道葵：《自然美的特征与欣赏》，文津出版社，1990年。略有改写）

第三章 中国古典园林与审美观赏

【学习导引】

　　古典园林在我国旅游资源中占有重要地位,是我们旅游审美的重要对象之一。园林被称为"凝固的诗,立体的画",具有很高的审美价值。本章讲述了中国古典园林艺术与审美的基本知识,如我国造园艺术的基本美学思想,园林艺术创作手法,园林的分类方法,园林要素及其审美,园林构景手法与审美;重点介绍了园林游览与观赏方法;简要地进行了中西古典园林艺术审美比较。旨在帮助学生提高园林审美文化素养。建议学生除了学好本教材介绍的园林知识外,在课外适当阅读一些园林文化方面的书籍,以加深对本章知识的理解。

【教学目标】

　　1. 认识和理解我国造园艺术的基本美学思想与园林艺术创作手法。
　　2. 认识并掌握皇家园林、私家园林、宗教园林的主要审美特征与造园艺术特点。
　　3. 掌握园林游览与观赏方法。
　　4. 了解中西园林文化审美的差异。

【学习重点】

　　中国造园艺术的特点,园林要素及其景观审美,皇家园林与私家园林的主要审美特征与造园艺术特点。

　　园林是指在一定的地域运用工程技术和艺术手段通过改变地形(筑山、叠石、理水)、种植花草、营造建筑和布置园径等途径而形成的休闲与游憩境域。
　　古典园林在我国旅游资源中占有重要地位,例如中国十大风景名胜中就有两大风景名胜属于古典园林,即苏州园林与承德避暑山庄。中国园林艺术历史悠久(起源于商周时代的"囿",即帝王游猎、娱乐和进行礼仪的场所。秦汉改称为"苑",唐代达到成熟时期,明清时代达到高峰),风格独特(设计精湛,布局奥妙,巧夺天工,富有诗情画意,有"凝固的诗,立体的画"之美誉),在世界园林艺术中享有盛名,被誉为"世界园林之母"。中国园林艺术包含有丰富的古典美学思想,具有很高的观赏与游览价值。园林文化在中国文化中占有很高的地位,它与京剧、烹饪、山水画并称为中国的"文化四绝",是我国旅游文化资源中的瑰宝。近年"城市园林化"呼声日益高涨,山水园林城市备受青睐;旅游景观设计中的园林艺术得到普遍应用,园林艺术必将迅速普及并不断提高水平。

第一节 中国古典园林艺术概述

一、中国造园艺术

1. 我国造园艺术的基本美学思想

中国古典园林景色富有诗情画意(诗是园林造景的理论,画为园林造景的蓝本。这与园林设计者多是诗人、画家有关),追求"三境"(生境、画境、意境),追求自然,追求情趣,追求含蓄,追求小中见大,追求集多种艺术于一体(如诗歌、书法、绘画、雕塑、建筑等),讲究情景交融。造园艺术是儒家以"中和"为美、道家以"自然"为美、禅宗以"空灵"为美三种古典美学思想的综合体现。

园林艺术并不以建造房屋为目的,而是将大自然的风景素材通过概括与提炼,使之再现,供人观赏。它虽然为人工建造,但力求具有真山真水之妙,以达到身居闹市而享受山水风景的自然美与天然野趣之目的。它刻意创造一种小中见大、空灵玄远的精神空间,供人们游乐观赏,养性颐情。中国园林寄托着人们对祖国大好河山的眷恋之情,创造了人与自然和谐相处的艺术,并表达了中国传统文化中的经典美学思想。

2. 园林艺术创作手法——巧于"因""借"

(1) 因地制宜。自由灵活布局,追求自然美(见图3-1)。

图3-1 因地制宜的北海园林建筑

（2）空间分隔。多用假山、花墙作为隔景与屏障，以达到含蓄、曲折之目的。中国园林有"园必隔，水必曲，隔则深，畅则浅"之说。

（3）空间对比。注意大小、开合、抑扬等，以引人入胜。

（4）空间的渗透与构图的层次体现（如漏窗的泄景、引景作用）。

（5）对景与借景。对景是在园内主要的游览线或视线方向布置景物，即连接对应景象；借景是把园林的景物巧妙地组合到园内来，以强化景象深度与广度，丰富观赏内容，提高观赏效果。

3. 园林造景要谛——"五要"与"五避"

（1）在有限的空间里，要再现自然山水的美，寓意曲折含蓄，引人探求、回味。避免全盘托出，一览无余。

（2）造山挖池，要巧夺天工，避免矫揉造作。

（3）建筑物的设置，要与周围环境有机结合，避免画蛇添足或争奇斗胜。

（4）景物的安排，要有构图层次，突出重点，避免喧宾夺主。

（5）景物的组织，要和谐统一、有连续性，避免杂乱无章、断径绝路。

二、中国园林的分类

园林的类别很多，从不同的角度，有不同的分类方法。例如，根据园林所占据的空间大小分类，根据园林建造的时间分类，根据园林所在的地理位置分类，根据园林构素的组合形式分类，根据园林选址的地形特征分类，根据园林的归属性质分类，根据园林艺术所表现的民族风格分类，等等。

中国园林通常是按归属分类，可以分为皇家园林、私家园林、宗教园林三大类别。

1. 皇家园林

皇家园林属于皇帝和皇室所私有，古籍里称为苑、苑囿、宫苑、御苑、御园等，主要集中分布在我国北方的古都北京和黄河中下游的西安、洛阳、开封等地。这种情况与北方长期是我国的政治、文化中心有关。皇家园林中的典型代表有北京颐和园（见图3-2）、河北承德避暑山庄等。其突出特点是规模较大（体现"普天之下，莫非王土"的皇权思想），气势恢弘，富丽堂皇；布局比较严整，分区明确，园中有园。建筑物的色彩浓重，色调以红、黄为主。造园受儒家文化影响较大。建筑体量相对较大，主体建筑物高大显赫，以此象征封建皇权的至高无上。平面布局中轴对称（主要是为满足政治活动的需要，如颐和园的佛香阁一带等），空间序列规整，以此体现封建王朝强烈的等级制度。建筑物与环境协调，体现了"中和为美"、"比德"的审美思想。同时，园林还具有风格粗犷、多野趣，各种人工建筑厚重有余，轻灵、委婉不足的特点。如果用一个字来概括，即"雄"。总体风格特点与我国地理环境的"北雄南秀"的地域特征是一致的,这与我国北方人的审美观(崇雄尚刚)也十分吻合。此外,北方的皇家园林在建筑结构上较敦实、厚重、封闭,有着抵御寒风和风沙之功能;建筑色彩比较富丽且以艳色和暖色为主,给严寒的北方以暖意。皇家园林都力求在开阔的水面上布置三个岛屿,以形成"一池三山"的意境(象征传说中的海上三个仙岛——蓬莱、方丈、瀛洲),表示帝王在园林中犹如身在神仙世界。

图 3-2　北京颐和园

2. 私家园林

私家园林,又称第宅园林,多属于民间的贵族、官吏、富商、文人所私有,古籍里称为园、园墅、池馆、山庄、别业等。主要分布在江南的苏州、无锡、南京、扬州、杭州、湖州等地。选址多在城市,功能上居住、休憩、游赏三者合一。其主要特点是规模较小(如苏州园林中最大的拙政园只有 62 亩,不到承德避暑山庄的 1%),布局灵活,营造精巧,建筑体量相对较小,多假山奇水(奇石、池塘),玲珑秀雅,韵味隽永。第宅园林的主人多是文人士大夫,或由文人、画家参与设计营造,因此表现出士大夫阶层的清高淡泊、寓意深远的思想意识。中国文人重视园林建设有着深刻的文化渊源,因为向来中国知识分子的生存基座不大,思想不自由,而生活态度自由,因此不遗余力地在生活的细节中努力开拓创造空间,将万般诗书沉淀为衣食住行,从而形成了独具特色的园林建筑等文化。第宅园林风格富有文意与书卷气,清雅质朴,个性鲜明,多以写意式的山水为主体("一勺代水,一拳代山"),将大自然的山水景观浓缩提炼到诗情画意的境界,并致力于创造和表现"小中见大"、"空灵玄远"的精神空间。宋代以降,消闲主义日益抬头,文人的山水诗画更为发达,而明清时期出现的江南园林建筑,似乎就是消闲心态——静本位的一种物质形态化的象征。佛家文化、道家文化是一种"静"的文化，故易融入园林文化之中。私家园林的造园艺术受禅宗文化影响较大，以"空灵、玄远"为美，如"小中见大"、"曲径通幽"的布局，具有"空灵之美"的太湖石，景点命名上的"空心潭"、"筛月亭"等。江南园林建筑物色彩与北方园林明显不同，其色彩处理朴素淡雅，色调以黑、白为主。黑色的小青瓦屋顶与水磨砖窗框，栗色或棕色的木梁架，白粉墙等，既与青山、秀水、绿树的环境十分协调，也迎合园林主人追求闲适、宁静的心理需要，整个园林显得十分秀丽、雅致、幽静。如果用一个字来概括，即"秀"。园林总体风格特点与我国地理环境的"北雄南秀"的地域特征是一致的，其美学特征与我国南方人的审美观（崇秀尚雅）也非常吻合。此外，南方的私家园林建筑结构轻巧、通透、开敞，有着排水、防霉之功能；建筑色彩以素淡为主，给炎热的南方以凉意。建筑玲珑雅致，讲究细部处理和内部陈设。私家园林中的典型代表有苏州的拙政园、留园、沧浪亭、狮子林、无锡的寄畅园（见图3-3），扬州个园，等等。

图 3-3 无锡寄畅园

3. 宗教园林（寺观园林）

宗教园林是以佛寺、道观为主的庭园或佛寺、道观的附属园林，其总体布局常反映出"旷达放荡、纯任自然"的老庄思想的追求，通常选取环境优美或险要之地，用以象征仙境，刻意体现宗教宣扬的"天国"的感应气氛，并致力追求肃穆、庄严、神秘色彩，以达到对人产生强烈的宗教感应的目的。佛教、道教多在深山名川建造寺观，以自然景观为主作为构景方式，形成山林型的寺观园林。地处山巅的寺观，其地理特色是高山峻岭，地势险要，寺观居高临下，视野开阔，巧妙利用地形，多不饰色彩，朴实无华，与周围自然环境融为一体（如泰山绝顶的碧霞祠、青城山顶的清宫、远安的鸣凤山道观等）。地处山坳、山麓的寺观地理特色是山深林静，环境幽邃（有诗曰"深山藏古寺"，"山当曲处皆藏寺，路欲穷时又遇僧"），寺观布局取宁静清雅之利、层叠曲折之巧，具有"曲径通幽处，禅房花木深"的意境，与自然环境很融洽（如峨眉山的伏虎寺、杭州的灵隐寺、当阳的玉泉寺等）。宗教园林总的特点是幽深恬静、自然和谐。

一般而言，道教园林以建在山顶险峻之处居多，佛教园林以建在山麓幽静之处居多。宗教园林受"天人合一"的传统文化影响较大，讲究"自然和谐为美"。宗教园林除了具有寺观建筑与自然景观密切结合、宗教功能与游赏功能密切结合的特点外，还具有公开开放、任人游览的特点。这是由宗教的性质决定的。宗教旨在"普渡众生"，崇尚"乐善好施"，对于朝觐者、游览者，不管贵贱贫富、男女老少，一概欢迎，因此宗教园林具有公共游览的性质（现在作为旅游景点的除外），不同于只供少数人独享其乐的皇家园林和私家园林。

此外，中国园林还通常按地理分类，如北方园林、江南园林、岭南园林、巴蜀园林、西域园林以及风景园林、城市园林等。北方园林以皇家园林为主，江南园林以私家园林为主。岭南园林主要分布在珠江三角洲的广州、番禺、佛山、顺德、东莞。岭南园林发展历史较晚，曾师法北方园林与江南园林，风格介于北方的皇家园林与江南的私家园林之间，近代又受到西方构园方法的影响，吸收了一些西方的造园手法。岭南园林因受地理环境因素的影响，具有浓郁的热带风光特色，建筑物洗练简洁，轻盈秀雅。

三、中国造园艺术的发展演变

中国古典园林究竟起源于何时，是一个见仁见智的问题，但园林的出现至少不晚于商周时期，这个时期的苑囿已经具备了起居、游憩和娱乐的功能，可以看作中国古典园林的滥觞。从商周时期园林的雏形出现到近代公园的出现，中国园林历经几千年的发展演变，大致可以划分为以下几个阶段：

1. 萌芽期：先秦两汉

先秦时期，真正意义上的园林还没有出现，而典籍中记载的"囿"可以看作中国古典园林的前身，"囿"的主要构筑物是用土堆成的"台"，可以用来观天象、登高望远、观赏风景。历史上最早的有史可证的园林是商朝末代国君殷纣王所建的"沙丘苑台"和周朝开国君主周文王所建的"灵囿"、"灵台"、"灵沼"等。秦汉帝国的统一促进了皇家园林的发展，最具有代表性的就是秦始皇始修、汉武帝扩建的上林苑，它的范围已经扩展到了渭河的南岸。除此之外，大型的皇家园林层出不穷，例如未央宫、建章宫、甘泉宫等，这些园林都采用了"一池三山"的模式，这种模式不仅体现了秦汉统治者的求仙思想，而且对后世园林的布局影响深远，被称为"秦汉典范"。总而言之，先秦至两汉时期，中国古典园林以皇家园林为主流，风格比较原始粗犷，虽然人工雕琢的痕迹不断加强，但园林景色还是以自然生态取胜。

2. 转折期：魏晋南北朝

魏晋南北朝时期，社会动荡、政治腐败，是一个思想激荡、艺术繁荣的时代，也是中国园林史上的重大转折期。首先是风格的转变。文人士大夫阶层将自己的审美理念与园林建筑结合起来，推崇山水自然的园林，摈弃了秦汉时代以宫室建筑为中心的建筑原则，山水成为园林的主体，初步确立了中国文人园林的美学理想。由于文人雅士文化较大的感召力，文人园林的审美原则与观念对皇家园林也产生了深刻影响，由此，中国古典园林的风格大变，山水园林成为主流，数量和类型方面也有很大进展。不仅皇家园林和私家园林如雨后春笋般涌现，同时另外一种园林类型——寺庙园林也出现了。尤其是南北朝时期，佛寺道观林立，寺庙园林也应运而生，它并不表现多少宗教的意味和特点，而是更多地追求赏心悦目、畅情舒怀。民众参加宗教活动，同时也游览寺观园林。在当时的洛阳，著名的报恩寺、龙华寺、追圣寺都建有大型的园林，这些园林定期或经常开放，游园活动盛极一时。

3. 成熟期：唐宋时期

唐宋时期，中国造园艺术也由兴盛到成熟，展现出了前所未有的活力。在唐代，豪华绮丽的皇家园林如华清宫等遍布于京都的城郊，规模之大、数量之多，映射出泱泱大国的气概；清新雅致的私家园林如辋川别业等遍布名山大川，布局之优美、意境之清幽，体现了"城市山林"的美学概念；寺庙园林更是借唐代宗教兴盛发达的东风，以势不可挡的趋势出现在中国的大地上，大型寺观多已成为包括殿堂、寝膳、客房、园林四部分的庞大建筑。唐代园林规模宏大，且以水景水法取胜。宋代园林艺术进一步向精致化、含蓄化方面发展，造园艺术中模山范水的艺术达到了成熟水平，古典园林的风格基本定型。文人、画家参与到园林建筑中来，园林与诗歌、绘画、音乐等艺术形式结合得更加紧密，无论是私家园林还是皇家园林、寺庙园林，都自觉地熔铸诗画意趣，重视园林意境的创造。这一时期著名的写意山水园以汴京（今开封）西北角的皇家园林"寿山艮岳"为代表，其设计者就是以书画著称的宋徽宗赵佶。苏州园林的造园艺术已经十分精湛，叠石艺术已经达到了神似的地步，布局更富有诗情画意，著名的苏州园林沧浪亭就是宋代私家园林的杰作。

4. 顶峰期：明清时期

明清时期，中国造园艺术总结几千年来造园的经验，达到了辉煌的顶峰。皇家园林、私家园林、寺庙园林均出现了精品、珍品，同时还出现了园林艺术专著《园冶》。现存的皇家园林北京颐和园和承德避暑山庄都是古典园林艺术集大成之作。现存的私家园林以江南园林为代表。江南地区河湖密布，盛产湖石，造园条件得天独厚。江南园林以苏州、扬州、无锡、湖州、上海、常熟、南京等城市为主，其中又以苏州、扬州最为著称。《园冶》由明末著名造园家计成撰写，全面论述了园林建筑的原理和具体手法，反映了中国古代造园的成就，总结了造园经验，是研究中国古代园林的重要著作。

5. 延展期：鸦片战争以后

这一时期以公园的出现为标志，以1840年为界线，我国造园史完成了由古代到近代的转折。人们一般把1840年以前的园林称为古典园林，而把1840年以后的园林称为近代园林。公园首先出现在上海，是西方文化影响的产物，它改变了中国古代园林的性质，以供帝王、封建文人、士大夫等避暑、听政、居住、游乐等所用转变为向大众开放，赋予其新的游憩功能。1868年建造的"公花园"（今黄浦公园）是最早的一个。之后，1905年建"虹口公园"。1906年，无锡、金匮两县乡绅俞仲等筹资建"锡金公花园"，这是我国最早的公园之一。该公园具有中西合璧的特点，与上海早期的公园有着明显的不同。1949年以后，我国园林在城市建设中蓬勃发展，分布广泛，但近些年西方园林文化对我国园林建设影响较大，具有欧式风格和中西合璧风格的园林广场在城市中分布广泛。

第二节　园林要素及其审美特征

中国园林主要是由山石（假山叠石）、水（池）、花木、建筑（亭台楼阁、桥榭厅廊）四大基本要素组合而成的一个综合艺术品。

我国造园艺术深受山水诗、山水画的影响，园林建造要求再现山水的自然美，故山水是我国造园艺术不可缺少的基本要素。

一、园林中的山石

山，是园林中的"骨架"。其体量高大，可以将园林分割成不同的空间，构成不同特色的景区、景点，并形成制高点，供游人登临以便鸟瞰全园景色。我国大多数园林中的山是假山（人造山），造山叠石是中国造园的传统，其历史悠久，始于秦汉，盛于唐宋（如宋徽宗酷爱山石），精于明清（清乾隆也酷爱奇石、美石）。我国假山叠石的艺术，扬州的个园是一个典范，它以高超的假山叠石技艺而驰誉，故有"扬州以名园胜,名园以叠石胜"。

1. 假山叠石的审美功能

假山叠石的功能主要是点缀和分割空间,增添园林野趣与自然美。尤其是景石有天然的轮廓造型,质地粗实而纯净,是园林建筑与自然环境空间联系的一种美好的中间介质,故石在园林中地位十分重要,历来有"无园不石"之说。将景石用作处理死角、装饰池岸、加强山势、连接墙根、点缀门景、落地叠山、长路割切、池中点步、平地点景、景窗作陪、狭道对景等都能收到很好的造景效果。

2. 假山叠石的审美标准

(1) 以假乱真。

注重模拟自然中的真山之美,"虽由人作,宛若天成",达到"以假乱真"的造景艺术效果。评价园林中一座假山美不美,主要是看它是否具有真山的形象,是否具有一定的原始味道和天然野趣。造山不在高,贵在有脉络,有层次。假山如真方妙,真山似假便奇。

(2) 瘦、透、漏、皱、清、丑、顽、拙。

这是古人总结的品石的主要标准:

"瘦"是指石或峰要挺拔俊秀,以苗条并露出石骨为好。其用意旨在体现中国古代文人的思想情感:以山石的瘦象征文人棱角分明、刚直不阿的风骨和"衣带渐宽终不悔"的意境。

"透"是指石的纹理贯通,玲珑多孔,外形轮廓飞舞多姿。以石的通透比拟中国古代文人耳聪目明的意态。

"漏"是指石身有许多孔穴,上下相通,四面玲珑,暗喻血脉相通的活力。"透"、"漏"均寄寓着文人士大夫们对"空灵美"的追求(与受禅宗文化"崇尚空灵美"的影响有关)。

"皱"是指奇峰异石的表面有凹凸,有纹理,起伏多变,在光线下呈现出有节奏的明暗变化,寓含风姿绰约的韵味。山石有皱方能显示其古朴苍老,才富有真山之气质。

上述四字侧重于石"形"的评价。

"清"是指石、峰的阴柔秀丽之美,寓秀雅、清静之意。

"丑"是指石、峰的愚拙奇异之美,含不入流俗之意。丑石在诸品中尤为难得,富有个性,丑中寓美也。

"顽"是指石、峰的坚烈阳刚之美。

"拙"是指石、峰的浑朴敦厚之美。

上述四字侧重于石"神"的评价。

瘦、透、漏、皱、清、丑、顽、拙这八个方面在具体的峰、石中常常互相显现，这就需要仔细品味，从整体上把握假山叠石的景态美（见图 3-4）。

3. 水石的审美标准

水石（如三峡石，图 3-5）的审美标准为：色泽、纹理、形态、质地、神韵。水石是河中卵石，石中含有不同种类的矿物质，而矿物质的色泽、结晶、形态、硬度各不相同，经河水冲击搬运后形成色彩斑斓的图画和文字，似像非像，富于想象。现代不少园林用水石点缀装饰，别有情趣和韵味。

图 3-4　留园冠云峰

图 3-5　三峡石

中国古典园林叠山用的石料主要有湖石和黄石两种，因其质地、色泽、形态不同，叠出的假山也表现出不同的风格，具有不同的艺术效果。湖石山（见图 3-6）秀丽玲珑，给人以空灵精巧的美感，似亭亭玉立的少女；黄石山（见图 3-7）浑厚拙朴，具有壮伟质朴的气质，像敦厚少文的伟丈夫。黄石山起脚易，收顶难；湖石山起脚难而收顶易。堆山叠石，黄石山要浑厚中见空灵，湖石山要空灵中寓浑厚。

图 3-6　太湖石叠山

图 3-7　黄石叠山

中国园林的假山叠石造型方法多样，通常有安、连、接、斗、挎、跨、拼、悬、卡、剑、垂、挑、飘、戗、挂、钉、担、扎、垫、杀、转、压、顶、吊等（见图3-8）。

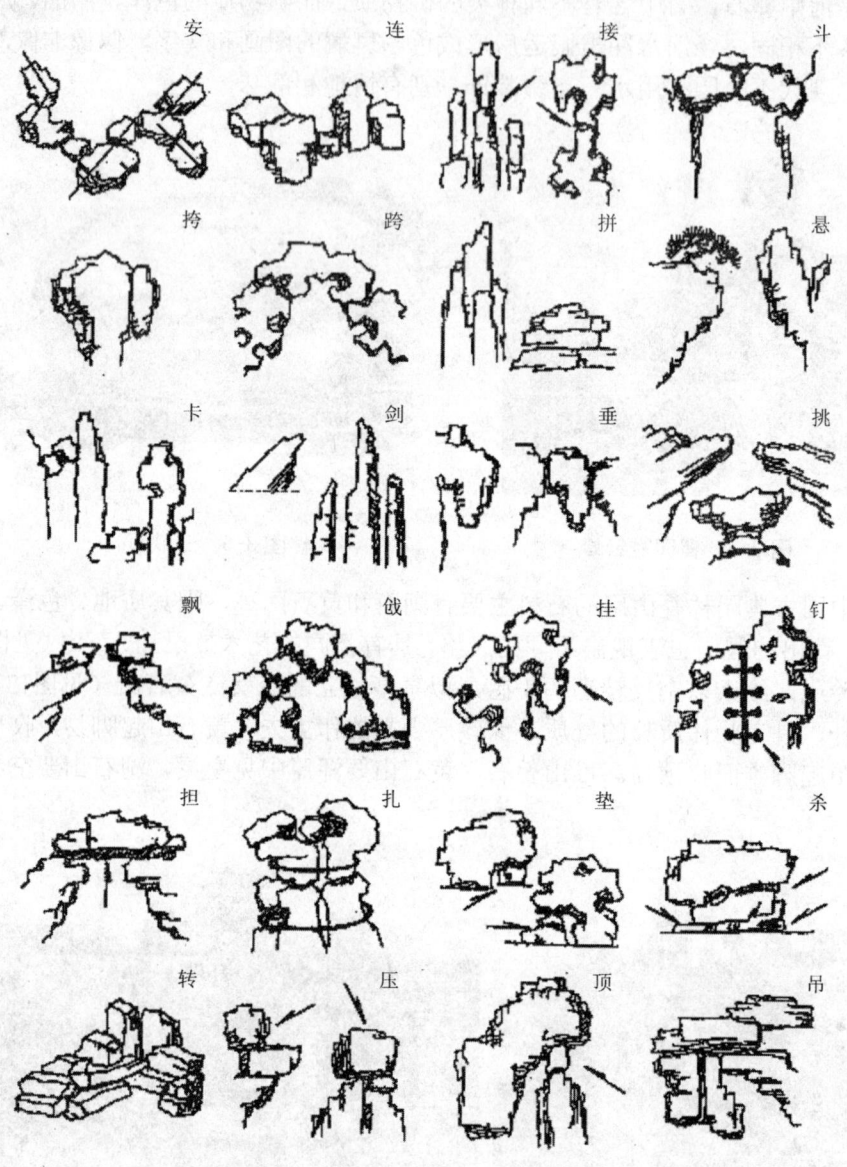

图3-8 假山叠石造型手法[①]

---

① 本图选自章采烈编著：《中国园林艺术通论》，上海科学技术出版社，2004年版。

二、园林中的水

水是组成园林的要素之一，它以形、质、色、声给人们带来特有的美感。"园不在大，有水则灵"。大凡中国园林，多以水趣取胜。造园必有水，无水难成园。中国园林的重要特征之一是山水结合，二者相映成趣。如果把山比作园林的"骨架"，那么水则好比是园林的"血液"（"山，骨于石，褥于林，灵于水"）。如果营造园林忽视水，则会造成"枯山"，缺乏灵气和生机。南方多雨，水系密布，这是园林精华多集中在南方的原因之一。

中国古代哲人如老子、孔子、孟子、荀子等都对水有各自的见解。老子在《道德经》中有一段关于水的精辟论述："上善若水，水利万物而不争，处众人之恶，故几于道。"他认为有道德的人，就像水那样，总是滋润着万物；水性柔弱，顺其自然而不与人争，又能去别人所不愿去的地方。一个人如果能做到这样，就可以说是领略到"道"的境界了。他认为有道德的人都有如水一样的性格，给予水以极高的拟人化的评价。孔子对于水的评价也是很高的，他认为水是有德、有勇、为善、循理、智慧而公平的。不仅如此，哲人们对水还具有很深的辩证认识，可谓"水性至柔，是瀑必动"，"水性至劲，是潭必静"。动与静、刚与柔都是辩证的，水是"天下之至柔，驰骋天下之至坚"，所谓"水滴石穿"是也。可见水之性与理，能对人们处理事物有一种辩证的启示。古人对水的理解常常表现于园林中各种动态与静态的水景中，它能给予文人雅士以赏水的思索，也可以说是中国园林艺术中理水思维的习性与特色。

从园林景观的角度看，水态可以分为四大类型，即喷涌、垂落、流变及静态。喷涌：是指水体由下向上喷涌而出的一种水态，也是地下泉水向上喷涌的一种自然形态。垂落：是水体由上向下坠落的一种自然水态。人工垂落水态最常见的是瀑布与水帘，在园林中尤多。流变：水是一种无定形的自然物质，它可以随形而变，故可以完全由人工创造不同的载体而产生不同的流变形态，既可以由上流下，也可由下而上喷涌，更可以肆意流变而产生如水涛旋涡、壁泉、管流、溢流、泻流、叠水以及溪港等多种水态。静态：静态水面是相对而言，静态水景自然是很平静、没有流动、没有声音。园林风景中的静态水面，大者如武汉东湖、杭州西湖、北京昆明湖等，小者为一池一潭。中国传统园林中的静态水景设计，首先是着眼于其载体的形式，如一池三山、四渎四海，有源有流，有聚有散，然后给以动态的利用，如观鱼、赏荷、造影等等。

园林中的水具有这样几个审美功能：（1）水可增强园林的生气，形成动态美，乃至声音美（如流水潺潺、泉水淙淙，形成天然琴声的无锡寄畅园的"八音涧"）。或放养观赏鱼类，供人垂钓。若无水，则岩不显、岸无形。因此，水可形成供人观赏的许多景色。（2）园林中的水与山可形成高低对比，这样才能显示出山势的壮观，水的秀丽（如颐和园中的万寿山与昆明湖，若没有昆明湖，颐和园将逊色许多）。（3）水是柔和的、含蓄的，当它与园林中的山石、建筑组合在一起时，能形成动与静、柔与刚、虚与实的对比。（4）水面可形成倒影，产生"俯借"效果（如朱熹曰："半亩方塘一鉴开，天光云影共徘徊"），能扩展视觉空间，丰富园林景色。（5）园林中大面积的水可消除人的沉闷感，给人以空灵开阔、气舒胸展、洁净清爽的感觉（见图3-9）。

图3-9 近春园中的水

造园理水应注意：水不宜深，水面与驳岸顶端的高差尽可能缩小，以降低落水的担忧，增强人对水的亲近感。园林水面形状宜呈自由活泼的无规则形，尽量降低人工化程度。

古典园林理水之法有三种：（1）掩，以建筑和绿化将曲折的池岸加以掩饰，这样可打破岸边视线，或造成池水无边的视觉印象。（2）隔，或筑堤，或架曲桥，或步石。如此则可增加景深和空间层次，使水域有幽美之感。（3）破，当水面很小时，如清泉小池，可以乱石为岸，植配细竹野藤。那么虽是一洼水池，也令人似有幽邃山野风致的美感。

中国园林和西方园林都很重视水趣，但有动静之别。西方古典园林以动态水为美，多以喷泉、流瀑点缀园内；而中国古典园林中的水基本上是静态水，故历代名园以"含碧"、"凝玉"、"镜潭"等命名的水景比比皆是。

中国古典园林设计也注意表现水的动态美，但不是喷泉和规则式的台阶瀑布，而是以自然式的瀑布和跌水等方式来表现。如无锡寄畅园的"八音涧"在理水设计上十分高超，取得了水动、水响的理想效果，在追求水景动态美上很有特色。这种动态水景的成功设计在中国古典园林中堪称典范。

三、园林中的建筑

园林中的建筑主要是亭台楼阁、桥榭厅廊以及围墙,它好比园林的"眼睛",像人一样,眼睛最能显示神采。各种园林建筑应有相应的性格特征和追求的美学风格:殿——庄重;堂或厅——豁达;亭——闲逸、轩昂;台——高旷;楼——巍峨;阁——潇洒;桥——空灵、雅致;榭——风雅;廊——活泼;斋——静谧;舫——从容;围墙——隐秘。

中国园林建筑主要有四个特点:(1)多曲:由于自然景物很少呈笔直方向的形状,园林建筑也要与之呼应,尽量多"曲",以保持其与环境的和谐,如曲径、曲桥、曲廊、飞檐翘角、卷棚屋顶等;(2)多变:适应山水地形变化,因地制宜,灵活布局;(3)雅朴:不用繁缛艳丽的装饰,追求自然大方、简洁淡泊、朴实无华、风韵清新的风格;(4)空透:便于人们自由自在地环顾四周,尽情赏景(多栏杆、门窗),以达"纳千顷之汪洋,收四时之烂漫"的观赏效果。

下面简要介绍桥、亭、廊、楼这四种主要园林建筑的审美特征:

1. 桥

架桥通隔水是造园技艺常用的手法之一。它在平静的水境中绘出可变的低视域空间,特别是借助于小船漫游和景石、景树、池岸能组成很好的意境和有趣的画面。园林中的桥有简洁明快、质朴野趣的平直桥,蜿蜒曲折、造型优美的曲桥(如三曲桥、五曲桥、九曲桥,意使游者左右顾盼有景,信步其间使游程延长,趣味加深),形如半月、空灵优雅的拱桥等。虹桥卧波、小桥流水,富有诗情画意,是园林中的幽景。桥在园林中除了实用外(供游人过沟涉水),更主要的是为了联结风景点,点缀风景,增加园林的情趣与意境美。如颐和园的17孔桥,宛如长虹横跨湖上,拱洞形成一连串美丽的倒影,呈现为链珠似的圆环,富有韵律美。园林中的桥,一般采用拱桥、平桥、廊桥(见图3-10)、亭桥、折桥或曲桥等几种类型。

图3-10 园林中的廊桥

2. 亭

园林中的亭是供游人停憩的地方，选址精心，营造奇巧，十分讲究与自然的结合，其形态多样，常见的有方亭、圆亭、角亭（三角亭、六角亭、八角亭）、半亭（多建筑在悬崖上）、桥亭（桥上筑亭）、伞亭、重檐亭、楼亭等。亭是园林中的主要建筑物之一，常言道"有园必有亭"。

在园林风景中，亭是富有生机的点睛之笔，它往往使园林风景增添神采（见图 3-11）。如北京的景山如果没有气宇轩昂的万寿亭等亭阁的烘托，只不过是一个平庸的小山包而已（它是人工堆成的小土丘，俗称"煤山"）。

图 3-11 园林中的亭

亭在园林风景中起着引导游览、点明主题，以及让人驻足观景（"亭者，停也"）、休息、纳凉、遮阳、避雨等重要作用。亭在园林中的位置不同，所起的作用也不同。若亭筑在全园的最高处，取居高临下之势，可以起着统帅全园景色、眺望园外之景的作用；若亭掩映在绿树丛中，时隐时现，则给园林增添神秘色彩；若亭建在湖心，则虚浮缥缈，使人疑似身处人间仙境。

3. 廊

廊是我国园林中的一种独特的带状建筑物，一般都被称为长廊，形曲而空长，随形而曲，依势而折，或蟠山腰，或穿水际，通花渡壑，蜿蜒伸展，与景物融为一体。其具体又可分为直廊、曲廊、抄手廊、回廊、波形廊和复廊几种，还有水廊、桥廊、爬山廊（步廊）、叠落廊、花架廊等。颐和园的长廊是我国园林中最长的廊（全长 728 米），廊中建有"留佳"、"寄澜"、"秋水"、"清遥"四亭，分别象征着春、夏、秋、冬四季。颐和园长廊以建筑精美、曲折多姿和丰富多彩的绘画装饰而称绝于世。

廊具有引导游览、休憩和分割空间、组合景物、丰富景观、避风雨、遮日照等多种功能。它对于游览者来说，是一条导游线，它引导游人渐入佳境，且视域宽广，同时可供游人休息，是游人的歇脚佳处。

廊贵在"曲"、妙在"长"。其建造应特别注意与地形地貌的结合，力戒僵直呆板，力求生动活泼。

4. 楼

楼为两层以上的房屋，其体量较大，造型丰富多样。楼多作观景之用，供游人登高俯景，又使自然景色更具诗情画意。楼者，透也。园林造楼必空透。"画栋朝飞南浦云，珠帘暮卷西山雨"，其境界可见一斑。

另外，园林中的建筑还有：

榭——榭为台上开敞的房屋。其借景而成，常伸向水中、花中，上悬下挑，将人带入景中。多用于点缀水景或花景，可供人观赏风景、休息纳凉。

厅——厅是园林中的主体建筑，常用作聚会、宴请、赏景之用。

堂——堂是园主人起居之所，有读书、会客、团聚家人、处理事务等作用。

轩——轩为开敞而居高的有窗的小建筑物，有"轩轩欲举"之感，多作观景之用。轩多建在环境幽静之处。

斋——斋即书房和学舍，是园主人静修、读书的场所。园林中的斋一般建在静谧、封闭的边落小庭院中。

阁——阁为建筑精巧、四周有窗的房屋，一般为两层以上的重楼。多作藏书、供佛、观景之用。特点是通常四周设栏杆回廊。楼与阁在形制上不易明确区分，故人们常将"楼阁"两字连用。

舫——舫即画船、游船。园林中的舫多为旱船，有石舫（见图 3-12）、木舫之分。舫供人休息、游赏、饮宴之用，使人更接近于水。舫也是园主人寄托情思的地方，含有隐居之意。

图 3-12　园林中的舫

四、园林中的花木

《现代汉语词典》把"园林"定义为"种植花草树木供人游赏休息的风景区"。顾名思义:"园林园林,园中无林则不称其为园林"。在园林艺术中,如果把山谓之"骨架",水谓之"血液",建筑谓之"眼睛",则花木好比园林的"毛发"或"服饰"。树木葱茏,繁花似锦,才能显示出园林的秀媚与生机。

园林中栽植花木,主要是为了绿化、美化环境,使其具有诗情画意。几丛翠竹、几枝腊梅,点缀在山石、亭阁之间,不仅使人感受到绿色生机的魅力,而且形成刚柔相衬、虚实对比的环境氛围。同时,花木是园林的素材或主题(如承德避暑山庄的"万壑松风"),能丰富景点构图,赋予景点时空变化与生机。绿色是生命之色,绿色的花木能使游人精神焕发,增添游兴。花木的存在还可以吸引飞禽,造就园林中鸟语花香、生机勃勃的景象,使游人精神振奋、心旷神怡。此外,植物有分割空间和隐蔽建筑物的功能(如颐和园造园时用西堤的垂柳挡住围墙的墙体,扩大了观景空间)。园中树木花卉应注重姿态(形、色、香、层次、季相),不追求品种之多,力求使之具有个性、特色,具有观赏价值。

园林中的花木配置通常有孤植、对植、列植、丛植、群植等方式。在花木种类的选择、数量的确定、位置的安排上,往往采用对比与衬托、动势与均衡、起伏与韵律、层次与背景、色彩与季相有机结合等艺术手法。在造景艺术上遵循因地制宜、因位制宜、因景制宜、色相配合、季相变化、珍古等原则。

此外,楹联匾额也是中国园林要素之一,有人谓之园林的"精神",它是园林美的"灵魂"。如《红楼梦》第17回"大观园试才题对额,贾宝玉机敏动诸宾"中的贾政曾道:"若大景致,若干亭榭,无字标题,任是花柳山水,也断不能生色"。中国许多园林的题名,文字隽永,含义深远,极富韵致,令人一唱三叹,回味无穷。如大观园中的沁芳闸、怡红院、潇湘馆、稻香村等,苏州拙政园中的见山楼、远香堂、留听阁(取自李商隐诗句"秋阴不散霜飞晚,留得枯荷听雨声")等。扬州的个园以"竹"字一半或竹叶的形状作为园名,旨在表现园林主人品格的高风亮节和习性的谦虚。有的园林景点的命名(点景),则反映了宗教文化思想,如匾额上的"空心潭"、"筛月亭"、"静心亭"等文字,则反映了禅宗"空灵为美"的思想。题额的字数以二字、三字、四字居多。楹联因其字数较多,而且工整对偶,因而更能表现出园林景色的诗情画意。如描写济南大明湖的楹联"四面荷花三面柳,一城山色半城湖"就是很好的写景楹联。楹联匾额以美妙的文字再加上精湛的书法与雕刻,很能烘托园林中的"文学之美"。

由上述可见,山石、水、建筑、花木以及楹联、匾额是组成整体园林不可缺少的要素,这些要素的有机结合,使得中国园林具有极高的审美价值。

第三节　园林构景手法与审美

为了使游人更好地观赏园林中的景色，造园艺术家在设计园林时，往往注意巧妙地组织安排景观要素（如景观线、观赏点、特写景、借景、引景、障景等），以便使游人有步骤地游景，达到步移景换，越看越想看，获得丰富审美感受的目的。园林中常见的构景手法或组景技法有：

一、景观线

景观线就是观赏风景的路线，即园林中的路，它好比人体的脉络，起联结贯通的作用。景观线的设计要注意巧妙地把一个个风景点连接起来，并注意曲折迂回，使人有"曲径通幽"的美感。园林、风景区的游道，宜曲不宜直，小径应多于主道，如此方能景幽而客散，使人有景可游，有泉可听，有石可赏，有亭可留，吟想其间，回味深远。景观线上的空间要将大、小、开、合、高、低有机结合起来，使游人感受到优美的节奏感或音乐美（如北京颐和园、苏州拙政园、杭州西湖风景区的景观线设计），游园如展手卷，贵在景之联结。

二、观赏点

为了满足游人静观的需要，在园林的一定地点设置观赏点（如亭、阁等建筑物）。观赏点的设置要因地制宜，巧妙地利用地形地物和人的审美心理，或高，或低，或登山，或临水，或访胜，或寻幽。总之，要富于变化，尽量使游人观赏到园中的美景。

三、特写景

园林的设计，除布置大面积的风景外，还要设置一些风格独特、小巧玲珑、精雕细刻的景物，供人仔细玩味欣赏。这种特殊的景物叫特写景。它可丰富游人的视觉与审美感受。

中国园林的特写景十分丰富，像一些特殊的富有观赏价值的植物、花卉、盆景、奇石（精巧的叠石）、水族馆（养殖各种观赏鱼及小水生动植物）、精致典雅的建筑小品等，都可以构成特写景。它的特征是以小取胜、以精见长。仔细玩味这些特写景，可使人感受到游园的无穷妙趣。

四、引景

引景是吸引游人继续游览的景物。如在山上修筑一个亭子，游人往往就会往山上爬，有到亭子和山上去看看的心理。弯曲的长廊、曲折的小路、小小的"漏窗"都可起到引导游人继续游览的作用。

五、点景

点景主要是用一词、一语、一物点出景物的特征和意境，以增加风景的魅力和文采（简单地说就是"景题"，通常用匾额、对联、刻石、画屏等艺术构件来点出景物的主题）。点景除抓住景物本身的特征外，还应注意空间环境特征，进行高度概括，指出景色的精华，点出景物的境界乃至游览观赏的最佳时间，使游人产生深刻的审美感受。如西湖十景中的"苏堤春晓"（春景）、"曲院风荷"（夏景）、"平湖秋月"（秋景）、"断桥残雪"（冬景）、"三潭印月"（夜景）等。点景如"点睛"，通过这一"点"，可使景色更富有文学美和意境美，从而增加景物对游人的吸引力，并起到指导游览的作用。

六、对景

对景即在园内主要观赏点和游览路线的行进方向或视野方向（如通过门洞或窗门）布置景物，联结对应景象，这样可以使游人从一个空间观赏到另一个空间的某一景物。这样处理，一方面可以借远方景物来吸引游人的注意力，诱发期望和形成悬念；另一方面被"对"的景物恰巧处于门洞或窗口之中，宛如一幅图画嵌于框中，由于隔着一个层次去观看，因而就更加含蓄而耐人寻味。对景的作用是加强园内景物之间的呼应与联系。

七、框景

框景是以门、窗、廊柱或树木间隙做画框而组成天然图画（见图3-13）。其作用主要有两点：（1）使景物别无旁涉，使散漫的景色得以集中、凝练；（2）优化审美对象，把自然美升华到艺术美，呈现一种"画中情"（如"窗含西岭千秋雪，门泊东吴万里船"之诗句描写的风景画面）。

八、漏景

漏景即通过墙中空窗、漏窗，把墙外的景物透漏进来。漏景可使景物时隐时现，千变万化，诱人入胜，吟想其间。

九、借景

借景就是把园外的景物巧妙地组合到园内来，以充实园内的空间，丰富园内景色，使园内、园外景色融为一体，达到园外有园、景外有景的效果（如无锡的寄畅园可把园外惠山、锡山及龙光塔等景色纳入园内，见图 3-14）。借景的作用主要有四个方面：（1）打破界限，扩大空间；（2）丰富景观层次，使境界回味不尽；（3）使景物与周围的自然环境沟通和协调起来；（4）增添艺术情趣，富于诗情画意。

图 3-13　框景

图 3-14　借景（无锡寄畅园）

中国园林讲究"巧于因借"，从而达到丰富景观的效果，借景的形成主要有如下几种：

远借，即把离园较远的景物借到园内。如圆明园借景西山等。其手法为在园内设特殊的观赏点，如登假山、登楼台以眺望远方佳景。

邻借，即把园林邻近或周围的景物纳入园内。邻借借的是与本园为邻的景色，常常形成互借，如苏州拙政园中的宜两亭（中园与西园形成美景互借）。

仰借，即把比园林高的园外景物纳入园内或由低处观赏高处的景物。仰借可产生高远之美，如由故宫御花园仰望景山上的万春亭。

俯借，即由高处观赏低处的景物。如凭依水榭栏杆观赏游鱼戏水，水中的倒影（"半亩方塘一鉴开，天光云影共徘徊"）等都属于俯借。承德避暑山庄中的"日月同辉"之景点的设计（在水池旁堆山叠石造一个月亮形的洞口，利用白天的日光，即日影出现的时间，将月牙洞折射于水面，产生月形的倒影，这时天上的日光与水中的月影就构成了日月同辉的景观）可谓俯借中的神品。

应时而借，即把因时间不同造成的景况纳入园内。如一日之内可以朝借旭日、暮借夕阳、夜借明月来丰富园林景观的美；四季之中春天的烟雨、夏日的凉风、秋季的蓝天、冬季的雪景，特殊的季节和气候条件往往可以时使园林更有个性，甚至成为名胜。"枫叶含丹色"、"桂子飘幽香"、"兽云吞落日"、"弓月弹流星"都可应时而借。

上述不同的借景的形成可产生不同的审美效果。其技法运用的关键在于巧妙地选址、布局。

十、障景

园林最忌直奔主题，主要部分过早地袒露在人面前。障景可在这方面发挥积极作用。

所谓障景，就是在主体景观之前用假山或建筑物竖起一道屏障，以挡住游人视线，引导空间方向的转折，以曲折多变的路线丰富游人的视野，以欲扬先抑、欲露先藏的手法激发游人的兴趣。所以障景又叫"抑景"。其作用主要有三个方面：一是为了突出重点景观或用前后对比的方法强化某种心理效应，给人以"山重水复疑无路，柳暗花明又一村"的豁然开朗之感（如颐和园、拙政园的入口布局即通过障景手法追求上述心理效应）；二是分隔空间或扩展空间（如颐和园的西堤垂柳挡住园墙，扩大了观赏空间）；三是使景物更加含蓄和富有情趣，给人以"犹抱琵琶半遮面"的美感。

十一、藏景

所谓藏景，就是指园中园（大园包小园，旨在以有限面积造无限空间）。它一般都藏在园林中僻静之处，游人在游览中往往容易漏掉它。如颐和园中的谐趣园就是藏在东北角上的一个小园林。藏景可使园林起到大中见小、小中见大的对比效果。它富有艺术特色，易引起游人的神秘感，对游客很有吸引力。藏非真藏、全藏，目的在于露。园林的藏景常为半藏半露，藏头露尾，欲盖弥彰，暗示园林内涵之丰蕴。

十二、断景

断景的"断"非真断，断是为续作准备，是为游人提供驻足观景之中介；断是遮掩部分，加强整体。断景犹如乐曲中的休止符，断皆断在胜处。"横云断岭"、"横桥锁溪"即断景之写照，形有断而意相联，园林断景的"断"不是目的而是艺术手段。

总之，借景、对景、障景、隔景、藏景等都是通过布置空间、组织空间、创造空间、扩大空间、变化空间的种种造园艺术方法，丰富美的感受，创造艺术境界，以达到"奴役风月，左右游人"的目的。中国古典园林可以说是"空间变幻的艺术"。

第四节 园林游览与观赏方法

园林的游览与观赏除把握园林外观结构的轮廓美、形态美、色彩美、声景美和内在意蕴的画意美、诗情美、景名美、意境美外,有以下几点方法值得注意:

第一,作好必要的游览准备。游园的人要有点文化修养,如具备一些园林、诗词、书画、音乐、建筑方面的知识,对中国传统文化感兴趣。游览前应认真查找有关资料,熟悉该园的历史文化背景及园内具体情况,了解该园的特色,做到心中有数。

第二,以路为导。古典园林的路径具有实用和观赏的双重价值,它像一位高明的"导游"引领游人走上一条巧妙的观景路线。因此,游人入园后应沿着一定的游览路线进行游览。游览路线一般由廊、路、桥连接而成,其中主路用以连接景区,支路用以连接景点。

第三,选择好观赏位置。园林游览观赏要善于选择观赏角度。视角不同,观赏感受就不同。变换观赏位置,移步换景,往往能够达到"横看成岭侧成峰,远近高低各不同"的效果。因此,选择最佳的观赏位置,是获得最佳美感的重要方法。造园艺术家在园林设计时已经充分考虑了这一点,其建设的亭、台、楼、阁、轩、榭等基本上是游人最佳的观赏位置。但这还不够,许多美景的观赏位置或视角还要靠游人根据自己的审美情趣来选择。

第四,解决好"游"与"停"的问题。游览园林必有动观、静观之分,一般来说,大园以动观为主,小园以静观为主。所谓动观,即在游览路线上(廊、路)漫步游览赏景,由于廊和路都是曲折的,所以在漫步游览时往往具有步移景换的特色,因而游览时不宜太快,而以走走看看、看看走走、漫步赏景为宜,特别是在转弯时,更应注意景色的变化。凡是动观,意在领略变化中的景色。所谓静观,即在游览过程中,遇到亭、台、楼、榭、桥等建筑时,应停下来静观四周的美景。凡是静观,意在观赏景色的精华处,包括各个对景和各个观赏对象。园林的欣赏,贵在动观与静观的结合,注意解决好"游"与"停"的问题。

第五,掌握观赏的主要内容。园林观赏的主要内容有:(1)观赏园之胜景。如上海豫园大假山之雨景、玉玲珑。(2)欣赏造园艺术。如上海豫园鱼乐榭花墙下的水流、玉玲珑的组景,无锡寄畅园的八音涧,扬州个园的四季假山。(3)推敲园之意境。(4)了解园林常用的构景手法,如主景、配景、借景、框景、障景以及构图层次等。

第六，静观慢游，静心品评。游览园林的速度要慢，环境要静。中国古典园林的特色在于宁静，在于含蓄。有人说：中国古典园林是一首典雅的诗，需要轻轻地吟；中国古典园林是一幅美丽的画，需要细细地看；中国古典园林像一盅醇香的酒，需要慢慢地品；中国古典园林似一壶清香的茶，需要悠悠地饮。游览园林不可性急，不可心绪浮躁，应细细玩味。游园的不二法门是"慢"，是"静"，来去匆匆、人山人海是没有效果的。中国古典园林应该是静的，宁静更具魅力。人在园林艺术中地位重要，园林是为人建造的，人也是园林中的重要景观。园林中游人较少时，是一种静美的景观。游人的多少及其举止行为、游览方式等，都会影响园林艺术的景观品格与境界。遗憾的是现在有些园林像个乱哄哄的集贸市场，与园林的景观品格和游览的宗旨相去甚远。

第七，多次游赏，深入领悟。对于古典园林的欣赏，贵在深化。尤其是那种"庭院深深深几许"的艺术殿堂，单凭一次漫游是很难窥其奥妙的，常常需要一次、两次，以至三次、四次……才能深入领悟到意境、妙境之所在。

第五节 中西古典园林艺术审美比较

中西古典园林艺术风格有许多不同之处。

在造园艺术上，中国古典园林以山水画、山水诗为美学原则，设计者多为画家、诗人，刻意体现诗情画意，追求生境、画境、意境，追求自然美、含蓄美、静美（如水景以溪池、滴泉、平湖为主），属于自然山水园。布局呈生态型自由式，追求自由灵活，讲究迂回曲折、曲径通幽、移步换景，故中国园林有"步行者的园林"之说。西方古典园林以几何、建筑为美学原则，设计者多为建筑师，追求人工美、图案美、动美（如水景以喷泉、流瀑为主），强调主从关系、理性与秩序，属于几何型园林（如图 3-15、图 3-16 所示）。园林构景要素按一定的几何规则加以组织，保持中轴对称布局并突出中心建筑物（因园林在西方多为皇家贵族的社交活动场所，强调中轴线的布局有利于解决皇家贵族出场的位置安排问题），主体建筑物前面多有一个面积较大的广场，布局大面积的草坪，配以笔直的林阴路、修剪整齐的树木花圃、几何形状的水池与人工喷泉、大理石雕塑。园林讲究规整、直观、开朗、明白，一览无遗，以俯视观赏的审美效果最佳，故西方园林有"骑马者的园林"之说。

在园林规模上，由于功能有别，中国古典园林相对较小（如具有代表性的江南园林），西方园林规模相对较大。

图 3-15　奥地利的米拉贝尔花园　　图 3-16　法国的凡尔赛宫后花园局部

在园林与建筑的关系上，中国古典园林是园林统率建筑，西方古典园林则是建筑统率园林。

在植物处理上，中国古典园林的树木以自然形孤植、散植为主，花卉重姿态，以盆栽花坛为主；西方古典园林的树木以整形对植、列植为主，树木重造型，花卉重色彩，以绿篱、丛林、图案花坛为主。

在理水手法上，中国古典园林的水景以溪池、平湖、滴泉为主，突出静美；西方古典园林的水景以喷泉、壁泉、瀑布为主，突出动美。

在景态上，中国古典园林是以奥景为主，幽闭深藏，一般设有篱墙；西方古典园林则是以旷景为主，开敞袒露，几乎没有篱墙。

在艺术意境表现上，中国古典园林多用象征手段，西方古典园林多用写实手段。

在园林艺术成就上，中国古典园林集中体现在私家园林或文人园林上（如苏州园林等），西方古典园林集中体现在皇宫园林上（如巴黎凡尔赛宫苑等）。

在园林综合美的体现上，中国古典园林主要是借助于叠石、书法、绘画、文学等手段，西方古典园林则主要是借助于雕塑（如裸体、半裸体的人物像）、工艺美等手段。

若从园林文化艺术渊源上深究，中国古典园林艺术受人文、幻想（如皇家园林中象征神仙世界的"一池三山"）和传统文化中的儒、释、道古典美学思想以及"天人合一"的哲学思想影响较大，西方古典园林艺术受科学、理念（如建筑原则、几何规则、图案美观念）和"天人相分"的哲学思想影响较大。

如果把西方园林比作一部明朗欢快的交响曲，中国古典园林则是一首委婉细腻的抒情诗，二者各有千秋。但从旅游审美的角度上讲，中国古典园林可能略胜一筹。近现代以来，中国园林艺术与西方园林艺术有日趋融合和日臻完善的趋势。如 18 世纪以后的欧洲便开创了以自然乡村风光为风格特点的自由式园林景观，现代更是注意吸收中国古典园林的自由式构园手法。而我国近些年的城市建设，在广场、绿地的营建中，西方园林文化的影响可谓风靡全国，由此可见西方园林文化的影响之深。

中国古典园林与西方古典园林的不同特点，可作如下简要归纳总结（见表3-1）。

表 3-1　中西古典园林文化比较

	中国园林 （属于自然山水园）	西方园林 （属于几何型园林）
美学原则	绘画，山水诗	几何，建筑
审美情趣	静美（如水景），含蓄（曲径通幽，移步换景）	动美（如水景），直观（形态规整、一览无遗）
审美追求	自然美，境界美（生境、画境、意境）	人工美，图案美
艺术渊源	人文，幻想，儒、释、道美学思想及"天人合一"的哲学思想	科学，理念，"天人相分"的哲学思想
园林规模	较小	较大
布局	生态形自由式布局	几何形规则式布局
建筑	园林统率建筑	建筑统率园林
空间	有篱墙，假山起伏	无篱墙，大草坪铺展
道路	迂回曲折，曲径通幽	轴线笔直式林阴大道
树木	自然形孤植，散植为主	整形对植，列植为主
花卉	重姿态，以盆栽花坛为主	重色彩，以图案花坛为主
水景	以溪池、平湖、滴泉为主	以喷泉、壁泉、瀑布为主
综合美的体现	借助叠石、书法、绘画、文学等手段	借助雕塑、工艺美术、绘画等手段

复习思考题：
1. 简述我国古典园林艺术的基本美学思想及主要创作手法。
2. 分别比较我国皇家园林与私家园林的不同特点。
3. 分别比较中国园林与西方园林的不同特点。
4. 简述我国园林构成要素及其在造园艺术中的审美功能。
5. 阅读陈从周先生的文章《说园》，试写出读书心得。

阅读材料：

说 园

陈从周

我国造园具有悠久的历史，在世界园林中树立着独特风格，自来学者从各方面进行分析研究，各抒高见。如今就我在接触园林中所见所闻而掇拾到的，提出来谈谈，姑名《说园》。

园有静观、动观之分，这一点我们在造园之先，首要考虑。何谓静观，就是园中给予游者多驻足的观赏点；动观就是要有较长的游览线。二者说来，小园应以静观为主，动观为辅。庭院专主静观。大园则以动观为主，静观为辅。前者如苏州网师园，后者则苏州拙政园差可似之。人们进入网师园宜坐宜留之建筑多，绕池一周，有槛前细数游鱼，有亭中待月迎风，而轩外花影移墙，峰峦当窗，宛然如画，静中生趣。至于拙政园径缘池转，廊引人随，与"日午画船桥下过，衣香人影太匆匆"的瘦西湖相仿佛，妙在移步换景，这是动观。立意在先，文循意出。动静之分，有关园林性质与园林面积大小。像上海正在建造的盆景园，则宜以静观为主，即为一例。

中国园林是由建筑、山水、花木等组合而成的一个综合艺术品，富有诗情画意。叠山理水要造成"虽由人作，宛自天开"的境界。山与水的关系究竟如何呢？简言之，模山范水，用局部之景而非缩小（网师园水池仿虎丘白莲池，极妙），处理原则悉符画本。山贵有脉，水贵有源，脉源贯通，全园生动。我曾经用"水随山转，山因水活"与"溪水因山成曲折，山蹊（路）随地作低平"来说明山水之间的关系，也就是从真山真水中所得到的启示。明末清初叠山家张南垣主张用平冈小陂、陵阜陂阪，也就是要使园林山水接近自然。如果我们能初步理解这个道理，就不至于离自然太远，多少能呈现水石交融的美妙境界。

中国园林的树木栽植，不仅为了绿化，且要具有画意。窗外花树一角，即折枝尺幅；山间古树三五，幽篁一丛，乃模拟枯木竹石图。重姿态，不讲品种，和盆栽一样，能"入画"。拙政园的枫杨，网师园的古柏，都是一园之胜，左右大局，如果这些饶有画意的古木去了，一园景色顿减。树木品种又多有特色，如苏州留园原多白皮松、怡园多松、梅，沧浪亭满种箬竹，各具风貌。可是近年来没有注意这个问题，品种搞乱了，各园个性渐少，似要引以为戒。宋人郭熙说得好："山以水为血脉，以草为毛发，以烟云为神采。"草尚如此，何况树木呢！我总觉得一个地方的园林应该有那个地方的植物特色，并且土生土长的树木存活率大，成长得快，几年可茂然成林。它与植物园有别,是以观赏为主,而非以种多斗奇。要能做到"园以景胜,景因园异",那真是不容易。这当然也包括花卉在内。同中求不同,不同中求同,我国园林是各具风格的。古代园林在这方面下过功夫,虽亭台楼阁,山石水池,而能做到风花雪月,光景常新。我们民族在欣赏艺术上存乎一种特性,花木重姿态,音乐重旋律,书画重笔意,都表现了要用水磨功夫,才能达到耐看耐听,经得起细细的推敲,蕴藉有余味。在民族形式的探讨上,这些似乎对我们有所启发。

园林景物有仰观、俯观之别,在处理上应区别对待。楼阁掩映,山石森严,曲水湾环,都存乎此理。"小红桥外小红亭,小红亭畔,高柳万蝉声。""绿杨影里,海棠亭畔,红杏梢头。"这些词句不但写出园景层次,有空间感和声感,同时高柳、杏梢,又都把人们视线引向仰观。文学家最敏感,我们造园者应向他们学习。至于"一丘藏曲折,缓步百跻攀",则又皆留心俯视所致。因此园林建筑物的顶,假山的脚,水口,树梢,都不能草率从事,要着意安排。山际安亭,水边留矶,是指人仰观、俯观的方法。

我国名胜也好,园林也好,为什么能这样勾引无数中外游人百看不厌呢?风景洵美,固然是重要原因,但还有个重要因素,即其中有文化、有历史。我曾提过风景区或园林有文物古迹,可丰富其文化内容,使游人产生更多的兴会、联想,不仅仅是到此一游,吃饭喝水而已。文物与风景区园林相结合,文物赖以保存,园林借以丰富多彩,两者相辅相成,不矛盾而统一。这样才能体现出一个有古今文化的中国园林。

中国园林妙在含蓄,一山一石耐人寻味。立峰是一种抽象雕刻品,美人峰细看才像美人,九狮山亦然。鸳鸯厅的前后梁架,形式不同,不说不明白,一说才恍然大悟,竟寓鸳鸯之意。奈何今天有许多好心肠的人,惟恐游者不了解,水池中装了人工大鱼,熊猫馆前站着泥塑熊猫,如做着大广告,与含蓄两字背道而驰,失去了中国园林的精神所在,真太煞风景。鱼要隐现方妙,熊猫馆以竹林引胜,渐入佳境,游者反多增趣味。过去有些园名如寒碧山庄(留园)、梅园、网师园,都可顾名思义,园内的特色是白皮松、梅、水。尽人皆知的西湖十景,更是佳例。

亭榭之额真是赏景的说明书,拙政园的荷风四面亭,人临其境,即使并无荷风,亦觉风在其中,发人遐思。而对联文辞之隽永,书法之美妙,更令人一唱三叹,徘徊不已。镇江焦山顶的"别峰庵",为郑板桥读书处,小斋三间,一庭花树,门联写着"室雅何须大,花香不在多",游者见到,顿觉心怀舒畅,亲切地感到景物宜人,博得人人称好,游罢个个传诵。至于匾额,有砖刻、石刻,联屏有板对、竹对、板屏、大理石屏,外加石刻书条石,皆少用画面,比具体的形象来得曲折耐味。其所以不用装裱的屏联,因园林建筑多敞口,有损纸质,额对露天者用砖石，室内者用竹木，皆因地制宜而安排。住宅之厅堂斋室，悬挂装裱字画，可增加内部光线及音响效果，使居者有明朗清静之感，有与无，情况大不相同。当时宣纸规格、装裱大小皆有一定，乃根据建筑尺度而定。

园林中曲与直是相对的，要曲中寓直，灵活应用，曲直自如。画家讲画树，要无一笔不曲，斯理至当。曲桥、曲径、曲廊，本来在交通意义上，是由一点到另一点而设置的。园林中两侧都有风景，随直曲折一下，使行者左右顾盼有景，信步其间使距程延长，趣味加深。由此可见，曲本直生，重在曲折有度。有些曲桥，定要九曲，既不临水面（园林桥一般要低于两岸，有凌波之意），生硬屈曲，行桥宛若受刑，其因在于不明此理（上海豫园前九曲桥即坏例）。

造园在选地后，就要因地制宜，突出重点，作为此园之特征，表达出预想的境界。北京圆明园，我说它是"因水成景，借景西山"，园内景物皆因水而筑，招西山入园，终成"万园之园"。无锡寄畅园为山麓园。景物皆面山而构，纳园外山景于园内。网师园以水为中心，殿春簃一院虽无水，西南角凿冷泉，贯通全园水脉，有此一眼，绝处逢生，终不脱题。而新建东部，设计上既背固有设计原则，且复无水，遂成僵局，是事先对全园未作周密的分析，不加思索而造成的。

园之佳者如诗之绝句，词之小令，皆以少胜多，有不尽之意，寥寥几句，弦外之音犹绕梁间（大园总有不周之处，正如长歌慢调，难以一气呵成）。我说园外有园，景外有景，即包括在此意之内。园外有景妙在"借"，景外有景在于"时"，花影、树影、云影、水影、风声、水声、鸟语、花香，无形之景，有形之景，交响成曲。所谓诗情画意盎然而生，与此有密切关系。

万顷之园难以紧凑，数亩之园难以宽绰。紧凑不觉其大，游无倦意，宽绰不觉局促，览之有物，故以静、动观园，有缩地扩基之妙。而大胆落墨，小心收拾（画家语），更为要谛，使宽处可容走马，密处难以藏针（书家语）。故颐和园有烟波浩渺之昆明湖，复有深居山间的谐趣园，于此可悟消息。造园有法而无式，在于人们的巧妙运用其规律。计成所说的"因借"（因地制宜，借景），就是法。《园冶》一书终未列式。能做到园有大小之分，有静观动观之别，有郊园市园之异等等，各臻其妙，方称"得体"（体宜）。中国画的兰竹看来极简单，画家能各具一格；古典折子戏，亦复喜看，每个演员演来不同，就是各有独到之处。造园之理与此理相通。如果定一式，使学者死守之，奉为经典，则如画谱之有《芥子园》，文章之有"八股"一样。苏州网师园是公认为小园极则，所谓"少而精，以少胜多"。其设计原则很简单，运用了假山与建筑相对而互相更换的一个原则（苏州园林基本上用此法。网师园东部新建反其道，终于未能成功），无旱船、大桥、大山，建筑物尺度略小，数量适可而止，亭亭当当，像个小园格局。反之，狮子林增添了大船，与水面不称，不伦不类，就是不"得体"。清代汪春田重葺文园有诗:"换却花篱补石阑,改园更比改诗难;果能字字吟来稳,小有亭台亦耐看。"说得透彻极了,到今天读起此诗,对造园工作者来说,还是十分亲切的。

园林中的大小是相对的,不是绝对的,无大便无小,无小也无大。园林空间越分隔,感到越大,越有变化,以有限面积,造无限的空间,因此大园包小园,即基此理(大湖包小湖,如西湖三潭印月)。此例极多,几成为造园的重要处理方法。佳者如拙政园之枇杷园、海棠坞,颐和园之谐趣园等,都能达到很高的艺术效果。如果入门便觉是个大园,内部空旷平淡,令人望而生畏,即入园亦未能游遍全园,故园林不起游兴是失败的。如果景物有特点,委婉多姿,游之不足,下次再来,风景区也好,园林也好,不要使人一次游尽,留待多次有何不好呢?我很惋惜很多名胜地点,为了扩大空间,更希望能一览无余,甚至于希望能一日游或半日游,一次观完,下次莫来,将许多古名胜园林的围墙拆去,大是大了,得到的是空,西湖平湖秋月、西泠印社都有这样的后果。西泠饭店造了高层,葛岭矮小了一半。扬州瘦西湖妙在瘦字,今后不准备在其旁边建造高层建筑,是有远见的。本来瘦西湖风景区是一个私家园林群(扬州城内的花园巷,同为私家园林群,一用水路交通,一用陆上交通),其妙在各园依水而筑,独立成园,既分又合,隔院楼台,红杏出墙,历历倒影,宛若图画。虽瘦而不觉寒酸,反窈窕多姿。今天感到美中不足的,似觉不够紧凑,主要建筑物少一些,分隔不够。在以后的修建中,这个原来瘦西湖的特征,还应该保留下来。拙政园将东园与之合并,大则大矣,原来部分益现局促,而东园辽阔,游人无兴,几成为过道。分之两利,合之两伤。

本来中国木构建筑,在体形上有其个性与局限性,殿是殿,厅是厅,亭是亭,各具体例,皆有一定的尺度,不能超越,画虎不成反类犬,放大缩小各有范畴。平面使用不够,可几个建筑相连,如清真寺礼拜殿用勾连搭的方法相连,或几座建筑缀以廊庑,成为一组。拙政园东部将亭子放大了,既非阁,又不像亭,人们看不惯,有很多意见。相反,瘦西湖五亭桥与白塔是模仿北京北海大桥、五龙亭及白塔,因为地位不够大,将桥与亭合为一体,形成五亭桥,白塔体形亦相应缩小,这样与湖面相称了,形成了瘦西湖的特征,不能不称佳构。如果不加分析,难以辨出它是一个北海景物的缩影,实在做得十分"得体"。

远山无脚,远树无根,远舟无身(只见帆),这是画理,亦造园之理。园林的每个观赏点,看来皆一幅幅不同的画,要深远而有层次。"常倚曲阑贪看水,不安四壁怕遮山。"如能懂得这些道理,宜掩者掩之,宜屏者屏之,宜敞者敞之,宜隔者隔之,宜分者分之,等等,见其片断,不逞全形,图外有画,咫尺千里,余味无穷。再具体点说,建亭须略低山巅,植树不宜峰尖,山露脚而不露顶,露顶而不露脚,大树见梢不见根,见根不见梢之类。但是运用上却细致而费推敲,小至一树的修剪，片石的移动，都要影响风景的构图。真是一枝之差，全园败景。拙政园玉兰堂后的古树枯死，今虽补植，终失旧貌。留园曲溪楼前有同样的遭遇。至此深深体会到，造园困难，管园亦不易，一个好的园林管理者，他不但要考察园的历史，更应知道园的艺术特征，等于一个优秀的护士对病人作周密细致的了解。尤其重点文物保护单位，更不能鲁莽从事，非经文物主管单位同意，须照原样修复，不得擅自更改，否则不但破坏园林风格，且有损文物，关系到党的文物政策问题。

郊园多野趣，宅园贵清新。野趣接近自然，清新不落常套。无锡蠡园为庸俗无野趣之例，网师园则属清新典范。前者虽大，好评无多；后者虽小，赞辞不已。至此可证园不在大而在精，方称艺术上品。此点不仅在风格上有轩轾，就是细至装修陈设皆有异同。园林装修同样强调因地制宜，敞口建筑重线条轮廓，玲珑出之，不用精细的挂落装修，因易损伤；家具以石凳、石桌、砖面桌之类，以古朴为主。厅堂轩斋有门窗者，则配精细的装修。其家具亦为红木、紫檀、楠木、花梨所制，配套陈设，夏用藤棚椅面，冬加椅披椅垫，以应不同季节的需要。但亦须根据建筑物的华丽与雅素，分别作不同的处理。华丽者用红木、紫檀，雅素者用楠木、花梨，其雕刻之繁简亦同样对待。家具俗称"屋肚肠"，其重要可知，园缺家具，即胸无点墨，水平高下自在其中。过去网师园的家具陈设下过大功夫，确实做到相当高的水平，使游者更全面地领会我国园林艺术。

古代园林张灯夜游是一件大事，屡见诗文。但张灯是盛会，许多名贵之灯是临时悬挂的，张后即移藏，非永久固定于一地。灯也是园林一部分，其品类与悬挂亦如屏联一样，皆有定格，大小形式各具特征。现在有些园林为了适应夜游，都装上电灯，往往破坏园林风格；正如宜兴善卷洞一样，五色缤纷，宛若餐厅，几不知其为洞穴，要还我自然。苏州狮子林在亭的戗角头装灯，甚是触目。对古代建筑也好，园林也好，名胜也好，应该审慎一些，不协调的东西少强加于它。我以为照明灯应隐，装饰灯宜显，形式要与建筑协调。至于装挂地位，敞口建筑与封闭建筑有别，有些灯玲珑精巧不适用于空廊者，挂上去随风摇曳，有如塔铃，灯且易损，不可妄挂。而电线电杆更应注意，既有害园景，且阻视线，对拍照人来说，真是有苦说不出。凡兹琐琐，虽多陈言俗套，难免絮聒之讥，似无关大局，然精益求精，繁荣文化，愚者之得，聊资参考！

（选自陈从周：《梓翁说园》，北京出版社，2004年）

案例阅读：

拙政园的造园艺术赏析

拙政园，系江南园林的代表，苏州园林中面积最大的古典园林。位于苏州市东北街178号，始建于明朝正德年间。今园辖地面积83.5亩，开放面积73亩，其中园林中部、西部及晚清张之万住宅（今苏州园林博物馆旧馆）为晚清建筑园林遗产，约38亩。中国"四大名园"之一，全国重点文物保护单位，国家5A级旅游景区，被誉为"中国园林之母"，1997年被联合国教科文组织（UNESCO）列为世界文化遗产。

图3-17 拙政园

拙政园的布局疏密自然，其特点是以水为主，水面广阔，景色平淡天真、疏朗自然。它以池水为中心，楼阁轩榭建在池的周围，其间有漏窗、回廊相连，园内的山石、古木、绿竹、花卉，构成了一幅幽远宁静的画面，代表了明代园林建筑风格。拙政园形成的湖、池、涧等不同的景区，把风景诗、山水画的意境和自然环境的实境再现于园中，富有诗情画意。淼淼池水以闲适、旷远、雅逸和平静氛围见长，曲岸湾头，来去无尽的流水，蜿蜒曲折、深容藏幽而引人入胜；通过平桥小径为其脉络，长廊逶迤填其虚空，岛屿山石映其左右，使貌若松散的园林建筑各具神韵。整个园林建筑仿佛浮于水面，加上木映花衬，在不同境界中产生不同的艺术情趣，如春日繁花丽日，夏日蕉廊风荷，秋日红蓼芦塘，冬日梅影雪月，无不四时宜人，创造出处处有情、面面生诗、含蓄曲折、余味无尽的意境，不愧为江南园林的典型代表。

拙政园的不同历史阶段，园林布局有着一定区别，特别是早期拙政园与今日现状并不完全一样。正是这种差异，逐步形成了拙政园独具个性的特点。

拙政园的造园艺术特点主要有：

一、以水见长

据《王氏拙政园记》和《归园田居记》记载，园地"居多隙地，有积水亘其中，稍加浚治，环以林木"，"地可池则池之，取土于池，积而成高，可山则山之。池之上，山之间可屋则屋之"。充分反映出拙政园利用园地多积水的优势，疏浚为池；望若湖泊，形成晃漾渺弥的个性和特色。拙政园中部现有水面近6亩，约占园林面积的1/3，"凡诸亭槛台榭，皆因水为面势"，用大面积水面造成园林空间的开朗气氛，基本上保持了明代"池广林茂"的特点。

二、自然典雅

早期拙政园，林木葱郁，水色迷茫，景色自然。园林中的建筑十分稀疏，仅"堂一、楼一、为亭六"而已，建筑数量很少，大大低于今日园林中的建筑密度。竹篱、茅亭、草堂与自然山水融为一体，简朴素雅，一派自然风光。拙政园中部现有山水景观部分，约占据园林面积的3/5。池中有两座岛屿，山顶池畔仅点缀几座亭榭小筑，景区显得疏朗、雅致、天然。这种布局虽然在明代尚未形成，但它已具有明代拙政园的风范。

三、庭院错落

拙政园的园林建筑。早期多为单体，到晚清时期发生了很大变化。首先表现在厅堂亭榭、游廊画舫等园林建筑明显地增加。中部的建筑密度达到了16.3%。其次是建筑趋向群体组合，庭院空间变幻曲折。如小沧浪，从文征明绘的拙政园图中可以看出，仅为水边小亭一座。而八旗奉直会馆时期，这里已是一组水院。由小飞虹、得真亭、志清意远、小沧浪、听松风处等轩亭廊桥依水围合而成，独具特色。水庭之东还有一组庭园，即枇杷园，由海棠春坞、听雨轩、嘉实亭三组院落组合而成，主要建筑为玲珑馆。在园林山水和住宅之间，穿插了这两组庭院，较好地解决了住宅与园林之间的过渡。同时，对山水景观而言，由于这些大小不等的院落空间的对比衬托，主体空间显得更加疏朗、开阔。

这种园中园式的庭院空间的出现和变化，究其原因除了使用方面的理由外，恐怕与园林面积缩小有关。光绪年间的拙政园，仅剩下了1.2公顷园地。与苏州其他园林一样，占地较小，因而造园活动首先要解决的问题是在不大的空间范围内，能够营造出自然山水的无限风光。这种园中、多空间的庭院组合以及空间的分割渗透、对比衬托，空间的隐显结合、虚实相间，空间的蜿蜒曲折、藏露掩映，空间的欲放先收、欲扬先抑等手法，其目的是要突破空间的局限，收到小中见大的效果，从而取得丰富的园林景观。这种处理手法，在苏州园林中带有普遍意义，也是苏州园林共同的特征。

四、花木为胜

拙政园向以"林木绝胜"著称。数百年来一脉相承，沿袭不衰。早期王氏拙政园三十一景中，2/3 景观取自植物题材，如：桃花片，"夹岸植桃，花时望若红霞"；竹涧，"夹涧美竹千挺"，"境特幽回"；瑶圃百本，花时灿若瑶华"；归田园居也是丛桂参差，垂柳拂地，"林木茂密，石藓然"。每至春日，山茶如火，玉兰如雪。杏花盛开，"遮映落霞迷涧壑"。夏日之荷，秋日之木芙蓉，如锦帐重叠。冬日老梅偃仰屈曲，独傲冰霜。有泛红轩、至梅亭、竹香廊、紫藤坞等景观。至今，拙政园仍然保持了以植物景观取胜的传统，荷花、山茶、杜鹃为著名的三大特色花卉。仅中部 23 处景观，80%是以植物为主景的景观。如远香堂、荷风四面亭的荷（"香远益清"，"荷风来四面"），倚玉轩、玲珑馆的竹（"倚楹碧玉万竿长"，"月光穿竹翠玲珑"），待霜亭的桔（"洞庭须待满林霜"），听雨轩的竹、荷、芭蕉（"听雨入秋竹"，"蕉叶半黄荷叶碧，两家秋雨一家声"），玉兰堂的玉兰（"此生当如玉兰洁"），雪香云蔚亭的梅（"遥知不是雪，为有暗香来"），听松风处的松（"风入寒松声自古"），以及海棠春坞的海棠，柳荫路曲的柳，枇杷园、嘉实亭的枇杷，得真亭的松、竹、柏等等。

正是拙政园上述这些独特而鲜明的造园艺术特点，使它成为苏州园林乃至中国园林的杰出代表。

第四章　中国传统建筑与审美欣赏

【学习导引】

建筑是"巨大的工艺、"凝固的音乐",具有独特的审美价值。本章分析了传统建筑与旅游的关系,介绍了中国传统建筑的主要形式(如古城建筑、宫廷建筑、陵园建筑、寺庙建筑、石窟建筑、古塔建筑、桥梁建筑、民居建筑等),传统建筑审美特征与欣赏要点,并简要进行了中西传统建筑文化审美的比较。由于本章涉及的一些知识比较专业,有些专业术语可能比较生僻,希望学生在课外适当查阅一些相关资料,以加深对本章知识的理解。

【教学目标】

1. 认识和理解传统建筑与旅游的关系。
2. 了解中国传统建筑的主要形式及其审美特征。
3. 掌握中国传统建筑审美特征与欣赏要点。
4. 认识中西传统建筑风格上的主要差异。

【学习重点】

中国传统建筑的主要形式,中国传统建筑的审美特征与欣赏要点。

建筑通过立体和平面构图,运用线、面、体在时间、空间上展开运动的过程中给人们以视觉上的影响,从而使其获得美的感受。建筑审美,主要是通过对建筑形象和建筑语言的透析,谛视一个时代、一个民族的审美情趣与审美意境。

建筑,在英语(architecture)中原意为"巨大的工艺",含有工程与艺术结合体的意思。而且,历来的古典美学家总是把建筑、绘画、雕塑称为三大造型艺术或三大空间艺术,其中建筑尤受推重,这是因为建筑具有特殊的审美价值。

在审美上,建筑与音乐之间有着密切关系。歌德说过:"建筑是凝固的音乐,音乐是流动的建筑。"建筑有着音乐所具有的节奏、韵律、对比、和谐之美,如建筑群的高低起伏、逶迤错落、虚实结合、疏密交织、对应幻变,均可产生节奏、韵律、对比、和谐的美感。

建筑是人类文化的结晶,是我们旅游赏景中的最重要的人文景观之一。尤其是中国传统建筑具有丰富的文化内涵、鲜明的文化性格和很高的审美价值。中国建筑文化是东方所独有的一种"大地文化"（建筑与环境关系密切），它独有的文化性格，如"天人合一"的时空意识、淡于宗教浓于伦理的建筑理念、"亲地"倾向和"恋木"情结、达理而通情的技艺之美等耐人寻味。

第一节 传统建筑与旅游

旅游活动除了游览、观赏自然风景之外，历史遗迹（含古建筑或传统建筑）也是重要的游览观赏内容。伟大的建筑往往成为一个国家、一个民族或一个地区、一个城市的象征物或地标。埃菲尔铁塔成为巴黎乃至法国的一大标识，悉尼歌剧院成为澳大利亚建筑风格的某种代称，万里长城早已成为中华民族的象征，天安门成为北京的代码，至于黄鹤楼、滕王阁、岳阳楼则分别可以作为武汉、南昌、岳阳三个城市的指代。无怪乎人们将杰出的建筑物誉为"人类历史文化的纪念碑"、"空间地域的标志"。这些伟大的建筑尤其是经典的传统建筑无疑是游客游览观赏的主要对象，自然也是重要的旅游资源。由此可见，旅游与古建筑或传统建筑有着不解之缘。

我国是一个历史悠久的文明古国，传统建筑是我国优秀文化遗产的一部分。我国传统建筑比比皆是，千姿百态，丰富多彩，装点在祖国美丽辽阔的大地上，其中有许多古建筑或传统建筑享有盛名，蜚声海内外，如万里长城被称为"世界新七大奇迹"之一，北京故宫、承德避暑山庄、山东曲阜孔府孔庙堪称"我国三大传统建筑群"，还有著名的"江南三大名楼"——黄鹤楼、岳阳楼、滕王阁等。中国十大风景名胜中，古建筑或传统建筑占据四项；中国旅游胜地四十佳，古建筑或传统建筑占据十二项。由此可见古建筑或传统建筑在我国旅游资源中的重要地位。众多的古建筑或传统建筑是我国发展旅游业的优厚资源条件。中国古建筑或传统建筑是以木构框架为结构主体、带有繁复屋顶的群体建筑，它那特别的布局形式、组合方式与造型特征是旅游者很感兴趣的赏景对象。中国古建筑或传统建筑以丰富的文化内涵、鲜明的文化个性、高度的鉴赏价值、强烈的艺术魅力吸引着广大的中外游客。西方古典建筑或传统建筑如众多的神庙、教堂、宫苑也具有很高的艺术水平和审美价值，同样是重要的旅游资源，吸引着无数的游客。

第二节　中国传统建筑的主要形式

中国传统建筑的种类繁多，形式多样，如古城建筑、宫廷建筑、陵园建筑、寺庙建筑、石窟建筑、古塔建筑、桥梁建筑、民居建筑等。我们这里介绍的传统建筑主要是指在历史上具有一定的纪念意义，并且现在仍具有一定观赏价值的建筑物。

一、古城建筑——"华夏文明的缩影"

从字形分析，"城"由"土"和"戈"组成，戈是一种兵器或用来护卫的武器，所以城在最初是以土构筑而成并用来防卫的一种军事防御建筑。现在古城已经失去了防卫的作用，成了历史遗迹，供人游览观赏。古城建筑给人的审美感受是古朴、雄浑，颇能激起人们的思古怀古之情。

中国古城的主要特点：一般都筑有高大雄伟的城墙，城墙外有护城河，有的城内还有皇城、宫城、内城等，可谓"城中有城"、"固若金汤"。城市建筑布局封闭、严谨，强调中轴对称。例如，北京古城的中轴线从永定门经前门过紫禁城（故宫）直至安定门、德胜门，长达 8 公里，这条中轴线如同人的神经中枢，统率着整座北京城变化起伏和左右对称的空间分配，使北京城具有独特的壮美的秩序。都城的布局为前朝后市，左祖右社，城市轮廓多呈正方形或矩形，城内街道房屋呈棋盘状分布，秩序井然（如西安、北京等）。这与西方古城所具有的活泼、开放、自由的风格（同心圆、放射状）形成鲜明的对比，其根源在于不同传统文化的影响（中国崇尚封建礼制文化，具有封闭、严谨的特质；西方推崇自由与民主的开放文化，具有开朗、活泼的特质）。

我国的古都古城包括民居的选址布局比较讲究风水，一般追求背山面水、左右护围、坐北朝南的地理环境。唐恢先生在《城市学》一书中曾经用"地理五诀"（龙、砂、穴、水、向）进行了概括："背负龙脉镇山为屏，左右砂山秀色可餐；前置朝案呼应相随，天心十道穴位均衡；正面临水环抱多情，南向而立富贵大吉。"祈求平安顺利，渴求人居环境与自然环境的和谐是人们的共同愿望，或许正是由于这样一种心理，使得风水文化在人居建筑中至今仍具有一定生命力。

在我国，古都古城风貌目前仍保存得较好的历史文化名城有西安、北京、南京、曲阜、平遥、襄樊、荆州（见图 4-1）等，这些古城的古城墙、护城河吸引着众多的游人。

万里长城属于广义的古城建筑,它东起山海关,西至嘉峪关,像一条莽莽巨龙,爬越巍巍群山,穿过茫茫草原,越过浩瀚沙漠,横贯天际,气势磅礴,全长6700公里。城墙的高度与墙底宽度都在6米以上,总体积高达2亿多立方米,是我国也是世界上古城建筑中最伟大的工程。它被西方人称为"Great Wall"。长城是战争与和平的纽带,是中华民族智慧与力量的丰碑,它记载着一部沉重的中国历史。在中国十大风景名胜中,万里长城排列第一位,并被列入"世界新七大奇迹"之一。现存长城以北京八达岭一段保存最为完好(见图4-2),每天都有数以万计的中外游客攀登游览。

图4-1 荆州古城

图4-2 万里长城

二、宫廷建筑——"传统建筑的典范"

宫廷建筑是皇帝为了巩固自己的统治、突出皇权的威严、满足生活享受而建造的规模巨大、气势磅礴的建筑群。宫廷建筑旨在显示帝王之威,在建筑风格上具有"高、大、深、威"四大特点。其具体特征是:规模宏大,结构规整,气势非凡,装饰华丽。宫廷建筑具有等级森严的大屋顶(屋顶形式多样,但多为庑殿顶或五脊殿、歇山顶或九脊殿等大屋顶形式,见图4-3),金黄色的琉璃瓦铺顶,硕大的斗拱(见图4-4),绚丽的彩画,高大的盘龙金柱,雕镂细腻的天花藻井(天花即位于建筑物内上部,用木条交安为方格,上铺板,以遮蔽梁以上之部分;藻井是天花向上凹进为穹窿状的东西,多用在宫殿中帝王宝座的上方,有方形、六角形、八角形,上有雕刻与彩绘。天花藻井含有阴阳五行以水克火、预防火灾之意。见图4-5),汉白玉台基以及众多的建筑小品,以显示宫殿的豪华富贵。建筑物的布局上强调中轴对称(前朝后寝,左祖右社、三朝五门),装饰和建筑小品多具吉祥含义(如龙、仙鹤、鼎式香炉、象驮宝瓶等)。在审美上以其巍峨、崇高、雄伟、辉煌、森严、肃穆为特色。

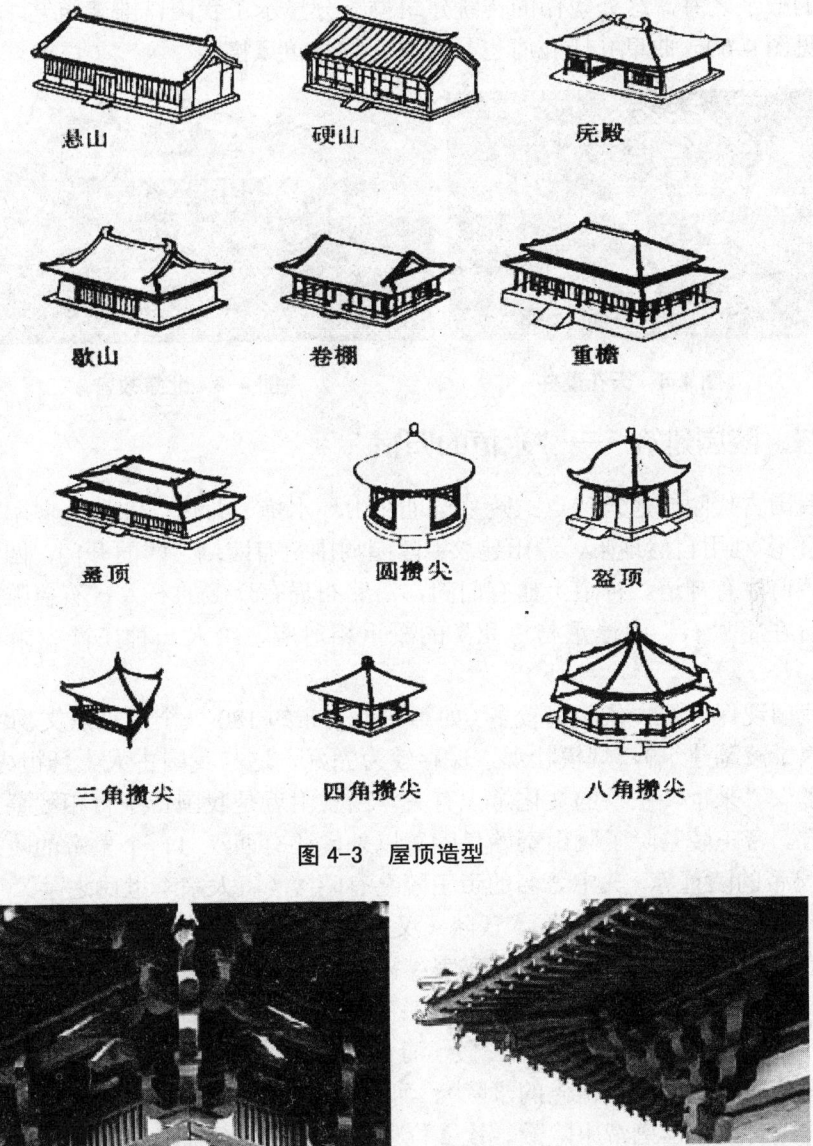

图 4-3 屋顶造型

图 4-4 斗拱

我国宫廷建筑较著名的有北京故宫、沈阳故宫等。其中北京故宫（紫禁城）是我国古代宫廷建筑保留最完好的一处，占地面积 72 万平方米，建筑面积 15 万平方米，有大小房屋上万间，主要建筑有太和殿、中和殿、保和殿及御花园等。故宫周围是 10 米高的红墙，周长 3400 多米，城墙外是护城河。故宫是一处豪华壮丽的殿宇之海，这处宏伟的传统建筑群充分显示了我国宫殿建筑艺术的高超水平（见图4-6）。曲阜孔庙孔府也具有宫廷式建筑风格。

图4-5　天花藻井

图4-6　北京故宫

三、陵园建筑——"永恒的归宿"

我国古代陵园建筑特点：陵墓选址在山环水抱、背风（北风）向阳的"风水宝地"，多利用自然地形，靠山建坟；陵园周围筑有陵墙，四面开门，四角建有角楼，陵前建有神道。神道上建有门阙，沿路布局有众多的石人、石兽雕塑等石象生，旨在将"石"的厚重与"死"的凝重相对应，给人一种庄严、肃穆、宁静之感。

我国现保存的古代陵墓较多（如第一批公布的180处全国重点文物中就有19处是属于陵墓建筑），规模壮观，保存较为完好，这与我国古人崇拜祖先、"厚葬以明孝"、"来世转生"的文化意识有关。西安附近是我国帝王将相陵墓最为集中的地方。帝王陵墓除了骊山秦始皇陵墓以外，还有西汉11个皇帝的陵墓，唐代18个皇帝的陵墓等，其中著名的帝王陵墓有昭陵（唐太宗李世民之墓）、乾陵（武则天与唐高宗李治的合葬墓）、茂陵（汉武帝刘彻之墓）等。北京的明十三陵（长陵—成祖；献陵—仁宗；景陵—宣宗；裕陵—英宗；茂陵—宪宗；泰陵—孝宗；康陵—武宗；永陵—世宗；昭陵—穆宗；定陵—神宗；庆陵—光宗；德陵—熹宗；思陵—思宗）；辽宁的清初关外三陵（清太祖努尔哈赤的福陵、清太宗皇太极的昭陵、埋葬清王朝的6位祖先的永陵）、河北的清陵（清东陵、清西陵）、河南的巩义（北宋时期9位皇帝中除徽、钦2位皇帝被金国虏死漠北外，其余的7位皇帝以及被后追尊为宣祖的赵弘殷即赵匡胤之父均葬于巩义，统称"巩义八陵"）、浙江绍兴（南宋9个皇帝中的6个皇帝都葬在绍兴，统称"南宋六陵"）等也是帝王陵寝集中之地。

我国在奴隶社会即开始厚葬，且有"人殉"之制，车马为常见殉葬之物，春秋战国时期的墓不仅垒坟，而且植树并建有享堂或祭殿（如曲阜孔子墓）。周代陵墓集中分布于陕西咸阳以北，封土多为平顶方锥形，故名"方上"或"方坟"（体现"天圆地方"传统观念中的"地方"文化意识)。

秦代厚葬之风更盛,大筑陵墓,多夯土垒叠而成(或"方上"形式),规模宏大。如秦始皇陵(见图4-7),现台基东西宽345米,南北长350米,高43米(陵墓原高120多米,外围长6.3千米。历经两千多年的风雨侵蚀和人为影响,使得陵墓形体变小),并有兵马俑等无数珍宝陪葬,目前已探知兵马俑4个,其中1号坑有武士俑、陶马6000多具,被誉为"世界第八大奇迹"。

西汉帝王重臣陵墓多在陕西的咸阳北原及长安附近。西汉继承了秦朝陵寝制度,大规模修建陵墓,其规模与形制如同宫殿,并开始以"陵"为帝王墓的专用名词。名将功臣、贵戚之墓设于帝王墓附近,形成以一代帝王陵为中心的陵墓区。创陵邑制度,迁天下富豪居之,为帝王守陵。首开陵前设石象生之先河,于神道(甬道或御路)两房置石人(翁仲)、石羊、石马、石虎,以壮声威。如汉武帝茂陵(见图4-8)。

图4-7 秦始皇陵墓

图4-8 汉武帝茂陵

东汉陵墓集中于洛阳邙山,邙山在洛阳市北,地势高旷,背对黄河,俯视洛阳,颇具气势,故有"生于苏杭,葬于北邙"之说。东汉陵墓规模取消了陵邑制,同时改木椁为砖椁,立墓表,设石象生。为了旅游及历史考古等需要,我国在洛阳邙山建造了古墓博物馆(迁建、仿建附近有代表性的古墓数10座于一地)。汉代的重要墓葬中多金缕玉衣,这也是汉代陵墓的一个主要特点。

魏晋南北朝时期,社会动荡不安,政权更迭频繁,人们多有朝不虑夕之感(如曹操《短歌行》曰:"对酒当歌,人生几何","譬如朝露,去日苦多"),崇尚佛教,盛行玄学,不再追求厚葬,帝王陵寝大为简化。

至唐代又重新开始修建巨大的陵寝。唐陵主要分布在陕西的礼泉、三泉、乾县一带,不再用人工堆土封丘,而改用"依山为陵"的方法,在山丘上造陵,既省人力,也比人工堆土更加壮观。陵区筑有陵墙,四面辟门,门外设石狮,四角建角楼。神道顺坡势向南伸展,石象生众多,如乾陵(见图4-9)等。

宋代陵制是我国古代陵寝制度的一个转折点。宋以前历代帝王都各自选地建陵，一个帝王自成一个陵区，自北宋起，同一个朝代的帝陵都集中于一个或两个陵区。宋代陵园一般规模不大，较秦、汉、唐陵要小一些。这是由于宋代规定皇帝去世后才允许建陵，且规定全部工程要在7个月内建成。北宋以后，帝陵恢复"方上"形式，但陵体由方形转化为圆形。诸陵规模与石象生数目比较划一，陵墓低于其前的乳台。北宋帝王陵墓集中于河南巩县洛河南岸台地上，北宋9个皇帝除徽宗、钦宗被金人所虏囚死漠北外，其余7个皇帝均葬于此地，其中最大的陵墓是宋太祖赵匡胤的永昌陵；南宋帝王陵墓则分布在浙江绍兴。

元代依蒙古族风俗，遗体浅葬草原，再以万马踏平地面，使之不留痕迹，帝王将相亦是如此葬法，故元代无陵寝遗存。至于成吉思汗陵，则是现代修建的象征性建筑。

明、清两代陵寝制度大致相同，陵墓多采用"宝城、宝顶"形式（上圆顶下方城），都选址于"风水宝地"（山环水抱，背风向阳），设集中陵区。如明十三陵（见图4-10）、清初三陵（关外三陵）、清东陵与清西陵。陵区内进行统一规划，各陵依年代（辈分）先后由中央向两侧依次排列，尊卑等级分明，由神道与主神道（公共神道）相连，布局严谨而富于艺术效果。陵所在山之阳坡广植松柏。明清陵墓不同之处在于明陵帝后合葬，而清陵则为晚于帝王而逝的后妃另葬，后妃的建筑规格降低。清自雍正帝起，隔代分建于东、西两陵区（清东陵、清西陵），实行父子分葬之制。民间传说是由于雍正阴谋爬上帝位，怕会受到其父的严厉责备，于是实行父子分葬，自此以后也就成了定制。

图4-9 武则天乾陵

图4-10 明十三陵布局示意图

中国陵墓建筑是建筑、雕塑、绘画、自然环境融为一体的综合艺术，古代中国陵寝除了追求强烈的礼制色彩和大规模建筑组群的空间组织处理方面的精湛造诣外，还刻意追求山川自然形势的完美，精心探究自然景观美与人文景观美的有机结合，力图使整体环境给予人很强的艺术感染，营造神圣、永恒、崇高、庄严、肃穆而又充满生气的感应氛围。

陵墓景观的鉴赏，主要应从建筑的艺术形式、雕塑的艺术形式、祭品的艺术形式等方面把握,并注意从外观结构(地面建筑部分的祭祀建筑、神道,地下建筑部分的地宫建筑)和内在意蕴(风水观、礼制观)两个方面去鉴赏。

除帝王陵寝外,我国还有许多名人陵墓,如孔子墓(见图4-11)、关羽墓(头葬洛阳的关林,身葬当阳的关陵)、岳飞墓(岳坟)、昭君墓,以及近现代的中山陵(见图4-12)、毛主席纪念堂等都是重要的陵寝旅游资源。

图 4-11　曲阜孔子墓　　　　　　图 4-12　南京中山陵

这里需要补充说明的是,由于东西方殡葬方式及对待宗教的态度不同,欧洲等西方国家一般不修建大规模的陵墓,几乎所有信奉基督教的国家都大抵如此(他们认为人世与天国截然不同,人死之后将一切由上帝来安排,活着的人没有必要为逝者操心,因此大规模的陵寝建筑以及陪葬品都是没有必要的),所以,这些国家极少将陵墓作为重要的旅游资源。由此我们可以这样认为,陵园建筑是中国特有的人文旅游资源。

四、寺庙建筑——"红尘世界的倒影"

寺庙是我国佛教建筑之一,数量众多,分布广泛。寺庙建筑起源于印度,我国在南北朝时代大兴寺庙建筑的土木之风,唐代诗人杜牧《江南春》诗曰"南朝四百八十寺,多少楼台烟雨中",可见当时寺庙之多。前些年人们常戏称我国旅游是"白天看庙,晚上睡觉",虽然此话是讽刺我国某些地方旅游的单调,但同时也说明了寺庙这一传统建筑在我国旅游资源中的重要地位。

由于最早的佛寺是在官府的基础上建的,因此与封建社会时期的其他建筑在形式上没有什么大的区别。中国的宗教建筑或是采用官式建筑的尺度模式,或是采用民间建筑的特点,"神化"、"出世"特点不突出。中国佛塔形制是世俗楼阁的仿造。因此,有人说"寺庙是世间衙署的翻版"、"红尘世界的倒影"。中国宗教建筑体现了"以人为中心的文化观念"与"实践理性精神",这与西方宗教建筑刻意体现"宗教神灵精神"和"出世"思想大不相同。

我国寺庙建筑与布局的主要特点是：中轴对称，正中路前为山门，山门内左右为钟楼、鼓楼，正面为天王殿（殿内供有四大金刚塑像和弥勒佛），后面是寺庙的中心——大雄宝殿（供奉大雄——佛教始祖释迦牟尼的地方），再后是藏经楼（阁）。正中路左右布置有僧房、斋房等建筑（见图4-13）。

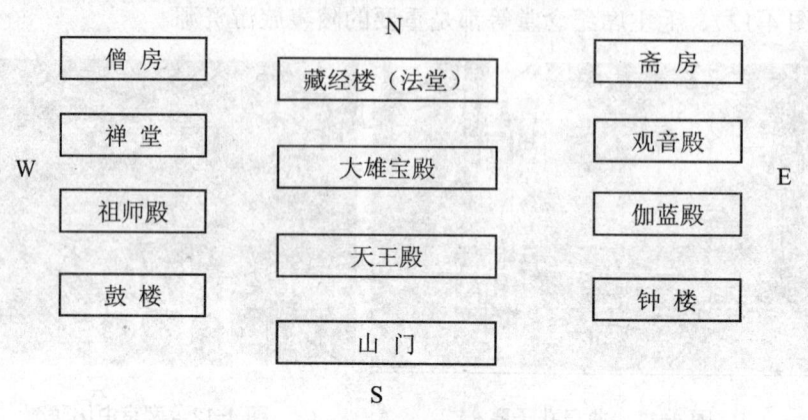

图4-13　寺院空间布局图

这种布局旨在以雄浑规整的气势、庄严肃穆的感觉，以及神秘阴森的宗教气氛来震慑信徒。其中喇嘛教的建筑比一般的寺庙建筑更加宏伟，装饰更为华丽（如拉萨的大昭寺等）。寺庙建筑往往结合园林构景手段创造出"仙山琼阁"的天国境界，以调节神秘阴森的宗教环境气氛，并满足僧众、信徒、游客的审美需要和增强宗教的教化效果。我国多数宗教寺庙建筑在山水风光优美之处（"深山藏古寺"，"曲径通幽处，禅房花木深"），体现了"天人合一"的传统美学思想。

我国著名的寺庙建筑有：天下第一名刹少林寺、拉萨的布达拉宫（见图4-14）、山西恒山的悬空寺、河北承德避暑山庄的外八庙（见图4-15）、北京的雍和宫、天津的独乐寺、山西的显通寺、浙江的普济寺、安徽的化成寺、河南的白马寺、四川的报国寺、西藏的大昭寺、甘肃的拉卜楞寺、青海的塔尔寺。此外，湖北当阳的玉泉寺、重庆梁平的双桂堂等也颇有名气，在建筑上也很有特色。我国寺庙建筑比比皆是，其中不少寺庙建筑规模与建筑艺术为广大中外游客所称绝。

图4-14　拉萨布达拉宫　　图4-15　承德外八庙之一——普陀宗乘之庙

五、石窟建筑——"宗教与艺术的殿堂"

石窟原是印度的一种佛教建筑,多是僧侣们开凿的,是教徒们集会、诵经、修行的地方。我国的石窟是仿照印度开凿的,主要是用来供奉神像和菩萨。我国最著名的石窟有甘肃敦煌的莫高窟(见图4-16)、河南洛阳的龙门石窟(见图4-17)、山西大同的云冈石窟、甘肃天水的麦积山石窟(我国最大的泥塑艺术博物馆)、重庆大足石刻等。这些石窟对于研究我国古代建筑艺术、雕塑、绘画、佛教文化以及发展旅游事业都具有重要价值。中国石窟具有自己独特的民族性,这不仅表现在石窟建制由印度单一的塔庙式礼拜窟发展为具有中国殿堂特色的佛殿窟、大像窟、佛坛窟等,更表现在雕塑、绘画由取法印度发展为具有中华民族审美理想和现实精神、艺术特点的新风格。中国佛教石窟在地域分布上有着自身的规律性,由于传入的时间序列不同,使中国石窟大体上呈西先东后、北早南晚之势。在地域上又因地区文化的差异和石窟艺术盛衰的时间不同而形成若干个大的石窟艺术发展区,如新疆地区、甘宁陕地区、晋豫冀地区、川浙地区、西藏地区等。每一个地区的石窟艺术既具有一个时期全国共有的艺术风貌,又具有自己独特的艺术个性,从而使中国佛教石窟艺术呈现百花齐放、气象万千、南北分流的局面。

图 4-16　敦煌莫高窟

图 4-17　洛阳龙门石窟

六、古塔建筑——"装点河山的神笔"

我国的古塔绝大部分属于宗教建筑,一般称为佛塔。我国古塔种类繁多,丰富多彩,大体可以分为楼阁式塔、密檐式塔、覆钵式塔、金刚宝座式塔、亭阁式塔、花塔、过街塔及塔门等七大类。各种塔的结构基本相同,分别由地宫、塔基、塔身、塔刹等部分组成。我国的古塔中,有些属于风水塔,风水塔多立于水系入村处或出村处,以镇风水。塔的基座具有敦厚、稳重的美感,塔身层层相叠,形成有规律、有比例的重复,具有韵律之美。目前,我国拥有3000多座佛塔,它们是我国传统建筑的重要组成部分。最著名的有西安的小雁塔(见图 4-18)、大雁塔（见图4-19），山西应县木塔（见图4-20），北京大正觉寺金刚宝座塔（见图4-21），云南大理三塔（见图4-22），嵩山的少林寺塔林（见图4-23），宁夏青铜峡的108塔（见图4-24，是我国传统建筑中唯一总体布局为三角形的大型塔群），南京的灵谷寺塔，湖北当阳玉泉寺的棱金铁塔（我国最大的铁塔，高22米，共13层，重53.5吨）等。

图4-18　西安小雁塔　　4-19　西安大雁塔

图4-20　山西应县木塔　　图4-21　北京大正觉寺金刚宝座塔

图4-22　云南大理三塔　　图4-23　嵩山少林寺塔林　　图4-24　宁夏青铜峡108塔

我国古塔比例合度，结构精密，宏伟壮观，肃穆安闲，给人以崇高的美感和浓厚的神秘感。它以自身的挺拔英姿，对风景区起着重要的装点、协调以及引景的作用。古塔对环境还具有特殊的美化效果,对山水景观起着弥补不足或锦上添花的作用,甚至起到"化平凡为神奇"的巨大审美功效,故称之为"装点山河的神笔"。

宝塔在中国,时俗流变,它已不仅是佛教的文化符号,许多成为登临远眺、观赏风景的凭栏点,成为文人墨客吟咏诗作的灵感激发处。从元代起,佛家宝塔已入市肆,以塔喻笔、指天为纸的"文峰塔"等的兴建,标志着宝塔已衍化为祈祝科举高中的象征。至于"雁塔题名",莅塔更成为登第士子抒发志得意满的风流雅事。如今,宝塔则完全衍化成了登高观景、装点河山的景物。

七、桥梁建筑——"力与美的交融"

我国桥梁建筑的历史悠久,至少已有3000多年的历史,不少桥梁建筑经历了千百年的风雨考验,至今仍然坚固完好。我国地理环境上多山多水,为交通便利,遇山则开路,遇水则架桥,故桥梁遍布祖国山河。众多的桥梁,有的长若垂虹,有的环如半月,有的如玉带浮水,有的雄伟壮观、气贯长虹,有的小巧玲珑、柔美纤巧,可谓千姿百态。很多古桥已成为游览、观赏的重要旅游景观,吸引着众多的游客。

桥梁大致可以分为梁桥、拱桥、索桥、浮桥几种基本类型,具有交通运输、遮风避雨(如风雨桥)、点缀河山、观景赏景等功能和用途。我国著名的古代桥梁有所谓的"古代三大名桥"——河北赵县的赵州桥(又名安济桥,系隋代李春设计建造。见图4-25)、福建的泉州与惠安交界洛阳河上的洛阳桥(万安桥)、北京永定河上的卢沟桥(意大利旅行家马可波罗称赞"它是世界上最好的、独一无二的桥")。非常驰名的古代桥梁还有西安附近的灞桥(我国最古老的桥梁,系汉代建造),苏州的宝带桥、枫桥,广东潮州的广济桥,福建的安平桥(又名"五里桥",为我国最长的古桥),广西程阳的风雨桥(见图 4-26)等。江南水乡"小桥、流水、人家",如诗如画,古桥比比皆是,浙江绍兴有"古代桥梁博物馆"之美称。三峡地区则是"现代桥梁的博物馆",已建成十多座长江大桥和数百座现代大中型桥梁。重庆、武汉皆有"江城桥都"美誉。

图 4-25　河北赵县的赵州桥　　图 4-26　广西程阳的风雨桥

八、民间建筑——"地域环境的镜子"

传统民间建筑主要包括民居和村落。我们的先民发挥聪明才智，创造了良好的、与自然和谐的人居环境，让人们诗情画意般地栖居在祖国大地上。传统民间建筑有着悠久的历史传统，在建筑的群体组合、院落布局、空间处理、外观造型、地形利用等方面都积累了丰富的经验。不同地区、不同民族的民居和村落都有着自己独特的艺术风格和特色，这些风格和特色的形成与当地的地理环境、民风民俗和生活方式有密切关系，可谓"地域环境的一面镜子"。传统民居的外观虽然种类繁多，但大致可以归纳为合院式（如四合院、三合院）、干栏式（用竹、木等构成的底层架空的楼居）、碉房（用土、石砌筑形似碉堡的房屋）、毡帐（如蒙古族的蒙古包、哈萨克族的毡房、藏族的帐房）、阿以旺（新疆维吾尔民居，房屋连成一片，平面布局灵活，庭院在四周）等。我国传统民居建筑很有特色的有北京的四合院（见图4-27）、黄土高原的窑洞（见图4-28）、西南地区的吊脚楼（见图4-29）、福建闽西的土楼（见图4-30）、广东客家的围龙屋（见图4-31）、安徽古民居（见图4-32）、西藏的碉房（见图4-33）等。古村落是农耕社会人类聚居的地方，反映出中国古代强烈的血缘与地缘关系，在建筑布局上顺应自然环境，重视生活需要与防御安全。我国的传统民居与古村落具有较高的游览观赏价值和科学研究价值。

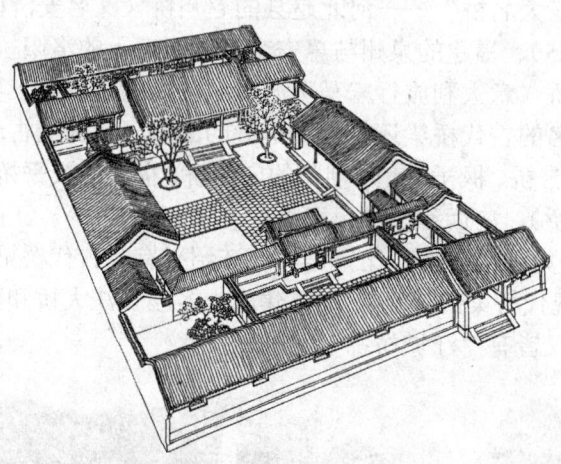

图 4-27　北京四合院总体布局

图 4-28　陕西窑洞　　　　　　　图 4-29　吊脚楼

图 4-30　福建闽西的土楼　　　　图 4-31　广东客家围龙屋

图 4-32　安徽古民居——宏村　　图 4-33　西藏的碉房

中国古代的民居和村落建设十分重视风水环境，易学堪舆理论影响深刻。风水学中所说的理想环境应该是背靠祖山，左有青龙（山丘），右有白虎（山丘），两山相辅，背景开阔；远处有案山相对，有清流自山间流来，曲折绕前方而去；四周之山最好多层次，即青龙、白虎之外还有护山相拥，前方案山之外还有朝山相对；朝向最好坐北朝南。如此一个群山环抱、负阴抱阳、背山面水的良好地段是民居和村落建设的理想之地（见图 4-34）。这样的地方，用现代科学的观念来分析，无疑是一个十分优越的人居环境：背山可以阻挡冬季寒风；前方开阔可得良好日照，纳夏日凉风；四周山丘植被既可供木材、燃料，保持水土，也能形成适宜人居的小气候；流水既可保证生活与灌溉使用，又可蓄水养殖。

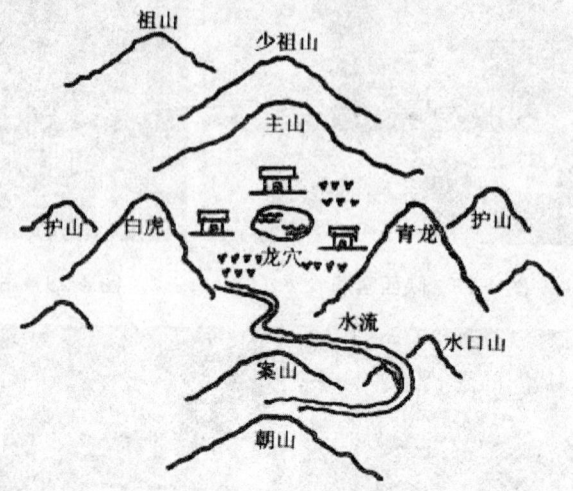

图 4-34　风水学中所说的理想环境

　　传统民居和古村落的审美鉴赏要领主要应从外观、内景、意蕴（如"天人合一"哲学观的民间化、山水田园作品的文学意蕴、浓郁的民俗乡情）、环境等方面把握。传统民居和古村落的审美鉴赏方法为：从整体着眼，注意建筑与周围自然环境的和谐性（用科学的风水观观察分析）；注意结合地域文化、民族文化，小中见大，平淡中见神奇，去体会文化意蕴；选择最佳的观赏时间（如清晨、黄昏、烟雨天），以期获得最佳的美感效应。

　　中国传统建筑的文化分类为：官式建筑、文人建筑、民间建筑。它们各自的特点分别为：官式建筑雄伟壮丽、等级森严（如宫殿、苑囿、陵寝、学宫、府第等），文人建筑朴素雅致、平和含蓄（如私家园林、书院等），民间建筑具有较强的实用性与经济性、地方性与民族性、简易性与神秘性（如民居、村落等）。

　　中国建筑的文化历程特点大致可以概括为：秦汉伟构气度恢宏，风格粗犷；魏晋南北朝文脉变调，朴素节俭；隋唐大气磅礴，有容乃大；宋元清逸而严谨；明清精细富缛与古典终结（高度腐熟）；近现代趋新求奇，中西融合。

第三节 传统建筑审美特征与欣赏要点

建筑不是单纯具有实用要求和科学技术功能的产品，而蕴含有深刻的审美功能。审美因素（或审美功能）对实用功能和技术手段也具有重要的制约作用，在某些建筑中，审美因素甚至起着决定性的作用。如在英文中，建筑"architecture"的原意是"巨大的工艺"。因此，建筑具有强烈的艺术审美特征，它是物质与精神、技术与艺术、善和美的有机统一。

中国传统建筑的主要特点是：土木结构，布局严谨，造型优美，装饰丰富多样，与自然环境协调，伦理色彩浓厚。

中国传统建筑具有很高的审美价值，它给人的美感是：或雄伟、宏大，或浑厚、质朴，或挺拔刚健，或雍容华贵，或柔和纤秀，或端庄大方……这些形式美主要表现在序列组合、空间布局、比例尺度、造型式样、色彩装饰等方面，这些形式美的因素决定了中国传统建筑的审美特征。此外，对于我国传统建筑的欣赏还受欣赏者的文化素养、审美修养及民族的审美习惯等的影响。一般地讲，对我国传统建筑的审美与欣赏，可以从以下几个方面去认识把握：

一、建筑材料与结构形式

中国传统建筑的材料主要是土与木，系土木结构。它的形成与发展，与中国的地理环境和自古以来以农立国、立命息息相关。虽然世界上每一个民族都生存在大地上，却几乎很少有哪一个民族像中华民族这样，对大地充满如此深挚的感情，建筑自古就地取材，以土木为本，故我国的建筑文化被称之为"大地文化"。土木结构的建筑，自然质朴，形象柔和温婉，建造与装修比较随意、灵活。中国人选择木结构建筑的主要原因在于：（1）古代中原等地林木很多，便于就地取材；（2）适合建筑需要的石材相对较为难觅，且搬运不便；（3）受文化观念的影响，除陵墓建筑外，中国古人并不刻意追求建筑的永恒。我国传统建筑的木构架主要是采用梁柱式结构（地面上立柱，柱上架梁）。其优点主要是：（1）构建灵活，造型丰富，形态各异，充分体现了中国传统建筑的民族特点和艺术风格，（2）抗震性能较强。由于木材柔韧性强，加之采用榫卯安装办法，非常坚固（"墙倒屋不倒"）。其缺点主要是木构建筑难以长期保存（易受火灾、白蚁、战争等损坏，且易腐朽）。中国传统建筑的外观，就单体建筑而论，基本分为三部分：台基、墙柱构架和屋顶（建筑学上称为"三段式"。如我国独特的木结构框架的典型建筑——北京天坛的祈年殿,见图4-35)。

图4-35　北京天坛祈年殿

在传统建筑结构形式上,西方与我国有显著的区别:中国传统建筑多土木结构,梁架承重;西方传统建筑多石质结构(采用拱券结构技术),墙柱承重(基于扩大空间和解决采光的目的,采用围柱式结构,即四周以高大的石柱围绕而形成一个柱廊,如古希腊神庙建筑)。基于西方(如古希腊、罗马等)环境特点及山石地质因素,西方传统建筑体现出以石为本的风格,即主要采用冷而硬、厚而沉、庞而大的石块,以追求一种高大、强大、神秘、威严、震慑效果体现一种弃绝尘寰的宗教出世精神(见图4-36、图4-37)。

图4-36　雅典卫城的胜利神庙　　图4-37　意大利曼德瓦德尔丹府邸(券柱组合)

二、群体组合与布局特征(间→房屋→庭院→建筑群)

中国传统建筑在布局上为群体组合,即是由一个一个的单位建筑组合成的一个大的群体建筑。我国传统建筑的一个共同特征是,在平面布局上以间为单位,由间组成房屋,再由房屋组成庭院,进而由庭院组成横向铺展的各种形式的建筑群。凡有地理条件的,主要建筑物一般都是沿着中轴线布局,使建筑物组成有层次、有深度的空间，追求布局的纵深效果和含蓄美（这一点与西方有很大的不同，西方传统建筑的布局具有独体性，着重追求立面与个体的艺术风格，主体建筑物较集中，一目了然，而中国传统建筑只能一点一点地细细观看），中轴线两侧的建筑物保持严格对称和均衡，显示出整齐和对称的美（如宫殿、寺院、庭院建筑等）。这种依附地面以主要建筑为中心的向四面扩散、中轴对称式的群体布局，与我国古代封建思想意识中的皇权观念、儒家伦理、宗法礼教、以土为本等传统文化有关（"普天之下，莫非王土"，所以君王的建筑居于中央。而儒家"君君臣臣父父子子"的社会伦理观，亦使中华礼教在主次、内外方面甚为讲究，例如四合院中享有尊崇地位的长辈居住正房，晚辈只能分居两侧厢房）。中国建筑布局在整体上是内向的、收敛的、封闭的（如四合院、皇宫、围合的城墙、长城等），追求内在的含蓄和私密性；西方建筑布局在整体上是外向的、放射的、开放的，追求外在的进取和民主性。可见东西方的建筑和各自的民族性格基本上是统一的。

建筑之所以被称为"凝固的音乐"，除了形容建筑和音乐一样有明显的节奏、韵律以外，也说明完美的建筑序列（群体组合）犹如一曲完美的乐章，有主有从，有始有终，有和谐的旋律，中国传统建筑可谓典范。中国传统建筑的美，不仅在于单体的造型比例，而且在于群体的序列组合；不仅在于布局的雕琢趣味，而且在于整体的神韵气度；不仅在于突兀惊异，而且在于节奏明晰；不仅在于可观赏，而且更在于可游览。我们在游览群体建筑时（如北京故宫、曲阜孔府孔庙等），首先要强化自己的空间概念，从群体组合或布局特征上去体味美感（见图4-38）。

图 4-38　北京故宫空间布局

三、装饰色彩

我国传统建筑十分讲究内部的装饰、陈设和外部的空间点缀。建筑物内部常用雕梁画栋、图案花纹、匾额楹联以及壁画进行装饰，以增加华丽富贵的气氛。

传统建筑的外部空间常常用假山叠石加以点缀，设置华表、香炉、石狮、铜鹤等，有的还建有九龙壁。其装饰的内容可归纳为六大类：突出皇权、表示等级、表明品格、崇扬功绩、驱魔辟邪、祈求吉祥。装饰色彩中，红、黄、绿是我国传统建筑的主色调。从中华民族传统的审美观来看：红色代表喜庆、欢乐，黄色代表辉煌、富贵、庄严，象征中央（根据"五行说"，黄色代表中央、世界的中心。中华民族崇尚黄色，与黄土、黄河、黄帝、黄皮肤等地理、文化等因素有关，黄色是中华文明的标志）；绿色是生命之色，给人以生机勃发的感觉。我国的宫殿建筑一般都是"红墙黄瓦"，显得金碧辉煌，象征着皇权的威严，显示出皇宫的豪华富贵。白色台基、黄或绿色的琉璃瓦、朱红色的门窗墙柱和以青绿色为主的梁坊彩绘是宫廷、坛庙最盛行的色调，地域上具有北浓烈、南淡雅的特点（与气候等地理环境有关）。我国古典建筑中的色彩处理以北京天坛祈年殿最为高超。

在装饰色彩上，西方建筑与我国传统建筑有较大区别：西方建筑由于采用石质结构，色彩较为朴素、淡雅、单调（以白色、灰色为主色调，黄、红为辅色），体现出调和性格；中国古典建筑由于采用木构架，需要油漆等涂料加以保护，以及琉璃瓦、汉白玉、大理石的使用，则显得富丽堂皇、鲜艳夺目（以鲜艳的红、黄、绿三色为主），表现出强烈对比的性格。

四、文化内涵

文化是建筑的灵魂，我国著名建筑学家梁思成曾说过："欣赏优秀的建筑，就像欣赏一幅画、一首诗。建筑最吸引人的地方是蕴藏其间的一系列的'意'。建筑的'意'即建筑的文化内涵与创意。"建筑文化资源的旅游开发，关键在于采用适当的方式表现这一系列的"意"。

建筑是物质外显和文化内涵的有机结合，是历史文化的一面镜子，是一定时期社会文化的缩影，在传统建筑的欣赏中，若能从文化底蕴上来发掘，将趣味大增。如北京天坛以圆形为基本构图，蓝色为基本色调，翠柏为基本背景，并使用了1、3、5、9等与"天"有关的尺度，突出地象征与体现了"天"这个主题。又如我国古代城市的布局，各类建筑的体量和形式大都方整划一、主从分明、轴线贯通、秩序井然，而且从北到南，千百年保持着统一的风格，基本形式没有大的变化。这种现象深刻地反映了中国封建文化的基本特点，即国家统一、皇权至上、等级森严、典章完备，生产与生活方式变化幅度很小，思想意识的传统性很强（大一统观念），突出地刻画出了封建社会的伦理秩序观念和人们的生活节奏。

中国古代传统文化思想对传统建筑的影响极大，这主要表现在我国传统建筑在审美文化上具有五大特点：（1）以大称威：如万里长城、北京故宫、承德避暑山庄、阿房宫等都是以大称威的杰作。（2）以中为尊：如国都选址上要"择天下之中而立国（都）"，在都城规划上，要"择国之中而立宫"。建筑群的主要建筑应建在中轴线上。(3) 礼制至上：即在建筑有十分森严的等级制度观念，这从屋顶形式、台基高低、面阔间数等可见而知。(4) 礼乐和谐：中国传统建筑艺术的一种境界，是礼乐和谐。如古建筑中常见的平面制度即中轴对称，它是表示"礼"的，而这种平面布局体现出庄严、平衡、博大的美，又表示"乐"。从建筑的单体造型来看，一般是高台基、直柱、方形墙体与门窗以及人字坡顶，这种坡顶呈曲弧反翘之势，其实这也是一种"礼乐和谐"的空间形制，是直与曲、刚与柔、理与情、礼与乐的辩证统一。(5) 祈吉为尚：我国传统建筑的装饰和内外陈设都有祈求吉祥的含义。如龙、凤、鹤、狮、象、龟、麒麟、松柏、灵芝、梅花、莲花、寿桃等图案，鸱吻（相传鸱吻是龙的儿子，所谓龙生九子，鸱吻为其中之一，多作中国古代建筑屋脊正脊两端的一种饰物）、藻井等为镇火的装饰物。故宫中的文渊阁（藏书楼）的琉璃瓦用黑色，以寓镇火之意。

我国建筑大师梁思成曾经这样说："建筑是一面镜子，它忠实地反映着一定社会的政治、经济、思想、文化。"例如：西方的古希腊建筑亲切明快的风格，反映了奴隶制城邦社会民主的开朗的生活；古罗马建筑雄伟、敦实、豪华的风格，则是奴隶主穷兵黩武、骄奢淫逸的生活写照（如凯旋门、斗兽场、神庙等）；欧美城市拥有众多可供集会的广场和公园，体现了社会民主自由、开放的先进文化；中世纪建筑哥特风格的基督教堂，以高耸的尖塔、超人的尺度、光怪的装饰，反映了西方人征服自然、向往天国的文化观念。建筑师们旨在歌颂崇高美、灵魂美、宗教美、自由美、最终极的美。因此，在欧洲，人们称建筑是"石头写成的史书"。中国传统文化强调统一性，忽视差异性；强调群体，忽视个体。西方则与之相反。这些都在建筑文化中有所反映。无论是欣赏中国古典建筑还是西方古典建筑，都应该从文化内涵上去仔细体会和把握。总之，建筑是历史的见证、文化的标志、心灵的寄托。

五、艺术性与功能性、技术性密切结合

我国传统建筑具有艺术性与功能性、技术性密切结合的审美特征，若能在观赏中体味出它们之间的关系，将得到无穷的妙趣。例如，台基既是木构件防水、防腐的需要，又使整座建筑显出稳定和统一的形象特征；柱子既是主要传力构件，又是划分开间的标志，有时还施以精美的雕刻；大屋顶之所以有较大的出檐，是为了保护周边的木构件及墙面，但出檐大了净空就低，室内的光线就暗，于是就设计了一种屋面檐口部分向上反翘，使阳光易射入、空气易流通的反曲屋面（地域上南长北短）；油漆彩画是保护木材的必要措施；屋顶上的仙人走兽是固定屋瓦的铁钉套子。中国传统建筑的实践理性精神较强（即功能性较强），西方传统建筑

的宗教神灵精神较强（追求精神境界）。

六、建筑美与环境美的和谐

环境是构成建筑艺术感染力的主要因素之一。建筑如果离开了特定的环境，就好比希腊神话中的英雄安泰离开了大地母亲一样，尽失"英雄本色"。建筑一旦脱离应有的环境或者与环境不和谐，就不能称为真正优秀的建筑。例如：北京天坛的崇高神圣，离不开高旷的地势和无垠的蓝天白云的衬托；悉尼歌剧院的"风帆造型"如果出现在山地、平原而非蓝色港湾，将魅力大减；埃及的金字塔必须是放置在广阔无垠的荒漠中，才能给人以静穆和永恒的神秘感，如果把它放置在我国江南水乡则完全变成了另一种气氛和感觉；哥特式教堂必须是在周围狭窄曲折的街巷中，才能显示出向上飞腾之势，表现出特有的宗教情调，如果把它放在摩天大楼丛中，则显得渺小并不伦不类；古刹只有在峰回路转、苍松翠竹掩映之中，才能显示出佛教幽雅清净的境界，体现"深山藏古寺"、"曲径通幽处，禅房花木深"的宗教意境。现在有些这样的地方，把笔直的大路修到庙前，汽车停到山门，附近还盖起了西洋式的宾馆，美其名曰是为了便于旅游，实则大煞风景，严重破坏了寺庙建筑应有的环境气氛。

和谐是美的本质。我国古典建筑的设计与布局严格遵循"亲和大地"的原则，注意建筑物与周围的自然环境的完美结合，与环境相互映衬，使建筑美（人工美）与自然美和谐地融为一体。像颐和园、承德避暑山庄、天坛（松柏浓郁，地势高旷）、帝王陵寝的建筑以及许多寺庙宫观的建筑都是建筑美与自然风景美有机结合的典范。如武当山的道教宫观依地形而建，倚山叠起，层层殿堂，颇具特色。

此外，中国古代建筑讲究风水理论，重视环境优化的设计，建筑文化具有较强的环境意识与神秘色彩。这种审美特征的形成与我国传统文化观念中的"天人合一"、"天人感应"等思想影响有一定关系。因此，在建筑审美中应注意品评建筑与环境的关系。

第四节 中西传统建筑文化审美比较

由于地理环境、民族性格、历史文化等因素差异之影响，中国传统建筑与西方传统建筑在建筑材料与结构、建筑布局、建筑装饰、艺术风格、美学价值、历史文脉、技艺成就、旅游鉴赏等方面存在着诸多差异。

从建筑材料与建筑结构上看：中国传统建筑自古以土木为主要用材，以至于中国人称建筑是"木头的画卷"。其传统建筑采用框架式结构，榫卯安装，梁架承重。外观富有曲线美，气韵生动。中国土木建筑美学性格偏于轻捷、柔和、温婉，是一种具有阴柔美风格的建筑。而西方传统建筑自古以石头为主要用材，建筑一直严格地遵循用石传统，尽管建筑的风格因历史时代而不断变化，但以石为其基本材料这一点却未改变，以至于西方人称建筑是"石头的史书"。西方石材建筑美学性格偏于刚健、坚硬、冷峻，是一种阳刚气十足的建筑美。其传统建筑采用围柱式、券柱式结构，墙柱承重，重视块、面的应用，形态厚重。中国传统建筑的砖木结构适应小家小户的个体生活，凭借经验和巧思即可成功，故中国传统建筑始终没有上升到结构力学的理论研究高度。西方传统建筑多兴建大跨度的拱门、穹隆以容纳上万会众，要有精密的力学知识，由此促进了结构力学的研究发展。

从建筑布局上看：中国传统建筑为群体组合，即由一个个的单位建筑组合而成一个大的建筑群，空间上横向扩展，讲究中轴对称，追求纵深效果，建筑的博大主要体现在群体组合上（如故宫等）。城市布局多为矩形或方形。整体风格是内向的、封闭的、严谨的，追求内在的含蓄和私密性。而西方传统建筑多注重单体的建筑艺术效果，空间上垂直扩展，讲究突兀高耸，追求立面效果，建筑的博大，主要体现在个体营造上（如罗马斗兽场等）。城市布局多同心放射状。整体风格是外向的、开放的、活泼的，追求外在的进取和自由性。

从建筑装饰上看：中国传统建筑由于是木构件，需要油漆或涂料保护，色彩以红、黄、绿、蓝为主色调，台基多为汉白玉，鲜艳夺目，具有强烈对比的性格特征。而西方传统建筑由于多使用石质材料，色彩以白、灰、米黄为主色调，朴素淡雅，具有调和性格特征，但内部装饰色彩鲜丽，追求一种光怪陆离、迷幻、朦胧的宗教感应氛围。在建筑环境的装饰文化主题方面，西方建筑常常以宗教文化为主题，多是歌颂天国、天主、赎罪等文化题材，往往具有迷狂、迷幻的特色，人体雕塑更是常见于城市广场或是教堂、宫殿与府邸的外墙处。这与中国古代建筑的华表、石狮、叠石、琉璃瓦、画像砖、画像石、门雕与窗雕、柱雕等的装饰手法与营造氛围大不相同。

从建筑理念上看：中国传统建筑风格具有温和、实用、平缓、轻捷等特征，表现的是入世的生活气息，实践理性精神（或功能性）较突出，故谓之为"人本主义建筑"。西方传统建筑风格具有冷硬、敦实、突兀、玄妙等特征，体现的是以神灵为崇拜对象的宗教神灵精神或一种弃绝尘寰的宗教出世观念，故谓之为"神本主义建筑"。

从价值观念上看：中国传统建筑表现为"新陈代谢"（认为建筑是人为的），突出"善"，即更注重建筑的实用性；而西方传统建筑表现"永恒"（认为建筑是神为的），突出"美"，即更注重建筑的艺术性。

从美感效应上看：中国传统建筑旨在缩小主客体的"认同"距离，给人以"亲近"的感觉；而西方传统建筑旨在扩大主客体心理距离，使人产生"崇敬"、"仰慕"的感觉。中国传统建筑温柔敦厚，气韵生动，曲线美突出；西方传统建筑雄浑厚重，飞扬跋扈，块、面体积感强（见图4-39、图4-40）。

图4-39 北京故宫

图4-40 德国新天鹅宫

从历史变化（文脉）上看：中国传统建筑从古到今，从东到西，从南到北，都千篇一律，变化很小，共性特征突出，即使有变化，也是具有"渐变"的文脉。而西方传统建筑的文脉则具有"突变"的特点，建筑技术不断创新，风格不断变化，具有个性突出、多姿多彩的特点。仅古典建筑而言，先后有古希腊、古罗马、哥特式、拜占庭、文艺复兴、巴洛克、洛可可、帝国风格等建筑（见本章阅读材料）。意大利建筑师布鲁诺·赛维在他的《建筑空间论》中指出："西方建筑的希腊式＝优美的时代，象征热情激荡中的沉思安息；罗马式＝武力与豪华的时代；早期基督教式＝虔诚与爱的时代；哥特式＝渴慕的时代；文艺复兴式＝雅致的时代；各种复兴式＝回忆的时代。"而现代的西方建筑则是追求技术与机器之美的时代，以及建筑流派、建筑风格多元并存的时代。

从建筑技术与艺术成就体现上看：中国传统建筑典范主要集中在宫殿建筑上。这是由于中国一向是一个"官本位"、重王权政治的国家，在建筑的基本门类中，宫殿建筑最为发达，历史上无数的宫殿代表了这个东方民族高度的建筑技术与艺术成就。西方传统建筑技艺成就体现则主要集中在神庙与教堂建筑上。这是由于西方人虔诚信仰宗教，人们对宗教文化的无比激情与狂热，有力地刺激和推动了宗教类建筑艺术与技术的发展。

从旅游鉴赏上看：中国传统建筑重在动态的"游览"而不是静态的"观望"，人置身建筑之中，步移景换，情随境迁，可仔细玩味各种线条的疏密、色彩的浓淡、体积的变化，体察实与虚的转换，从而领悟到建筑的神韵。而欣赏西方传统建筑，则像欣赏雕塑作品，它与周围是明显分离的，它的外界面就是供人玩味的，它是暴露的、放射的，其欣赏的方式重在可"观望"而不是可"游览"。

如果要追溯一下中西传统建筑存在差异的根本原因，除地理环境以外，也许中西两种文化关于"天"的不同观念是值得注意的因素。对于西方人来说，"天"是神的居所，也是每个善良人的灵魂所归，因此活着的人都应该尽量地触感它、贴近它。这就使得西方传统建筑具有浓厚的"彼岸"色彩，建筑形象努力营造出一种升腾感。而对中国人来说，尽管"天"也是威严的，但人并非要进入天国。中国人关心的是人们在天地之间的这一空间中怎样和谐、幸福地生活，这就使得中国传统建筑有着比西方传统建筑更多的世间情感的味道或"此岸"的色彩，建筑形象比较温文尔雅。

关于中西传统建筑的文化差异，可作如下简要归纳总结，见表4-1：

表4-1 中西传统建筑文化比较

	中　　国	西　　方
材料与结构	土木，梁框式（梁架承重）	石质，围柱式，券柱式（墙柱承重）
建筑布局	群体性（横向扩展、由建筑包围空间），中轴对称，封闭严谨	独体性（垂直扩展、由空间包围建筑），同心放射，开放活泼
装饰色彩	红、黄、绿、蓝为主色调，鲜艳夺目，具有强烈对比的性格特征	白、灰、米黄为主色调，朴素淡雅，具有调和的性格特征
建筑理念	人文主义建筑（宇宙模型、尚大之风、天人合一、温柔敦厚、讲究尊卑等级）	神本主义建筑（"神意"模型、飞扬跋扈，鄙视自然的宗教建筑较多）
价值观念	新陈代谢（认为建筑是"人为"的），求"善"（重建筑的实用性）	永恒（认为建筑是"神为"的），求"美"（重建筑的艺术性）
美感效应	气韵生动（曲线美）、温柔、亲近（缩小主客体的"认同"距离）	厚重雄伟（重视块、面体积感），敬畏、仰慕（扩大主客体心理距离）
建筑典范	宫殿建筑	宗教建筑（教堂、神庙）
历史变化	较小	较大
观赏价值	重在可"游览"	重在可"观望"

复习思考题：

1. 简述中国传统建筑的主要形式（或类别）。
2. 中国传统建筑的审美特征主要应从哪些方面去认识和把握？
3. 试比较中西传统建筑风格上的主要差异。

4. 查阅袁成、曹诗图的文章《中西建筑文化比较及其形成背景分析》(见《三峡大学学报》(人文社会科学版), 2004年第6期)。

阅读材料:

外国主要古典建筑类型及审美特点

一、古埃及建筑

在远古时代,埃及人建造了巨大的墓葬——金字塔,它没有装饰,呈规则的四锥体。同时,还建造了带有许多巨大石柱的庙宇,这些建筑物的共同特点是,外形的几何尺寸准确,中间无分割,建筑物的规模与人的比例很不相称,建筑宏大的体积压迫着人的心理。它所要达到的就是将法老的专制权力神圣化。金字塔的总体审美特点主要体现在空间感、立体感和神圣感,旨在通过棱锥这样一个立体造型体现三维的空间美感和利用空间这样一个立体表达方式向人们传递权力的神圣感。

二、古希腊建筑

古希腊建筑,是欧洲建筑之源。那时,最有代表性的典型建筑,当数纪念性的建筑——神庙。在古希腊,建筑文化则带有民主的性质,神庙建筑从风格上体现了美、自由和公民的尊严。为了突出神庙中心活动的位置,希腊人创造了独具特色的梁柱系统。古希腊神庙建筑的典型形式是"围柱式",即神庙的四周以高大圆柱子,形成一个柱廊,这个典型形式的形成有两方面的原因:一是为了有更多的空间可供公众集会;二是当时建筑的基本材料是石头,为解决建筑的采光又避免日光反射,便采用列柱代替墙壁的方法。

人是衡量建筑物的美与规模的标准。经过长期实践,古希腊先后创造了三种优美柱式,即多立克式、爱奥尼克式和科林斯式。多立克式具有男性体态与性格的特点,刚健壮实,给人以阳刚粗犷的审美体验;爱奥尼克式具有少女体态和性格的特点,秀美轻巧,给人以娇柔优美的审美体验;科林斯式则是两种柱式的演变,更华丽和富于装饰性,具有成熟健硕的少妇风韵,给人以俊俏富丽的美感。将建筑的柱式用人体形态比喻,源于希腊人对人体美的崇拜和他们将人体美凝注到建筑中的移情。最集中地体现古希腊建筑艺术成就的是举世闻名的雅典卫城。

三、古罗马建筑

罗马帝国,在公元前2世纪势力范围已经包涉整个地中海,晚期的希腊也被并入罗马帝国版图。在建筑艺术上,罗马几乎全盘继承了希腊文化,建筑师们继承了古希腊建筑的成就,进一步发展了多立克式、爱奥尼克式和科林斯式三种建筑柱式，并把两河流域创造的券拱技术与建筑柱式结合起来，形成一种券柱式，使建筑艺术更趋完美。同时，为体现大国风范，其建筑形式也在追求阔大、雄浑。希腊柱式建筑的材料依据，是有丰富的天然巨石可供采用，但罗马没有这个条件，却拥有丰富的火山灰提供了制作天然混凝土的现成建筑材料，这为制作大跨度的拱券结构穹窿顶建筑体预备了物质条件。拱券圆穹、阔大雄浑是古罗马建筑的主要特点。如凯旋门，这种矗立在军队胜利归来时经过的要道上的纪念性建筑，有的粗犷雄浑，有的壮丽辉煌，均成功地应用了券拱结构。此外，斗兽场、神庙也都体现了当时高超的建筑艺术。

四、拜占庭建筑

在中世纪，最初属于拜占庭帝国的拜占庭建筑，发展了古罗马的建筑的穹顶结构等，同时吸取了两河流域等东方文化，形成自己的体系。其代表作是著名的圣索菲亚大教堂。拜占庭建筑的突出成就是创造了"集中式形制"，这种建筑形制把巨大的穹顶支撑在四个或更多的独立支柱上，并以帆拱作为中介连接，同时可以使成组的圆顶集合在一起，形成广阔而有变化的新型空间形象。与古罗马的拱顶相比，这是一个巨大的进步。拜占庭建筑的主要特点是十字架横向与竖向长度差异较小，其交点上为一大型圆穹顶，内部装饰具有灿烂夺目的色彩效果。该建筑具有鲜明的宗教色彩，并对后来的俄罗斯的教堂建筑、伊斯兰教的清真寺建筑都产生了较大的影响。君士坦丁堡的圣索菲亚大教堂是其杰出代表。

五、哥特式建筑

哥特式建筑是欧洲中世纪成就最高的建筑。它用高尖和斜脊的屋顶代替了罗马式的圆顶，在墙壁外用大石柱加固墙体，以承受高耸的斜脊屋的横推力。哥特式建筑的主要特点是尖券，尖形肋骨拱顶、坡度很大的两坡屋面和教堂中的钟楼，飞扶壁、束柱、花窗棂，其中以教堂建筑最为突出。轻巧的垂直线直贯全身，墙和塔都是越往上划分越细，装饰越多。每一顶部都有高耸的尖顶直刺苍穹，不仅表现了崇仰上帝的宗教热忱，也反映了人们对尘世幸福的渴望。新的建筑结构也使室内的装饰发生了变化，由于教堂建筑内部裸露着近似框架式的结构，窗子占满了支柱之间整个面积，几乎没有墙面，雕刻壁画之类无所依附，心灵手巧的工匠们使用彩色玻璃在窗子上镶嵌一幅幅美丽的图画，当阳光透过玻璃时，教堂内变得五彩缤纷，耀眼夺目，更增加了宗教神学的玄秘色彩。哥特式建筑是神权的象征，其建筑形象投射了中世纪神权至上的社会文化现实，故有学者形容哥特式建筑风格特点是"神权的投影"。

六、文艺复兴建筑

在文艺复兴时期，建筑艺术在新的基础上发展了古代经典的原则和形式，文艺复兴建筑风格最初形成于十五世纪意大利的佛罗伦萨，后传入欧洲其他国家，这一建筑风格在人文主义思想指导下，提倡复兴古罗马风格以取代象征神权的哥特式风格，于是古典柱式再度成为建筑造型的构图主题，同时为了追求合乎理性的稳定感，半圆形券、厚实墙、圆形穹隆、水平向的厚檐也被用来同哥特风格对抗。在建筑轮廓上讲究整齐、统一与条理性。文艺复兴建筑崇尚庄严、明净、均衡、和谐的风格。罗马圣彼得大教堂是其杰出代表。

七、巴洛克建筑

十六世纪末由罗马教廷中的耶稣教会掀起了巴洛克建筑的风格，它善于运用矫揉造作的手法来产生特殊的效果：如利用透视的幻觉与增加层次来夸大距离之深远或探前；采用波浪形曲线与曲面、断折的檐部和小花、柱子的疏密排列来增强立面与空间的凹凸起伏和运动感；运用光影变化，形体的不稳定组合来产生虚幻制造脱离现实的感觉；在建筑上大量使用贵重材料，炫耀财富，追求珠光宝气，色彩艳丽。巴洛克建筑崇尚富丽堂皇，精雕细凿，标新立异。罗马耶稣教堂是第一座巴洛克建筑，法国的凡尔赛宫也具有这一风格的明显特点。有学者形容巴洛克建筑风格特点是"畸形的珍珠"。

八、洛可可建筑

十八世纪初叶在法国兴起了反映贵族趣味的洛可可式（蚌壳式）风格，它的特点是注重装饰（装饰一般都较华丽），追求精致，外形的花纹奇特新颖，曲线带有故意造成的不对称性和错杂性。室内装饰中出现了昂贵的壁画和巨大的镜子，脂粉味很浓，这同路易十五时期经常由贵夫人主持宫廷活动分不开。如法国苏比斯府第、德国的圣苏西宫。有学者形容洛可可建筑风格特点是"慵倦的精致"。

九、帝国风格建筑

十八世纪后半期，洛可可又被宏大、庄严、雄伟的帝国风格所取代。这一风格继承了古典主义传统和罗马帝国时代的风格，从古罗马、古希腊、古埃及的建筑设计风格中吸收某些特点，表现了军力的强大和国家政权的威严，如巴黎的凯旋门等。帝国风格是指拿破仑帝国的代表建筑风格，它的作用是颂扬对外战争的胜利。主要作品有军功庙和雄师凯旋门等，是大资产阶级的凯歌。巴黎凯旋门是一种利用建筑设计达到政治象征目的的典型例子。

十、中古伊斯兰建筑

伊斯兰建筑风格的来源可追溯到古代西亚，并直接受古波斯萨桑王朝建筑的影响，如在立方体房屋上覆盖穹隆，形式多样的叠涩拱券，彩色琉璃砖镶嵌与高耸的邦克楼等等。在阿拉伯帝国时期，东西方文化的交流都大大丰富了这一建筑风格。清真寺是其典型表现。

十一、中古印度建筑

中古印度建筑以印度教、耆那教寺庙为代表，具有"梵国神采"。在北部有雅利安式,中部有曷萨拉式,南部有达罗毗荼式,印度寺庙建筑的总的特点是形体匀称,雕刻精致,构图上垂直与水平、繁复与简单巧妙组合。如南部的马杜赖大寺,塔呈方锥形,身上密檐式地精雕了无数人物雕像,顶上以卷棚形屋脊结束。

十二、中古日本建筑

六世纪中叶,佛教自中国传入日本,同时也带入了中国南北朝与隋唐的建筑技术与风格,在佛教中形成了具有日本特色的"和样建筑",在贵族府邸中形成了"寝殿造"。十二世纪后,奈良时期的粗大构件缩小了,柱子越来越细,柱子成了不可缺少的构件。佛堂内广泛使用天花板,门板演变为隔扇,在庄宅府邸中出现了"主殿造",还出现了适宜于武士与僧人生活需求的"书造院"。十六世纪后出现的民居的泥墙草顶、落地窗,并在周围布置步石、树木、桌凳、灯笼的"草庵风茶室",于是在住宅中出现了混合有"书院造"与"草庵风茶室"格调的"数寄屋",这一样式的建筑影响至今。

(资料来源于国家旅游局人事劳动教育司编:《装饰与布置艺术》,旅游教育出版社,1994年。略有改写)

案例阅读:

北京故宫建筑特色与艺术特征赏析

北京故宫,又名紫禁城。它坐落于北京市中心,为明、清两代的皇宫,是明代皇帝朱棣以南京宫殿为蓝本,从大江南北征调能工巧匠和役使百万夫役,历经14年(公元1407~1420年)时间建成的。平面呈长方形,南北长961米,东西宽753米,占地面积72万多平方米。相传故宫共有9999.5间房屋,实际据1973年专家现场测量故宫有大小院落90多座,房屋有980座,共计8704间(而此"间"并非现今房间之概念,此处"间"指四根房柱所形成的空间)。宫城周围环绕着高12米,长3400米的宫墙,形式为一长方形城池,墙外有52米宽的护城河环绕,形成一个森严壁垒的城堡。故宫宫殿建筑均是木结构、黄琉璃瓦顶、青白石底座,饰以金碧辉煌的彩画。故宫有4个门,正门名午门,东门名东华门,西门名西华门,北门名神武门。面对北门神武门,有用土、石筑成的景山,满山松柏成林。在整体布局上,景山可说是故宫建筑群的屏障。1961年,中华人民共和国国务院颁布故宫为全国重点文物保护单位。1987年,故宫正式被联合国教科文组织作为文化遗产列入《世界遗产名录》。

一、群体布局严谨且富于变化

故宫的建筑依据其布局与功用分为"外朝"与"内廷"两大部分。"外朝"与"内廷"以乾清门为界，乾清门以南为外朝，以北为内廷。故宫外朝、内廷的建筑气氛迥然不同。

外朝以太和、中和、保和三大殿为中心，是皇帝举行朝会的地方，也称为"前朝"。是封建皇帝行使权力、举行盛典的地方。此外两翼东有文华殿、文渊阁、上驷院、南三所；西有武英殿、内务府等建筑。

内廷以乾清宫、交泰殿、坤宁宫后三宫为中心，两翼为养心殿、东西六宫、斋宫、毓庆宫，后有御花园。内廷是封建帝王与后妃居住之所。内廷东部的宁寿宫是当年乾隆皇帝退位后为养老而修建。内廷西部有慈宁宫、寿安宫等。此外还有重华宫、北五所等建筑。

故宫在利用建筑群烘托皇帝的崇高与神圣方面达到了登峰造极的地步，主要是在 1.6 千米的轴线上，用连续、对称的封闭空间，逐步展开的建筑序列来衬托出三大殿的庄严崇高与宏伟。在建筑的整体中突出重点——太和殿。故宫的建筑群由南向北延伸，随着空间和形体的变化，在太和殿形成高潮，从总的布局看，"高、大、深、宽"的建筑特点都集中在太和殿。

故宫建筑在形体、空间、色彩等方面采用了一系列的对比手法，造成了一种多样的统一。

（1）大与小的对比：在宏伟的天安门城楼下，巧妙地安置了两间火柴盒子似的小屋，这小屋除了它特有用处外，在艺术上起到对天安门的烘云托月作用。

（2）高与低的对比：为烘托太和殿的崇高，周围采用了低矮连续的回廊。

（3）宽与窄的对比：这是一种欲扬先抑的手法。从正阳门到太和殿所形成的狭长空间与太和殿前广阔的空间形成强烈的对比。

（4）明与暗的对比：故宫在色彩上给人的强烈印象是金碧辉煌。金黄色的琉璃瓦与青绿色为基调的檐饰相对比，在蓝天、白云辉映下显得格外辉煌。

（5）繁与简的对比：雕梁画栋，镂金错彩，这就是繁。这与殿外单色调红墙和黄色琉璃瓦屋顶形成一种繁简对比。

（6）方与圆，曲与直对比：如天安门、端门门洞是圆形，午门的门洞是方形。又如笔直的中轴线与弧形的金水桥形成曲与直的对比。

（7）动与静的对比：建筑本身是静止的，但由于空间与形体的变化却呈现出流动的节奏感，有序曲、有高潮、有尾声。正阳门是序曲，太和殿是高潮，景山是尾声。

故宫宫殿是沿着一条南北向中轴线排列，三大殿、后三宫、御花园都位于这条中轴线上，并向两旁展开，南北取直，左右对称。这条中轴线不仅贯穿在紫禁城内，而且南达永定门，北到鼓楼、钟楼，贯穿了整个城市，气魄宏伟，规划严整，极为壮观。

以间为单位构成单体建筑，再以单体建筑组成庭院，进而以庭院为单元组成规模庞大的建筑群，这是我国古代建筑的民族风格。

故宫的建筑也是这样，整个建筑群由上百个大小不等的庭院、9000多个房间组成，规模庞大却能在布局上井然有序、杂而不乱，这主要得益于在建筑手法上突出了一条贯通南北的中轴线，故宫的重要建筑都严格对称地布置在这条中轴线上，它们代表着当时中国的最高权威。中轴线两侧左右对称分布着其他次要建筑。中轴线上的建筑高大、豪华，与两侧相对低矮、简陋的建筑形成了鲜明的对比，从而凸显出主次分明的封建等级秩序。

不仅如此，故宫中轴线的南北延长线又是北京城的中轴线，它南起永定门，北达钟鼓楼，全长近8千米。这样长的城市中轴线在世界上也是罕见的，它把北京的宫城、皇城、内城和外城贯通了起来，使紫禁城位于整个北京城的中心，从而有力地凸显了至高无上的皇权威严。另外，城内其他的主要建筑也是通过这条中轴线结合在一起的，它们大多对称分布在中轴线的两侧，所以，这条轴线对古代北京城的规划建设具有重要意义，从这一点上说，有人把它称为国家的"精神轴线"，似乎不过分。

如果仅有统一就会变得单调，可贵的是，故宫在整体统一中又不乏疏密错落、高低起伏的变化。除了屋顶形式丰富多变外，内廷与外朝的布局也是一个典型的例子。内廷与外朝相比，显然从属于外朝，因此，内廷布局相对紧凑，宫殿的规模、装饰也相对低一些。前三殿占据了故宫最重要的空间，而代表皇帝权威的太和殿又是三大殿中规模最大、最雄伟、装饰最华丽的建筑。

总之，这种整体和谐统一中又富于变化的特点，正是故宫建筑精华的集中体现。

二、建筑色彩华丽鲜明

走进故宫，映入眼帘的是，碧蓝的天空下一大片金黄色的琉璃瓦顶闪闪发光；屋檐下青绿色调的各种装饰彩画绚丽多姿；一排排红色的立柱和雕刻细致的红色镶金镂空门窗组成了宫殿的屋身部分；重要殿宇坐落在白色的汉白玉台基上，台下则是深灰色的砖铺地面。事实证明，紫禁城的建筑师具有高超的色彩组合艺术。通过综合运用这些红与绿、黄与蓝、白与灰（黑）等对比强烈的色彩，紫禁城宫殿显得金碧辉煌而又雍容华贵，色彩浓重而又端庄和谐。由于当时的北京民居建筑只能使用普通的灰瓦，登上景山，遥望南、北两个方向，就会看到截然不同的两种景象：向南遥望，重重叠叠的屋顶汇成壮阔的金黄色的琉璃瓦海洋；向北遥望，则是茫茫的北京民居建筑的灰色瓦顶。不知是有意安排还是无意巧合，在蓝天白云和广大北京城灰色调背景的衬托下,这座金碧辉煌的皇家宫殿愈发显得耀眼夺目。

三、装饰艺术丰富多彩

故宫严格地按《周礼·考工记》中"前朝后市,左祖右社"的帝都营建原则建造。整个故宫,在建筑布置上,用形体变化、高低起伏的手法,组合成一个整体。在功能上符合封建社会的等级制度。同时达到左右均衡和形体变化的艺术效果。中国建筑的屋顶形式是丰富多彩的,在故宫建筑中,不同形式的屋顶就有10种以上。以三大殿为例,屋顶各不相同。故宫建筑屋顶满铺各色琉璃瓦件。主要殿座以黄色为主。绿色用于皇子居住区的建筑。其他蓝、紫、黑、翠以及孔雀绿、宝石蓝等五色缤纷的琉璃,多用在花园或琉璃壁上。太和殿屋顶当中正脊的两端各有琉璃吻兽,稳重有力地吞住大脊。吻兽造型优美,是构件又是装饰物。一部分瓦件塑造出龙凤、狮子、海马等立体动物形象,象征吉祥和威严,这些构件在建筑上起了装饰作用。

紫禁城不仅在整体上气魄宏大,而且在细部处理上也很精致。这里的许多建筑构件集实用性与装饰性于一体,从而形成了故宫特有的丰富多彩、功能实用、美轮美奂的建筑装饰特点。这样的例子在故宫里俯拾即是,以下仅举几例说明。紫禁城屋顶最高峰的两端和屋檐的四角,都有形态各异、制作精巧的各种吻兽等装饰物,既美观又实用,它们主要有三方面的作用:固定瓦片,防止滑落;防止雨水渗漏进殿内;造型优美的装饰品。又如,紫禁城宫门上的门钉,本来是为了固定门板而用的,但紫禁城的建筑师们在这些铜铸的门钉表面涂上了一层鎏金,这样纵横成行的门钉在阳光下显得金光闪闪、富丽堂皇,单调、冷漠的宫门也富有了威严和生气,并成为故宫独有的一景;太和门前秀丽的内金水河,不仅美化了环境,更起到了排水和防火的作用;太和殿两侧以及乾清门前的鎏金大铜缸,外表富丽精致,除了消防灭火的作用以外,还是一种很好的装饰品。

此外,作为木结构的建筑,故宫里的柱子、门窗大多被涂成了红色,屋檐下用于支撑屋顶的木骨架也被绘上了各式青绿色的彩画,这样做相当于为木材上了一层保护层,在防潮、防蛀的同时,这些绚丽的油彩又成为故宫特有的装饰色彩。

宫殿建筑是封建社会"上层建筑"的表现形式之一,是帝王权威与统治的象征,所以,历代王朝都不惜耗费巨大的人力、物力,使用当时最先进、最成熟的技术和艺术来营建它。可以说,宫殿建筑是各个历史时期建筑技术和艺术成就的集中体现。明清故宫继承了中国历代宫殿建筑的传统经验,同时又作了一些切合实际的创新与改变,它的建筑成就集中体现了我国古代建筑艺术的优秀传统与独特风格,充分显示了我国古代劳动人民的精湛技艺和创造才能。

走在故宫里,那种空间序列的艺术效果,是通过建筑群组纵深层次的处理获得的。这些层次不是一下子全都展示在人们的眼前；而是一个院落接着一个院落地、随着人们向纵深方向前进的时间顺序，逐步展示出来的。就像欣赏一幅中国画长卷那样，随着画卷的逐段展开，人们总是怀着一种期待感，期待着画面的高潮和点睛之笔的展现，从而加强了作品的艺术感染力。

这个高潮和点睛之笔的所在，就是画卷里的主题、建筑群中的重点，对故宫来说，自然就是太和殿院落和太和殿本身了。它前边的四进院落都是从属于它的，都是为着烘衬它而着意铺陈的。像一部交响乐章一样，这个空间序列既有前奏，又有高潮，既有尾声，又有呼应，有着鲜明的节奏感。正是由于这一原因，建筑被称为"凝固的音乐"。建筑和音乐在离开产生它们的旧时代以后，仍然能以内涵的艺术魅力，去打开新时代人们心灵的窗扉，给人以美的享受。

故宫，既博大壮丽，又细腻入微，它是美的集合，艺术的结晶。产生它的时代虽已一去不复返，造就它的建筑匠师们虽也已成过客，但故宫的美和建筑艺术成就却是永存的、不朽的。

（资料来源于http://wenku.baidu.com。略有改写）

第五章　中国雕塑艺术与审美鉴赏

【学习导引】

雕塑被誉为"凝固的舞蹈"、"永恒的艺术"、"不朽的石书",具有很高的审美价值。雕塑是城市的"名片"或"灵魂",是旅游景区的点睛之笔,是一种特殊的旅游资源。本章分析说明了雕塑与旅游的关系,论述了雕塑的艺术特点与形式,系统介绍了中国雕塑的发展脉络与艺术成就,重点说明了中国雕塑的美学特征与雕塑艺术的鉴赏方法,并简要地进行了中西雕塑文化审美比较。为了加深对本章所学雕塑知识的理解,建议同学们对你所在城市或附近某旅游景区的某一雕塑作品进行评析。

【教学目标】

1. 认识和了解雕塑与旅游的关系。
2. 了解雕塑的艺术特点与形式以及中国雕塑的发展脉络与艺术成就。
3. 掌握中国雕塑的美学特征与雕塑艺术的鉴赏方法。
4. 认识中西雕塑文化审美上的主要差异。

【学习重点】

雕塑的艺术特点与形式,中国雕塑的美学特征与雕塑艺术的鉴赏方法,中西雕塑文化审美比较。

第一节　雕塑与旅游

雕塑是一种旅游文化资源。古今中外勤劳而富于智慧的历代能工巧匠们,天才地创造了难于计数、精美动人的菩萨、佛像、陶俑及陵墓石雕等,这些雕塑艺术像一颗颗璀璨的明珠散布在世界一些著名的旅游景区和旅游城市(尤其是欧洲城市),它以古老的文化、精湛的技艺和无与伦比的艺术美感,吸引着众多的游客,成为颇有魅力的风景名胜区的人文景观。

世界旅游中常见的雕塑主要有两大类:一种是宗教雕塑,主要是以基督教故事题材为主的教堂雕塑，以佛教为题材的石壁造像、石窟雕塑和彩塑，以及寺庙内的木雕、泥塑、铜铁铸佛等；另一种是为陵寝墓园服务的雕塑，地上部分有石人、石兽，地下部分有陶制的陪葬俑（如秦始皇陵兵马俑等），多具有森严、神秘的色彩。我国著名雕塑艺术有被称为"世界第八大奇迹"的陕西临潼秦始皇陵兵马俑、举世闻名的甘肃敦煌莫高窟、山西大同的云冈石窟、河南洛阳的龙门石窟，还有被称为"稀世奇珍"的昭陵六骏浮雕。它们足以和世界上任何国家的雕塑艺术相媲美，是品位很高的文化旅游资源。随着旅游事业的发展和旅游者文化艺术修养的提高，雕塑艺术已越来越成为人们易于理解和乐于接受的审美对象。

雕塑与旅游的关系是紧密联系、相互促进的。我们可以以国内外一些颇具代表性的旅游胜地为例来说明这一点。中国的雕塑艺术有着悠久的历史，早期的雕塑多出现在宗教的庙宇、石窟之中，如乐山大佛、敦煌莫高窟、龙门石窟、云冈石窟、大足石刻以及秦始皇陵墓的兵马俑等等。这些雕塑促进了所在地旅游业的发展。四川乐山市由于有了乐山大佛使得此地成了各国游客非常向往的旅游胜地，人们一提起乐山大佛便会联想到乐山，在乐山景区每天的游人络绎不绝。有特色的现代雕塑艺术作品也是重要的旅游吸引物，如天津民间艺人于文成的泥塑作品每年创造旅游收入 200 多万元。在国外，众所周知的《掷铁饼者》、《大卫》、《摩西》等不朽雕塑作品，多少年来一直吸引众多的游客前往旅游观光，它们构成了欧洲文化旅游的重要组成部分。还有一些建筑雕塑也是如此，如巴黎圣母院、凯旋门、埃菲尔铁塔、比萨斜塔等都是举世闻名的旅游景点。在历史发展的现在与将来，雕塑与旅游的这种密切关系都将会持续地发展下去。旅游景点的开发和旅游城市的建设，都离不开雕塑。虽然雕塑是属于艺术范畴，但它不仅仅是一种艺术现象，而且是一种精神和文化的融合，把它放置于景点之中，能使景点有生气，有生命力，能给人以感染力与吸引力。有学者认为，"伟大的雕塑，常常是一个国家、一个民族或一座城市的象征与精魂"。雕塑可谓旅游景点和城市"表情"的重要组成部分。有品位的旅游景点和旅游城市自然少不了雕塑。例如，奉节白帝城景区为再现"刘备托孤"这一幕感人肺腑的悲壮历史，塑造了一组大型人物彩塑——《刘备托孤》。造型生动、个性鲜明、惟妙惟肖，具有强烈的艺术感染力。游人观瞻时，不免"发思古之幽情"、"独怆然而涕下"。雕塑是城市的"名片"或"灵魂"（如自由女神像之于纽约，五羊雕塑之于广州，渔女雕塑之于珠海等），是旅游景区的点睛之笔。因此，在旅游景区、旅游宾馆和旅游城市建设中应重视雕塑景观的建设。可根据本地的历史文脉、地理环境特别是名人文化建设雕塑景观。如重庆沙坪坝建有名人文化广场，广州中山大学建有近代十八先贤广场，成为著名的雕塑旅游景观。适当规模的名人雕像可渲染名人神韵，突出名人形象。名人雕塑可采用群雕、室内或回廊的壁画、浮雕、蜡像，使旅游者有名人可凭吊，有景观可观赏，有遗物可追思。旅游宾馆、旅游饭店在规划设计时，如能结合地域文脉和企业文化及当地环境，设计一些文化内涵丰富和品位较高的雕塑，与建筑设施相辉映，将对游客和旅驻者产生很好的吸引作用。对于城市旅游而言，雕塑既促进了城市旅游业的发展，也借助旅游业创造自身的经济价值与品牌价值。例如青岛市东海路雕塑一条街，武汉市的江汉路步行街的民俗文化雕塑景观，合肥市的城市雕塑景观（合肥市目前共有城市雕塑108座），南昌市的名人雕塑园，都吸引着不少游人，并口碑相传，促进了城市旅游的发展。

此外，在数量庞大的旅游纪念品中，旅游雕塑（如石雕、玉雕、木雕、竹雕、铜雕、陶雕等）纪念品是一支不可缺少的生力军，深受游客欢迎，在销售方面，品种之多、覆盖面之广是其他品种难于相比的。如无锡灵隐大佛旅游景点销售的"小型佛手"就是例证。这个小型雕塑的造型是按大佛手的比例缩小的，尺寸在十几厘米左右，可亲可爱，而且还有很好的寓意："拥有大佛手，好运年年有"。这种具有本景点特色的雕塑纪念品满足了不同游客的需求，使游客们乘兴而来，满意而归，在旅游业中直接体现了它的经济价值。

由上述可见，雕塑是一种重要的旅游文化资源或旅游产品，它与旅游有着密切的关系。

第二节 雕塑的艺术特点与形式

一、雕塑的概念与艺术特点

雕塑是艺术家为反映现实生活和表达自己的审美感受、审美情趣、审美理想，利用可雕、可刻或可塑的物质材料（通常用大理石、花岗岩、石灰石、青铜、木料、黏土等）塑造出占有三维空间的可视、可触的艺术形象的造型艺术。"雕"（包括"刻"）就是减，将材料如石块、木材等以凿、刻、削的方式将不必要的地方去除，从而得到立体的形象，这是一个剥离的过程。其作品成为"雕像"或"雕刻"，如米开朗基罗用凿刀和锤子在大理石上雕刻成的名作《哀悼基督》。"塑"就是加，以可捏塑的材料如黏土、石膏、水泥等渐次添加、堆积、揉捏、浇铸成为立体的形象。其作品成为"塑像"或"雕塑"，如罗丹用泥土塑成的名作《思想者》。雕塑的要素包括形体、空间感、质感、光感等。

雕塑艺术的首要特征在于直接感与逼真感。蔡元培先生说过："音乐建筑皆足以表示人生观，而表示之最直接者为雕塑。"雕塑具有三度空间的物质性的实体形象，可使人直接了解形象处于空间中的具体性、可信性，而且随着欣赏者视角与距离的变换，常常能够带来极其多样的美的感受（如立体感、质量感、力度感、动感、逼真感等），这种特点或优点是具有二度空间的绘画艺术难以企及的。总之，具有极强的艺术感染力，这是雕塑艺术的突出特点，也是它的优越性。此外，雕塑艺术还具有凝练性与概括性、象征性与夸张性、装饰性与恒久性等艺术特点。因此，有人把雕塑誉为"永恒的艺术"、"不朽的石书"，也有人把雕塑比喻为"凝固的舞蹈"和"凝练的诗歌"。一件好的雕塑作品可以长久地发挥它巨大的艺术感染力。

二、雕塑的形式

雕塑具有多种形式，通常可分为圆雕、浮雕、透雕三大类别。

1. 圆雕

圆雕，又称浑雕，其特征是完全立体的，它是独立地、实在地存在于一定的空间环境中，不附着在任何背景上的雕塑作品。观众可以从四面八方、每一个角度去观赏它。如著名的秦始皇陵兵马俑（见图5-1）、苏州西园的济公和尚塑像（半面哭、半面笑、正面看是一副尴尬模样）等。圆雕颇具感染力的艺术效果是绘画等造型艺术根本无法达到的。

2. 浮雕

浮雕又称凸雕，它是介于圆雕与绘画之间的类型，是在平面上雕出或深或浅的凸起的图像。按浮雕在平面上凸起的不同程度，又有高浮雕与浅浮雕之分。浮雕主要用于建筑物的装饰或大型建筑物的重要部位。如北京天安门广场上的人民英雄纪念碑的基座周围装饰的汉白玉雕刻，以及著名的《昭陵六骏》（见图5-2）等。它与圆雕最大的不同点就是观众不能从四周观看，只能从正面欣赏。

图5-1　秦始皇陵兵马俑　　　　图5-2　昭陵六骏浮雕

3. 透雕

透雕又叫镂空雕，它介于圆雕与浮雕之间，是在浮雕的基础上将背景部分镂空而成的作品，既不脱离平面，又具有圆雕的某些特征。在建筑装饰、家具装饰中经常可以见到此类雕塑作品。

此外，雕塑按其不同的社会功能可分为纪念性雕塑、建筑装饰雕塑、园林雕塑、宗教雕塑、陵墓雕塑、明器（或冥器）雕塑、架上雕塑、工艺性雕塑等。由于雕塑的社会功能不是单一的，其功能常常交叉重合，所以类型的划分并非是绝对的。

第三节 中国雕塑的发展脉络与艺术成就

雕塑的产生和发展与人类的生产活动紧密相联，同时又受到各个时代宗教、哲学等社会意识形态的直接影响。伴随着人类社会的发展，雕塑艺术愈来愈证明它是时代、思想、感情、审美观念的结晶，是社会发展形象化的历史记载，是一代又一代人向往追求的体现。中华民族独特的文化形态和审美形态，决定了中国雕塑艺术独特的艺术面貌。

一、中国雕塑的发展脉络与艺术面貌

1. 萌芽与滥觞（或原始之光）——史前陶塑

人们仿佛觉得，雕塑与自己的关联最不密切。事实上，人类在描绘自身的起源时，总是不约而同地与雕塑联系在一起。中国有女娲"抟土造人"的神话，西方则有上帝取尘土做成亚当这位人类始祖的传说，而"亚当"一词在古希伯来语中的词意为"出自泥土"。泥土，无疑是自由度最大的俯拾皆是的雕塑材料。因此有学者认为雕塑作为人类本身生命起源的原初浪漫记忆，矗立在人类认识史的起跑线上。

人与猿的区别在于在劳动中创造了生产工具——石器。人类的祖先一开始只是简单打制石器，后来把石器磨光并分类使用，随着思维能力和审美意识的提高而逐渐使精神层面上的装饰品愈加美观，使大量的精细石器具备了雕塑的性质，原始石器可以算作最早的雕塑萌芽。

距今大约5000至6000年的新石器时代中晚期，黄河流域以及东北地区出现了独立意义上的雕塑作品——陶器。这时的陶器还没有脱离实用的目的，它们造型丰富、纹饰多样，既是生活中的必需日常用器，也是可以欣赏的艺术品。其中

动物雕塑的数量要远远超过人物雕塑。人物雕塑以头像为主,面部表现多强调口、鼻、目三个部分,但已能表达出人的基本特征。相比之下,在捕捉对象的特点、生动传神方面,动物雕塑要比人物雕塑成熟得多,甚至出现了略有夸张的成熟式样。从新石器时期出土的众多雕塑来看,除了装饰审美的功能以外,还透露出神性崇拜(或图腾崇拜)与祖先崇拜(或性崇拜)。从工艺手段上大致可以分为以下几种:一是以动物外形为器皿。如仰韶文化遗址出土的陶质鹰鼎,高36厘米,以鹰身为鼎体,以二足为三个支点,器形饱满。二是装饰部分的雕塑。它们有的以配件的形式出现,如盖纽、把手等,有的以表面浮雕等形式出现。题材有动物、植物、人物等。甘肃大地湾出土的人头形陶瓶,可谓中国早期人物雕塑的开端,作者巧妙地将陶瓶的口部塑成一个人头像,制作细腻,形象生动。三是小型动物或人物捏塑。这种小雕塑都是古代工匠不假任何工具而信手捏制的,形体小巧,带有浓厚的人情味。浙江河姆渡文化遗址出土的陶塑猪可能是我国江南地区最古老的雕塑作品,距今有7000多年的历史了。尽管作品只有6.3厘米高,可它的形象却非常生动,可见雕塑者对生活观察之细腻。

2. 古朴与狞厉(或狞厉之美)——商周青铜雕刻

商周时代的青铜器也并非实际意义上的雕塑,而是用于祭祀、生活、乐器、兵器、工具等方面的实用器物。有历史学家将夏、商、周称为"青铜时代"。这些大量的青铜器为奴隶主所占有,也是某种统治、权威、财富的象征。

这一时期的雕塑风格多样,但总体特征是具有古朴与狞厉之美。例如,河南安阳商代墓葬中出土的虎首人身石雕,曲膝跪坐,巨口獠牙,凶狠狰狞,堪称中国的"斯芬克斯"。这些雕塑作品造型在古朴中呈现狰狞威严,蕴含着人们对神灵的敬畏心理。

商周青铜器雕塑从形式上大致可以分为以下几种:(1)以动物形象为主体造型的青铜器,如安阳妇好墓出土的鸮尊,站立的鸮鸟圆目大睁,坚实有力,外表装饰有其他动物的纹样。(2)青铜器表面的装饰,常见的有浮雕、圆雕、透雕等形式,如湖南宁乡出土的四羊方尊,体态巨大,四角各铸一卷角羊头,造型端庄。(3)相对独立的青铜造像,四川广汉三星堆出土的站立人物像是最有代表性的一个,高172厘米,加上基座高达262厘米,面部形象简洁,整体感较强,整个外形上有比较精致的装饰。这些青铜器虽在性质上仍属"工艺品"(实用目的),但已初步具备了雕塑艺术的属性。一些夸张变形的奇特纹饰,构成了威严神秘的气氛,反映了那个历史时期的审美观点和对自然环境的理解。

从整体风格与演变上看,商代青铜器比较端庄、沉重,气质伟岸;西周前期、中期的作品比较华丽,装饰繁缛,形象怪张,呈现狞厉之美,有一种神秘的色彩笼罩其上;而西周晚期则比较写实,不再咄咄逼人,装饰上也相对简洁了一些。

3. 雄犷与生机（或阳刚之气）——秦汉雕塑

秦汉艺术处于中国艺术的早期，艺术风格以古拙雄浑为基本特征，浸润着楚汉文化的浪漫精神，而强大帝国的豪迈气概又给这种艺术注入了勃勃生机和恢弘气度。那个时代的许多雕塑名品，无论是规模宏大的秦始皇陵兵马俑阵，还是霍去病墓前的石雕，都堪称世界奇迹，洋溢着浓郁的时代精神与气质。秦汉时期，是我国雕塑最富于生机的辉煌时代，其雕塑的最明显的风格是雄犷而充满开拓进取的蓬勃生机。

与此同时，秦代的雕塑题材更加贴近生活，风格趋于写实。从功能上看，也逐步走向独立。

秦始皇陵兵马俑出土于1974～1976年，以兵俑和马俑居多，用陶土烧制而成。体态与真人等大，数量众多，神态各异，姿势有立、有跪，有驭手、射手以及军官、士兵之分。作品注重面部形象刻画，这万千兵马俑没有雷同的，可用"栩栩如生"这个词来形容。从人物结构上看，比例合适，动态自然。秦俑的单件作品都有很强的动作个性，有的手持利剑，有的伫立凝视，有的坚定刚毅。但整体上不在乎细节变化，不是完全照搬现实，在形体上有强烈的体块对比、疏密变化、动静之别。马俑形象写实，形体矫健，可见当时雕塑者对生活观察之细致、塑造技术之精通，显示出我国在2000多年以前就有了很高的雕塑艺术水平。与秦俑同时发现的铜车马比秦俑要小些，为铸铜而成，做工更为精细和考究。

秦代大兴土木，使我们可以从许多现存的建筑构件遗物上了解当时的雕塑艺术。秦代的瓦当艺术可以说是小件浮雕艺术之精品，大致上可分为卷云纹和动物纹，构思巧妙，变化多端。有言道"秦砖汉瓦"，"秦砖"就是指秦代的空心陶砖，多饰以龙、凤或狩猎、农耕的图案。其浮雕装饰纹样，无一不是飞动活跃的，这种艺术特征对后来的魏晋六朝时期有很大影响。

汉代是中国封建社会中最具魄力的一个时期，其汉风气势，我们可以从现存的雕塑作品上清楚地看到。如西汉霍去病墓，至今还存有一批杰出的石雕艺术作品，它们是为纪念西汉名将霍去病而创作的。其中《马踏匈奴》高190厘米，作者用隐喻的手法，借战马的形象来体现霍去病的威猛和战功卓著，充分体现出纪念性雕塑的概括性。整个雕塑浑然一体，战马的四肢之间未留空间，增强了体量的沉重感。

西汉也有大量的陶俑陪葬。陕西杨家湾就出土了数千件彩绘陶俑，有人有马，阵容整齐。汉代的明器（或冥器）雕塑在题材上更为广泛。

在汉代，人们在日常生活中不再满足于仅仅实用，而是趋向于把生活用品制作得更艺术化。当时的铜油灯是常见的一种生活用品，出土于河北满城的"长信宫灯"，以一个神态安详的少女形象为灯体，双手托起灯罩，结构巧妙，整体为空腔以免烛烟四处散漫。

河南南阳是东汉皇帝刘秀的老家，当地的富豪官员、皇亲贵戚众多。从后来当地发现的石雕、画像中可以看出当时显官贵族们的奢华生活。南阳汉墓浮雕大致可分为早、中、晚三个时期，早期粗犷，中期熟练，晚期的风格异于前两期，趋于柔弱。

在出土的墓俑方面，四川远比其他地方更加丰富。在四川成都附近出土的一件说书俑，表情极为生动，刻画出说书艺人的情感瞬间和他的典型形态特征，并配以夸张的肢体动作，加强了人物的神态动势。

在其他地区也有优秀的东汉时期雕塑被发现，如1969年甘肃武威出土的一具铜奔马——《马踏飞燕》使全世界为之轰动。这匹奔马整个造型神采飞扬、矫健俊美。整件作品为铜铸而成，虽只有34.5厘米高，但它的气势却是雷霆万钧、不可一世。奔马三足腾空，一足落在支撑点上，雕塑家巧妙地将底座设计成一只飞燕，象征"天马行空"的潇洒，寓意中华民族的"龙马精神"。

4. 阴柔与阳刚（或并峙之风）——魏晋南北朝雕塑

中国雕塑史上的又一个重要时期是魏晋南北朝。这一时期中国雕塑的特点是阴柔与阳刚两种风格并峙，雕塑地域风格大体上北刚南柔。同时，佛教造像日炽，使中国的人物雕塑出现了新的繁荣。南朝雕塑的阴柔之美与北朝雕塑的阳刚之美，在佛教造像上呈现两种不同的审美格调，是时代与历史在雕塑艺术上的刻痕。相反即相成，对立即补充，表明这一时期的中国雕塑艺术的走向已经步入全面性发展。

两汉之际佛教传入中国，造像活动也因此而展开。魏晋南北朝时期政治的混乱、分裂，朝代的迅速更换，使人们普遍产生一种命运难测的虚无主义思想，给宗教文化的发展提供了肥沃的土壤，加之统治者的带头尊奉，使佛教雕塑艺术得以迅速发展。

早期佛教造像，面相丰圆，肢体肥壮，神态温静。北魏孝文帝亲政以后，大力推行汉化政策并迁都洛阳。这时的佛教雕塑受到南朝以戴逵为代表的"秀骨清像"风格的影响，融合南北，出现了以龙门石窟为代表的面容清瘦、褒衣博带、性格爽朗、风神飘逸的佛教造像。

佛像艺术的第一种为石窟形式，以北方地区为主，由丝绸之路传入内地。主要代表有甘肃的敦煌石窟、新疆拜城克孜尔石窟、甘肃天水麦积山石窟、甘肃张掖马蹄寺石窟、宁夏固原须弥山石窟、山西大同云冈石窟、河南洛阳龙门石窟、江苏南京栖霞山石窟，等等。其中敦煌、云冈、龙门是我国最著名的三大佛教石窟。

甘肃敦煌所处的地理位置较为僻远，未受战乱大的影响，所以其莫高窟（千佛洞）的建造基本上没受到什么干扰。但当地山石质地疏松，不宜于雕刻造像，只能以泥塑代之。这也是中国佛像艺术的特点之一。敦煌莫高窟的建设规模巨大，从十六国到北朝这一时期的塑像来看，匠师们已把人物形象渐渐中国化，并在造型审美尺度上趋向于当时的流行形式，与同一时期绘画作品中"秀骨清像"之特点基本保持一致。它的后期作品开始出现唐代的风格迹象，受内地影响的因素也越来越多，比如服装、饰物等方面。色彩上重彩浓抹，表现技法日渐成熟。敦煌莫高窟的最大特点是系统地保存了从十六国到元900多年的佛教塑像的发展历程，雕塑艺术获得了卓越的成就。

麦积山的得名是由于它的外形似麦垛，位于甘肃天水。同样，由于石质的问题，麦积山也不宜于雕刻佛像，其雕像属北齐时期的作品较多。相对而言，麦积山石窟雕塑更加生动传神、世俗化，更富有生活气息。在众多雕像当中，有面目秀美的佛像，有低声耳语的供养人，有活泼生动的比丘，还有虔诚苦修的老僧以及狰狞怒目的金刚力士。这些泥塑的制作工艺十分精湛，选材讲究，虽未经焙烧但历经千余年仍未损坏。

云冈石窟群位于山西大同，石窟延绵有1公里，大小石窟（龛）约千余个，规模庞大。云冈石窟的开凿年代主要是北魏时期，充分利用了当地石材的特点；体魄巨大，形象庄严，具有摄人魂魄的体量感和空间感。主佛高达13.7米，立于石窟中主要位置，为云冈石窟群的第一期作品；第二期造像的尺寸明显比第一期要小，但更加注重形象刻画，人物动态也更加活泼；第三期已近尾声，时间至6世纪初，这一时期的人物形象及衣饰装扮已完全中国化，"褒衣博带"式的中原服装形式已经普及。云冈石窟风格独特，既有中国传统雕塑与装饰艺术的特征，又有印度塔庙式洞窟艺术的色彩，是中外雕塑艺术合璧的产物。

河南洛阳的龙门石窟，历经东魏、北齐、隋、唐多个朝代之开凿，作品庞杂，遗留作品也较多。宾阳中洞是龙门石窟中比较重要的一处，是北朝时期有史实可查的，窟内饰有莲花、飞天、云气等图案，气氛神秘，纹饰华丽，但无琐碎之感。莲花洞内的石雕莲花特别突出，窟内主佛像为站立姿势，手臂的雕刻尤为动人，似有柔软弹性之感。古阳洞是龙门石窟中较大的一个，历史年代也较早，最有代表性的是在洞内壁面上雕满了小佛龛，几乎每龛都有造像题记。龙门石窟的雕工细腻、生动、传神，是我国雕塑艺术由拙朴走向精细的重要标志。

南北朝时期，陵墓雕塑有所兴盛，一般都在墓前设置一对或多对石兽。这种被称为"神兽"的想象中的动物形象被称为"麒麟"，有的似狮虎，却有翼，被称为"辟邪"（或"貔貅"）。这种石雕一般都比较庞大，姿态雄伟，整体感较强，有较为浓厚的汉代遗风。现存遗迹多为南北朝时作品，江苏南京周边比较多见。其中最为杰出的是江苏句容石狮村梁南康简王萧绩墓前的石雕群，造型简洁，体积感强，最能代表当时的艺术风格。

魏晋南北朝时期佛教盛行，各处大兴土木，广建佛寺，佛像和与之相关的造像被大量制造。

5. 圆润与成熟（或圆满之象）——隋唐雕塑

隋唐时代完成了中国封建社会高峰时期新一轮的政治大统一，从而南方与北方文化高度融合，在雕塑风格上也呈现自己的特点。如果说秦汉雕塑的基调是洋溢着生命勃发的阳刚之美，南北朝雕塑呈现阴柔与阳刚并峙辉映的格局，那么，隋唐雕塑就达到了刚柔并济、阴阳和合、圆润与成熟的境界。

隋代雕塑艺术的主要成就集中在石窟造像上，其中最有代表性的是敦煌莫高窟、麦积山石窟等处。其造型上的主要特点是，普遍较前代更为健硕，体态丰满。这是一个过渡性发展时期，我国的雕塑艺术由隋代拉开了更加灿烂的序幕。

唐代是中国雕塑艺术发展的高峰时期。唐代佛像雕塑在吸收了印度古典艺术精华的同时，结合本民族深厚的艺术传统和人文思想，形成了雍容大器、庄严深沉的艺术风格，体现着盛世气象。唐代的彩色陶俑以生动的造型和绚烂的色彩，多侧面地反映出唐代豪华富丽的社会生活。初唐前期的雕塑风格，基本上还残留着前代（北朝及隋代）的痕迹。初唐后期就开始出现兴盛的征兆。社会经济的蓬勃发展，促使人们的宗教观念也发生变化，盛唐时的整体社会面貌比较乐观豁达，佛教艺术也出现世俗化倾向，绘画、雕塑中的人物形象接近于现实生活中的形象。唐代的佛教造像数量非常之大，主要还是体现在石窟、摩崖石刻方面。现存的遗迹多集中于甘肃敦煌莫高窟、天水麦积山石窟、山西天龙山石窟、陕西彬县大佛寺、河北响堂山石窟、河南龙门石窟、新疆克孜尔石窟等处。其中敦煌石窟规模最大，艺术特点最明显。敦煌石窟中唐代时期所开凿的窟龛，占全部敦煌石窟的半数。所塑造的菩萨造像，从形象上和装扮上，基本上依据当时美人的典型形象，其坐姿出现了一腿盘起、一腿下垂的半倚坐式。世俗化的美丽已打破了宗教禁锢的气氛，更为强调艺术效果，在体态比例上、仪表外形上更加具有活力。比之于前代宗教雕塑艺术的肃穆与出世，唐代的佛教造像很好地把理想与现实相结合，既有博大凝重的一面，又有典雅鲜活的一面，既有威严雄健的一面，也有柔和细腻的一面。唐代的人物雕塑很注意人物性格，尤其是在处理群雕的人物关系时，很好地把握了人物之间的内在情感交流。

龙门石窟中唐代雕刻也占据多数。这一时期的雕像普遍宏伟庞大，形态丰满。以盛唐时完成的奉先寺为代表，中央大佛（卢舍那大佛）高 17.14 米，与之并列的另外 8 尊雕像也都在 10 米以上。据传说，大佛的面部是参照了女皇武则天的形象雕凿的，在佛像台座上的题记中记录着："……皇后武氏助脂粉钱二万贯。"许多石窟的中、晚唐作品明显不如其前代，有许多减色，尺度、体量、气魄都出现退化的迹象。

四川自秦汉以来被称为"天府之国"，佛教在此地特别兴盛，全省有大小摩崖石刻群20余处。四川的广元、巴中、通江以及川南的邛崃、乐山、夹江等地散落着许多摩崖石刻。广元千佛崖最早开凿年代在唐开元年间，其尺寸虽然不大，但都雕刻于陡峭山崖之上，形式复杂，人物众多，有大大小小造像近2万躯。乐山大佛摩崖雕像，高71米，头宽10米，肩宽28米。于公元713年始雕，到803年完工，整整用了90年的时间。乐山大佛是借用整个山体开凿的，脚下就是奔腾的三江汇合激流，它是世界上最大的佛像。如此巨大的雕像，比例合度，呈坐势，身着袈裟，神情自若，面容庄重。像乐山大佛这样高超、宏伟的大佛，既是盛唐气象的象征，也体现了唐代雕塑艺术的精湛与辉煌。

唐代皇帝的陵墓大都分布在西安附近，有18处之多。唐帝都以山为陵墓主体，陵前雕像有动物，也有人物。如昭陵前置14个人物雕像，是太宗所制伏的外藩俘虏，象征周邻小国的归顺；献陵前有石虎、石犀，体积巨大，造型简洁有力。最为著名的当推《昭陵六骏》，这是为纪念李世民在开国战争中立下功劳的六匹战马所制作的六块浮雕，显示出唐代动物雕塑的成熟，使浮雕艺术进入了一个辉煌的境地。乾陵为高宗李治与武则天的合葬墓，陵墓石雕有狮、人物、仗马、朱雀、华表等上百个之多。在石像群中，文武侍卫的雕刻也十分突出，体态稳健、端庄，面部表情各不相同。

唐代的明器雕塑所反映的社会生活题材极为广泛，以人物、动物为最多。女人俑的造型特点与当时的大众审美趣味相吻合，以丰满、富态为美，仪态端庄，衣饰华丽。由于唐代的对外文化交流比较发达，许多外国客商来中国经营或生活，这在明器（也称冥器）雕塑中多有表现，如"胡人舞蹈"、"西域奴仆"等形象随处可见。镇木力士像是唐墓中所常用的，多为三彩陶器制成，其形象威猛，类似佛寺里的金刚力士，具有鲜明的形象特点。盛唐时期，天下一片歌舞升平，俳优歌舞广泛流行于皇室和民间，所以在唐代墓穴中也大量出现手舞足蹈的俳优俑，动作夸张、表情丰富，在人物塑造方面达到了相当高超的艺术水平。明器雕塑以陶质三彩为主。在唐代的随葬品中，动物雕塑也是一个比较重要的种类。

6. 文弱与温婉（或世俗之尚）——宋代雕塑

宋代在政治上有别于汉唐，"重文轻武"的国策自然也影响到文化艺术等方方面面。这一时期在文化艺术上，以抒发"性灵"、讲究笔墨情趣的文人画和以抒情见长的宋词一时大盛。其审美特色，有别于唐人重丰润肥腴、圆实富态的时尚，转而以欣赏纤细温婉、婷婷袅袅的瘦秀小巧为尚。作为艺术品类的雕塑也不例外。有人说，宋代雕塑颇具宋词中的婉约派的气韵与余绪，精致感人，而少了豪放派的豪迈与阳刚。

宋代这一时期的雕塑仍以服务宗教为主，雕塑造型一改唐代之丰腴质朴，变得清秀理智，艺术特色趋向文弱与温婉，且表现出生活化、世俗化倾向。创作手法上趋于写实，材料使用也更加广泛，制作工艺也有所提高。从总体水平上看，虽不如汉唐时期，在整个中国雕塑艺术史上不占重要地位，但也有一些突出成就。宋代的佛教造像以彩塑和木雕为主，体现人物的情感和神态尤为细腻真实。雕塑题材虽以佛教为主，但与以往的石窟造像不同，北宋开创了寺院塑大型佛像之先河。代表作首推河北隆兴寺铜铸金装的千手观音菩萨立像，高22.6米，巍然挺立，历千年而无倾斜，足见其工艺水平之高超。其次是山东灵岩寺四十罗汉像，神人交融，性格各异，形态逼真，栩栩如生，被梁启超誉为"海内第一名塑"。第三是洞庭乐山紫金庵的十六罗汉。每尊罗汉大小与真人相仿，姿态迥异，神情逼肖，构思独特，被称为宋代雕塑艺术的杰作。第四是四川大足的石刻佛像，体现了我国晚期石窟艺术的最高水准。其中最负盛名的是北山的"媚态观音"，其神情体态极具艺术魅力，本真、纯情、亲切、秀丽、优雅，深受人们的倾慕与喜爱，堪称石雕艺术珍品。而宝顶山的摩崖石刻群，造像万余尊，整组群雕构思别致，布局恰当，技艺高超，形象生动，是宋代规模最大、成就最高的石刻群雕。此外，宋陵的雕塑作品也有一些特色。如百姓中流传着"永裕陵的狮子、永泰陵的象、永熙陵的好石羊"这样的顺口溜，可以从一个侧面帮助我们了解宋陵雕塑的代表作。浙江杭州的飞来峰有比较集中的宋代雕刻，虽然尺寸不大，但从其艺术水平上看却在宋代雕刻中占比较重要的地位。与宋代的绘画艺术相比，其雕塑艺术的成就要远远落后，这与统治者的好恶与重视程度有很大关系。通过类似科举制选拔的宫廷画家都有较高的地位，而雕塑行业的从业人员却得不到重视，甚至还受到歧视。宋代在艺术美学上倾向于舒缓、柔情、细腻、收敛、雅致，在诗词文学、文人绘画等方面尤为突出，表现在雕塑方面，则显出明显的退化迹象。宋代雕塑过分的世俗化，严重地削弱了雕塑艺术所应有的纪念性、恒久性，更谈不上雕塑艺术在空间上、体量上的追求。但是，任何事物都有它的两面性，作为雕塑艺术众多分支的一种——民间工艺雕刻艺术，却由于世俗化而得以大力弘扬，像现代的泥、面、糖等彩塑，以及石、玉、牙、骨、竹等雕刻以及金工、漆雕等技艺，大多可以把它们的肇始年代定为宋代。

7. 腐熟与衰退（或式微之势）——元、明、清雕塑

元、明、清是我国封建社会的最后三个王朝，在社会发展上已盛世不再。雕塑艺术也受时代制约，盛气日减，神气渐逊，逐渐走向纤弱、繁琐，标志着中国的雕塑艺术已经进入式微或夕阳时期。到元、明、清三代，在前代繁荣发达的宗教雕塑、陵墓石刻、明器（冥器）塑造等雕塑艺术形式，都走向尾声甚至几近消失。尤其在清代，仅有的雕塑艺术品种也湮没于繁琐的装饰、平庸的造型之中。

这一时期的寺庙造像十分发达。雕塑风格受到绘画的影响，风格趋向纤细、世俗。在名目繁多的寺庙里，供奉着各式各样的神像，造像材料以泥塑为主，从题材到表现手法均日趋世俗化、民间化。值得一提的是，这一时期在藏传佛教的造像（如杭州西湖飞来峰下的元代摩崖石刻、山西平遥双林寺的明代彩塑、清代承德外八庙中普宁寺的木雕千手观音立像等）、道教造像（如太原龙山石窟的道教造像等）和陵墓雕刻（如明十三陵、明孝陵的神道两旁精美的石雕等）等方面也有令人瞩目的成就。这一时期的雕塑艺术中，最值得肯定的是清代工艺性雕塑艺术的繁荣，工艺雕塑为广大劳动人民喜闻乐见，形成了一个新的雕塑形式，民间艺术得到了空前的普及。这时宫廷设立专门机构，督促、组织生产，雕漆、石雕、牙雕、木雕以及瓷塑、金属铸造等艺术门类都有一些优秀作品问世，并出现了很多优秀的雕刻名家。民间广泛流行的泥玩具也是雕塑艺术的一个分支，如天津"泥人张"世家，从清代起就已形成独特的风格，一直影响和延续至今。

8. 开拓与创新——近现代雕塑

近现代我国雕塑艺术空前繁荣，与时俱进。"五四"运动以来，随着中国优秀的雕塑艺术家相继出国学习，他们学习了西方雕塑观念与艺术技巧，继承发扬中国雕塑艺术传统文化，雕塑题材紧密贴近社会现实生活，例如《艰苦岁月》对革命浪漫主义情怀的生动诠释，《和平少女》对中华民族热爱和平的美好情感的细腻表现，以及《拓荒牛》显现出的开拓进取精神和强劲的力量等，优秀作品如雨后春笋，架上雕塑、城市雕塑、环境雕塑都得到空前发展。雕塑家们不断开拓创新，带来了中国雕塑艺术繁荣的新气象。中国近现代雕塑艺术家灿若群星，著名的有江小鹣、李金发、刘开渠、王临乙、滑田友、萧传玖、潘鹤、钱绍武、张充仁等。

由上述可见，雕塑不只是艺术审美，同时是文化谛视，是历史与时代的重要象征符号。

二、中国古代雕塑艺术成就

在西方，雕塑在艺术上的地位与成就，与绘画比肩甚至更高。在中国，雕塑并未取得能与绘画并肩媲美的地位与成就，但它的艺术价值却是独特的，不可漠视。中国雕塑主要由四个集群组成：陵墓集群、宗教集群、建筑装饰、工艺雕塑。其中第一、二类由于与中国文化的两大事务——敬祖、宗教有关而凝结着厚重的文化内容。从现存的雕塑艺术遗产看，中国古代雕塑艺术的成就主要集中在陶俑、陵墓雕刻和佛教造像这三个方面。

1. 陶俑

陶俑是中国古代墓葬中摹仿人的形象而制作的陪葬品，始于东周，盛于秦汉和唐代。

论规模和影响首推秦始皇陵兵马俑。从出土的数以千计的陶俑看，除了人物（步兵、骑兵、弩兵），还有战车、战马和各种兵器。这些陶俑给人最深的印象是其宏大的气势以及高超的写实技巧。陶俑基本按真人比例，身披铠甲或战袍，手执兵器或挟弓挎箭，威武雄壮，严阵以待。既有群体的英雄气概，又有个体的性格容貌。陶马的塑造也相当成功地表现出其矫健的肢体和警觉的神态（见图5-3）。

与此相比，汉代的陶俑则显得古拙和有气势，如山东出土的西汉彩绘杂技陶俑，21人的杂技场面，倒立、翻身软功，在粗轮廓的整体形象的飞扬流动中，充分表现了力量运动的气势美，以及造型本身的古拙感。四川出土的东汉说书俑更是"古拙"风格的杰作。说唱者那种伸头、耸肩、眉飞眼笑、近乎手舞足蹈的神态被刻画得有声有色，惟妙惟肖（见图5-4）。

图5-3　兵马俑二号坑出土的鞍马骑兵俑　　图5-4　说书俑（汉）

2. 陵墓雕刻

在陵墓前雕刻也是中国古代盛行厚葬的表现，现在比较典型而具艺术性的陵墓雕刻有汉朝霍去病墓雕刻、南朝帝王墓雕刻以及唐乾陵雕刻和《昭陵六骏》雕刻。

汉代霍去病墓前有三件主要石雕——《马踏匈奴》、《跃马》和《卧马》（见图5-5），这些可被看作对这位青年名将征战生涯的概括和象征。整个石雕灵活运用了圆雕、浮雕和线刻的手法，按照天然的形态、质感和力量感因材施艺。如《跃马》是利用整块巨石的自然形态，在关键处加以雕凿，马颈石料并未凿去，而骏马的动态感和力量感却有增无减（见图5-6）。再如《伏虎》也是由整块石料雕刻而成，其虎的躯干以自然流动的线条及扭曲的团块结合，给人以随时攻击的气势和动态感、力度感（见图5-7）。

图 5-5　卧马　　　　　图 5-6　跃马　　　　　图 5-7　伏虎

南朝陵墓石刻以石兽为多，在造型手法上比汉代又前进了一步，除了重视整体感，更注意夸张和变形，甚至给人有些虚张声势的感觉。这些陵墓的麒麟、天禄、辟邪，造型高大厚重、气势逼人，不仅显示了矫健有力的外形，更给人以形式美的感受（见图 5-8）。

唐代颇具代表性的石刻有乾陵石狮和《昭陵六骏》。乾陵石狮是在写实基础上突出其威严和凶猛而大胆变形的。《昭陵六骏》虽为浮雕，但由于马的体形近乎圆雕，加上它以曾经驰骋沙场的骏马做蓝本，因此造型极为生动有力。

3. 佛教造像（宗教雕塑）

佛教造像是佛教在中国传播的必然产物，其中最有代表性的是北魏时期形成的四大石窟。从云冈早期的威严庄重到龙门、敦煌，特别是麦积山成熟期的秀骨清相、长脸细颈、衣褶繁复而飘逸的刻画，佛教造像达到了中国雕塑艺术的理想美的高峰。

唐代雕塑特别注重将佛教的幻想世界和人间生活紧密联系，雕塑形象健康丰满而且颇有性格特征，如龙门石窟中奉先寺雕像中的菩萨（卢舍那佛）的端庄矜持、弟子的顺温虔诚、天王的坚毅威武都表现得淋漓尽致（见图 5-9）。

图 5-8　辟邪（南朝时期）　　图 5-9　洛阳龙门石窟奉先寺雕像卢舍那佛

明清以后的佛教造像世俗化越来越明显，如十八尊罗汉、五百罗汉形态都可区别，形象均来自现实生活。

从雕塑艺术成就发展史来看，秦汉时期中国雕塑才作为一门独立艺术门类大放光彩。中国雕塑艺术审美经历了古朴与狞厉（先秦、春秋战国）、雄犷与生机（秦汉）、阳刚与阴柔（南北朝）、成熟与圆融（隋唐）、文弱与温婉（宋）、腐熟与衰退（元、明、清）的历史演变。在艺术风格上，魏晋六朝，瘦骨清相；隋唐五代，圆满丰腴；宋代以降，匀称多姿。雕塑艺术成就在唐代达到高峰，唐宋以后直至明清雕塑艺术便走向衰落。

第四节 中国雕塑的美学特征与雕塑艺术的鉴赏方法

一、中国雕塑的美学特征

1. 哲理性

中国古代雕塑风格往往体现了中国古代哲学精神。儒家哲学尊天命，受其影响，中国艺术反映为崇高、庄严、肃穆、壮丽、典雅等风格。道家哲学崇自然，在艺术上则表现为飘逸、雄浑、淳厚、古朴、淡泊、天真、稚拙等风格。中国雕塑都具备这两个系统的风格特征，例如佛教造像和陵墓仪卫性雕刻，一般具备前一系统的风格。龙门奉先寺大佛最为典型。它是唐代武则天出资修造的，寓有帝王的精神气度，风格上必然强调崇高、庄严、肃穆和典雅。明器（冥器）艺术中的俑和动物雕塑多属后一系统的风格，它们和生活关系密切，风格上追求自然，朴拙可爱。两者各异其趣，各有千秋。西方古典雕塑风格比较接近前一系统，却少有后一系统的风格特征。希腊古风时期的古拙是艺术技巧幼稚阶段的自然产物，不是刻意追求的风格。中国雕塑却有意返璞归真、退熟回生，追求一种内在美、原始美，一种大巧若拙的哲学精神境界。这些艺术追求是难于站在西方文化角度来理解的，所以一般习惯欣赏写实性雕塑的人，欣赏中国古代雕塑总有障碍。这就需要提高中国传统文化修养，从哲理等深层次上来认识中国雕塑艺术，否则欣赏也好，创作也好，都很难进入堂奥。

2. 纪念性

中国古代雕塑常常是体现特定时代和一定阶级的信仰、崇拜，或是为了纪念某一历史人物和事件、纪念某种功绩和勋业的产物，它具有政治性和纪念性，是具有独立鉴赏价值的艺术品，如著名的唐代雕刻《昭陵六骏》就是现存最有纪念意义和观赏价值的雕塑之一。

纪念性雕塑在艺术形式上，往往采用巨大的体量和粗犷的风格来充实思想内涵和深度，在现代雕塑艺术上尤为如此。

3. 象征性

中国古代雕塑艺术继承了"托物言志"、"寓意于物"这一美学风格与传统。许多雕塑不仅仅是为了表现某些物体的形态（如石狮、石马等），而且是为了表现人们一定的意念，烘托一定的意境。如皇宫里的雕龙、宫殿门外的铜狮是权威的象征，庙堂、石窟的"正神"（如菩萨等）则是慈悲的象征。象征性是中国雕塑艺术的主要美学特征之一。

中国现代雕塑艺术将古代传统中的"象征性"美学特征发扬光大，并推向一个新的高峰。如深圳市委大院内的主题性雕塑《孺子牛》（系著名雕塑艺术家潘鹤先生的杰作）是一件象征意义很强、艺术上非常成功的作品。一头雄健的牛正运用全身力量在拉犁，犁铧正把一棵大树盘根错节的根从地下翻出来。它的象征意义是：作为人民群众的孺子牛，应像这头开荒牛一样，带领人民群众把贫穷落后、封建愚昧连根拔起，这是时代的要求、历史的使命（见图5-10）。

图 5-10　孺子牛

4. 装饰性

装饰性又称为表现性，因装饰是为了表现。中国古代雕塑，不以如实模仿自然形态为满足，而是采用装饰手法，把自己在生活实践中形成的某种情感、趣味和审美理想，寄托在创造性的形象中。例如，为了表现石狮作为动物凶猛的本能，以及作为镇墓神兽的特征，工匠们把狮子的外形加以装饰性处理——嘴巴阔大、眼睛鼓出、昂首、挺胸、张口，给人以威武、沉着、稳定的形象美感。

装饰性雕塑以优美、形象生动为主要特征，旨在通过生动活泼的艺术形象来美化空间环境，给人以美的感受。

5. 概括性

中国古代雕塑比较注意对自然形态的固有特征进行有所选择的掌握，并进行概括。不拘泥于对象的所有特征，不讲究逼真，即"离形得似"、"遗貌取神"，注重概括它的固有特征，以使观众从对象的固有特征中，凭借联想和想象认识它（古代雕塑中的常见的石狮、石天禄、石翼马等之所以具有极大的艺术魅力和极高的审美价值，正因为它不是和真的一样）。可见，中国雕塑具有明显的概括性或假定性的艺术特征。

6. 绘画性

中国雕塑明显具有绘画的特点：一是平面性。雕塑本应能够让人们从四面八方来观赏，而中国的雕塑大多是让观众从一定的方向和视点去看的，这样，雕塑注意的都是让人看到的那一面，而看不见的那一面就少费工夫。二是重视彩绘或讲究色彩。西方雕塑是通过材质本身的起伏凹凸来显示对象的特质，不施彩绘也能使得雕塑很好地显示自己的特点。中国雕塑的程式化往往忽视细部，平面性减弱了雕塑的特质，而彩绘则可以帮助中国雕塑起到雕塑以外的功能。因此，中国雕塑特别是彩塑的很多细部不是雕或塑出来的，而是绘出来的，故有"塑容绘质"之说。

7. 类型化

中国雕塑艺术，往往不拘泥于对象的某一形体比例和性格的真实刻画，而是综合了同类对象的基本特征，创造出具有共性美的艺术形象。这就是类型化艺术手法。但这种类型化也并非千人一面、缺乏个性的美。中国雕塑是通过类型来表现个性的。如武汉归元寺 500 罗汉塑像，既有共性（法力无边，具有罗汉形象），也各具鲜明的个性特征（喜怒哀乐、胖瘦高矮各异）。

8. 群体化与程式化

中国雕塑特别是宗教雕塑具有明显的群体特征，即以群体为主，每一个寺庙或佛窟之中必须有一个凝聚中心。这一雕塑既处于观者视点的中心，又是最高大的，其余雕塑则服从它、呼应它，从而构成整体效果。龙门、云冈、敦煌石窟如此，著名寺庙也是如此。从六朝到宋明，寺庙中的雕塑群体又有一个逐渐由印度的寺庙安排到近似于中国朝廷的帝王文臣武将的仪式安排的演化过程，雕塑群体越来越秩序化、程式化。

9. 与建筑、环境融为一体

雕塑常被作为建筑的一部分而创作。雕塑是美化建筑、烘托环境气氛的手段之一，它与建筑、环境的关系极为密切。这三者之间常常表现出惊人的和谐与默契，体现了"天人合一"的古典美学思想和传统哲学思想。如乾陵"因山为陵"，巧妙地利用自然环境，放大石雕体量，具有强烈的"震慑"效果。如果离开了建筑、环境这些组合，雕塑的艺术内涵与魅力就会大大降低。一件雕塑作品放在相应的环境中，与之和谐呼应，便会取得相得益彰的艺术效果。

二、雕塑艺术的鉴赏方法

1. 注意雕塑本身的形象和神态之美

欣赏中国的雕塑艺术,应注意品味雕塑本身的形象之美和神态之美。例如,大肚子开口笑的弥勒佛各庙都有,但杭州灵隐寺飞来峰石壁上的那尊宋刻弥勒佛最为完美。这尊佛像一手按布袋,一手持念珠,喜笑颜开,袒腹踞坐,造型自然生动,形神俱佳。再如,五台山南禅寺的唐塑——天王和女菩萨两手相携,眼神相接,递送秋波,表现出男女友情,这在被顶礼膜拜的佛像中是极少见的,这说明唐代文化受封建理学的影响较小,是一种博大、开放的时代文化,当你领悟到这些奥妙时,那么你对雕塑的欣赏就深入一层了。

2. 注意雕塑与周围环境(或空间)的关系

欣赏中国的雕塑艺术,应注意把握雕塑与周围环境(或空间)的关系,并品评二者关系是否和谐。例如乐山大佛的雄伟,与大佛足下奔流湍急的岷江是分不开的(见图 5-11);洛阳龙门石窟的群雕佛像之美,则依赖于双峰对峙、伊水中流、翠柏满山的环境烘托。又如乾陵,山顶处有一对奇伟的雄狮雄踞其上,昂首怒吼,瞭望四周,川原茫茫,这对雄狮的气势仿佛不但控制了陵墓,而且镇住了八百里秦川。

图 5-11 乐山大佛

由上述可见,风景中的雕塑,除了它们自身的艺术价值之外,在欣赏空间环境中还扮演着重要角色,使游人在观赏中产生一种特别的趣味。在欣赏雕塑中,我们应特别注意强化"环境意识"或"空间意识",如雕塑的位置、背景乃至空间的光线、颜色等。

3. 注意雕塑随时代产生的风格演变

如前所述，从雕塑艺术史上看，中国雕塑艺术审美经历了古朴与狞厉（先秦、春秋战国）、雄犷与生机（秦汉）、阳刚与阴柔（南北朝）、成熟与圆融（隋唐）、文弱与温婉（宋）、腐熟与衰退（元、明、清）的历史演变。具体来讲，时代风尚、审美心理等艺术观念的变化，往往能在雕刻上反映出来。如"曹衣出水、吴带当风"这一艺术史上的趣谈就很能说明此问题。东汉魏晋，雕塑、绘画受外来的印度文化（随佛教传入的）影响较大，雕塑、绘画的造像隆鼻（因印度人是白种人）、垂耳，衣纹全身紧贴肌肤，好像刚从水中爬出一般，充分体现出人体之美。而到唐代，根据汉族的审美习惯，艺术形象中人物的衣带渐宽、飘忽有姿，好似当风飞舞，颇有仙意。我们要是将云冈石窟的露天大佛（开凿于北魏）与龙门石窟奉先寺的卢舍那大佛（开凿于唐代）相比较，就能领悟到"出水"与"当风"的意味（见图 5-12、图 5-13）。

图 5-12　大同云冈石窟佛雕　　图 5-13　洛阳龙门石窟雕像卢舍那佛

4. 发挥触觉联想的作用

雕塑是一种具有再现性与模仿性的审美立体艺术，欣赏它还应该依靠一些触觉联想，由那些难以名状的知觉感受引发对雕塑艺术品特有的体积、重量和力度的联想。这样，将比之欣赏绘画、书法那种飘逸、潇洒更多出许多深厚感与凝重感、质量感与质地感，从而感受其特有的触觉愉悦与亲和感。雕塑欣赏这种特有的美的感受法，较之书法、绘画等美术欣赏有极大的不同与特有的乐趣。

此外，雕塑艺术的鉴赏还要注意雕塑的色调、背景、最佳视角、最佳视野距离等。

第五节　中西雕塑文化审美比较

中西雕塑艺术在历史上都取得了辉煌的成就，但艺术上走的却是完全不同的路。西方雕塑（如希腊雕塑）注重数学、几何法则，形体精确，写实性强；而中国雕塑则是写意性强，取其神而遗其形。以人体雕塑而言，中国古代雕塑不太注意人体的内部结构、比例和性格等的真实，摆脱不了宗教文化的影响，具有类比性和象征化的倾向。无论是庙堂或石窟，"正神"大都是权威或慈悲等概念的具体化，这同古希腊雕塑中即使是"神"也只是"更完美的人"的观念有很大不同。具体来讲，在艺术与审美上可以从艺术地位、审美追求、雕塑材料、雕塑技法、题材式样与功能、形体刻画、艺术技巧几个方面进行比较。

一、艺术地位

长期以来，雕塑在中国没有获得像西方那样独立的艺术地位，几乎一直是从属于建筑艺术的一个小的部分。在历史上，中国雕塑艺术工作者的地位也远不如西方雕塑艺术工作者的地位高，在境遇上有"皂隶之匠"与"艺术家"的巨大差别。黄宗贤、吴永强在《中西雕塑比较》一书中分析指出：在中国漫长的文明史中，尽管有《秦陵兵马俑》、《昭陵六骏》等精美绝伦的雕塑作品，尽管有龙门石窟、敦煌彩塑等数量浩繁、气势恢弘的佛教造像，有自成体系的帝陵神道石刻，雕塑艺术贯穿各朝各代，可是，雕塑家却默默无闻。中国古代雕塑家不过是皂隶百工的一员，他们不仅被历史叙述所忽略，在现实社会中的地位也与欧洲古代雕塑家有天壤之别。中国的艺术史文本不曾给雕塑家留下篇章，致使一部中国雕塑史几乎是没有创作者名字的历史。中国艺术史家可能兴趣盎然地记下一位根本没有作品存世的画家的名字和生平，甚至对他们的轶闻趣事津津乐道，但对雕塑家却十分吝啬笔墨。这是因为，在中国，绘画因有"文人画"，即劳心的知识分子参与其中，从而拔出了"匠"的领域，绘画不失为雅事。且画又与诗结缘，更能登大雅之堂，受到人们的珍视。雕塑与建筑长期以来被列为"匠人"的营作范畴，属于劳力者的领地，故从事雕塑与建筑艺术的人（即使是杰出的大家）在持有这样偏见的国度自然不会受到重视。而在西方艺术史上，雕塑不仅一直是艺术门类中显赫的一员，雕塑史也是由米隆、菲狄亚斯、米开朗基罗、罗丹这些伟大雕塑家构成的历史。在西方国家，雕塑家的名字是很有文化分量的。无论是雕塑艺术还是雕塑艺术工作者，在西方都拥有很高的地位。

二、审美追求

中国雕塑：偏于"写意"式雕塑。追求形态神韵美（注重神韵，追求传神，写意性和象征性强，取其神而遗其形，妙在"似与不似之间"，追求自然直观主义价值）；突出共性（求同）；在重视美与善的结合的同时更关注雕塑艺术的审美教化功能。

西方雕塑：偏于"工笔"式雕塑。追求自然模仿美（注重形似，写实性强，对人体雕塑特别强调形体解剖学意义上的结构准确，追求理性写实主义价值）；突出个性（求异）；在重视美与真的结合的同时更关注雕塑艺术的认识作用。

陈炎教授研究认为：以"模仿说"为理论依据，古代西方人将对现实生活的反映与认识作为艺术创作的终极目的。他们从解剖学角度来研究雕塑，从透视学角度来研究绘画，从几何学角度来研究园林……结果是研究来研究去，唯独忘记了艺术自身的美学目的。用艺术来承担科学认识和哲学思考的任务，这是西方文化的一个特点，但也可能正是它的短处。与西方不同，在儒道互补的文化环境下，中国人颇具艺术家的潜质。这种天然的诗性思维和艺术态度，使我们古代的艺术家一开始就不以一种纯然客观的态度去再现和模仿自然，而是懂得如何在"似与不似之间"获得一种"只可意会，不可言传"的情感体验。

三、雕塑技法

中国雕塑：在雕塑技法上，重塑轻雕（或刻）。相比较而言，中国雕塑艺术家"塑"的艺术水平相对较高。

西方雕塑：在雕塑技法上，重雕（或刻）轻塑。相比较而言，西方雕塑艺术家"雕"的艺术水平相对较高。

四、雕塑材料

中国雕塑：材料丰富多样，但以与自然密不可分的泥土、木材、花岗岩居多。概言之，中国雕塑特点是"以泥为塑"。

西方雕塑：材料比较多样，但以大理石以及青铜等为主。概言之，西方雕塑特点是"以石为雕"。

五、题材式样与功能

中国雕塑：多为权势、尊严、神圣的象征；多宗教（佛像为主）、英雄、名人雕塑；庄重意味多，具有帝国风采。雕塑功能多用于陵墓等装饰，故中国雕塑被称为"坟茔的艺术"。

西方雕塑：多为自由、爱情、战斗等抽象观念的体现；多人体雕塑（体现人体美）；娱乐意味多，具有世俗情调。雕塑功能多用于城市装饰，故西方雕塑被称为"城市的艺术"。

六、形体刻画

中国雕塑：人物塑像以直立式、端坐式为主，表情变化少（静美）；强调人首而虚化人体。

西方雕塑：人物塑像以运动形式为主，表情丰富（动美）；强调人体而虚化人首。

七、艺术技巧

中国雕塑：一面（正面像）造型为主；讲究装饰性及色彩的运用（与泥塑多有关）。这就是如前面所说的，中国雕塑明显地具有绘画的特点。

西方雕塑：多面造型（如《掷铁饼者》）；注重体积关系和体面结构；讲究光的效用（与石雕多有关），故西方雕塑艺术有"形体的艺术"之称。

复习思考题：

1. 雕塑艺术有何突出特点或优势？
2. 简要概括中国各个历史时期的雕塑特点。
3. 中国雕塑具有怎样的审美特征？
4. 试述雕塑艺术的鉴赏方法。
5. 试对中西雕塑文化进行比较。
6. 借助所学的雕塑知识，试分析评价你所在城市的某一雕塑作品或某旅游景区的雕塑作品。

案例阅读：

洛阳龙门石窟大佛

世界文化遗产龙门石窟位于河南省洛阳市南郊 12 公里的伊水河畔。"龙门"之称始自东汉，它东为香山，西为龙门山，两山屹立，伊水中流，形成一座天然门阙，所以又称"伊阙"。这里风景秀丽、寺院林立。

龙门石窟与敦煌莫高窟、大同云冈石窟齐名，合称为我国三大石窟。主要开凿于北魏太和年间至唐光化元年，至宋初仍有开凿，连续营造达 400 多年。龙门石窟迄今保存着历代大小石窟龛 2345 个、大小造像 97000 余尊（最大佛像 17.14 米，最小仅 2 厘米）、佛塔 70 余座。大大小小的窟龛蜂窝似地密布于伊水两岸的峭壁上，南北绵延约 1 公里。

龙门是历代皇室贵族发愿造像最集中的地方，是皇家意志和行为的体现。如古阳洞为北魏孝文帝所开，宾阳洞是宣武帝为其父母做功德所开，奉先寺大卢舍那佛是唐高宗、武则天所造。它们都属于带有纪念性意义的雕刻。

北魏和唐代的造像反映出迥然不同的时代风格。龙门石窟的唐代造像继承了北魏的优秀传统，又融合了汉民族的传统文化，创造了雄健生动而又纯朴自然的写实作风，达到了佛教雕塑艺术的顶峰。

龙门石窟在雕刻艺术上的最大特点，是具有浓郁的民族风格。随着佛教在中国的传播，佛教艺术也逐渐中国化了。早期佛像面型、发式、衣冠甚至姿态神情所表现的浓厚的印度风味，特别是印度佛教艺术那种强调女性形体特征、性感的刺激、过大动作与姿态等，都被排除出去。而演化为雍容超然、宽衣博带的"秀骨清相"，反映了南北朝时代士大夫的审美标准。到了唐代，佛教艺术基本上摆脱了魏、晋、南北朝以来那种宗教的神秘色彩，明显地呈现出世俗化的趋势。北魏造像在这里失去了云冈石窟造像的粗犷、威严、雄健的特征，而生活气息逐渐变浓，趋向活泼、清秀、温和。造像以丰满健壮、雍容华贵为美。因唐代人们崇尚以丰满为美，所以造像脸部浑圆，双肩宽厚，胸部隆起。龙门大卢舍那佛则集中地反映了在我国封建社会鼎盛时期那种特定历史条件发展起来的审美观点和美学思想。

卢舍那佛是释迦的报身像。卢舍那意译作净满，又译作光明遍照。"就智为报身"是说佛的智慧光照一切。据记载，大像龛开凿于公元 655 年，历时 20 年，到上元二年（公元 675 年）完工。当时执政的武则天曾资助脂粉钱二万贯。由于政治上的需要，破天荒地把卢舍那佛像塑造成女性形象。"方额广颐"，和武则天的面貌很相像。可以说是"武则天的模拟像"。主像卢舍那坐佛，螺形发髻，身披袈裟。结跏趺坐于束腰须弥座上。像高 17.14 米，头高 4 米，耳高 1.90 米。丰颐秀目，仪容端庄、贤淑、典雅。嘴角微翘，略带微笑。头部稍低，略作俯视态。既刻画了男性的雄伟庄严，又略带女性的慈祥温和。它比之超凡脱俗、充满不可言说的智慧和精神的北魏佛像，具有更多的人情味和亲切感。她不再是超然自得、高不可攀的神灵，而是被高度美化了的至高无上的大唐帝国天后武则天的形象的化身。为了突出表现主像，匠师们运用对比、夸张的艺术手法，全力进行烘托、渲染。大佛面部的雕刻精湛，以形写神。以简洁的衣纹、富于装饰性的螺发以及华丽的火焰纹背光加以衬托，使大佛面部光彩焕发，栩栩如生（见图 5-13）。很有意思的是，你无论从正、侧哪个方位面向这尊佛像，它都是以慈祥和善的目光注视着你。著名美学家李泽厚先生在《美的历程》一书中称这尊大佛"以十余米高大的形象，表现如此亲切动人的美丽神情——是中国古代雕塑作品中的最高代表"。

（摘自乔修业主编：《旅游美学》，南开大学出版社，2000年。略有改写）

经典雕塑作品赏析——《大卫》

图5-14 大卫

《大卫》，云石雕像，像高2.5米，连基座高5.5米，米开朗基罗创作于公元1501~1504年，现收藏于佛罗伦萨美术学院。

米开朗基罗生活在意大利社会动荡的年代，颠沛流离的生活使他对所生活的时代产生了怀疑。痛苦失望之余，他在艺术创作中倾注着自己的思想，同时也在寻找着自己的理想，并创造了一系列如巨人般体格雄伟、坚强勇猛的英雄形象。《大卫》就是这种思想最杰出的代表。

大卫是《圣经》中记载的少年英雄，曾经杀死侵略犹太人的非利士巨人哥利亚，保卫了祖国的城市和人民。米开朗基罗没有沿用前人表现大卫战胜敌人后将敌人头颅踩在脚下的场景，而是选择了大卫迎接战斗时的状态。在这件作品中，大卫是一个肌肉发达、体格匀称的青年壮士形象。他充满自信地站立着，英姿飒爽，左手拿石块，右手下垂，头向左侧转动着，面容英俊，炯炯有神的双眼凝视着远方，仿佛正在向地平线的远处搜索着敌人，随时准备投入一场新的战斗。大卫体格雄伟健美，神态勇敢坚强，身体、脸部和肌肉紧张而饱满，体现着外在的和内在的全部理想化的男性美。这位少年英雄怒目直视着前方,表情中充满了全神贯注的紧张情绪和坚强的意志,身体中积蓄的伟大力量似乎随时可以爆发出来。与前人表现战斗结束后情景的习惯不同,米开朗基罗在这里塑造的是人物产生激情之前的瞬间,使作品在艺术上显得更加具有感染力。他的姿态似乎有些像是在休息,但躯体姿态表现出某种紧张的情绪,使人有强烈的"静中有动"的感觉。雕像是用整块的石料雕刻而成,为使雕像在基座上显得更加雄伟壮观,艺术家有意放大了人物的头部和两个胳膊,使的大卫在观众的视角中显得愈加挺拔有力,充满了巨人感。

  这尊雕像被认为是西方美术史上最值得夸耀的男性人体雕像之一。不仅如此,《大卫》是文艺复兴人文主义思想的具体体现,它对人体的赞美,表面上看是对古希腊艺术的"复兴",实质上表示着人们已从黑暗的中世纪桎梏中解脱出来,充分认识到了人在改造世界中的巨大力量。米开朗基罗在雕刻过程中注入了巨大的热情,塑造出来的不仅仅是一尊雕像,而是思想解放运动在艺术上得到表达的象征。作为一个时代雕塑艺术作品的最高境界,《大卫》将永远在雕塑艺术史中放射着耀眼的光辉。

第六章　中国书法艺术与审美鉴赏

【学习导引】

　　书法是中国独特的文化艺术，被誉为"无声的音乐"、"静态的舞蹈"、"抽象的绘画"，具有特别而重要的审美价值。书法艺术是一种特殊的旅游资源，具有很大的开发利用价值。本章分析说明了书法与旅游关系，介绍了中国书法艺术的发展脉络、艺术成就、中国书体种类与审美特征，论述了中国书法艺术的审美体现，重点介绍了中国书法艺术审美鉴赏要领。书法艺术是普遍受人喜爱的文化艺术形式，建议同学们在业余时间练习练习书法，在实践中逐步加深对中国书法艺术审美知识的领会和理解。

【教学目标】

　　1. 认识和理解书法与旅游的关系。
　　2. 了解中国书法艺术的发展脉络、艺术成就、中国书体种类与审美特征。
　　3. 掌握中国书法艺术审美鉴赏要领。

【学习重点】

　　中国书体种类与审美特征，中国书法艺术的审美体现，中国书法艺术审美鉴赏要领。

　　书法是一种以汉字为表现对象、以线条造型为表现手段的艺术。书法艺术"笼天地于形内，措万物于笔端"，它因其丰富的文化内涵、独特的艺术魅力和广泛的实用性深受人民大众喜爱。我国许多风景名胜地有不少优秀的书法作品（如石刻、匾额、楹联等），为旅游地大大增辉添色。人们每到一处游览，若看到优秀的书法艺术作品，往往会深深地为书法的美感所陶醉。若欣赏到古代名人的墨迹，往往还能引发游人的怀古幽情。

第一节　书法与旅游

　　书法艺术文化是我国独具特色的旅游资源。参观风景名胜地的楹联、匾额、碑林、石刻等，可以观赏到古今许多优秀的书法艺术作品。以碑林而言，在我国，其数量相当浩大。最为驰名的有西安碑林（1400余方）、山东曲阜孔庙的碑林、江苏镇江的焦山碑林与石刻、四川西昌的地震碑林、台湾高雄碑林，以及三峡地区的水下碑林——涪陵白鹤梁和白帝城碑林、万州太白岩碑林、宜昌三游洞石刻等。在这些地方可以欣赏到古今许多书法艺术珍品。此外，在我国的许多名山，如泰山、华山、嵩山、衡山、黄山、武夷山等风景地的摩崖石刻，数量也很多。游客在这些地方可以尽情领略和饱览中国书法艺术之大观。

　　中国的书法是随着中国文字的产生而产生的。中国文字的产生时间相当久远，是世界上最古老的文字之一，其结构和书写方式与其他文字有着显著区别。在文字的演变过程中，形成了甲骨文、金文、篆、隶、楷、行、草等不同字体，产生独特的书法艺术魅力，它是中国传统艺术中很少受外来影响的生于斯、长于斯、地地道道的中国特色艺术。这种独特的书法艺术文化遍布全国各地，在旅游中便成了颇具中国特色的旅游资源。比如碑刻、摩崖、匾额、楹联，大凡我国旅游胜地无处不有，往往又以数量之多形成特色，几乎成了名胜古迹之地不可缺少的内容之一。尤其是古代的一些碑刻，由于立碑上石多为有名的书家，篆、隶、楷、行、草各体皆有。这些碑刻大多笔画完好，神完气足，或古朴雄浑，或苍劲刚健，或秀雅飘逸，风格多样，蔚为大观，成为人们欣赏书法艺术和临习的范本，为书法爱好者和旅游者所倾慕向往。

　　我们游览风景名胜古迹观赏到的古代书法艺术遗产，居多者要数碑林和石刻了。例如西安碑林，是我国历史上集中保存碑刻较早的场所之一，也是荟萃碑石最丰富的地方。这里碑石如林，保存着自汉魏至明清以来十多个王朝遗留下来具有历史、文学、绘画、书法和雕刻等价值连城的数千块珍贵碑石。尤其对学习书法的人来说，西安碑林确实是一块书法艺术圣地，难怪有人说"如果你到西安，没有参观碑林，可以说不算真正到过西安"。比如，唐代名碑《多宝塔碑》点画圆整，笔法精严，结构缜密，风格端庄。汉碑名品《曹全碑》清秀俊美，纤丽飞动，线条婉转流畅，为汉隶书法的典型。特别是宋徽宗赵佶自书的《大观圣作之碑》，其"瘦金体"婀娜如兰，劲枝如竹。在这里，书法艺术爱好者不仅可以看到中国书法艺术的沿革发展过程，而且可以观赏到历代书法家精妙的作品。五岳之首的泰山，不仅是风景壮丽的旅游胜地，同时也是一个著名的碑刻集中地。从山脚的岱庙到泰山绝顶，沿途石刻超过千余处。例如，有小篆创始人李斯所书的《泰山刻石》，书法严谨浑厚、平稳端庄，字形修长宛转，线条圆健似铁，结构缜密匀称，具有极高的艺术价值。有唐玄宗李隆基封山时所书的《纪泰山铭》，用隋唐风行的八分字体凿就于石崖之上，其书浑厚苍劲，"若鸾凤翔于云烟之表"，碑铭典雅，遒逸婉润。整个石碑布局匀称，结构谨严，气势雄浑。这些碑刻诸体皆备，风格各异。

由于我国历代诗人、词客、名道高僧在游历名山时，常常勒石抒怀，"慨然有感，摩崖记游"，于是便留下众多的"摩崖碑"。如黄山清凉台的"灵幻奇秀"、"天然图画"、"清凉世界"石刻，海南三亚的"天涯海角"、"南天一柱"等石刻，以及武夷山、崂山、太白岩等山石壁上的题刻，无不为中外游客所观赏、玩味，从中领略到山水之情。这些凝聚了几千年文明历史的书法艺术遗产，同其他文物艺术一起，构成壮丽的文化艺术景观。

书法这种人们喜闻乐见的艺术融于自然，美化自然，从而吸引着成千上万的中外游客纷至沓来。广大旅游者，尤其是许多日本和东南亚的游客对中国的书法艺术有着浓厚的兴趣。许多游客每到一处游览地，观赏到书法珍品往往是细细品味，流连忘返。近年来，有些地方组织书法旅游，吸引了不少游客和书法爱好者，取得了良好的社会效益和经济效益。

可见，中国书法艺术也是一种重要的旅游资源，在旅游开发中应予以重视。发展书法旅游大有可为。中国书法艺术历来具有诱人的文化魅力，作为我国一种独特的文化旅游资源其自身潜藏着巨大的旅游价值。从旅游资源开发的角度看，对其进行系统的专题性开发意义重大。王智杰（2006）认为，书法艺术作为旅游资源进行专题性开发具有可观的经济效益。其一，中国书法艺术具有不可估量的历史文化价值，因而具有诱人的科学考察价值。在理论上，中国书法艺术有许多难解之谜等待着人们去探讨（如中国书法与地理环境、传统文化的奇妙关系，结构形式、线条质量与风格情感的对应关系等）；在实物考古方面，大量重要的书法文化遗产等待着我们去发现、认识和保护。其二，可增加新的旅游景观和形成旅游经济新的增长点，以带动相关项目的发展。一个旅游点中书法艺术因素的介入可大大增强该点旅游项目的活力。旅游景点若能适时巧妙地增加一个碑廊（亭）或书法作品及其工艺品展厅、书画旅游商品店，或适时举办一个书法笔会，必定会使游客的兴趣大增，形成新的景观，从而延长旅游容时量，增加游客购物，相应也增加了旅游收入。

书法旅游资源的开发主要有以下途径：

一是开展书法专题旅游。将书法旅游资源丰富的景点（如碑林、摩崖石刻等）

串联成线,组织爱好书法的旅游者进行旅游,并聘请书法艺术家进行指导,与书法艺术讲习班结合起来,开展书法专项旅游。开展书法珍品、遗迹参观,内容包括参观碑刻、石刻、墨迹,也包括参观遗址。这是书法艺术专题旅游的核心内容。对导游进行书法艺术鉴赏知识的培训,提高导游的书法艺术修养和书法讲解水平。

二是在旅游活动中举办中国书法艺术引导讲座,展览和出售书法作品。在书法旅游活动开始前,通过专业人员向游客深入浅出地集中介绍书法概况,使旅游者从宏观上增强对书法艺术的认识,并产生兴趣。这在游客具体参观某一个书法旅游景区之前具有重要的提示作用,是了解区域书法艺术在中国书法艺术长河中的地位和影响的重要步骤,是深层次挖掘、吸引客源的重要手段。可以在我国的豪华游轮和旅游度假村旅游休闲活动中,将书法文化有机融入。中外游客中有不少人对中国书法作品感兴趣,可举办书法艺术鉴赏讲座,并与书法艺术表演、游客参与、书法作品展览、书法旅游商品销售结合起来。

三是开展书法笔会与联谊。可有组织有计划地举办书法笔会以及书法家与游客之间的联谊会。活动内容包括书家现场挥毫示范作品临摹、作品创作,同爱好者进行艺术交流、切磋。这一活动必然拉近游客与作品的距离,达到书法艺术教育、交流、传播的目的,也会创造好的社会效益。此外,还可现场出售书法家作品,起到宣传当地书法家、创造更大的旅游经济效益的目的。

四是书法艺术旅游购物。书法艺术旅游购物主要指一切带有书法艺术色彩的旅游商品的制作、销售。如书法原作、碑刻拓片、刻字、篆刻印章、镇纸、纸扇、壁挂等工艺品以及文房四宝等纪念品。

五是将书法作品用于旅游饭店、园林建筑内外部装饰。中国书法具有很高的审美观赏价值和装饰功能,可将优秀的书法作品用于旅游饭店、宾馆的大厅、餐厅、客房和园林建筑等旅游设施内外部装饰,为之增辉添彩。

第二节 中国书法艺术的产生与发展

中国的书法是随着文字的产生而产生的,其历史相当久远,大约有6000多年的历史。中国的文字由于具有较强的形式美与意境美,因此有着很高的艺术欣赏价值,如篆书的古雅,隶书的丽姿,楷书的端庄,行书的流丽,草书的飘逸,各具美感。我国的书法艺术经过历代书法家们的千锤百炼,可以说已达到了炉火纯青的程度。历代许多书法大家给世人留下了丰富的书法艺术珍品,供人们学习、观摩和欣赏,成为我国民族文化宝库中的宝贵资源。下面,我们以历史的发展为线索，简要介绍一下我国书法艺术发展的概况：

一、主要书体的艺术特征及其发展演变

1. 篆书

（1）大篆（甲骨文、金文、石鼓文）

这三种文字是我国最早的书法，它们具有象形质素或象形精神，在商、周时代就已经使用。甲骨文是刻在龟甲上的文字；金文（钟鼎文）是刻在钟鼎等铜器或铸刻在金属钱币上的一种文字；石鼓文（见图 6-1）是战国时期秦国刻在石鼓上的记事韵文（记叙贵族出猎等）。这三种文字已都具有一定的艺术美，即原始、质朴、象形、雄浑之美。

（2）小篆（秦篆）

一般认为，书法形成一种独立的艺术是从秦代开始的。秦始皇统一中国后，命丞相李斯负责统一全国的文字，李斯把大篆（钟鼎文、石鼓文）简化为小篆。小篆比大篆更加规范化，而且更加抽象化，较大地减少了象形意味，将汉字的图案化进一步向符号化推进。这时由于文字的广泛使用，篆书的书写技艺也大有提高。李斯本人就是一位大书法家，他的书法"画如铁石，字若飞动"，其风格简洁明快、端庄严整、生动有力、气魄雄伟。篆书的发展在秦朝达到高峰，故有"秦篆"之说。秦篆（小篆）的书法艺术特点主要是讲究圆笔曲线美，用笔工整峻拔，体态遒劲，字呈长形，风格朴茂自然，严谨肃穆（见图 6-2）。相对大篆的雄浑美来讲，小篆具有一种精巧美。比较有代表性的篆书作品有《毛公鼎铭》、《泰山刻石》、《琅琊山刻石》、《峄山石刻》。篆书因难以辨认，在现代运用较少，主要是用作刻印的主要书体（如图章字体），故又称为"篆刻"。

图 6-1　石鼓文　　图 6-2　秦篆（小篆）

2. 隶书

继李斯创造小篆之后，很快就出现了隶书。隶书是篆书的演变和简化，传说它是秦朝一位隶人（封建时代的衙役或隶卒）程邈在铁窗生涯中，用了十年时间研究改造出来的。隶书的主要特点是：变篆书圆转的线条为方折，讲究方笔的直线美；比篆书的笔画大为减少，几乎摆脱了图案化，变成符号化的线条；波（左撇）磔（右捺）分明，"蚕头燕尾"意态显然；笔势左右张开，线条粗细变化较大，字呈方形或扁阔形；比篆书更强调结构的平衡、对称、整齐一致。东汉是我国隶书发展的高峰时期，汉隶的书法艺术的主要审美特点是风格古朴、含蓄柔美、雄浑厚重、工整精巧，于流畅之中显露方正之相。比较有代表性的隶书作品有《石门颂》、《曹全碑》（见图 6-3）、《张迁碑》等。隶书是古今文字和书法的分水岭，它以丰富的点画形态取代了以往单一的线条形态，从而使汉字的体势发生了根本性的变化。

3. 楷书（真书或正书）

楷书也叫"真书"或"正书"，因笔画平直、点画均称、形体方正，可做楷模而得名，它是由汉隶、章草演变而成的一种书体。一般认为，楷书始于三国时期，是魏代钟繇创造并由王羲之确立的，其最大特点是端庄工整，结构严谨，艺术性高，实用性较强。楷书发展分为两大体系，即前期的魏碑体系和后期的唐楷体系。

（1）魏碑

南北朝时期盛行佛教，造像、碑刻、墓志很多，当时的书法艺术主要是用碑刻写，其中以北魏作品较多，故形成魏碑这种书体。魏碑是我国最早的楷书或楷书的雏形，在书法艺术发展上处于隶书向楷书的过渡阶段，书法艺术风格上承汉隶遗韵，下启唐楷先河，它继承了隶书波画笔法，又有楷书的雏形，风格古拙雄强、粗犷豪放，沉着大方，生动自然，别具风采。具有代表性的魏碑有《龙门造像》（见图 6-4）、《张黑女碑》、《郑文公碑》等。

图 6-3　汉隶《曹全碑》　　图 6-4　魏碑《龙门造像》

至魏晋之际，国家明令禁止立碑，于是碑的刻写暂时衰竭，代之而起的是写在绢上或纸上的帖（讲究用笔、用墨），这是我国书法艺术发展史上的重大转折，进一步推动了我国书法艺术的发展。此时期书法地理分布上具有"北碑南帖"地域特征。

（2）唐楷

唐代是我国楷书艺术发展的高峰。这一时期，因当时印刷术尚未盛行，大量文书全靠抄写，所以楷书空前繁荣，可谓名家辈出，书法家灿若群星。如颜真卿、柳公权、欧阳询等是著名的大书法家，他们的书法艺术各有特点：颜体以"雄"见长（见图6-5），柳体以"刚"取胜（见图6-6），欧体以"险"称绝（见图6-7），达到登峰造极的境界，均被后人奉为学习书法的楷模。唐楷中具有代表性的作品有颜真卿的《多宝塔感应碑》、《勤礼碑》，欧阳询的《九成宫》，柳公权的《玄秘塔碑》等。

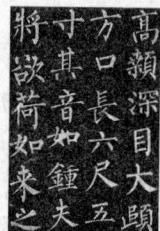

图6-5　颜体　　图6-6　柳体　　　　图6-7　欧体

4. 草书

草书是为了书写便捷而产生的一种书体，始于汉初。东汉的张芝是草书始祖。根据用笔、结体、气势等的不同特点，草书分为章草、今草、狂草三种类型。

（1）章草是隶书的草书。"章"即"规矩"之意。章草虽有连笔，但字字独立，排布整齐，结体平整。章草保存了汉隶的波磔笔法，字型古怪，格调高雅（见图6-8）。章草相传是汉代杜度创造的。三国时的皇象被誉为"章草之神"。

图6-8　皇象章草

（2）今草又称小草，是楷书的草书，字大小相间，正斜相倚，意态活泼，但体势较连绵，点画较规矩。今相传是汉代张芝创造的，而真正的奠基人是张旭。

（3）狂草又称大草，用笔放纵，线条连绵（运笔上下多牵连引带，往往一字或数字只用一次落笔写成，故又称"一笔书"），章法布局不受任何约束，离散聚合，跌宕起伏，错综变化，气势贯通，点线变化具有强烈的节奏美感，追求通篇气势的畅达豪放（见图6-9）。狂草变化多端，很难辨认，是纯书法的艺术品类。狂草的代表人物是唐代僧人怀素。

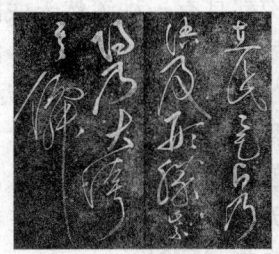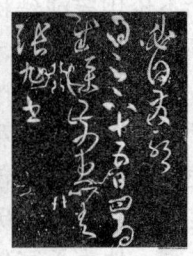

图6-9 张旭草书

著名的代表性草书作品有皇象的章草《急就章》、王羲之的小草（行草）《十七帖》、张旭的狂草《古诗四帖》、怀素的狂草《自叙帖》等。

5. 行书

行书产生于汉代末期，相传为刘德升所创。行书是介于楷书和草书之间的一种书体，或被认为是楷书的流动写法，它吸收了楷书与草书二者的长处，既易于辨认又书写简便，所以实用价值很高，这也是自行书出现以来经久不衰的重要原因之一。行书有行楷和行草之分：在结构、笔势上偏重于楷书的称为行楷，如王羲之的《兰亭序》（见图6-10）；偏重于草书的称为行草，如颜真卿的《祭侄文稿》（见图6-11）。宋代是行书鼎盛时期，蔡襄（一为蔡京）、苏轼、黄庭坚、米芾是历史上享有盛誉的行书大家（"宋四家"）。元代赵孟頫、清代郑燮等亦成就卓著。

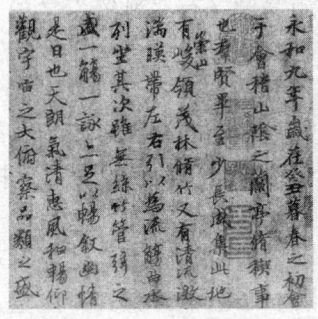 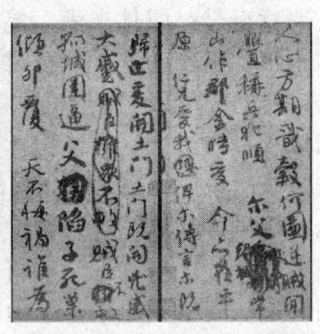

图6-10 王羲之行书　　图6-11 颜真卿行书

二、书法艺术史中的代表性成就

1. 以二王为代表的晋代书法艺术——自然清丽,平和含蓄,崇尚风韵

晋代是我国书法艺术的鼎盛时期。晋代书法崇尚意韵,字型优美妍媚,风流潇洒,反映了士大夫阶层的清闲雅逸,流露出一种娴静淡然之美。此时期最有影响的大书法家首推王羲之,号称"书圣"。他的书法的笔势飘若浮云,矫若惊龙,点画骨力劲健,起落转侧如断金切玉,干净明丽,对后世书法影响较大。《兰亭序》是他最典型的代表作,不论用笔或结构都具有一种浑然天成的美,集中体现了晋代书法艺术的特点,颇具平和、含蓄、风韵之美,既自然清丽又妙变入神(帖中凡相同的字,如"之"等字,写得个个不同,各尽其态,极尽变化之能事),被誉为"神品",素有"天下第一行书"之称。王羲之在书法艺术上的最大贡献是发展了钟繇的楷书艺术,使行书和草书完善和定型化,博采众长,推陈出新,变汉魏以来质朴书风,创妍美流便新体,为历代书法家所崇尚。王羲之之子王献之也是晋代成就卓著的大书法家,他秉承家传并有所创新。

2. 以欧、颜、柳、张、释为代表的唐代书法艺术——刚健雄强,大气磅礴,讲究法度

唐代社会比较开放,有助于文化、艺术的发展,文学、书法、绘画、音乐、雕塑等文化艺术都空前鼎盛,其中书法艺术尤为繁荣,涌现出了大批著名的书法家,颇有影响的有欧阳询、虞世南、褚遂良、薛稷、颜真卿、柳公权、张旭、怀素等。

欧阳询创造的欧体,独具一格,其书法艺术的特点主要是:楷书用笔精到(可谓"增一分太长,减一分太短"),刚健有力;笔画方润,刀戟森严,其中竖弯钩等笔画带有隶书笔意;结构紧密爽健,于平正中见险绝;字型较窄长,字的大小随字异形,富有变化;在神韵上险劲秀拔,英武潇洒。

颜真卿所创造的颜体,最能代表唐代书法刚健有力、气势雄强的特点,其楷书书法艺术的主要特点是:肌体丰满,笔道筋健(有"颜筋"之说),端庄雄伟,气势磅礴,堂堂正正,郁郁苍苍。具体讲,颜体有以下三个主要特点:(1)在点画上,强调"藏头护尾";(2)在结体上,强调端庄平正,四平八稳;(3)在笔画线条上,强调老辣凝重,讲究横细竖粗,竖画多外凸,内有张力。颜真卿尤其善写正楷和大字,行书造诣也很高(如《祭侄文稿》有"天下第二行书"之誉)。颜真卿的书法放达、稳重、从容,历来被推为最具有儒家文化气息的书法典范。颜体的价值主要在于它突破了自二王至初唐以来的秀、雅为尚的美学观念,以雄代秀,化纤巧为刚健,从而极大地丰富了中国书法艺术。颜真卿注重开拓创新,青年、中年、晚年不同时期的书法风格发展变化较大,渐趋老辣凝重。他的书法艺

术对后世影响极大。

柳公权也是唐代极负盛誉的楷书大家，其书法艺术的主要特点是：字体棱角分明，骨力硬朗，刚劲有力，笔势精悍，法度森然。他的书法用笔强调刚劲的骨力，转折棱角突出，故有"柳字以骨力胜"之说。他的书法艺术特点与其为人秉性刚直、率直磊落的个性有关，他曾说："心正则笔正"，可谓"字如其人"。

张旭是唐代极负盛誉的草书大家，有"草圣"之称，尤其擅长狂草。他的草书有一种"孤蓬自振，惊沙坐飞"的境界。其书法艺术特点是：雄强有力，奇伟飞动，笔走龙蛇，似惊雷激电。其代表作有《古诗四帖》等。张旭很注意从日常生活所见的各种事物的形体和动态上寻求书法美的创造，如从公孙大娘舞剑、担夫争道（穿插迎让）中得到启发，提高了书法技艺。他的书法具有飞速流动、豪壮奔放的特点，这种书法艺术特点的形成和他的性格特点有关。他性格狂放颠逸（有"颠张"之称），"嗜酒，每大醉，呼叫狂走，乃下笔，或以头濡墨而书。既醒，自视以为神，不可复得也"（《唐书》卷二〇二）。如此狂放性格、潇洒气质与"诗仙"李白大相契合。在中华文化史上，"草圣"张旭与"诗仙"李白比肩齐名。张旭的草书对后人书法影响很大，怀素、毛泽东的书法均深受其影响。

释怀素为唐代继张旭之后草书造诣颇深的著名书法家。他练习书法十分勤奋刻苦（有"绿天庵草书称独步"的故事），善于捕捉自然界中美的现象，深受"行云流水"的启迪，在潜心钻研张旭草书的基础上创造出自己的风格。怀素与张旭同样嗜酒，且更不拘小节，往往醉后狂书，落笔如闪电流星，令人惊绝。怀素在"一笔书"的基础上更加奇肆险绝，变幻莫测。他的草书笔势狂放，如激电奔流，似惊蛇入草，书写时尽情挥洒，龙飞凤舞，有排山倒海、挥扫千军之气势。其代表作有《自叙帖》、《食鱼帖》等。怀素在行笔的流畅飞扬和气势开阔宏伟方面有超过张旭的地方，故被称为与"颠张"齐名的"狂素"。

3. 以蔡、苏、黄、米为代表的宋代书法艺术——自由豪放，奇秀隽永，追求意境

行书艺术水平鼎盛是宋代书法一大特点。北宋时期的蔡襄（一为蔡京）、苏轼、黄庭坚、米芾，被称为宋代四大书法家，这"四大家"对宋代及后世书法艺术影响深远。他们的书法艺术与唐代的刚健雄强、讲究法度的风格有较大区别，更强调个人情感的抒发，具有自由豪放、以意取胜的艺术风格。书法追求意境，纵横跌宕，自由豪放，标新立异，正是在"国家多难而文运不衰"的时局下，文人墨客不满现实的最好的表达方式。

蔡襄的书法功底深厚，字体端庄沉着、隽永秀丽、温淳和美，具有较高的鉴赏价值（见图 6-12）。但他的书法有些缺乏独创精神和明显的个人风格，对后世书法的影响不如苏轼、黄庭坚、米芾。

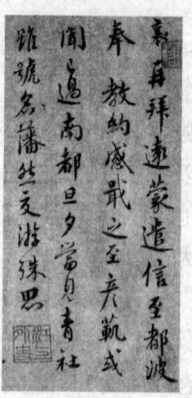

图 6-12　蔡襄行书

黄庭坚既是宋代的大书法家，也是大诗人。他的书法特点是在用笔和结构上比苏轼更加自由豪放，气势开张，而且沉着、有节制。他的行书的重要特点在于结体，具有"中宫收敛、四周辐射"的特点，撇长而舒展，中腰的横长而波折（据说是受船工摇橹的启发），笔法瘦劲婉通，使人有险峻而新颖的感觉（见图 6-13）。黄庭坚在书法史上的重要贡献是开辐射派之先河，自成一家风貌。

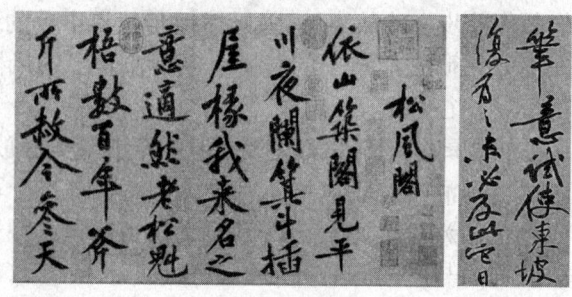

图 6-13　黄庭坚行书

苏轼既是宋代大书法家，也是宋代大文豪、大画家。他的书法的最大特点是丰润、沉着、苍劲、豪放，并具有烂漫之趣和婀娜多姿的独特风格，字形媚中带骨、外柔内刚，在隽永中透露出端庄淳厚的真情，正如他自己所说"余书如棉裹铁"。他的行书用笔圆润、精致，结字自然生动，笔墨浑厚而爽朗，特别是以神采、气韵见长，充分显示了一代大文学家兼书法家的高深修养（见图 6-14）。

米芾既是大书法家，也是大画家和书画鉴赏家。米芾尤善行书，他的书法比苏轼、黄庭坚更显得自由、豪放，很能表现宋代文人那种洒脱不拘的风度（米芾有"半颠"之称）。他的书法运笔翻腾起倒，八面出锋（敢于以侧锋取势），酣畅淋漓，雄强险峻，有"风樯阵马，沉着痛快"之誉评；字的结构隽永奇变，非同一般；字形多倾斜；章法布局上常以下字的重心追随上字的重心，摇曳生姿，饶有情趣（见图 6-15）。米芾的书法对后世行书艺术发展影响很大，为许多学习行书者所效仿。米芾的书法艺术在许多方面有超过蔡襄、苏轼、黄庭坚等人之处。

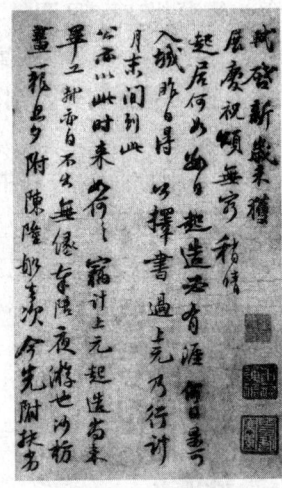 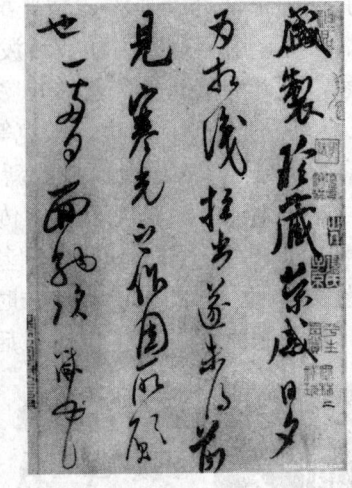 

图 6-14　苏轼行书　　　　图 6-15　米芾行书

此外，南宋的赵佶（即宋徽宗，创瘦金体，见图 6-16）、陆游、范成大、朱熹等书法大家对后世书法艺术也产生了较大影响。

图 6-16　宋徽宗瘦金体

4. 元、明、清书法艺术——元代尚古，明代尚态，清代尚质，但创新发展不足

自宋代以后，中国的社会、经济与文化发展由盛转衰。元、明、清三代的书法艺术也没有什么大的创新与发展，基本上是晋代（自然清丽、和平含蓄）、唐代（刚健雄强、大气磅礴）、宋代（自由豪放、隽永奇秀）三种风格的延续。

元代书法的特征是尚古尊帖，宗法晋、唐而少创新；明代书法以态求胜，一字万同，台阁体风靡神州，工稳的小楷达到至高境界；清代的书法艺术的总体倾向是尚质，大多风格古拙质朴，金石考据之学一时盛行，学碑者趋之若鹜，成为当时书坛主流。

这一时期也有一些书法家颇有成就和个人特色。例如：元代的赵孟頫在楷书和行书上都造诣颇深，楷书中兼有行法画意，字体潇洒、温润、闲雅、秀媚，对后世影响较大（见图6-17）。鲜于枢、邓文原、陆居仁、康里巎等也有大家风范；明代的文徵明（"落第习字"，书法秀朗典雅、精严寓变、行草极工。见图6-18）、董其昌（楷书、行书造诣很深，用笔典雅清丽、活泼多姿，结体随意，动中寓静，妩媚动人，书法自成一家，有"南董北米"之称）、沈度（擅长婉丽端秀、圆润平正的台阁体）、沈周、张瑞图、祝允明、唐寅、宋克等颇有成就，声名远播；清代的郑板桥（自创一种把真、草、篆、隶结合而成的新书体，并用作画的方法书写，笔画形如竹叶，他自称"六分半体"，表现了不拘传统、藐视时尚的精神。见图6-19）、康有为、王铎、傅山、刘墉、邓石如、何绍基、杨守敬等人的书法也颇有特色，具有较高的审美鉴赏价值。总的来讲，这一时期的著名书法家虽然不少，但多数比较保守和复古，作品缺乏气韵和生机，对后世影响不是很大。

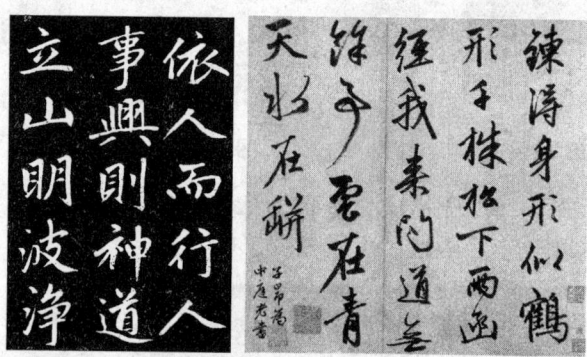

图6-17 赵孟頫书法

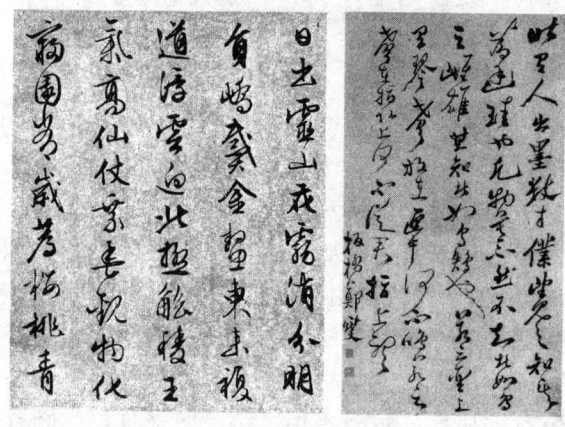

图6-18 文徵明书法　　图6-19 郑板桥书法

近现代书法艺术空前繁荣,书法家灿若群星,较有影响的有毛泽东(草书气度豪雄,章法奇妙,行笔酣畅、飘逸而沉稳、险峻而奇秀)、林散之(被书家推崇为现代"草圣")、沈尹默、郭沫若、启功、舒同、沈鹏、刘炳森、欧阳中石、费新我、赵朴初、周慧珺、李铎等。硬笔书法家更是层出不穷,不胜枚举,较有影响的有庞中华(系我国钢笔书法的重要奠基者之一)、田英章、杨再春、高惠敏、司马彦、席殊、卢中南等。目前,许多年轻的书法家很注重开拓创新,但过分否定传统、远离传统,书法功底欠扎实,致使书法界一些"狂、怪、野、俗、丑"之作应运而生,这已成为妨碍和危及中国书法艺术健康发展的最大问题。

根据我国书法的历史演变,有学者对各历史时期的书法艺术特点作出这样的归纳总结:商周尚象、秦汉尚势、晋代尚韵、南北朝尚神、唐代尚法、宋代尚意、元代尚古、明代尚态、清代尚质、现代尚新。时代更替,岁月流逝,而中国书法艺术却如深窖美酒,越久越醇,殊堪鉴赏和品味。

第三节 中国书法艺术的审美体现

我国不少著名的美学家、书画家对中国书法艺术的地位及审美进行了精辟的论述。

宗白华曾经指出:"中国书法是一种艺术,能表现人格,创造意境,和其他艺术一样,尤接近于音乐的、舞蹈的、建筑的构象美(和绘画雕塑的具象美相对)。中国乐教衰落,建筑单调,书法成了表现各时代精神的中心艺术。中国绘画也是写字,与各时代书法用笔相通,汉以前绘画已不可见,而书法则可上溯商周。我们要想窥探商周秦汉唐宋的生活情调与艺术风格,可以从各时代的书法中去体会。西洋人写艺术风格史常以建筑风格的变迁做基础,以建筑样式划分时代,中国人写艺术史没有建筑的凭借,但可以拿书法风格的变迁来做主体形象。""中国的书法,是节奏化了的自然,表达着深一层的对生命形象的构思,成为反映生命的艺术。因此,中国的书法不像其他民族的文字,停留在作为符号的阶段,而是走上艺术美的方向,而成为表达民族美感的工具。"(《艺境》,北京大学出版社,1998年)

沈尹默说:"世人公认中国书法是最高艺术,就是因为它显示了惊人奇迹,无色而具画图的灿烂,无声而有声音的和谐,引人欣赏,心畅神怡。"(《历代名家学书经验谈辑要释义》,香港中外出版社,1975年)

李泽厚说:"它(书法)像音乐从声音世界里提炼抽取出音乐来,依据自身的规律,独立地展开为旋律、和声一样,净化了的线条——书法美,以其挣脱和超越形体模拟的笔画的自由展开，构造出一个个一篇篇错综交织、丰富多样的纸上音乐和舞蹈，用以抒情和表意。"（《美的历程》，文物出版社，1981年）

徐悲鸿说："中国书法造端象形，与画同源，故有美观。演进而简，其性不失。厥后变成抽象之体，遂有如音乐之美。"（《美术研究》，1982年第4期）

吴冠中说："书法，依凭的是线组织的结构美，它往往背离象形文字的远祖，成为作者抒写情怀的手段，可说是抽象美的大本营。"（《东寻西找集》，四川人民出版社，1982年）

熊秉明说："西方艺术术只有雕刻和绘画，在中国却有一门书法，是处在哲学和造型艺术之间的一环。比起哲学来，它更具体，更带生活气息，比起绘画、雕刻来，它更抽象，更空灵。书法是中国文化核心的核心，是中国灵魂特有的园地。"（《中国书法理论体系》，天津教育出版社，2002年）

概而论之，中国书法艺术在审美特性上具有抽象性和概括性、简易性和丰富性、质感性（立体感、圆浑感）和力感性、神采性和生命性（活力）、可塑性和或然性（不确定性）等特性。

具体来讲，中国书法艺术的美，主要体现在以下六个方面：

一、线条的美

书法给人的美感，首先来自线条的美。线条是书法艺术最精纯的语言。中国书法线条的形式与内涵极其丰富，不同的线条可以表现不同的美。如平行的线条可以表现一种平静之感，垂直的线条具有一种庄严、高贵与向往之感，扭曲的线条可以表示激动和愤怒之情，弯曲的线条被认为具有柔和、优美的特质，粗线具有丰满、风韵之气，细线则有苗条、潇洒之姿，渴笔线条可以表现刚劲、骨气，湿笔线条则可以表现秀丽、痛快，等等。这种笔画的力量感、韵味感、苍劲感、俊秀感、柔和感等正是书法线条的美学特征。书法的线条美主要表现在圆厚的立体感、笔力的力量感、起伏的节奏感等方面。这都需要我们在欣赏时仔细把握。

这里需要说明的是，应注意书法中毛笔（软笔）与钢笔（硬笔）不同的线条美感：毛笔书法讲究线条的"圆"——饱满、结实、有立体感，"涩"——凝重、老辣、苍劲，如"万岁枯藤"（见图6-20）；钢笔书法则讲究线条的流利、劲挺、富有弹性与骨力。

二、结体与布局的美

字的结体也叫间架结构，即一字的笔画间的疏密关系和比例大小。中国书法十分讲究结体，每个字的大小、长短、宽窄、疏密都要精密地考虑。要做到意随心到，笔随势生，使之富有情趣。不同的书体要写出不同的风格，如：楷书结体应端庄、严谨、峻整；行书要流畅、生动、清秀，运笔要有节奏，有动势；草书笔墨要酣畅、潇洒，如行云流水，似龙飞凤舞；篆书和隶书魏碑则应古拙、质朴、苍劲。书法的结体美主要表现在和谐自然之美、流转变化之美等方面。

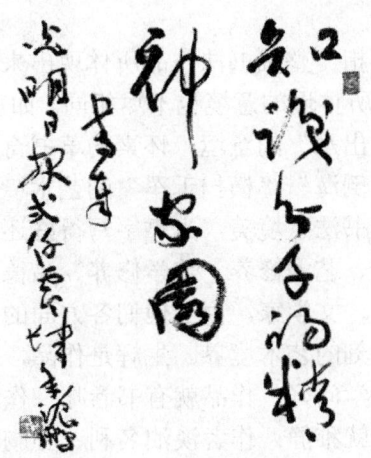

图 6-20　沈鹏书法

中国书法除注意结体以外，还很讲究章法布局，谋篇布白。布局的妙处在于富有变化。行草书字与字之间、行与行之间都要有所变化，不能死板，字身大小要鳞羽参差，疏密相间，错落有致。自觉地把疏密、仰俯、伸缩、向背、迎让等技法运用到字里行间中去，使之富有笔墨情趣。章法布局之美追求阴阳调和，气血贯通，计白当黑，虚实相生。

中国书法布局一般有两种形式：纵有行，横有列（多为楷书）；有纵行，无横列（多为行书、草书）。

三、形与神的美

形神兼备，是中国书法与绘画的最高境界。书法形的美，主要是指字态的形象美和布局的章法美。书法神的美，主要是指书法家用点、线表现出来的一种内在的美（或者说气质、内涵、品格的美）。这两种的有机融合，即神、形的统一，是书法家追求的最高境界。只有达到这种神形兼备的艺术境界的书法才能算是精品佳作。

四、墨法的美

中国书法历来讲究笔墨情趣或墨韵。用墨要燥润相间，浓淡相成，有层次，有变化，有节奏，有韵律，追求"挥毫落纸如云烟"的美感。许多书法家十分留意用墨的燥润变化，或笔实墨饱，雄浑丰润；或渴笔干刷，飞白险燥；浓墨濡染则大气磅礴，淡墨挥洒则飘逸俊秀。

五、意境的美

书法的意境，主要是指一整幅书法作品所体现出来的一种艺术境界。不同的书体产生不同的形式美，所体现的意境也不尽相同。如王羲之的书法平和、自然、清丽，体现出一种"芙蓉出水"的意境；怀素的草书奇伟飞动，变化多端，气势磅礴，体现出一种"排山倒海"、"横扫千军"的艺术境界。

书法家要很好地体现书法意境美，光靠字写得好还不行，还需要具备多方面的知识修养，如文学修养、艺术修养、美学修养、品德修养等。历史上许多书法家中不少还是诗人、画家、文学家，由于他们各方面的修养都比较深厚，所以他们的书法作品能体现出深刻的艺术境界。生辉是作品，内涵却是本人修养。作者大气，作品就大气；作者学问好，作品就有书卷味；作者阅历丰富，作品就有沧桑感；作者雅静，作品也就雅静；作者淡泊名利、心胸旷达，作品就有闲云野鹤之风采，作品综合气质就好。可谓字如其人，读字如读人。

六、情的美

艺术是用情感来打动人的。书法是一门艺术，理应体现书法家的思想情感，并以此来感染观赏者。著名书法家沈鹏先生认为书法是一门富有感情的艺术，是书法家情感宣泄的载体，如线条的长短、粗细、曲直、润涩变化一定程度上是书法家内心感情、个性气质的直观反映。当然，书法在表现思想情感方面同其他艺术如音乐、舞蹈、绘画、雕塑等相比，有较大的局限性，它只能表现一种概括、抽象的情绪。它主要是通过点画、线条的长短粗细的变化，字体的大小肥瘦的变化，墨色的枯润浓淡的变化来表现。若运用得当，颇能表现出书法家的喜怒哀乐等思想情感。如王羲之的《兰亭序》（平和舒畅）、颜真卿的《祭侄文稿》（悲愤激情）、毛泽东的《满江红》（天马行空、气势磅礴）等都是很能体现情感美的书法佳作。

书法艺术的情感性和个性是书法艺术的灵魂。在各类艺术中，书法是最自由、最心灵化的艺术。书法家以真情面对人生，从万物中提取出生命的律动，用"淡然无极"的黑、白作为宇宙幽邃而丰富的总体之色，在线条的流动律变中体现出阴阳刚柔、运转不息、争斗拼搏而又相谐不悖的生命原则，并且融入主体精神的光辉，创造出"众美从之"的理想境界，从而使书法艺术具有长盛不衰的生命力。

书法艺术是无声的音乐、静态的舞蹈、抽象的绘画，是中华民族文化中的瑰宝。

第四节　中国书法艺术审美鉴赏要领

一、法度

1. 字法

字法又叫结构法,它是指字的结构不但要讲究重心平稳、疏密匀称,在书写的过程中要围绕中心穿插避让,而且要点画呼应,斜正相揖,讲究辩证法。笔势、字势顺乎自然,动静结合。优秀的书法作品应追求动静结合、个性鲜明的结体美或字法美。

2. 笔法

笔法,一是要中锋运笔;二是讲究笔势,强调笔画的动感和力量感;三是注意矛盾律,圆笔与方笔、连笔与断笔互用,纵与收、疾与徐、轻与重、刚与柔等都辩证对待,追求"中和"之美。优秀的书法作品应追求方圆兼施、刚柔相济、千姿百态的笔法美。

3. 墨法

墨法就是讲究笔墨情趣,注意墨色的干、湿、浓、淡、清的变化(见图6-21)。如现代书法大师林散之先生尤善用墨,整幅字中干湿浓淡、满纸云烟,富有墨趣和韵律之美。

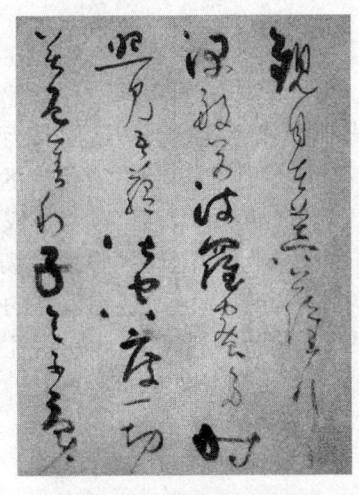

图 6-21　书法的墨法之美

4. 章法

章法就是整体布局,因此,欣赏章法也就是寻求整幅作品的总感觉。在布局上要注意计白当黑、虚实相生,追求左顾右盼、疏密有致、血脉贯通。优秀的书法作品应追求虚实相生、血脉流贯的章法美(见图6-22)。

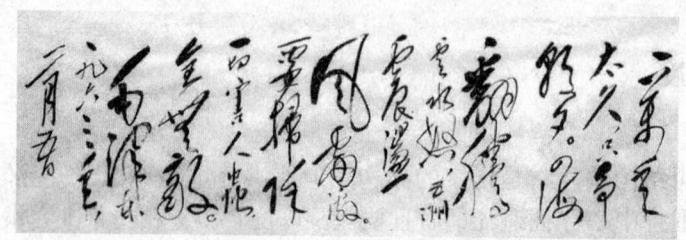

图6-22 书法的章法之美

5. 气度

气度即内涵、神采。气度分飘逸、厚重、儒雅、高古等。书法家马治权先生认为:"书法衡量的标准主要有一个,不管这幅作品是否漂亮,只要有气度,就可称为书法。"例如,颜真卿的书法就颇有盛唐气度和儒家文化气度。

二、形象

美,首先表现在形象上。人们欣赏书法作品,往往先是从形象审美入手的。书法的形象美表现在点画线条上具有丰富的立体感,表现在点画和结体上的多姿多态、生动活泼。优秀的书法作品,每个字都各具神态,造形完美,栩栩如生。

三、笔力

力是旺盛生命的体现,力度是美的艺术的一种普遍追求。笔力是书法美的重要标志。中国书法古往今来都十分注重笔力的运用与力感的体现。历代评品书法作品都公认为"多力丰筋者圣,无力无筋者病"。优秀的书法作品应该是"骨劲十足"、"力透纸背"、"入木三分",如"屋漏痕"、"折钗股"、"锥画沙"。书法中的笔力是一种具有美感的力,表现为刚健、弹性、韧性的结合(见图6-23)。书法所表现的笔力不是靠身体的力气,也不是物理性的力量,而是笔墨技巧中的一种功力,更是一种生命的、心灵的力量。因此,古往今来的书法家总是视书法为一种"生命的艺术"。

图 6-23　周慧珺书法

四、气韵

气韵即气度与神韵（神采）。作为书法艺术，不仅要有外表的形美，而且要有精神内涵和神采。宋代书法家黄庭坚说："书画以韵为主。"南齐书法理论家王僧虔说："书之妙道，神采为上。"一件优秀的书法艺术作品应该是气脉贯通，生动活泼，神采飞扬，富有韵律与节奏之美，令人目注神驰。与人聊起书法，常常有人发问："为什么有些字很漂亮却算不上书法？为什么有些字很难看却被称作书法呢？"这就涉及内涵、气韵、神采等有无的问题。"深识书者，惟观神韵，不见字形……"（唐·张怀瓘《文字论》）这就是说，真正懂得书法的人是取其神（神采或神韵）而弃其形。

五、意境

意境美是书法艺术的最高境界，它是整幅作品中，由书写形式与书写内容以及形式的内容与内容的形式综合体现的内在与外在的整体美。这里，书写形式指的是外在的形式结构；书写内容指的是内在的语汇含义；形式的内容是指笔力、笔锋、笔势的精神内涵；内容的形式是指诗词、格言等文体的构成。意境也是作者思想情感的表达和文化修养的体现。意境的有无与高下是衡量作品优秀与否的关键。中国书法艺术以追求阳刚与阴柔互为涵泳的"中和美"和格调高雅为理想境界。浅薄狂怪与高雅的意境格格不入，为书法艺术之大忌。因此，凡研习书法者，一定要有内功，具备良好的文化修养以去浅薄，同时要有外功，具备扎实的笔墨功力以去狂怪，否则难登书法艺术的大雅之堂。优秀的书法作品应追求刚柔相济、格调高雅的意境美。

中国书法之所以成为一门重要的艺术，在于它与中国文化之道紧密相连。书法家作书的创造过程，观赏者欣赏书法的过程，也是深刻领悟中国文化之道的过程。中国文化的宇宙是一个气化流行、生生不息的宇宙，对非质实而虚灵的气的模拟，用笔墨的浓淡、枯润、虚实和周流、运转的书法来表现最易令人体悟了。

所谓"气脉不断"、"笔断意连"乃至"气韵",都是因中国文化"气"的性质而具有一种较高的境界。因此,书法文化被认为是中国文化的典型象征。难怪学者熊秉明先生自豪地称道:"书法是中国文化核心的核心,是中国灵魂特有的园地。"

总之,中国书法是由文字、书写工具和文化思想综合形成的一个独立的艺术世界。

复习思考题:
1. 指出晋代、唐代、宋代书法艺术的主要特点。
2. 简要说明历史上具有代表性的书法家的书法艺术特点。
3. 试述中国书法艺术的主要审美特征、审美体现。
4. 试述中国书法艺术的鉴赏要领。
5. 为什么说中国书法艺术是中国文化的典型象征?

案例阅读:

沈鹏书法艺术鉴赏

沈鹏,男,1931年9月出生于江苏江阴,书法家、美术评论家、诗人、编辑出版家,现任中国书法家协会名誉主席、中央文史馆馆员、中国美术出版总社顾问,创办及主编多部有影响的刊物及著作。

沈鹏的书法如行云流水,形神飘逸。至简的线条吟唱着如歌的行板,跌宕起伏,抑扬顿挫,收放自如。他的作品气韵流动,"诗中有书","书中有诗"。诗词、书法与他而言,有如连理枝与比翼鸟,同气连枝,血脉相通。人们欣赏他的书法的同时,兼吟味诗句。书美与诗美交相辉映,相得益彰。古语有云,"诗,言志"(《尚书》),"书,心画也"(《扬子·法言》),沈鹏的书法诠释了两者在表达思想、意志、情感根本点上的一致性,于"书美"中见"诗美",于"心画"中闻"心声",诗书合璧,令人回味无穷。沈鹏认为好的书法与诗意相通,一个优秀的作家、艺术家未必是诗人,但作品会含有诗意——深邃的意境,丰富的情感,简练的语言,韵律的节奏……一句话,诗的灵魂。沈鹏的草书,中锋入纸而于行笔中随势应变,舒展飘逸,揖让顾盼,其疏密有序的节奏感体现了诗情的倾注和诗意的律动。

沈鹏对书法的线条有独特的理解。他认为书法是一门富有感情的艺术,线条作为书法的艺术语言并不是抽象的,而是书家情感宣泄的载体。线条的长短、粗细、曲直、润涩变化一定程度上是书家内心感情、个性气质的直观反映,要使线条既有力度，又不至于坠和飘，就要把线理解为无数点的延长，积点成线，笔画便会劲涩，而不至于庸俗浮滑。将个人情感完全融入线条，让人在欣赏书法作品的过程中感悟到书家的情怀。沈鹏在随笔中写道："我在创作书法作品的同时，也潜移默化地塑造我的性灵，越是深入追求，就越是在艺术生活中体会真、善、美及艺术与人性的一致性"。他从理论和实践上解决了多年来书法界一直有争论的书法线条关于"力"的问题。

沈鹏的书法艺术，取法晋人，以汉隶笔意作大草，形成别于前人的独家风格，为书法艺术开创了新的审美天地。他把求"意"、求"韵"作为审美目标，并寻找至高的境界。"意"含有哲学意味，人们把"意"定格在意象、意气、意境、意趣等方面，它常呈现出一种"此中有真意，欲辨已忘言"的状态。就作品表现特征而言，它能以抽象的书法形式，表现作者的精神境界和艺术功力，将创作主体的精神追求和艺术功力物化为审美形态；求韵，则是沈鹏书法作品的审美效果，是表达其心中积蕴的难以用语言表述的艺术感觉。

沈鹏的艺术续接着中国文化的传统，汲取其处世的率真自然与达观圆融，但又能独标风骨，直与天地精神相往来。沈鹏先生以"中和"为旨，在"志气平和，不激不厉"的规范之内发挥着最大的创造性，寄奇崛、险峻于中和、平淡，讲求形质相生、文质统一。他的草书行笔轻重顿挫随形而运，从容体现着速度的轨迹，枯实相间、笔断意连，留下的是几十年锤炼出的枯藤老树、淡云秋山的境界之美。书作的背后是性情的流露、胸臆的抒发，体现着至深至远的精神追求。中国书法是中国美学的灵魂，意趣超迈的书法能表现出中国艺术最具独特性的自由精神，沈鹏的书法创作印证着这一点。

当代书家多以碑帖结合，形成面目，沈鹏先生亦如是。所不同的是其他书家皆意在强调北碑之骨力，独沈先生以隶书笔意入草书，老笔纷披，绵厚而劲涩。他抓住了草书的基本要点，纵心运腕，跌宕放逸而又不违笔势，顿挫盘礴，进退讲究力势、动感，使锋逆转，追求内敛外拓的变化，来去自由，运笔随心。沈鹏先生的书法在表现古拙质朴的时代审美特征的基础上，抓住了"妍媚"这一美感形式，重新发掘并注重形态势能的变化，捕捉到意趣表现的新形式。所以沈鹏的书法能在古拙质朴的老辣外，又融入晋人萧散飘逸的美感，是当代少见的贯通书艺经纬的实践家。

沈鹏的书法艺术启示我们，艺术思想不应只是对形式和效果的追求，还是精神理想的实现。这就需要更深层次学养的积淀。

沈鹏的书法艺术造诣，诸多著名书家及评论家给予极高评价。欧阳中石赞其草书："以我观之，他书作之先，必是宿构经时，煞费苦诣，一旦落笔著墨，则挥洒任性，青檀驰骋。行笔必时若游龙戏海，时若蜻蜓点水，时而神凝笔重，聚力于千钧而沉腕撅拓，时而情逸翰飞，轻不禁风而柔指婉转。通篇整体固已了然于胸，孰轻孰重，孰枯孰润，孰倚孰偏，孰放孰敛，具在宿构之中；然而，兴之所至，逐时而变，偶有失笔，亦情随心转，正所谓信马由缰，却又趣来意外，脱羁而往，则或胜过预期。当然，此非才识超逸，俯瞰玉版，点画往复，先贤遗致俱在眼底者，不能企及！"（读沈鹏草书长卷《归去来辞》）赵朴初评曰："同自然之妙有，非力运之能成，信可谓智巧兼优，心手双畅。""大作不让明贤，至所欣佩。"启功称其"所作行草，无一旧窠臼，艺贵创新，先生得之"。韩书茂总结认为："自作诗词、强烈的抒情色彩、个性化的书法语汇和高质量的线条为沈鹏草书的四大基本特征。"

（根据《美术之友》2007年第3期刊载的程大利《志气平和 骨力深稳——沈鹏先生书法艺术欣赏》等文改写）

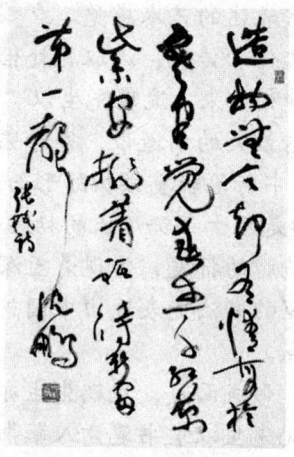

图6-24 沈鹏书法

第七章　中国绘画艺术与审美鉴赏

【学习导引】

　　中国画是中国独特的文化艺术，其中山水画被称为中国的"文化四绝"之一，具有很高的审美价值。本章介绍了中国绘画艺术的发展脉络与艺术成就、中国画的种类与艺术风格，重点分析论述了中国画的审美特征与审美鉴赏要领，并简要地进行了中西绘画审美与艺术风格的比较。为了加深对本章知识的学习理解，同学们可利用课余时间翻阅《中国名画赏析》等书。

【教学目标】

　　1. 认识和理解绘画与旅游的关系。
　　2. 了解中国绘画艺术的发展脉络与艺术成就。
　　3. 了解中国画的种类与艺术风格。
　　4. 掌握中国画的审美特征与审美鉴赏要领。
　　5. 了解中西绘画审美与艺术风格的差异。

【学习重点】

　　中国画的种类与艺术风格，中国画的审美特征与审美鉴赏要领。

　　中国绘画简称"国画"，是我国人民共同创造的传统绘画。中国画风格独特，富有浓郁的东方色彩，讲究形神兼备，注重表现感受和情调，强调笔墨情趣和意境，推崇画家的个性创造。在长期的历史发展中，形成融会着中华民族独特的文化素养、审美意识、思维方式、美学思想和哲学观念等的完整艺术体系，深受世界各国人民的喜爱。

　　绘画与旅游关系比较密切。中国画的艺术性与装饰性均很强，我们在宾馆、饭店、旅游接待处大厅、博物馆、车站和一些名胜古迹处、文化娱乐场所常常可以见到。中国画对许多游客富有吸引力，尤其是岩画、古代壁画更是一种宝贵的文化旅游资源。中国绘画作品也是深受中外游客欢迎的旅游商品之一。

　　中国画好在哪里呢？它有什么艺术特点？怎样掌握其审美特征进行欣赏？这是本章要解决的主要问题。

第一节 中国画概述

一、绘画历史成就及其代表人物

中国画历史非常悠久，源远流长，具有鲜明的民族风格和卓越成就，在世界美术之林中独树一帜，是世界画坛艺术丛林中一座自成体系的高峰。

考古工作者在河南仰韶村发现的彩色陶器上的花纹和装饰，是迄今为止发现的最早的绘画艺术，被称为"仰韶文化"，距今有6000多年的历史。

春秋战国时代，我国绘画艺术已达到一定水平，可以用彩色在帛上作画（帛画）。

魏晋南北朝时期的顾恺之擅长人物画，张僧繇擅长山水画，并创制了没骨法（即画前不用墨预先勾勒，直接上色）。

到了唐代，山、水、花、鸟开始作为独立的画科发展起来，并在宋代得到蓬勃发展。唐代著名画家有阎立本（擅长人物画）、吴道子（有"吴带当风"之赞誉）、王维（山水画的南宗之祖）、李思训（山水画的北宗之祖）、韩干（擅长画马）、韩滉（擅长画牛）等。

宋代朝廷设立了翰林图画院，画坛高手如云，人才辈出。著名画家有张择端、李唐、苏轼、马远、郭熙、米芾、米友仁、杨无咎、郑思肖等。画家张择端的《清明上河图》长卷风俗画是当时杰出的中国画代表作。中国绘画在宋代达到了登峰造极的境界。

元代绘画较宋代思想开放，创作活跃，重感情而富有特色，"宋画重理，元画重情"之语道明其差别。著名画家有赵孟頫、高克恭（"南赵北高"）及有"元四家"之称的黄公望、王蒙、倪瓒、吴镇等。

明清时代，中国画达到繁荣昌盛时期，画派较多（如"明四家"、"金陵八家"、"扬州八怪"等），但具有创新意识的画家要数石涛、朱耷、石溪、弘仁（多是僧人，多画梅、兰、竹、菊，情操高尚）。

近现代的杰出画家灿若群星，如齐白石（中国画艺术大师，20世纪十大画家之一）、吴昌硕（杰出贡献之一是将诗书画印完美结合）、傅抱石、丰子恺、潘天寿、黄宾虹、李可染、李苦禅、徐悲鸿、刘海粟、关山月、张大千、吴冠中、吴作人、范曾、孙天牧……可谓举不胜举。

古今众多的中国画家为中国绘画艺术的发展作出了杰出的贡献。

二、中国画的种类

中国画的种类较多，可以从不同的角度去分类。

1. 从创作思想及审美情趣（或功用）上分类，可以分为文人画、宫廷绘画和民间绘画

文人画：是中国画的主流。这种受文人审美情趣制约的画风，主要是着意体现抽象美，追求"神似"。题材主要是一些幽雅淡泊的云烟山景、枯木竹石、兰菊水仙之属。画家喜欢用淡淡的水墨，以潇洒奔放的"笔墨"来抒写，画风自然、清淡，韵味犹如清茶、幽兰（见图7-1）。

图 7-1 文人画

宫廷绘画：即院体画，这种为皇家显贵所扶植、受帝王贵戚的审美趣味所制约的画风，主要体现具象美，追求形似，风格工致、典雅。题材主要是宫廷人事、珍禽异兽、牡丹红梅之类，大多为形态纤丽、色彩浓艳的物象。

民间绘画：包括民俗画、市民画，这种绘画朴质无华，洋溢着浓烈的乡土气息和生活情趣。绘画内容主要与民间习俗有关，如财神图、门神图、送子图、福寿图之类，反映一般民众趋福避害的心理。

2. 按照表现对象即创作题材进行分类，可将中国画分为山水画、花鸟画、人物画

山水画是中国画中最有代表性、艺术成就最高的画科，在中国画中素来居主体地位。它是以自然山川等风光景物为主要题材内容的绘画（见图7-2）。顾恺之的《云台山图》被后人视为山水画的始祖作品。历史上擅长画山水的著名画家有李思训、王维、吴道子、董源、李成、范宽、米芾、黄公望、倪云林、王蒙、吴镇、戴进、蓝瑛、唐寅、仇英、沈周、文徵明、董其昌、王时敏、朱耷、石涛、石溪、弘仁等。

图 7-2 山水画

花鸟画是以花卉、花鸟、鱼虫等为描绘对象或题材内容的绘画（见图 7-3）。花鸟画的历史悠久，以北宋最为繁荣。历史上擅长画花鸟的著名画家有黄筌、徐熙成、戴进、林良、徐渭、陈淳、周之冕、朱耷、石涛、恽格远、蒋廷锡、沈铨、郑燮、任伯年、吴昌硕等。《桃实图》为吴昌硕晚年的传世杰作。

图 7-3 花鸟画

人物画是以刻画人物形象、反映社会生活为题材内容的绘画（见图 7-4）。人物画发达最早，在唐代已臻精绝。顾恺之的《洛神赋画卷》为人物画的典范之作。历史上擅长画人物的著名画家有顾恺之、阎立本、吴道子、张萱、周昉、张择端、梁楷、赵孟頫、曾鲸、任伯年等。当代著名画家范曾先生等在人物画方面贡献杰出。

图 7-4　人物画

3. 按照表现手法（笔法）进行分类，可以分为工笔画和写意画

工笔画和写意画是两种相互对应的画种或画风，涉及形似与神似的问题。

工笔画亦称细笔画，是以精湛细腻的笔法描绘景物的中国绘画表现方式。"工"即"工整、工细"之意。工笔画用笔工谨细致，注重勾勒、渲染，细节明彻入微，在形似的基础上力求形神兼备。画风特征是工整精细，惟妙惟肖（见图 7-5）。

相对于工笔画而言，写意画用笔豪放、简练、洒脱，多以书法笔法入画，注重用墨。偏重物象的意态神韵，注重表现作者的思想情感，强调作者个性的发挥。画风的特征是简练生动、酣畅淋漓（见图 7-6）。写意画在中国画中居主体地位。

图 7-5　工笔画　　　　图 7-6　写意画

4. 以绘画原料与基本技法来划分，则可分为水墨画、设色画

水墨画指纯用水墨所作之画。基本的水墨画仅有水与墨，仅用黑与白二色，墨为主要原料加以清水的多少形成浓墨、淡墨、干墨、湿墨、焦墨等，画出不同浓淡层次，别有韵味。长期以来水墨画在中国绘画史上占着重要地位。水墨画被视为中国传统绘画，也就是国画的代表。

设色画即绘画时敷色，运用色彩的效果，表达物象的情境变化和韵味。古人称为"随类赋彩"。设色画注重物象的固有色彩与色度的变化。设色是在熟宣或绢上进行。从配彩类别上可分为墨彩、淡彩、粉彩、重彩。具体着色方法有渲染、平涂、罩染、统染、立粉、积水、没骨点写、烘托等。

此外，还可以按特定用途和特殊材料、特殊手法等进行分类，如年画、寺观壁画以及铁画、贝壳画、工艺绘画、剪纸等。

本章主要是从旅游者对中国画的审美欣赏这一角度去分类，对卷轴画、壁画、工艺绘画作一点简要介绍：

1. 卷轴画

它泛指用纸（主要是宣纸）或绢画成后，经装裱而成的中国画。卷轴画是中国画最典型的款式，既便于卷而收藏，又便于张挂、创作、携带。它广泛用于环境装饰，对游人、旅客富有吸引力。

2. 壁画

壁画即在墙上所作的画，其价值较高的多为古代壁画。中国现存的古代壁画有寺观壁画、石窟壁画、墓室壁画等，大多数为重要的保护文物，具有很高的观赏价值与研究价值，其中最为著名的有敦煌壁画等。中国壁画在地域分布上北方多于南方。其原因有二：一是社会文化方面的原因——北方在古代长期是我国经济、文化重心，佛教最先传入北方；二是自然环境方面的原因——北方山石裸露，易于壁画制作，气候较南方干燥，不易化学风化，易于保存。壁画是中国画中的艺术瑰宝和珍贵的旅游资源。

3. 工艺绘画

工艺绘画即利用特殊材料和特殊手法创作的绘画。它具有三大特点：一是注意利用材料的美。如安徽芜湖铁画，以铁打成线条、焊接成画，发挥了铁条凝重、坚实刚劲乃至铁锈的古朴苍劲之美（见图7-7）。其代表作如北京人民大会堂、昆明世界园艺博览园的《迎客松》铁画。又如鱼羽画、贝壳画等。二是注重特种技艺之美。如漆画显示了油漆工艺技术之美，烙画则显示了火烙工艺技术之美。三是具有地方特色和民族民间特色。如剪纸、木版画、竹帘画等。

图 7-7 芜湖铁画

第二节 中国画的审美特征与鉴赏要领

绘画是一门运用色彩、线条和形体态势,在二度空间的范围内反映现实美,表达人们审美感受、审美理想的艺术。中国画的审美特征与鉴赏要领主要有三点:一是意境,二是格调,三是气韵。

一、意境

意境是中国画的灵魂。什么叫中国画的意境呢?"意"即画家思想情感的表现(主观);"境"即画面形象(客观)。二者有机结合便形成"意境"(即通过画面形象来表达画家的思想情感)。中国画意境追求的审美感受是:诗中有画,画中有诗;以形写意,得意忘形。

1. 诗中有画,画中有诗(或抒情言志,或哲理表达)

诗是无形的画,画是有形的诗,二者在艺术上有着密切的关系和相通之处。中国的诗与画都重视抒情言志。例如,"诗言志"就是说诗要着重表达作者的思想感情,画亦是如此,故有"画中有诗"之说。画中有诗,不仅仅是指画上题诗,画与文学上的联系,更重要的是指画可以像诗一样,能表达作者的思想感情。例如,元代倪云林画的山水,寒荒萧疏、淡泊和平,体现画家看破红尘、超然物外的思想情绪。清代朱耷(八大山人)痛感国破家亡、朝政腐败,他笔下的花鸟冷隽怪诞,体现了画家对现实的藐视和对统治者的反抗。他所画的禽鸟和鱼类都是"白眼向人",以宣泄一腔悲愤,因此有人评论朱耷的画是"墨点不多泪点多"。一些画家多爱画劲松、寒梅、翠竹、幽兰,多为表达自己的思想感情,意指自己高风亮节或不与世俗合流。中国画,不论是云烟飘渺的峰岚、寒江独钓的扁舟,还是慷慨悲歌的壮士、怡然自得的鱼虾草虫,都是画家寄情于笔墨,以抒情言志,表达一定的哲理诗思。人们常说国画中的"深度"多指抒情言志而言。

2. 以形写神,得意遗形

从美学上来讲,西方绘画追求物象的逼真,注重几何、透视、比例,即"科学的真";而中国绘画追求的是气质和神韵,形神兼备,即"艺术的真"。中国画不拘泥于客观对象的形,而主张以形写神,以神达意,"得意忘形"。这里讲的"神",就是指客观对象的精神本质,如牡丹之富贵、翠竹之高风亮节等。文人画梅,主要是画出凌霜傲雪之姿、孤芳自赏之趣,而不是拘泥于梅花的外形,力求表达文人的清高气质和刚直不阿之风骨。中国花鸟画的一个突出特点是,不刻意追求客观美的描述，而是通过描绘有生命的对象，巧妙地利用比喻兴借来表达作者对生命的感悟与看法。中国画家认为，作画不要求外表的酷似，而要求精神的酷似，正如齐白石所说的"妙在似与不似之间"。太像为媚俗，太不像为欺世，中国绘画的基本美学性质，就是具象美与抽象美的矛盾统一体。

旅游者如何欣赏中国画的意境？一是要善于联想，"迁想妙得"；二是要具备较丰富的知识，对欣赏的对象要先有间接的认识，在游览欣赏的过程中，要多看、多想、多听、多问。欣赏中国画，关键要领会它的意境，对意境的欣赏是中国画审美的重要"门道"。

二、格调

中国画的笔墨技法规律叫作"格"，由技法的运用所形成的情趣韵致叫作"调"，二者的有机结合便形成"格调"。用笔、用墨、设色、构图这些形式技法的高低决定着一幅画的格调高低。

在某种意义上讲，格调比意境更难追求，因意境有时可以作假，但格调却难以伪装，这是因为格调是真情于有意无意之间在技法中的自然流露，格调的形成与人格有密切的关系。常言道，"画如其人"、"文如其人"，若人格较低，画格、文格也绝对不会很高。画的格调虽与人格有关，但又具体体现在绘画的形式技巧当中。

下面我们从用笔、用墨、用色、章法等方面简要介绍一下中国画的格调的一般欣赏规律：

1. 用笔——书画同源，以线造型

我国的书法艺术高度发达，对中国画影响深刻，书法、绘画都讲究用笔技巧和以线造型，故有"书画同源"之说。有的学者认为，中国画植根于诗词和书法，追求的是意境和用笔（线条和造型），而西洋画植根于建筑和雕塑、几何、色彩学、解剖学，追求的是空间感和立体感，传统的造型手段主要是"面"。我国书画的线是靠笔来表现的，用笔有粗、细、轻、重、疾、徐、转、折、提、按、顿、挫等（如中国人物画线条中有18描，就说明了用笔技法的多样性），它们分别可以表现物象的不同形质。如画马可以用细而劲挺的线条勾勒其轮廓，而画牛则最好是用较宽而粗拙滞重的线条勾勒其轮廓，这样画出的马、牛将很生动逼真。不同的用笔与线条还可以表现人的喜怒哀乐各种感情。中国画的线条除了造形、抒情之外，还具有自身的美感，线的出神入化可以形成音乐般的节奏与韵律。总之，中国画的形象、节奏、韵味、精神、旋律以及虚实强弱对比、情感的体现，只有通过线条才能表达得深刻。线条是中国画的"遗传基因"和"情感载体"。

我国当代著名画家范曾先生作画非常讲究用笔的提按、顿挫等，线条风格独特，他的书法也很有特色，与绘画的用笔具有非常一致的风格（富有节奏、韵律之美），很能说明"书画同源，以线造型"。我国历史上有许多书法家同时也是画家，如米芾、苏轼、赵孟頫、文徵明、郑板桥等。这也从另一个方面说明了"书画同源"。

2. 用墨——水墨为上，墨分五色

中国画主张以墨为主，以色为辅。如大多中国画若去掉色彩，画面照样完整，而去掉墨线，便不成其为画。这是中国画的一大特点。中国文人画极力主张质朴自然、平淡天真。因此，水墨便成为文人心目中最美的绘画形式，水墨的地位也大大超过了色彩的地位，这就是所谓的"画道之中，水墨为上"（王维语）。

中国画十分讲究用墨，在用墨方面积累了十分丰富的经验。所谓"墨分五色"是指用墨方法多种多样。如墨色有焦、浓、重、淡、清各种层次之分（由水分多少决定的）。用墨有破墨、积墨和泼墨之分。中国画用的是宣纸，笔墨在宣纸上自由渗化，颇有气势和韵味。笔墨在独特的宣纸上所形成的美感、韵味是别的绘画媒介所不能替代的。

中国画的笔墨既是形而下的材料工具与具体技法的运行痕迹，又是一种形而上的作者心灵情愫的宣泄与民族文化精神内涵的体现。黄宾虹说："画中三昧，舍笔墨无由参悟。"没有笔墨，就无由谈论中国画。中国画的魅力也在于笔墨情趣之美，舍弃了这一点，就等于舍弃了中国画的命脉与灵魂。

3. 设色——随类赋彩，色不碍墨

随类赋彩，即作画大致与固有色相类似即可。目的不在于追求色彩的逼真，而是在于取意、取气。如画家画竹多画墨竹，墨竹清雅，立意颇高。若用绿色画竹，反而拘泥于现实，有俗气之嫌了。吴昌硕画牡丹，花用红色，叶用墨色（而不是绿色），气质高雅，神完气足，深刻体现了牡丹"国色天香"的精神本质。

色不碍墨，即要求"以墨为主，以色为辅，不能喧宾夺主"。此外，还要求正确处理好墨与色二者相辅相成的关系，做到"色中有墨，墨中有色"，"以色助墨光，以墨显色彩"，力求使二者交相辉映、相得益彰。

4. 章法——虚实相生，置阵布势

章法即构图，它关系到一幅画的整体布局和成败关键。作画与书法都要注意虚实相生。中国画的"虚"，可以是用笔最松动，或用笔最清淡，或构图最疏朗之处，也可以是无笔无墨，一片空白。如齐白石画虾、吴作人画鱼常以空白当水，正如古诗所言："只画鱼儿不画水，此中亦自有波涛。"南宋马远的画往往有大片的空白，山石、溪流、人物等通常只占画面的一角，故人称"马一角"。欣赏他的画，由景物转向空白，会使人产生飘忽、悠远、丰富的遐想，可谓"虚实相生，无画处皆成妙境"。而西方绘画则偏重于满构图，务实求全。中国绘画的"实"，可以是用笔之实、用墨之实,也可以指构图繁密处。一幅好画,要有虚有实,虚实相生,有机结合,注意"笔简而意周",体现"计白当黑,妙在无处"的艺术手法。

绘画与书法一样,也要讲究置陈(阵)布势或经营位置(布局),或开阔平远,或险峻奇突,或稳如泰山,或虚幻飘渺……这些"势"主要靠章法或构图来实现。中国书画界曾总结出一些"取势"的程式,如"三远法"(深远—俯视构图;高远—仰视构图;平远—平视构图),"以大观小法"(俯视作画,居高临下,一览无余),"散点透视法"(即游移透视法,如《清明上河图》)。中国画的空间处理自由灵活,既可用"以大观小法"画重峦叠嶂;也可以用"游移透视法"画万里江山。总的来讲,中国画的构图不受时空的限制,能给人以丰富的时空想象。

此外,中国画在章法、布局上还具有诗、书、画、印有机结合的特点,以及独特的装裱艺术,大大丰富了中国画的内涵,增强了中国画的艺术魅力。

三、气韵

"气"是指气势(气度)、生气;"韵"是指风韵、神韵,即作品内涵的美。气韵可以理解为意境和格调综合形成的整体艺术效果。简单地说,就是神采,它是作画中很难达到的东西。古人作画者中不少人认为只有天才才能掌握气韵之法,并认为气韵与人品密切相关,它既是中国画意境与格调的总和,又是一种生生欲动和余味隽永的美感境界。南朝谢赫提出品画的第一标准应是"气韵生动"。明代陈洪绶把画家分为神家、名家、作家、匠家四等,认为达到"韵致神似"的方可称为神家。

作为旅游者,应先掌握中国画的基本鉴赏标准,然后与一些画家们接触交谈、请教学习,最好是自己能学着画上几笔,这样日积月累,将会不断提高自己的绘画鉴赏水平,使自己有一双懂得绘画艺术的眼睛。

综上所述,欣赏中国绘画,主要应从上述的意境、格调、气韵三个方面以及笔墨、画法、布局、诗书画印的结合等方面把握。

第三节 中西绘画艺术审美比较

中国绘画艺术主要具有以下特征:运用线条点簇和墨色变化等描绘对象,抒发情感;不受空间、时间限制的构图方法;高度概括,突出主题的表现手法;绘画与诗、书、印的有机结合。中国绘画在世界绘画艺术丛林中独树一帜,与西方绘画艺术风格大相径庭。具体而言，中国绘画艺术与西方绘画（主要是油画）艺术具有如下差异：

一、艺术追求

在绘画的艺术追求上，中国绘画注重神似，讲究"妙在似与不似之间"（画人则画其神采，画山则取其气势，画花、鸟、虫、鱼则画其生机），尚意，重表现与情感，重象征与共性，表现手法较传统；西方绘画注重形似，讲究比例、结构的科学性，强调写实、具象（如画人物须毫发毕现，人体肌肤或柔嫩光洁或刚强健美），尚形，重再现与理性，重情趣与个性，表现手法新奇。

二、绘画语言

绘画也有语言，画种不同，语言不同。绘画语言决定了造型观念和造型手段。西方绘画注重用光、色、体、面、焦（交）点透视等语言来造型，中国绘画的造型观念和造型手段注重用点、线、面等笔墨技法来表现。

具体来讲，从造型手段上看，中国绘画以线条造型为主，与书法为缘（追求意境和用笔），在表现物象的力量感、体积感和光影、透视效果上是薄弱环节；西方绘画以块、面造型为主，与建筑为缘（追求的是空间感与立体感），在表现物象的力量感、体积感和光影、透视效果上颇具优势。其原因在于：绘画用笔的构造不同，绘画认识论的不同。

从用色上看，中国绘画用色较单纯，以墨色为主（如水墨画）。中国画最高境界是"无色如有色"，"有色如无色"。西方绘画用色复杂调和，注意光色变化（如油画在色彩、色调表现上具有很强的优势）。西方画家善于选择特定的色调或强烈的对比去表现油画的主题和意境。因此，欣赏油画就是欣赏色彩世界。

从透视方法上看，中国绘画主要采用散点透视，不拘泥定点描绘，游移写生，不受视域局限，能"以咫尺之幅，写千里之遥"（如张择端的《清明上河图》、张大千的《万里长江图》等绘画艺术作品）；西方绘画主要采用焦点透视，即画家站在某一位置不动，描绘眼前所见的事物。

三、构图或章法布局

在绘画的构图或章法布局上，中国绘画的画面比较空灵和单纯，计白当黑，融诗、书、画、印于一体；而西方绘画的画面则比较充实，在画面上全部绘图着色，绘画完成后，画家仅在画面的一角签名和注明日期。

四、绘画形式

中国绘画形式丰富多样，有中堂、挂轴、册页、长卷、扇面等；西方绘画形式多为框镜式，形式较少且较单调。

五、绘画题材

中国绘画题材以自然山水、花鸟虫鱼、文人仕女较多。西方绘画题材以宗教、神话、田园风光、静物画（厨房画）、裸体人物较多。

六、画理

有学者认为：中国绘画是哲学，西方绘画是科学；中国绘画讲究章法，西方绘画讲究透视（形成的结果是：一个是平面的，一个是立体的；一个是虚实并用，一个是有实无虚。在中国人眼里，一张白纸就是宇宙万物；在西方人眼里，一个画框就像一扇打开的窗户）；中国绘画善于以小见大，西方绘画善于以大见小；中国绘画在意象中遨游，西方绘画在物象中转圈；中国绘画理念是"静"的，西方绘画理念是"动"的（中国人在静中寻找精神世界，西方人在动中寻找世界精神）；在艺术发展上，西方绘画是跳动的、变化不居的（例如传统的"光色派"、修拉的"点彩派"、梵高的"颠覆派"、毕加索的"立体派"、马蒂斯的"野兽派"等。见图 7-8）；而中国绘画是延续的、一脉相承的。

图 7-8 西方绘画风格的变化

此外，中国绘画与西方绘画在绘画材料、审美情趣、创新程度等方面有诸多不同。

由于照相技术的发展和人们审美情趣的变化，使得以具象描摹为特色的西方绘画逐渐减弱了艺术魅力。目前，许多西方绘画艺术家在理论与实践上不再强调具象的忠实摹写（或追求逼真），而开始从中国绘画中汲取艺术养分，表现出某种写意的倾向，并取得了令人瞩目的成就，如莫奈的《日出·印象》（见图 7-9）、梵高的《向日葵》（见图 7-10）等作品。

图 7-9　莫奈的作品《日出》　　　图 7-10　梵高的作品《向日葵》

复习思考题：
1. 试述中国绘画历史成就及其代表人物。
2. 中国画如何分类？
3. 中国画的审美特征有哪些？
4. 试比较中西绘画艺术的风格差异。

案例阅读：

范曾绘画艺术鉴赏

范曾，江苏南通人，1938 年生于书香之家，自幼即学习历史、文学和绘画，1959 年考入天津南开大学历史系。两年后转入中央美院研究美术史，后又转入中国画系学习。他先后师事于吴作人、李可染、李苦禅诸位名家，深得教益。他曾经主持筹建南开大学东方艺术系，任系主任。范曾作画主张用石涛"一画论"之精义，力追天籁之境，精于白描，尤喜写意人物。为表现历史人物之神韵，他潜心研究历史，悉心揣摩古今中外诸名家之作。范曾的历史人物画清新典雅，潇洒飘逸，栩栩如生，呼之欲出，风骨独具。

薛晓源先生在《"一线穿空若有声"——范曾绘画艺术管窥》一文中对范曾的绘画特点进行了如下总结评述：

一、建构有"意味"的线条

线条在中国绘画中不只是标画了物象的轮廓，而且线条还具有虚实张闭的神奇效果。范曾先生的线条开阖有度，张弛有律，点线波折自然有序，点线张弛在快速流动中，有一种和谐的舞韵，有一种森然有序的音乐感，恰如在皎洁的月夜中，远处的高楼传来悠扬的古琴之声，高古雅音，夜空传送，余音袅袅，不绝如缕。什么线条具有"有意味的形式"？曾经有人向范曾先生请教绘画的诀窍，范曾先生说："你画上一笔，画一个线条，让我看看，我就知道你达到什么水平，就好评说你的画艺了！"一言蔽之，有意味的线条是对宇宙万物的深刻观察，是对天地周行的本真描绘，是对永恒理念的形象传写，是赤子之心真情流露，是艺术家诗意裁判的意义符码。

二、描绘动相

描绘万物的风华婉转与人的运动姿态，千年以来一直是作家、艺术家朝斯夕斯梦寐以求的梦想，也是作家、艺术家各逞其能的场域。莱辛在《拉奥孔》一书中说："绘画是对有意义瞬间的把捉，描绘有意义的瞬间。"如何分辨和把握所谓有意义的瞬间？这是颇令人苦恼和费解的。对此，范曾先生认为，莱辛所说只是一般画家的认识和描写方法，真正的画家是要描绘出动的过程和动的姿态。描绘动的过程和动态要对描写对象有真正的理解和把握，要熟悉和了解描写对象所有的元素，要大胆摄取最有意义的两个状态，要描写动姿，就要描写从第一状态向第二状态生成的过程，要解决绘画中时间和空间的辩证关系，使绘画具有"飞动之美"。范曾先生的绘画作品《元世祖狩猎图》气韵生动，动感极强，两只鹰隼展翅欲飞，三条猎狗狂吠奔突……最主要动感表现在画面左侧上元世祖张弓放箭，左手张弓，右手放箭，整个身体和眼神全都贯注在奔走疾飞的箭羽上；而画面的右上方，一只飞奔的大雁应声中箭，范曾先生的画作展示这两个连动的有关联的瞬间，展示第一状态向第二状态生成的过程，使画作呈现有意味的"情节"，使静止的画面呈现出生动逼人的气势。

三、传神阿睹

中国传统文化尤其是中国画学对眼睛研究的理解和体认尤为深刻动人。范曾先生对眼睛传神作用的体会尤为精到、深刻。范曾先生的绘画实践，画人物先从眼睛开始，第一步先从左眼入手，先生绘画从不起稿，刹那神思，直抵灵府。刘波博士在《范曾作品评论》一文对范曾先生创作《爱因斯坦》时的状态描绘得非常细致，从中可以品出个中三昧："先生先用浓墨在纸上画出左眼球，已经有拇指大小，笔者正在对照照片细心审视，上眼睑一条长长弯曲的墨线已经顺着眼球伸展开来，一直拖到左下角，明确而肯定。然后下眼睑随之，惟此只眼，已经能够曲尽其妙，爱因斯坦深邃、睿智之神情已隐然在焉……左眼毕，先生微微退后半步，略一审视，乃径于右侧着一墨点，其速度之快、神气之定、落笔之准令人瞠目……画面上虽仅仅画出双目，而咄咄逼人的眼神，已经属于爱因斯坦所独有，那就是20世纪最伟大的科学家的眼神：深邃博大、清明澄澈。双目既出，眉弓随之，然后鼻翼、鼻梁随之，继而须发出，继而手臂出，则手执烟斗、微微前倾，逼视寰宇之大师跃然纸上。"爱因斯坦于自己的墓碑上留下一句话："他曾来过地球一趟"，在大画家的笔下，这一趟已凝聚于他的画笔之中。范曾先生的人物画创作之所以达到了"气韵生动、风神兼备"的成就，除了对眼睛和眼神的刻画和锤炼之外，对人的五官的认识、体悟和描摹也匠心独运，耳、目、鼻、口、身，既是人独立的器官，又构成人的整体，独存莹然，合则熠熠生辉。

三、以飞白书入画

飞白书入画，在中国绘画史上也是一个自然与历史的生成过程。画家清醒地认识它"得万物之动姿"并在创作中非常娴熟地运用它，来刻画万物之象。这是一个渐行渐知的过程。关于飞白书入画，范曾先生认为，南宋的梁楷、元代的赵孟頫，都是飞白书入画的高手，傅抱石先生的山水画和他本人的简笔泼墨人物画也是飞白书入画的典型。范曾先生的许多画作也是用飞白书入画，比如先生的《老子出关》画作可以说是飞白书入画最为典型的代表。画中老子白发飘飘，神情肃穆，脸部纯用细笔白描之法勾勒，眉宇以及白髯在白描勾勒的基础之上，略用飞白之法涂抹，自然地彰显老子的清隽萧疏；服饰与长袍全用飞白之法，用大笔长锋快速写就，笔墨酣畅，大气周流；灵韵敞现，衣袂飞动。老子坐骑下的老牛，范曾先生用飞白之法快意写其形，用泼墨之法畅快染其骨，在飞白与泼墨之间形成强烈的审美视觉张力，呈现出老牛的苍劲有力、风骨俱神的飒爽之姿。这幅画以飞白之法为主，兼用了白描、泼墨之法，且水乳交融、融会贯通、风神兼备、英姿勃发，确实是范曾先生"心手双畅"的精心杰构。

四、彰显形上学追求

真正的艺术作品与哲思并不矛盾，相反，可以相辅相成。曾经有一些人质疑艺术家的形上学之思，认为不可思议。在他们的思维定势中，艺术家运思是感性的形象思维，而哲学追求的是形上学之思，运思的是抽象思维。古人说过：形而上者谓之道，形而下者谓之器。因此有人断言艺术家不可能有真正的哲学之思，艺术家的形上学追求充其量只是一时的感性冲动。范曾先生的绘画打破这种既定思维定势的神话。范曾先生的绘画作品中有深深的形上学的意蕴和追求，范曾先生绘画的题材就非常能够说明这个问题：从老子出关、老子演易、孔子问礼于老子、庄子梦蝶、濠梁之辩、竹林七贤、十八高僧、鹅湖之会、敦颐说莲，到西方大哲柏拉图、科学伟人爱因斯坦等等。在电视专题片《画家范曾》访谈中，冯骥才认为范曾及其艺术作品仿佛使人置身于一个古人的世界：这个世界大气周流，这个世界神韵流布，这个世界高华典雅，这个世界高深雄阔。这种气氛就无限呈现在遥不可及而又睫在目前的一个古人的世界。我们看见老子与关令尹依依相别，悠然骑牛西行出关；我们看见庄子与惠子在濠梁论辩，谁知"鱼之乐"；我们看见竹林七贤弹琴赋诗，吟赏烟霞；我们看见周敦颐赏莲，咏唱千古名篇《爱莲说》；我们看见朱熹与陆九渊"鹅湖之会"，论理说辩。范曾先生的绘画敞开一个诗意的形而上世界，这个世界高华典雅，令人神往，观画者不知不觉中渐渐地进入画境，仿佛置身于阆苑仙境之中，倾听哲人智者论辩与对话，从而远离日常生活世界的纷扰，进入诗意的氛围之中，与画境一起喜怒哀乐，并为之手之舞之足之蹈之，在审美的愉悦中，精神为之提升与超脱，内心洋溢着"表里俱澄澈，妙处难于与君说"形上学的高峰体验。

（根据薛晓源《"一线穿空若有声"——范曾绘画艺术管窥》等文摘要改写。资料来源：http://www.chinawriter.com.cn，2010年9月29日）

图 7-11　范曾绘画作品

吴冠中绘画艺术鉴赏

吴冠中（1919-2010），江苏宜兴人。20世纪现代中国绘画的代表画家之一。1942年毕业于国立艺术专科学校，1947年到巴黎国立高级美术学校随苏弗尔学校学习西洋美术史。吴冠中1950年秋返国。先后任教于中央美术学院、清华大学建筑系、北京艺术学院、中央工艺美术学院。共出版画集40余种，文集10余种；

曾任中央工艺美术学院教授、中国美术家协会常务理事,全国政协委员等职。他的油画代表作有《长江三峡》、《鲁迅的故乡》等。中国画代表作有《春雪》、《狮子林》、《长城》等。

　　吴冠中是20世纪现代中国绘画的杰出代表画家之一。他为中国现代绘画作出了巨大贡献。长期以来,他不懈地探索东西方绘画两种艺术语言的不同美学观念,坚韧不拔地实践着"油画民族化"、"中国画现代化"的创作理念,形成了鲜明的艺术特色。他执著地守望着"在祖国、在故乡、在家园、在自己心底"的真切情感,表达了民族和大众的审美需求。在20世纪60年代绘画的基础上,70年代他开始走向"丰富浓郁"和"简洁单纯"交相辉映的风格。一方面,他在构图和形象处理上越来越"简",似乎他在每一个画面里都在提炼无穷的"简洁"和"纯化"的可能,每一块"形"和每一条"线"都在寻找最简洁和纯粹的表达……然而,这往往也成为最有"丰富浓郁"意味的形式,一种东方的诗情隐含其中;并且,在单纯的"形块"中,画家往往以最意想不到的丰富性表达一种圆满和丰厚的肌理感。这一阶段,画家在单纯与丰富、纯粹与变化之中,探索着一种富有诗的情趣和视觉张力的绘画表现形式。吴冠中的作品具有很高的文化品格,从20世纪80年代开始,他的艺术观念和绘画创作就适应社会发展和时代的需要,推动了中国现代绘画观念的演变和发展。他对印象派色彩和技巧的运用,尽管色彩还比较单纯,但单纯中由于水墨的互相渗染,使得色彩也相互交融,边际模糊而丰富。他的一些作品明显体现了中西绘画艺术融合的形式效果,既有油彩丰富斑驳的质感和表现力,也有水墨自由挥洒的特点。例如《绍兴菜市》(1957)中这种特点非常明显。水墨淋漓的用笔在房屋的塑造上如同山峦云气般虚幻莫名,与正午阳光下小船的篷顶对比,增加了结构的丰富性。熙熙攘攘的人群被透过搭在街边的遮阳棚的阳光照耀得光怪陆离,形成一些鲜艳的红、蓝色的点,增强了阴影中的透明感和空间感。画家以西画的明暗对比和国画传统水墨的用笔处理这种虚实相间的手法,有一种对比性和视觉新颖感,小小的画幅具有了更大的容量和更丰富的内涵。正是由于画家对绘画整体性的研究,并传承和融合已有的经典绘画技法,才有可能获得这种特殊的能力,才可能使画家进一步突破习惯的绘画方式,包括突破自己已经获得的成就继续发展。从他的一些作品总体上看,具有画面平面性色彩分布、线条与平面相结合、在大色域内强调色彩的丰富性等特点。相对而言,在形式探索方面,他在油画创作上比水彩画有更专注的开掘。油画的材料特性使之较难如水彩那样可以渗透融合,用笔和色彩层次都能鲜明地显现出来,画面每一个具体"处理",都有分明的"记载"。如《故乡之晨》(1960),画中的水面显然无法如水彩画法那样将水和颜料交融一片来表现,而是用厚重的笔触,一笔一笔画出远处房屋、朝阳在水中的倒影,近处木船、水面色彩层次和色彩冷暖的对比等，这些都体现着欧洲油画的表现方式。但还有一些是吴冠中绘画新的形式因素，比如近处和远处的白墙、石桥和屋顶，与多层次而有"厚度"的水面对比，显得单纯和简洁，与西方油画往往将白色部分作厚涂堆砌恰好相反，这样就表现了江南水乡的轻灵秀气和空间狭窄的特色。白墙成为画面空间重要的"透气"和"空白"部分，如果这部分画得太过"物质性"，那么整个空间就会显得拥堵，水乡的"灵巧"和乡土情调的融合特色就难以显现。吴冠中在概括简洁的结构处理中，注意突出一些有特点的细节：近处船上的竹竿，组成巧妙的交叉线，引导视线穿过拱桥桥洞伸向远处……吴冠中从小生长在水乡，而且在巴黎时就想象过如何描绘水乡的特点，在这类作品中，最能表明他对"江南"风物情有独钟。他对传统中国画和油画形式的融合有专门的探求。从《富春江畔》（1963）、《富春江》（1963）、《微山湖》（1962）等作品中可以看到他对传统山水和树木画法的采用，中国传统绘画中的审美意境——"空灵"、"萧疏"、"淡泊"、"飘逸"——时而直接时而含蓄地流露于画面之中。显然这些情调与油画材料的凝重、黏稠、具有塑造性等性质有距离，为此吴冠中运用了水彩画法，让水性稀释油性的"滞重"感。但是要看到，吴冠中最有中国特色的作品还不仅仅是发挥"水性"的形式，而是更有综合内容的，包括对色彩的平面化处理，点、线、面的抽象结构和简化了的具体物象关系，以及油画色彩的浓重和丰富性与中国民间艺术清新明朗的格调和传统中国画淡雅、清澄、韵味的结合等等。他丰富的绘画创作实践，创造了中国现代美术史上的奇迹。

（根据《吴冠中简介》、徐虹撰写的《从"写生"中寻找绘画形式美——吴冠中20世纪50-70年代的水彩和油画》等文摘要改写。资料来源：百度百科、博宝艺术网等）

图7-12 吴冠中绘画作品

第八章　中国传统音乐与审美欣赏

【学习导引】

　　音乐是艺术皇冠上的明珠，具有极高的审美欣赏价值，是一种特殊的旅游资源，有着很大的旅游开发潜力。本章分析说明了音乐与人的关系，说明了音乐对于人生的重要作用；介绍了传统文化中的音乐及音乐的分类；重点分析说明了传统音乐艺术的审美欣赏内容与方法，并从地域文化的视角介绍了传统民歌的地域特色与音乐分区；较系统地进行了中西音乐审美比较。音乐是普遍受人喜爱的文化艺术形式，建议同学们在业余时间多欣赏一些传统音乐与经典音乐，并自学和练习某一种民族乐器，在实践中逐步加深对中国音乐艺术审美知识的理解。

【教学目标】

　　1. 了解音乐与人的关系，认识音乐对于人生的重要作用。
　　2. 了解传统文化中的音乐及音乐的分类。
　　3. 掌握传统音乐艺术的审美欣赏内容与方法。
　　4. 了解传统民歌的地域特色与音乐分区。
　　5. 认识中西音乐文化审美上的主要差异。

【学习重点】

　　传统文化中的音乐及音乐的分类，传统音乐艺术的审美欣赏内容与方法，传统民歌的地域特色，中西音乐审美比较。

　　音乐是通过一系列有组织的、在时间上流动的音响来表达人们思想感情、反映社会生活的听觉艺术。中国音乐有很强的艺术魅力，且地域特色鲜明，对许多游客富有吸引力，是一种宝贵的文化旅游资源。目前，世界上许多国家都十分重视音乐艺术资源的旅游开发，如奥地利的音乐旅游每年吸引数百万游客。然而，在我国旅游开发中，音乐文化这一丰富的旅游资源尚未得到很好的开发利用，这一现象应该引起我们的重视。旅游业应该搞得"有声有色"，而不是"有色无声"。要开发利用音乐文化资源，首先必须对中国传统音乐文化的基本知识、艺术特点和欣赏方法有所了解。

第一节 音乐与人

音乐,是从人的生命中直接流淌出来的那部分特殊的音响。"音乐是一种灵魂的语言"(著名音乐美学家、作曲家青主语)和最贴近心灵的艺术。它在人类文化中是不可或缺的一部分。无论是表现为低声的吟唱、铿然的鼓点、跳动的笙歌,还是舒朗的管弦交响,人们都可以凭借它抒发情感,与大自然对话……音乐虽然是一种抽象、高妙的艺术部类,但它却能雅俗共赏,直达人的心扉,留下牵魂摄魄的隽永意味。音乐又是人类特有的精神财富,自然的演替、人世的兴衰,都积淀在人的心灵中,升华为音乐。

音乐艺术是人类社会最古老、最动人的艺术形式之一。音乐与人的情感关系密切,它能直接地表现和激发人的情感。音乐是美的结晶,音乐之美滋润人的心灵。在人的心理结构的建造过程中,形成一种对美的热爱和追求的心理定势。在这种积极的心理定势作用下,人们以美的法则塑造自己,使心灵、情感、个性、举止、行为、外表仪容都统一在美的基调之上,精神得到真、善、美的升华。在聆听音乐时,我们往往会有激动、兴奋、安详、闲适、倾慕、愉悦、哀伤等种种情感的体验,甚至进入一种陶醉、忘我的境界,使情感得到升华,心灵得到净化。

音乐是人心灵真诚的表达。"诚"是音乐的基本因素,《乐记·乐象篇》中说:"唯乐不可以为伪",音乐真实自然地将人的内心之情乐化于外。

音乐的社会功能主要是以潜移默化的方式通过欣赏者的心理活动而得以发挥。有人说,音乐蕴含了天地之灵气,闪射着人性之光辉。崇高净美的音乐语言能唤起并充实人的爱心,如爱己、爱人、爱自然、爱社会、爱国家、爱正义等。这种爱,成为推动人从事有益于社会的活动的内在动力。

音乐给人以美的享受,它培育人的激情,也陶冶人的性灵。当你休息时,音乐给你舒适;当你拼搏时,音乐给你支持;当你软弱时,音乐给你力量;当你忧伤时,音乐给你慰藉;当你无聊或空虚时,音乐给你充实的天地。

音乐与人的关系十分密切,它能促进人的全面发展。宗白华先生认为:"音乐使我们对事物的感觉增加了深度,增加了纯净。……音乐领导我们去把握世界生命万千形象里最深的节奏的起伏。"著名的科学家爱因斯坦、李四光、钱学森、袁隆平、李政道等都很热爱音乐,有的还在音乐方面很有造诣,这说明音乐艺术修养对人的全面发展十分重要。李岚清先生认为:音乐有助于开发右脑的功能,有助于提高工作效率和学习效率,有助于培养创新精神,有助于调整人与人的关系，有助于培养宽广而平和的胸襟，有助于培养对个性的尊重，有助于创造和谐社会。

第二节 传统文化中的音乐及音乐的分类

一、传统文化中的音乐

中国自古被称为"礼乐之邦"。在我国的传统文化中，对音乐的认识是非常深刻的，认为宇宙的自然运行本身就是音乐。我们的先人在劳动生活中模仿着大自然的声音，仿效"凤凰之鸣"而成音律，仿效"山林溪谷之音"而成歌韵，他们用"天籁之音"、"玉磬之音"这样的字眼来描述大自然中优美的音响。罗马哲学家卢克莱茨说："最早教会人们吹芦苇的是西风在芦苇空茎中的哨声。"的确，宇宙自然之声是人间音乐的理想范式，《乐记》有云"大乐与天地同和"，就是这个道理。这种建立在"天人合一"基础上的音乐，追求的是平和、典雅、玄远、温厚的境界，这与西方音乐激越、狂放、冲突的风格明显不同。西方音乐重逻辑、重冲突，中国传统音乐则崇尚情感的发展与自然相和谐。

中国最早谈论音乐问题的是《管子》一书，已经出现"宫、商、角、徵、羽"五声。在古代，任何受过教育的人都必须懂得音乐。《礼记》所说的"四术"中包括诗、书、礼、乐，后来，孔子制定的"六艺"除去了乐，变成"五经"，这是中国文化史上的一大损失。音乐在孔子以后的中国文化中已不占显著地位，职业音乐家更不为人们所重视则是一个不争的事实。因此，音乐在中国虽然很早就有成就，但与西方音乐相比，可以说没有得到应有的充分的发展。

在古代，音乐并不是一种单纯的艺术欣赏形式，它同时还具有成就社会和人生的特殊作用。和谐的音乐是一种"治世之音"，它可以达到"善民心"和移风易俗、使万民和睦的目的。音乐是修性养生的手段，平和的音乐与心境相交融，能使人心安体泰，对人的修性保真具有相当意义。在中国这个宗教不占统治地位的国度里，音乐负载了人们沉重的精神寄托，使躁动不安的灵魂得以宁静地栖息，成为人们心灵的港湾。

诸子百家对音乐的作用均有论述，其中影响最大的当推儒、道二家。老庄崇尚自然，认为道的音乐、自然的音乐才是真正美的。"大音希声"（老子），"无声之中，独闻和焉"（庄子），即指最美的音乐是无声之乐，人可以感受听不到但却是最和谐的音乐，追求自然、和谐的思想有助于音乐的自由发展。儒家礼、乐并称，相对来说，儒家更看重音乐的社会作用。传统音乐在道家自然、无为、逍遥的思想和儒家雅正、中庸、道德的观念影响下，形成了自己独特的精神面貌与气质内涵。

在传统养生学中，音乐与自然、人体是相互谐调的，这就是"乐与人和"，通过音乐来达到人与自然"天人合一"的最高境界。晋代的阮籍在《乐论》中说，音乐是使人精神平和、身体康健的重要保证之一。

传统音乐还追求意境，"境"可以是虚幻之境，也可以是写实之境。中国艺术重意境，重"以虚涵实"。例如，利用音乐中的休止音、疏密的对比、声韵的对比，使音乐开拓通达，欣赏者的心灵可以随其展现的空间而逍遥天地、涵咏万千。

传统音乐中还蕴含着哲理，促使人了悟哲理的力量，从而乐观地对待生活，在事业上树立起坚定的意志和信心。

中国传统音乐的商品化现象远远少于自娱（包括个体自娱与群体自娱）现象。在传统观念里，艺术是无价的，把艺术当饭碗，无论是表演还是传授，都是对艺术的亵渎，是不光彩的，这种观念在文人圈里尤其普遍。因此，中国传统音乐更多地呈现了人的"心灵状态"。

二、传统音乐中的分类

我国的传统音乐按受众层面，可分为民间音乐、宫廷音乐、宗教音乐和文人音乐等。其中最普及最为大众所接受的乃是民间音乐。

传统音乐按体裁大致可以分为民歌、曲艺、歌舞、戏曲和器乐曲这五大类，每一大类下又可进一步细分。如民歌又可分为山歌、号子和小曲；曲艺是单弦、大鼓、弹词、琴书等说唱艺术的总称；歌舞则包括花灯、花鼓、采茶舞、二人台等由民歌与民间舞蹈相结合的、以民间器乐曲为伴奏的体裁形式；戏曲含有高腔、昆腔、皮黄、梆子腔等不同剧种；器乐曲主要是指中国民间器乐的合奏音乐，如鼓吹乐、吹打乐、锣鼓乐、弦索乐、丝竹乐等。它们都是我国宝贵的传统文化资源。

中国幅员辽阔，有56个民族，其语言文化背景各自不同，这直接导致不同地域拥有不同的音乐语言风格，存在着对音乐语言美的不同理解。如民间声乐作品的音乐语言风格就一直与当地的方言、语调、语气相吻合。各地的民间器乐由于其最初来源仍与地方声乐吟唱的韵味有关，所以其风格也间接受到地方语音和审美习惯的影响。

不同民族或不同地区的地理环境和人群的生活方式，也常使其音乐具有不同风格。如西北音乐的高亢旋律就与西北地区人民生活在艰苦的黄土高原，唱歌和唤人多需"隔山跨源"有关。陕西民歌《信天游》就属此类。富饶而又人口密集的苏南乃是所谓的"吴音"之地，这里的语言和音乐就比西北柔和得多，所以也只有这里才能唱出《茉莉花》那样的小曲。

第三节 传统音乐艺术的审美欣赏

音乐的欣赏主要应把握好以下几个方面：一是熟悉音乐的表现功能，掌握必要的音乐基础知识（如音乐要素等）；二是理解作品的标题；三是了解作者及其创作个性；四是了解作品的时代背景；五是抓住民族特征或地域特色。这里仅就音乐审美要素和传统音乐一般的艺术欣赏知识作一些介绍。

一、音乐的审美要素

音乐的欣赏主要是抓住音乐语言要素或审美要素进行欣赏。作曲家创作乐曲，也像文学家写诗歌、小说一样，有一套表情达意的体系，那就是音乐语言。音乐语言包括很多要素：旋律、节奏、节拍、速度、力度、音区、音色、和声、调式等。一首音乐作品的思想内容和艺术美，要通过多种要素才能表现出来。

旋律：即曲调，它是按照一定的高低、长短和强弱关系而组成的音的线条。它是塑造音乐形象最主要的手段，是音乐的灵魂。

节奏：即各音在进行时的长短关系和强弱关系。由于不同高低的音同时也是不同长短和不同强弱的音，因此旋律中必须包括节奏这一要素。

节拍：即强拍和弱拍的均匀的交替。节拍有多种不同的组合方式，叫做"拍子"，正常的节奏是按照一定的拍子而进行的。

速度：即快慢的程度。为使音乐准确地表达出所要表现的思想感情，必须使作品按一定的速度演唱或演奏。

力度：即强弱的程度。音的强弱变化对音乐形象的塑造也起着很重要的作用。

音区：即音的高低范围。不同音区的音在表达思想感情时各有不同的功能和特点。

音色：即不同人声、不同乐器及不同组合的音响上的特色。通过音色的对比和变化，可以丰富和加强音乐的表现力。音色好比绘画中的颜色或色彩，是音乐中极为吸引人并能直接触动感官的重要表现手段。

和声：即两个以上的音按一定规律同时结合。和声的作用是，直接影响到力度的强弱、节奏的松紧和动力的大小，它帮助旋律更丰富地表现音乐内容。此外，和声的音响效果还有明暗的区别和疏密浓淡之分，从而对音乐具有渲染色彩的作用。

调式与调性：调式即从音乐作品的旋律与和声所用的高低不同的音中归纳出来的音列。这些音互相联系并保持着一定的倾向性。而调性则是调式的中心音（主音）的音高。在许多音乐作品中，调式和调性的转换和对比是体现气氛、色彩、情绪和形象变化的重要手法。

二、传统音乐的审美欣赏

这里讲的传统音乐的审美欣赏，主要是谈传统音乐中的民歌、歌舞音乐、古代诗词歌曲、民族器乐、戏曲音乐的一般的艺术欣赏知识。

我国民歌的起源，最早要算是劳动类的歌曲，它们产生于生活的某种实际需要。像蒙古族的《猎歌》、景颇族的《杵歌》、川江上的《船夫（工）号子》都属此类。另外，民歌中的大量山歌、牧歌、田歌等，虽然并不一定都直接用于劳动，但却从另外的侧面反映着历代人民的生活。这些山野里唱的歌，歌唱的方式较自在。由于这类歌曲都是在野外唱，所以歌唱者无论是为了放纵一下自己，还是为了传递给他人听，往往都是通过吆喝式的高音区起唱，只有这样，传递才能尽可能地遥远，才便于纵情宣泄。由于野外唱歌少受封建礼教和家长的束缚，所以歌曲以表达爱情内容居多。内蒙的"爬山调"，西藏的山歌、牧歌，青海、甘肃、宁夏的"花儿"，陕西的"信天游"均属此类。小曲类叙事歌曲，著名的有《孟姜女》、《绣荷包》、《瞧情郎》等。

歌舞音乐在我国各民族地区都有。如汉族的秧歌、花鼓灯、采茶调，可先歌后舞，也可边歌边舞，有些偏重于群众性娱乐，有些主要用于表演。如"二人台"、"二人转"、"花鼓灯"、"小放牛"等。"凤阳花鼓"也属此类，它是旧时安徽凤阳穷苦农民逃荒卖唱时演唱的歌舞曲。演唱时，一般为女敲花鼓，男打小锣，边唱边舞。

古代诗词歌曲，最早的是南宋诗人兼作曲家姜夔的17首自度曲。《满江红》也属于这一种。古典的琴歌中最有名的有《阳关三叠》、《胡笳十八拍》和《关山月》等。从《阳关三叠》流传的久远我们可以体会到，倾诉离情别恨自古就是中国文艺中最重要的抒情内容之一。中国人重家庭、重友情，自古以来，男人出门谋生、戍边，女人在家苦守空房，由于交通不便，信息难传，考场、官场无情，得意者有限，一旦分手，再见也难。因此，用诗词、歌曲抒发这方面的感情者，不计其数。文人琴歌的《阳关三叠》颇具有代表性。《阳关三叠》的"叠"字是指叠奏，即一种"基于同一音乐轮廓的自由反复、变奏或即兴发挥的音乐结构方式"。

民族乐器主要有锣鼓、唢呐、笛子、洞箫、古琴、琵琶、二胡等。这些民族乐器各有特色，独具魅力。有人曾经对我国的一些民族乐器的艺术特色与魅力进行过这样的生动描绘：锣鼓——壮士的威风；唢呐——场院的哀欢；笛子——旷野的歌唱；洞箫——书斋的吟诵；古琴——老者的苍凉；琵琶——仕女的伶俐（或小家碧玉的絮语）；古筝——东方的钢琴；三弦——骑手的放达；二胡——人声的歌唱（或南国的温婉缠绵）；板胡——西部的嘹亮阔远；京胡——北方的高亢激越；埙——远古的呼唤（或巫术里的悲鸣）；笙——乐队里的溶剂。

锣鼓和吹打乐在中国传统音乐中是与广大民众关系最为密切的形式之一。它的特点就是长于渲染，从古代的将士出征、仪仗威风，到老百姓的婚丧嫁娶等红白喜事，常常都需要借助它们来烘托气氛。在锣鼓与响器织就的乐曲中，没有忧愁，没有缠绵，只有勃勃生机在人群中聚合而升腾的气氛。此外，在一些宗教仪式、戏曲音乐中，特别是农村逢年过节的群众性娱乐歌舞活动中，从南到北，台上台下，无处不见这类音乐的演奏。比较有名的有太原锣鼓、潮州锣鼓、浙东锣鼓等。

唢呐是中国历史悠久、流行广泛、技巧丰富、表现力较强的民间吹管乐器。它发音开朗豪放，高亢嘹亮，刚中有柔，柔中有刚，是深受广大人民喜爱和欢迎的民族乐器之一，广泛应用于民间的婚、丧、嫁、娶、礼、乐、典、祭及秧歌会等仪式伴奏。唢呐的最大特色在于其能以嘴巴控制哨子作出音量、音高、音色的变化，以及运用各种技巧，这使得一方面唢呐的音准控制十分困难，另一方面其音色音量的变化大，且可借由音高的控制作出很圆满的滑音，这些都使得唢呐成为表现力很强的乐器。唢呐在表现哭天喊地的凄凉、悲愤之类的情绪时，尤其具有很强的艺术感染力；同时，唢呐在表现欢乐情绪时也很有魅力。有名的唢呐曲子有《百鸟朝凤》、《一枝花》、《抬花轿》、《庆丰收》、《江河水》等。2006年5月20日，唢呐艺术经国务院批准列入第一批国家级非物质文化遗产名录。

笛子是最常见的民族乐器之一。在欣赏笛子曲的时候，除了应该体会、理解乐曲所表现的情绪、内容外，最主要的一点就是体味笛子演奏的北、南两派的风格。如果你欣赏过《扬鞭催马运粮忙》、《陕北好》、《鹧鸪飞》、《姑苏行》等曲子的话，你就会觉得《扬鞭催马运粮忙》、《陕北好》两首乐曲具有共同的特点，即它们的旋律欢快活泼，笛子音色高亢明亮，显得粗犷奔放；而《鹧鸪飞》、《姑苏行》则是另一番风味，它们的旋律秀丽悠扬，笛子音色醇厚圆润，显得细腻典雅。在笛子的选择上，北派常用"梆笛"，南派多用"曲笛"。在演奏技法上，北派注重舌头的技巧，如吐音、花舌音、滑音、垛音等，这些技法最适合吹奏那些欢快、奔放的乐曲，表达北方人民那种质朴豪爽的性格和气质。南派演奏上则多强调气息和力度的控制，并常用打音、倚音、震音、颤音等技巧来润饰优美委婉的旋律，易表现南方人民细腻、含蓄、平和的性格。

洞箫是流行于中国民间的吹管乐器，简称箫，是最常见的民族乐器之一，发音清幽凄美，音色圆润轻柔、温婉典雅。洞箫可以用来独奏，也常用与古琴合奏或用于传统丝竹乐队中。琴箫合奏，相得益彰，委婉动听，更能表达出乐曲深远的意境。著名的独奏曲目有《鹧鸪飞》、《妆台秋思》、《良宵引》等，琴箫合奏曲有《梅花三弄》、《平沙落雁》等。洞箫最适于吹奏悠长、恬静、抒情的曲调，表达幽静、典雅的情感。在古曲《春江花月夜》中，一开始洞箫奏出轻巧的波音，配合琵琶模拟的鼓声，描绘出游船上箫鼓鸣奏的情景，在整个乐曲中，箫声绵绵，流畅抒情。中国文人偏爱洞箫，这与文人爱竹的文化渊源和文人特有的审美情趣有一定的关系。

古琴即瑶琴或七弦琴，它是我国最古老的乐器之一，早在《诗经》中就有"窈窕淑女，琴瑟友之"的句子，因其"清、和、淡、雅"的音乐特色尤为历代文人墨客所喜爱。古代文人修养讲究"琴棋书画"，为首的"琴"即是古琴。"士必操琴，琴必依士"，古琴音乐可以说是中国文人音乐文化的象征。魏晋以后，琴渐渐成了清高士人的专利，成了隐逸高士的伙伴，就渐渐有了一种独往独来的个性。魏晋名士与琴相伴，清高自重，这种特点在中国古代历史上得到始终的表现。琴人不愿意在歌台舞榭弹琴，更不愿意奔走于权贵之门。不仅是名士，即便是一介爱琴的布衣，依然是把人品琴格看得比性命还重要。琴人与琴相伴，在旁人看来，很有点孤单的味道，而在他们自己，则更多的是"自适"、"自得"、"自娱"的自在与舒展。他们吟诗、弹琴，自得于怀，不想谋求什么利益。古琴琴体不大，且很薄，故音量较小，决定了古琴的产生并非为了表演，而是一种"自弄还自罢，亦不要人听"的自娱性室内乐器。但古琴音色丰富，演奏手法细腻，多表现超脱或出世的感情。在中国弦乐器中，古琴发音的琴弦较长，拨弹一个音能持续一段相当长的时间，因此它具备表现悠远意境的特定条件。古琴很自然地成了文人们表现淡泊、超逸、不与世俗同流合污的最好方式。古人抚琴前，每每焚香沐浴，以示隆重。琴界素讲"五不弹"：疾风甚雨不弹，尘世不弹，对俗子不弹，不坐不弹，不衣冠不弹。有些人则喜欢把琴案摆在竹林里、月光下，领略那种美妙的自然意境。著名的琴曲有《广陵散》、《高山流水》、《平沙落雁》等。古琴的演奏和欣赏，应注意乐曲内容、意境、演奏技法（指法、泛音）、环境（寂静为佳）等。2003年11月7日，联合国教科文组织在巴黎总部宣布了世界第二批"人类口头和非物质遗产代表作"，中国的古琴名列其中。2006年5月20日，古琴艺术经国务院批准列入第一批国家级非物质文化遗产名录，划分在"民间音乐"类。

我国的琵琶最初来自波斯，公元5世纪前后，经丝绸之路传入中原，隋唐时期已在宫廷中广泛运用。琵琶传到中国后，无论从外形、结构还是演奏方法、演奏韵味等方面，都产生了深刻的变化，使它终于变成了一种地道的中国民族乐器。隋唐时琵琶演奏是用拨子的，到了明朝就改成了用五指弹奏。现有的传统琵琶曲主要是清代以来的传谱，包括《汉宫秋月》、《夕阳箫鼓》、《月儿高》、《塞上曲》

等"文曲",又有《十面埋伏》、《霸王卸甲》等"武曲"。琵琶以其颗粒性音响见长,音色独特,演奏灵活多变,自古就有"大珠小珠落玉盘"的赞誉。它不仅能唱、能吟,还长于通过精美的节奏表现歌舞动作,或通过各种多音演奏技术表现复杂的戏剧性音乐内容,所以近年来发展尤其迅速。

二胡又名胡琴,唐代已出现,称"奚琴",宋代称"嵇琴",现已成为我国独具魅力的拉弦乐器。二胡的音色很接近人声,情感表现力极高,深为广为人民大众喜爱,是我国最具代表性的民族乐器。20世纪20年代,二胡始作为独奏乐器出现在舞台上。在这之前,二胡多用于民间丝竹音乐演奏或民歌、戏曲的伴奏。二胡独奏近年来发展尤其引人注目,这与二胡具有独特而丰富的艺术表现力(音色自然、深沉、优美,弓法多变,既适合演奏那些发自内心深处的如泣如诉的曲调,也能拉出欢乐明快的乐曲)有关,更与民族音乐家刘天华和民间艺人阿炳等对二胡艺术的杰出贡献有关。著名的曲子有《良宵》、《二泉映月》、《江河水》、《豫北叙事曲》、《红梅随想曲》等。在国内外享有盛誉的《二泉映月》是民间艺人阿炳的代表作。阿炳(道名华彦钧)是无锡著名的道教乐师,出身贫苦,后因双目失明流落街头,卖艺为生。阿炳充分发挥了二胡这一拉弦乐器的歌唱性特点和不同音区音色的表现力,在《二泉映月》中充满了江南音乐的恬美和诗情画意,同时也流露出某些与他个人身世有关的凄婉、愤懑之情,以及他对美好生活的憧憬和向往。

古筝是中国古老的极具特色的传统乐器,属于弹拨乐器。筝的形制为长方形木质音箱,雁柱可以自由移动,一弦一音,按五声音阶排列,目前最常用的规格为二十一弦。古筝音色优美清雅,意境高远,余音绕梁,其音域宽广,可塑性极大,常因乐曲的变化而呈现出不同的风貌,具有清新中不失庄严,淡雅中不失通俗的独特风格。它的演奏技巧丰富,具有相当的表现力,因此深受广大人民群众的喜爱。著名的古筝曲有《渔舟唱晚》、《高山流水》、《出水莲》、《月儿高》等。

民族器乐合奏曲中,最有名的就是《春江花月夜》。它以优美流畅和雅俗共赏的音乐语言,柔和的色调和独具东方韵味的、连绵不断的结构方式,让音乐像涓涓流水那样不紧不慢地展现在世人面前,它并无任何先声夺人或张扬宣泄的意图,只是任听众自由感受那江南风景的妩媚秀丽和熏风阵阵所带来的惬意。这是一种在音乐中追求适度和中庸的艺术趣味。

戏曲音乐在我国传统音乐中占有比较重要的地位。中国人素有欣赏综合性艺术的传统,所以中国戏曲的发展道路不同于西方,没有把戏剧表演的不同方面各自独立出来,分别成为话剧、歌剧、舞剧等。中国戏曲是在中国民歌、说唱、器乐、歌舞音乐高度发展和与文学戏剧等综合艺术相结合的基础上发展起来的。通过歌舞说故事,是中国戏曲最基本的特点。虽然中国戏曲讲究唱、念、做、打等多种手段的综合表现,但音乐在其中还是占据主导性地位。当然,这音乐并不仅仅局限于唱,还包括有器乐曲、锣鼓曲等,就连戏曲的唱诗和念白也含有不可忽视的音乐性成分,所以中国人也习惯于将看戏称之为"听戏"。

在中国,戏曲音乐与民众有着极密切的关系。这是因为中国戏曲不像欧洲那样一般由作曲家创作,而多半由属于平民阶层的戏子自己编成。全国各地都有地域性的戏剧,如陕西的秦腔、山西的梆子、河南的梆子(豫剧)、湖北的汉剧、四川的川剧、浙江的越剧、江南的昆曲、东北的歌仔戏等。可以说,中国的戏曲音乐与说唱音乐是地域文化的产物,它们的旋律往往是对方言的艺术夸张,人们在音乐中感受到的是亲切熟悉的乡音,满足了审美习惯上的期待。

中国现存的戏曲有 300 多种,其中有些地方小戏与民间歌舞音乐有着千丝万缕的关系,如南方的花鼓戏、采茶戏、北方的二人台、吉剧等;有的与曲艺说唱关系更直接,如北京的曲剧、陕西的眉户戏等。它们都直接地反映着中国戏曲音乐发展的历程,并始终保持着与地方人民最直接的血肉联系。所以,作为一个旅游者,如果想了解某一地区人民的生活,了解当地的语言、风土人情和艺术趣味,你最好去看看那儿的地方戏,那是最生动可靠的教材了。

音乐审美欣赏能力的培养来源于音乐欣赏的实践训练和对生活世界中的各种情感的感知和理解。音乐欣赏能力的提高有三个层次:第一个层次是耳听的层次,其表现为对音乐表现形式即旋律、节奏、和声的直观感知;第二个层次是心领的层次,其表现为在感官把握的基础上对音乐作品的情感意义和理性内涵的知觉理解;第三个层次是神会的层次,通过音乐的欣赏使人产生哲理的感悟、心灵的净化、精神的升华。

第四节 传统民歌的地域之美与音乐分区

音乐美的审美特征之一是具有鲜明的民族风格或地域特色,音乐中民族风格或地域特色最为突出的首推传统民歌。传统民歌是一种最流行的音乐形式。我国现存的民歌,从文化传承上讲,大多数来源于明清时期的民间歌曲。众所周知,我国幅员辽阔,民众生活的地理环境复杂,又是一个多民族的国家,因此,在音乐发展的历史长河中不仅造就了中华民族丰富的音乐文化心理,同时也形成了中国民歌多姿的音乐文化特点。正因为此,要想准确地描述中国民歌的风格特点,确实是一件很困难的事情。

一、传统民歌的地域风格审美

1. 小曲的音乐风格与审美特征

小曲又称小调,时尚与流行是它主要的社会文化特征。它主要是在农村地区传统民歌的基础上形成的,同时,随着城镇经济生活的发展,又形成新的城镇时尚歌曲。早在明清时期,各种类型的小曲就广泛流行于南北各地的社会音乐活动中。小曲是华北平原流传最广的民歌体裁。演唱时根据其不同的文化功能和表演特征,形成多样的曲调风格。如长于抒情的小曲旋律流畅,节奏平稳,委婉细腻;叙事性的小曲较为质朴、简练,不追求装饰效果;表现节日喜庆的小曲则明快活泼,对句上下呼应,富于动感。小曲也是齐鲁地区民歌中数量最多、分布最广的民歌体裁,它流传广泛,内容涉及各种社会生活,其中有相当数量是反映人民的爱情生活的。齐鲁民歌多用夸张、渲染的手法,以及富于地方语言特点、饶有趣味的衬词和真假声唱法的交替,表现诙谐、淳厚的乡土情趣。

2. 山歌的音乐风格与审美特征

山歌,是高原山岭文化的产物。我国的山歌,以黄土高原、云贵高原和青藏高原地区最典型。黄土高原的山歌,以陕北高原和陕南秦巴山地为代表。在这里,山歌又有"信天游"、"山曲"、"顺天游"、"爬山调"等称谓,在当地人民的生活中,山歌就是他们生活内容的一部分,人们随时会触景生情,根据已有的曲调即兴填词演唱。在那山川沟壑中唱山歌的多是经常餐风露宿的脚夫和个体放牧者。云贵高原(含鄂西南地区)的山歌与黄土高原上的山歌大有不同,那里的山歌多在山野、田间以及农作时演唱,并且,唱山歌成为男女青年表达爱情的主要方式,曲调大都舒展、奔放,且往往采用对唱的方式。藏族的山歌旋律一般是两起两伏,跌宕起落,犹如观赏陡峭深谷中流淌的江水,令人思绪万千,浮想联翩。青海地区的"花儿"是生活在这里的各族人民普遍喜爱的一种山歌,曲调辽阔、奔放、舒展而富于变化。由于流传地区和演唱民族的不同,各地的"花儿"也形成不同的音乐风格。除了高原地区,在许多山地也流行山歌,例如在湖北,山里人做什么活就唱什么山歌,采茶唱茶歌,砍柴唱柴歌,薅草唱薅草歌……湖北长阳山歌曾经声名远播、驰誉全国。

3. 牧歌的音乐风格与审美特征

牧歌是我国北部草原上牧民生活中常见的民歌体裁。古往今来,以游牧为生的牧民,在蓝天白云之下,坐在马背上放牧,不时敞开歌喉来抒发自己的感情,这就形成了节奏自由、高亢嘹亮的牧歌。蒙古族的牧歌具有蒙古族音乐最为典型的音乐风格。蒙古族人将自己对草原生活的深切体验融入歌中,歌唱草原和赞美骏马是牧歌中最常见的表现内容。他们的牧歌在音乐风格上一般呈现出高亢的音调、自由的节奏、大起大落的旋律及宽阔悠长的气势,并在吟唱中表现出畅达的抒情性。

4. 渔歌的音乐风格与审美特征

渔歌是沿海地区渔业劳动中产生的民歌。在广东沿海,渔歌是重要的歌种。海上作业有深海、浅海的不同,渔歌也有深海号子、浅海号子的不同分类。渔歌经常用嫁接、移植的方式,将其他的民歌、戏曲音调吸收进来,所以,在传统渔歌的演唱中有所谓"千样歌头,万样歌尾"的说法。广西的渔歌泛指一切水上劳作歌曲,如出海歌、洗贝歌、采珠歌等,演唱时富有劳作的节奏感,曲调优美,富有情趣。闽南沿海则常可听到嘹亮的渔民号子,渔民爱借号子来协调动作与力量、指挥劳动,歌声激昂雄壮,很有气势。江浙的渔歌以"舟山渔歌"最负盛名。不管是出海捕鱼还是在岸上织网,都有渔民号子及渔歌相伴。相对于号子的力度与节奏,渔歌的曲调展开更自由,也更富于歌唱性。

5. 田歌的音乐风格与审美特征

田歌是长江流域稻作农业区的产物,其演唱方式源于水田耕种这种生产方式。长江中下游地区自古适于稻作,农民水田劳作时间长,劳动强度大,季节性强,经常进行统一耕种。这时,为了缓解劳动中的疲劳、调节情绪,人们寻找到了唱田歌这种能统一劳动节奏的方式。唱田歌时,通常由歌师站在田头,边敲锣鼓边唱歌,歌师领,众人和,或者采取歌师互对的形式来演唱。当然,长江中下游地区面积广大,各地的音乐体裁、风格本身就不相同,因此,虽然同是田歌,各地田歌的音乐风格也是各不相同的。比如湖北江汉地区的田歌,自古盛行敲锣打鼓唱田歌的方式。鄂西地区著名的田歌是"薅草锣鼓",又名"打闹歌",是土家人在薅草(用锄头给地里的庄稼除草)季节,聚集数十乃至数百人在进行集体劳动时,请两名歌手(一个击鼓,一个敲锣)面对薅草的众人,随着锣鼓声的起落而吼唱的一种土家族民歌或田歌。领唱者慷慨激昂,劳动群众的和声波澜起伏,在山谷里久久回荡,原生态韵味悠长。而在江浙地区,农民们则自己创作了大量配合田间劳作的秧田歌。江浙地区的秧田歌,曲调通常优美婉转,一些田歌的内容还带有故事情节,唱时此起彼伏,连绵不绝,很有生活情趣。田歌的历史可以说与稻作文化的历史一样古老,这种民歌甚至受到诗人的关注,唐代刘禹锡就写有《插田歌》,可见其社会影响有多普遍。

二、中国汉族的音乐分区与地域之美

我国地域辽阔,环境复杂,历史悠久,人口众多,因此,仅仅是汉族,音乐的艺术风格就多姿多彩。钱茸等学者根据地理、历史状况、语言三大背景,把中国汉族的音乐按地域风格色彩划分为14个区域:

1. 东北音乐文化内区

此区包括以华北平原为主的古齐鲁燕赵之地。自古多慷慨悲歌之士，秦时荆轲壮士一曲绝唱，令后人感叹至今。该区多流行民歌、小调。民间歌舞有秧歌、莲花落等，说唱品种有京韵大鼓、西河大鼓、山东大鼓、单弦、北京琴书、河南坠子等。这一带盛行吹打合奏乐，其喧嚣和阳刚之气极有北方特色。

这一地区的音乐比较朴实、粗犷。这里的乡土音乐展示了北方人血气方刚的鲜明性格。

2. 东北音乐文化外区

此区以东北平原为主，位于山海关以外、长城以北。这里自古是北方少数民族生活的地区，至今仍有满、蒙、朝鲜、赫哲、达斡尔、鄂温克、鄂伦春等民族，后来大批汉民从关内迁来，故文化交融现象十分突出。

这里民间音乐较有特色的品种，民歌有林工号子，歌舞有二人转，说唱有奉天大鼓，戏曲有吉剧、龙江剧，器乐合奏乐种有辽南鼓吹、唢呐乐。

东北的白山黑水与严寒气候培育了人们刚毅、泼辣的性格，因此，这里的音乐风格除了与内区同样朴实和粗犷外更添了些开朗和泼辣。

3. 西北高原音乐文化内区

这一地区包括阴山以南、秦岭以北、太行山以西、陇山以东的黄土高原地区。不少人认为，这一地区的音乐是汉族民间音乐中最有魅力的。这里的民歌具有浓郁的原生态特征，它那种高亢低回、苍凉悠远、沁人心脾、情深至骨的音乐风格与魅力特点，是世界上其他民族所没有的，也是我国中原和南方少见的。这里是华夏文化的摇篮，历史上与北方游牧民族频繁接触，中原文化与草原文化碰撞融合。这里的特色音乐文化是异质文化长期碰撞融合的结果，也是当地地理环境、地域文化所起的抵御现代流行文化、都市文化浸染的"冰库保藏"作用所致。民间音乐的特色品种中，民歌有"信天游"、"爬山调"、"二人台"，戏曲有秦腔、碗碗腔等，器乐有西安鼓乐，说唱音乐有潞安鼓书等。其中"信天游"作为陕北民歌的主要形式，具有独特的美学特征，主要表现为情感的真挚性、强烈的抒情性、鲜明的形象性、形式的灵活性，手法的多样性（比兴、铺陈、夸张、白描、叠词、对比等）。

该区域的音乐旋律基本框架强调四度起落，节奏常常较自由，气势雄浑，跌宕起伏，回肠荡气，销魂摄魄，韵味悠长，感染力极强。

4. 西北高原音乐文化外区

这一地区包括青海、甘肃、宁夏、新疆，是20多个民族的聚居地。青海南部是黄河的发源地，黄河以西的河西走廊自古就是通往西域及欧洲的丝绸之路。

这一带最具特色的音乐品种，民歌有"花儿"，说唱有兰州鼓子、青海平弦，戏曲有陇剧、平弦剧、新疆曲子戏等。从整体上说，这里的音乐比内区装饰性强，"花儿"里面使用真假声交替，有很强的艺术性和技艺性。每年定期举行的"花儿会"，促进了人们日常的声乐训练。

5. 西南高原音乐文化内区

此区包括四川和陕西南部。这里的地形也以山地为主，与西北相比，这里气候温润，降水丰富，植被比较茂盛。这里的水土哺育了李白、杜甫、陈子昂、苏轼、薛涛、郭沫若等大诗人，也哺育了"诗意"的人民。

此区的特色民歌品种，有川江号子、南坪小调、晨歌、栽秧歌。民间歌舞主要是花灯类。器乐的特色品种是锣鼓乐、吹打乐和蜀派古琴。说唱音乐有四川竹琴、四川清音和四川扬琴。戏曲则分为傩戏、灯戏和大戏（川剧）。川剧历史悠久，文化涵盖面宽，是一种多声腔剧种，其中的高腔"声高调锐"，鬼气十足，幽默诙谐。

6. 西南高原音乐文化外区

这一区是指云贵高原。云南有"小天府"之称，贵州则地形崎岖，山大石头多，人民生活相对贫困。两地汉民多从四川迁移而来，自然使用四川人使用的西南官话。这里还是汉族与少数民族大融合的地域。

这里因山多而盛产山歌，因交通不便要靠马帮运输而多"赶马调"。器乐的代表品种是洞丝音乐。说唱代表品种是贵州灯词、贵州琴书、云南琴书、云南扬琴。汉族戏曲有黔剧、滇剧等。云贵地区的汉族音乐中明显受到少数民族音乐文化的渗入，如有些频密的节奏形式来自少数民族歌舞，有些歌词单个字上的迅速下滑音、假声的音色特点等，都有异族风味。

7. 江淮音乐文化区

江淮地处长江、淮河之间，特定的地理环境使此区兼具南北文化的特点，形成一种过渡类型的文化特色。最有代表性的民歌有"慢赶牛"、"震颈红"、"格冬代"，民间歌舞有凤阳花鼓，说唱品种有安徽大鼓、安徽琴书，戏曲最有名的是徽剧、黄梅戏。

江淮音乐的气质是外刚内柔，豪爽中透有一丝婉约。

8. 江浙平原音乐文化区

此音乐文化区包括苏南、上海、浙江大部及皖南的一部分。此区东临黄海，西濒鄱阳湖，平原广阔，山丘相间，河湖广布，气候温和，雨量充足，山明水秀，自古就是"鱼米之乡"。这里古代为吴、越之地，居民使用的是音柔语软的吴方言。

由于江浙以平原水乡为主，所以小调发达。在全国广为流传的《孟姜女调》、《茉莉花调》即出于此。浙南山地丘陵也有少量山歌。全国各地的秧歌在这里都有出现。说唱音乐发育最成熟的就是苏州弹词。戏曲在这一地区传统深厚、丰富多彩，昆剧、越剧、沪剧、锡剧、扬剧、淮剧、苏剧、婺剧、绍剧、甬剧等，真是数不胜数。其中，昆剧是我国戏曲中的大剧种，越剧因《红楼梦》剧目和小提琴协奏曲《梁祝》的问世而声名远播。器乐合奏有江南丝竹、苏南十番鼓等。古琴的广陵派、虞山派和琵琶的众多流派均出自这个地区。

江浙音乐以细腻、婉约著称，旋律以级进为主。但在说唱音乐与戏曲中也出现起落幅度较大的旋律，与级进的基本旋律线构成鲜明对比，艺术效果尤为显著。

9. 江汉音乐文化区

此文化区位于江汉平原和鄂西山地，是古代楚文化的摇篮。与江汉平原西部接壤的封闭、险恶的山川条件有利于巫史文化的形成，因而造就了浓郁的古代浪漫主义文化氛围。荆楚文化的多源性导致了它的突出个性，巫文化的遗风使楚声具有一种奇诡之美。鄂西南地区的山歌（如长阳山歌）、民歌（如《龙船调》、《黄四姐》）以及船工号子等颇有特色，驰名海内外。

此地有特色的说唱品种有湖北渔鼓、湖北小曲（曲调优美动听，具有浓郁的水乡韵味）、湖北大鼓等，戏曲有汉剧、楚剧和清戏。此外，本区还有一种特殊音乐——道乐。道教音乐与古代楚乐是一脉相承的。

10. 湘文化音乐区

此区与湖南省境大体一致。这里的文化应是楚文化的一部分，但音乐风格却与荆楚明显不同。这一地区的山歌中，最动听的是湘西桑植民歌，有人分析，这里是三省（湘、鄂、川）交界处，又是少数民族与汉族杂居地，故而桑植民歌是一种美丽的优质"混血"品种。

湘文化的特色歌舞是采茶戏和竹马灯，说唱品种有常德丝弦、湖南渔鼓、长沙弹词、祁阳小调等，戏曲有湘剧、祁剧，器乐合奏乐有"响房"。湖南音乐真挚而甜美，温柔之情沁人心田，正如它那碧波荡漾、水产丰茂的八百里洞庭和绵延起伏、植被葱绿的大片丘陵给人的感受一样。也正是这样独特的地域环境才养育出了像李谷一、宋祖英、张也等颇有艺术魅力的湖南籍的歌唱家。

11. 赣音乐文化区

此区是指江西省。这里东、西、南三面环山，北部渐次向鄱阳湖倾斜，中部多丘陵，纵横江河两千多条。该区方言众多，极不统一，民间音乐也受方言分布的影响，很难找出一个统一点，"杂"也就成了该区音乐的一大特色。

这一地区的民歌代表品种有"哭嫁歌"、"兴国山歌"、"隔山拖"，民间歌舞有傩舞、道教舞蹈、佛教舞蹈，戏曲有赣剧、宜黄戏等。

12. 闽台音乐文化区

此区包括福建、台湾的大部分和广东潮州的部分地区，中心文化还是福建文化。福建三面环山，东南临海，这种特殊的地理环境使福建文化与内地其他地域差异较大。这里民歌的代表品种是"福建南音",它是一种声乐、器乐都有的综合艺术形式,流行在我国闽南、台湾、香港地区及东南亚地区。戏曲代表有闽剧、梨园戏、高甲戏、莆仙戏、傀儡戏、布袋戏等。闽台音乐文化区的主要特色是具有典雅的古风。

13. 粤音乐文化区

此文化区包括广东大部、广西南部和海南岛部分地区,以广东文化为中心。这里海岸线长,多岛屿,受商业文化和舶来文化的影响,屡有变异,但传统之风犹存。

这里通行粤方言。民歌品种有"咸水歌"、"姑妹歌"等,说唱品种有"木鱼书"、"龙舟歌",戏曲剧种有粤剧、花朝戏、鬼儿戏等,器乐代表乐种有"广东音乐"、"十样锦锣鼓"。其中"广东音乐"具有跌宕跳动、活泼轻巧、亮丽优雅的特点。

14. 客家音乐文化区

客家先民曾是中原一带的汉族居民,因战乱等原因多次迁徙,最后主要定居在粤东、粤北、闽西、赣南等地。因是外来户,常受当地人排挤,故自身十分团结,故乡情结又使他们努力保持中原传统,客家文化因此被称为"中原文化活化石"。此区代表民歌品种有"兴梅山歌"、"老山歌"、"山歌仔"等。客家音乐文化区的主要特色是古风成分保存较多。

总起来看,地域性音乐文化是中国汉民族整体文化中一部分极其重要的特色"佳肴"。它们以其绚烂的风格色彩装点了这片土地,并从音乐的角度展示了不同的地理、经济、民俗、宗教等多元文化传统和在不同传统文化中生存的人。作为旅游开发者,应该充分注意利用这一独特的文化资源,发展富有地域特色的旅游产品;作为旅游者,只要不是完全的"乐盲",旅行途中,就应该在眼观秀美山河的同时,注意聆听富有地域特色的音乐作品,这也增加了游程中的趣味,更体味到另一种对人生的文化表达。

三、中国民族音乐与地理环境

音乐的产生与发展存在着某些时空限制性,不同地域造就不同风格和不同特色的音乐,因此民族音乐特别是民歌与地理环境存在着一定的关系。

由于受一定地域背景下的自然环境和人文环境的影响,音乐也形成了地域差异。具体而言,地域背景的差异表现为影响音乐的旋律、节奏、速度、力度、音区、音色、和声、调式等音乐语言要素的空间差异。例如,中国音乐就存在着明显的南北差异,近代学者梁启超在《中国地理大势论》中曾指出:"北乐悲壮,南乐靡曼"。具体来讲,北方音乐的主要特色是粗犷、豪迈、开阔、高亢、通达、简练、活泼自然，南方音乐的主要特色是细腻、清秀、轻柔、舒曼、明亮、流畅、温馨典雅。如江南丝竹以空灵轻盈见长，余音绕梁；北方黄土高原的唢呐则凄厉悲壮，颇具悲剧色彩；山西的锣鼓，节奏鲜明，威风无比；陕北的腰鼓更是刚劲激昂，气势非凡。作为南北最有代表性的两大剧种，越剧和京剧各有特色：越剧唱腔柔和婉约，做功温文尔雅，旋律平和恬静；京剧则唱腔雄浑铿锵，做功力度突出，旋律明快激昂。同为说唱艺术的苏州评弹和京韵大鼓也风格迥异。苏州评弹如清泉出涧，风拂垂杨，娓娓叙唱，哀艳清新。京韵大鼓则声调高亢，唱腔激昂，语重心长。音乐受地理环境影响的机制是：（1）由于所处的地理背景不同，自然人的心理品质不同，并进而影响音乐的审美情趣差异。北方地理风貌较为雄浑、苍凉、质朴且较严酷，人们性格多较粗犷，审美情趣上多崇刚（或雄）；南方地理风貌较为秀雅、温婉和优越，人们情感多较细腻，审美情趣上多尚柔（或秀）。（2）由于地理背景差异的直接影响，不同环境需要不同的音乐风格及音域音量的表达，如辽阔的草原与闭塞的山地的音乐在上述方面均存在差异。

地理环境中的自然音响是音乐创作的源泉，例如，草原音乐多出现奔跑的马蹄声节奏。《高山流水》、《春江花月夜》等名曲颇能使人感受到音乐与环境的契合。

地理环境对音乐影响最明显的是民族音乐。下面我们以中国民歌为例，详细分析其地域特色差异及其形成的地理背景。

我国民歌丰富多彩，与我国具有辽阔的地域、复杂的自然环境和拥有众多的民族密切相关。在人类社会的早期，由于交通闭塞，不同的地理环境对不同地区的民族的心理状况、生产与生活方式均产生着深刻影响，并由此影响到民歌的风格与地方特色。到了近代，地区之间的文化交流不断加强，各地民歌也日益呈现交融、演化的趋势，但仍明显地保留有某些地域特色和地理印痕。

高原山地的民歌高亢嘹亮。我国是一个多山地的国家，生活在山区的人民很早就发现山体是天然的回音壁，深谷是自然的共鸣箱。由于山大人稀，人们经常挑起嗓子招呼同伴，一声高亢、拖长的吆喝，能在寂静的山谷中长久回荡。这种由吆喝演变而来的"喊句"在山区民歌中经常可见，尤其是多出现在歌曲的开头与结尾。例如，四川民歌《太阳出来喜洋洋》，歌声十分高亢，歌中的许多"喊句"不扯起嗓子是唱不出效果的，唱这首歌很能使人联想起旭日初照的高山深谷。由于我国山地分布很广，地域差异较大，不同的山区的民歌又有一些差异。

云贵高原地形崎岖，山高水长。这一地区的民歌曲调高亢明快，变化丰富，优美多情，情歌的比重较大，歌词内容及比兴也多与山水等地理事物密切相关，例如大家熟悉的《小河淌水》中的"月亮出来亮汪汪，想起我的阿哥在深山，哥像月亮天上走，山下小河淌水清悠悠……"

黄土高原的民歌与南方的云贵高原的民歌相比，别具一番风味。这里的民歌腔高板稳，曲调粗犷有力，浑厚朴实，音域较宽，其风格与黄土高原的宏大、雄浑、质朴的自然风貌颇为融洽。黄土高原一带的民歌常有悠扬、辽阔的拖腔，似乎表现着黄土高原辽阔无际的景象与气势。大多民歌的首尾有自由的吆喝，好像是在黄土高坡上放声歌唱。此外，黄土高原的民歌与云贵高原的民歌一样，也很高亢嘹亮，这显然与黄土高原千沟万壑、坡高谷深、地广人稀的地理环境有一定关系。

草原牧区的民歌舒展奔放。辽阔的草原，一望无垠，牛羊成群，万马奔腾，这里流行的民歌特别是牧歌自由舒展、辽阔奔放，具有浓郁的草原气息。

内蒙古拥有我国最大的草原，到处呈现出一派"天苍苍野茫茫，风吹草低见牛羊"的壮美景观。这里的牧歌歌词内容与地理环境的关系也较密切，大多描写蓝天、白云、草原、牛群、骏马等，如《牧歌》中的唱词"蓝蓝的天空上飘着那白云，白云下面盖着雪白的羊群"，把内蒙古草原景观描绘得栩栩如生，这类歌曲举不胜举。吟唱内蒙古民歌，颇有置身于茫茫草原的亲切之感。

新疆素有"歌舞之乡"的美称，民歌众多，这里的民歌与内蒙古民歌相比，除了具有自由奔放的共性外，还具有节奏感强烈的特点，好似那大漠中起伏的沙丘，大起大落，宛如那大陆性气候，变化剧烈。而且，曲调欢快，节奏活泼，结构规整，适于边舞边歌。歌词内容多描写天山、吐鲁番、伊犁河、草原、戈壁滩、骏马及骆驼等。

青藏高原民歌的重要特点是歌声激越嘹亮，音区很高。这里的民歌既像高原上的天空一样洁净明亮，又像高耸的雪山一样直刺苍穹，响彻雪山草原，洋溢着高原雪峰的特有韵味。歌词中赞美雪山、雪莲、雄鹰和太阳较多。

平原水乡的民歌优雅秀丽。平原地区人口稠密，与山区、牧区相比，人与人之间的空间距离一般较小，所唱的歌声不需要传送很远，一般都是轻唱低吟，不像山歌、牧歌那样放声高唱和具有"喊句"。

平原水乡的民歌优雅秀丽。如长江中下游平原民歌曲调优雅秀丽，清新流畅，委婉缠绵，柔美细腻，既像河水中的静静流水，柔情脉脉，又像那低平的地形，起伏变化不多。"江南小调"等在这方面的特色尤为鲜明。这与碧水荡漾、风光秀丽的地理环境不无关系。平原水乡民歌的歌词中，有关河流、田园、花卉、麦苗、油菜、稻谷等景物的内容较多。

由上述可见，地理环境对民族音乐的影响是十分明显的，了解不同地区的音乐与地理环境的关系，无疑会有助于我们对音乐艺术特色的理解，从而大大提高我们的音乐艺术鉴赏能力。

第五节 中西音乐审美比较

中国的伦理人文与西方的人文主义，虽然基点都是"人"，但文化品格却大相径庭。这从音乐上看就一目了然。欧洲音乐的文化品格强调的是个性的解放和情感的宣泄，中国音乐的文化品格强调的是人与自然的和谐和情感的含蓄表达。有人认为，就像人在童年时的遭际会影响其一生的性格一样，中国音乐的文化品格恰恰来自我们民族童年的步履。

中国传统音乐与西方和印度的音乐相比，其音乐的技艺化程度要逊色一些。因为中国音乐绝大多数时间都是处于民间状态，欧洲音乐则是在宗教的扶持下以专业化古典音乐为主体，印度的古典音乐几乎全部服务于宗教。中国缺少西方那种颇能够净化人的灵魂、升华人心境的宗教音乐。

中国传统艺术审美与西方最大的差别之一，就是忌"露"、忌"显"、忌"直"，讲究含蓄美。于是，便有了虽带醉意的飘忽感却无狂躁失态的《酒狂》，虽有大小起伏的水流跌宕却并不惊心动魄的《流水》，虽演遍人间爱恨情仇却始终把人笼罩在温雅的气氛中，并不在人心中掀起狂澜的"昆曲"。因为中国文人的心灵最受纲常伦理的束缚，只得曲折地把千愁万怨熔炼成一炉淡淡的哀愁，而遁入对悠悠意境的追寻。另一方面，中国人通常持知足常乐、安贫乐道的生活观，因此常用幽雅的音乐调节失衡的情绪。

传统音乐在表现含蓄美方面似乎优于其他艺术部类。当西方人调动节奏、音量、肢体等各种因素着力挖掘音乐的各种表现力时，中国音乐却另辟"曲径"通"幽处"，利用音乐艺术的抽象性，绕开直畅，执着地追寻含蓄美，在委婉、含蓄中开掘出自己的审美特色。西方音乐在涉及悲伤主题时，情绪的外在张力很大，那悲苦往往是令人震撼的。中国式的悲愁情绪则含蓄得多。如二胡名曲《二泉映月》，从第一句开始就把人带入深深的哀愁，但这种哀愁不是向公众的呐喊和控诉，它是一种深埋在内心的挣扎，其情绪张力是内在的。如果说西方艺术擅长用摧毁、撕碎美好的悲剧手法展示艺术魅力的话，中国传统艺术恰恰是擅长用淡淡的哀愁带人进入无尽的思绪。

中国人对音乐的欣赏还有着深厚的声乐传统。古语说"丝不如竹，竹不如肉"，就是中国人对弦乐（丝）、管乐（竹）、声乐（肉）的经典看法。弦乐是用手指拨弹人工制作的琴、瑟、筝、琵琶等，管乐是用气息吹奏人工制作的笛、管、笙、箫等，声乐则完全以气息与人身上的天生乐器——嗓子共同完成。显然，这种观点表示了中国人的价值取向：越自然的、越接近天籁的、越是好的。所以在中国传统音乐里，声乐是主流。在器乐中，中国人偏爱二胡，这与二胡音色最接近人声和"天人合一"的观念（二胡的蛇皮、马尾、琴筒、琴杆等浑身都是"自然之物"）等有关。仅以民间音乐而论，它的五个大类——民歌、歌舞、说唱音乐、戏曲音乐、民族器乐中，有四个属于声乐类别，即使在器乐部类里也处处留着声乐的胎记。为什么中国人有如此深的声乐情结呢？有人认为，我们这个农业国的口头文化成分较大，声乐比器乐易于被人接受。再就是中国是非宗教国家，文化呈此岸性。西方人的宗教往往把音乐当作与上天（彼岸）沟通的中介，追求非人间的声音。中国人追求的是人间的声音，而且追求乡音，所以中国人不但喜欢声乐，还偏爱与地域方言不可分割的当地声乐品种。这是典型此岸文化的特点。相比之下，西方音乐的人工痕迹要浓厚一些，并具有典型彼岸文化的特点。

中国传统音乐中的音色特别丰富。这是因为，人类各个群体有着不同的发声习惯，因此形成了不同民族的不同语言，中国是一个多民族国家，语言的源头自然比较多，再加上疆土的辽阔、地理环境的复杂，又形成各种各样的方言，使得中国有着特别丰富的音色宝库。我们能在各民族、各地域的民歌、歌舞、戏曲、说唱里，感受到不同语言各自的音色美，如粤语的浑厚、吴语的轻巧、北方话的亮丽、阿尔泰语的圆润。各地方言对民间音乐风格的影响无疑是最直接的，因为传统声乐的歌词是用各地的方言演唱的，它们与受方言左右的旋律构成一种高度协调的美。

中国人对音乐的品赏，还特别讲究韵味。韵味是中国传统音乐的灵魂。"韵"是指音响的波状流动，与绘画、书法、舞蹈等艺术领域里的韵相通。"味"本是指食物的口感，后来较多地用在了艺术欣赏方面，如品味、把味、玩味、回味等。当把这二者放在一起，用作"韵味"时，是指一种波动的、耐人寻味的美感。民歌里围绕基音上下波动的各种装饰性润腔，器乐里各种加花、装饰、技法，都是为求得各种风格的韵味。戏曲音乐的韵味更是各不相同：秦腔大起缓落，像黄土高原的峁塬沟壑；豫剧波澜起伏，像滔滔黄河水流；越剧微起微落，像缓缓西湖碧波。

相比之下，西方传统音乐的音色不如中国音乐丰富，韵味不如中国音乐浓厚，语言的区域性差异对音乐的影响不如中国明显。

然而，在西方人听来，中国音乐似乎并没有充分发挥出表"情"的效力。无论是快乐还是悲哀，都没有发挥得淋漓尽致。可以说，缺乏半音的五音调是造成这一现象的主要原因。直到现在，民间歌曲多半还是用缺乏半音的五音调，它几乎垄断了整个的中国音乐市场，的确构成了中国音乐风格的基础。据有人研究，这种普遍存在的倾向有着心理学的基础。因为具有半音的旋律更具表现力，感情也不够稳定,而不具半音的旋律则更平易切实。中国人习惯于间接含蓄地表达情感。古人认为音乐与人的心理状态有着密切的关系,音乐由人心生而又影响人心。中国古人心目中的音乐,不在于把人心中的七情六欲漫无限制地表现出来,而是要节制它的表现。当然,中国人也和其他任何人一样,有时会狂怒、狂喜,或悲不欲生,但相比之下,中国人比较倾向含蓄的表达方式。中国人的情感尤其具有多愁善感的倾向,这在中国音乐中很清楚地可以看到,一如中国的诗与画,中国的音乐也多半是抒情的。

综观中西音乐文化,二者主要区别在于:中国音乐具有含蓄、平和、渐变(如乐句、乐段的处理上主要采用渐变式)、典雅、玄远、幽深、虚静、柔美、空灵、余韵、和谐的特点,西方音乐则以张扬、激越、突变(如乐句、乐段的处理上跌宕起伏、大起大落)、狂放、冲突、喧嚣、新异、华美为特色。其具体区别是:

在审美追求上,中国音乐注重自然美,西方音乐注重人工美。

在美感形态方面,中国音乐追求韵味的深邃,表现的力度和音响效果的虚淡空灵、余韵悠长;西方音乐则追求主题的深刻、表现的强度和音响效果的绵密厚实。

在形构或表现形式上,中国音乐以线条为主,西方音乐以块状为主(讲究和声)。中国音乐注重乐音的变化、织体的单线延伸和节奏的灵活自由,西方音乐则注重乐音的固定、织体的网状结构和节奏的整齐规则。

在音质上,中国音乐近人声,西方音乐近器声;在节拍上,中国音乐常采用散板,西方音乐则很少采用散板。

在音乐语言结构上,中国音乐偏重心理,略于形式,富于弹性;西方音乐的语言以丰富的形态外露,讲究形构,形式严谨,缺乏弹性。

在艺术表现上,中国音乐相对注重气息,西方音乐更讲究节奏。

在功能张力方面,中国音乐重自娱,重情味,重雅俗之分;西方音乐则重娱人,重技巧,重新旧之分。

在演奏效果上,中国音乐偏重单旋律,重独奏音乐轻合奏音乐;西方音乐强调和声,强调乐器之间的协调统一,重合奏音乐轻独奏音乐。

在乐器材料上,中国多选择自然材料(如二胡、笛子、洞箫等),西方多选择人工材料(如钢琴、萨克斯等)。

在传统音乐地位上,中国传统音乐中民间音乐占有重要地位,西方传统音乐中宗教音乐占有重要地位。

在音乐创作上,中国音乐重感觉和韵味,西方音乐重理性和科学。

在音乐研究方面,中国音乐美学多从哲学、伦理、政治出发论述音乐,注重研究音乐的外部关系,强调音乐与社会、政治的联系以及音乐的社会功能和教育作用；西方音乐则注重研究音乐的内部关系，研究音乐自身的规律、音乐的美感作用和娱乐作用。

在音乐艺术的最高审美范畴上，中国音乐是"韵"，西方音乐则是"美"。原因是二者的理念基础不同：中国音乐主要是建立在时间意识之上的，故而自然注重以心理时间的延展为主，是线条式的、游动的、不定的、没有边界的，是注重内在律动和心理感受的，而"韵"正是感受性的，正是必须有一定的时间过程才能产生出来的；西方音乐艺术主要是建筑在空间意识之上的，故而自然注重以物理空间的直观展示为主，因而是团块式的、静止的、固定的、有边界的，是注重形象塑造的，而"美"正是形象性的，正是具有三维立体空间的形象塑造。

正因为这些巨大的差异，在对音乐的理解与欣赏上，中西方之间有不少隔阂。但随着时间的推移和东西方文化的融合，中西音乐审美的差异会越来越小。

复习思考题：
1. 试述中国传统音乐的审美特征与欣赏方法。
2. 试述传统民歌的地域特征与音乐分区。
3. 从人地关系的视角，分析说明中国民歌与地理环境的关系。
4. 试比较中西音乐艺术风格。
5. 如何开发音乐文化旅游资源？结合某旅游地或旅游景点的实际谈谈你的想法。

案例阅读：

二胡乐曲《二泉映月》赏析

《二泉映月》作曲者阿炳，原名华彦钧，民间音乐家，江苏无锡人。1893年8月17日出生，1950年12月4日去世。他因患眼疾，在35岁时双目失明。华彦钧天资聪颖，自小学习音乐十分刻苦。冬天，为了弹好琵琶，他用冰块摩擦双手锻炼指功；夏夜，他在练二胡时将双脚泡在水里，以防蚊虫的叮咬。正由于勤学苦练，他在13岁时已经熟练地掌握了二胡、三弦、琵琶和笛子等多种乐器的演奏技艺，16岁时已得到了无锡道教界的一致公认。此后，华彦钧不顾父亲和道教长辈们的指责，沉迷于与浪迹天涯的民间艺人的交流和切磋之中，并由此广泛学习了各地丰富多彩的民间音乐。他广泛吸取民间音乐的曲调，一生共创作和演奏了270多首民间乐曲。现仅留存二胡曲《二泉映月》、《听松》、《寒春风曲》和琵琶曲《大浪淘沙》、《龙船》、《昭君出塞》6首。

《二泉映月》是华彦钧最杰出的二胡曲代表作。这首乐曲已在海内外广为流传，在国际上享有很高的声誉。这首乐曲原为道教的唢呐曲，具有浓郁的宗教音乐风格。20世纪30年代末，华彦钧在街头流浪卖艺的过程中，经过反复演奏、加工、创作，融入了苏南一带的山歌、小调、江南丝竹、苏南吹打、滩簧腔甚至广东音乐《三潭映月》的音调。它从最初不定型的片段到完整结构，经历了久远的年代才得以形成，华彦钧称之为"依心曲"或"自来腔"。在1950年夏天，我国著名音乐史学家杨荫浏先生等人在民间音乐的"抢救"性采风中，为其录制了钢丝录音，并与华彦钧先生商榷，定名为《二泉映月》。

　　《二泉映月》的曲体结构是一首传统的变奏曲，旋律动听而又质朴苍劲。音乐一开始，短短的引子，音阶下行的旋律，犹如一声百感交集的轻声叹息，把人们带进了一个深沉的意境中去。音乐的一部分带有沉重的步履感，另一部分则充满对光明的憧憬。主题音乐使人联想到一个拄着竹棍的盲艺人在坎坷不平的人生道路上徘徊流浪，路漫漫，野茫茫，何处是归宿，何处是尽头，无限伤感，无尽凄凉，可谓"念天地之悠悠，独怆然而涕下"。《二泉映月》就是在上述音调的多次变奏下逐渐展开构成全曲的，它通过变奏使音乐形象得到层层深化，使人感受到阿炳怀着难以抑制的感情，一遍又一遍地向人们诉说他种种苦难和悲凉遭遇。乐曲的后半部分，音乐获得更深层递进，积聚起来的感情迸发了，乐曲逐步推向高潮，强烈而激愤，显示了阿炳倔强、刚毅的性格和与命运抗争的魄力。马可先生有一篇评论《二泉映月》的论文《曲终人不见，江上数峰青》，他对这首乐曲的音乐形象进行了高度概括，形容阿炳是位"孤独的夜行者"。著名二胡演奏家闵惠芬很赞同这种见解。

　　《二泉映月》的主题是"命运"，它表现了一个经历旧中国生活坎坷与磨难的流浪艺人的辛酸苦辣和倔强不屈。全曲婉转流畅、跌宕起伏，是一首变奏曲式的曲子。深情的旋律如泣如诉、如悲如怒，时而委婉低回，时而激越高亢。不仅抒发了作者内心的愤懑和哀痛，也表达了对美好生活的憧憬和对理想境界的向往。

　　从表面感受上说，《二泉映月》曲子开头比较平缓深沉，但很快就转为细细的诉说，像一个忧郁的诗人在低低吟诉自己的哀愁，又像一个受了委屈的女子在月夜里呜咽，向心爱的人诉说自己的烦恼和苦闷：时而深沉，时而激扬，时而悲恻，时而傲然，时而平静，时而跳跃，让人亲身体会到她的委屈、哀怨和愤懑。《二泉映月》这首曲子深刻展示了作者的辛酸、苦痛、不平与怨愤，高潮处，二胡富有感染力的声音更表现了作者内心积愤的尽情迸发。

　　从原理上说，开头有一段短小的感怀、叹息般的引子，之后旋律由商音上行到角音，随后在徵、角音上稍作停留，以宫音结尾，呈为微波形的旋律线，恰似作者端坐在泉边沉思往事。第二句有两个小节，在全曲中共出现六次，从第一句尾音的高八度上开始，围绕宫音上下回旋，打破了前面的沉静，开始昂扬起来，流露出作者无限感慨之情。进入第三句时，旋律在高音区上流动，出现了新的节奏，旋律柔中带刚，情绪更为激动。主体间有叙述、倾诉和感叹的情愫，逐渐从开始的平静深沉转为激动昂扬，深刻揭示了作者内心的复杂情感和倔强不屈的性格。

全曲将主题变奏五次，随着音乐的陈述、引申和展开，所表达的情感也得到更加充分的抒发。其变奏手法，主要是通过句幅的扩充和减缩，并结合旋律活动音区的上升和下降，以表现音乐的发展和迂回前进。多次变奏不仅仅是为了表现不同的心境，更是为了深化主题。全曲速度变化不大，但其力度变化幅度比较大。每逢演奏长于四分音符的乐音时，轻重有变，忽强忽弱，时起时伏，扣人心弦。乐曲中多处运用"浪弓"和回转滑音、特殊的揉弦等演奏技法，使这首乐曲独具魅力。

可以说这首二胡乐曲无论是在创作还是演奏上，都充分地表达出了作者心中的真挚感情，它深得人民喜爱。它以它深沉、悠扬而又不失激昂的乐声，撼动着千百万人的心弦。

阿炳，以他无与伦比的音乐才华和令人百听不厌的作品《二泉映月》征服了广大听众，奠定了他中国民间音乐一代宗师的地位。《二泉映月》得到了国内外音乐节的高度评价。音乐指挥大师小泽征尔说："此等二胡曲应当跪下来听"。

第九章　中国饮食文化与审美欣赏

【学习导引】
　　烹饪艺术被称为中国的"文化四绝",饮食文化是我国文化资源中的瑰宝,品尝地方风味食品是旅游活动的重要内容。本章介绍了中国饮食文化的基本知识,重点分析了中国饮食文化审美的构成要素以及各种菜点的美学风格及其特色,分别介绍了中国的酒文化与茶文化鉴赏的基本知识,并对中西饮食文化的审美进行了比较系统的分析比较。

【教学目标】
　　1. 了解中国饮食文化的基本知识。
　　2. 分析并掌握中国饮食文化审美的构成要素以及各种菜点的美学风格及其特色。
　　3. 了解中国的酒文化与茶文化鉴赏的基本知识。
　　4. 认识中西饮食文化审美上的主要差异。

【学习重点】
　　中国饮食文化审美的构成要素分析,各种菜点的美学风格及其特色,中国的酒文化与茶文化的鉴赏,中西饮食文化审美分析比较。

　　中国有句名言:"民以食为天。"孙中山先生曾经说过:"中国近代文明进化,事事皆落人之后,唯饮食一道之进步,至今尚为各国所不及。"由此可见中国饮食文化在世界上的地位。
　　有人说,不了解中国的饮食,就不算了解中国。因为,中国的方方面面都与吃紧密相连。如见面打招呼是"你吃过了饭没有",赞扬什么东西则说"脍炙人口",得意满足是"吃香喝辣",无趣之事形容为"味同嚼蜡",生活艰辛是"酸甜苦辣",还有诸如"吃得开"(形容某人有本事)、"吃醋"(妒忌的比喻语)、"吃豆腐"(指调戏妇女或性骚扰,占别人便宜)、"吃亏"等用语,难以尽数。
　　饮食文化在中国具有如下特殊的功用:一是社交功用。如联系工作、拓展业务、推销产品、成交签约等,离不开请客吃饭。二是亲和功用。如协调人际关系,化解矛盾,联络感情,离不开请客吃饭。三是宣传功用。如新业开张、产品展销、成果鉴定等举行招待会，都离不开请客吃饭。四是养生功用。五行学说认为，世界是由金、木、水、火、土五种物质所构成，一切事物（包括菜肴的色、香、味）无不与这五种物质相关联。鉴于人与自然界的物质交换原理，人们常通过饮食来进行新陈代谢，保持人体的阴阳平衡。人们很重视"五味调和"，以此满足人的生理需求和心理需求，使身心在五味调和中得到和谐的统一。

我国传统文化的许多特征都在饮食文化中有所反映，如"天人合一"说（如祭祀用食物作为祭品等），"阴阳五行"说（如五谷之分、五味调和等），"中和为美"说（烹调合乎"度"）以及重"道"轻"器"等都渗透在饮食心态、进食习俗、烹饪原则之中。一个异质文化的人通过饮食甚至通过与中国人一起进餐都会对中国文化有些感悟。饮食生活是了解和研究中国文化的一把钥匙。

饮食是旅游的六大要素（游、购、娱、吃、住、行）之一，不少游客把品尝异地风味饮食作为重要的旅游动机，饮食往往可以成为一个地方文化的窗口。因此，旅游工作者应该重视饮食文化与审美的研究和饮食文化资源的开发。

第一节　中国饮食文化概述

饮食文化是以饮食为核心的文化现象。它主要包括三个层次：其一是物质层次，包括饮食结构和饮食器具；其二是行为层次，包括烹饪技艺、器具制作工艺等；其三是精神层次，包括饮食观念、饮食习俗以及蕴含其中的人文心理、民族特征等文化内涵。

饮食文化是中国传统文化的重要组成部分，有着十分悠久的历史。它经历了原始社会的萌芽期、奴隶社会的发生期、先秦至两汉的发展期、三国两晋南北朝的深化期、隋唐至宋元的繁荣期和明清以来的鼎盛期。

中国饮食文化在长期的发展过程中逐渐形成了自己的民族风格和特点，概括起来主要表现为两大观念、三大原则、四大习俗、五大特点、十美风格。

一、两大观念

中国传统饮食文化观念主要表现在两个方面：

1. 重视饮食

从最远古的传说开始直到历代的典籍中都有关于饮食文化的内容。饮食是人类赖以生存和发展的第一要素。《管子》提出"民以食为天"，原意是人民把粮食看作生命或生存的根本。古代历朝都把饮食当作国计民生的第一件大事，《尚书·洪范》提出治国之"八政",亦以"食"为先。可见,饮食在人类生活中占有十分重要的地位。离开饮食,人类无法生存,当然也就谈不上社会的存在和各种文化现象的产生。

2. 注重饮食与健康的关系

先民早就认识到饮食与健康的关系,注意到饮食对健康的影响,讲究"寓医于食",既将药物作为食物,又将食物赋于药用,药借食力,食助药威,使其对人体既具有营养价值,又有防病治病、保健强身、延年益寿的功效。医学界提出"病从口入"的科学论断,以引起人们的注意,主张营养成分要合理搭配,平衡饮食,强调科学的饮食方法。这一观念已经成为宝贵的文化遗产,为今人继承发扬。

二、三大原则

1. 本味主张

即讲究食物的自然本色之美,调味之美。

2. 追求科学和艺术

追求科学和艺术即饮食追求美好,加工力求精细,注重卫生,遵守时节,讲究营养。

3. 医食同源和饮食养生

我国的许多医学书籍有着饮食疗法和饮食养生的记载。这一传统文化至今仍为饮食业和医学界发扬光大。

三、四大习俗

以谷物为主;以素食为主,肉食为辅;讲究五味调和;以三餐制为主。

四、五大特点

食物原料选取的广泛性,食品制作的灵活性,进食心理选择的丰富性,区域风格的历史延续性(如我国的四大菜系),区域间交流的通融性。

五、十美风格

1. 味

味指饱口福、增食欲的味道,是产生美食效果的关键,源于"本味主张"。

2. 色

色包括原料的本色和相互搭配组合的悦目美色。中国人向来把红、黄、蓝、白、黑(五色)作为正色,其他为间色。饮食原与视觉无涉,但五彩缤纷的菜肴同样能引起食欲,因此,中国菜历来注重色彩鲜明、和谐、悦目。

3. 香

香即诱人的气味，给人嗅觉以美的享受。食物的气味刺激人们的嗅觉，香者增强食欲，否则败坏食欲。

4. 质

质指原料和成品的营养丰富，质地精良。

5. 形

形即美的造型，体现烹饪的艺术性。

6. 序

序包括食品合理的搭配、上菜的科学顺序和进食过程的和谐及节奏化的程序。

7. 器

器包括炊具和饮食器具。以雅丽和适用、统一为原则。

8. 适

适是指舒适的口感。古人说"食无定味，适口者珍"，又说"众口难调"，饮食关键要适合人的口味。

9. 境

境既包括优雅和谐、陶冶性情的进餐环境，也包括表达一定思想或文化主题的意境。

10. 趣

趣指高雅的情调和愉悦的趣味。

这十美风格意味着中国饮食不只是一种生理活动，更是一种美妙的心理活动，是一种充分体现文化特征的身心享受。它也表明，中国饮食文化不仅是一种物质文化，同时也是一种精神文化。

第二节　中国饮食文化审美的构成要素分析

中国饮食文化的构成要素主要包括色、香、味、形、质、意六个基本方面，这六个方面付诸人的各部分感官，并构成了中国菜点品尝与审美的全方位和多角度的评判标准。

一、色的美感

古人在饮食上很重视色的美感，如孔子在《论语·乡党》中曾有"色恶不食"一语。所谓"色恶"即指菜的颜色不好看，中国有一词语叫"秀色可餐"，这说明色与食二者关系十分密切。色彩在饮食上具有先导作用，它作为先声夺人的要素首先作用于品尝者的视觉，进而影响着品尝者的饮食心理和饮食活动。对饮食色彩的正确判断，基于人们长期的饮食活动，能凭经验进行感觉。某种食物色彩上显现的最佳状态能使人感到愉悦并增进食欲，因此厨师在菜点的制作上，应重视色彩美的要求，掌握对菜点色彩美的品评的基本知识。

一般认为对菜点色彩美的品评可以从三个方面进行：

第一，发挥本色。

菜点色彩美的最大特点就是要最大限度地调动食品原料的固有颜色之美。其所以如此，原因有二：一方面是因为不少食品原料的颜色本身就很美，如蛋白之白、蛋黄之黄、樱桃之红、青菜之绿、发菜之黑，没有必要过多地进行人工装饰色彩的加工；另一方面，出于人们正常的要求食品卫生的饮食心理，凡人工之色往往会给人不卫生甚至不安全的感觉（科学研究表明，不少色素中的化学色剂是致癌物质），从而降低品尝者的食欲。而食品原料的固有色能使人感到食品本身的鲜美可口、清洁卫生。如《山家清供》（系南宋时期的一部重要烹饪著作）记载："采芙蓉花，去心、蒂，汤焯之，同豆腐煮，红白交错，恍如雪霁之霞，名'雪霞羹'。"我们可以想象，这道菜一定是很美的。

第二，重在组合。

法国美学大师罗丹曾说过："没有不美的色彩，只有不美的组合"。这就是说世界上的任何色彩都是美的，其所以不美，并不是色彩本身不美，而是由于所安置的场合、位置不对，与其他色彩对比组合关系不当。如衣着方面，俗话说："红配绿，丑得哭"。红、绿本身的色彩是美丽的，但由于在衣着这种特定情况下组合不当，不但不能见其美，反而适得其反而见其丑（俗气）。又如黑色，这种颜色本身是否不如其他颜色美呢？不尽然！如将黑色用作画水墨画，则格调高雅脱俗；用作画头发，可美丽动人；用作画眼睛则神采奕奕。现代有些家具，饰白色的面子，镶黑色的边子，格调高雅，富有立体感。可见，颜色本无所谓美丑和情感倾向，主要是由于人的组合与运用才使之产生了美丑与情感倾向。菜点的固有色也是如此，关键在于厨师的巧妙组合。因此，一些高明的厨师都具有突出的色彩敏感性和色彩的组合能力，善于运用食物原料色彩固有的冷、暖、强、弱、明、暗色调进行对比，围绕宴席主题的需要创造出清新雅致、色彩绚丽的佳宴。如古有"四色荔"的菜名，是用茄子、黄瓜、萝卜、羊肉等四色拌菜，分作四碟，呈现四种颜色，特别诱人。

第三，妙在点睛。

前面在第一点曾讲到过，"发挥本色"。这并不是说在烹饪中绝对不能使用人工色彩，而是指应尽量少用，不到万不得已（即不到某种色彩的特殊需要时）不采用人工色剂；即便采用人工色剂，最好是从食物原料中提取（如从菠菜中提取绿汁）。人工色的应用，应妙在点睛，即用在关键处（如根据社会习俗的实际需要，农民生儿子"报喜"染红鸡蛋），用在最醒目处（如有的将白馒头上点一个红点儿）。

二、香的美感

香是菜点付诸人的嗅觉器官后而使人获得的感觉。由于人类的嗅觉器官不如视觉、听觉器官发达，通常被视为低级器官，甚至被认为是非审美感官。其实这种观点是不够正确的，现代科学研究表明，人的各种器官是紧密相连的，嗅觉器官同样具有审美意义和价值，因为它与视、听等感官紧密联系而影响着审美活动。

菜点的香味（气）刺激人的嗅觉器官产生嗅觉感，并能引起人的情感性冲动和思维联想，并进而影响到饮食行为。香在吸引食客上最具优势。所谓"闻香下马，知味停车"，其含义便在于此。可见香味对菜肴是何等重要！香味（气）历来是品评菜点的重要标准之一。孔子在《论语·乡党》中曾述及"臭恶不食"，讲的就是一个饮食美学中与香有关的品评标准问题。

古人提到的"五香"，通常指烹调食物所用茴香、花椒、大料、桂皮、丁香等五种主要香料。它的功能是把有腥味、臊味、膻味的食品变得无异味，进而使食品清香扑鼻。中国传统的调味品极多，其中芳香料除上述五种外，还有艾、草蒲、忍冬、花露、桂花、蔷薇、秋海棠、佛手、橙皮、橘皮等。

菜点香气的类型和程度是非常丰富的。如因菜点品种不同而有肉香、鱼香、豆腐香、姜香……还有因香气的程度不同而有浓香、清香、余香……更有种种复合香气。诱人的菜点之香能调动饮食审美冲动，成为正式品尝菜点的重要前奏。它同"色"一样，在饮食审美过程中，可产生"先入为主"的重要影响。

三、味的美感

1. 味在饮食审美中的核心地位

味的美感是菜点审美构成要素中的最主要的部分。如果把菜点的品尝比作乐章的话，色、香的美感则是味的前奏。前奏之所以重要不在于其本身，而在于其为主题歌演奏，为乐章的高潮的出现作铺垫。味的欣赏才是品尝菜品的高潮。

中国菜特别重视味的欣赏，古人曰："食而不知其味，已为素餐"，"有味使其入，无味使其出"。

2. 味的丰富性

味与香的联系最为密切，且与香一样，具有丰富多样的特点。多样中求统一，在菜点的品评中叫作"五味调和"。俗话说"五味调和而味香"，便说明了味的多样统一的关系。中国的"五味"是指酸、甜、苦、辣、咸。事实上，饮食中的单一的某种味一般是很少存在的,大多情况下是复合味,即以某种味为主,同时还具有其他几种辅助味。中国的许多名菜很讲究复合味,如扬州红烧鱼,佐料多达20多种,味感十分丰富。中国菜点一菜多料,一席多菜,味感丰富之程度在世界饮食文化中独占鳌头。

3. 品味标准

中国菜点味的变化无穷,究竟以什么样的味为佳呢?或者说五味调和,怎样才能达到调和呢?这里面最重要的一条品味标准是"应重本味",如吃鱼要重鱼味,吃肉要重肉味,即便是青菜萝卜也要得其本味,一旦失去本味便失去了品味的意义。但经烹饪加工后的"本味"又绝对不是原料的原始本味,而是除去了本味中的糟粕(如鸡、鱼等肉中的腥臊恶臭),保留原始本味的精华,并加进了辅助的味,进一步烘托出的本味。中国绝大多数烹调法以追求本味为宗旨,这与中国哲学上的"返璞归真"的观点和中国文化艺术提倡的"既雕既琢,复归于朴"的审美理想是一致的。中国菜点第一重要的品味标准是"无标准的标准",即"味无完味,适口者为珍"。由于人们的生理及生活环境、饮食习惯的差异,因而在口味上呈现因人而异的审美分别,这一方面使中国菜点风味更为丰富多样,另一方面也对中国厨师提出了最高的烹调上的要求。在旅游饭店服务方面,来自不同国度、不同地区、不同民族的游客各有自己的口味习惯,高明的厨师既要会烧标准的中国风味菜供外国游客开眼界、饱口福,又要会烧一些外国菜,让外国游客有宾至如归的感觉,更要善于对中国菜点略加改进,使之具有外宾能够接受和欣赏的风味。在这一方面,中国的广东菜系近些年来取得了较为成功的经验,并基本形成了体系。这种体系是中国饮食文化对西方饮食文化的一种吸收性的发展,也可以说是中西方饮食文化的有机融合。

四、形的美感

1. 中国菜点形美的实质——以造型艺术为食用服务

自古以来,中国菜点很重视形的美感,如孔子《论语·乡党》曰:"割不正不食。"这就是说切肉应该注意刀工、刀法,要切得规正,不能切得不伦不类。在烹饪加工中,讲究刀工,讲究造型规范、整一,一方面是讲究美感,另一方面是便于加工,便于同时加热成熟。

中国菜点形的美感更重要的是讲究食品造型艺术,这种造型艺术属于实用工艺美术的范畴,因为它具有实用工艺美术的三个特点:一是实用性,食品造型艺术中的实用性即"食用性",菜点造型的目的是为了刺激食欲、诱发品味。二是技艺性。如厨师对烹饪艺术创作的基本技能的运用(刀工、火候等使菜点形、色、味俱美)。三是美术性,如对菜点造型时运用美术手段。造型艺术是手段,食用是目的，主从关系不能颠倒。

2. 食品造型艺术的原则——简易、美观、大方和因材制宜

任何菜点都是供食用的，其保存时间较短，因此一般不宜对菜点进行精雕细刻的装饰。过分的装饰，费时过多，但倾刻间便入于口腹，有些得不偿失。同时，过分的装饰、精美的造型让宾客欲食而不忍，也达不到增加食欲的目的。当然，特殊隆重的宴席例外。因此，食品造型艺术应遵循简易、美观、大方和因材（原料）制宜的原则。如刀工菜只须在切配装盘时稍稍考虑一下构图布局，便使盘中生花。花较少的工夫就收到较好的美感效果，这是食品造型最值得提倡的。

3. 中国菜点造型的主要形式

（1）随意式。这是最简单的造型形式。这种形式只需要选择适当的餐具与菜点进行组合，装盘时注意留有适当的空间，既不显空疏，又不能壅塞，一般以视觉舒适为宜。

（2）整齐式。要求菜肴原料形状统一，排列整齐匀称。例如很多冷盘，或围或叠，或圆或方，形成一种美的节奏和韵律。

（3）图案式。除具备上述两种技能外，还要求具有一定的图案装饰水平，善于进行组合。常见的冷菜图案程式中有"双拼"、"三拼"、"四拼"、"八拼"、"十锦拼"等。

（4）点缀装饰式。在上述三种方法的运用之外，加上点缀装饰，画龙点睛。如在菜点装盘中可雕刻花卉作点缀，置于适当的位置。点缀应尽量结合菜点的形式和内容，使之协调。如川菜冷盘可用红辣椒雕刻花卉作点缀，使之更具地方风味特色。

（5）象形式。这种造型要求最高，难度也很大。它必须紧扣宴席主题，精心构思，设计出具有高雅意境的画面。除具有上述四种造型技能外，还需具有较强的绘画、雕刻技能和主题构思能力。有些用于观赏的食品雕刻，其功用不重在食用，而在于渲染宴席气氛。

此外，在菜点造型的欣赏中，还应注意菜点与餐具之间的关系，强调内容（菜点）与形式（餐具）上的和谐统一。例如，椭圆盘用以装鱼，盆具用以盛汤，粉彩瓷器用以配富丽堂皇的菜点造型，青花瓷器用以配清淡幽雅的菜点造型，云纹配龙形，水纹配鱼形，等等。总之，餐具的使用上也有较深的审美学问，值得注意和研究。

五、质的美感

古人曰"饮食之道，所尚在质"，这说明质也是菜点审美的标准之一。这个质，一方面是指营养质量、卫生质量，烹调技术因素等；另一方面，也是更重要的方

面，主要是指质地，即以触感（或口感）为对象的松、软、脆、嫩、酥、滑、爽等质地美感。

菜点质的美感丰富多样，大致可分以下三类：

1. 温觉感

温觉感就是菜点由于由温度差异而在入口时产生凉、冷、温、热、烫的感觉。如冷菜的冷、凉菜的凉、汤包的烫，各自体现的温度上的美感效果。

2. 触压感

触压感是指由舌、口腔的主动触觉和咽喉的被动触觉对刺激的反应。这种反应能对菜点的大小、厚薄、长短、粗细产生感觉，并产生清爽、厚实、柔韧、细腻、松脆等触压觉。不同风味的食品对触压感有不同的要求，如酥点就是要酥，为脆无法代替；牛肉过硬则嚼不动，过烂则没有嚼头；汤圆入口则要求细腻……这些丰富的美感，都要求厨师在烹调中细心把握。

3. 动觉感

对菜点触觉美的感受主要来源于动觉感，其中牙齿的主动咀嚼对触感美的产生起着决定性的作用。主动咀嚼的触觉有单一感，即嫩、脆、硬、泡、黏、绵等，但更多的是复合感，即脆嫩、滑嫩、爽脆、酥烂、软烂……只有这种复合触感的形成才能构成对菜点触觉最丰富、最全面、最微妙的审美感受。

优秀的厨师在创造上述质的美感方面都具有精湛的技艺。

六、意的美感

意是审美主体（包括创作主体）的思想情感。对意的刻意追求几乎成为一切艺术家努力的最高目标，可谓"意匠惨淡经营中"。中国菜点的制作也是如此，对意有执着的追求。

1. 中国菜点中的意的内容

（1）意匠：即厨师的思想、情感、智慧在技术中的实现。如各种精妙的刀工所构成的奇趣。

（2）意象：即体现厨师的思想、情感和审美观念的菜点造型，这是最直观的审美形式。

（3）意趣：即体现厨师思想情感的趣味。

（4）意境：即体现厨师创作思想的烹饪境界。

2. 中国菜点审美中的意境的实现

中国菜点审美的最高境界是意境的实现，而这种实现多表现在主题明确的正规宴会之中。例如：国宴的庄严隆重、大气磅礴，婚宴的喜庆热闹，寿宴的欢娱典雅，文人雅集的潇洒风流，丧宴的肃穆悲凉……这些意境的实现不仅要求菜点品种、命名、烹法等多方面作相应的呼应，而且在环境、家具、餐具服务方式等方面要密切配合，围绕主题实现意境。

3. 中国菜点命名方式

为了追求菜点审美中的意趣，除前面分析过的色、香、味、形、技术之美的因素以外，还有一种常见的手段即文学手段。运用这种手段对菜点进行命名，能形成耐人寻味的意趣。

中国菜点常见的命名方式有以下几种：自然本名（如"油焖大虾"等）、工艺特名（如"糖醋排骨"等）、乡土集锦（如"清蒸武昌鱼"等）、时令风俗（如"端午粽子"等）、比附联想（如"翡翠羹"等）、夸张比喻（如"龙虎斗"等）、谐音转借（如"霸王别姬"等）、依形取意（如"桃花香扇"等）、人事典故（如"万山蹄"等）。

在宴会中，为了形成统一的意趣和意境，应要求各菜点名称相互呼应，形成和谐美。

由上述可见，中国菜点审美的内容形式、范围非常广泛，它可以说是一种以品味为媒介的多角性、多元性的中国文化艺术的综合欣赏。因此，对中国菜点的欣赏，应具备较全面较深厚的文化素养。只有这样，才能深入体验其中的无穷韵味。

第三节　各种菜点的美学风格及其特色

一、三类食品（按加工方法、风味特点分类）

1. 面点

中国面点又称"白案"（与"红案"并列），是中国食品中的一大宗，其品种有千种之多。如此繁多的品目，各有其风味。从造型上讲，点、线、面、体，应有尽有。中国的面点不仅品目繁多，而且制作工艺非常精湛，造型艺术多姿多彩。如南京特一级点心师尹长贵制作的菊花酥点，观之如进百花园，万紫千红，娇艳可爱，尝之酥松轻脆，入口即化；开封市名点心师王奎元祖传绝技"百子寿桃"，其整体为一大桃，剖开后，内有99颗小桃，个个精美。许多面点还可以做成各种花卉、水果、动物等造型，无不惟妙惟肖，栩栩如生，用于观赏不下于任何工艺品，用于品尝更是风味绝佳。近年来市场上畅销的各种糕点更是色、香、味、形俱佳，并融绘画、书法、雕塑艺术为一体，很受消费者欢迎。

这里需要说明的是，面点的制作，在题材选择上要注意心理接受的原则，如人物造型（如胖娃娃造型）不利于进食者心理的接受，毒蛇猛兽更不宜选为面点造型，一般以花卉、小动物为佳。

2. 冷菜（凉菜）

冷菜可供欣赏的时间较长，在宴席上，它最先入席，能起到"先声夺人"和"前奏曲"的效果，其造型要求具有较强的艺术感染力，以引起宾客对整个宴席的兴趣。

冷菜的构思要求较高，因它是形成意境、意趣美的一个关键。一般来讲，其构思可以从以下几个方面考虑：

（1）筵席的性质、规模与标准

所谓性质，是指宴席所举行的原因，背景、场合等。规模和标准是指宴席的级别、与宴人数、价格等。对特殊的宴席的凉菜设计，应根据具体情况确定主题，选择题材进行意境创造；普通宴席主题性不强，只需在构思时力求情趣健康即可。

（2）宴席的时间、地点

时间包括季节（春、夏、秋、冬）、钟点（早、中、晚）以及进餐时间的长短等。地点即宴会所在地方。这都是冷菜构思的重要依据。如秋季在宜昌举行接待外宾的宴席，其凉菜可配合金秋季节的特色，雕刻宜昌的名胜与风物（三峡风光、水电工程、龙舟、红橘、红叶等），以在进餐时引发讨论宜昌水电旅游名城的话题。

（3）与宴者的身份与文化背景

与宴者的身份，如国籍民族、宗教信仰、阶级地位、气质性格等，也是冷菜构思不可忽视的问题，因为不同身份与文化背景的人，有着不同的饮食习惯和审美标准。如日本人禁忌荷花，倘若在接待日本外宾时凭自己爱好雕荷花作冷菜，便可能引起客人不愉快。欧美人忌讳 13 这个数字。在宴席的菜点制作上尤其要予以注意，否则将造成事与愿违的效果。

3. 热菜

热菜造型艺术寿命最短，但它却是宴席的高潮所在，不可轻视，无论是在味、香、色还是在形的方面都应该充分重视。

就造型而言，热菜的处理方法主要有四种：

（1）自然型。如整鸡、整鸭、整猪（小乳猪）等，形态要力求生动自然，应使其自然匍匐于餐盘或汤盆中，不可四脚朝天，上菜时应该将其形态最明显的一面（如头部）朝向主要宾客。

（2）分解型。将原料切成块、片、丁、丝等形状。盛放时选择合适餐具，装盘不可过满或过浅。

（3）图案型。将原料加工后，在餐具中摆成某种图案。图案讲究栩栩如生，创新立意（见图9-1、图9-2）。

图 9-1 美食图（清江渔歌）

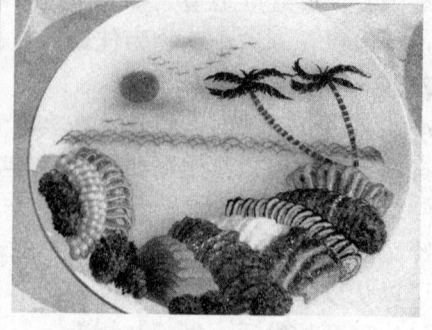

图 9-2 美食图（椰风海韵）

（4）雕塑型。将雕塑艺术引入热菜的制作，这是近几年才发展起来的烹调造型。

以上三类食品，体现了中国菜点的不同加工方法、口味和造型要求，细分而有千菜千点，粗分而得三种品类。

二、四大菜系

四大菜系在传统习惯上是指川菜、粤菜、鲁菜、苏菜（淮扬菜）。它是按地理位置划分的中国菜点的风味流派。近年还有八大菜系（川、粤、鲁、苏、浙、闽、湘、徽）、十大菜系、十二大菜系等分法。同时，每一种菜系又可分出若干小菜系，现已越分越细了。

四大菜系在风味偏好、加工方法、美学风格上各有特色。如四川菜偏辣偏麻，特重调味（喜好放辣子、花椒、生姜等），取材广泛，调味多样，善于做小吃，味多、味广、味浓、味厚、味美、味道多变，有"一菜一格，百菜百味"之誉。以土特产为主，呈质朴灵动之美，并讲究刀工和火候。改革开放后，四川大量厨师外出务工，到达外地后的川人敢于创新，将川菜与当地菜系进行融合，把川菜饮食文化推向全国以至全世界。

粤菜，即广东地方风味菜，由广州菜、潮州菜、东江菜等组成。特点是取材广博（包括野生物种、生猛海鲜、飞禽禾虫，这与古越人食俗传承、广东人敢吃的精神和开放的观念有关），选料严格，口味偏重清、鲜、爽、滑，配菜丰富，粥品、点心特别丰富，长于炒菜，色彩华丽。吃法讲究，注重滋补营养和季节搭配。讲究时令性，夏秋尚清淡，冬春求浓郁。近年来，广东菜在吸收西方饮食文化上有一定创新。

淮扬菜，又称为江苏菜。特点是味兼南北，选料严谨考究，讲究鲜活，主料突出。精美点心和小吃多。重本味，以清淡为主，特重刀工，长于炖、焖、蒸、焐、烩、文火慢煮，制作精细。配色和谐，讲究造型。

鲁菜由济南菜、济东菜两大部分组成。选料精细，讲究丰满实惠，在菜肴品种上以善于烹调高热量、高蛋白菜著称。济南菜善于以汤调味，精于制汤，十分讲究清汤与奶汤的调制。济东菜烹制海鲜有独到之处，善于以葱香调味，口味偏咸，讲究火候，长于烧菜，重视爆、炒、扒等，急火慢炒，烹制出的菜肴脆、嫩、鲜、滑。

作为旅游工作者和旅游者，应尽量把握各菜系的主要特色，并对地方性传统文化和文化地理背景总体面貌有所了解。只有这样，才能在菜点品尝中加深理解和体验，以获得丰富的饮食审美文化享受。

我们可以将菜系风味与地方文学艺术、地理环境联系起来分析比较，有趣地说明它们之间的关系（如表9-1所示）。

表9-1 中国四大菜系审美文化比较

菜系	原料	烹饪特色	文艺比喻	文化风格	地理背景
广东菜	野生物种、生猛海鲜	华丽奇特、生脆鲜嫩、中西结合	粤风、广东音乐	热烈鲜丽	地形复杂，气候炎热，区位开放
四川菜	山珍土产	灵巧多样、麻辣味浓、家常感与平民性	竹枝词[①]、川剧	质朴灵秀	地形复杂，气候潮湿多雾，环境封闭
江苏菜	水鲜果蔬	咸甜适中、清淡平和	吴声歌、越剧	温婉秀雅	水乡泽国，气候温润，人文荟萃
山东菜	海味家畜	大气磅礴、排场壮观	拟民歌、山东快书	浑厚深沉	靠山临海，孔孟之乡，礼仪之邦

三、五道程序

这里讲的程序，是指中国宴席中的上菜的一般程式。它在宴席菜点品尝与审美中犹如华美的乐章，具有时空节奏韵律之美。常见的上菜程式有以下五道程序：

1. 第一道程序——品尝冷菜

冷菜可供较长时间品尝，适宜慢慢品尝，它相当于音乐戏剧的序曲部分，节奏缓慢，如果是大型宴会，这一阶段可安排宾主致词；小型便宴，也便于交流感情，边品尝边畅谈。

---

① 竹枝词：古巴蜀民歌。唐代诗人刘禹锡、白居易等搜集民间竹枝词翻作新词，歌唱巴山蜀水、三峡风光和儿女恋情，风格新巧灵秀，轻快活泼。

2. 第二道程序——品尝热炒

此阶段初入高潮，因热炒不宜冷吃，品尝频率自然要求加快，炒菜是热菜中的先锋（因随后是烧菜），它将宴席推入第一高潮。

3. 第三道程序——品尝烧菜

这一阶段，口味、色彩更浓，节奏也更快，使宴席进入第二高潮。这一高潮过后，正规宴席有时由服务员送上手帕，让宾客擦擦脸，进行小歇，为后面进入最高潮作好准备。

4. 第四道程序——品尝主菜

主菜又称头菜，是一场宴席中最重要的菜点。其品种可根据宴席主题和宾客需要而定，或烧或烩，或蒸或扒，常见的有烧鸭、烧鸡、十锦火锅、海参蹄筋等。婚宴在上头菜时可由新婚夫妇向来宾敬酒致礼，款宴在上头菜时可由主人向宾客敬酒致礼，这时宾客群情振奋，使宴席进入最高潮。

5. 第五道程序——品尝甜菜、清汤、果点

宴席进入尾声，是品尝甜菜、清汤的时间。在招待欧美客人时，上水果是必需的程序。

上述这五道程序犹如音乐的节奏程式，具有节奏、旋律、和谐之美。

中国菜点作为中国文化和中国艺术中的瑰宝，具有很高的食用价值、文化价值、美学价值乃至科学价值，需要旅游工作者在工作实践中不断总结、改进和发展。

第四节　中国的酒文化鉴赏

中国是世界上三大酒文化古国（中国、埃及、巴比伦）之一，历经数千年的沧桑巨变，今天，中国酒仍以其精湛的工艺、独特的风格和最大的产销量而驰名世界，中国酒文化更以其悠久的历史、博大精深的蕴含而在世界酒文化之林中独领风骚，对中国历代酒业发展和国计民生产生了重要的促进作用。

"酒文化"一词，是由我国著名经济学家于光远教授提出来的。关于酒文化这一概念的内涵和外延，萧家成先生在1994年提出："酒文化就是指围绕着酒这个中心所产生的一系列物质的、技艺的、精神的、习俗的、心理的、行为的现象的总和。"酒文化主要包含两方面内容：一是酒本身所带有的文化色彩，二是饮酒（包括用酒）所形成的文化意义。

酒的文化魅力主要表现在酒人、酒事、酒礼、酒俗等方面。关于酒人，人们

认为仪狄、杜康是酿酒的始祖,刘伶、李白、刘邦、陶渊明、杜甫、白居易、苏轼等历史名人都嗜酒成性,如刘伶"荷锸而随"等,他们的许多事迹与酒有关。关于酒事,著名的有项羽饮酒悲歌、卓文君当垆卖酒、曹操煮酒论英雄、关羽温酒斩华雄、武松醉打山中虎、王羲之醉书《兰亭序》、欧阳修与《醉翁亭记》等。我国的酒礼、酒俗更是丰富多彩。

学者们认为应在美学的文化层面上研究酒文化,有的学者用品酒、饮酒时获得的美感愉悦说明了这一点。酒的美学内涵可分为结构美、个性美、风味美、意境美。香乃酒之形,味乃酒之魂,触乃酒之体,三者共同构成酒的结构美特征。许多学者提出,注意挖掘酒的美感特征,从人类低级的生理需要向更高级审美需求发展,有利于提高酿酒、饮酒的文化品位,促进酒业的健康发展。

由于酒的特殊功用,在隆重的场合中,它能使气氛变得十分热烈;在礼仪活动中,又能使气氛变得十分庄重。酒广泛地渗入了宗教活动、政治活动以及人们的各种文化活动中。酒在文学创作、艺术创造以及许多的艺术活动中,也起着十分特殊的作用。

一、中国的名酒鉴赏

中国名酒按酒的种类分别评定。在全部名酒中,白酒类名酒数量最多。中国的白酒,各地区均有生产,以贵州、山西、四川等地产品最为著名。主要有茅台酒、汾酒、泸州老窖特曲、五粮液酒、洋河大曲、剑南春酒、古井贡酒、董酒、郎酒、水井坊等。名酒的品评、鉴赏,主要应从色(色泽)、香(气味)、味(滋味)三个方面把握。

1. 茅台酒

茅台酒被尊为中国国酒,以独特的色、香、味为世人称颂。以清亮透明、醇香回甜而名甲天下。茅台酒产于贵州省仁怀县茅台镇,因产地而得名。茅台酒的高质量多年保持不衰。全国评酒会对贵州茅台酒的风格作了"酱香突出,幽雅细腻,酒体醇厚,回味悠长"的概括性评价。它的香气成分达110多种,饮后的空杯长时间余香不散。有人赞美它有"风味隔壁三家醉,雨后开瓶十里芳"的魅力。茅台酒香而不艳,它在酿制过程中从不加半点香料,香气成分全是在反复发酵的过程中自然形成的。它的酒度一直稳定在$52°\sim54°$。在调配时,从不加入一滴水,都是以酒勾酒,因此酒度低而不淡,酒液纯洁、微黄、晶莹,酒味柔绵醇厚,既不刺喉,又不打头,饮后令人愉快舒畅,荡气回肠,且有舒筋活血、促进健康、益寿延年的功效。

2. 五粮液

五粮液产于四川宜宾市五粮液酒厂,因以五种粮食(高粱、大米、糯米、玉米、小麦）为原料而得名。其水取自岷江江心，质地纯净，发酵剂用纯小麦制的"包包曲"，香气独特。五粮液酒液清澈透明，开瓶时香气浓郁，扑鼻而来。品尝味道甘美醇和，口感颇佳，饮后余香不尽，属浓香型酒。

3. 泸州老窖特曲

泸州老窖特曲产于四川泸州，明末清初以"温永盛"和"天成生"两家酒厂最为著名。具有"浓香、醇和、味甜、回味长"的特色，饮后回味绵长，心神愉快，已成为浓香型白酒的典型。分为 60°和 55°两种。喝时无辛辣感，只觉回肠转气、香沁肌骨。

4. 剑南春

剑南春产于四川省绵竹县酒厂，是我国有悠久历史的名酒之一。唐代以"春"命酒，绵竹是当年剑南道上一大县，由此知名。相传唐代李白曾在绵竹"解貂续酒"，有"士解金貂，价重洛阳"的佳话。该酒以高粱、大米、糯米、玉米、小麦五种谷物为原料，经精心酿制而成，属浓香型。酒度有 62°和 52°两种。其特点为芳香浓郁，醇和回甜，清洌净爽，余香悠长。

5. 汾酒

汾酒产于山西省汾阳县杏花村，是我国名酒的鼻祖，距今已有 1500 多年的历史。汾酒的原料为产于汾阳一带晋中平原的"一把抓"高粱，以及甘露如醇的"古井佳泉水"。这使汾酒清亮透明，气味芳香，有入口绵绵、落口甘甜、回味生津的特色，一直被推崇为"甘泉佳酿"和"液体宝石"。汾酒酿造有一套独特的工艺，"人必得其精，粮必得其实，水必得其甘，曲必得其明，器必得其洁，缸必得其湿，火必得其缓"，形成了独特的品质风味。汾酒虽为 60°高度酒，却无强烈刺激的感觉，有色、香、味"三绝"的美称，为我国清香型酒的典范。

6. 洋河大曲

洋河大曲产于江苏省泗阳县洋河镇洋河酒厂。清初已闻名于世。有"闻香下马，知味停车。酒味冲天，飞鸟闻香化凤；糟粕入水，游鱼得味成龙。福泉酒海清香美，味占江南第一家"的赞誉。酒液无色透明，醇香浓郁，余味爽净，回味悠长，是浓香型大曲酒，有"色、香、鲜、浓、醇"的独特风格。

7. 古井贡酒

古井贡酒产于安徽亳县古井贡酒厂。厂内一口古井已有 1400 年历史。当地多盐碱，水味苦涩。独此井之水清澈甜美，用以酿酒，酒香浓郁，甘美醇和，该井被称为"天下名井"。自明万历年间就为进贡之酒。古井贡酒酒液清澈透明，香如幽兰，黏稠挂杯，余香悠长。属浓香型酒。其酒度为 60°～62°。

8. 董酒

董酒产于贵州省遵义市董酒厂，酒度 60°，因厂址坐落在北郊董公寺而得名。

董酒是我国白酒中酿造工艺最为特殊的一种。它采用优质高粱为原料，以"水口寺"地下泉水为酿造用水，小曲、小窖制取酒醅，大曲、大窖制取香醅，酒醅香醅串烧而成。风格既有大曲酒的浓郁芳香、干爽味长，又有小曲酒的柔绵、醇和、回甜，还有淡雅、舒适的药香和爽口的微酸。

9. 郎酒

郎酒，始于1903年，产自川黔交界赤水河畔的二郎滩。郎酒的整个酿制工艺复杂，细致周密，精湛考究，概括起来大致有这样一些环节："高温制曲"、"两次投粮"、"凉堂堆积"、"回沙发酵"、"九次蒸酿"、"八次发酵"、"七次取酒"、"历年洞藏"和"盘勾勾兑"。其中郎酒生产"回沙方式"是其他香型白酒厂家无法效仿的，也是所有白酒生产酿造周期最长的。1984年在第四届全国名酒评比中，郎酒以"酱香浓郁，醇厚净爽，幽雅细腻，回甜味长"的独特香型和风味而闻名全国，首次荣获全国名酒的桂冠，并获金奖。

10. 水井坊

水井坊产于四川成都，作为"中国白酒第一坊"，始于元朝，为历史上最古老的白酒作坊，延续五六百年从未间断生产。水井坊酒陈香飘逸、甘润幽雅的品质，为白酒专家们推崇备至，受到众多深谙品酒之道人士的青睐。专家评价此酒特色是：观其色，晶莹剔透；闻其香，窖香浓郁，陈香优雅，幽香绵绵；品其味，醇厚协调，绵甜净爽，回味悠长，余香不断。水井坊酒包装古朴大方、新颖独特，融酒文化与美的享受于一体，以浓郁传统的东方文化内涵和简约洗练的现代设计手法荣获第30届"莫比乌斯"包装类金杯奖。此为中国首次获此大奖。

名酒的形成除与独特的工艺技术有关外，还与地理环境有一定关系。例如，中国第一名酒茅台酒的形成与茅台镇特殊的自然环境和气候条件关系密切。茅台镇位于贵州高原最低点的盆地，海拔仅440米，远离高原气流，终日云雾密集。夏日持续35℃～39℃的高温期长达5个月，一年有大半时间笼罩在闷热、潮湿的雨雾之中。这种特殊气候、水质、土壤条件，对于酒料的发酵、熟化非常有利，同时也对茅台酒中香气成分的微生物产出、精化、增减起了决定性的作用。可以说，如果离开这里的特殊气候条件，酒中的有些香气成分就根本无法产出，酒的味道也就欠缺了。这就是为什么长期以来，茅台镇周围地区或全国部分酱香型酒的厂家极力仿制茅台酒而不得成功的道理。只有在茅台镇运用传统制作方法，才能造出这精美绝伦的好酒。

三、中国的饮酒文化

我国悠久的历史、灿烂的文化、分布各地的众多民族，酝酿了丰富多姿的民间酒俗。有的酒俗留传至今。

1. 传统的饮酒文化根基——酒德和酒礼

历史上,儒家的学说被奉为治国安邦的正统观点,酒的习俗同样也受儒家酒文化观点的影响。儒家讲究"酒德"两字。

"酒德"二字,最早见于《尚书》和《诗经》,其含义是说饮酒者要有德行,不能像夏纣王那样,"颠覆厥德,荒湛于酒"。《尚书·酒诰》中集中体现了儒家的酒德,这就是:"饮惟祀"(只有在祭祀时才能饮酒),"无彝酒"(不要经常饮酒,平常少饮酒,以节约粮食,只有在身体不适和疗疾时才宜饮酒),"执群饮"(禁止民众聚众饮酒),"禁沉湎"(禁止饮酒过度)。儒家并不反对饮酒,用酒祭祀敬神、敬老奉宾,都是德行。魏晋时期的刘伶写过著名的《酒德颂》。

饮酒作为一种食的文化,在远古时代就形成了一些大家必须遵守的礼节。有时这种礼节还非常繁琐,如果在一些重要的场合下不遵守,就有犯上作乱的嫌疑。明代的袁宏道看到酒徒在饮酒时不遵守酒礼,深感长辈有责任,于是从古代的书籍中采集了大量的资料,专门写了一篇《觞政》。这虽然是为饮酒行令者写的,但对于一般的饮酒者也有一定的意义。我国古代饮酒有以下一些礼节:

主人和宾客一起饮酒时,要相互跪拜。晚辈在长辈面前饮酒,叫侍饮,通常要先行跪拜礼,然后坐入次席。长辈命晚辈饮酒,晚辈才可举杯;长辈酒杯中的酒尚未饮完,晚辈也不能先饮尽。

古代饮酒的礼仪约有四步:拜、祭、啐、卒爵。就是先做出拜的动作,表示敬意;接着把酒倒出一点在地上,祭谢大地生养之德;然后尝尝酒味,并加以赞扬令主人高兴;最后仰杯而尽。

在酒宴上,主人要向客人敬酒(叫酬),客人要回敬主人(叫酢),敬酒时还要说上几句敬酒辞,客人之间相互也可敬酒(叫旅酬)。有时还要依次向人敬酒(叫行酒),敬酒时,敬酒的人和被敬酒的人都要"避席",起立,普通敬酒以三杯为度。

2. 原始宗教、祭祀、丧葬与酒

从远古以来,酒是祭祀时的必备用品之一。

原始宗教起源于巫术,在中国古代,巫师利用所谓的"超自然力量"进行各种活动,都要用酒。巫和医在远古时代是没有区别的,酒作为药,是巫医的常备药之一。在古代,统治者认为:"国之大事,在祀在戎"。祭祀活动中,酒作为美好的东西,首先要奉献给上天、神明和祖先享用。战争决定一个部落或国家的生死存亡,出征的勇士在出发之前,更要用酒来激励斗志。酒与国家大事的关系由此可见一斑。

我国各民族普遍都有用酒祭祀祖先、在丧葬时用酒举行一些仪式的习俗。

人死后,亲朋好友都要来吊祭死者,汉族的习俗是"吃斋饭",也有的地方称为吃"豆腐饭",这就是葬礼期间的举办的酒席。虽然都是吃素,但酒还是必不可少的。有的少数民族则在吊丧时持酒肉前往,如苗族人家听到丧信后,同寨的人一般都要赠送丧家几斤酒及大米、香烛等物。云南怒江地区的怒族,村中若有人病亡,各户带酒前来吊丧,巫师灌酒于死者嘴内,众人各饮一杯酒,称此为"离别酒"。死者入葬后,古代的习俗还有在墓穴内放入酒,为的是死者在阴间也能享受到人间饮酒的乐趣。

3. 重大节日的饮酒习俗

中国人一年中的几个重大节日,都有相应的饮酒活动,如端午节饮"菖蒲酒",重阳节饮"菊花酒",除夕夜饮"年酒"。在一些地方,如江西民间,春季插完禾苗后要欢聚饮酒,庆贺丰收时更要饮酒,酒席散尽之时,往往是"家家扶得醉人归"。

过年,也叫除夕,是中国人最为注重的节日,是家人团聚的日子,年夜饭是一年中最为丰盛的酒席,即使家境贫寒,平时不怎么喝酒,年夜饭中的酒也是必不可少的。吃完年夜饭,有的人还有饮酒守夜的习俗。正月的第一天,有的地方,人们一般是不出门的,从正月初二开始才开始串门,有客人上门,主人将早已准备好的精美的下酒菜肴摆上桌子,斟上酒,共贺新春。

新年伊始,古人有合家饮屠苏酒的习俗,饮酒时,从小至大依次饮用。据说饮此酒可以避瘟气。

朝鲜族的"岁酒":这种酒多在过岁首节前酿造。岁首节相当于汉族的春节,"岁酒"以大米为主料,配以桔梗、防风、山椒、肉桂等多味中药材,类似于汉族的"屠苏酒",但药材配方有所不同。用于岁首时自饮和待客,民间认为饮用此酒可避邪、长寿。

哈尼族的"新谷酒":每年秋收之前,居住在云南元江一带的哈尼族,按照传统习俗,都要举行一次丰盛的"喝新谷酒"的仪式,以欢庆五谷丰登,人畜平安。所谓"新谷酒",是各家从田地里割回一把即将成熟的谷穗,倒挂在堂屋右后方山墙上部的一块小篾笆沿边,意求家神保护庄稼,然后勒下谷粒百十粒,有的炸成谷花,有的不炸,放入酒瓶内泡酒。喝"新谷酒"选定在一个吉祥的日子,家家户户置办丰盛的饭菜,全家老少都无一例外地喝上几口"新谷酒"。这顿饭人人都要吃得酒酣饭饱。

"菊花酒"由来已久,《西京杂记》记载:"菊花舒时并采茎叶,杂黍米酿之,至来年九月九日始熟就饮焉,故谓之菊花酒"。

4. 婚姻饮酒习俗

南方的"女儿酒":最早记载为晋人嵇含所著的《南方草木状》,说南方人生下女儿才数岁,便开始酿酒,酿成酒后,埋藏于池塘底部,待女儿出嫁之时才取出供宾客饮用。这种酒在绍兴得到继承，发展成为著名的"花雕酒"，其酒质与一般的绍兴酒并无显著差别，主要是装酒的坛子独特，这种酒坛还在土坯时，就雕上各种花卉图案、人物鸟兽、山水亭榭，等到女儿出嫁时，取出酒坛，请画匠用油彩画出"百戏"，如"八仙过海"、"龙凤呈祥"、"嫦娥奔月"等，并配以吉祥如意、花好月圆的"彩头"。

"喜酒"：喜酒往往是婚礼的代名词，置办喜酒即办婚事，去喝喜酒，也就是去参加婚礼。

满族人结婚时的"交杯酒"：入夜，洞房花烛齐亮，新郎给新娘揭下头盖后要坐在新娘左边，娶亲太太捧着酒杯，请新郎抿一口，送亲太太捧着酒杯，请新娘抿一口，然后将酒杯交换，请新郎新娘再各抿一口。

达斡尔族的"接风酒"和"出门酒"：送亲的人一到男方家，新郎父母要斟满两盅酒，向送亲人敬"接风酒"，这也叫"进门盅"，来宾要饮尽，以示已是一家人。尔后，男家要摆三道席宴请来宾。婚礼后，女方家远者多在新郎家住一夜，次日才走，在送亲人返程时，新郎父母都恭候在门旁内侧，向贵宾一一敬"出门酒"。

"会亲酒"：即订婚仪式时要摆的酒席。喝了"会亲酒"，表示婚事已成定局，婚姻契约已经生效，此后男女双方不得随意退婚、赖婚。

"回门酒"：新婚的第二天，新婚夫妇要"回门"，即回到娘家探望长辈，娘家要置宴款待，俗称"回门酒"。"回门酒"只设午餐一顿，酒后夫妻双双回家。

婚礼上的交杯酒：为表示夫妻相爱，在婚礼上夫妻各执一杯酒，手臂相交各饮一口。

5. 其他饮酒习俗

"满月酒"或"百日酒"：中华各民族普遍的风俗之一，生了孩子，满月时，摆上几桌酒席，邀请亲朋好友共贺，亲朋好友一般都要带有礼物，也有的送上红包。

"寄名酒"：旧时孩子出生后，如请人算出命中有克星，多厄难，就要把他送到附近的寺庙里，作为寄名和尚或道士，大户人家则要举行隆重的寄名仪式，拜见法师之后，回到家中，就要大办酒席，祭祀神祖，并邀请亲朋好友痛饮一番。

"寿酒"：中国人有给老人祝寿的习俗，一般60、70、80岁等生日称为"大寿"，由儿女或者孙子出面举办，邀请亲朋好友参加酒宴。

"上梁酒"和"进屋酒"：在中国农村，盖房是件大事，盖房过程中，上梁又是最重要的一道工序，故在上梁这天，要办"上梁酒"，有的地方还流行用酒浇梁的习俗。房子造好，举家迁入新居时，又要办"进屋酒"，一是庆新屋落成，贺乔迁之喜，二是祭祀神仙祖宗，以求保佑。

"开业酒"和"分红酒":这是店铺作坊置办的喜庆酒。店铺开张、作坊开工之时,老板要置办酒席,以志喜庆贺;店铺或作坊年终按股份分配红利时,要办"分红酒"。

"送行酒":也叫"饯行酒",有朋友远行,为其举办酒宴,表达惜别之情。

"壮行酒":在战争年代,勇士们上战场执行重大且有很大生命危险的任务时,指挥官们都会为他们斟上一杯酒,用酒为勇士们壮胆送行。

6. 独特的饮酒方式

"饮咂酒":这是古代遗留下来的独特的饮酒方式,在我国西南、西北地区的一些地方流传。在喜庆日子或招待宾客时,抬出一酒坛,人们围坐在酒坛周围,每人手握一根竹管或植物秸杆(芦管、麦管),斜插入酒坛,从其中吸吮酒汁,人数可达五六人甚至七八人。如三峡地区的土家族就有"饮咂酒"的习俗,饮酒时的气氛热烈。这种独特的饮酒方式可以加强人与人之间的感情交流。

"转转酒":这是彝族人特有的饮酒习俗,所谓"转转酒"就是饮酒时不分场合地点,也无宾客之分,大家皆席地而坐,围成一个一个的圆圈,一杯酒从一个人手中依次传到另一人手中,各饮一口。

7. 劝酒

中国人的好客在酒席上发挥得淋漓尽致。人与人的感情交流往往在敬酒时得到升华。中国人敬酒时,往往都想对方多喝点酒,以表示自己尽到了主人之谊,客人喝得越多,主人就越高兴,说明客人看得起自己,如果客人不喝酒,主人就会觉得有失面子。为了劝酒,酒席上有许多趣话,如"感情深,一口闷,感情厚,喝个够","感情浅,舔一舔","酒逢知己千杯少,能喝多少喝多少","喝多喝少要喝好,会喝不喝就不好"。劝人饮酒有如下几种方式:"文敬"、"武敬"、"罚敬"、"回敬"、"互敬"、"代饮"等。这些做法有其淳朴民风遗存的一面,但也有一定的负面作用。过分劝酒,在有些人看来有"侵犯人权"之嫌,甚至可能造成严重恶果。

酒席开始,主人往往在讲上几句话后便开始了第一次敬酒。这时,宾主都要起立,主人先将杯中的酒一饮而尽,并将空酒杯口朝下,说明自己已经喝完,以示对客人的尊重,客人一般也要喝完。在席间,主人往往还要分别到各桌去敬酒。

"文敬":是传统酒德的一种体现,即有礼有节地劝客人饮酒。

"武敬":即强行让别人喝酒,虽说不常见,但无论从何角度而言,都应予以杜绝。

"回敬":这是指客人向主人敬酒,以示礼貌和尊敬。

"互敬":这是指客人与客人之间的敬酒,为了使对方多饮酒,敬酒者会找出种种必须喝酒的理由,若被敬酒者无法找出反驳的理由,就得喝酒。在这种双方寻找论据的同时，人与人的感情交流得到升华。

"代饮"：这是既不失风度又不使宾主扫兴的躲避敬酒的方式。被敬酒者不会饮酒，或已饮酒太多，但是敬酒者又非得敬酒以表达敬意，这时，被敬酒者就可请人代酒。代饮酒的人一般与被敬酒者有特殊的关系。在婚礼上，男方和女方的伴郎和伴娘往往是代饮的首选人物，故酒量必须大。

"罚酒"：这是中国人"敬酒"的一种独特方式。"罚酒"的理由也是五花八门。最为常见的可能是对迟到者的"罚酒三杯"。当然，也并非一定要真的让迟到者喝下三杯"罚酒"，有时也不免带点开玩笑的性质。

中国少数民族的酒俗也有很多。例如，藏族人好客，用青稞酒招待客人时，先在酒杯中倒满酒，端到客人面前，这时，客人要用双手接过酒杯，然后一手拿杯，另一手的中指和拇指伸进杯子，轻蘸一下，朝天一弹，意思是敬天神，接下来分别敬地、敬佛。这种传统习惯是提醒人们青稞酒的来历与天、地、佛的慷慨恩赐分不开，故在享用酒之前，要先敬神灵。在喝酒时，藏族人民的约定风俗是：先喝一口，主人马上倒酒斟满杯子，再喝第二口，再斟满，接着喝第三口，然后再斟满，往后，就得把满杯酒一口喝干了。这样做，主人才觉得客人看得起他，客人喝得越多，主人就越高兴，因为这说明主人的酒酿得好。

壮族人敬客人的交杯酒并不用杯，而是用白瓷汤匙，两人从酒碗中各舀一匙，相互交饮。主人这时还会唱起敬酒歌。

西北裕固族待客敬酒时，都是敬双杯。主人不论客人多少，只拿出两只酒杯，主人轮番给客人敬双杯。

8. 酒令（觞令）

饮酒行令，是中国人在饮酒时助兴的一种特有方式。酒令由来已久，开始时可能是为了维持酒席上的秩序而设立"监"。汉代有了"觞政"，就是在酒宴上执行觞令，对不饮尽杯中酒的人实行某种处罚。在远古时代就有了射礼，为宴饮而设的射礼称为"燕射"。即通过射箭决定胜负，负者饮酒。古人还有一种被称为"投壶"的饮酒习俗，源于西周时期的射礼。酒宴上设一壶，宾客依次将箭向壶内投去，以投入壶内多者为胜，负者受罚饮酒。总的说来，实行酒令最主要的目的是活跃饮酒时的气氛。何况酒席上有时坐的都是客人，互不认识是很常见的，行令就像催化剂，顿时酒席上的气氛就活跃起来了。

行酒令的方式可谓五花八门。文人雅士与平民百姓行酒令的方式自然大不相同。文人雅士常用对诗或对对联、猜字或猜谜等方式，一般百姓则用一些既简单又不需作任何准备的行令方式。

第五节 中国的茶文化鉴赏

中国茶文化源远流长，博大精深，为中华民族之国粹。中国是茶树的原产地，中国茶业最初兴于巴蜀，其后向东部和南部逐渐传播开来，以至遍及全国。到了唐代，又传至日本和朝鲜，16世纪后被西方引进。唐朝的陆羽、白居易，宋朝的徽宗（赵佶）、蔡襄、王安石、苏轼，清朝的康熙、乾隆等俱为好茶之士，并对中国茶文化的发展、传播作出了重要贡献。茶雅俗共赏，居于世界三大天然饮料之首。中国在茶业上对人类的贡献，主要在于最早发现并利用茶这种植物，把它发展形成为我国和东方乃至世界的一种灿烂独特的茶文化。

茶饮具有清新、雅逸的天然特性，能静心、静神，有助于陶冶情操、去除杂念、修炼身心，这与提倡"清静、恬澹"的东方哲学思想很合拍，也符合佛道儒的"内省修行"思想，因此我国历代社会名流、文人骚客、商贾官吏、佛道人士都以崇茶为荣，特别喜好在品茗中吟诗议事、弹琴歌唱、弈棋作画，以追求高雅的享受。古人把饮茶的好处归纳为"十德"：以茶散郁气，以茶驱睡气，以茶养生气，以茶祛病气，以茶利礼仁，以茶表敬意，以茶尝滋味，以茶养身体，以茶可行道，以茶可雅志。茶为中国之"国饮"，茶文化是我国休闲文化的主要载体之一。

中国是茶叶大国，其中的一个表现就是茶的品种特别多。现在全国能够叫得出名的茶叶就有一千多种。茶叶的种类划分方法有很多种：按采摘时间先后可以分为春茶、夏茶、秋茶、冬茶；根据其生长环境分为平地茶、高山茶、丘陵茶；最常见的分类方法则是根据茶色，也就是加工方法的不同，将茶叶分为绿茶、红茶、乌龙茶、白茶、黄茶、黑茶六大类。

一、我国的主要名茶鉴赏

1. 杭州龙井

龙井茶产于浙江杭州的龙井村，历史上曾分为"狮、龙、云、虎"四个品类。龙井属炒青绿茶，向以"色绿、香郁、味醇、形美"四绝著称于世。好茶还需好水泡。龙井茶、虎跑水被并称为杭州双绝。虎跑水中有机的氮化物和游离的二氧化碳含量较多，而可溶性矿物质较少，因而更利于龙井茶香气、滋味的挥发。冲泡龙井茶可选用玻璃杯，因其透明，茶叶在杯中逐渐伸展，一旗一枪，上下沉浮，汤明色绿，历历在目，仔细观赏，真可谓是一种艺术享受。

2. 苏州碧螺春（洞庭碧螺春）

碧螺春产于江苏吴县太湖之滨的洞庭山。碧螺春茶叶用春季从茶树采摘下的细嫩芽头炒制而成。高级的碧螺春，0.5千克干茶需要茶芽6万～7万个，足见茶芽之细嫩。炒成后的干茶条索紧结，白毫显露，色泽银绿，翠碧诱人，卷曲成螺，故名"碧螺春"。此茶冲泡后杯中白云翻滚，清香袭人，是国内著名的名茶。

3. 黄山毛峰

黄山毛峰产于安徽黄山，这里山高林密，日照短，云雾多，自然条件十分优越，茶树得云雾之滋润，无寒暑之侵袭，蕴成良好的品质。黄山毛峰采制十分精细。制成的毛峰茶外形细扁微曲，状如雀舌，香如白兰，味醇回甘。

4. 庐山云雾

云雾茶产于号称"匡庐秀甲天下"的江西庐山，北临长江，南傍鄱阳湖，气候温润，山水秀美十分适宜茶树生长。此茶芽肥毫显，条索秀丽，香浓味甘，汤色清澈，是绿茶中的精品。

5. 六安瓜片

此茶产于皖西大别山茶区，其中以六安、金寨、霍山三县所产品最佳。六安瓜片每年春季采摘，成茶呈瓜子形，因而得名，色翠绿，香清高，味甘鲜，耐冲泡。此茶不仅可消暑解渴生津，而且还有较强的助消化作用和治病功效。明代闻龙在《茶笺》中称，六安茶入药最有功效，因而被视为珍品。

6. 恩施玉露

此茶产于湖北恩施。恩施玉露是我国保留下来的为数不多的一种蒸青绿茶，其制作工艺及所用工具相当古老，与陆羽《茶经》所载十分相似。恩施玉露对采制的要求很严格，芽叶须细嫩、匀齐，成茶条索紧细，色泽鲜绿，匀齐挺直，状如松针；茶汤清澈透明，香气清鲜，滋味甘醇，叶底色绿如玉。"三绿"（茶绿、汤绿、叶底绿）为其显著特点。

7. 君山银针

此茶产于湖南岳阳洞庭湖的青螺岛，是具有千余年历史的传统名茶。君山银针全由没有开叶的肥嫩芽尖制成，满布毫毛，色泽鲜亮，香气高爽，汤色橙黄，滋味甘醇。冲泡时茶尖向水面悬空竖立，如鲜笋出土，继而徐徐下沉，像雪花下坠。此茶具有很高的欣赏与品尝价值。

8. 武夷岩茶

此茶产于福建崇安县武夷山。武夷岩茶属半发酵茶，制作方法介于绿茶与红茶之间。其主要品种有"大红袍"、"白鸡冠"、"水仙"、"乌龙"、"肉桂"等。武夷岩茶品质独特，它未经窨花，茶汤却有浓郁的鲜花香，饮时甘馨可口，回味无穷。

9. 安溪铁观音

此茶产于闽南安溪。铁观音的制作工艺十分复杂，制成的茶叶条索紧结，色泽乌润砂绿。好的铁观音，在制作过程中因咖啡碱随水分蒸发还会凝成一层白霜；冲泡后，有天然的兰花香，滋味纯浓。用小巧的工夫茶具品饮，先闻香，后尝味，顿觉满口生香，回味深长。

10. 云南普洱茶

此茶产于云南西双版纳等地。普洱茶是采用绿茶或黑茶经蒸压而成的各种云南紧压茶的总称，包括沱茶、饼茶、方茶、紧茶等。普洱茶的品质优良，不仅表现在它的香气、滋味等饮用价值上，还在于它有可贵的药效和保健作用。

11. 祁门红茶

祁门红茶产于安徽省祁门县等地，已有100多年历史，为我国传统工夫红茶中的著名品种，素以香气芬芳馥郁、茶叶浓醇鲜爽、条索细紧匀齐、制工精细而闻名，被誉为"祁门香"。其茶汤加入牛奶后，汤色粉红而香味不减。

12. 福建茉莉花茶

福州茉莉花茶产于福建省福州，属再加工茶类。其品种有东风、灵芝、银毫、峨眉、凤眉、秀眉、雀舌毫、明前绿等。花茶的花香浓郁、鲜灵持久、滋味醇厚，汤色黄绿明亮，耐泡。高档品种三泡仍香显味浓。

名茶的形成与名酒的形成一样，除需独特的工艺技术外，也与地理环境有密切关系，如低山、丘陵的地形，酸性的土壤，温暖湿润、多云雾的气候条件等。

二、茶文化的核心——茶艺与茶道

茶艺是指制茶、烹茶（茶的冲泡技法）、品茶的艺术，特别是烹（泡、沏）茶的艺术。泡茶既要讲究实用性、科学性，又要讲究艺术性。首先要对泡茶的用水进行选择：一是甘而洁，二是活而鲜，三是贮水得法。泡茶用水，一般都用天然水，如泉水、溪水、江水、湖水、井水、雨水、雪水等，其中以泉水为最好。自来水是通过净化后的天然水，有时使用过量的氯化物消毒，气味较重，应先将水贮存24小时后再用火煮沸泡茶。水质以硬度较低的软水或暂硬水为好。此外，不同的茶的冲泡技法都有比较严格的要求，茶具（泡茶与盛茶的器皿）的选择也很有讲究。

茶道可简单地解释为茶之道，是指沏茶、品茶的一种程序。若深入地解释，茶道还应从精神层面理解。它不但讲究表现形式，而且注重精神内涵。茶道与茶艺既有联系也有区别，二者共同构成了中国茶文化的核心。如果说茶艺是指制茶、烹茶（茶的冲泡技法）、品茶等艺茶之术的话，那么茶道则是茶艺过程中所贯彻的精神。前者有名有形，是茶文化的表现形式；后者则是精神、道理、规律、本源和本质，是看不见、摸不着，只能通过心灵去体会的内在表现形式。二者结合，艺中有道，道中有艺，是物质与精神高度统一的结果。

茶文化之核心为茶道，中国器物文化能上升到道的层次的唯有茶文化，茶道是茶与道的融合与升华。对茶道的认识有助于我们深入地理解茶文化，更有利于我们把握和弘扬底蕴深厚的中华传统文化。

一般认为，中国茶道的基本精神是"和、静、怡、真"。"和"即和谐、平衡，追求中庸之美；"静"即要求宁静的氛围和空灵虚静的心境；"怡"即追求和悦、神怡的身心感受；"真"即追求物之真、道之真、情之真、性之真。"真"是中国茶道的逻辑起点，也是中国茶道的终极追求。

综合一些专家、学者的观点，我们认为，"和美、清心、养性"是中国茶文化的本质，也是中国茶道的核心。

中国茶道与日本茶道有区别也有联系。日本茶道的基本精神是"和（和气、和谐）、敬（尊重、敬重）、清（清洁、清爽、清楚）、寂（安静、庄重、严肃）"。与日本茶道相比较：中国茶道更崇尚自然美、和谐美，程式活泼，颇具亲和性；日本茶道更崇尚古朴美、清寂美，程式严谨，颇具典雅性（见图9-3、9-4）。

总之，茶艺与茶道是茶文化的核心，其中茶道是茶文化的灵魂，是指导茶文化活动的最高原则。我们应该秉承茶道精神来从事茶文化活动。

图9-3　中国茶艺与茶道　　　　图9-4　日本茶艺与茶道

三、现代茶艺的类型与特色及茶艺背景的应用

随着现代物质文明的飞速发展，传统的茶文化有着很大的变化，形式也较为丰富。现代人在具有较高物质享受的基础上，追求着一种高品位的精神文化需求。故茶艺背景，因茶文化的发展、茶艺风格及其作用的不断演变，也有很大变化。如服饰、器具、摆设等都有较大差别。

1. 休闲型茶艺

休闲型的茶艺现已不再是借茶喻世、借茶抒情、借茶言志，而是作为一种休闲、保健、联谊、礼仪等活动。这种风格特点，使其背景较为多样化，或是传统，或是现代，或是两者兼而有之。茶几摆设，有的是宽敞的大圆桌、方桌，有的是日式的"榻榻米"，席地而坐，体味邻国的饮茶风情。另外，再配上园林植物、插花，总体色彩基调趋于冷色调，体现一种轻松、宁静、淡雅的风格。茶室装饰品有书法、绘画。书法内容多是与茶有关的茶诗、茶歌等，一般用行书、草书表现。绘画主要是国画，以风格高雅、清淡的文人画、写意画为主。背景音乐以优雅、舒缓的曲调为宜。

2. 表演型茶艺

表演型茶艺取材于历史上、生活中的茶俗、茶礼、茶艺或茶道，经过加工、提炼而再现，因此，不同的茶艺类型所表现的主题、内容以及风格都有差异。表演型茶艺背景有着浓厚的传统特色：其中的民族型背景特点是民族风情浓郁，地域特色鲜明；宫廷型背景特点是古香古色、富丽堂皇；寺院型背景特点则是古朴清雅、神逸超然。表演型茶艺是传统茶艺的继承和发展，在舞台上再现，故在传统茶艺背景基础上又有新的变化。

茶性如水，清雅、内敛，内涵博大、深厚，更贴近东方人的性格，所以茶文化能在传统文化的历史长河中放射出耀眼光芒，而今又以崭新的姿态展现在人们面前。千余年的探索，茶事已经成为一门艺术，进入文化范畴：它以诗词、绘画、书法、歌舞、戏曲等多种文化形式表现出其艺术的魅力；它包融哲学、经济、历史、宗教、民俗礼仪、旅游、休闲、科研、教育、医学、园艺、食品、陶瓷等诸多方面的文化，既有深邃的内涵，又有广阔的外延。所以从文化的角度，用美学艺术的眼光去追求茶艺中美的享受，讲究探索茶艺背景和茶艺风格一致，分析茶艺背景的影响因子，达到形式和精神的完美结合，茶艺才具有生生不息、延绵几千年的生命力。

在现代旅游、休闲活动中，茶文化资源的开发和茶艺背景的应用有着很大的前途。

第六节　中西饮食文化分析比较

一、中西饮食文化差异

1. 饮食餐具的差异

中国人的餐具比较简单，只是碗、盘、筷子、勺子再加上一些酒杯，大大小小的宴会都适用了。西方人则不同，餐具的多样性可能会令很多中国人感到惊奇。他们的餐具可以分为五大类：银器（金属器）、瓷器、玻璃器皿、上菜盘和厨房用具。英国人西尔·伯奇在《现代西方礼仪》中曾这样介绍这些餐具："我们的祖先似乎为每一种特殊情况都发明了一种匙具或叉具，从叉取泡菜到舀取火鸡肚里的填馅，样样餐具齐全。"其中，银器（金属器）、瓷器、玻璃器皿又有不同的种类和用法。以玻璃器皿为例，每一种酒都要用一种玻璃酒杯，如白葡萄酒杯、红葡萄酒杯、香槟酒杯、烈性酒杯等等。再看银器，刀、叉和匙又有各自不同的用法：刀主要是吃布丁或头道菜用，吃主菜用；叉主要是吃肉用，吃鱼用等等。在中国，这些可能用筷子就可以解决了。

2. 饮食内容的差异

中国是一个农业大国，饮食从先秦开始就以谷物为主，植物类占主导地位，以蔬菜居多，肉食比较少。西方国家秉承游牧民族、航海民族的文化血统，长期以渔猎、养殖为主，荤食比较多，以牛肉、羊肉、猪肉、鱼类等为主。

中国人喜欢热食，除了正菜之前的小碟是冷菜外，其余的主菜都是热菜，中国人认为菜凉了就失去了许多鲜味。西方人则不同，他们喜爱冷食，餐桌上少不了色拉、冷饮拼盘之类的凉菜，西方人还喜欢生吃蔬菜类食物。

3. 烹饪方法的差异

在中国，烹饪是一种艺术，烹饪的方式多种多样，有炒、炸、焖、溜、爆、煎、烩、煮，还有蒸、烤、腌、冻、拔丝、糖醋等，做出的菜肴让人眼花缭乱。在烹饪大师的眼中，做菜和做其他的工艺品一样有着高深的学问，即使是同一道菜，不同的厨师会做出不同的口味来，即使是同一个厨师做同一道菜时也会因为火候、配菜、调料的不同而做出不同的口味来。

西餐的菜肴主要讲究原汁原料，烹饪方法主要是烧、煎、烤、炸、焖，各种原料很少混合烹调，正菜中鱼就是鱼，鸡就是鸡，即使是调味料也是现吃现加。烹饪的全过程都严格按照科学规范行事，调料的添加量要精确到克，烹调的时间要精确到秒，厨师好像化学实验室的实验员。因此，烹饪是一种机械性的工作，比较单调乏味。烹饪的食品也很单调，例如，牛排的味道在一个国家的东西南北毫无二致，牛排的配菜也是有限的几种。

4. 进餐座次的差异

在中国，位高权重者或年长者首先入座或坐首席那是理所应当的事情，这是中国几千年来传统文化中尊重长者、长幼有序的传承，但是从古至今，中国宴会或多或少缺乏对女性的尊重，许多地区现在还有"女人不上席"的习惯，即使上席所坐的位置也不显著，这也是一直以来受"男尊女卑"思想影响的结果。

在西方则全然不同，一般都将女士优先作为宴会排座位的标准。通常的座位安排形式是男主人与女主人正对面,男主人的左右两侧为女主宾,其余的人按时针方向朝外侧排列,体现了"男女平等"的思想。

5. 饮食方式的差异

中国人讲究热闹、排场,不拘小节,并喜欢在一起合聚用餐,共飨一席,冷拼热炒摆满桌面,几道菜同时下肚,劝菜、敬酒,场面热闹。西方人讲究优雅温馨,富有情趣和礼仪,习惯分餐食之,绝不相互混淆,各自随意添加调料,一道菜吃完后再吃第二道,前后两道菜很少混吃。

6. 饮食观念的差异

西方的饮食比较注重科学与营养。早餐往往是一个鸡蛋、一杯牛奶、几片面包再加一根香肠,午餐一般是自助餐,晚餐则是面包、薯条、香肠、火腿、炸鸡、奶酪等,虽然简单但营养十分丰富,他们不会过分地追求饮食的口味,更多是从营养的角度来理解饮食。

中国人则不同,他们更加注重的是食物的色、香、味、形、质、意。认为美食首先要注重色彩的搭配,在色彩上给品尝者先声夺人的吸引力。其次是香,菜的香味能刺激人的嗅觉器官,引起人的情感性冲动和思维联想,进而影响饮食行为。接着,便是味的美感,它在中国饮食中具有核心地位,古人曾曰"食而不知其味,已为素餐",也有"有味使其入,无味使其出"的说法,可见味的重要性。第四即形的美感,菜点的造型要运用美术手段加以装饰。第五是质的美感,质一方面是指营养质量、卫生质量、烹饪技术因素等,另一方面是指"质地",即以触感(口感)为对象的松、软、脆、嫩、酥、滑、爽等质地美感。最后是意的美感,中国人除了用色、香、味、形这些技术手段外还采用一些文学的手段(如通过对各种菜点的不同的命名)来追求达到不同主题宴席的意境。

中国人在饮食制作上艺术观念较浓厚,西方人在饮食制作上科学观念较浓厚;中国人饮食取材非常广泛,生态伦理观念比较淡薄,西方人在饮食取材上比较严格,具有较强的生态伦理观念。

7. 饮食文化习俗的差异

中国人在饮食文化上讲究意境。如饮食与环境相互映衬,饮食名称讲究形、神、意。饮食具有文化引申,许多事物都可以用饮食作为比喻和形容,并主要表现在"象征"和"禁忌"两个方面。西方人讲究几何图案化(如糕点制作、餐具摆设等),饮食方面很少文化引申。

二、中西饮食文化差异形成原因的文化地理分析

1. 传统文化的差异

中国传统文化一直是以礼为先,生活的方方面面都离不开礼。吃可以看作"众

礼之源"，生孩子要吃，结婚要吃，乔迁新居要吃，客人来要吃（称为"接风洗尘"），客人走也要吃（称为"饯行"）……通过吃来表达人们各种各样的情感。在中国，吃还可以解决很多问题，矛盾、冲突可以在酒桌上解决，生意可以在酒桌上谈成……吃已经成为了生活中习以为常的调味剂。同时，我国传统文化中的许多特征都在饮食文化中有所反映，如"天人合一"、"阴阳五行"、"中和为美"以及重"道"轻"器"、重视感觉与经验等深刻渗透在饮食心态、进食习俗、烹饪原则之中。

西方的文化更加开放、融合，没有中国人那么多礼仪的规范和束缚，生活中比较随意、简单。表现在吃上，他们更多的是将吃作为一种生存的必要手段。林语堂先生曾说："西方人的饮食不同于中国，英美人仅以'吃'为对一个生物的机器注入燃料，保证其正常的运行，只要他们吃了以后能保持身体健康、结实，足以抵御病菌、疾病的攻击，其他皆在不足道中。"可见，吃只是西方人维持生命的一种方式。此外，西方传统文化中的"天人相分"、重"器"轻"道"、重视科学实证等对西方人的饮食文化也有深刻影响（如前述的饮食方式的差异和烹饪方法的差异等）。

2. 民族性格不同

中国人的民族性格中比较倾向于含蓄、和谐，强调"以和为贵"、"天人合一"，喜欢安居乐业、和平稳定。西方民族性格外向、开放，具有进攻性，喜欢挑战，执着追求、乐于冒险。体现在饮食上，中国人对待食物是亲切的、温和的，强调"五味调和"，餐具以筷子为主，并且用筷子时温文尔雅；西方人则不同，餐桌上他们习惯用刀用叉，体现了他们强烈的征服感。

3. 地理环境的影响

由于各地的自然条件不同，种植的作物和饲养的牲畜与家禽也各不相同，因此各地的食物组成也有所不同。西方许多国家都位于北温带的西风带内，属于温带海洋性气候，这种气候不利于农作物的成熟，而有利于多汁牧草生长，对发展畜牧业有利，因而他们的主食以肉类为主。而中国季风气候显著，雨热同期，使我国长江以南的南方地区成为降水丰沛的"鱼米之乡"，形成了中国以大米或小麦为主食的饮食风格。

4. 宗教信仰的影响

西方之所以在宴会上尊重女性，体现男女平等的思想，还与他们的宗教信仰有着密切的关系。西方人一般都信仰基督教，该宗教中的天主教尊玛利亚为圣母，加之社会民主、开放，倡导尊重女性，尊重母亲的伟大形象。而中国无论是儒教、道教、佛教中，女性都被视为男性的附属品，传统的中国女性一直处于"三从四德"的教育中，基本上丧失了自己应有的地位和权利。这些体现在中西方男女在进餐座次礼仪的差异上。

三、中西饮食文化的融合和借鉴

中西饮食产生于不用的地域和文化背景之下，两者有比较大的区别，但都从不同的方面满足了各自社会的需求。随着中国与世界的交流日益增多，越来越多的西洋元素被引用到中餐中，但中餐的"百菜百味"与西餐的"口味一致性"、中餐的"感性的艺术性"和西餐的"理性的科学性"之间的矛盾也使中西饮食融合存在一定的难度。如何使中西饮食各自取长补短、有机结合，仍是值得我们深入思考的问题。

1. 中餐菜肴可以吸收西餐快餐中的标准化生产

西餐在标准化生产方面作出了巨大的努力，现在在中国的很多城市我们都可以看到统一生产、统一着装、统一装饰的麦当劳或肯德基的快餐店。倘若中餐也有这种标准化的生产，就能保证在任何地方都能品尝到正宗的中式菜肴，从而不再依赖厨师的经验和一时的灵感。

2. 西餐菜肴应该吸收中餐菜肴色香味美的优点

中国人十分重视菜肴的色、香、味、形，中餐注重从不同的方面刺激人的视觉、嗅觉和味觉，引起人们的食欲，甚至将吃作为一种文化。在中国，从厨师到就餐者乃至美食家，都认为饮食是一种艺术，厨师在做菜的过程中体味其中的乐趣，食客在吃的过程中满足味觉、视觉、嗅觉等，体会饮食文化意境。西餐菜肴应该吸收中餐菜肴色香味美的优点。

四、中西饮食文化融合的趋势与展望

随着世界经济、文化交往的日益广泛和深入，中西饮食文化的交流和相互渗透已经成了不争的事实和必然的发展趋势，"中西合璧"的餐饮文化正日益被大众所接受。广东菜肴在制作上吸取了西菜烹调的一些手法，在中西饮食文化的融合上作出了有益的尝试，深受国内外食客的欢迎。肯德基的中餐店也放弃了对传统洋快餐的坚持，开始增加煮、凉拌等中式烹饪方式，全力打造健康"新快餐"。

中国的饮食文化在与世界各国的交流中必定会出现一些新的变化，中餐应该博采众长，不断发展完善，以中餐为体，以西餐为用，依托中餐的四大菜系或八大菜系，发展中国的饮食文化和审美情趣，适当吸收西餐的科技元素，使两者取长补短，有机融合，这是中国餐饮打出品牌、走向国际化的重要举措。

可以预料和展望，世界饮食文化将会随着中西文化的交流与融合变得越来越富有魅力，这种魅力融合了中西饮食文化的精髓。

复习思考题：
1. 解释说明中国菜点之美的构成要素。
2. 中国菜点中有哪三类食品、四大菜系和五道程序？
3. 简述我国四大菜系各自的风格特点。
4. 简要说明茶文化的核心——茶艺与茶道。
5. 试述酒的文化魅力。
6. 简要对比中西饮食文化差异，并从文化地理视角分析其原因。

案例阅读：

用舌尖欣赏成都——品味成都饮食文化

不知还有哪座城市能像成都这样，大大小小的街巷布满食肆，食肆中不断飘逸出诱人的香味。调和五味的美食练就了成都人刁钻的舌头，也造就了能吃会道的嘴巴，再加上本性勤劳的双手，创造了今天成都辉煌的美食文化，造就了成都这个"美食之都"或"休闲之都"。讲究享受与情趣的成都人是用舌尖来品味生活的。

成都是一座具有3000年历史的文化名城。西晋时常璩所著《华阳国志》中就记载蜀人"尚滋味，好辛香"的饮食传统，这种传统的继承和发挥让成都人不仅充分享受了天下美食，而且成了美食家。

成都同时也是出了名的商业和消费城市，如此人文环境造就了成都的川菜"婉约绮丽，温馨柔和"的风格。反过来，成都的美食又发扬了成都的传统文化。

成都美食的温婉，正来自成都人这种对美食中美的追求，对餐饮文化与情韵的崇尚。成都的餐饮如琴台、锦里这些特色美食街，还有新开辟的黄忠大道"一品天下"、"春江花月"美食区，都沐浴在汉风古韵里，在刻意或随意的装点之下，总是那么斑斓。在成都，像皇城老妈火锅这样的文化餐饮数不胜数，都打着自己独特的饮食文化旗号，几乎每一家餐饮公司都注册为"XX餐饮文化公司"，像大蓉和的古典与现代的融合，像文杏的精致却不拘一格，像银杏的中西合璧，像巴国布衣的川东民居风情，无论从题材选择、市场定位、形象包装到菜肴设计都各有外在风格与经营特色，这些都是成都代表性的文化餐饮。

饮食文化是呈多样化和多元化的，那些不着力表现地方民俗食风的酒楼也有着自己的某些饮食文化背景。皇城老妈火锅城那承袭汉风的古建筑以及挂满大厅的名人字画，荡漾回旋的古典名乐，让人品味到了一种沉淀厚重、源远流长的巴蜀文化气韵。一些外地来蓉开馆子的老板，通过在成都所受到的自秦汉以来悠久历史文化的熏陶，也自觉或不自觉地与文化结上了缘。北渡鱼庄，大厅正中就挂着一幅木镶壁画，上有成都文化名人流沙河的题诗："北渡垂杨系客舟，野客烹鲢系旧游，岂知后来天地转，鱼脍金盘上玉楼。"诗文表达出饮食的意境及北渡鱼这款地方风味菜品的历史由来。还有由著名剧作家魏名伦撰文的灶王大酒楼《灶王碑》、巴国布衣酒楼《饭店铭》等。这些诗赋文章无一不渗透着浓厚的历史与文化交融的色彩，营造着一种陶情冶性和提升饮食品位的进餐氛围。

川菜作为一方风味的形成，大约远在秦始皇统一中国到三国期间。那时，无论烹饪原料的取材，还是调味品的使用以及刀工、火候的要求和专业烹饪水平，均已初具菜系的雏形。到了唐代，川菜在宫廷中已小有名气。诗仙李白以在四川吃过的焖蒸鸭子为蓝本，用百年陈酿花雕酒、枸杞、三七等蒸肥鸭献给玄宗，玄宗非常欣赏，将这道菜赐名为"太白鸭"。川菜发展到清乾隆年间，烹调技艺已十分丰富，四川文人李调元在《函海——醒园录》中就系统记录了川菜的炒、滑、爆、煸、溜、炝、炸、煮、烫、煎、蒸、煨、炖等烹制方法38种之多。近代川菜崛起于清朝末年。由于战乱，四川地区民生凋敝，清政府的"湖广填四川"政策引入众多能人志士。外地官员多自带厨师入川，各大菜系的融会贯通丰富了川菜菜系的风格；20世纪40年代，国民政府、高等学府等机构的西迁再次促使了川菜的发展；改革开放后，四川对外输出劳动力成为一时潮流，大量厨师外出务工，到达外地后发扬川人不怕苦累、敢于创新的精神，将川菜与当地菜系进行交流与结合，把川菜大发展的踪迹推向全国以至全世界。

20世纪末，成都的餐饮开始了翻天覆地的变化。以巴国布衣为代表的酒楼在成都独领风骚，装修上，注重川东民俗风格，让人进入酒楼就像置身于四川古老的街区；菜品的装盘，有大碗喝酒大块吃肉的气势，让人觉得在酒楼吃饭不再是华而不实；菜品的味道，或从老百姓日常生活中的菜品提升，或稍加变化，让人们似曾相识又有新意而久久不能忘怀。像这样极具人文气息的酒楼还有"成都映象"、"顺兴老茶馆"等。成都人喜欢把这些地方作为自己招待外地朋友的最佳选择，因为这里能够着实体现出家乡的真味。

家喻户晓的三国文化，与成都有着千丝万缕的联系。成都餐饮界根据三国故事演化出来三国宴，草船借箭、三顾茅庐、七擒孟获等一个个三国故事用美食配相应的盛器上了餐桌，变成让人不忍动筷的精美佳肴。看着菜单上的介绍，品尝满桌丰盛的菜品，就像重新浏览了一遍《三国演义》。

成都又是道教的发源地，受崇尚"自然"、"无为"的道教影响深刻，体现在当今餐饮上就是追求一种内敛、含蓄，一种由内而发的力量，这也是成都餐饮精致，精致到内敛、好吃的原因之一。道教中有诸多养生的思想被成都人吸收并利用，丰富了成都餐饮文化以及玄妙之感。街头上，酷暑中，食客们摇着扇子，围着小桌子，哼着小调，吃着浓烈的火锅，小杯品茶，大碗喝酒，妙不可言。在人们的大汗淋漓中，似乎看到成都餐饮"以其不争，故天下莫能与之争"的境界。

俗话说"酒好不怕巷子深"，成都餐饮业基本上都是被这样认为的。如果一个地方环境好，菜品好，服务不错，价格又不贵，到过店里的顾客自然就成为酒楼声望的一个传播渠道，可以说这基本上是做餐饮最基本的广而告之手段了。但是在成都我们可以看到报纸有专业的餐饮版，电视、电台都开设了美食栏目，现在数字电视普及的过程中居然还有专门的美食频道，专业的美食网站就更不在话下了。如此全方位立体地传播餐饮文化，让成都美食的文化氛围和内涵更加深厚。

成都小吃品种繁多：从各色小面到抄手包饺，从糕饼汤团到筵席细点，从凉拌冷食到热饮羹汤，从锅煎油烙到蒸煮烘烤，堪称花色品种琳琅满目，甜咸酸辣各味俱全，三大炮、担担面、钟水饺、龙抄手、棒棒鸡，数不胜数。成都小吃供应方式灵活，十分方便食客。君可见，街头巷尾、中心闹市，或摆摊、或挑担、或提篮、或开店。不管刮风下雨还是烈日当空，也不管数九寒天还是三伏酷暑，一年四季，从早到晚，那叫卖声、梆子声，那四散的香味，总是吸引着路人停下脚步，不由自主地去品尝，一饱口福。

在人们的眼里，小吃应该是最简单的食品了，然而成都却不会让你这么简单地去享受它们，非得绕个弯子，弄出点名堂，弄出点文化来，不会让你吃了就轻易地忘了。三大炮在成都是响当当的小吃，不光因为它名气大，还因为它本身就响。在锦里的街上，人们不是坐下来品尝，而是围在那里，看着这一景象：一张木板上，分行摆着12个铜盘，两两相叠。木板前放着一口热气腾腾的大铁锅，里面装着用木槌舂耷的糯米糍粑，一个身强力壮的汉子，不断地从锅里扯出一团糯米糍粑，分摘三坨，有节奏地抛出去，糍粑从木板上的铜盘中弹跳进装有黄豆粉的簸箕内，发出"砰、砰、砰"三响，如炮声然，随后从簸箕内把糍粑团每三个拣为一盘，浇上红糖，撒上芝麻，递到食客手里。许多中外游客看了三大炮的制作表演，惊讶于四川小吃的奇妙，不知道成都竟然有这样具有生命力的小吃，真是让人大开眼界。

成都有着"休闲之都"的美誉。有人说成都人最擅长的就是偷闲，就是习惯了忙里偷闲。在工作之余，约上三五好友，或者在网上邀约一大帮情投意合的朋友到一个酒楼，或许是一个小店山喝海吃一顿，只要尽兴就好，这就是成都最有名的一种饮食文化。花的银子不多，但是收获的快乐却溢于言表，成都人钟爱这种休闲方式。

吃完饭怎么办？自然想到酒吧消遣，成都人习惯于这样的消费方式。紫荆的慢摇吧、九眼桥的小酒吧等休闲直到夜深，广州人会在这个时候选择吃宵夜，而成都人会选择"鬼饮食"。深印在人们脑中的"鬼饮食"有华兴煎蛋面、老妈蹄花、玉林串串香等品种，至于如何选择就要看心情了。

传统和时尚是一个对立的话题，成都餐饮却是传统和时尚友好相处。成都有许多传统的餐馆，也有许多时尚的餐吧、酒吧、西式快餐店。麦当劳、肯德基，时尚的风格成为少男少女的最爱。受此影响，一些中式餐馆也时尚起来，餐吧的流行给成都餐饮带来一片新的气象。送仙桥旁有一个叫"蓉锦一号"的餐吧，餐厅分为室内室外，但整个餐厅没有视觉上的障碍，只以紫色的轻纱略为区隔，自由和轻松惬意的氛围里面，座中的食客成了一道若隐若现的风景。

现在蓉城的饮食文化不是就佳肴谈文化，它已经通过连年举办的国际美食旅游节等种种活动，和企业的文化、地域的民俗文化紧密地融合在了一起，形成了具有新时代特点的影响全国以至世界的独特饮食文化景观。一位对川菜情有独钟的英国作家扶霞·邓洛普，前几年满怀兴致地写了《四川烹饪》一书，她说："如今的川菜已变得很时髦，它能够带给人们许多惊喜。"新落成的黄忠大道两边，各种风格的餐馆鳞次栉比。一座手持双箸向天的雕塑是食街地标，矗立在大道一端，彰显着成都饮食文化的瑰丽。

（资料来源于http://sc.sina.com.cn，2009年9月23日。略有改写）

第十章 民俗文化与旅游审美

【学习导引】
　　民俗文化是我国重要的旅游资源，了解和欣赏地方民俗文化是旅游活动的重要内容之一。本章介绍了民俗文化的基本知识和民俗文化中的旅游审美内容，重点分析了民俗文化旅游审美的特征及其社会意义，民俗文化旅游开发的美学原则与途径。为了加深对本章知识的理解，建议同学们进行一些社会实践调查和案例分析。

【教学目标】
　　1. 了解中国民俗文化的基本知识和民俗文化中的旅游审美内容。
　　2. 认识和理解民俗文化旅游审美的特征及其社会意义。
　　3. 掌握民俗文化旅游开发的美学原则与途径。

【学习重点】
　　民俗文化中的旅游审美内容，民俗文化旅游审美的特征，民俗文化旅游开发的美学原则与途径。

第一节 民俗文化概述

一、民俗文化的概念

　　民俗，就是民间风俗习惯，是一个地方长期形成的风尚，是广大劳动群众在生活中自然形成并代代相传的风俗。
　　民俗文化，是依附人民的生活、习惯、情感与信仰而产生的民间文化，是民众的生活文化，通常由服饰文化、饮食文化、民居文化、人生礼仪、岁时节令、民间信仰、游艺竞技等组成。民俗文化是民族文化的重要组成部分。由民俗文化的集体性决定，民俗培育了社会的一致性。民俗文化增强了民族的认同，强化了民族精神，塑造了民族品格，传承了民族文化。

二、民俗文化的构成

民俗事象纷繁复杂，从社会基础的经济活动到相应的社会关系，再到上层建筑的各种制度和意识形态，大都附有一定的民俗行为及有关的心理活动。总体说来，大略可以分为以下四部分：

物质民俗，是指民众在创造和消费物质财富过程中所形成的模式性的民俗事象。它主要包括生产商贸民俗、衣食住行民俗、医药保健民俗，等等。

社会民俗，也称社会组织及制度民俗，是指人们在特定条件下所结成的社会关系的惯制，它所关涉的是从个人到家庭、家族、乡里、民族、国家乃至国际社会在结合、交往过程中使用并传承的集体行为方式，主要包括社会组织民俗（如血缘组织、地缘组织、业缘组织等）、社会制度民俗（如习惯法、人生仪礼等）、岁时节日民俗以及民间娱乐习俗，等等。

精神民俗，是指在物质文化与制度文化基础上形成的有关意识形态方面的民俗。它是人类在认识和改造自然与社会的过程中形成的心理经验，这种经验一旦成为集体的心理习惯，并表现为特定的行为方式并世代传承，就成为精神民俗。其主要包括民间信仰、民间巫术、民间哲学、伦理观念以及民间艺术等等。

语言民俗，是指通过口语约定俗成、集体传承的信息交流系统。它包括两大部分：民俗语言与民间文学。语言是一种文化载体，各个民族、地区都有特定的语言，即民族语言和方言，它们是广义的民俗语言。狭义的民俗语言，是指在一个民族或地区中流行的那些具有特定含义并且反复出现的套语，如民间俗语、谚语、谜语、歇后语、街头流行语、黑话、酒令，等等。民间文学是指由人民集体创作和流传的口头文学，主要有神话、民间传说、民间故事、民间歌谣、民间说唱等形式。

社会生活是一个整体，为社会生活服务的民俗文化也有其整体性与系统性。在物质民俗、精神民俗、社会民俗、语言民俗四大部类民俗之间存在着相互关联、相互制约与促进的有机联系，它们相互影响，并随着时代的发展而不断变化。

二、民俗文化的分类

1. 服饰习俗

服饰习俗，与人类生产力的水平以及人类的文明程度紧密相连，服饰沿革往往受到自然环境、生产水平、民族交融等外界条件的影响，蕴含着极其丰富多样的历史、文化内涵。某民族的历史变迁、宗教信仰、审美心理，乃至一些原始的文化符号，都蕴含在服饰及有关习俗中。如居住在高山地区的民族，其服饰有厚、暖、重的特点；居住在沿海一带或亚热带、热带地区的民族，其服饰有薄、短、露的特点。许多少数民族的服饰及其佩戴饰物都具有暗示其年龄、社会地位、婚姻状况的作用。我国有许多民族的服饰（如藏族、维吾尔族、蒙古族、白族、苗族等）对游客很有吸引力。

2. 饮食习俗

饮食习俗包括饮与食两个方面。饮食习俗具有地区性和民族性。我国北方、西北方以畜牧业为主的民族，如蒙古族、哈萨克族、藏族等，以牛羊肉和各类奶制品为主要食物；鄂伦春族、达斡尔族、赫哲族等以渔猎为主，他们主要食用猎物、野兽和鱼类；西南地区的少数民族主要食用大米、玉米及各种薯类。西方民族喜欢食用面包、黄油、牛奶、咖啡、色拉、水果及各种酒类。在饮食口味上，各地差别较大，在我国有"东辣西酸、南甜北咸"的说法。饮食习俗还体现在各种酒具、餐具的搭配和使用，以及礼仪和禁忌等方面。

3. 居住习俗

人类的居住形式是人类物质文化的反映，人们所处的自然环境（地形与气候条件等）、社会环境、生产方式及生活水平不同，其居住习俗也各具特色。从中国传统的民居看，无不显示出强烈的地域性。如北京的四合院、江南的水乡民居、四川的坡地民居、福建的客家大院和土楼、闽粤沿海的骑楼、黔桂的干栏住宅、黄河中游的窑洞、青藏高原的碉房与内蒙古大草原的蒙古包，无不适应当地的自然条件，无不与当地传统的社会文化条件相协调。不仅各民族的建筑式样不同，而且建筑居住习俗更各有差别。

4. 生产习俗

生产习俗大体可分为狩猎生产、农耕生产、交通运输、手工艺及其他生产。许多民族和地区在生产中都有不少禁忌，如我国鄂温克族在狩猎中不许射杀正在交配的野兽，对熊、虎、狼等不能直呼其名，进行狩猎时木棍不能横放在路上，要顺着放，以示顺利等。渔民在吃鱼时忌讳翻动鱼身。一些行业如矿工、伐木工、工匠等在生产中也有许多特殊的禁忌、祭祀等。

5. 婚恋与婚嫁习俗

不同民族千姿百态的婚恋方式是旅游者喜欢了解的一个内容。有些民族用对歌、射箭、赛马等方式求爱，有些民族则默默地借物传情。云南的瑶族，姑娘一旦真心实意地爱上一个小伙子，就会狠狠地在他胳膊上咬一口，永远留下"爱的痕迹"。云南泸沽湖摩梭人的走婚更是奇特的婚姻习俗。

在婚嫁习俗方面，各民族各地区差别较大，有的颇有特色。例如，鄂西的土家族姑娘出嫁时一定要哭嫁。哭嫁有"哭嫁歌"，哭得越动听、越感人，就越受到人们称赞。"哭嫁"是一门传统技艺，土家姑娘从十一二岁就开始学哭嫁，母女代代相传，形成习俗。"哭嫁歌"被人们称为土家族姑娘的"绝唱"。"哭嫁"犹如一台赛歌会,形式多种多样,有独哭、对哭、轮哭、伴哭、合哭等。新娘一般在婚前一个月开始哭嫁。娘家人边为她准备嫁妆,边哭述离别之情。会哭的姑娘一个月内不哭重复的内容,要哭祖先、哭爹娘、哭兄弟姐妹、哭媒人,还要哭自己。"哭嫁"的高潮是新娘出嫁的日子。在前一天,亲朋好友都来祝贺和哭别。新娘家要请来9位平时与新娘要好的姑娘陪哭,称为"陪十姊妹"。亲朋好友前来送别时的哭歌,主要表达友好、礼貌,对未来生活的祝福和向往。

6. 丧葬习俗

世界各民族由于在民族信仰、民族心理、社会经济结构等方面各有差异,在丧葬习俗方面也形成了不同的行为仪式。例如,藏族通行天葬,又称鸟葬。藏民死后将尸体送到山间葬场尸解切割,骨头也要砸碎以喂秃鹰。有的地方有的民族实行树葬、崖葬、洞窟葬、悬棺葬、风葬等。鄂西的土家族办丧事要跳"撒尔嗬"(跳丧舞,打丧鼓),欢欢喜喜伴亡人,热热闹闹办丧事。

7. 礼节习俗

礼节是人们交往中用来表示敬意、祝愿和友好的惯用形式。特别的礼节常引起旅游者的兴趣。居住在巴西的印第安人有一种奇特的待客礼节:洗澡敬客。而且客人洗得越久,表明客人对主人的款待越满意。新西兰的毛利人欢迎客人是与客人行"碰鼻礼"。在尼泊尔山区,主人迎接客人时要吐出舌头表示欢迎。藏族同胞的"献哈达"是对宾客最尊贵的礼节。

8. 游艺民俗

游艺民俗是一种以消遣休闲、调剂身心为主要目的,而又有一定模式的民俗活动。它是人类在具备起码的物质生存条件基础上为满足精神的需求而进行的文化娱乐活动。从简单易行、随意性较强的游戏,到竞技精巧、有严格规则的竞技,从因时因地、自由灵便的戏耍,到配合各种特殊需要的综合表演,都属于游艺民俗的范畴。

游艺民俗主要包括民间游戏、民间游艺、民间曲艺、民间舞蹈、民间竞技、民间体育和口头文学等方面的内容。这些游艺活动在民间的一些节日、庙会、集市上表现得尤为突出。飞叉、绳鞭、飞剑、转盘、走绳、抖空竹、耍石锁、少林棍、霸王鞭等节目,总能吸引众多的观众。舞龙灯、舞狮子、走高跷、划旱船、扭秧歌、打腰鼓、踢毽子、放风筝等,一直保留到现代。我国汉族的赛龙舟、闹元宵以及蒙古族的摔跤、赛马,菲律宾的斗鸡,西班牙的斗牛等都是富有民族特色的游艺民俗。

9. 节庆习俗

在众多的风俗习尚中,节庆习俗是最富有民族特色而又绚丽多彩的习俗。节庆习俗的形成是一种历史积淀过程,影响到人们生活的各个方面。西方的圣诞节、狂欢节、情人节、感恩节，中国的春节、中秋节、端午节等无不体现了中西民族不同的文化传统和表达方式。我国西南地区的彝、白、哈尼等族，都有欢度火把节的传统。火把节期间，村寨和田野的火把彻夜不息，各族青年弹唱跳舞通宵达旦，还有赛马、斗牛、射箭、摔跤、拔河、荡秋千等活动，并形成集市贸易。许多节庆活动与本民族的生产活动有着密切的联系，如傈僳族的收获节、布依族的牛王节、普米族的尝新节、苗族的赶秋节等。

四、民俗文化的特征

民俗文化与其他类型的文化相比，有它自身的诸多特征。

1. 多元性

中国自立国之始就是一个多民族的国家，今天56个民族和睦共处。在我国各民族的不断融合中，不同的民族习俗被接纳到中华文化体系之中，但仍程度不一地保存着各自的民俗特性，从而丰富了中国的民俗文化。中国民俗的多元特性不仅体现在各民族不同习俗上，还表现在不同历史阶段的民俗共存上。在中国统一的地域空间内共存着不同性质的民俗文化，体现了中国民俗文化的多元特性。

2. 复合性

中华文化向以包容四方的气象著称于世，其中民俗涵化居功至伟。自古及今民族文化的融合，首先是民俗层面的接纳，民俗化人于细微处，却影响深远。汉俗中复合了不少少数民族习俗，可以说从来就没有纯粹意义的汉俗，只有民俗复合时间的早晚而已。同样，现存的各少数民族也不同程度地受到汉俗影响。

3. 实用性

实用性是民俗文化最本质的特点，民俗服务于人们的生产与生活，人们依赖民俗开展生产，繁衍后代，传承文化，寻求精神愉悦，几乎每一项民俗都有它实用性的内涵。例如，民间信仰的直接功利性是它区别于一般宗教信仰的根本特征之一。

4. 地方性

地方性是就民俗的区位性特点而言。除了民族文化大传统之外，各个地方依自己的特殊环境形成了文化小传统。乡民的生活文化具有明显的地方性，所谓"十里不同风，百里不同俗"，"百里而异习，千里而殊俗"，这是较概略的区分。总之，民俗文化的发生、发展、演变是在一定地域空间中进行的，它受地理环境、人们谋生方式与历史传统的影响和制约，因此民俗文化显现出鲜明的地方特色。

5. 阶层性

阶层性是就社会民俗的纵向分布而言。如中国传统社会中，处于社会中下层的广大民众是民俗文化的主要创造者和承载者，因此民俗文化主要体现了他们的认识与思想要求，具有较强的民间性特点。不仅中下层社会相较于上层社会民俗有所不同，就是中下层社会内部亦有着民俗差异。如农民与手工业者是物质财富的直接创造者，因此形成了淳朴、节俭、勤劳的民俗本色。而属于中层社会的商人等，在行业的竞争与酬对中，则逐渐养成铺张浮靡、好新慕异的风尚。

6. 神秘性

民俗文化一般具有神秘性的特点。民间传承着大量古老风习，对于异地的人来说，往往呈现出一种神秘的色彩。再加上宗教对民俗生活的介入，使传统民俗的神秘色彩更为浓厚。

7. 稳定性

民俗文化在民间世代相传，因而具有相对稳定的特性。但同时，它又会随着时间的变化不断发生变异。稳定性，是中国民俗性格突出表现之一。例如，中国经历了几千年的农业社会，虽然改朝换代频繁，但农业社会的基础并未动摇，由此围绕着农耕社会所形成的大农业民俗得到相对稳定的传承。这种稳定性主要体现为节俗传统的稳定性以及人生仪礼习俗的稳定性。

8. 变异性

民俗的变异性，是指民俗事象在流传过程中受各种影响而产生的内容和形式上的变化。民俗的变异性与其历史性、地方性相关联，同类民俗在不同时代、不同地区都会有各自的特点。民俗的变异性还表现在横向的地域分布中。同一种民俗事象在各地会出现不同形态，有的是因为发生的基础不同，有的是在传播过程中发生了变化。

第二节　民俗文化中的旅游审美内容

民俗文化审美是民俗旅游的重要目的与内容。当然也并非所有民俗都能成为旅游资源，主要是其中具有表象性的部分适合作为旅游审美的对象。

一、物质民俗中的建筑、服饰、民间艺术、生产工具等皆具审美价值

在民居建筑中，各少数民族、一些汉族地区的民居具有鲜明的审美特色。如鄂温克族和鄂伦春族的住宅"撮罗子"，蒙古、哈萨克、柯尔克孜、塔吉克等民族的蒙古包或毡房，侗族、苗族的吊脚楼、半边楼以及鼓楼、风雨桥，傣族的干栏式竹楼，北京的胡同、四合院，黄土高原的窑洞，闽西的土楼（见图 10-1），江南的水乡民居建筑等，可谓类型丰富，建筑技艺精湛，具有很高的旅游欣赏价值。

各少数民族的服饰更是绚丽多姿,如苗族、瑶族、侗族各不相同的"花衣"与百褶裙,傣族妇女的花筒裙,藏民的藏袍,维吾尔族的"袷袢"和连衣裙,满族的旗袍等。各少数民族和各地的民间工艺美术也极为丰富多彩,一些具有观赏性的用具和工具也是民俗物质文化的产物,有着旅游审美的意义。

二、岁时节令和人生礼仪习俗大多蕴含丰富的审美价值

包括年节的饮食、青年的婚恋、生日、丧葬、待客习俗等,其中大多数是旅游者可以参与或观赏的。例如侗族青年的恋爱习俗"走寨坐妹",苗族婚姻礼仪的"拦路歌"、唱"酒歌"、"欢抢铺床鸭",土家族的"哭嫁"与"跳丧"等习俗仪式。各少数民族和不同的汉族地区都有着独特的的待客习惯和待客方式。我国各民族的节日礼仪与庆典则更为丰富,汉族与一些少数民族共有的春节、元宵节、端午节、中秋节,傣族的傣历新年泼水节(见图 10-2),瑶族的达努节,藏族的望果节,彝族的火把节,蒙古、鄂温克、达斡尔族的那达慕大会,白族的三月街,信奉伊斯兰教的我国西北地区少数民族的开斋节、古尔拜节,这些节庆活动最为集中地展现出不同民族、地域民俗文化的丰富内涵,给旅游者提供了感受和体验民俗审美文化的良好机会。

图 10-1　闽西的土楼　　　　图 10-2　傣族的傣历新年泼水节

三、民间游艺竞技活动对旅游者具有较强的审美吸引力

我国各少数民族和汉族不同地区都有着特有的民俗艺术表演、游乐活动和体育竞技活动。汉族西北地区的太平鼓,陕西安塞腰鼓,东北的二人转,湖南的花鼓戏,广西的彩调,苏州的评弹,甘肃、宁夏的"花儿会",南方的傩舞、傩戏,粤语地区的粤曲,藏族的锅庄,苗族的芦笙舞,傣族的象脚鼓,彝族的阿细跳月,朝鲜族的长鼓舞,鄂温克族的阿罕拜舞,壮族的扁担舞,维吾尔族的十二木卡姆等艺术表演活动。汉族的舞龙、舞狮、踩高跷、龙舟竞渡(见图 10-3),苗族的爬竿,傈僳、苗族的上刀梯,傈僳、怒族、独龙族的射弩,蒙古族的马球,哈萨

克、柯尔克孜、塔吉克族的叼羊，回族的掼牛，朝鲜族的跳板运动，蒙古族摔跤、赛马，傣、景颇、白、纳西等族的"打磨秋"等民俗游乐与体育竞技活动，都有着很高的旅游观赏性或审美价值，而且相当一部分都具有参与性，旅游者可以与当地人同乐共舞。

四、民间信仰与祭祀活动具有独特的旅游审美价值

我国各族和各地域有着各具特色的信仰与祭祀活动。如对于中华民族祖先黄帝、炎帝的祭典活动，蒙古族的成吉思汗祭典，藏族喇嘛教的酥油灯会、晒佛、礼佛、跳神活动，赫哲族萨满教的"乌思珠耶"（跳舞神），瑶族的"还盘王愿"（见图10-4），侗族的"敬萨坛"，苗族的"跳香"，佤族的"拉木鼓"，台湾渔民的"放彩船"等等。这些活动往往规模宏大，气氛热烈，显现出这一民族和这一地域原初的文化与审美特征，有着独特的旅游审美价值。

图10-3　龙舟竞渡　　　　　图10-4　瑶族的"还盘王愿"

总体来看，对民俗文化的旅游审美大量地体现在对各地域、各民族居民日常生活之中，游客也可参与其中，进行深度旅游体验。例如，旅游者可以走访农家，操作传统农具和用品，参与当地的生产劳动；亲自动手烹调特色菜肴，参加民间宴饮活动；还可以按当地风俗过生日，以当地礼仪举行婚礼等。这些内容的旅游审美活动，常常使人获得终生难忘的审美感受。

第三节　民俗文化旅游审美的特征及其社会意义

一、民俗文化旅游的审美特征

旅游者对民俗文化的旅游审美，与对自然风光、名胜古迹以及旅游地的文化

艺术审美欣赏一样，都是异地的跨文化审美欣赏活动，属于高层次精神享受。由于民俗文化更多地是通过人作为文化的载体进行传播的，旅游者更多地通过与当地民众的接触与交流来感受和体验民俗文化美的内蕴，且与生活实际接近，容易引起人们的兴趣，由此而构成了民俗文化旅游审美与其他旅游审美不同的特征。

1. 新奇的审美体验

民俗文化旅游作为异域的跨文化审美活动，是在完全新鲜的环境中亲身体味异乡情调，感受从未接触过的奇异风俗，对于旅游者来说，这是完全陌生新奇的审美体验，具有很强的刺激性。例如西方旅游者的北京胡同文化旅游，穿行于迂回曲折的胡同之中，聆听着发生在各个胡同的古老故事，留宿于四合院之中，与皇城根的市民共同品茶、共同欣赏京剧票友们的表演……带给他们的是完全不同于高楼大厦、汽车如流、广告如林的都市北京的全新体验。同样，沿海城市的汉族同胞到西南彝族山寨参加火把节，也会感到陌生和新奇。异域的全然不同的生存和生活时空的新感觉，新奇而神秘的习俗风气引起的陌生感受，都能激发起旅游者的审美兴趣，引发起旅游者的美感愉悦，推动着旅游审美活动的深入。陌生新奇的审美体验，还能促使旅游者产生进一步了解当地奇风异俗的冲动。

2. 亲切的情感沟通

在民俗风情旅游中，旅游者直接进入旅游地的生活环境之中，参与当地群众性的民俗活动，与当地民众进行面对面的交流和沟通，成为双向的审美活动。无论是在北京的胡同中穿行，还是在桂林阳朔的西街漫步，抑或是参加彝族的火把节、傣族的泼水节、蒙古族的那达慕大会，旅游者感受到的不仅是新鲜的景物，更多的是接触到亲切热情的人民，在特定的环境氛围中与他们交流情感，体验异域的文化特色。民俗旅游中的观赏参与多为轻松愉快的休闲、娱乐活动，没有什么政治性、经济性或学术性的功利目的，而以情感愉悦作为主要追求。旅游者以平等交流的意识和心态排除了在功利性的跨文化交流中常出现的紧张心理障碍，也就会消除构成歧视行为的定型观念、偏见，在亲切友好氛围中促进了与当地人民的情感交流。虽然这种交流最初都处于比较浅表的感性层次，但是正是有了这良好的开端才能推动着旅游者对当地文化和当地居民进行深层了解。

在广西桂林市阳朔县城有一条长仅几百米的西街，这里有着浓郁的地方民俗文化特色，旅游开放三十多年这里较多居民会讲外语，商店多有外文标识，这种环境氛围使这里成为著名的"洋人街"（外国游客最多的街）。每天都有许多外国旅游者来此购买工艺品，品尝中国茶和当地特色小吃，在小店与当地人聊天。有的外国游客甚至住下来，学习汉语、太极拳或其他的"中国功夫"，有的干脆留下来当一段时间的外语教师。不少外国旅游者留恋这既有中国南方民间文化特色又有着中西文化平等交流气氛的温馨小街，小街因而每年都要迎接不少新老朋友，也年复一年地诞生着"洋媳妇"和"洋女婿"的故事。阳朔西街可谓旅游者与目的地民众平等交流与亲切沟通的典型范例。

3. 异域环境下的跨文化对话

民俗文化旅游审美不仅是旅游者在异域环境氛围下的审美体验和与异域人民的情感沟通,而且作为当代人跨文化对话的实践,更有着自身的特点和特别的意义。首先,这种对话是旅游者在产生异域民俗审美文化的自然与人文环境氛围下进行的,为旅游者体验、理解这一文化的特色提供了优越的条件,使之能够在产生民俗文化的大背景下更好地认识与理解。其次,民俗文化审美所涉及的是这一地域或民族的俗文化。与雅文化(如文学、历史、哲学等)相比较,民俗文化中那些发生时间较早、社会功能比较宽泛的部分不仅分布的地域相当广泛,而且在不同民族与地域的民俗文化中有着相似的共同点。民俗文化的这些特点,使跨文化的平等的自由对话有着良好的相互交流、易于理解的基础,为跨越不同文化之间的屏障提供了条件。民俗文化旅游审美作为跨文化对话的有益实践,促进着不同文化、不同地域、不同民族之间人们的相互理解与尊重,在相互欣赏的同时,寻求人类的共同点,在不同地域、不同民族之间建立起亲情。这种不同文化与文明间的相互尊重、理解或宽容,往往能够消解"文明的冲突"给人类社会所带来的麻烦与危险。在这个意义上,民俗文化旅游审美活动凸显了它深刻的和平意义与社会价值。

二、民俗文化旅游的审美意义

民俗文化是传承文化,也是变异文化,它是认识和理解民族传统文化的基础,同时也是关注现实人生、变迁滞后文化的核心内容所在,其在旅游审美文化方面具有非常重要的意义,具体可以分为以下几个方面:

1. 从审美角度发掘民俗的旅游文化价值,有利于美学和民俗学自身的发展

民俗活动的超越世俗与此岸而趋信仰与彼岸,求得生活多姿和生命永恒的乐生精神,可以成为审美同质化、模式化等现代审美异化的批判基质,唤回美学中久已忘却的感性生命活动以及蕴藏在感性生命活动中的本真、新奇、艰辛、抗争、悲壮等崇高美学精神。从民俗美学理论的角度,对民俗文化艺术的产生、发展与流变,对民俗艺术的文化精神和审美特征等问题进行研究与探讨,不仅有利于民俗学理论体系自身的建设与发展,而且对于美学学科发展的本土性、当代性建设大有裨益。

2. 从审美角度发掘民俗的旅游文化价值,有利于弘扬传统优秀文化

审美的感性形式萌生于民众原初的感性生命活动。民俗作为先民感性活动之一,承载着先民的心理企盼和生活样式,物化为民众的礼仪程式和行为惯制,始

终契合于美之合规律性与合目的性，蕴含着审美的因子，表现为一种"有意味的形式"。民俗活动作为一种民众自由自觉的创造和享用活动，对于民众的心性养成十分重要。优秀的民俗文化融合社会理性价值观和个体感性生命形式为鲜丽审美外观，成为民众所喜闻乐见的休闲和娱乐艺术形式，使民众进驻其中获得自由而不问缘由。可以说，民俗作为一种鲜活的文化样式，其现代价值与意义皆在于通过巨大的审美想象重新唤回对传统优秀民俗文化价值的体认与信仰，重塑现代人的审美和人生理想。美学由此与民俗学联手参与现代社会国民性之重建。

3. 从审美角度发掘民俗的旅游文化价值，有利于和谐社会的建立

日常民俗文化审美价值的发掘对社会、经济、文化建设起着积极的作用，它是"文化经营"的一个重要方面，是文化产业的重要组成。而文化产业的繁荣和发展是精神文明建设的重要组成部分，它对和谐社会目标的实现有着巨大的促进作用。民俗能满足最广大民众的多层次的审美需要，任何民俗活动都可能从原有的意义上脱胎成为一种审美活动，即使是原本看上去具有"迷信"意味的民俗活动。如一些原本被认为是封建迷信的民俗仪式，如祭拜等，也日渐失去其原来的意义，只是留下对先人的追思；更有那些原来是娱神、娱鬼的活动，现在已经成为一种娱人的活动，能带给人们特有的欢乐或愉悦体验，激起人们创造幸福生活的信心和力量。这种对人的精神家园的追求与建立，即是民俗文化的审美价值的深刻体现，对和谐社会的建立也是有益的。

4. 从审美角度发掘民俗的旅游文化价值，有利于现代旅游的发展

日常民俗文化中的旅游审美与对自然风光、名胜古迹以及旅游地的文化艺术的审美欣赏一样，都是异地的跨文化的审美欣赏活动，是高级的精神享受。由于民俗文化更多地是通过人作为文化的载体进行传播的，在旅游审美过程中旅游者更多地通过当地民众的接触与交流来感受和体验民俗文化美的内蕴，在这个过程中，民俗文化的审美价值通过审美主体的不同审美感受和体验迸发出来，带来新的意义。这符合旅游者对"深度旅游"的体验追求，也符合现代旅游的发展方向。

第四节 民俗文化旅游开发的美学原则与途径

一、充分开发利用民俗文化资源，打造颇具审美特色的民俗文化旅游精品

为了促进我国旅游事业的发展，我们应充分开发利用丰富的民俗文化资源，

如民居文化、服饰文化、饮食文化、艺术文化、节庆文化以及非物质文化遗产等，打造颇有审美特色的民俗文化旅游精品。开发民俗文化资源，打造民俗文化旅游产品，应抓精品、显特色、挖内涵（与当地人文背景结合，充分发掘地域文化内涵），走多样化战略。在开发模式上，应根据各地的实际情况采用不同模式，如集锦荟萃式、复古再现式、原地浓缩式、原生自然式、主题附会式、短期表现式等。可举办民俗展览活动，进行民族服饰展览、民间工艺品展销，举办各种庙会及民间戏曲、歌舞表演，搜集、整理、出版民间文学作品等。在开发民俗风情旅游产品时，还应注重产品的组合性，把观光与参与、民俗文化与自然风光、动态与静态、度假休闲与商贸活动有机结合，多途径多层面地展示民俗文化，推出复合型多功能的民俗风情旅游精品。此可谓之为民俗文化旅游开发审美视角的"精品打造原则"。

二、选择民俗景观审美价值高并保存着特殊的历史文化传统的村落，建立民族文化旅游点

民俗文化旅游需要科学地选择和建设载体。旅游开发应发挥地域民俗文化优势，保护好少数民族传统样式的住宅、村寨以及有关的文化古迹，可选择民俗文化氛围浓、各种民俗景观审美价值高并保存着特殊的历史文化传统的村落，建立民族文化旅游点、民俗度假村和民俗博物馆，集中开展民俗文化旅游，让游客亲身感受少数民族的传统节日和生活习俗，体验民俗风情。有条件的地区可将多个民俗文化旅游点串联起来，形成民俗文化旅游专线，产生规模效应。此可谓之为民俗文化旅游开发审美视角的"载体建设原则"。

三、深入挖掘审美价值高的民俗文化内涵，推陈出新，发展旅游演艺产业

在文化旅游发展方面，应注重文化和旅游的融合，重点开发特色鲜明、效益显著的文化旅游产品，打造文化旅游系列活动品牌。其中一条重要途径是深入挖掘审美价值高的民俗文化内涵，发展旅游演艺产业，推出高品质旅游演艺产品。民俗文化是区域文化异向发展的产物，形成区域文化的差异性。旅游者决策行为研究表明，与旅游者所在地文化差异越大的区域往往越易于被选择。文化开发的民族性就是以发掘民族的个性文化为目标，深入挖掘审美价值高的民俗文化内涵，营造一种异域、异族风情。娱乐是旅游的六大要素（吃、住、行、游、购、娱）之一，颇具娱乐性的旅游产品尤其是旅游演艺产品深受广大游客的欢迎，如今凡是著名旅游景区都有大型的颇具地方特色的文艺演出。桂林的《印象·刘三姐》（见图10-5），九寨沟的《藏王舞宴》，大理的《蝴蝶之梦》，丽江的《印象·丽

江》、《丽水金沙》，宜昌的《梦·三峡》（见图10-6）等旅游演艺文化产品，皆是深入挖掘审美价值高的民俗文化（或民族风情）内涵，推陈出新，打造较高艺术品位的旅游产品的典范。此可谓之为民俗文化旅游开发审美视角的"娱乐体验原则"。

图10-5　桂林的《印象·刘三姐》旅游演艺场景　　图10-6　宜昌的《梦·三峡》旅游演艺场景

四、正确处理好本真性和商品化的关系，防止民俗文化在旅游开发中异化

真是美的前提，失去了本真的民俗文化自然谈不上美。保持和追求朴素美应是民俗文化旅游开发的重要原则。民俗是社会文化的基础性资源，但在经济全球化和我国社会转型的双重境遇下，民俗文化正面临加快湮没的危机。人类应当在安享经济进步的巨大成就及其伴随的一体化和统一性之便的同时，也继续享有我们祖祖辈辈拥有过的多元文化和文化多样性。为此，我们必须以文化自觉的理性应对滚滚而来的全球化大潮和旅游开发的热潮，走出对民俗等传统文化资源的认识误区，杜绝过度的旅游开发行为，正确处理好开发利用与文化保护的关系、经济效益与社会效益的关系、本真性和商品化的关系，防止民俗文化在旅游开发中异化。根据民俗文化的特质对之善加保护，在此前提下科学地合理地开发利用。这是旅游可持续发展的必然要求。此可谓之为民俗文化旅游开发审美视角的"保持本真原则"。

复习思考题：
1. 简述民俗文化的概念、构成与分类。
2. 民俗文化的主要特征有哪些？
3. 简要说明民俗文化旅游的主要审美内容与审美特征。
4. 分析说明民俗文化旅游开发的美学原则。

案例阅读：

端午给我的特别印象

说起过节和观灯，每人都有一份不同的经验。

中国是世界上一个大国，地面广，人口多，历史长，分布全国各民族语言文化风俗习惯又不一样，所以一年四季就有许多种节日，使用不同方式，分别在山上、水边、乡村、城镇举行。属于个人的且家家有份。这些节日影响到衣食住行各方面，丰富人民生活的内容，扩大历史文化的面貌，也加深了民族团结的感情。一般吃的如年糕、粽子、月饼、腊八粥，玩的如花炮、焰火、秋千、风筝、灯彩、陀螺、兔儿爷、胖阿福，穿戴的如虎头帽、猫猫鞋、作闹龙舟和百子观灯图的衣裙、坎肩、涎围和围裙……就无一不和节令密切相关。较古节日已延续了二三千年，后起的也有千把年历史，经史等古籍中曾提起它种种来历和举行的仪式。大多数节日常和农事生产相关，小部分则由名人故事或神话传说而来，因此有的虽具有全国性，依旧会留下些区域特征。比如为纪念屈原的五月端阳，包粽子，悬蒲艾，戴石榴花，虽然已成全国习惯，但南方的龙舟竞渡，给青年、妇女及小孩子带来的兴奋和快乐，就绝不是生长在北方平原的人所能想象！

大江以南，凡是有河流可通船舶处，无论大城小市，端午必照例举行赛船。这些特制龙船多窄而长，有的且分五色，头尾高张，转动十分灵便。平时搁在岸上，节日来临前，才由二三十个特选少壮青年，在鞭炮轰响、欢笑呼喊中送请下水。初五叫小端阳，十五叫大端阳，正式比赛或由初三到初五，或由初五到十五。沅水流域的渔家子弟，白天玩不尽兴，晚上犹继续进行，三更半夜后，住在河边的人从睡梦中醒来时，还可听到水面飘来蓬蓬当当的锣鼓声。近年来我的记忆力日益衰退，可是四十多年前在一条六百里长的沅水和五个支流一些大城小镇度过的端阳节，由于乡情风俗热烈活泼，将近半个世纪，种种景象在记忆中还明朗清楚，不褪色，不走样。

因此还可联想起许多用"闹龙舟"作题材的艺术品。较早出现的龙舟，似应数敦煌壁画，东王公坐在上面去会西王母，云游远方，象征"驾六龙以驭天"。画虽成于北朝人手，最先稿本或可早到汉代。其次是《洛神赋图卷》，也有个相似而不同的龙舟，仿佛"驾玉虬而偕逝"情形，作为曹植对洛神的眷恋悬想。虽历来当作晋代大画家顾恺之手笔，产生时代又可能较晚些。还有个长及数丈元明人传摹唐李昭道《阿房宫图卷》，也有几只装饰华美的龙凤舟，在一派清波中从容荡漾，和结构宏伟建筑群相呼应。只是这些龙舟有的近于在水云中游行的无轮车子，有的又和五月端阳少直接关系。由宋到清，比较著名的画还有张择端《金明争标图》，宋人《龙舟图》，元人王振鹏《龙舟竞渡图》，宋人《西湖竞渡图》，明人《龙舟竞渡图》，画幅虽不大，作得都相当生动美丽，反映出部分历史真实。故宫收藏清初十二月令画轴《五月端阳龙舟图》，且画得格外华美热闹。

此外明清工人用象牙、竹木和剔红雕填漆作的龙船，也有工艺精巧绝伦的。至于应用到生活服用方面，实无过西南各省民间挑花刺绣。被面、帐檐、门帘、枕帕、围裙、手巾、头巾，和小孩穿的坎肩、涎围，戴的花帽，经常都把闹龙舟作主题，加以各种不同艺术表现，作得异常精美出色。当地妇女制作这些刺绣时，照例必把个人节日欢乐的回忆，作新嫁娘作母亲对于家庭的幸福愿望，对于儿女的热爱关心，连同彩色丝线交织在图案中。闹龙舟的五彩版画，也特别受农村中和长年寄居在渔船上货船上的妇孺欢迎，能引起他们种种欢乐回忆和联想。

（摘自沈从文《过节和观灯》散文片段）

第十一章 旅游开发与审美

【学习导引】

美学知识和旅游审美知识对于旅游开发工作实践非常重要,旅游开发工作者的美学素养与旅游景区建设水平以及旅游产品开发质量关系密切。本章分析说明了旅游开发的美学目标和审美需要,分析指出了旅游开发审美中应防止和克服的不当价值取向,重点介绍了审美文化在旅游开发中的应用领域,为旅游开发工作者指明了美学方向。

【教学目标】

1. 理解旅游开发的美学目标和审美需要。
2. 正确认识旅游开发审美中应防止和克服的不当价值取向。
3. 了解审美文化在旅游开发中的应用领域,明确旅游开发的美学方向,掌握旅游开发审美的有关知识与技能。

【学习重点】

旅游开发审美中应防止和克服的不当价值取向,审美文化在旅游开发中的应用领域。

旅游是现代人重要的休闲生活方式之一,也是对审美较高层次的追求,是综合性的审美实践活动。这种审美实践活动必然需要旅游开发者和旅游经营者为旅游者提供具有一定审美价值的旅游产品。在多数情况下,旅游资源只是为现代旅游业发展提供了某种原材料,它必须经过人们的开发、转化成为旅游产品,才能发挥应有的效益。旅游资源开发既是一个经济、技术过程,又是一个审美的文化过程。旅游开发的主要任务或目标就是在现实世界中发现美的景物,并按照美学的规律去创造美的景观,去增添美的事物,给旅游者提供美的享受。旅游空间和景物的美学特征越突出、观赏性越强、知名度越高,对旅游者的吸引力就越大。为了实现旅游开发的这一任务和目标,旅游规划与开发工作者必须具备较高的旅游美学素养和较强的旅游审美能力。

第一节　旅游开发的美学目标与审美需要

旅游行为发生的基本动机本质上是审美与消遣，或寻找旅游资源、旅游产品的审美文化内涵，并实现身心自由的愉悦体验。由于旅游审美始终贯穿于旅游活动的始终，且旅游者中的绝大多数人审美水平有限且具有明显的非专业性和浅表性（据戴文远、陈林男等学者调查研究，目前普通公众在旅游审美方法上比较单一、片面，在自然景观审美上偏好奇特造型地貌，对文物古迹大多缺乏审美兴趣与审美能力，以及具有休闲娱乐的审美倾向），因此，旅游资源开发必须确立美学的目标和需要，在有限的空间、时间和游览路线行程中将旅游资源或旅游产品的美集中展现出来，尽量开发一些符合大众审美需求的旅游产品。这里既包括对旅游资源的调查、评价、开发和保护，建设先进的旅游设施，提供先进的旅游服务，也包括对各种类型美的发现、揭示、提升和对游客的审美引导，使旅游者在旅游活动中真正获得身心的愉悦、心理需求的满足和审美文化品位的提升。特别是自然风景名胜和历史文化名胜等旅游地的游览，美学内涵丰富，审美层次较高，游览的过程中需要仔细品味和文化沉思，而这都需要进行美的充分发掘、合理诠释和有效的引导。

美的最高境界是自然的纯真美与和谐美、文化的意境美、艺术的传神美、社会的崇高美，这也是旅游开发中所追求的主要美学目标。

所谓自然的纯真美与和谐美，就是在旅游资源开发中注重保持山水景观的自然、朴素、本真之美。自然风景区的人文景观的建设要少而精，并力求与自然景观和谐统一。例如，我国的张家界、喀纳斯等一些著名景区前些年已拆除了一些破坏自然景观的人工建筑，力求保持自然山水景观的纯真之美、和谐之美。

所谓文化的意境美就是在自然山水、园林等建筑的开发乃至旅游地或景区旅游形象的设计上要深入挖掘其文化内涵，体现特定的旅游文化主题，具有一定的创意，充分表达旅游开发者、设计者的旅游文化思想与审美情趣。

所谓艺术的传神美，就是旅游景观设计应讲究审美艺术，无论是建筑景观还是雕塑、绘画等艺术作品乃至旅游纪念品的设计应美观、鲜活、生动、纯朴，具有传神的韵味或打动人心的艺术感染力。

社会的崇高美是比自然崇高美、艺术崇高美更高一层次的崇高美。一切渗透着人类伟大智慧、真善美品格或人格的伟大的事物都表现着社会的崇高美。例如，中国的万里长城显现着人类的伟大智慧。至于我们的社会生活中出现的与自然压力、与命运抗争的壮美人事等都凝聚着深层次的社会崇高美。由于社会崇高源自人类自身的活动，所以更切近于审美主体，其感染力、震撼力也就更大。当然，社会崇高与自然崇高并不是互相隔离的，很多具有社会崇高审美价值的事物都是因为它们首先包含着自然崇高的审美价值，正如西方哲学家卡苏斯·朗吉弩斯所说，"崇高与大自然本身的一些特点是分不开的"。旅游开发应以追求和创造社会的崇高美为至高目标，以崇高的旅游题材、高尚的思想情操、高雅的审美情趣引导游客，使游客在精神上感受到崇高美的激励和鼓舞，从而振奋我们的民族精神，增强民族和社会的凝聚力（例如，深圳"锦绣中华"人造景观、上海世博园中的中国馆等景观设计）。

旅游开发还应与当前追求回归自然、回溯历史、体验文化和多样性的市场需求高度吻合，并通过旅游资源开发中文化的挖掘和审美的引导，提高人们的审美能力，调节人们的身心健康，提高人们的生命质量，最终促进人的身心自由与全面发展和社会的文明进步。

当前旅游开发与经营要超越无休止的功利性追求，更加关注旅游者的审美感受和情感体验，体悟旅游主体的审美等心理需求。旅游开发体现游客的审美需求，以促进人的自由全面发展和社会的文明进步为己任，这是旅游开发的本质要求！

第二节 旅游开发审美中应防止和克服的不当价值取向

旅游开发在满足美学需要与实现美学目标中，应注意防止和克服不当的价值取向。这可以从设计者、开发者、建设者三个不同角度进行说明。

一、仅代表设计者个人唯美主义的审美价值取向

这表现为，设计者囿于自己的专业知识背景，缺乏开放性、包容性的文化气度，过多地考虑个人审美情趣和景观设计才能的极致发挥，追求所谓的艺术完美和个人创新，而不屑于市场和投资分析及其他方面的开发、设计要求。在内容和形式的选择上，刻意追求审美文化深刻的理性与内涵，过分推崇题材严肃、格调高雅，喜欢采用过于隐含的抽象的设计手法。这种明显带有理想主义价值观的开发设计，很可能因曲高和寡不能为大众审美趣味认同，很难吸引广大的游客，从而成为不现实的方案。如扬州开发的"二十四桥景区"，用一座24基数建筑的汉白玉石桥和吹箫亭，力图再现晚唐诗人杜牧"二十四桥明月夜，玉人何处教吹箫"的意境，手法简练，立意高深，但是普通游客却很难真正领悟其中美感。至于许

多城市和旅游景区的某些雕塑，包括一些旅游宾馆的绘画装饰更能说明此问题，这些过于抽象甚至矫揉造作的雕塑或绘画作品，大众游客根本看不懂是什么意思，更不知道美在何处。如果硬要说这些作品美的话，那只不过是一种异化的美，与大众游客的审美情趣格格不入。因此，在旅游开发中，应摈弃这种个人唯美主义的审美价值取向。

二、仅代表开发者视角的重投入、轻审美的开发价值取向

在旅游资源开发中，一般都会考虑经济投入和产出问题，虽然也会考虑审美效果，但是有时可能忽视了两者的关系。经济的投入多与少并非与审美效果成正比，有时甚至适得其反。一般来说，两者结合起来后的状况有四种：经济投入少而美，经济投入多而美，经济投入少而不美，经济投入多而不美。很明显，后两种状况是应努力避免的。在前两种状况中，以追求第一种为佳，即经济投入少而美。遗憾的是，当我们以审美的眼光审视一些旅游景点时，常常会发现这一方面做得很不如人意。有的景点修建高成本、高价格的索道而搁置登山观景的小径；有的地方不去保护和维修文物古迹，却拆除原有的文物遗址胜迹修建全新的景点，在真古董前造假古董；有的地方为了所谓的"美化"环境，毁掉河道的天然驳岸，水系被裁弯取直并修建渠道式的水泥护岸；有的深山佛寺的旅游开发，将笔直而宽阔的公路修到山门，使得"曲径通幽处，禅房花木深"、"深山藏古寺"的意境荡然无存；至于许多景区修建城市化的大广场、引景空间被破坏的例子更是不胜枚举。这种经济投入多而不美的开发是应该努力避免的。

三、仅代表建设者理解的重人工、重硬件建设而忽视软开发的审美价值取向

随着旅游竞争的日益激烈和旅游开发的深入，旅游开发建设者越来越重视给旅游者带来的舒适、安逸和便利，特别是由于旅游开发建设者自身对旅游本质理解的肤浅或不全面、自身文化素养较低、审美意识的贫乏等原因，部分旅游开发建设者过分追求人工化和硬件设施的建设，而没有意识到过多的或不当的硬件建设会给景观质量和审美意境可能带来的破坏，不能形成和景区自然、人文景观相得益彰的建筑风貌或与自然环境和谐的风韵。比如，旅游景区、景点建设缺乏统一协调和较高的旅游文化品位，大量出现西方园林或城市公共绿地常有的几何造型花坛、整形绿篱；风景区内肆意开山凿路，修建与环境不和谐的体量高大的欧式风格的楼堂馆所甚至城市公园的游乐设施，损害景区自然景观的天然姿色；景区出现越来越严重的城市化、公园化和商业化倾向。我们认为，旅游开发的审美价值应注重体现在软开发上，而不能片面体现在硬开发上。

第三节 审美文化在旅游开发中的应用领域

旅游开发在某种角度上是一种审美文化构建,美学知识或审美文化在旅游开发中不但地位重要,而且应用领域广阔。

一、旅游资源的调查与评价

旅游资源的调查的主要目的与任务是发现具有审美观赏价值的自然资源与人文资源,从而开发有吸引力的旅游产品。这就需要开发者具有较高美学素养和旅游审美鉴赏能力,有一双善于发现美的眼睛。在旅游开发的实践中,旅游资源的文字描述、质量等级的评价、特色概括乃至具体的景观命名,都对旅游规划师与旅游开发者的美学素养和审美能力有着较高要求。

旅游资源的价值主要体现在审美观赏价值上。高级别的旅游资源无疑具有较高的审美观赏价值。在旅游资源评价中,旅游美感质量评价占有较重要的地位。对于旅游资源具有专业性质的旅游美感质量评价有着旅游规划和经营管理上的实用目的。这类评价一般是基于对旅游者或专家体验的深入分析,建立规范化的评价模型。评价的结果多具有可比性的定性尺度或数量值。其中对于自然风景质量的视觉美评估技术已比较成熟。关于自然风景的美感(或视觉)质量评估,目前较为公认的有四个学派,即专家学派、心理物理学派、心理学派(认知学派)、现象学派(经验学派)。其中现象学派把人在风景审美评判中的主观作用提升到了很高的高度,把人对风景审美评判看作人的个性和其文化历史背景、志向与情趣的表现。这种评价方法比较强调审美者的个人经历及关于某风景的感受,分析某种风景价值所产生的环境和背景,有一定的可取之处。

二、旅游资源开发

旅游开发应当注意游客审美心理的需要,发掘并建构有助于审美的要素并予以审美引导。审美要素即景观的视点、视角、距离、时间的安排等,力求把最美的形态和最美的瞬间呈现给游人。审美引导即深入发掘旅游资源的审美质素、文化内涵并通过景观设计、解说系统等予以提炼、外显,以合适的方式将丰富的审美信息传递给旅游者。作为审美导向,引发游客的审美思维,生发成为其自身的审美感受。相反,不加引导或引导有误,则削弱旅游资源或旅游产品的审美价值。

旅游资源开发的审美主要体现在旅游规划与景观设计方面。旅游景观设计是旅游开发规划中的硬件内容，它需要一定的景观学、文化学、美学等理论知识的支撑，是文化在旅游开发中的主要用武之地之一。优秀的旅游规划师或开发者，除要求具有较扎实的专业知识功底外，还要求具有较高的旅游文化素养与美学修养。在我国，作为一名合格的旅游规划师或旅游开发者，应该了解我国优秀传统文化，甚至包括建筑风水等知识，并自觉地将其精华部分运用于旅游规划与景观设计之中。"天地人和"是旅游规划与景观设计的最高境界追求。缺少旅游美学文化素养的规划师或开发者很难设计出有创意的、有生命力的旅游景观或旅游产品。旅游资源开发离不开审美文化。搞旅游开发、作旅游规划，在某种角度上讲就是请一批独具慧眼的高手用审美文化来"指点江山，激扬文字"。

三、旅游景观策划与设计

天然的环境、纯粹的自然往往是处于零散的、杂乱的、沉睡的、荒野的状态，在特定的条件下需要人工美化。诚如法国哲学家萨特所说："大地处于麻痹之中，直到有人把它唤醒。"旅游景观策划与设计就是"唤醒大地"，围绕特定的旅游形象主题，营造景观环境，把众多零散的景观组织起来，形成一个和谐的有机整体，以有效地吸引游客。

广义的旅游景观策划是景观学意义上的旅游景观策划与设计的实践过程，主要包含策划、规划和具体空间设计3个环节。它需要从宏观的生态、经济、审美等角度把握景观的用途、开发模式和开发过程，并进行可行性研究，协调土地的利用和管理，在大规模、大尺度上进行景观体系的把握。狭义的旅游景观策划主要是对旅游景观进行创意性的构思，目的在于充实景物文化内涵、提高景物审美价值、使人工景物与自然环境和谐并增强旅游吸引力，其偏重于文化、美学层面的考虑。而景观设计则是指在旅游景区（点）内通过环境与技术设计，创造一个具有形态与形式因素构成的、较为独立的、具有一定社会文化内涵及审美价值的景物，其偏重于工程、技术、艺术层面的考虑。旅游景观策划是旅游景观设计的前提。

旅游景观策划与设计审美的最高境界应追求人工与自然的和谐统一。坚持以自然为主，以人工为辅，巧加点缀，顺应自然，将建筑与环境融为一体。建筑物在造型风格特点、体量、比例、尺度、色调处理上要服从环境整体，不能喧宾夺主。建筑物宜低不宜高，宜小不宜大，宜分散不宜集中，宜淡雅的乡土之风而不可取华而不实的商业之气。正如美国建筑大师莱特说的"建筑要像从地里自然生长出来的那样"，"建筑物应该是自然的，要成为自然的一部分"。他提出著名的"有机建筑论"，强调建筑应当像天然长在地面上的生物一样蔓延，攀附在大地上。北京大学的景观设计专家俞孔坚教授曾经提出"天地人神合一"的观点。他曾对忽视自然地在旅游区和城市绿地系统中的重要地位而仅仅强调匠意的花园构筑意识提出了强烈批评，认为景观设计应遵从自然，体现文化。遗憾的是，现在许多旅游景区景点的开发与景观建设完全陷入城市化、公园化、商业化的误区，把"景区"变成了"城区"，与旅游审美文化的要求相去甚远，理应进行反思与纠正。

四、旅游地形象设计与塑造

旅游地形象设计是旅游开发与规划中的重要内容之一，其关键是把握地方文脉，提炼出旅游地的整体形象并进行 CIS 导入。这项工作的完成，需要规划师具有较高的美学文化素养和一定的形象策划能力，否则，就难于对旅游地的历史、地理、文化现象与文化密码进行解读和破译，从而准确地把握文脉，提炼出准确而有吸引力的旅游形象主题和形成核心理念并科学定位。没有一定的美学文化修养，更谈不上搞好如旅游徽标、旅游标准色与标准字、背景音乐、旅游标识系统等旅游视听觉识别系统的设计与塑造。

延伸阅读：湖北的旅游形象的视觉识别符号系统设计

旅游主题形象："神奇江山·浪漫楚风"。

我们在把握湖北旅游的地脉、文脉、商脉基础上，采用地格定位法和市场定位法重塑旅游新形象，从自然和人文总括的角度，根据"宏观采气、微观求异"的原则和差别化定位策略，认为湖北旅游形象可定位为"神奇江山·浪漫楚风"。其理由如下：

湖北江山多娇，山水无不以神奇著称。例如：神圣神秘灵奇的武当山，自然秘境神农架（如野人之谜和白色动物等，神农架旅游形象推介语面向全国广泛征集，最后确定为曹诗图等提出的一个"神"字），神奇的山水画廊长江三峡与清江，"高峡出平湖"形成的"人造地中海"，湖泊星罗棋布的水乡泽国（湖北有"千湖之省"之誉），世界第一大的神奇溶洞——利川腾龙洞，天下第一杉——利川"水杉王"，奇特的喀斯特地貌柴埠溪峰林、梭布垭石林，等等。用"神奇江山"一语最能突显湖北在自然（山水）景观方面的旅游形象。虽然"神奇"二字给人有些"似曾相识"的感觉，但"神奇"二字用于表述湖北旅游形象再恰当不过。湖北省政府将"一江两山"（长江三峡、神农架、武当山）作为湖北旅游的主打品牌进行推介宣传，也正是基于湖北神奇的江山（或山水）这一地脉优势。

湖北除自然（山水）景观神奇外，许多人文景观也十分神奇，例如：挑战人类起源学说的"建始直立人"遗址（距今215万年），被誉为"建在奇峰悬崖上的故宫"的武当山古建筑群，"世界四大文化名人"之一的屈原和我国"古代四大美女"之一的王昭君均出生于秭归（兴山古属南郡秭归），被誉为"东方第八大奇迹"

的编钟出土于随州擂鼓墩,世界文化遗产钟祥明显陵是全国最大的单体帝王陵,世界最大的水利枢纽三峡大坝、万里长江第一坝葛洲坝均位于西陵峡,红安被誉为"将军县"(诞生了223名将军),蕲春被称为"教授县",如此等等,难以尽述。难怪有位外国旅游专家称湖北为神奇的"发现之窗"。

湖北的文化无不以神奇浪漫著称。在文化史中,唯一能与欧洲古希腊文化和我国中原"正统文化"并驾齐驱的唯有楚文化。楚文化不仅以神奇驰誉,更以浪漫著称,从古老的凤图腾崇拜到屈原的《离骚》、《楚辞》,无一不闪烁着浪漫主义的光彩,以至被冠以"浪漫楚文化"之誉。湖北的楚地风情也十分浓郁浪漫,如土家族的哭嫁、跳丧、山歌等。历史文化中,出土的编钟、虎座凤架鼓,屈原、宋玉的浪漫诗思,王昭君的动人事迹,诸葛亮隆中三分天下的雄才大略,俞伯牙断琴的知音情缘,"谈笑间樯橹灰飞烟灭"的赤壁之战,董永与七仙女的故事传说,具有"白云黄鹤,知音江城"之誉的武汉,与陕北信天游媲美的高亢嘹亮、抒情浪漫的五句子歌,以及民俗节庆女儿会、龙舟赛,等等,无不具有浓郁的浪漫色彩。用"浪漫楚风"("楚风"可理解为荆楚大地的古风、景观风貌、民俗风习、人文风采等,而且使人很容易联想到荆楚大地的湖北)一词颇能突显湖北在人文方面的旅游形象。此外,亮出"浪漫楚风"的旅游品牌形象,对于邻省湖南来讲,具有"领先定位"和"抢占先机"的战略意义。

总之,用"神奇江山·浪漫楚风"作为湖北的旅游主题形象,客观性、概括性、特色性("山水"与"江山"虽然可以通用,但用"江山"比"山水"更有特色和气势,而且指明湖北旅游拳头产品"两江两山"即长江三峡、清江画廊和武当山、神农架)、艺术性较强,形象鲜明,气势恢弘,虚实结合,雅俗共赏,东西兼顾(湖北东部以浪漫楚风为主要特色,湖北西部以神奇江山为主要特色),颇具感召力。

图11-1 湖北旅游徽标

旅游标徽或旅游形象识别标志:以"神奇江山·浪漫楚风"为旅游形象主题,

以山体、水波（象征神奇的湖北山水，如长江三峡、清江画廊、神农架、武当山等）和凤凰（象征浪漫的荆楚文化）为地脉、文脉进行组合、创意，设计出一个具有强烈的视觉冲击力、有凝聚感与动态感、能给人丰富想象空间的旅游标徽或旅游形象识别标志。

旅游标识文字："骄美湖北——神奇江山·浪漫楚风"为湖北旅游形象主题宣传口号。其中"骄美"一词出自《楚辞·九辩》。"骄美"意为"引以自豪的大美"。湖北的旅游无论是自然的还是人文的，实属引以自豪的大美。"神奇江山·浪漫楚风"八字选用毛泽东书法字体，具有神奇、浪漫的美学风格，与湖北的旅游形象颇为吻合。

旅游标准色：以蓝色（象征"水乡泽国"的湖北）与红色（象征"火之精"的楚文化。源于楚俗尚赤、崇凤）为湖北旅游标准色。

旅游象征性吉祥物：可以"凤凰"（楚文化的图腾）的卡通形象作为湖北旅游象征性吉祥物。

旅游形象大使：可用具有传奇浪漫色彩的历史人物，如屈原、王昭君作为湖北旅游形象大使进行市场推介。

旅游宣传口号：极目楚天舒，浪漫湖北游。

复习思考题：
1. 为什么在旅游开发设计中要防止和克服个人唯美主义和极端功利主义两种价值取向？
2. 试述旅游开发的审美目标追求。
3. 如何运用审美文化进行旅游开发？
4. 试述审美文化在旅游开发中的应用领域。
5. 请在"百度"网上搜索湖北旅游形象主题口号"灵秀湖北"及旅游标识等相关资料，并进行分析评述。

案例阅读：

云雾灵山景区旅游形象策划

云雾灵山旅游景区规划范围地跨湖北省建始县业州镇，并涉及重庆市的奉节县长安乡部分地区，包括代陈沟城郊休闲度假区、西漂湾瀑群观光游览区、四十二坝避暑休闲度假区、云雾山户外运动与生态保育区四个主要旅游区。景区地域范围约210平方公里。

一、旅游形象主题定位

根据云雾灵山旅游景区的资源特色和旅游开发主题的定位，为突出最具特色的资源，打造旅游品牌，结合游客的心理需求及旅游产品促销的需要，我们将云雾灵山旅游景区的旅游主题形象定位为：大美山水·伊甸净土。

"大美山水"昭示云雾山是一幅如庄子所说的"天地之间有大美"的山水画卷。游览博大的云雾群山、震撼的西漂湾瀑布群落、神奇的四十二坝山水，宛若仙境，置身其间，感受着大自然的大美杰作。"伊甸园"在《圣经》的原文中含有"快乐、愉快的园子"的意思（或称"乐园"）。伊甸园是《圣经》故事中人类的始祖亚当和夏娃居住的乐园。据《圣经·创世纪》记载，上帝在东方的伊甸建了一个园子，那里林茂水秀，鲜花野草，溪流淙淙，莺歌燕舞，动物成群。亚当和夏娃在伊甸园天真无邪、无忧无虑地生活着。后来，"伊甸园"一词便成为至纯至美的理想家园的象征。云雾灵山是上苍赐给人类的伊甸净土和至纯至美的理想家园。今天，有关伊甸园的话题仍频频被提起。这中间，有作为茶余饭后谈资的，也有想通过探索求证其存在的。这是因为伊甸园永远逝去了，人类才痛感其弥足珍贵？还是因为当今社会的喧嚣浮躁、尔虞我诈和环境的严重污染，使人们更加怀念并憧憬伊甸园的恬静安逸与本真纯净？人类从诞生到今天，斗转星移，沧海桑田，背负了过多的夙愿与噩梦，承载了无尽的苦难和辛酸，无不渴望回归纯真、安宁和幸福。许多人不时回首瞩望先祖们充满诗意的理想乐土，对它孜孜以求地刨根问底，恰恰体现了这种渴望和希冀的情怀。云雾灵山的灵奇山水、梦幻仙境恰似伊甸园的模拟蓝本，是游人"逍遥游"的理想天地。因此，用"大美山水·伊甸净土"作为云雾灵山旅游景区的旅游主题形象是很恰切的。

二、理念设计

一级理念：大美山水，伊甸净土。

二级理念：施南度假胜地，鄂西休闲乐园，华中避暑凉岛。

三级理念：原生伊甸净土，现代世外桃源，观瀑赏湖胜地，盛夏避暑凉岛，天然生态氧吧，养生休闲福地，婚纱摄影仙境，特色旅游基地。

三、宣传口号设计

云雾灵山旅游景区可以精选有创意、有魅力、有卖点的旅游宣传营销口号，在沪渝高速公路、宜万铁路的交通出口处红岩寺和建始县城业州镇布置系列标牌广告，进行招徕式宣传。

旅游宣传口号可向社会征集。初步设想有如下宣传口号：

- 云雾山——神奇灵山，伊甸仙境，生态净土，逍遥乐园。
- 云雾山——纯真、大美、至善的精神家园。
- 云雾山——现代版的世外桃源，都市人的心灵家园。

- 云雾山——游过云雾山的人都说相机内存太小。
- 云雾山——云雾灵山，怎一个"灵"字了得！
- 代陈沟——借问桃源何处有？游人神往代陈沟！
- 代陈沟——神游代陈沟怪石奇观，感受大自然鬼斧神工。
- 西漂湾——神奇小九寨，惊世巨瀑群，精彩水世界。
- 西漂湾——西漂瀑布绝壁悬，疑是银河落九天。
- 四十二坝——华中天湖，神仙瑶池，避暑凉岛，天上人间。
- 四十二坝——鄂西的香格里拉。
- 云雾观——灵山奇观，养生仙境。

四、旅游徽标设计

旅游徽标由祥云素描与云雾山及云雾观、西漂大瀑布创意构图，其中山体线条造型由云雾山的汉语拼音缩写"YWS"和篆书字体的"山"字造型进行艺术加工而成。山体构图颇似一休闲仰坐、头戴宝冠的长发少女。此徽标具有中国书法与绘画笔韵，文化内涵丰富，文化品位高雅，图案简洁美观、形象生动，颇具艺术性。主色调新绿色寓意生态与环保理念。

图 11-2　云雾灵山景区旅游徽标

五、标准色

景区标准色选用新绿色，象征着云雾山这片处女地的美丽、清纯、生机。

六、标准字

云雾灵山旅游景区的标准字为流畅、潇洒的行书字体或柔美、含蓄的隶书字体。针对海外游客，主要使用英语、日语、韩语三种文字。

七、背景音乐

搞好音响工程建设，用背景音乐烘托气氛，营造氛围效果，达到景区旅游形象的统一。在云雾灵山旅游景区的主要景点与休闲点、部分游览道路播放以大自然为主题背景的音乐，如《高山流水》（古琴演奏）、《空山鸟语》（二胡独奏）等。

八、景区标识系统设计

云雾灵山旅游景区的标识系统（指示牌等）设计应本着生态、美观、实用的原则。

（摘自曹诗图主持编制的《建始县云雾灵山旅游景区旅游总体规划暨重点项目开发规划》[2011-2015]）

第十二章 旅游服务与审美

【学习导引】

美学知识和旅游审美知识对于旅游服务工作实践非常重要，旅游服务工作者的美学素养与旅游服务质量关系密切。本章分析说明了旅游服务工作者的审美形象要求，重点介绍了导游服务审美和饭店服务审美的有关知识，为旅游服务工作者指明了美学方向。为了更好地学习本章内容，同学们可结合学过的导游服务、饭店服务等有关课程知识，以加深对本章知识的理解。

【教学目标】

1. 认识和理解旅游服务工作者的审美形象要求。
2. 理解并掌握导游服务审美和饭店服务审美的有关知识。

【学习重点】

旅游服务工作者的审美形象要求，导游服务与饭店服务审美。

第一节 旅游服务工作者的审美形象要求

旅游服务工作者在旅游审美活动中是旅游者的直接审美对象。对于身处异地的旅游者来说，他们在紧张感、陌生感和新奇感的驱使下，总是会对初次见面的旅游服务工作者进行多方面的审视，这其中审美的因素表现得颇为突出。旅游服务工作者作为旅游者的直接审美对象，其审美形象要求集中地表现在其仪表、风度、心灵、语言、表情、服务几个方面。

一、仪表美

一般来讲，人的仪表美是其形体美、服饰美与发型美的有机综合。

形体美主要是指人的身材、五官比较匀称，健康状况或身体素质较好。从劳动美学或职业审美的观点看，人们更倾向于欣赏和追求健康的美、富有活力或生命感的美，而不仅是所谓的长相漂亮，更不是病态之美。因此，旅游企业在招募员工时要对形体美有适度的要求,注意选择那些具备一定自然条件的工作人员(这里毫无低估内在素质和实际工作能力的意思)。

仪表美的另一构成要素是服饰美。俗话说"三分长相,七分打扮",这是有一定道理的。服饰的美,不仅反映出人的品格与审美趣味,更重要的是它对人体具有"扬美"与"抑丑"的功能。如果对服饰加以科学而巧妙的运用,就会使其与人体构成和谐之美,起到相得益彰和锦上添花的作用。对于旅游服务人员来讲,在服饰上要尽量求得和谐(色彩、式样与形体、性别及年龄、季节的和谐)、入时、整洁、端庄和雅致。要力避标新立异或盲目模仿,既不应搞得低俗、土气,也不宜装扮得过于妖娆。因为,从职业特点和旅游审美的角度考虑,旅游服务人员借用服饰过多地炫耀自身,会产生一定的消极作用。

仪表美的再一个构成要素是发型美。发型作为一门多姿多彩的造型艺术,是体现人的审美和性格情趣的直观形式,是自然美与修饰美的有机结合,同时也反映着人的物质、文化、生活水平和时代的精神风貌。发型也同服饰一样,具有装扮和美化的积极效应。因此,发型美也是仪表美中不可忽视的因素之一。在现实生活中,人们对发型美的追求呈现出多元化,但个性化似乎成为一种总的指导思想。所谓发型的个性化,就是根据个人的身材、头型、脸型、发质乃至年龄、职业来设计发型,使其能反映出个人的特点和情趣。作为旅游服务人员来讲,在发型审美上应处理好个性化与大众化的关系,适度追求造型艺术,以自然和谐、朝气蓬勃、健康活泼之美为目标。

二、风度美

一个人的风度,是在平时的社会生活实践中和特定的社会文化氛围中逐渐形成的。它是个人行为举止的综合,是社交中的无声语言,是个人性格、品质、情趣、素养、精神世界和生活习惯的外在表现。通常所说的"气质"、"风姿"、"风采",基本是指风度的具体显现。

欣赏风度、讲究风度,是人类的重要审美追求之一。同仪表美一样,风度美也是社会生活美的一项具体内容,但它比前者更含蓄一些。风度尽管反映人的内在美,但它总是具有感性或外显的特点,是通过站姿、坐姿和行态等可视因素展现出来的。人们通常说"站要有站相,坐要有坐相",这对风度美提出了最基本的要求。如导游工作者在与游客进行交谈或进行风景解说时,应注意站姿站态,既不要两脚并拢,僵直挺硬,也不可双脚叉开,摇头晃脑。手势表情也不宜过于夸张和激烈,更不可用手指点人说话,否则会令人生厌。正常的站姿要求两脚分开时不超过肩宽,腰板自然挺起,手势柔和,面带微笑。这样自然会给人一种稳定感和亲切感,有利于思想情感的交融。根据旅游服务工作者的职业特点及不同的环境氛围，旅游服务人员应因时制宜、因地制宜地采取不同的站姿。坐姿、行态也应规范、合度、优雅。可以说，站、坐、行三态是人的自然形体在空间上的形象显现，加上优雅的手势和和蔼的表情，会构成一种和谐的造型美。从静观或动观角度，这种直观的造型美便是风度美的客观的具体表现。但这并不是说风度就是这几种"态"的简单的形式组合。严格地讲，风度美属于社会美范畴，是人的内在美（性格、品质、修养、情趣等）的自然流露。因此，风度美要求内在美与外在美的和谐统一。

三、心灵美

通常，在从社会美学角度来分辨人的美时，总是习惯于把仪表美和风度美归于"表层"的美，而把心灵美归于"深层"的美，我们认为这二者的和谐统一才是一种"完整的美"。心灵美是人的其他美的真正依托，是人的思想、情感、意志和行为之美的综合表现。心灵美的核心是善。古希腊美学家柏拉图宣称："美、节奏好、和谐，都由于心灵的智慧和善良。"善是美的本源，是社会生活中人与人、人与社会的行为的道德规范。一个人的思想行为如果符合这种道德规范，那就是善和美，否则就是恶和丑。

旅游服务人员的心灵美主要体现在他的工作态度和所提供的优质服务上，如在整个服务工作过程中，态度和蔼，积极热情，办事细心，任劳任怨，不谋私利，乐于助人，主动为游客排忧解难，等等。

旅游服务人员在追求个体完美化的过程中，要避免重外在美而轻内在美的现象。外在美与内在美并具，二者和谐统一，这才是旅游服务工作者追求美的最高境界。这种美的境界，对于旅游服务工作者来讲是个人审美的终极目标，对于旅游者来讲才具有至高的审美价值。

四、语言美

语言美包括交谈的内容、方式等。其基本要求为：语言表达准确、鲜明、简洁、生动、巧妙、艺术（或得体）以及讲话要和气、文雅、谦逊、有礼貌。

语言美是心灵美的直接体现。不同时代、不同民族、不同职业的人和具有不同文化素养、思想情感、道德品质、语言表现力的个体，其语言美有不同的表现形态。语言美直接影响语言交际的效率和人际关系的协调。

语言表达是旅游服务的基本技能，语言艺术直接影响旅游服务质量。因此，旅游服务人员应讲究语言美。讲究语言美，有利于树立良好的旅游服务形象，沟通与顾客的情感，协调与顾客的关系，提高顾客满意度。讲究语言美，关键在于加强语言修养，提高思想文化素质与心灵美的培养，并正确把握旅游服务语言的心理因素，善于运用旅游服务语言基本技巧。

五、表情美

旅游服务人员的审美形象一个重要方面是体现在表情上。旅游服务人员即使仪表、风度等方面较美，但如果表情上冷淡、呆滞，其美感就会大打折扣、黯然失色，甚至令人生厌。在旅游服务工作中，微笑在体现旅游服务工作者表情美方面非常重要。在旅游服务工作中，明朗而甜蜜的微笑不仅能给人以美感，而且对游客起着积极的情绪诱导作用。它一方面会使游客感受到旅游服务人员愉快明净的心境和热情欢迎的态度，另一方面会创造出温暖如春的友好气氛，消除游客初到异地的紧张感、陌生感乃至怯懦感，进而使游客产生心理上的安全感、亲近感和愉悦感，从而轻松愉悦地观赏审视所接触的人和事，有利于形成美好的印象和回忆。

六、服务美

这里需要着重说明的是，仪表美、风度美、心灵美、表情美仅仅作为旅游服务的辅助手段才有意义。旅游者对旅游服务工作者的审美期待最终还是期望体现在旅游服务质量上。服务美是旅游服务工作者审美形象的核心与本质，仪表美、风度美、心灵美、表情美主要应通过美好的服务工作来体现，如果一旦同具体的服务工作脱节，仪表美、风度美、心灵美、表情美就失去了意义。关于旅游服务工作的审美追求与美学技巧，下面两节中将具体介绍，这里就不加赘述。

第二节 导游服务审美

一、导游工作者在旅游审美中的特殊作用

导游工作者在旅游审美中的特殊作用，主要体现在导游工作者作为旅游审美信息的传递者、旅游审美活动的调节者和旅游审美行为的引导者的角色扮演或功能发挥上。

1. 旅游审美信息的传递者

从信息论美学角度考虑，作为旅游审美对象的自然景观与人文景观，完全可以被视为一种有关客体之实际观赏效果的审美信息。在旅游审美活动中，由于旅游者个人的差异（阅历、修养的深浅，审美能力的高低等）与文化距离（对旅

客体文化的陌生和语言的障碍等）诸因素的存在，旅游审美信息通常需要通过传递者即导游工作者来传递给旅游者。在大多数情况下，对于人生地不熟的游客来讲，旅游质量在很大程度上有赖于导游传递审美信息的艺术。导游主要是凭借语言来传递信息的。这样，导游传递信息艺术首先涉及语言艺术，其次还涉及一个技巧运用问题，即我们通常所说的导游手法。

对于从事导游讲解的工作者来讲，语言艺术化至关重要，因为这直接影响到旅游审美信息的质量与旅游审美信息接受者（旅游者）的审美满足水平。乔修业先生在《旅游美学》一书中指出，口语导游的语言艺术化主要表现在这五个方面，即语言的准确性、语言的音乐性、语言的生动性、语言的风趣性、语言的情感性。所谓语言的准确性，就是要求导游的表达正确无误，音质清晰明洁，不含糊其辞，讲解具有针对性，用词得当，组合相宜。所谓语言的音乐性，主要是指导游讲解上语调的抑扬顿挫、语流的通畅、语句的长短、语速的快慢等，简言之，即语言的节奏感。从审美角度分析，这种语言的节奏感犹如音乐的表现力一样，自然会产生美感。所谓语言的生动性，主要是指导游讲解的语言应形象、鲜明、生动，力求达到绘声绘色的境界。这涉及导游人员所掌握的景观知识和语言词汇的丰富程度，以及修辞技巧等语言修养水平。语言的风趣性则主要表现在其幽默或诙谐的言谈风格上，它是语言艺术的一个重要方面，往往能给游客带来意想不到的快乐和美感。语言的情感性则是指导游的讲解形象生动、情真意切，富有情感色彩，能唤起游客审美心理上的共鸣。

关于导游的手法或技巧，比较通用的有虚实相间、制造悬念、点面结合、利用参照等。本书将在后面"导游服务的基本美学技巧"部分中从另外一个角度详细介绍，故在此从略。

2. 旅游审美活动的调节者

导游工作者在旅游审美活动中不仅是审美信息的传递者，也是审美活动的调节者。游客获得旅游审美需求和审美愉悦在很大程度上需要依靠导游员的介绍和解说。导游在旅游业中的作用表现为其文化和审美意义。通过导游的服务工作，旅游者可在旅游活动中增长知识，陶冶情操，获得审美享受。在旅游活动中，导游工作者能从心理上和生理上帮助旅游者保持最佳的审美状态。通过有效的组织协调、合理的线路安排，增加游览过程的趣味性，减少游客的疲劳感。导游工作者在旅游审美活动中有不可替代的作用。

导游工作者应充分调动旅游者的审美意识和审美感官，努力使导游讲解"寓情于景，情景交融"，达到"我中有景，景中有我，物我统一"的境地，从而使旅游者保持最佳心境和最佳审美状态。

关于审美活动的协调，导游工作者在游览活动的组织安排上应注意有张有弛、有缓有急，在导游讲解上应注意快慢相宜、音调和谐，有时还应注意适时停顿，达到"此处无声胜有声"的效果。

3. 旅游审美行为的引导者

导游工作者在旅游审美活动中除了作为审美对象、审美信息的传递者和协调者之外，还担任了旅游审美活动的引导者的角色，使旅游者实现高层次的审美活动或达到更高的审美境界。导游工作者对旅游景点进行针对性讲解，旨在让游客在直观感受美的基础上增加对美的理性认识。此外，导游工作还是一门艺术，需要凭导游工作者的主观经验加以再创造和灵活应用，使旅游者在怡然自得的游览活动中满足自己的审美需求，增长知识，陶冶情操。导游工作者对旅游者还能发挥艺术教育的作用。导游员对旅游者进行艺术教育的审美作用应表现在培养旅游者审美的敏感能力和完形知觉能力以及对现实功利超越的审美能力等方面。导游工作者在旅游活动中进行艺术教育，可以帮助旅游者提升旅游审美境界，从悦耳悦目（感性愉悦）的审美境界、悦心悦意（理性愉悦）的审美境界发展到悦志悦神（精神愉悦）的审美境界，激发游客的想象思维，帮助游客保持最佳审美状态。旅游活动中，在陶养游客性情方面，导游员应该是施教者，而旅游者是受教者，旅游景观就是教育媒介。施教者要熟悉了解媒介的本质和特征才能有效地选择和利用媒介对受教者进行有效的艺术教育。此外，在旅游审美行为上，导游工作者对旅游者应自觉地加以引导，有意识地培养游客文明、高尚的旅游审美行为。

总之，旅游者是"客"，导游者是"主"。"主"、"客"之间的审美关系是否和谐统一，在很大程度上取决于导游工作者在旅游接待工作中是否成功地扮演上述几种角色。

二、导游服务的基本美学技巧

1. 用优雅和谐的仪态，展示完美导游形象

导游工作者应注重形体服饰、发型化妆，给旅游者留下美的形象。

导游工作者应具有健美的形体。爱美之心人皆有之。人是万物之灵，人的形体美不仅是艺术家所珍视的表现媒体，也是旅游者热衷的审美对象之一。导游人员外在的形体美能在旅游者的旅游审美活动中产生光晕效应，具有形体美的导游人员在导游活动中一亮相，常常就能吸引住游客，并使游客与之产生亲近感和信任感，将旅游者导入初级的审美感知与判断。

服饰美可以反映出一个人的品格和审美情趣，也能在一定程度上弥补形体美的不足。导游人员的着装要讲究色彩、式样与形体、性别、年龄、季节的互补同构性，以及入时、雅致、端庄、整洁、方便、适用等综合性。导游人员的服饰，在增强自身形象美的同时，要避免与客人争美比艳。在色彩的选择上，导游人员

的服装应以醒目的暖色调为主,因为这些色彩的波长更适合引起旅游者的注意,为旅游者起到"寻索"和"向导"的作用。

发饰与化妆同样是外在形象美的组成要素。导游人员的发型总体要求是具有个性化并符合旅游者的审美习惯。导游人员的发型要根据自身的身材、脸型、头型、发质及年龄等特点来精心设计,使其能反映出个人的特点和情趣,取得整体和谐统一的审美效果。

形体美是一个人的外在美的体现,尽管形体美可以给人以视觉上美的感受,但如果缺少内在美的支持,其美感只能是暂时的。行为美或称风度美,既是一个人行为举止的综合产物,也是一个人性格、品质、情趣、教养、精神世界和生活习惯的外在表现。它常常是通过人的站姿、步态、坐态等多方面可视因素展现出来的。导游人员作为旅游者直接的审美对象,在与旅游者交往和为客人服务时,应十分注意自己的行走坐姿和言谈举止。

心灵美是一个人内在美的展现,也是人的形象美中深层次的美。心灵美核心是真与善。导游人员的工作是平凡的,但平凡中又恰恰蕴含着非凡。导游人员在为游客服务时以真诚与善良来对待每一位游客,切实做好自己的本职工作,自然能给客人以美的感召力,体现出心灵美。

如果导游人员有了健美靓丽的形体、文明优雅的行为和真诚、善良的心灵,自然会塑造出导游工作者是美的使者的独特形象。美的使者的独特形象的展示,既满足了旅游者的审美需求,又为导游人员各项工作的开展奠定了良好的基础。

2. 根据旅游景观的美学特色进行讲解,影响感染旅游者

导游工作者应根据旅游景观的美学特色进行讲解,影响感染旅游者。例如,导游自然景观时,学会帮助旅游者构筑"情境美";导游人文景观时,学会帮助旅游者形成"意境美";导游艺术景观时,学会引导旅游者创造"艺术美"。其次,应因势利导地利用观赏时机。例如,导游人员带游客在承德避暑山庄游览时,如遇到雨天,在烟雨中能引领游客登临烟雨楼的青莲岛,则会观赏到平日难得一见的雨雾如烟、水天一色、湖山尽洗的美景。此时导游员再顺势为游客讲解乾隆皇帝"最宜雨态烟容处,无碍天高地广文。却胜南巡凭赏者,平湖风递芰荷芬"的诗句,旅游者自然会顿悟烟雨楼的美学意境,更会感受到中国古典园林"天人合一"的独特的美学特征。

3. 善于解决旅游者的疑难问题,充分显露导游心灵美

远途跋涉常常使客人身体不适或疲劳过度,回到酒店,导游人员将他们送回房间并问候他们,如果遇有特殊需要的客人应竭尽全力帮他们解决问题,温馨的服务会化解他们的劳顿与不适,消散其思乡的情绪,使其第二天游兴倍增。旅游者来自不同国度、不同地区、不同民族,有着不同的饮食习惯和文化差异,导游

人员应仔细研究他们的文化背景，处处留心，为他们安排好适合他们口味习惯的饮食。在旅游者购物活动中，来自异域的旅游者不了解当地的旅游纪念品，不懂得如何选购，这时候，导游人员就应注意运用自己平素积累的有关知识适当地为游客作介绍，比如许多民间工艺品等，导游人员应该真诚地给他们介绍这些纪念品的历史文化源流，让旅游者充分了解当地代表性旅游纪念品的价值，合理地为他们推荐购买对象，而不是一味地督促他们盲目地购买。

4. 适当控制把握旅游者情绪，引导低潮向高潮转化

审美意识是一种个人意识，依赖于人的审美知识和能力，也取决于人的情绪。情感是审美过程中的动力因素，即人的情绪会直接影响人的审美心境。导游员要向旅游者提供热情周到的服务，采用种种有效方法，强化他们积极或肯定的态度，弱化消极或否定的态度，使他们的情绪愉快而稳定并随时激发旅游者新的游兴，努力保持他们的最佳审美心境。旅游活动期间，旅游者往往处于既兴奋又紧张的状态之中。紧张感容易使人疲劳、影响游兴，而兴奋感却促使他们随导游员去探新、求奇，去寻觅美、欣赏美。旅游者的情绪高、游兴浓、精力充沛，旅游活动一般就会顺利进行，就有可能达到预期的效果。因此，调节旅游者的情绪，保持、提高他们的游兴并激发新的游兴是导游员的一项重要工作，是旅游活动成功的基本保证，也是衡量导游员的能力和水平的一个重要标准。首先，导游员要善于调节游客情绪。导游员要善于从言谈、举止、表情的变化去了解和观察游客的情绪变化。在发现游客有焦急、不安、烦躁、抑郁、不满等否定情绪后，要及时找出原因，采取措施来消除或调整情绪。消除消极情绪的方法很多，导游员要根据不同情况采取不同方法，如物质补偿法、精神补偿法、转移注意法、分析法等。其次，导游员要懂得保持、提高游客的游兴。人的兴趣具有能动的特点，存在转移性和变化性，即兴趣会随时转移，人对某一事物的兴趣会产生、会消失，其程度也可增可减。因此，导游员要了解游客在旅游活动中的情绪变化规律，并适度把控游客情绪，从而使游客从无兴趣、兴趣低状态转变为有兴趣、兴趣高状态，保持游客的游兴稳定和持久，并使之不断产生新的游兴，引导游客的审美活动从低潮进入高潮。

5. 营造依依惜别的送别气氛，再次塑造个人的形象

旅游者完成自己的游程，满足了自己的旅游目的，将要离开旅游地，这时，旅游者一方面为自己享受到的美而感到满足，另一方面也会对与自己一起度过美好时光的导游感到依依不舍。作为一位成功的导游人员，应把握好旅游者此时的心理，让旅游者对导游服务留下一个完整而又美好的回忆。

一段平实质朴、深情款款又不失文化品位的欢送辞，会使相处不久的游客满怀深情踏上归途，就像亲朋好友别离，从而留下一份恒久的友谊。首先，导游员

要对整个游程进行总结，与游客一起回忆所游览的项目、参加的活动，将许多感官的认识上升到理性的认识，帮助游客加深对审美对象的理解和鉴赏，同时强化旅途印象的"美好"。其次，要通过抒情的、真挚的语言，深沉的、专注的眼神和表情表达自己的依依惜别之情、留恋之意，并对旅途中游客给予的支持、合作、帮助、谅解表达自己的感激之情，因为没有这一切，就没有旅游活动旅游的圆满和成功。最后，导游应在离别之时表达期待重逢之意，并对即将分手的游客们道出美好的祝愿。把良好的祝愿希望作为结束语，自然也符合中华民族乃至全人类的传统习俗和审美情趣。总之，导游员要善于利用送别这一特殊的美好时刻，在情真意切中用语言、歌声、微笑把游客的感情推向一个新的高潮，同时再次塑造出友善、真诚的个人形象，为游客留下深远的"审美回味"。

6. 在旅游活动结束后积极主动地问候，为企业塑造良好形象

导游工作者为了延续旅游服务的美感，可以利用手机短信、电子邮件等方式发送离别赠语、节日问候等等。延续旅游服务的美感是进行个人宣传和旅游企业宣传的一个很好的途径。从某种意义上讲，一次旅游活动的结束应该是另一次旅游活动的开始。

三、提高导游工作者的美学修养的途径或方法

导游工作者要想提高自己的美学修养，可以通过如下途径或方法：自觉地培养自我审美意识，努力学习各类相关知识，认真研究游客的审美心理，尊重游客和客源地的审美习惯，掌握旅游观赏原理，发挥旅游审美信息的传播技能，提高再创造的能力。

1. 自觉培养自我审美意识

无论是作为旅游者的直接审美对象，还是作为旅游者的审美向导（传递审美信息，协调审美活动，引导审美行为），导游者均应从不同角度来培养自己的审美意识，使自己的仪表、风度、心灵、语言、情趣、知识和技艺符合"美的规律"，达到审美化的要求。

就仪表而言，导游工作者应该深刻地意识到自己身兼"民间大使"要职，既代表一个民族和国家，又反映出所在旅行社的管理、服务水平以及个人的修养和精神面貌。因此，注意自己的仪表是非常重要的。

风度美是个体审美化的较高层次。对于导游者，则主要看他是否能够从审美化角度出发，积极主动地发挥自己的潜力，创造性地从形象、姿态、举止或气质等方面培养和塑造自己。

实践证明，导游工作者对自身心灵美的培养，关键是看他是否具有人道主义精神或助人为乐的情操。在导游过程中，导游工作者的心灵美一般是通过具体的

行为（如周到的服务，文明接待，为游客排忧解难等）和语言表现出来的，即待人和蔼、诚实、自然大方，多干实事，在合理的而可能的情况下，根据游客的需要提供个性化服务，想游客之所想，急游客之所急，做游客之所需。

2. 不断学习各类相关知识

知识是修养的基础，没有丰富的旅游文化知识，要想提高美学修养只能是一句空话。因此，导游工作者应努力学习与旅游有关的各种知识，如地理、历史、文学、美学、心理学、宗教、建筑、园林、雕塑、绘画、书法、音乐、饮食、民俗等知识，只有这样，才能在讲解中得心应手。例如旅游名城承德，它的旅游资源类型繁多，种类丰富，既有自然景观又有人文景观。自然景观中有典型的丹霞地貌和国家级自然保护区及森林公园。在人文景观中，又有世界顶级的文化遗产——避暑山庄与外八庙。要做好承德的导游工作，导游人员就必须加强学习，丰富自己的知识，除掌握历史知识尤其是清史的知识外，还应掌握一定的古典园林知识、宗教文化知识和美学知识。在避暑山庄游览时，要结合具体的景物，将中国古典园林立意构思、叠石理水、建筑营造、花木配置、题名点景等审美信息为游客进行很好的传递与解说。

3. 认真研究游客的审美心理

如前所述，由于审美个性的差异，旅游者的审美需求是多种多样的，其审美动机也相应地被分为不同的类型，比如自然审美型、社会审美型、艺术审美型和生活审美型等。不言而喻，要想使旅游者得到审美满足，导游工作者事先就要认真研究游客的审美需求与动机，弄清其主要审美趋向与偏好，然后有针对性地做好准备工作。

一般来讲，选择旅游观赏重点并突出其特征是导游工作成功的关键之一，如旅游者在中国游览总要参观很多宗教建筑，但即使同为佛教寺院，其历史、规模、结构、建筑艺术、供奉的佛像以及地理环境条件等也各不相同。因此，在同一地区或同一次旅游活动中参观多处类似景观时，导游员更要突出介绍其主要特征，这样旅游者才不会产生雷同的感觉。

4. 尊重游客和客源地的审美习惯

人的审美习惯是其审美个性与固有审美经验相互融合的产物，而这种审美习惯通常会有意无意地影响人们对客观事物的审美评价，甚至在一定程度上制约着人们的审美行为。对旅游者来讲，由于生活阅历、文化修养、情态意趣、职业、年龄、宗教信仰和社会环境的不同，其审美习惯往往具有一定的差异性与多样性。就职业而言，文学家、艺术家一般习惯于追索旅游地文化艺术的本质特征和审美价值，美食家则一般热衷欣赏、品味旅游地的各种美味佳肴，科学工作者、教育工作者、医学工作者、农民、工人等，也都习惯于寻访各自感兴趣的东西。从年龄角度分析，年轻人习惯于追新猎奇，老年人则习惯于透过人际关系来窥察体验人情美与伦理美。因此，导游工作者有必要在实际导游过程中细心地体察、识别游客固有的审美习惯。例如南京一位备受旅客称赞的翻译导游，正是由于洞悉了国外老年人的审美心理，在导游过程中常常有意识地把实地见到的情景（如老人带孙子逛公园，中年男女搀扶或背着年迈父母登中山陵）指给外国游客看，同时介绍一些有关中国人敬老爱幼的传统美德的历史故事，从而收到了意想不到的良好效果，使某些外国老年游客在深入了解我国人民生活和钦羡中华传统文化的同时，于精神和情感上也得到了一定的补偿。

旅游者的审美习惯还表现出另一特点，他们总是习惯于从本民族的文化意识出发来评判和审视旅游地的人文景观。事实上，有经验的导游工作者也常常采用对比的方式，把中国的长城同埃及的金字塔、中国的象形文字与墨西哥的玛雅文化等联系起来讲解，致使国际游人产生强烈的共鸣，进而获得深刻的审美体验。

5. 掌握旅游观赏原理

在旅游审美活动中，一定的观赏原理对于调节旅游审美行为及其效果具有十分重要的作用，这是因为，形态各异的景观只有借助不同的观赏方法才会显示出其内在的魅力。譬如，游览名山大川和江河湖泊，就必须设计动态观赏与相宜的节奏；在路南石林看象形石"阿诗玛"，就须选择最佳的观赏角度等等。

概而论之，就是要运用和把握旅游观赏方法与观赏节奏等原理。本书在第二章第二节中指出，旅游观赏原理离不开知识、方法、距离、角度、时间和情感。根据传统的赏景经验和实践体会，我们总结出六点基本方法，即"观景先知、动静结合、变换视位、选择时机、抓住特点、调动情感"，即"游览赏景的二十四字诀"。导游工作者首先应该从审美角度深入了解景观对象的周围环境（天时、地理）、内部结构（布局、形式）、文化内容与美的形态；其次，要多读一些美学书籍、一些山水诗和游记散文，并在实地考察和自身体验的基础上，从美学角度分析景观的审美特质，把握游客的审美心理，自觉地对其进行引导。

6. 发挥旅游审美信息传递技能

语言基本功是导游传递旅游审美信息的最基本技能。导游员具备较为渊博的知识是做好导游服务工作的前提。要准确地为旅游者传递出景观蕴含的审美信息，导游员必须练好语言基本功，使自己的导游语言符合"信、达、雅"的要求。信：指语言表达准确。达：指语言表达流畅。雅：指语言表达优美，即生动形象。其中信是前提或基础，达是标准或目的，雅是格调或境界。同样是用有声语言传达旅游审美信息，形象生动的语言不但对审美信息传达的效果好，而且听众接受这些信息的过程，本身也成为一种审美享受。

为准确传递审美信息，帮助旅游者感受旅游景观的美学价值，导游人员在导游服务中要采取灵活多样的导游手法或技能。导游为游客服务，如果讲解呆板，手法千篇一律，流于一般介绍，旅游者是很难感受到景观蕴含的美学价值的，甚至本来很美的景观，经蹩脚的讲解会降低对游客的吸引力，损害景观本身的美学价值。因此，导游人员要深入钻研业务知识，努力掌握各种导游手法，在实际导游服务中注意观察游客的表情，洞悉游客的心理，因团、因人、因景、因时而异，灵活运用各种手法或技能，恰如其分地进行讲解服务，为旅游者准确地传达旅游景观蕴含的审美信息，有效地帮助旅游者感受旅游景观的美学价值。

7. 努力提高再创造的能力

提高导游服务质量，其根本就是要提高导游的再创造能力。为此，导游工作者首先要努力提高对旅游景观的审美鉴赏能力，力求把"死"的景物化为"活"的审美对象。例如，游览北京天坛时，若导游审美鉴赏力高，且博古通今，对天坛杰出的建筑形式、精巧的结构和深刻的文化内涵等有着深切的审美感受能力，并能联系建坛的意义，用富有情感色彩的导游语言加以描述，必然会在激发游客的审美情趣的同时，加深他们对这一杰出传统建筑的审美理解和感受。

要提高导游的再创造能力，导游工作者必须认清自身与景观对象的相互关系，即一方面是景物的介绍者，另一方面又是景物的直接观赏者，必须有导有游、常导常新。

要提高导游的再创造能力，导游工作者还应明确自身与旅游者的相互关系，即作为旅游者的审美对象，他必须提高个体审美化的水平，而作为审美信息的传递者，他又必须结合旅游的审美需求，学会提炼富有价值的审美信息，并在实际导游中予以生动的表达。

最后，导游人员还应尊重旅游者的审美心理规律和审美判断力。要设法在临场导游讲解中为对方留下一定的审美"自由空间"。如导游在讲解悬棺葬法时，不要直接点出古人是如何把这些棺木搁置在崖壁上的，而应给游客一定的思考时间，让游客自行体会，最后才一语道破。这是因为，从旅游审美活动的随意性与自由性方面分析，尊重审美规律的导游讲解能更好地让人接受，而且更令人喜欢，这样的导游"作品"是能较好地产生预期的审美效应的。

导游工作者的美学修养涉及面甚广，在实际工作中，我们只要从主客观的实际出发，在导游实践中勤于观察，善于学习，注意积累，就一定能把自己塑造和培养成一名符合"美的规律"的导游工作者。

第三节 饭店服务审美

一、饭店服务艺术

1. 前厅服务艺术

前厅是饭店的"门面"。其员工相貌、仪表、态度、谈吐、举止等具有审美意义上的"光环效应",决定着游客的第一印象。前厅服务应从客人的物质利益和审美需求出发,讲究服务艺术。前厅服务艺术主要包括接待员服务艺术、门卫服务艺术、行李员服务艺术等。

(1) 接待员服务艺术

前厅接待是饭店内部管理系统的神经中枢。接待员代表饭店的形象迎送客人,因此要求业务知识丰富,顾客信息准确无误,语言礼貌热情,服务细致周到,各项服务的安排合理。富有魅力的形象(注重仪表,保持服装、头发与指甲的整洁,女性要适当梳妆、打扮,男性要注意刮脸修面)和彬彬有礼的举止(姿态端正,遇到客人主动打招呼,笑脸相迎,使用标准的待客用语,声调亲切,问答殷勤),会给人一种易于信任的感觉。本着"顾客就是上帝"的原则,在顾客遇到困难时要积极主动提供帮助。所有的接待服务要求接待员在和颜悦色中迅速完成,任何表情上的僵硬和动作上的迟缓都会使游客产生疑惑甚至反感。

在满足基本的接待服务外,接待员还必须掌握额外的基本技能,例如:善于察言观色,准确地找出顾客所需并提供必要的帮助;对于饭店的内部设施要了如指掌以便于给有疑问的顾客提供准确的帮助;掌握饭店外部的与之相关行业(交通、购物、休闲娱乐等)的最新信息,方便回答游客的询问;耐心地听取顾客的意见和投诉,采取必要的措施平复顾客的不满情绪,必要时可申报上级解决;注意自己的行为姿势(不要挥舞双手、走路蹦蹦跳跳、用手直指对方等),以免给顾客留下不好的印象。

(2) 门卫服务艺术

门卫是饭店第一形象的展示者,高大魁梧的身材、端正和善的相貌、清洁挺拔的服装和优雅得体的动作都能给顾客留下美好的第一印象。对于进店的顾客要给予明亮柔和的微笑,致以简洁而热忱的欢迎词,并伴之以"请进"的姿势。对于出店的客人积极主动地为之安排好所需的交通工具,并主动打开车门,将手垫在车门上沿,以免客人撞头,并伴之以挥手再见的姿势。一系列优雅得体的门卫服务可使客人在尊重感得到一定的满足的同时获得一种人情美的愉悦体验。

（3）行李员服务艺术

行李员的主要职责是引领客人和搬运行李。其衣帽要整洁轻便，标识明显，执勤时要态度亲切，精神饱满，姿势自然，动作敏捷，运送行李时要谨慎负责，切勿不小心将行李掉在地上，以免给客人留下漫不经心的印象。住店客人办理相关手续时，在其身后两三步远处等待总服务台的指示，要时刻认真听取，一旦指示明确之后要即刻上前，领取钥匙。在引领房间时要走在客人左前方1.5米左右的位置，礼貌大方，对客人尊称，并嘱咐相关事宜（如自带贵重易损等相关物品），在行走的过程中要在遵循基本的礼貌原则下，展现出一个服务人员应有的基本素养。在进入房间时有必要向客人介绍相关的基本设施，按客人的要求提供良好的入住基本工作，让客人体会到贴心舒适的服务。在完成相关的职责工作之后主动询问客人还需要何种服务并为客人作好相关安排。在退出客人的房间时面向房间，退出客房并随手轻轻关上门。

2. 客房服务艺术

人对外物的审视总是从本体的需求与利益出发。客人对客房服务艺术的评价主要是以它的实际效应作为主要依据。

客房服务艺术也是一个相当繁杂的流程。概而论之，热情、礼貌、整洁、舒适、周到、安静和安全是其要点。

（1）热情。热情的服务态度是取悦客人的关键。为此，客房服务人员要诚心诚意，微笑待客。要尽力掌握客人的基本信息，见面时要主动打招呼并使用尊称，以体现对客人的重视，使客人满意。

（2）礼貌。礼貌在清扫房间时显得尤为重要。在进入房间前必须要经过礼貌的询问，注意门上是否挂有"请勿打扰"的牌子，在得到许可之后方可进入房间进行打扫，未得到许可不要贸然进入。在进入房间时要作好心理准备，不要影响和打扰到房客的休息、生活。发现客人操作房间设施的错误切勿嘲笑，应耐心地示范指导。

（3）整洁。整齐清洁是评价客房服务质量的最低标准。无论是从美学还是从环境学角度，客房的摆设及用品对饭店形象的建设具有重要意义。一个细节性问题就可以完全毁坏整个饭店的声誉或形象，给顾客留下不好的印象。为了达到整洁、经济和实用的目的，客房设备与用具的选择应精心设计，使其达到理想的效果。

（4）周到。服务周到是赢得客人积极评价的有效途径之一。对客人无微不至的关怀可谓服务周到的最高境界。为客人创造最满意的服务就是最贴心周到的服务。这都需要在服务的细节上下功夫。

（5）安静。安静是保证客人休息好的基本条件。客房服务员在提供服务时切勿大声说话，对物品要轻拿轻放，对附近喧哗的客人要以适当的方式加以制止，对于外部的噪音要设法控制，为客人的起居等提供宁静的环境。

（6）安全。安全感是愉悦感、舒适感或满足感的基石。客房的安全工作主要涉及防火防盗等几个方面。服务员有义务对客人进行相关方面的提醒，为了防患于未然，客房在使用建筑材料方面也要进行严格的筛选。安全的另外的一层含义就是替客人保密，严守这一规定是饭店服务人员的一项职业道德。

3. 餐厅服务艺术

从饮食美学角度分析，用餐是一项综合性的审美活动。餐具造型和餐桌布置可培养审美趣味，服饰仪表、宴席音乐可激发审美情绪，举止文雅、态度热情可使人产生愉悦、美好的感受，色、香、味、形、质、器俱全的精美佳肴可使人的视觉、嗅觉和味觉得到一种愉悦性的生理享受与文化体验。可见，餐厅服务不是一个取菜送饭的简单过程，而是一个关涉摆台艺术、宴席礼乐艺术和烹饪艺术的综合过程。

从客人的物质利益和审美需求出发，用餐所包括的一切细节，都应该是美的体现，都应该满足客人的高雅审美情趣。

4. 康乐服务艺术

饭店的康乐部是客人进行休闲锻炼和娱乐的地方，其康乐硬件设施的安全便利是保证客人康乐的基础，康乐部员工对康乐设施娴熟的操作技能和热情的服务态度是客人在康乐部感受到服务满意的关键。

二、提高饭店服务人员美学修养的途径

1. 普及美学知识

饭店员工大都是年轻人，他们都具有强烈的爱美心理，特别是对于服饰、发型和言谈举止之美有着强烈的追求和独特见解。但是由于审美修养的程度不同，在审美趣味方面往往表现出一定的弹性和盲目性，很多过于个性化的追求破坏了整体的和谐，如有的人追求新奇与时髦把自己打扮得不伦不类，给人以滑稽可笑之感。这就迫切需要通过审美教育，增强其主体性审美意识和审美素养。较为实际而有效的方法就是在职工中组织美学讲座或美学书籍读书会，普及一些有关服饰美、仪表美、风度美、语言美、色彩美和劳动美等方面的基本知识，以促使员工自觉地按照美的规律来不断地完善自己。

2. 开展艺术教育

美，首先是文化艺术作品对观赏者的审美情趣、生活态度和个人品性等产生潜移默化的作用。饭店管理者应该根据青年人的特点与喜好，经常组织看画展、

听音乐、看电影或戏剧、练书法、学乐器等高雅而健康的文化娱乐活动，这些活动对培养员工积极的审美理想和鉴赏能力颇为有益。

3. 掌握语言艺术

语言美要求话讲得"得体、巧妙和艺术"，对于服务行业更是如此。从饭店工作的特性角度考虑，语言美不仅限于本国语言，而且需要扩展到外国语言。可采用奖励的办法鼓励员工学习外国语言。

运用服务语言是一门艺术，不仅需要掌握相关的文字符号与结构法则，而且需要了解接待对象所在地域的文化风俗，以便使用得当。目前较为流行的语言艺术教授方法是角色扮演法：职工双方扮演主客，时常互换，使各自从服务对话中体验语言的实际功效，借此培养语言交际艺术的自觉意识与实践能力。

4. 训练员工姿态

饭店员工的行为美在很大程度上表现在姿态美方面。姿态一般是站态、坐态与步态的综合，它反映一个人的性格气质、心理状态和文化修养等。饭店员工应该养成优雅的站姿，头部、两肩和双手要呈现出端正而自然的姿势；步态要自然轻盈、敏捷。可以通过聘请专业教师，借助现代录像设备，采用直观行为模式和自我调节方法，为员工传授正确的服务技能，训练其优美的仪态行为。

5. 加强美容培训

人在追求生活美化的同时也在追求自我的美化，美容是自我美化的一个方面。目前不少人的美容知识与技巧缺乏，在打扮化妆上顾此失彼，达不到预想的效果。这一问题在饭店一线女员工中表现得比较突出。可以专门邀请专业的美容培训公司为饭店员工举办美容培训班，学习和推广美容知识，使员工以完美的仪表形象与业务技能提供一流的服务。

6. 提高管理美学水平

饭店不仅要按美的规律来建造，而且要按照美的规律来管理。饭店管理者要具有自觉的管理美学意识和一定的知识水平，在考虑经济、实用的同时，也要重视美观的因素。要从社会、劳动和个体审美化的大趋势出发，使饭店的建筑形式、内部装潢、员工服饰、餐具、菜肴、服务艺术等方面皆合乎美的标准。特别是在做员工的思想工作过程中，要看到它与美学这门有助于人的全面发展（语言、行为、技能、理想、道德、情操等）的科学的内在联系。要设法运用美学理论知识做好员工的思想工作，注意发掘其中的审美因素（如真诚性、情感性、熏陶性与愉悦性等），使他们在"如坐春风"的思想工作过程中形成健康、和谐的审美心态，以积极而富有进取性与创造性的劳动态度为旅游者提供完美的服务。

三、饭店服务设施的美学基础

1. 饭店的环境艺术

饭店的建筑风格大致可以分为现代式、仿古式、园林式、乡土式几种类型，不论何种风格类型的饭店，都应重视建筑的环境营造艺术，搞好选址和环境景观设计。

饭店的环境审美要求饭店构成有高度的审美效应的内外环境。为此必须重视饭店选址的审美因素与环境景观的审美因素，充分展示饭店美的艺术。

（1）饭店选址的艺术

饭店要适应游客的旅游审美要求，获得好的社会效益和经济效益，就要做到选址科学。选址要坚持五项基本原则：

接纳审美主体的原则。饭店建在何处，要从能够吸引游客（审美主体）着眼。

联系审美对象的原则。饭店尽可能与旅游景观即审美对象接近或相连，以便游客进行审美活动。

提供审美中介的原则。旅游的审美中介主要是指旅游车船等交通工具。饭店的选址应该是在能提供便利的交通的地方，便于游客的出行。

保护审美环境的原则。无论在何种地方建设饭店，都要注意保护审美环境；要在饭店建成后不损害原有美的景观，不妨碍游客对原有美的景观的观赏，而且使饭店自身与周围环境构成和谐的新的美景。

有利于游客健康的原则。保证游客的身体健康，是饭店建设的一项重要原则。为此，饭店尽可能选建在自然环境优美的地点。如无可能，那也必须是没有空气、水体、噪音等方面的环境污染的地方。

（2）饭店环境景观的艺术

饭店总是存在于一定的环境之中的。饭店构成了它所在的环境的重要面貌特征，而环境反过来也给饭店以烘托、深化和美化。饭店与外在环境的关系是相互衬托、相辅相成的关系。只有从建筑与环境的美学高度去考察现代饭店建设，才能取得理想的经济效益和美学价值。

利用自然环境的美。在优美秀丽的自然环境中建设饭店，其最大的优点是：游客旅居赏心悦目、恬静舒适，而且可以就近畅游山水；既得丘壑林泉之乐，又能享受现代化的生活条件，从而为游客创造了可居可游的最佳旅游环境。

自然美与人工美的渗透、融合。山水的自然美与饭店建筑物的人工美存在对立统一的矛盾。两者处理得好，可以相得益彰、锦上添花；反之，则将损害风景，破坏自然美。因此，应十分谨慎地注意饭店建筑物与周围自然景观某些特征的"默契"，做到和谐交融。饭店的人工美与自然环境的自然美交织在一起，既美化了饭店的建筑形象,又能为自然环境增光添彩,更能为旅客领略自然美创造良好的条件,使人与自然达到物我相契、情景交融的审美境界。

注重地方特色、乡土美。饭店环境景观除了密切联系自然环境、历史文化环境以外,还应充分表现当地风土环境的特征。景观的乡土味能使饭店蒙上神秘、天真、质朴、浪漫的情调,充满无限迷人的魅力。乡土美对于追求异域情调、改换生活环境的旅游者更具吸引力,美就美在与众不同的风采以及与周围风土环境完美的协调上。植根于风土环境、民居风格的饭店,其美学价值在于自然本真、不雕不琢,创造出一种清新质朴的美。它使饭店更富于个性,保持独特的风采。

2. 饭店的空间设计艺术

饭店室内空间是多功能、综合性、有强烈个性的特殊空间。它设计的艺术要求较高,有高雅情趣的精神享受的探索,也有高度舒适性的现代物质生活的追求。毫无疑问,饭店室内的空间造型美,必须寻求物质与精神合一的境界,两者缺一不可。任何成功的饭店建筑都应该是一件具有较高审美价值的艺术品,饭店建筑造型、空间布局与内部装饰是功能、结构、艺术有机结合的作品,是物质(材料和结构技术)和精神(心理活动和审美情趣等)两方面的共同作用的产物。

饭店设计必须理解现代人对空间、环境的要求,不仅仅满足于物质的丰富和表层文化的享用,更应追求深层心理的、感情的交流和陶冶,要求"人—建筑—环境"以及"人—社会—自然"之间关系的高度协调。

空间布局的合理化、空间构图的艺术化、空间形象的新颖化,给人以美好、愉悦的享受,这是饭店建筑室内空间美的主导因素,值得我们认真探索。

追求饭店的室内空间美,要正确处理好虚与实的关系,不应满足于物质的堆砌。我们追求的是简洁之美和象外之旨、韵外之致的"虚"的美的空间,创造一种清新的、能触发人们情趣的室内空间。

美国旅馆建筑设计师波特曼创造的"共享空间"的新概念值得在饭店建筑中借鉴应用,这就是以美的空间形态来满足人的"精神需求",以超常尺度的共享大厅将大自然美的元素引入建筑内,形成愉悦人心的场所,以满足现代人回归自然、追求新奇的心理需求,获得很好的审美效果。

一般来讲,饭店的大厅是空间序列高潮,是社交和公共活动的中心。因为人们不喜欢界限明确的封闭空间,无论是竖直连贯的大厅,还是横向相通的序列,都在于给人们精神上的自由感。而小空间功能单纯,凝聚感较强,亲切宜人。如客房属于旅客的私密空间,适宜封闭式。要有合理的尺度,适当控制层高与面积,应考虑多种内部组合形式,可采用可分可合的套间,还有楼上楼下错层的套间等,讲究细腻和谐的效果。餐厅是一个富有个性的空间,可以考虑不同结构形式与多种风格,选择不同材料装饰,可以采用开敞与封闭式处理方式,有分有合,在整个大空间中实行分区布局，使就餐客人各得其所。

饭店的各种不同的室内空间，尽管尺度多变、功能各异、个性强烈，但仍应服从饭店建筑的整体的空间艺术构思，融会于既丰富又统一和谐的美感中，这是构成室内空间美的首要因素。

运用我国古典园林营造传统的"借景"手法，可以沟通室内外空间，使空间延伸扩大，打破封闭感，开拓人们的视野，引进室外自然美，丰富室内精神生活。

饭店建筑存在于一定的人文环境之中，有必要通过建筑形式让旅客感知形成其文化背景、历史传统、民族的思想感情和人文风貌。过去那种一味照搬大屋顶、琉璃瓦和红柱子的做法，只能使人感到厌倦和乏味，因为它已逐渐失去生命和活力，很难与现代人对话。这就要求饭店建筑寻求一种新的语言和符号。例如，西藏拉萨饭店既有鲜明的时代感，又具有地方的传统建筑的神韵风采，处处使人对西藏的历史文化产生联想。又如，吐鲁番宾馆运用建筑物上的拱门、门窗、拱廊、尖圆形屋顶和花格的女儿墙上的建筑符号，旅客身临其境能强烈地感受民族和地方色彩以及宗教气息，使得饭店富有历史文化的人文美。

3. 饭店的色彩设计艺术

色彩是诸形式美中视觉神经最敏感的因素。色彩也是组成环境美的最基本因素之一。色彩给人视觉的不同刺激使人获得不同的感知。

色彩在物理、生理及心理上具有特殊性质，将色彩应用于饭店室内设计，赋予饭店动人的魅力和美感。人们一进入室内，第一印象是色调、气氛如何。色彩调配的优劣不但影响人们的精神状态，也会对人的行为和健康产生一定影响。

色调，也即统一的色彩倾向，有冷暖、明暗以及红绿之分。要充分利用色彩的色相、明度、彩度和冷暖等性能，创造出各种丰富的色调，以适应现代旅游休闲环境各种需求。

用色之妙，着眼于精。色彩与材料配合形成统一的基调，切忌五彩缤纷，各自为政。必须确定基本色调（主色调），作为饭店室内环境色彩的主旋律，主色调决定着室内环境的气氛和情调。但是色调的选择还应服从饭店室内空间的整体艺术构思。也就是从各种厅室的功能和气氛要求出发，运用色彩学原理设计出理想的室内环境色调。例如，北京香山饭店室内环境色调淡雅，以黑、白、灰为基调，摒弃浓艳色彩，含蓄细腻，将苏州园林建筑的文脉特点、内在气质极好地融会在富有现代美感的艺术形态之中。又如，南京金陵饭店入口大厅以绿、白、黄为基本色调，清新素雅，富有江南建筑风采神韵。选用何种色调也无固定公式可袭用。各种厅室、套间，要结合意境的表现、功能的需要来选择色彩。现代饭店由功能迥异的不同部门组成，各部门又有许多相互关联而功能不同的空间区域。色彩设计应根据各部门甚至各区域的特点进行。不同功能因素对色彩设计的影响以及具体处理方法应系统思考。

饭店的客房应结合朝向选择色调,如缺乏阳光的北向客房应尽量少用冷色调,阳光充足的南向或西向就不一定用暖色调。旅客停留时间长短也是选择色彩的依据。门厅、过厅、电梯厅、某些商业和服务性场所,旅客逗留时间短,要求气氛活跃,可以选择高彩度色调,相反,对于要求安静气氛或味觉、嗅觉、视觉功能突出的场合,如会议厅、宴会厅、一般餐厅和客房等,宜用低彩度的色彩。总服务台、办公室等处照度水平要求较高的室内环境,周围界面也应用高明度的色彩。反之,气氛幽静的餐厅、咖啡座、酒吧和休息室宜采用明度较低的色彩。不同楼层,为便于识别,可以使用不同色调。

4. 饭店的照明设计艺术

光是创造室内视觉效果的必要条件。饭店室内照明通过千姿百态的灯具,不仅为旅客提供不同功能需求的良好的光线,并且使室内环境具有某种气氛和意境,增强饭店的美感与舒适感。

灯具与灯光有形有色,用它们来渲染环境气氛,最容易取得理想的效果。饭店的大厅、宴会厅及餐厅等公共场所,可选用花饰吊灯,营造富丽奢华的气氛。而客房的灯具则宜简洁、素雅,便于清洁为佳。

照明及灯具还有体现民族风格与地域特点的审美作用。中国的宫灯具有实用性与装饰性高度统一的特点,不仅大量应用于古代建筑中,也常被选用在需要表现中国情调的现代饭店室内环境中。

灯具及照明方式,要根据饭店室内功能需要及整体空间艺术构思,来确定布局形式、光源类型、灯具造型及艺术处理等。

5. 饭店的装饰设计艺术

任何一个空间装饰艺术的风格都是特定时代的历史反映,都要打上时代经济、文化艺术发展和人们的审美心理、审美追求的烙印。随着时代的变迁、高新科技的出现、现代美学和现代人生活方式的改变,不仅要求物质生活上的满足,也开始超越物质功能上的追求,逐步向满足精神需要过渡和转变。室内装饰陈设对美化饭店室内环境、满足游客的物质生活和精神生活需要具有重要作用。装饰艺术的任务是对室内各建筑局部和构建的造型、纹样、色彩、质感等诸多因素进行艺术处理。装饰艺术特色与建筑的使用要求和材料、结构要求等有关,它往往以其自身的形象显示其社会、民族、时代和地方的特征,表现为一种室内环境设计的艺术风格。较高档次的饭店既要体现中华民族传统装饰的精髓,又要融合当代世界先进装饰风格的神韵。应坚持"以人为本"的装饰美和现代艺术美结合的原则,充分利用高新科技提供的装饰材料、高档豪华的家具、灿烂夺目的照明设备和现代施工技术,使空间的装饰富有现代时尚的气息。

装饰是实现饭店室内艺术构思、美化饭店室内环境的重要手段,不同的光影、色彩、材质、构件、陈设,与不同的构思、装饰手法相结合,能够创造出风格迥异的室内环境。装饰艺术是随着社会的发展和人们对美的认识、追求和审美观点的不断改变而变化的。

饭店的门厅人流频繁,但都来去匆匆,不作过多停留,厅内的陈设宜采用大效果观赏性的绿化或艺术品陈设,使客人通过大致的浏览就能产生良好的印象。一些技术精湛、精雕细刻、内容丰富、需要细加欣赏的艺术品不适宜在门厅、过厅中陈设,以免吸引游客停留观赏以致造成人员拥挤、交通阻塞等现象。

客房给游客提供消除疲劳、积蓄精力、继续旅游的条件,是客人睡眠休息的地方,它的功能要求是安静舒适,在装饰方面,必须体现简洁雅致的格调和宁静的气氛。客房采用白色天花板均能与任何色彩协调,墙面与地面色宜用比较接近的中间色。整体的气氛应统一协调。

餐厅、宴会厅、酒吧等公共厅室常常是饭店的重点装饰对象,它们不仅为游客提供餐饮服务,还是住店客人和当地社会社交和消遣的场所。宴会厅装饰艺术要求较高,为了表现宏伟壮丽的空间气氛,宴会厅装饰陈设常常借助厅内的照明艺术,起到控制整个室内空间氛围的作用。酒吧的室内气氛应要求幽静雅致,配有音乐设备。灯光适宜暗淡柔和,座位设置要求便于相互交谈。如南京金陵饭店酒吧间题名为"莫愁轩",选用深桃木色基调,布局与装饰合理,令人感到温馨和舒适,为宾客提供了理想的休憩环境。

总之,饭店的一切都应按照美的规律去营造,致力创造美的空间艺术,尽量满足旅客的审美心理需求。

复习思考题:
1. 旅游服务工作者的审美形象要求主要体现在哪些方面?
2. 说明导游工作者在旅游审美中的特殊作用。
3. 简述导游服务审美技巧。
4. 简述旅游者对饭店服务艺术的审美期待与评价的主要内容。
5. 如何加强和提高旅游服务工作者的审美修养?
6. 简要说明饭店服务设施的美学基础。

案例阅读：

北京香山饭店审美浅析

一、香山饭店简介

北京香山饭店位于北京西郊香山公园内，1984年建立。饭店依凭山势，院落相间，具有中国古典建筑与园林的传统特色。香山饭店是由美籍华裔、世界著名建筑设计大师贝聿铭先生主持设计的一座融中国古典建筑艺术、园林艺术、环境艺术为一体的五星级酒店。饭店坐拥自然美景，四时景色各异；依傍皇家古迹，人文积淀厚重；此地水清气新，为休闲、度假、旅游的佳境。饭店周边路网交通发达，五环路擦肩而过，由市中心驾车顷刻而至。

图12-1　北京香山饭店

二、香山饭店审美浅析

1. 香山饭店的空间设计

建筑融合自然的空间理念主导着贝聿铭一生的作品。中国传统的建筑艺术在贝聿铭的心中留有极其深刻的印象。苏州庭园的长廊曲径、假山水榭，尤其是建筑屋宇与周围自然景观相辅相成的格局，以及光影美学的运用，在他数十年的建筑设计生涯中都有迹可寻。而坐落在北京香山公园内的香山饭店，更是他将现代建筑艺术与中国传统建筑特色相结合的精心之作。与过去设计的那些摩天大厦相比，香山饭店的规模不算大。但是贝聿铭说"香山饭店在我的设计生涯中占有重要的位置。我下的功夫比在国外设计有的建筑高出十倍"。他还说"从香山饭店的设计，我企图探索一条新的道路。在一个现代化的建筑物上体现出中国民族建筑艺术的精华"。在这位多产的建筑设计师的事务所只放着两个设计样子，一个是美国国家艺术馆东楼的设计,另一个就是北京香山饭店的设计。可见香山饭店的设计在他心目中确实占有重要的位置。

香山饭店,外貌看似很普通,就像一个内秀的姑娘,初看似乎貌不惊人,但是愈看就愈会感到她轻妆淡抹的自然美。

2. 香山饭店的形体设计和质感

从平面布局来看,对中轴线这一几乎是传统生命力的东西,贝聿铭理所当然地加以利用,事实上这条轴线从入口处的广场就已开始,穿过入口,中庭中的主要庭院是在原址上重建的"曲水流觞",但贝聿铭较多地是受到江南地带的影响,而不学北京拘谨的四合院,他结合山中的古树保护,相对自由地安排建筑。因而形成了现在这种格局,规整中略带轻巧,而且并未忘记"大屋顶间的空间——庭院"这一基本元素的重复运用,大量的外庭组织成了他对历史传统的理解,如果说这一点并不很具新意,那么,真正能体现其作品价值的则是建筑本身内外形式的处理。

作品中,贝聿铭大胆地重复使用两种最简单的几何图形:正方形和圆形。大门、窗、空窗、漏窗,窗两侧和漏窗的花格、墙面上的砖饰、壁灯、宫灯都是正方形,连道路脚灯的楼梯栏杆灯都是正立方体,又巧妙地与圆组织在一起,圆则用在月洞门、灯具、茶几、宴会厅前廊墙面装饰,南北立面上的漏窗也是由四个圆相交构成的,连房间门上的分区号也用一个圆套起来,这种处理手法显然是经过深思熟虑的,深藏着设计师的某种意图——重复之上的韵律和丰富。

贝聿铭设计的香山饭店,充满了中国传统园林的特点,山、水、池、石融为一体,加上三角形、菱形几何体的设计,传统而不失现代,其中对光与影的运用和表达更是值得学习借鉴。

在香山饭店大片白色墙面上,用磨砖对缝的青砖将窗户连接起来。据贝聿铭介绍,因为"不处理就会显得很单调","组合在一起就不至于单调了",是纯属装饰性的。

3. 香山饭店细部的装饰和色彩处理

香山饭店结合地形采用在水平方向延伸的、院落式的建筑,将体积约15万立方米的庞然大物切成许多小块,以达到"不与香山争高低"的目的,饭店只用了白、灰、黄褐三种颜色,室内室外都和谐高雅。

因为重复运用了正方形和圆形两种图形,建筑产生了韵律之美。后花园内远山近水、叠石小径、高树铺草布置得非常得体,既有江南园林精巧的特点,又有北方园林开阔的空间。前庭和后院虽然在空间上是绝然隔开的,但由于中间设有"常春四合院",那里的水池、假山和青竹,使前庭后院具有连续性。

大面积采用白色,给香山饭店的建筑形象带来了鲜明强烈的特征,加上城堡式的立面，那一个个很有规律的窗洞，那青灰色的磨砖对缝的勒脚、门套、格带和压顶，给人留下了深刻的印象，香山饭店与国内其他饭店如广州、漓江、苏州、蠡湖、燕京等骨牌式的建筑相比，与国际上那些备有旋转餐厅、灯笼电梯的共享空间的所谓"现代化旅馆"相比，与众不同，别具一格，这是香山饭店设计的成功所在。

4. 光和影的运用

建筑融合自然的空间理念，主导着贝聿铭一生的作品，这些作品的共同点是内庭，内庭将内外空间串连，使自然融于建筑。将自然引入室内是他的设计特点。到晚期，内庭依然是贝氏作品不可缺少的元素之一。

光与空间的结合，使空间变化万端，"让光线来作设计"是贝聿铭的名言。

（摘自张小迪：《香山饭店审美浅析》，《山西建筑》，2009年33期。略有改写）

参考文献

1. 曹诗图等著．旅游文化与审美[M]．武汉：武汉大学出版社（第三版），2010
2. 曹诗图，孙静主编．旅游文化概论[M]．北京：中国林业出版社，北京大学出版社，2008
3. 马波著．现代旅游文化学[M]．青岛：青岛出版社，1998
4. 乔修业主编．旅游美学[M]．天津：南开大学出版社，2000
5. 王柯平主编．旅游美学新编[M]．北京：旅游教育出版社，2000
6. 仇学琴主编．现代旅游美学[M]．昆明：云南大学出版社，1997
7. 吴攀升等编著．旅游美学[M]．杭州：浙江大学出版社，2006
8. 彭民科，童牧林主编．旅游美学[M]．北京：科学出版社，2006
9. 马莹，马国清主编．新编旅游美学[M]．北京：中国旅游出版社，2005
10. 陈鸣主编．实用旅游美学[M]．广州：华南理工大学出版社，2004
11. 朱希祥著．中西旅游文化审美比较[M]．上海：华东师范大学出版社，1998
12. 于贤德编著．景观美[M]．海口：海南人民出版社，1987
13. 北京大学哲学系美学教研室编．西方美学家论美和美感[M]．北京：商务印书馆，1982
14. 张世英著．哲学导论（修订版）[M]．北京：北京大学出版社，2008
15. 国家旅游局人事劳动教育司编．装饰与布置艺术[M]．北京：旅游教育出版社，1994
16. 王昆欣主编．旅游景观鉴赏[M]．北京：旅游教育出版社，2004
17. 陈传康，刘振礼编著．旅游资源鉴赏与开发[M]．上海：同济大学出版社，1990
18. 蒋国忠主编．美育基础教程[M]．广州：广东高等教育出版社，1997
19. 何伯镛主编．审美艺术教程[M]．上海：复旦大学出版社，2005
20. 章海荣著．旅游审美原理[M]．上海：上海大学出版社，2002
21. 刘天华著．生活中的旅游审美[M]．济南：山东科学技术出版社，1987

22．王玉德，邓儒伯，姚伟钧主编．中国传统文化新编[M]．武汉：华中理工大学出版社，1996

23．张岱年，方克立著．中国文化概论[M]．北京：北京师范大学出版社，1994

24．张道葵著．自然美的特征与欣赏[M]．北京：文津出版社，1990

25．陈志华著．外国传统建筑二十讲[M]．北京：生活·读书·新知三联书店，2002

26．楼庆西著．中国传统建筑二十讲[M]．北京：生活·读书·新知三联书店，2004

27．萧默著．中国建筑艺术史[M]．北京：文物出版社，1999

28．夏林根著．中国传统建筑旅游[M]．太原：山西教育出版社，2004

29．唐鸣镝，黄震宇，潘晓岚编著．中国古代建筑与园林[M]．北京：旅游教育出版社，2003

30．章采烈编著．中国园林艺术通论[M]．上海：上海科学技术出版社，2004

31．王子云著．中国雕塑艺术史[M]．北京：人民美术出版社，1988

32．孙振华著．中国雕塑史[M]，北京：中国美术学院出版社，1994

33．丁春生，郝晓颖编．中国传世书法[M]．北京：线装书局，2003

34．钱茸著．古国乐魂——中国音乐文化[M]．北京：世界知识出版社，2002

35．修海林，李吉提著．中国音乐的历史与审美[M]．北京：中国人民大学出版社，1999

36．刘承华著．中国音乐的神韵[M]．福州：福建人民出版社，2004

37．徐文苑主编．中国饮食文化概论[M]，北京：清华大学出版社，北京交通大学出版社，2005

38．赵荣光，谢定源著．饮食文化概论．北京：中国轻工业出版社，1999

39．国家旅游局人事劳动教育司编．导游知识专题[M]．北京：中国旅游出版社，2004

40．朱耀廷主编．中华文物古迹旅游[M]．北京：北京大学出版社，2004

41．刘振礼，王兵编著．新编中国旅游地理[M]．天津：南开大学出版社，2001

42．徐行言著．中西文化比较．北京：北京大学出版社，2004

43．王凯著．逍遥游——庄子美学的现代阐述．武汉：武汉大学出版社，2003

44．胡伟希，陈盈盈著．追求生命的超越与融通[M]．昆明：云南人民出版社，2004

45．黎明著．中国人为什么这么愚蠢——21世纪中国人应当怎样变得聪明起

来. 北京：华龄出版社，2003

46. 曹诗图著. 旅游哲学引论[M]．天津：南开大学出版社，2008

47. 曹诗图，孙天胜编著. 新编人文地理学[M]．北京：大众文艺出版社，2004

48. 黎启全. 论旅游活动就是体现、丰富、发展和完善生命自由的审美活动[J]，贵州师范大学学报，1996（4）

49. 许宗元. 旅游哲学发凡[J]．旅游科学，2000（3）

50. 许宗元. 论旅游的美学本质[J]．学术研究，1997（4）

51. 庄志民. 旅游美学的本体论思考[J]．华东师范大学学报（哲学社会科学版），1994（5）

52. 沈长智. 旅游的本源涵义探析[J]．天津商业大学学报，2009（6）

53. 杨辛著. 天坛神韵[J]．神州学人，1999（11）

54. 曹诗图，曹国新，邓苏著. 对旅游本质的哲学辨析[J]．旅游科学，2011（1）

55. 曹诗图，孙天胜，周德清著. 旅游审美是诗意的对话——兼论中西哲学思想中的审美观[J]．旅游论坛，2011（2）

56. 曹诗图. 与地理教师谈怎样赏景审美[J]．地理教育，1992（4）

57. 曹诗图. 略论旅游的层次或境界[J]．中国市场，2008（26）

58. 曹诗图，曹君，王燕. 试论湖北旅游形象的定位与塑造[J]．旅游论坛，2010（6）

59. 鲁莉，曹诗图. 中西饮食文化比较及文化地理分析[J]．四川烹饪高等专科学校学报，2007（3）

60. 袁成，曹诗图. 中西建筑文化比较及其形成背景分析[J]．三峡大学学报（人文社会科学版），2004（6）

61. 刘晗，曹诗图. 试论音乐文化旅游资源的开发[J]．云南地理环境研究，2005（2）

62. 程大利. 志气平和 骨力深稳——沈鹏先生书法艺术欣赏[J]．美术之友，2007（3）

63. 周璐璐. 对导游服务在旅游审美活动中作用的认识[J]．商情，2008（41）

64. 牟维珍. 论旅游审美与导游[J]．学术交流，2007（1）

65. 吴柏玲，阮晓明，赵迎华. 浅议导游服务的审美理念[J]．河北职业技术师范学院学报（社会科学版），2004（4）

66. 刘喜亮. 试论导游员在旅游审美中的作用[J]．承德民族技术学院学报，2002（4）

67. 徐秀敏．导游员的审美素质[J]．北京第二外国语学院学报，1995（4）
68. 陈永发．导游境界论[J]．上海师范大学学报，1997（3）
69. 张小迪．香山饭店审美浅析[J]．山西建筑，2009（33）

自由探索之追求
——胡皆汉自述

胡皆汉 ◎ 著

THE PURSUIT OF FREE EXPLORING:
THE AUTOBIOGRAPHY OF HU JIEHAN

20世纪中国科学口述史

湖南教育出版社

《20世纪中国科学口述史》丛书编委会

主　编：樊洪业

副主编：王扬宗　刘新民

编　委（按音序）：

　　　　樊洪业　李小娜　刘新民　王扬宗　熊卫民

　　　　杨　舰　杨虚杰　张大庆　张　藜

胡皆汉先生近照

自由探索之追求
——胡皆汉自述
The Pursuit of Free Exploring: the Autobiography of Hu Jiehan

主编的话

以挖掘和抢救史料为急务

自文艺复兴以来，西方经过宗教改革、世界地理大发现、科学革命和产业革命，建立了资本主义主导的全球市场和近代文明。在此过程中，科学技术为社会发展提供了最强大的动力，其影响至20世纪最为显著。

在从传统社会向近代社会的转型中，国人知识结构的质变，第一代科学家群体的登台，与世界接轨的科学体制的建立，现代科学技术学科体系的形成与发展，乃至以"两弹一星"为标志的一系列重大科技成就的取得，都发生在20世纪。自1895年严复喊出"西学格致救亡"，至1995年中共中央、国务院确定"科教兴国"的国策，百年中国，这"科学"是与"国运"紧密关联着的。百年中国的科学，也就有太多太多的行进轨迹需要梳理，有太多太多的经验教训需要总结。

关于20世纪中国历史的研究，可能是格于专业背景方面的条件，治通史的学者较少关注科学事业的发展，专习20世纪科学史者起步较晚，尚未形成气候。无论精治通史的大家学者，或是研习专史的散兵游勇，都共同面临着一个难题——史料的缺乏。

史料，是治史的基础。根据20世纪中国科学史研究的特点，搜求新史料的工作主要涉及文字记载、亲历记忆、图像资料和实物遗存这四个方面。

20世纪对于我们，望其首已遥不可及，抚其尾则相去未远。亲身经历过这个世纪科学事业发展且作出过重要贡献的科学家和领导干部，大都已是高龄。以80岁左右的老人为例，他们在少年时代亲历抗日战争，大学毕业于共和国诞生之初，而国家科学事业发展的黄金十年时期（1956—1966）则正是他们施展才华、奉献青春、燃烧激情的岁月。这些留存在记忆中的历史，对报刊、档案等文字记载类史料而言，不仅可以大大填补其缺失，增加其佐证，纠正其讹误，而且还可以展示为当年文字所不能记述或难以记述的时代忌讳、人际关系和个人的心路历程。科学研究过程中的失败挫折和灵感顿悟，学术交流中的辩争和启迪，社会环境中非科学因素的激励和干扰，等等，许多为论文报告所难以言道者，当事人的记忆却有助于我们还原历史的全景。

湖南教育出版社欲以承担挖掘和抢救亲历记忆类史料为己任，于2006年启动了《20世纪中国科学口述史》丛书的工作计划，在学界前辈和同道的支持下，成立了丛书编委会，于科学史界和科学记者群中招兵买马，认真探索采访整理工作规范和成书体例。通过多方精诚合作，在近两年中已出版图书20种，得到了学术界和读者的认可。

近年兴起的口述史（Oral History）热潮，强调采访者的责任，强调采访者与受访者之间的互动，强调留下"有声音的历史"。不过，口述史内容的"核心"是"被提取和保存的记忆"（唐纳德·里奇《大家来做口述历史》）。把记忆于头脑中的信息提取出来，方法上有口述与笔述之差别，但就获取的内容而言，并无实质性的差别。因此，本丛书当前在积极组织从事口述史采访队伍的同时，也积极动员资深科学家撰写回忆文本，作为"笔述系列"纳入到本丛书中来。

科学，作为一种社会事业，除科学研究之外，还包括科学教育、科学组织、科学管理、科学出版、科学普及等各个领域，与此相关的人物和专题皆可列入选题。

本丛书根据迄今践行的实际情况，在大致统一编辑规范的基础上，将书稿划分为5种体例：

1. 口述自传——以第一人称主述，由访问者协助整理。

2. 人物访谈录——以问答对话方式成文。

3. 自述——由亲历者笔述成文。

4. 专题访谈录——以重大事件、成果、学科、机构等为主题，做群体访谈。

5. 旧籍整理——选择符合本丛书宗旨的国内外已有文本重新编译出版。

形式服务于内容，还可视实际需要而增加其他体例。

受访者与访问整理者，同为口述史成品的作者。忆述内容应以亲历者的科学生涯和有关活动为主线展开，强调以人带史，以事系史，忆述那些自己亲历亲闻的重要人物、机构和事件，努力挖掘科学事业发展历程中的鲜活细节。

书中开辟"背景资料"栏，列入相关文献，尤其注重未经披露的史料，同时还要求受访者提供有历史价值的图片。这些既是为了有助于读者能更好地理解忆述正文的内容，也是为了使全书尽可能地发挥"富集"史料的作用。

有必要指出，每个人都会受到学识、修养、经验、环境的局限，尤其是人生老来在记忆力方面的变化，这些会影响到对史实忆述的客观性，但不能因此而否定口述史的重要价值。书籍、报刊、档案、日记、信函、照片，任何一类史料都有它们各自的局限性。参与口述史工作的受访者和访问者，即便是能百分之百做到"实事求是"，也不能保证因此而成就一部完整的信史。按名家唐德刚先生在《文学与口述历史》一文中的说法，口述史"并不是一个人讲一个人记的历史，而是口述史料"。史学研究自有其学术规范，不仅要用各种史料相互参证，而且面对每种史料都要经历一个"去粗取精，去伪存真"的过程。本丛书捧给大家看的，都是可供研究20世纪中国科学史的史料，囿限于斯，珍贵亦于斯。

受访者口述中出现的历史争议，如果不能在访谈过程中得以澄清或解决，可由访问者视需要而酌情加以必要的注释和说明。若对某些重要史实有不同的说法，则尽可能存异，不强求统一，并可酌情做必要的说明或考证。因此，读者不必视为定论，可以质疑、辨伪和提出新的史料证据。

本丛书将认真遵循求真原则和史学规范，以挖掘和抢救史料为急务，搜求各种亲历回忆类史料，推动20世纪中国科学史的研究！

欢迎各界朋友供稿或提供组稿线索，诚望识者的批评指教。谨以此序告白于20世纪中国科学史的研究者和爱好者。

樊洪业

2011年元月于中关村

自由探索之追求
——胡皆汉自述

The Pursuit of Free Exploring: the Autobiography of Hu Jiehan

 目录

序言	001
第1章 酷爱数学的山乡少年	**002**
出生在罗定山乡	002
穷亲皆白丁	005
在小学成绩最好的是算术	009
质疑的启迪	011
机遇——走进泗水初中	012
初中生的"学术兴趣"与"政治问题"	014
"一根筋"的性格	018
考入省立罗定中学	019
高中的兴趣与教训	021
第2章 我读大学时的"革命史"	**028**
入读不收学费且给生活费的国立南宁师范学院	028
在南宁师范学院成为一名中共地下党员	029
革命冲动使我中断了大学的学业	034
发表在香港《新学生》杂志上的"处女作"	038

第3章 "政府干部"经历 — 040

- 初到东北工业部人事处工资科 — 040
- "三反"运动前后 — 046
- 国家计委的首批工作人员 — 048
- 参与起草《大力发展石油工业》一文 — 049
- 抓石油地质勘探计划 — 054
- 半年牢狱之灾 — 057
- 在国家经委工作期间的四件事 — 060
- "身在政屋望科楼" — 066

第4章 在大连化物所的早年挫折与积累 — 072

- 头一年里被开除党籍 — 073
- 第二年被罚下放劳动 — 075
- 做了两年物理教师 — 078
- 我印象中的陈景润 — 086
- 在《物理学报》上发表第一篇学术论文 — 087
- 激光研究新设想——丢失的机遇 — 094
- 农村"社教"又一年 — 099

第5章 "文革"历劫记事 — 102

- 被赶出研究室 — 102
- 关进"牛棚" — 104
- 萧光琰之死 — 108
- 干杂活与搬"新"家 — 110
- 举家下放农村 — 112
- 村居未敢忘读书 — 116

| | 很难请的探亲假 | 118 |

第6章 在大连轻化工研究所的六年安定时光 122

- 掌握了红外光谱分析 122
- 首次接受所外任务：剖析法国助剂 127
- 氮肥增效剂的分析报告 129
- 第一次投给《分析化学》的论文稿 133
- 率先引进高压液相色谱仪与核磁共振仪 134
- 一项具有创造性的研究工作 136
- 参加全国第二届物质结构学术会议 139
- 探索性研究经验谈 142
- 难忘这一段"安定"的时光 147

第7章 五十"归来"，九年勤探索 152

- 郭和夫力争我"归来" 152
- 化学核磁共振研究的起步 157
- 获奖与晋升 160
- 对核磁共振理论研究的布局 163
- 开展振动光谱基础研究 165
- 应用性研究工作在所内遇到的麻烦 170
- 取得显著经济效益的所外横向合作项目 174
- 走进生命科学研究领域 175
- 柞蚕丝为什么呈黄色，为什么容易起毛？ 177
- 探究人发中的自由基与人寿命和重大疾病之间的关系 181
- 两类抗癌药物 184

	第一次出国	188
第8章	**花甲奋蹄嗟叹多**	**194**
	争取经费保科研	194
	抗癌药物三项专利付东流	201
	金属离子与生物分子的配位络合研究	205
	在《中国科学》上发表有关生物金属酶的新成果	207
	有关生物金属酶催化的后续研究	211
第9章	**年过古稀途仍宽**	**216**
	退休	216
	旧题余续	221
	个人思维操练之一例：氨基酸结构与RNA中碱基三字码的关系	222
	返聘为所内海洋生物研究组的顾问	225
	指导所外人员	227
	著书立说	234
	研读史籍议传统	240
	九宫图研究——批评传统思维方法的例证	248

附录   **255**

胡皆汉年表   256

胡皆汉主要著述目录   261

人名索引   264

自由探索之追求
——胡皆汉自述
The Pursuit of Free Exploring: the Autobiography of Hu Jiehan

序 言

1928年我出生在广东西部罗定县境内属于穷乡僻壤的山村，因家境贫寒，小时候在家里放过牛，做过割草与耕种的农活。那时村里读书的人很少，幸而父母送我进了学校。由小学而中学，求知乐进，还上了大学。但大学只读了两年，没有毕业。解放初期，由于自己一时的革命冲动，1950年，我便怀着满腔的政治热情离开正在就读的国立广西大学，应聘到设于沈阳的东北工业部工作，自以为参加了革命的建设事业；1952年底调到中央新设的国家计划委员会；1956年又转调至新建的国家经济委员会，前后一共做了8年的行政工作，至1958年夏申请调至科研单位。

从迈进中国科学院所属的研究所的门槛，到1997年底退休的这40年中，在那精英满门的群体中，我靠着自学奋斗，由工程师转为助理研究员，再经副研究员而至研究员。先后发表240多篇科学论文，编著了7本科学专著，共获国家、中国科学院、辽宁省自然科学奖、科技重大成果奖与科技进步奖8项。自1980年开始指导硕士研究生，于1986年开始担任博士生导师后，培养硕士、博士研究生25名；70岁退休后的10多年来，还被有关几位教授请去参与指导硕士、博士研究生20多人。

回顾平生，如果用我们青年时代奉为座右铭的奥斯特洛夫斯基那段话来衡量，我应该是"不会因虚度年华而悔恨，也不会因碌碌无为而羞耻"的，尚可聊以自慰吧。

进而言之，我这一生，与我老家的穷苦乡亲们比，与在战争年代丧失了生命的同胞们比，与在各种政治运动中经历磨难而埋没了才华的精英们比，我也是幸运的，应当知足，到了晚年，更觉如此。

然而，换一个角度说，回顾过去，又觉得留下了许许多多的遗憾。

我本农家，虽然出身于无文化气氛的白丁寒门，但我自入学发蒙之少年始，对自然奥秘怀有极强烈的好奇心，养成了喜爱科学、勤于思考的习性。我喜爱纯科学，尤其喜爱"万学之源"的数学，且终生不怠，兴趣盎然。

遥想当年，我虽然因一时冲动而放弃了大学学业，并已在中央部门担任了享有县团级待遇的职务，但终因个人兴趣不在于此，断然于而立之年申请调至科研岗位，追求对自然奥秘的自由探索。但未曾料想到的是，在这条追求学术的道路上，竟然铺满了非学术的荆棘。

我读初中时的1943年，正值抗日战争国共合作之时，曾与同学们一起集体参加过三青团，那时，我才15岁，是集体行为，不是自觉的。这与1949年前我读大学时参加中共地下党不同，那时我确实怀有政治理想，是自觉自愿的。也正是由于这种革命理想与革命冲动，使我放弃了大学学业，早早地投身东北建设事业。未料到1955年"肃反"运动时，我因参加过三青团的历史问题，被投进北京德胜门外的一座监狱，过了半年多的铁窗生涯，出狱后回到单位，受留党察看两年的处分。留党察看期间，我工作积极，行政与工资级别还得到了进一步提升。但1958年夏到新单位后，1959年初留党察看期满，却被新到单位中国科学院大连石油研究所党委开除出党。在"文化大革命"中，又被两次抄家，两入"牛棚"。"文革"前和"文革"中，先后又被三次下放农村。30岁至50岁之间，大量时间都被"政治"折腾掉了。

20世纪80年代初期平反冤假错案期间，所在研究室的党支部曾对我说，如果愿意可以恢复我的党籍与党龄。那年我已年过半百，自家思忖：既然过往的上进长期得不到承认，余生有限，今后但愿努力争取做个合格的科学家吧。我放弃了这次恢复党籍机会，或许因此，我又被某些人视为"另类"，使我后来的路也是走得磕磕绊绊。

按常规说法，科研工作有"基础研究"与"应用研究"之分别。我的兴趣在基础研究。但我在岗位上的工作，大量的是服务性的测定分析工作，或是有明确应用目标的开发工作。纯科学的探索，只能是在圆满完成规定任务前提之下"曲径通幽"。但这个"自由"是极其有限的，是得不到保障的。在狂风暴雨的政治运动中，作为一个科研人员，连人身自由都被剥夺了，何谈科研权利，更何谈研究自由！在使科研工作必须出经济效益、一切向钱看的年代，只能千方百计首先争得开发性课题的经费，才有可能从中挤出一些来做自己感兴趣的探索性研究。在此过程中，为了有限资源的分配和占有，不知又会引发出多少人际矛盾纷争，学术工作会遇到层出不穷的非学术因素的干扰。

真正理解科学的人，都知道基础研究的重要，"诺贝尔奖情结"也好，"大师之问"也罢，终究要有追求自由探索的政策环境来保障。

现在倡言"依宪治国"，还规定每年的12月4日为"国家宪法日"，这是个好事情。我翻了翻1982年的宪法，其中第四十七条的条文是：

"中华人民共和国公民有进行科学研究、文学艺术创作和其他文化活动的自由。国家对于从事教育、科学、技术、文学、艺术和其他文化事业的公民的有益于人民的创造性工作，给以鼓励和帮助。"

作为一个以科学为生命的科研工作者，我是衷心拥护和支持这一条文的。

本书述说的是我个人科研生涯的亲身经历。如果本书中陈述的史实，对后来者有所启迪，对有关方面总结历史经验教训有所助益，则幸莫大焉！

笔者在科研之余，时有弄笔诗文之好，谈不上水平，记事抒怀，寓情自娱而已。十年前，曾将零散文章集编为《回眸科研情》印行。此次按丛书编委会要求，以从事科研工作为主线，以追求自由探索为主题，裁旧续新，依序条贯，修成此册。在此过程中，多赖姜文洲先生协助整理，在此表示衷心感谢。至于书中叙事言理，一己之见，或有偏颇，尚求识者赐教指正。

胡皆汉

2014年11月20日于大连

　　我小时,就在这样的家庭背景下长大,就与这样的亲戚来往。好处是没有权势人家的尔虞我诈,不受诗书之家的礼仪束缚,简礼而真诚,直爽而不会恭奉,这多少都影响了我日后的性格。

　　我的算术学得最好,当时的算术老师经常在课堂上出许多算术题,看谁做得又快又准又多,我几乎都是做得最快又正确而又做题最多的人。

第1章 酷爱数学的山乡少年

出生在罗定山乡

1928年7月23日，我出生于广东省罗定县（今罗定市）泗纶镇高寨村的一户农家里。农历六月初七，那天正是大暑，赤日炎炎，农家收割正忙。据说那天我母亲挺着个大肚子正在稻田里收割水稻，突然一阵腹痛，急忙回家，刚入家门不久，便把我生下，从此家中有了第一个男孩。

罗定位于广东省的西部，西面毗邻今广西壮族自治区的岑溪市，东离广州约有250公里。现在已有高速公路，乘汽车两个半小时便可到达广州，但解放前交通不便，从罗定乘船辗转到广州，往往要走两三日。我出生的高寨村又位于县的西面，离县城30多公里。村四面都是高山峻岭，溪深树高竹长。这些山岭发源于广西的勾漏山，属于云开山山脉。在罗定境内，海拔超过1000米的高山有八座，离高寨村约20公里的云盖顶山高1251米，而其附近的亚婆髻山，在附近的扶合镇内，也高达1098米，可见我出生的地方，确是偏僻的山乡。

罗定古属南蛮之地，自唐至明末，僚、瑶族人先后入居于此。明万历五年（1577），明朝用兵十万镇压罗旁山区瑶民起义后，此地才称罗定，取罗旁被平定之意。以后汉人陆续大量迁入，此后便成为主要居民。

我胡姓入罗始祖悦兴公，于明末清初才由广东鹤山迁至罗定，至今胡姓居民已发展至数千人。罗定比之中原与珠江三角洲开发较晚，山多地少，人民勤劳而穷苦，早年间去南洋做工的不少。民国时期从军的人也很多，出过有名的将领有蔡廷锴、彭佐熙、陈芝馨、陈章、沈光汉、谭启秀、区寿年等人，其中尤以指挥1932年"一·二八"淞沪抗战的蔡廷锴将军最为突出。

相对而言，罗定的文化则比较落后。罗定虽于1991年被广东省人民政府列为第一批广东省历史文化名城，但历史文化名人很少。有清一代二百多年间，罗定只出了一个进士，名陈东藩，是清咸丰三年（1853）中的进士，后任翰林院编修。民国以来至新中国成立前四十年间，读小学、中

家乡高寨村远景（2000年摄）

学的人逐渐增多，罗定籍高等学校毕业生数百人，但毕业后多从事中等教育或入仕途，很少从事科技工作，只有王绍辉（1895—1963）一人，曾到比利时布鲁塞尔大学攻读桥梁工程，对国家桥梁建设有所贡献，曾任广州市建委总工程师。这期间没有一个受过高等教育的罗定人专门从事自然科学研究，也无一个著名的大学教授，没有一位博士生导师，更无一个有名的科学家。

高寨村，是附近村落中较大的一个。村里屋舍建于一座山脚的平坡地上。我出生时约有村民一千人，以胡姓为主，村南边也住有陈姓潘姓的一些人家。村中有几方池塘，胡姓陈姓宗祠三间，洪圣庙一座。屋舍参差，泥砖（间有青砖）瓦盖，东西南北向都有。间种果树，鸡鸭牛猪杂走其间。晨炊烟缕，汲水陂头。村民荷锄归晚，孩童赤足游走。夏夜蛙鸣，繁星在空，塘边乘凉，彼此闲谈，消累去热……一片旧时农村景象，至今难忘。

村南面是一块很小的盆地，面积约有一平方公里，因为面积不大，村

我居住过的祖屋（2000年摄）

人都称它为垌。因其间建有一庙，名为松木庙，又称此垌为松木庙垌。垌里都是稻田，有溪水绕村边而过以灌溉，这是村民赖以为生的主要粮食产地。周边山上还开有山地，种植地瓜、花生、黄豆、木薯等作物，以补稻田收获之不足。当时种田的方式，仍与两千多年前秦汉时的耕作方法差不多，用的工具是旧式的犁耙锹锄，施的肥料是人牛猪鸡粪肥和池塘淤泥。没有良种，用力多而收获少，一年两造，终年从早忙到晚，每亩稻田一共也收不到稻谷600斤。不像现在这样，施化学肥料，种高产杂交良种，可用机耕，又有除草除虫剂，同是一年两造，每亩稻田却收稻谷约2 000斤，比过去多了两倍多。此乃科技进步所赐，而人多不知。

当年人多田少，人均不到一亩。村里多数人，每天吃不到一顿干饭，多以稀粥杂粮充饥。为了生存，这种山高田少地贫地僻的环境，却也能励人勤奋、耐劳、坚强、刻苦，这也深深地影响了我的少年时代。

穷亲皆白丁

我父亲胡成巨（1900—1976），是个孤儿，很小父母便已去世。他只读过一两年私塾，但算盘打得极好，是村上镇上打算盘打得又快又准的好手之一。稍长，到镇上一家商店给老板当伙计，多年之后便成了那家"三和祥"商店的股东之一，占有该商店四分之一的股份。父亲在四十岁左右时就不经商了，原因我也不清楚，只知道那个大股东不要他了，分给他两三千元钱。那时正是1940年代初，两三千元钱在乡村也是一笔不算太小的财富（那时一百斤稻谷也只卖两三元钱），但战争年代，货币贬值很快，父亲又没把钱置买货物，所以我家便又沦落艰困。父亲从此以后回到村里

父亲没留下照片，母亲的照片也只有这一张。她抱着孙儿伽罗，旁边站着儿媳沈梅芳（摄于1958年）

务农，直至老死。可幸的是，他在经商时租下十五六亩学田。学田，是县里菁莪书院购置的田产，带有奖学基金会的性质，租买到的人可有永久耕种之权，交的租谷较低，比解放后纳的公粮还少。此外，又有自耕田一亩多，我家有田可耕，虽然艰苦，但还算过得去，一天一饭两粥，是个自食其力的中等人家。

我母亲（1902—1976）姓蓝，没有名字，没读过书，是个文盲。解放后才取个名字，叫蓝秀芳。母亲性格坚强，人也很聪明，样样农活都会。我父亲在镇上经商时，家里的十六七亩稻田和山上的一些山地，全由她耕种管理，六月农忙时父亲会回来帮助做些农活，不得已有时也请些短工，其余所有农活全由我母亲一人承担，辛苦得很。

当然，我小时也是母亲的一个得力帮手，看牛、积肥、练田、收割、晒谷、担谷，样样都得做，算得上是个小帮工。大概从十岁起，每年的暑假农历六月禾稻割完后，我都要帮家里练田，就是把割下的稻秆与稻根，用牛践踏，把它们压到泥土里，发酵后，既可肥田，又可松土。六月炎炎，天还未明，我把牛从牛栏牵出，赶到田里，绳牵牛鼻，我跟在牛后，在田地往复践踏，稻根锋利，脚虽缠上布带，有时也能把布带刺破，直刺脚上，血流田里。当年给我脚上留下的伤疤，至今依然可见。那时天未明就开始练田，日上一竿，母亲便会把一煲油盐粥（粥里放些油盐）拿到田里给我吃，有时家里母鸡生了蛋，也会在粥里打个鸡蛋，算是奖励我，也是贫家母爱可及者。当时虽然也感觉很累，但也练就自己以后的好身体。我今年（2014年）已八十六岁，一直都较健康，与自己小时的艰苦劳动不无关系。

我们这样自耕自种自食其力的一家，据说在20世纪50年代初进行土改时，一开始还曾要把我家划为富农。我母亲据理力争，说："我家过去没请过长工，什么农活都是我们自己做，没有剥削别人。我家种的也是租来的学田，还要交租，为什么把我家划为富农?!"当时的土改工作队，有决定人们阶级成分的权力，可以决定你与你家庭甚至你后代子孙的命运，划了富农便是敌对阶级了，在以阶级斗争为纲的年代里，富农本人及其子孙的命运就别是一途了。当年我母亲在关键时刻，敢于挺身而出，终于把我家划为上中农，免去了我们全家的噩运。

我钦敬我的母亲。她这种据理抗争的勇气也多少遗传给了我，使我也成为一个面对强者敢于提出异议和不轻易低头的人。

我少时的家庭人员很简单。我出生时，祖父母早已去世，家中只有父母、姐姐和我四人。后来我的母亲又生了弟弟妹妹六个，但由于贫困和医疗落后，最终能够养育成人的只有一个弟弟和我两人而已。我比我姐姐小两岁，她十二岁死去，那时我已十岁。一天她突然发高烧，第二天早晨还起来帮忙煮粥，但高烧未退。乡村里缺少医生，还来不及请医吃药，第三天便死去了。我姐姐一直对我很好，什么事都让着我，帮助着我。我读小学一年级时，上学要经过一间有条大狗的房屋。我怕狗咬，我上学时姐姐便陪我到学校，放学时又来接我。她的死去，在我幼小的心灵上留下了无尽的悲伤。至今我八十多岁了，一想起她，仍会泪落满面。其他死去的弟

2008年回乡时与族中部分同辈人合影。左起：胡国、胡树汉、胡皆汉、胡光球、胡瑞云、胡标洋、胡干华、胡远华

妹都是不到几岁就夭折了。我小时经常为病中的弟妹到镇上药店去买药。每次看到临死的小弟妹，由于迷信，父母都把他们抱到屋外停放，死后请人草草地夹着一些衣席在村后山上埋掉。这种情景，医疗之落后，人民之迷信，我在小时的家中就深深地感受到了。

我家亲戚很少，而且都是些穷亲戚。父亲一辈无兄弟，只有姐弟两人。我姑母嫁到邻村，比我家还要穷。有个表弟也没读过什么书。

外祖父在我出生前就去世了。贫困可怜的外婆，只生了两个女儿，即我的大姨和我母亲。外婆家里很穷，只有租田一亩和一些山地，种些地瓜、茶树。一个人孤零零地住在离我家约有五里路的一座山的山脚下。我小的时候常去探望外婆，孤独的外婆看到外孙来时，自然欢喜。虽然她平时吃的是地瓜、木薯、稀粥。纵使养有鸡，生下鸡蛋也只能拿到市集去卖掉，换钱买些油盐火柴。但见到我去，也会尽量煮些干饭，蒸些鸡蛋给我吃，有时还会把屋边种的菠萝割下来剥了皮给我吃。有时我住在外婆家，她家里没有油灯，没有蜡烛，天黑了便去睡。真的是日出而作，日落而息。我和母亲去到外婆家，往往谈得较晚，外婆便会点起在水里浸泡过后晒干的篱竹，当作火把，插在墙里来照明。可怜孤单的外婆就是这样过日子，但她的慈爱，永远令我怀念，使我从小就知道穷苦人的艰辛与无奈，长大后也延伸至我对穷苦人的同情与对不合理社会的抗争。我大姨妈家的生活也很艰苦，几个表姐、表哥与表弟，要么就没读过书，要么读了也不会超过小学或初中程度。

我小时，就在这样的家庭背景下长大，就与这样的亲戚来往。好处是没有权势人家的尔虞我诈，不受诗书之家的礼仪束缚，简礼而真诚，直爽而不会恭奉，这多少都影响了我日后的性格。不利的方面，是在这种背景下，从小就缺乏文化气氛的熏陶，囿于贫困，视野狭窄，成长进步的起点低。

在小学成绩最好的是算术

我七岁入学。那时附近的有些村中的儿童教育还在依赖读三字经、百家姓、千字文的私塾。不过，我所在的高寨村已没有私塾，并在早些年便建立了高华小学，一个"完全小学"，一至六年级都有。在我家乡泗纶镇里原来有一个完全小学是罗西小学，高华小学是第二所，它以村中胡氏宗祠为校舍，还有一个课堂设于村中洪圣庙的后堂。附近村里读书的童子也大都到这里读高小的五、六年级。除此之外，我入学时，村里还有由私人开设但也是讲新学的书馆。不知怎的,我最初上学时,父亲不是把我送到高华小学去,而是把我送到由胡大本开设的名叫"窗馆"的书馆去读了半年。"窗馆"停办,我又转到由胡文洲开设在"蚕房"(过去养过桑蚕的房子)的书馆读书。又读了半年,"蚕房"书馆也停办了,第二年我才转到高华小学读小学二年级,直至小学毕业。

那时小学还没实行义务教育,但收学费也不多,每学期只收几斗稻谷。即使如此,当时读小学的人也很少。高华小学每年级也只有一个班,一班人数也只有二三十人。我高祖父下四、五代二十余人的后裔中,读到小学毕业的,也只有我一个。女童就只有我姐姐读到小学三年级,后来她去世了,其余女孩子都不读书。在这么少人读书的环境中,我父母能送我与姐姐读书,真是我人生中的大幸。

那时小学的课程,有语文、算术、自然、地理、历史和公民课,此外还有体育、音乐和劳作课。所谓体育则只有打乒乓球和打篮球两项。在小学校际间比赛时,我都是这两项比赛的代表学校出赛的队员。小学阶段,我学习的成绩都比较好,每学期成绩都在班中一二名之内。经常得到学校发给的《分韵》字典之类的奖品。

我的算术学得最好,当时的算术老师经常在课堂上出许多算术题,看谁做得又快又准又多,我几乎都是做得最快又正确而又做题最多的人。受到老师的夸奖,激发了我最初对数学的兴趣。

我也很爱动,很调皮,争强好胜,有时也和人打架。有次和一个比自己大的同学打架,因为自己小,被那个同学打得鼻血直流,也仍不服输。小学五年级时,有一个学期被人诱去参加赌博,学习成绩下降,有人告诉我父亲,被父亲重重地打了一顿。这一顿的重打,打醒了自己,从此再没有参加任何赌博,而专心于读书了。

质疑的启迪

小学毕业的当年夏天，那时我们镇上还没有中学，一个名叫曾国瑞的同学邀我一起到离村约有七十里远的县城去投考中学。曾姓同学的舅父在县城里开照相馆，我们住在他舅父家里，投考的食宿都不用我花钱，他是我小学时要好的同学。到县城时，最有名的广东省立罗定中学已经招考过了，只有一所县立罗定师范中学还没有进行招生考试，我们便去报名。当时该校要招一个初中班五十人，报考的却有一千多人，初试我考了第三十五名，最后复试又考到第十五名，而那个曾姓同学初试便已名落孙山。我高高兴兴地回到家里告知父母，父母和村里人自然也很高兴，知道自己的子弟能在这么多的考生中脱颖而出，自然觉得是一件可以光宗耀祖的事。可是我那时的家境已不如我父亲经商的时候，父亲没钱送我到县城去读书。村里的老人也很惋惜，还凑了一句俏皮话，说是"读得没读得，得读没得读"，意思是有钱人的子弟能够有钱读书，但是却又考不上，穷人的子弟能够考上，但又没钱去读。

我这次考试也不全是白费，使自己毫无文化的母亲也知道自己的儿子能读书，而且能读好书，因此决心为儿子争取机会读下去。她劝说父亲让儿子到镇上私人开设的"专修科"去继续再读些书。这种"专修科"实际是旧式教育的某种延续，教的是《东莱博议》[①] 与《幼学琼林》这类的

[①] 作者吕祖谦（1064—1131），后世称"东莱先生"。《东莱博议》共四卷，吕氏选《左传》六十六篇予以评论。

书，此外还教作对联与如何写婚丧请帖贺仪之类的，算是"应用文"吧。

我至今还记得，《东莱博议》中有一篇讲述春秋战国时代卫懿公因为好鹤玩鹤而亡国的故事，记得其中有几句是"卫懿公好鹤而亡其国，玩一禽之微，而失一国之心，人无不窃笑者……"，但这文章的作者却不完全同意这种观点，说"吾以为未然也"，提出异议，不同意众人的说法，意思是说卫懿公总比那些欺凌压榨老百姓的无道昏君与攻城略地的战争贩子要好些。我当时也疑疑惑惑地觉得，不管作者是否有道理，他对事物能够质疑问难，能够独立思考，能够提出与众不同的观点，有思想的人就应该这样。

对我而言，这可能是我有质疑精神的最初启迪。

机遇——走进泗水初中

以前家乡泗纶镇上没有中学。抗战初期的1938年广州沦陷，广州的不少中学都搬迁到粤西山区的罗定来，其中的长城中学与金陵中学的一部分于1938年底至1940年间曾有一段时间分别迁到泗纶镇上的毓秀堂和高寨村里的陈家祠，不过一两年后它们又都搬回到罗定县城。所以，1941年我小学毕业时，泗纶镇上已经没有中学了。在我读半年专修科时，恰好镇上正拟建立一所初级中学。如果不是后来家乡父老筹建了这所泗水初级中学，我从此就要辍学，以后的命运就可想而知了——绝不会有可能成为一个科研工作者。

抗战期间，过去参加过1932年"一·二八"上海淞沪会战的十九路军中的一个师长沈光汉，回到了家乡泗纶镇上，他的儿子沈大中（他后来成了我初中同班同学）和我年纪差不多，也正该读中学。鉴于家乡教育事业的落后，沈光汉牵头提议在镇上建立一所中学，取名为泗水初级中学。建校经费的来源，一是由乡中在南洋工作的华侨捐款，二是由乡中沈、黄大姓与其他姓族共同筹款。后来在罗西平顶山上建起了一座两层有十多间教室与房间的新校舍，青砖白墙，课室光亮，前有宽阔的操场，内有可供借读的图书室。老师全都具有大学或专科毕业以上的文凭，或是本县历届大专毕业的学生，更多的是广州、香港、澳门沦陷后逃到罗定来的中学老师，很有教学经验。我后来能得到他们的教诲，也真是一种幸运。

1942年夏，学校正式招生。在正式招生的前半年，先开设了先修班，于是我又读了半年的先修班，以优异的成绩免考了以后的入学考试，便成了该校初中的第一届学生。当时，学校每年级招两个班，每班学生五十人。学生来源不限于本镇，不少是来自附近的各乡镇，甚至有来自邻县信宜县的学生。这所中学在当时便具有一定的规模，它是罗定县建立的第四所中学①，至今已有七十多年的校史了。

我是该校第一届甲班的学生，除英语学习成绩平平外，其余各学科学习成绩都比较好，每个学期考试成绩都在班中三名之内，可以免交或减交学费。学费记得是每学期交一百五十斤稻谷。我又是班中童子军的副中队长，往往还是班中、校中学生自治会的主要成员。

那时正是抗战期间，我们的教务与教导主任赖达真老师，是从广州逃难来的，喜欢演话剧，几乎每学期或学年都要组织同学公演几幕抗日话剧，附近老百姓来看的不少。各班中还有壁报社，我们班的叫晨光社，经

---

① 此前的三所，是建于1911年的省立罗定中学，建于1929年的县立罗定师范学校，以及建于1939年的泷水中学。

初中时的胡皆汉（1943年摄）

常写些宣传抗日的壁报文章与学习心得和见闻等。我们同学有时还到各村寨显眼的空墙壁上用石灰水写上"打倒日本帝国主义""抗战到底""最后胜利一定属于我们"等大标语。记得有一次我和几个同学曾到七堆村的一家抗日烈属去做过半天的帮工慰问。

1944年9月（时读初中三年级上学期），一股大约有一两千人的日本侵略军入侵罗定，想打通至广西的通道，连续三四天经过我所住的高寨村与学校所在的泗纶镇。学校放假，所有居民都逃到更远的山区避难，其间我伏在山头，亲眼看到日机两天内每天三架低飞轰炸泗纶镇，炮弹着房，一片火海，烧倒了不少商店，我们的泗水中学弹坑累累，也被炸去了一角。日军到处烧杀掳掠。有一小股日军驻扎在我家祖屋，我父亲做桂圆买卖所烘干的大批桂圆，被他们大吃之后全部破坏，撒得满地都是，遭军马践踏。有一家储有一满罐食油，日本侵略军便在上面屙屎撒尿。日本侵略军的这些罪行，是我亲历过的。

初中生的"学术兴趣"与"政治问题"

我读初中时，有两件事情影响我深远，夸张些说吧，一件属于"学术"，一件属于"政治"。

第一件，最初激起我对数理化学习的兴趣，是我以后要从事自然科学研究的最初潜因。

我小学时就比较喜欢算术,到了初中学了几何、代数,因为需要更多的抽象思维与逻辑推理,我就更喜欢上了数学。我在学几何时,同一道命题,我总想弄出几种不同证法。

举个例子说吧。证明三角形的三个内角之和等于180度(即等于一个平角)的命题。我先看到我所学的几何教本,是这样证明的:

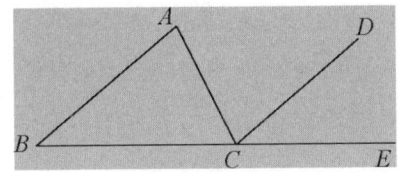

作 $CD \mathbin{/\mkern-2mu/} AB$,由于内错角 $\angle BAC = \angle ACD$,

同位角 $\angle ABC = \angle DCE$(见前面已证命题);

所以,$\angle ACB + \angle BAC + \angle ABC = \angle ACB + \angle ACD + \angle DCE = $ 一个平角 $= 180°$

后来不久,我又见到另一本几何书,它的证法略有不同。

它作的平行线如下图,

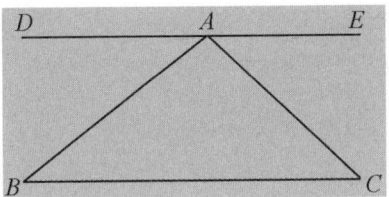

证法为:过 A 点作 $DE \mathbin{/\mkern-2mu/} BC$,

于是内错角 $\angle DAB = \angle ABC$,$\angle EAC = \angle ACB$;

所以 $\angle BAC + \angle ABC + \angle BCA = \angle BAC + \angle DAB + \angle EAC = 180°$(一个平角)。这一证法,不须如上述证法要用到同位角相等的命题,似乎更胜一筹。我看了,心灵一亮,更促进了我开动脑筋,想些别的不同证法。

我当时的一种不见得是严格的证明思路是这样的:

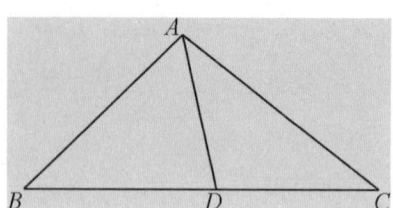

在△ABC内作AD直线,便把△ABC分为两个三角形△ABD与△ADC。两个三角形的内角和∠BAD+∠ABD+∠ADB+∠ADC+∠DAC+∠DCA=∠BAD+∠DAC+∠ABD+∠DCA+(∠ADB+∠ADC=180°)=∠BAC+∠ABC+∠ACB+180°;即原三角形△ABC的内角和加上一个平角,亦即由一个三角形分为两个三角形,即增加一个三角形时便多了一个平角(180°)。由于AD的画法是任意的,所以增多的任意三角形的内角和都等于一个平角。

这一事例说明,我读初中时,就喜欢动点脑筋,这对我后来从事科学研究是很有好处的。

我觉得数学是最能令人开动脑筋与促进人创新的一种学科。所以,我从初中起就喜欢数学,加上当时教数学、物理的罗愈奇[①]老师教导有方,善于启发学生思考。在他主持下还举行过一次全校的算术比赛,比赛的方法是,出了许多(大概有几十道)印于考卷上的算术题,要全校学生同时在课堂上去做,预先不告知你要做多长时间,后来才知道只要有人第一个交卷,便立刻打铃停止再做,所有学生全部交卷。结果是有一个同学做了不长时间,做不下去了,便去交卷,我这时只做了约四分之三的考题,得了七十多分(满分为一百分),获得了全校比赛第一名。获全校比赛第二名的也只有四十多分,多数同学都是得十至二十分。后来还举行过分年级的物理、化学比赛,我都获得了第一名。这都大大地鼓舞了我对数理化的兴趣,对我以后影响很大。

---

① 罗愈奇,毕业于中山大学,数年后又当了郁南二中的校长。

1943年12月获泗水中学全校算术竞赛第一名奖状

　　第二件，是我读初中二年级的上学期（1943年）时，那时我只有十五岁，与同学们一起集体参加了三青团。大概是1943年二年级上学期的某一天，从县城里来了一个中年人，给我们全体同学上了几次课，除讲些青年要爱国抗日的官话之外，其他还讲了些什么有关三青团的话，我一点也记不得了。几天后，在学校的操场上举行了集体参加三青团的仪式。之后，这个人也回到县城去了。其后就一直没有以三青团的名义举行过活动，也从来没有交过什么团费之类的事。那时正值抗日战争，人民的愤怒，战斗的歌声，学生的激情，都集中在打倒日本帝国主义身上。那时罗定境内也没有共产党的活动①，当时我自己连共产党的名称也没听过，谈

---

① 1994年出版的《罗定县志》也证实了这点。

不上任何反对共产党的事，时在抗日战争期间，是校中学生的集体行动。想不到这件事后来竟然成为几乎影响了我一生的"政治问题"。

"一根筋"的性格

还有一件事也值得在这里说说，它预示着我的一生不能顺应潮流、屡遭挫折的命运。

在我初中快要举行毕业考试的时候，我与体育老师冼宗源发生了冲突。在沙池考跳高的时候，我先考过了，跳得还比较高，成绩还很不错。我考过后，便站在沙池的一旁去看同学跳高。有个同学还未起跳，不知是谁把跳高的横杆弄跌了下来，老师没看见。因为我靠得比较近，老师便说是我给弄跌的，要我拾起放上。我说："不是我弄跌的，为什么要我拾起？"便不去拾。老师见我不听话，大概还是有点师道尊严吧，在这么多学生面前居然叫不动一个学生，有点发怒了，便硬要我拾起放上。这时，我那"一根筋"的倔劲也上来了，老师愈要我拾起放上，我就愈不服从。我顶嘴说不是自己弄跌的，有什么道理要我拾起放上，反批评老师不讲事实，不讲道理。这样争执了好长一段时间，彼此各执己见，无法解决。这样，跳高考试也不能再继续下去了。

后来弄到校长吴启芳和教务教导主任赖达真都知道了，就叫我到校长室去，批评我不对，不听老师的话，要我认错，向老师赔不是，要我回去把横杆拾起放上……这时，我若能顺势按校长的话去做，那就什么事也没有了。偏偏我有的是不屈服而敢于抗争的性格，不但不听校长的话，反而说校长没有核对事实就批评自己，说得校长一时也很愕然，于是拿出校长的威风，叫我下去思考改过，一日后答复，否则便要受到处分。一日后，校长又叫我去，我仍是不服，又被罚站在校长室一个多小时，我仍是坚持己见，不认"错"。最后校长说，你不认错可以，但学校要记你大过处分，你如果现在认错还来得及，看你读书聪明，怎么会有这股犟劲呢！几天过后，学校布告栏里出了一张通告，给我记一次大过处分。我看了后，也不觉得可羞，反而还有点自负。

其实，我也是很敬爱那位体育老师的。他是学校里体育方面的开荒者，在他的努力下，学校里设有篮球、排球、垒球、台球、跳远、跳高、短跑、长跑、爬竿等体育项目。我也是班里篮、排、垒、台球的尖子队员，往往代表班里比赛，所以那位老师向来都喜欢我，还叫我当了童子军的副中队长。虽然有了那次冲突，事情过后，我看到那位老师仍然对他敬礼问好。几十年后，有次我回到家乡县城，还专程去拜访那位老师，带了些点心去。白发如银的冼老师，见到学生来看望他，满脸笑容，握着我的手说："难得你来看我，解放后我已不能教体育了……过去学生虽多，像你这样记得老师，不怕嫌的很少！何况我过去还错责过你一次啊！"说得学生与老师都笑了。

考入省立罗定中学

初中毕业后，我又要到县城里去投考高中。我要考的是广东省立罗定中学，该校建于1911年，到如今（2014年）已有一百多年的历史。那是一所粤西地区很有名的中学，附近的郁南、浮云、岑溪等几个县的学生都来投考，加上当时是抗日胜利前夕（1945年夏天），广州、香港等沦陷区逃到罗定来的许多人还没回去，他们的子弟还要留在罗定读书，所以当年投考这所高中的人将近两千人，而只招收三个班共150名学生。

为了能够考上这所中学，有钱人的子弟多在考前暑假期间便参加了该校老师开办的暑期补习升学班。一来老师从交来的补习费中多少可以增加点收入，以补贴战时生活的拮据；二来参加补习的人也可以从中知道各科要考的大致范围，甚至当年的考题中也会有一两道（或极其相近、相似的）补习时学过的习题，因为不这样，人家也就不来参加补习了。用当今时髦的话来说，这是一种互利双赢的政策，两方面都乐而为之。与我同校初中毕业的辛传开、沈景达等同学就参加了这种补习班。

我是农家之子，暑假农历六月正是收种两忙之时，既要把春季种下的稻谷收割了，又要立即翻土练田把秋秧插下。那时正值盛夏，烈日炎炎，农民们汗流浃背。我每天早出晚归，或割禾稻，或练田，或晒谷，或插秧，帮助父母收割种田，哪有时间去复习考试。只得到了临近考试的前几天，带着又累又疲的身躯，拖着沉重的步伐，走了七十多里路，来到县城应考。想不到居然被我考上了，而且名次还相当靠前。当年与我在泗水中学初中毕业同时来投考的同学，连我一共只有五个同学被录取，其中就有辛传开、沈景达二人。

我的父母与乡亲见我能够考上这所有名的中学，自然高兴，加上是省立中学，收费较低，如果学期成绩在班中五名以内的还可以免交或少交学费，记得三名以内的还可以领到省里教育厅发来的少许奖学金。大概我每个学期成绩都总在五名之内，减少了父母亲供我上高中时的负担。当然，不同于初中时可在家来回走读，而必须在学校里食宿，还是要给家里增加不少开支，但是父母亲节衣缩食，即使自己辛苦，仍然想方设法筹钱来支持自己儿子读书。在他们看来，我的上几辈，高、曾、祖父和父亲都是农民，都没读过什么书，儿子能够考上那时乡里还很少有人能读上的高中，觉得也是一件光宗耀祖的事，儿子以后也有前途，所以也就心甘情愿地含辛茹苦，为儿子读书而筹钱了。以后我每想起这些，都为自己父母难过，深感父母对自己作出了太大的牺牲，但我长大工作后又未能给他们以多少回报。在我挨整的年代，甚至连把他们接到城市和我同住一段时间都不可能。待到我工作、生活有所改善了，他们又都同在1976年去世了。我每想到这些，心里深感惭愧，真真可怜我自己的父母啊！

高中的兴趣与教训

高中三年的学习生活，我继续对数理化的课程发生兴趣，在老师未讲三角、解析几何、代数等数学课程之前的一两天，我已把下次要讲的内容自学过了，所以上这些课时，往往心不在焉，不怎么听老师讲课，总想些是否有别的解法、证法。但当时课程定得很死，课外图书也很少，借不到课本以外的较高一级（如微积分等）的数学书，尽管自己想多学，也是水不多而鱼不大。有时我也想些古代《孙子算经》中的"今有物不知其数，三三数之剩二，五五数之剩三，七七数之剩二，问物几何"等的不定式的问题，我把它们化为现代的不定方程，来提出这些问题的一般性求解，写了一篇心得，也可算作简单论文了，发表于我读高中二年级时（1947年）由学校出版的校刊上（记得高中三年就只有1947年出过一期校刊），也可算是自己年轻时的幼稚之作。

问题的缘起是这样的，从古代《孙子算经》中演绎出韩信点兵的问题，该问题说："有兵不满百，三三数之余一，五五数之余二，七七数之余四，问共有几人？"对此题的解法口诀是"三人同行七十里，五树梅花廿一枝，七子团圆正半月（十五之意），除去百五便得知"，答案是六十七人。这些话的意思与解法化为算式便是：

(1×70+2×21+4×15) －105＝172－105＝67

如果把问题改为："有兵超一百，但没二百多，三三数之余二，五五数之余三，七七数之余一，问有兵几人？"按书中口诀的解法便为：

(2×70+3×21+1×15) －105＝218－105＝113

答案是113人。

我欣赏古人能提出这样的问题并给出求解方法，这对我国古代数学的发展作出了贡献。但我又不限于此，希望有所拓展，使之一般化，利用解不定方程的方法，当时（1947年，读高中二年级）以举例的方式解出了七组的求解方法如下表所示。

	以……数之	以所余之数所乘之数	然后用以除之数		以……数之	以所余之数所乘之数	然后用以除之数
第一组	二，二	一五	三〇	第五组	二，二	三	六
	三，三	一〇			三，三	四	
	五，五	六					
第二组	二，二	二一	四二	第六组	二，二	五	一〇
	三，三	二八			五，五	六	
	七，七	三六					
第三组	二，二	三五	七〇	第七组	二，二	七	一四
	五，五	五六			七，七	八	
	七，七	五〇					
第四组	三，三	七〇	一〇五	附注：第四组是所谓韩信点兵法			
	五，五	二一					
	七，七	一五					

这样，我便拓展了书中口诀的用法。譬如，有人提出："有兵不满百，人数超过十，二二数之余一，五五数之余一，七七数之余一，问有兵几人？"便可以用上表的第三组计算方法计算出来：

(1×35+1×56+1×50) −70=141−70=71

答案为71人。

如仍用类似于书中解法的口诀便是"二人同行三五里，五树梅花五六枝，七子团圆五十日，除去七十便得知"。

这便是我读高中二年级时所写《数学闲谈——韩信点兵术》简文之主要内容。可窥见我年轻时某些学习思维，往往不满足于已有的知识，而想有所发展。

除数学外，我也很喜欢物理课程，对伽利略、牛顿等科学家很是崇拜。我高一下学期时，由孙立人将军指挥的新一军由缅甸撤回祖国，该军中的一小部分部队路经罗定时住在我们学校。他们带着一头大象，又高又

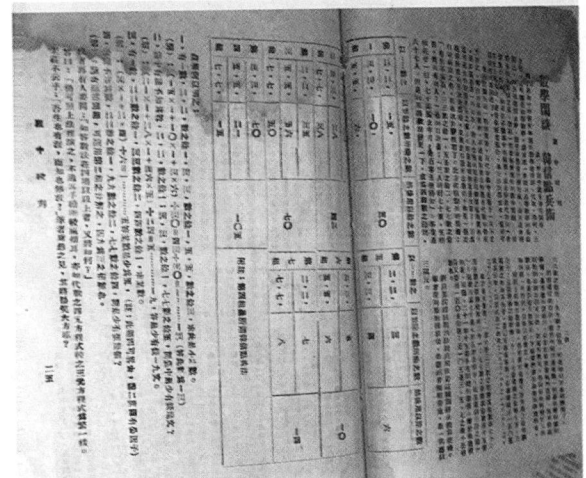

胡皆汉1947年发表在校刊上的文章《数学闲谈——韩信点兵术》

大，我第一次看到，十分惊奇。更令我兴奋的是他们把一台当时很稀少的收音机赠送给我们学校。我第一次看到收音机，第一次听到收音机里收到的广播，真是兴奋异常。不用电线，也看不见，凭空就能听到几千里外的广播，真是不可想象。我知道，这些都是来自物理学上的一连串发现与发明，首先就应感谢英国物理学家麦克斯韦对电磁理论的研究，我当时就感到学习物理真是多妙多好啊，这就种下了我大学时要读物理系的种子。

我当时读的是省立中学。虽然这所中学算是邻近几县中最好的中学，但可惜的是，学校并没有什么实验仪器，高中三年也没有做过一次物理或化学的实验，不要说我们学生没有动手做过任何实验，就连老师课堂示范实验也很少进行。我们对这些课程的学习，只能动脑而不能动手，只能想象理解而不能动手实践，自然也就不能更好地动脑与思考。我中学时的理化课程学习就像在空中楼阁中一样，缥缥缈缈，这影响到我以后从事的研究工作，导致我不善于动手。

其他如国文、生物、历史与地

1948年7月高中毕业时与同学合影（后皆入读国立或省立大学），前排左起：罗在培、辛传开、刘心荣；后排左起：梁志明、胡皆汉、谭汝灼、陈鼎熹、区振懦、刘汉明

理课程，我也学得比较好，学习成绩也能达到中上，甚至优等。还有，我是高中军训时班级里的中队长，还是学生自治会里的学术部长，是个爱活动的人。只是我的字写得很糟糕，我从小学到中学都没好好练过字，因为缺乏人指导，又是白丁之家，而自己又有着一种错误的看法，以为文字只不过是一种符号（如数学符号那样），只要认得写出便可以了，用不着多费精力去讲究美观。

更有甚者，我把这种思想推至英语，错误地以为英语不过和中国话一样，也是一种言语，会说中国话的人不代表他一定很有知识，同样会说英国话，也不代表他增加什么知识，所以自己不把较多的时间用于英语的学习，以至于英语课成绩平平，中等水平而已。我当时没有认识到我这种对英语的错误学习态度，对我以后的研究工作和与国际学者交流造成了极大的障碍，以至于在日后工作中花了很大的精力，用了许多的时间来学习英语，以补昔日学习的不足。因为错过了学习英语的最佳年龄，总是事倍功半，到后来，虽然可以阅读英文版图书与科技杂志，可以用英文书写科学论文，把世界上最有名最权威的振动光谱学经典名著《分子振动——红外和拉曼振动光谱的理论》一书，从英文翻译为中文出版，但我的英语听说能力仍然很差，妨碍了与国际学者的交流，这不能不说是自己中学时代没好好学习英语的苦果，悔之晚矣。这比写字不美观，给我的教训更大、更深刻，很值得后学者吸取这一沉痛的教训。

我一口便答应了他，偷偷地把那包东西藏了起来，生怕别人知道。那时我已隐隐约约地猜到杨祖桐是中共地下党员，那包东西要是被敌人搜去，是会被国民党杀头的。当时我虽然想到了这些，但并不害怕，血气方刚嘛。深受学校革命气氛熏陶的我，反而觉得要是为革命牺牲也是光荣的事，应该像《钢铁是怎样炼成的》所描写的保尔那样才是。

第2章
我读大学时的"革命史"

入读不收学费且给生活费的国立南宁师范学院

1948年下半年，高中毕业考试过后，校长唐廷纲告诉我，我在高中三年全级①总成绩第一名，要保送我到当时的国立北平师范大学（今北京师范大学）读书。因为按当时的广东省教育厅规定，省立中学高中三年总成绩第一名的，都要被保送去北平师范大学继续学习。在我上一届的成绩最好的一个同学确实已被保送了去。我听到这个消息，当然非常高兴，想不到我这个山乡的农家子弟，也有机会去读大学了。可是，这种高兴，不久就消失了，没有成为现实。因为1948年的下半年，北平已临近解放，国民党政府自顾不暇，自然有关保送的事就不了了之，所以没有去成。虽然如此，它却鼓舞了我以后要投考国立大学的勇气和信心，也更使我无文

---

① 初入学时原有三个班，抗战胜利后不久，原籍广州、香港等地的同学陆续回去，所以毕业时只有两个班。

化的父母觉得自己的儿子可以成才，尽管自己家穷，他们也要千方百计送儿子上大学了。须知，从清末到20世纪40年代末，全村几代人也只有四个人读过大学。

保送到北平读大学不能实现，我只好于当年到广州去投考大学，那时各地市县城都没有大学投考点。我是穷家子弟，当然不能去投考收高学费的大学，那时只有国立师范院校，不但不收学费，而且每月还发放生活费用，几乎用不着自己花什么钱。于是我便报考了邻省的国立南宁师范学院，在几千名考生中，我以理化系第二名的成绩考进了该校的理化系，按通知，于1948年9月底赶到南宁报到注册。

在南宁师范学院成为一名中共地下党员

我过去从未离开过罗定境内，这次到了南宁，觉得眼界为之一开。虽然那时的南宁也只是个中等城市，人口大约也只有十多万人，不过它是广西南部的重镇，有邕江傍城而过，成为广西南部的政治文化中心，与罗定城相比当然不可同日而语了。更重要的是，大学学校里的民主自由气氛更令我向往。有许多的事过去闻所未闻，中学时那种只知读死书与被禁锢了的思想，好像得到了解放。

学校里有许多有名的教授，我们理化系的系主任是谢厚藩教授，早年留学英国，是理论物理方面的专家。这个学院以民主著称，尤其在人文社会科学方面有许多著名的教授，先后在这个学院任教过的学者，如林砺儒、陈翰笙、陈竺同、梁漱溟、宋云彬、穆木天、谭丕模、汪士楷、徐寅初、石兆棠、欧阳予倩、高天行、王西彦、杨荣国、方管（舒芜）等，都是国内学术界有造诣的名师宿儒。他们提倡学术研究自由，形成民主进步的政治风气，当时学院有"西南民主堡垒"之称，解放后得知他们有不少人都是共产党员或民盟成员。当时同学们的政治思想都很活跃，痛恨国民党政府的腐败，大都趋向革命。

我就读于有着这样传统的学院，政治思想当然就大大地得到解放。当时反对国民党统治的学运很多，如驱逐国民党政府教育部新任命的院长黄华表的运动，前后罢课几个月，使他一直未能到校视事，直至被撤掉为止。又如，谢厚藩、王西彦等八名进步教授被迫离校，全体同学欢送，排着长长的队伍，唱着"离歌初动，离情辘辘，别良师，心悲楚……"的悲愤歌曲，一直把他们送到郊外的汽车站，回来时又经街上进行游行。凡此种种，我都参加了。我如饥似渴地借阅《钢铁是怎样炼成的》《八月的乡村》《虾球传》等革命小说，还秘密地阅读由同学暗中传给我的《论人民民主专政》等小册子，积极参加各种民主讨论，收听解放区广播电台的广播，为解放军的节节胜利而兴奋，盼望着黎明的早日到来。

我还参加了由中共地下党员唐志敬同学等组织的进步学社"建社"①，定期进行活动，这实际上是中共地下党所领导的外围组织，参加的同学有数十人之多。

后来，我又直接参加了中共地下党。事情的经过是这样的：一天晚上，已参加了中共地下党的同班杨祖榈同学，把一包东西拿到我房间来，说是很重要的东西，叫我不要打开，也不要给同住的另一个同学知道（那时学生两人住一间），还说今晚可能会有人到他房间来搜查，所以要放在

---

① 1939 年冬，根据周恩来的指示，由徐冰直接领导筹建"青年科学技术人员协会"（简称"青科技"），1940 年 5 月正式成立于重庆，抗战胜利后，更名为"建社"。

我这里。我一口便答应了他，偷偷地把那包东西藏了起来，生怕别人知道。那时我已隐隐约约地猜到杨祖梱是中共地下党员，那包东西要是被敌人搜去，是会被国民党杀头的。当时我虽然想到了这些，但并不害怕，血气方刚嘛。深受学校革命气氛熏陶的我，反而觉得要是为革命牺牲也是光荣的事，应该像《钢铁是怎样炼成的》所描写的保尔那样才是。那天晚上并没

1949年5月大学时全班同学合影，二排左1杨祖梱、右1王宏发、三排右2胡皆汉、四排左2邓时忠，此四人为中共地下党员

有人来搜查，第二天杨祖梱便把那包东西拿了回去。

也许是经过了各方面的考察，不久，杨祖梱便问我想不想参加革命组织，能不能保守组织上的秘密……我说我太盼望参加了。于是由他介绍，于1949年9月间（究竟是9月份中的哪一天记不清了）的一个晚上，趁着黑夜，在很少有人去的学校破落礼堂的一个角落，由他监督，我正式宣誓入党，从此便在他的联系与领导下，进行有组织的革命活动了。规定我与他单线联系，我只知道他是地下党员，学校其他地下党员，我一个也不知道。其实，那时我们理化系同班十几个同学中，已有五名地下党员了。

解放前一两个月，国民党军节节败退南方，不时有国民党军飞机降落南宁。组织上派杨祖榈和我每隔几天便到南宁机场去了解国民党人员的撤退情况，有几架飞机降落，大概人数多少等。临近解放前夕，组织又派我去购置红纸，以便南宁解放当天就可以写出欢迎解放军等宣传标语。那天我进入卖红纸的商店，正要购买时，突然看到有几个荷枪实弹的国民党兵也进入这家商店，我以为我已被他们发现了。解放前夕，一个学生购买红色纸张，很可能被断定为"共匪"。不知怎的，我那时并不惊慌，站在那里，好像无事那样，他们东看看，西望望，没发现什么便走了。我等他们走远后，再拿出组织上给我的银元（那时国民党政府发行的金圆券和银圆券已不值钱）来购买，买了一大包，急忙把它们拿回学校隐藏好。这便是南宁解放时，我们学院立即写出欢迎解放军等标语所用的红色纸张了。

还有，大约在临近解放前的一个多月，一天晚上，夜色漆黑，人们已入睡，一股国民党军警悄悄地进入了学院，把八个同学抓了去。天刚放明，我们起床，知道有同学被抓走了，但还不知道被抓走的同

2002年于大连与南宁师范学院老同学合影，右起：胡皆汉、梁任宽、谢德璋（梁夫人）

学是谁。当天杨祖榈通知我，要我和他一起立即到附近农村去探查是否已有一个同志逃到那里，目的是要查清那个同志是否已被逮捕。我们到了那里，看到了要找的唐毓荆（比我高两届的理化系同学）同志，大家十分欢喜，也放了心。后来知道被抓去的八人中，只有邓日红（比我高一届的理化系同学）一个人是地下党员，因为他经常在一间大家常去的房子里，用收音机收听解放区广播电台的广播，便怀疑起他，而把他抓了起来。其实，那时国民党并没有掌握学院里地下党组织的情况，这也说明我们学院地下党组织的严密与纯正。南宁解放前的十多天，国民党当局对八个人查不出什么证据，也可能桂系见到大势已去，无可奈何，便把他们都从狱中放了出来，怀着满腔革命热情的同学像对待英雄般地把他们迎接回了学院，开了热烈的欢迎会。

与大学同学邓日红合影，右起：邓日红、莫少琴（邓夫人）、沈梅芳、胡皆汉

南宁市于1949年12月4日解放，没经过什么战斗，解放军便入了城，盼望已久的黎明终于到来，同学们都兴高采烈，我们立即用红纸写欢

迎解放军解放南宁的标语张贴,我与同学们一起敲锣打鼓,举着毛主席与朱德总司令像,排着长长的队伍,边舞边喊口号,上街游行庆祝,这样一连进行了几天。

那时中共地下党虽然还不能公开,但是地下党员之间彼此都已知道,也要过党的组织生活了。这时,我才知道南宁市地下党城工委的负责人(书记)是理化系比我高二届的梁任宽(后改名梁健)同学。他住的宿舍和我住的宿舍有一段时间同在一个楼里,相隔只有几个房间,平时看不出他有任何活动,很少在公开场合露面,一般人绝不会想到他竟是整个南宁地区中共地下党的负责人。此外,地下党的其他领导成员,如莫自煜、韦元良、唐志敬、李永忠、陈鸣等也已知道。我所在的班,一共只有十多个同学,就有四个(杨祖榈、邓时忠、王宏发、胡皆汉)是中共地下党员,还有一个姓萧的同学到了粤桂边区的十万大山做了游击队员。

革命冲动使我中断了大学的学业

解放后不久,南宁变成广西的省会(以前在桂林)。学院里的地下党员,有不少都被抽调到新建立的政府机关或党组织去工作。梁任宽担任了中共南宁市委委员与南宁市共青团委员会书记,陈鸣调到广西日报工作。杨祖榈和我被抽到中共南宁市委郊区农村工作组去做郊区群众的发动工作。记得当时和我们一起做郊区农村工作的,除从解放军抽来的高某(名字记不得了,河北人,早年参加革命)外,还有南宁高中的区怀祖同志(南宁高中学生)和来自南宁市医院的罗丽娟、徐琳瑟(护士)同志。我

1950年1月15日建社同仁欢送考取军大社友留影。前排左1莫自煜、左3周永堃、左6陈伯文、右1韦元良、右2唐志敬、右4李永忠，后排左2黎晶（考取军大）、右5胡皆汉

们的任务是向郊区农村农民宣传党的政策，打消农民对共产党对解放军的顾虑，揭露国民党恶意宣传的所谓共产党实行的"共产共妻"的污蔑等，并调查了解农民中的贫雇农情况和在他们中物色积极分子，作为代表去参加即将召开的"南宁市人民代表会议"。广西是国民党桂系的老巢，李宗仁、白崇禧统治多年，解放初期地方上的恶势力还来不及清除，而且还有桂系的散兵游勇散落民间，人民的觉悟还有待提高，所以我们当时到郊区发动群众，宣传党的政策，也很不容易，而且还有相当的危险。贫雇农也不是一下子就敢接近我们，有个后来成了会议代表的贫农，我们第一、二

次去到他那茅房低矮的家，他都避开我们，后来经过多次的耐心启发教育，讲明党的政策与解放对穷人的意义，慢慢地才积极起来。

当时我们实行的是供给制，衣食简朴，肉食不多，只知积极工作，不求其他，一片年轻人的革命热情，如今很少能够看到。记得那年春节时，上面多给我们一些伙食费，我们还舍不得拿去添鱼买肉，而是节省下来归公呢。这就是当年的革命青年，当年的我们呢！

在郊区工作了一段时间后，大概是1950年2月，南宁的国立南宁师范学院要合并到桂林的国立广西大学去①，同学们也个个都乐意迁到桂林与国立广西大学合并。合并的结果，致使解放后作为广西省会的南宁当时连一所较好的大学都没有。

因为学院搬迁，我和杨祖榈都请求随校搬迁到桂林继续读书，得到了中共南宁市委（因郊区农村工作组属市委领导）的同意，于是我和杨祖榈与同学们一起随学院迁到了桂林市，而成为国立广西大学的学生。

与广西大学合并后，原师范学院的理化系与广西大学原有的相应科系，整合成物理系与化学系。我自愿到了物理系，经过了大学二年级下学期的注册。大概上了一个多月的课，一天我看到学校的布告栏里贴有一张东北人民政府工业部招聘团要招人到东北参加工业建设的布告。我当时年轻，考虑事情简单，觉得共产党是工人阶级的先锋队，工厂是工人的所在地，是最革命的地方，参加革命实践就应该离开学校到工厂去。另一方面又觉得读书脱离实际，不如到工厂参加实际工作对革命意义更大，所以我

---

① 1987年我女儿在鞍山市结婚，在婚礼宴席上我与亲家的一位领导刘锡三同志坐在一桌。刘在解放初时担任中共南宁市委副书记，当时我在南宁读大学，曾在一次党的会议上见过他。饭桌上俩人谈及师院搬迁的事，他告诉我当初两校合并，是因为新建立的广西军区看中了我们学院校址，处于邕江旁边，四面有围杆围起，校地宽敞，校舍也多，自成一体，是当时南宁最好的地方，也便于保密，所以便要我们师范学院迁到桂林与国立广西大学合并，原来的学校就变成了广西军区的驻地。

怀着极大的革命热情，报了名。我与十多个广西大学的学生一起，由学校正式开了介绍信，踏上了去东北工作的征途。在出发前的几天，我向学校地下党（那时党组织还没公开）的组织委员甘天德同志汇报过我的想法和做法，并向他提出要把我的党组织关系转到东北去。他当时没有提出任何异议，并答应向组织转达申请，但由于走得太急，也许还有党支部或桂林市委不同意，我临走时并没有拿到转关系的组织介绍信。离开桂林的那天，介绍我入党的杨祖椆同志帮我拿着行李，还亲自送我到火车站，依依惜别，祝我一路平安。

我自1948年10月进入大学，到1950年4月离开学校，名义上在学校注册了两年四个学期，但实际上只有三个学期多一点。由于这期间临近解放，学生运动又多，停课的时间合起来很长，又参加了一段郊区农村的工作，所以实际上我上课的时间合起来还不到一年。我读的是理化系，在这不到一年的时间里，除学了一般的国文、英文、教育心理学外，普通物理课上下册《达夫物理学》（达夫是美国学者）还没讲完，只做了一个力学平衡实验；微积分还仅仅开始，只讲了几次课，等于没学；还学了一些普通化学与分析化学，理科方面所学，仅此而已。在学识水平上，比之高中多不了多少。

就这样，我结束学生时代的生活，走向了社会。这勇敢的一步，大大地影响了我后来的一生！到东北工业部后从事的是行政工作，后来我又离开行政工作，试想，以这样微薄的知识来从事今后的自然科学研究，其基础之薄弱，与由之而来的艰难，就可想而知了。我后来常常做梦，在梦中总想回到学校再读书。然而梦不会增加知识，走错了至关重要的一步，自动停止了大学的继续学习，现在想来真是太没头脑、太冲动、太愚笨了，但是没有后悔药可吃呀！

发表在香港《新学生》杂志上的"处女作"

在大学读书时，也还有一件学问上的事值得一提。在我大学一年级下学期时，一天晚上我走进市内一间书店看书，看到一本刚到的《新学生》杂志，里面登了一篇题为《三角基本公式新证法》的文章，我看过后，觉得作者有创新之处，确是一种不同于以前证明的新证法，但它在证明时作了两条辅助线，当时我便觉得这种证法比较繁杂，还可以有改进的地方。我当晚回到学校宿舍便拿起笔来，作了一个只有一条辅助线便可证明的、更为简捷的证法，写了一篇题为《三角基本公式的又一新证法》的文章，立即寄到该杂志设于香港的编辑部，不久便在该杂志上发表了，还得到了二十元港币的稿费。

在我读大学的两年中，我父母没有给我寄过钱来。据父亲后来对我说，有一次他拜托人带了一点钱给我，但被那人半路贪污了，并没有送到我手上。当时我们学生都很穷，靠国民党政府教育部每月发给国立师范学院学生的伙食费，我们每个人几乎每天每顿都只能吃一碗白豆腐的菜，一个月也吃不上一点鱼肉，实在馋得很。一个穷学生得了二十元港币的稿费，从来没有过的，我便立即和我要好并有时给我点帮助的同届英语系的广东的黎晶同学，拿着饭碗到食堂不远处的小摊贩那里，买来几块大扣肉吃，吃得津津有味，所以至今记忆深刻。当时该杂志编辑部还寄来了两本刊登我那篇文章的杂志给我，可惜都没有保存下来。如果这也算是研究上的简报，这也许便是自己科研上的处女作吧。大学阶段，狂热于革命的洗礼，没有好好读书，自己没学到什么科学知识，在学习上留下的就只有这么一点点了。

　　有一次，工业部系统下面一个局长的爱人要求到北京人民大学读书，局里的人事科把她的有关材料送到我这里。我看后觉得她的文化程度不符合推荐要求，就不批准她前去，后来局里人事科的人，甚至科长反复来向我解释求情，说是战争时期没时间学习什么的……我说可以先进工农速成中学学习嘛，不讲情面，按章执行，始终没给她批准，尽管她是局长夫人。

第3章 "政府干部" 经历

初到东北工业部人事处工资科

1950年4月,到了沈阳东北人民政府工业部(简称"东北工业部")后,我们把广西大学写的集体介绍信交给了东北工业部人事处,每人填写了一张个人简历表。我在填表时也把我是地下党员的事实填了进去,人事处负责分配我们工作的同志,见我是地下党员,经过人事处有关领导研究,便把我留在人事处工作。其余同学除有两个学会计的分配到部里经理处工作外,其他的都分配到下面的有关厂矿从事技术工作去了。

我在工业部人事处的工资科工作。那时沈阳还只解放了一年多,社会初定,百废待兴。当时东北工业部设在沈阳马路湾的一栋两层楼房里,管辖着东北三省的所有工矿企业,下设军工、机械、电业、煤炭、化工、纺织、轻工等局,直辖鞍山钢铁、抚顺煤炭与本溪煤铁公司(或局)。部长为王鹤寿,副部长有吕东、安志文。部内设办公室、计划处、设计处、基建处、人事处、经理处等,干部职工有五六百人。

人事处下设干部科、职工教育科、工资科、保卫科、日本职工科与秘书科,机关党委与团委的工作人员也和人事处一起活动,当时的处长为林泽生。

我们工资科有十多个工作人员,除科长王斐是到过延安的"三八式"的老干部,我是大学肄业的,其余的周成元、宋世琴、马家骠、杨协和、方燮基、刘三进、潘家龙、陶惠慧等,都是上海交通大学工业管理系最近几届的毕业生,是人事处里文化水平最高的一个科,但中共党员则只有王斐和我二人。人事处的其他各科,则党员较多,多为中学程度,革命资历则相对久些。日本职工科的工作人员也约有十人,几乎全都是日本人,科长为大山与滨中二人,抗日战争初期便被八路军俘虏,经多年教育后,参加了中国共产党。该科职责,顾名思义,便是管理东北工业部所属各厂矿里的日本人。我只记得有位科员姓山仔,其他人姓名都记不得了。

我到东北工业部后,立即写信给广西大学的党组织,希望把我的党的关系转来,但没有得到答复。我当时入党还不久,觉得自己怀着满腔的革命热情来东北参加新中国的建设,临行前又已对党组织汇报过,对不给我复信这件事很不理解。后来,东北工业部人事处的党组织给桂林市委去了信,进行了联系,最后桂林市委来了一封信(我没看过那封信),人事处的领导将信中大意转告了我,意思是,我犯了自由主义的错误,说我入党不久,还是个候补党员,不转组织关系了,希望按照我工作后的表现,重新考虑党籍问题。于是人事处党支部按照我的表现,不久便要我重新入党,重新入党的介绍人是王斐科长和职工教育科科长王守正同志,这样我又重新成为一名共产党人。虽然我受到了这样的待遇,把过去参加过中共地下党的事一笔勾销,但当时我的思想并没有受到任何影响,仍然热爱党，而且更加积极工作。

到东北工业部工作的初期，我有过几次请求，希望能够按照我当初来东北工作的志愿，把我调到工矿基层去从事技术工作，以便更接近工人阶级，但是我的请求并没有得到同意，而且在过组织生活和政治学习时，还经常批评我有"单纯技术观点"。那时的青年，正受到解放初期那股强大革命浪潮的洗礼，绝大多数青年都对党非常崇敬，诚心服从组织是天经地义的。尽管在我看来，当时的工作并没有什么技术，但经过几次批评后，我也就安心于人事工作了。

当时工资科的工作大体上有这么几种：解放初期，百废待兴，工人工资等级制度还有待建立，一部分同志参考苏联"老大哥"工人工资的等级制度，参与起草工人工资标准（八级工资制）的制订工作。另一些人则到工厂拿着秒表标定机件计件工作的时间，经过对各个工人工作时间的统计，求出各个机件所需的人均工作时间。比人均时间再减少一点，便定出所谓的"平均先进定额"，以作为规范计件工资的准则。有时还会测定车间与车间、机器与机器之间工人来往的时间，以便考察车间之间或机器之间的布置与放置是否合理等。马家骏带着我到沈阳铁西工厂区去过好多次，做的就是这些工作。

更多的人、更多的时间是到鞍山、抚顺、本溪、哈尔滨等各地工矿去了解各工种、各级工人工资下的生活情况，自然我也是这些人中的一个。我第一次到本溪一个用斜井开采的煤矿（煤矿有用竖井、斜井与露天等开采方式），随煤车下到矿井开采煤的坑道，看到工人头戴矿灯，满脸煤黑，第一次看到煤矿工人工作的辛苦，感到我们工资科在处理有关问题时也应多考虑些他们的福利。

除上述外，工资科还有一项最后审批各厂矿工程师以上技术人员与厂

1951年东北工业部人事处工资科同事合影。前排左起：石普恒、胡皆汉、陶惠慧；后排左起：马家騄、杨协和、刘三进、周成元、方燮基

矿长工资等级的工作，科长便叫我来做这项工作。那时建国初始，一切规章制度都有待建立，评定这些人工资的标准与技术人员工资等级的材料都缺乏依据。科长并没有告诉我应该怎样去做。我虽是初入社会，对工作没有任何经验，但我觉得在没有任何材料依据的情况下，不能仅仅依靠下面各工业局工资科报来的名单与工资等级，便对他们进行批准。我于是自己设计了一张稍为详细的表格，内容包括技术人员过去工作过的技术简历、学历、过去作出过的技术或工程贡献，其中尤为突出者，是否得过奖励和目前担任的技术工作等项目。科长见我能出这样的主意与设计出这样的表格，十分赞许，于是便要下面各工业局工资科印发给下属各工矿填报送来，我在审查批准时总算是有些依据了。

1950年6月，爆发朝鲜战争，东北处于抗美援朝的前沿，又是当时新中国最重要的工业基地（据说约占当时全国工业产值的三分之二）。在美国军队有个时期快迫近鸭绿江时,沈阳有些工厂迁到北满,迁到黑龙江的齐齐哈尔等地去。我们工资科为了了解迁后工人的情绪,还专门派我一个人去了趟齐齐哈尔。那时正值冬天,天气寒冷,温度降到零下20甚至30摄氏度以下,我是广东人,从来没有经历过这么冷的天气,脚上穿着日本侵略军败走后留下的厚厚的绿色棉军鞋,头上戴着絮毛的绿绒军帽,鼻子呼气,气中的水分便立即凝结在靠嘴挨鼻的帽檐上,吐口水在地,也立即变成冰,但为了完成工作,也管不了这些。我来到迁厂工人中间,倾听他们的意见,记下他们的请求,答应回去会传达于领导,以稳定他们的情绪。

局势较紧张时,东北工业部的不少干部,都分别撤离到北面的有关厂矿去;甚至有个别新招来的青年学生,如我们人事处干部科有一个新从上海招来的姓田的青年毕业生,害怕会发生第三次世界大战,来了不到两个

1951年东北工业部人事处职工郊游留影。前排右1程连昌(后曾任中央人事部常务副部长)、右2胡皆汉,后排右3为日本女同志

月，便要离职回去。有段时间，工资科十多个人留在沈阳的只有王斐科长和我二人。侵朝美军飞机有时入侵至沈阳上空盘旋侦察，令人气愤。我们东北工业部在房后挖了个防空洞，有厚钢板盖顶，厚水泥防墙。近水楼台先得月，工业部自然容易得到钢板、水泥等建洞材料。据说可以顶得住半吨重的炸弹而不被炸破，我们曾到那里躲过几次美军飞机。有过一段很短的时间，局势最紧张时，王斐和我还住到了沈阳市郊区。王斐是经过抗日战争与解放战争的老干部，对待这样的局势，自然不会惊慌。我虽是个新参加工作不久的人，但怀着一股革命热情，认为这是坚守阵地，要更加努力工作，把别人走后留在沈阳的工作做好。

大概是1951年或稍前，旅大市的工厂企业，分由建新公司与远东电业公司管理，前者属中国管理，后者则由中苏合营。当时旅大市还有苏联驻军，外交事务直属中央管理，是个特别行政区。后来，按照中苏协定，苏联人员要逐步撤离旅顺大连，旅顺大连有关工厂、单位要由中方接管。当时东北工业部便派人到大连来了解有关旅大市工厂企业的各个方面的情况，以便做好接收准备。我们工资科的王斐科长带了马家骅和我一共三个人到了大连，调查了解各工厂工人人数与工资情况。记得我当时到过的工厂，有石油七厂、大连曹达厂（大连化工厂的前身）、油漆厂、灯泡厂、麻袋厂、玻璃厂与金州纺织厂。

还有一次，王斐和我到了有名的大连工业化学研究所（大连化学物理研究所前身），参加过一次旅大市日本职工代表在该所一个大厅（现在的离退休干部活动室）召开的会议，听取了他们的意见。记得当时该所的陈股长接待了我们。

这位陈股长就是陈庆道同志，中共地下党员，毕业于解放前夕的北京大学。后来曾任大连化学物理研究所副所长。七年后，我自己竟然也调到了这个研究所里来,与他同在研究所的学术委员会里共事过一段时间。

"三反"运动前后

在工资科工作了一年多后,那时王斐已被提升为人事处副处长,原来的林泽生处长调去做办公室主任,又从外面调来崔庆元同志担任人事处处长,机关党委书记李林兼任人事处副处长。也许是我一年来的工作得到了领导的认可,同时又是年轻的党员,就把我调去做人事处处长秘书,协助处长们处理日常事务、总结工作、起草文件等。以前人事处长没有秘书,秘书科只管文件收发等工作。与我一同调任处长秘书的还有干部科的程连昌,他毕业于吉林工专,也是党员,比我到人事处晚两三个月,几十年后担任过中央人事部的常务副部长。

我们到新岗位不久,全国进行声势浩大的"三反"运动,名震全国的大贪污犯张子善、刘青山被枪决。东北工业部本部、各工业管理局和所属各厂矿都要同时进行"三反"运动。工业部里成立"三反"办公室,从各处抽了一些同志去做具体工作,我和程连昌同时被抽调到"三反"办公室,"三反"办公室的负责人是部里办公室的霍士章副主任。当时,我们工作都十分积极。我们要先自我检查有无贪污等行为,我们几乎都是从学校出来工作不久的年轻人,自然不大可能会有严重的贪污问题,但都很认真,检查自己或多或少存在的爱财的腐败思想,甚至连拿了几张公家的纸写信,都要认真检讨。也可见解放初期大多数人的一派正气吧。

在"三反"办公室,我具体负责听取下面化工、纺织、轻工三个工业局的每日"三反"运动进展情况,进行汇总汇报。"三反"办公室还每隔几天印发一份整个工业部（包括所属各厂矿）"三反"运动进展的简报，登载各地各厂矿"打虎"经验，挖出大贪污犯的情况。有些稿件是由下面各局各厂矿提供，有些则由我们"三反"办公室的人来撰写，标题力求鲜明准确。记得其中有一篇标题是《拨开鸡猫群，进行打老虎》，我至今还能记得。霍主任对稿件很认真，从内容到文字，写的内容是否准确，文字是否简明流畅，到每个标点符号，都看得很细致很认真。我过去在学校读书时对这方面很马虎，经霍主任的指导之后，有了很大的进步，这可能是我在"三反"办公室期间得益最多的地方，对以后工作与写作有很大的影响。

"三反"运动结束之后，"三反"办公室自然随之撤销。我与程连昌又回到人事处。但是这次不是回去当处长秘书。程连昌被提升为机关党委组织部（科级）副部长，我被提升为人事处职工教育科的副科长，属县团级待遇，可以看党内县团级看的内部党刊。工资升至当时的行政十七级，工资超过我原在工资科除科长以外的所有同志，比马家骧等人高了不少。我初到工资科时，他们拿的都是大学毕业生级别的工资，我拿的只有中专级的工资。当时的职工教育科科长王守正同志已调去支援抗美援朝，职工教育科就由我一个副科长来领导，科里也有七八人。

职工教育科主要主持厂矿工程师以上技术人员政治学习计划的安排，审查出国留学人员的各项材料，推荐工农干部进大学学习等。我当了副科长后，感到自己还年轻，当时只有24岁，过去又没领导经验，所以对工作更要认真、谨慎。有一次，工业部系统下面一个局长的爱人要求到北京人民大学读书，局里的人事科把她的有关材料送到我这里。我看后觉得她的文化程度不符合推荐要求，就不批准她前去，后来局里人事科的人，甚至科长反复来向我解释求情，说是战争时期没时间学习什么的……我说可以先进工农速成中学学习嘛，不讲情面，按章执行，始终没给她批准，尽管她是局长夫人。

国家计委的首批工作人员

我在东北工业部工作了约两年半之后，到了1952年冬，全国各大行政区将要撤销。人事处的副处长李林同志告诉我，在东北工业部撤销后，最初考虑把我调到沈阳铁西区的一个工厂去担任副厂长，后来又考虑我还年轻，领导上已决定派我到苏联留学。我听到后，自然十分高兴，一来可以亲自到苏联老大哥那里看看苏联的社会主义建设，能够到红场瞻仰当时心中最为尊敬的列宁的遗容；二来也可以继续自己大学未完的学习。

这种高兴过了不多久，领导又对我说，中央要建立国家计划委员会，负责全国的经济计划工作，并说机关冠上"国家"二字，当时在全国还只有这一单位，可见这单位的重要性，说我已被选入新单位的推荐名单，因此，不能到苏联去留学了。这样，我便失去了早年留学苏联的机会。

后来才得知，东北的第一号人物，中共东北局书记与东北人民政府主席高岗要进京担任即将成立的国家计划委员会主席。当时是称计委主席的，而不是后来所称的计委"主任"，虽是一字之差，今天想来，也可窥出其中政治上的意义。据说高岗委派手下的东北局副秘书长马洪[①]到下面各部去挑选一批干部进京到国家计划委员会工作。我们东北工业部被挑去的有好几十人，于是，程连昌和我一样，都成了国家计划委员会最早的工

---

① 马洪（1920—2007），原名牛仁权，曾用名牛黄、牛中黄等，中国山西定襄人，著名经济学家，中国国务院发展研究中心创建者。

作人员。当时在工业部计划处工作的朱镕基也在被选之列。

大约在1952年底的12月我们来到了北京,到北京时,国家计划委员会的牌子(名称)还没向外公布,临时住在离故宫东华门不远的北河沿的一栋旧王府里。当时国家计划委员会的工作人员还没到齐,先到的主要是由东北大行政区挑选来的干部,其他各大行政区的干部还没到来。我们在旧王府里工作了一段时间,不久才迁至城西三里河刚建起来的一大片每座三层的新楼房,一些用做办公用房,大部分用为住房,在计划中这也算是过渡性的办公地方。

那时的三里河,正在兴建当时可算是规模宏伟的所谓八部一委的办公大楼,据未经证实的传闻,高岗野心很大,想把中央各经济部门都迁在一起办公,形成经济内阁,所以要建成各经济部门在四边而计划委员会在中心的四角形的宏大建筑群,后来因他"反党"而未能完成,只建了计划中的一部分建筑。其中建成的一座大楼,便是后来国家计划委员会办公的地方,现今是国家发改委的所在地。那个楼群中,还有一座楼是1956年成立的国家经济委员会的办公楼(今为中国科学院院部所在地)。我作为建国初期的"国家干部",曾相继在这两座政府大楼中办过公,回首往事如梦,不禁感慨良多!

参与起草《大力发展石油工业》一文

当时新成立的国家计划委员会下设各种工业计划局,如重工业局、燃料工业局、轻工业局等,几乎是中央的每一个工业部都在计委里设一个相应的计划局,如中央有一个燃料工业部,在计委里便设一个燃料工业计划

2004年与国家计划委员会老同事陈荫镔合影

  局。我被分配到燃料工业计划局工作。当时局内设电业、煤炭、石油、秘书四个组，开始时没有建处级，没有处长，各组直属局长领导。局长王新三①，副局长余建亭，余原是东北工业部的一位副处长。电业组组长为来自东北工业部的朱镕基和吴千，石油组组长则同样是来自东北工业部的陈荫镔②和我。当时局里一共只有四五十人，几乎都来自东北工业部和抚顺煤矿局里的有关技术人员，后来才从清华、人大等高校毕业生中招了几个工作人员，当时每个组工作人员约十人，计委燃料局管理着全国燃料工业的计划工作，除局长、副局长二人是老革命老干部外，我们这批怀着革命热情的年轻知识分子（几乎都是解放前后大学毕业的学生）担负着这么重

---

  ① 王新三（1914—1991），奉天（今辽宁）抚顺人。1932年参加革命。建国后，历任中共抚顺市委书记、抚顺矿务局局长、国家计委燃料工业局局长、国家经委副主任、中共中央东北局经委主任、两淮煤炭基地会战总指挥部总指挥兼党委书记、煤炭工业部副部长。
  ② 陈荫镔（1925—），1949年南开大学毕业，中共党员；大学毕业后，到东北工业部计划处工作；1952年底调国家计划委员会燃料工业计划局工作，先后任石油组长，石油处副处长；后调国家经济委员会，1978年任经委燃动局副局长、能源局局长，1986年离休。

要的工作，自然更加积极努力。

计委燃料局下面的对口单位为燃料工业部，当时部长为陈郁（后调任广东省省长）同志。所以，我们经常到设于离王府井南口不远的燃料工业部去，参加部务与各司计划工作汇报。在听工作汇报时，我见过几次陈郁部长。他是广东人，曾参加过大革命失败后的广州起义，是当时起义的领导人之一，他的普通话说得不好，广东口音很重，不容易听懂。燃料工业部里一个分工侧重管理石油工业的副部长李仁俊，我和他有较多接触，他为人和善，没有官架子。另一个管理石油工业的副部长，名叫李范一，是个民主人士。他的女秘书徐敬东（天津大学毕业，中共党员），虽然经常和我们接触，有时还和我们出差到玉门油矿去考察，但我和李范一副部长几乎没有接触，没听过他有什么建设上的意见，好像不大管事那样。

燃料工业部下设一个石油工业管理总局，办公地方设在北海后面的一幢房子。当时还没有后来才有的石油工业部，局长是徐今强（后来担任过化学工业部部长）。我第一次见到他，是在计委刚成立不久，他来向计委燃料局领导汇报全国石油工业工作情况的一次汇报会上。参会者除局长、副局长外，还有我们石油组陈荫镔和我两个石油组组长。汇报开始不久，来了几个人，大家立即站起来，其中一个高个子就是高岗，这是我第一次近距离亲眼看到他。待他坐下后汇报继续，其中他有几次插话，在听到汇报青海石油地质勘探情况时，他插话说，听解放军讲，在那里曾见到有油砂。他面上有麻子，大概以前出过天花，听完汇报后就走了。后来我们与徐今强局长接触的次数就更多，逐渐地接触到我国石油工业部门的各级领导。

建国初期，百废待兴，各项建设方针、政策的制定有待提出与逐步完善。那时的国家计划委员会不仅只是起着汇总与审核中央各经济部门报来的建设计划的作用，而更像是全国经济计划的总参谋部，起着对各具体工业经济建设提出政策性、方针性的指导作用。当时我国石油工业十分落后，产量很低，全国石油生产，每年不过几十万吨，天然石油的主要产地为甘肃的玉门油矿，此外还有离延安不远的延长油矿和新疆中苏合营的独山子油矿与四川隆昌的石油气田；而人造石油（由油页岩蒸馏或由煤合成而得）则主要集中在东北的抚顺与锦州、锦西等地，天然石油与人造石油产量大致相当，人造石油产量可能还要略多。这就是当时石油工业的家底，石油产量远不够军用、运输业、民用所需。我们石油组既是管理全国石油工业建设计划的最上级的具体管理单位，当然有责任有义务向上级领导提出石油工业建设方面的方针、政策上的各项建议，以供上级领导参考、决定。

当时，对此我负责做了两方面的工作：为了借鉴十月革命后的苏联初期石油工业在国内各工业中的地位与政策，我们首先收集了苏联巴库等地当年的石油产量与其在苏联经济恢复时期重要性的资料；我还尽可能在斯大林（当时是人们心目中在世或刚去世不久的最高革命导师）的著作中，摘录了他对石油工业的历次讲话，整理成小文，以供领导参考。

为了弄清当时军队对石油的需要，领导写了封信派我直接找解放军的后勤部部长了解抗美援朝时解放军所需石油数量。他们的需要量很大，与当时国内石油产量相差甚远，如果不及早大力发展我国自己的石油工业，将来即使有强大的空军与机械化部队，没有石油，飞机、车辆开不动，也是无济于事的，这是战略上的大事。另外，鉴于国外工业国的发展与民用对石油的大量需要，大力发展我国的石油工业也是件刻不容缓的大事。基于上述三方面的情况，局长王新三要我们撰写一篇政策性的题为《大力发展石油工业》的文章，在他定调与授意下，以我为主要执笔人（还有别的人参加），经他几次参与修改，最后定稿，以王新三的名义发表于国家计委主办的《计划经济》期刊上，成为以后确定大力发展石油工业政策的早期文献之一。

在确定大力发展石油工业政策之后，我们要考虑下一个政策性的问题，当前或相当长的一段时间内，是以发展天然石油为主，还是以发展人造石油为主，或者两者齐头并进的政策，便有待领导去决定。如果以当时的实际产量为政策的依据，则齐头并进，或以人造石油为主为宜。但从长远的角度来看，炼一吨人造石油大致需要二三十吨油母页岩，干馏炉庞大，成本很高，如果年产一千万吨人造石油则需年开采两三亿吨油母页岩，建设规模巨大，投资很大；而天然石油开采容易，炼制技术成熟，也便于管道运输，生产成本比之人造石油低了很多。我们石油组做了两者的详细经济与发展比较，又鉴于国外石油产量，绝大部分都是来自天然石油，所以便提出以发展天然石油为主，当前兼顾人造石油建设的方针，尽管当时还有些争论。历史证明，对于我国石油工业以后几十年以至今日和今后的发展，这条方针无疑是十分正确的。

在决定以天然石油为主的发展方针之后，就是如何发展天然石油了。正如前面所述，当时，除天然石油的主要产地玉门油矿外，只有产量较小的延长油矿与独山子油矿两地。当时，已探明的石油储量很少，祖国的大片土地还没进行过石油勘探工作，所以我们也不相信国外某些专家根据很少的地质资料，而大肆夸张宣扬所谓的中国贫油或无油论之说，毕竟在未大量开展石油勘探之前，我们已有分布于不同地区的玉门、独山子、延长油田，四川又有天然气生产，我们相信中国是会有大量石油资源的。为了能够加快大力发展石油工业，在以天然石油为主的发展方针之下，第三个决策，便是以探勘石油地质，探勘石油资源为主了。只有弄清石油资源，才能谈得上大力发展石油工业，以后的事实证明，这又是一个正确的决策啊。

我年轻时能够参与上述三个方针政策的提出、讨论与制定工作，出点微薄之力，也真是历史上的一种机遇，一种幸运。看到后来克拉玛依油田、大庆油田、胜利油田等的相继发现，看到今日我国石油年生产量过亿吨和天然气的大量生产，我现在虽已是白发老翁，早已离开了政府部门，有时也会感到一种难以名状的高兴。

抓石油地质勘探计划

在这些方针政策陆续确定的过程中与确定之后，国家便把较多的资金投于石油工业建设，而重点又用于石油地质探勘上，资金更多地用来购买大型石油深钻钻机（如苏联出产的乌氏探钻机，在当时便能钻深三千多米），钻井用的无缝钢管（当时我国还不能生产），重力、地磁、地震等地球物理仪器。又将解放军一个师调转复原来扩大加强石油探勘与钻井人员，师长任命为石油钻探局局长。我们燃料局的石油计划组，此时也分为石油探勘组与石油生产与建设组，我被任命为石油探勘组组长，陈荫镔同志任石油生产与建设组组长。大概是在同一时间，组织上又建立了石油处，调来了一个老干部呼愈之同志任石油处处长，而电业、煤炭组也相应地改为电业处、煤炭处，并调来新的处长，此时燃料工业计划局才分为局、处、组三级（初建时为局、组二级），连计委在内，一共四级，有时计委内开的所谓四级会议，就是指这四级的领导人参加的会议了。

国家计划委员会成立后的第一件主要工作，是制定1953年至1957年的第一个五年国民经济发展计划。我们参与制定了第一个五年计划中的石油工业发展计划。记得由计委主任李富春向全国人大所作的"第一个五年国民经济发展计划报告"中，有关石油工业这一节，是局里领导叫我先起草再经大家讨论修改，再由上级领导修改确定，最后汇总到总报告里的。报告中有关石油工业的这一段，文字虽然不多，但却确定了今后五年甚至更长一段时间石油工业发展的方针政策与要求，我能够参与起草工作给我个人的历史留下了一点值得回忆的地方。

我到国家计委工作不久，大概是1953年夏，便和几个同志出差到当时最大的天然石油产地玉门油矿去，到基层具体了解石油地质、石油开采、石油炼制、经营管理、生产规模、生产计划等情况。当时管理西北方面石油工业的是设于西安的西北石油管理局，局长为康世恩（在华国锋担任中共中央主席、国务院总理时，康世恩担任副总理），我们从北京出发先到西安，先去见康世恩局长，再由他介绍与派车送我们到管玉门油矿的玉门石油管理局。

我们乘坐西北石油管理局的卡车从西安出发，那时汽车走得不快，第一天到了天水，第二天到了兰州，住了一天，依次到武威、张掖、酒泉，一共走了六天才抵达玉门油矿。这是我第一次到西北出差，看到沿途的荒凉（武威、张掖都是历史上有名之地，但那时破落不堪），不免有些感慨。那时玉门石油管理局的局长为杨拯民（西安事变领导人之一杨虎城的儿子），有一个姓沈的副局长接待了我们。我们在玉门油矿住了十多天，到油井、到炼油厂、到地质探勘队具体了解有关情况，并将有关问题同玉门石油管理局的领导交换了意见，临行时又请管理局的工作人员用瓶装了一些各种石油产品（如原油、汽油、煤油、柴油等）标本，准备拿回北京给有关领导看。回到北京后，我又写了一份出差报告，简要地叙述玉门油矿的规模、干部情况等，之后我又提出了自己的建议。鉴于玉门油矿在当时天然石油中的首要地位与将来我国石油工业大发展的可能，我建议应把玉门油矿在我国石油工业中的地位，提升到如同钢铁工业的鞍山钢铁公司（是当时最大最重要的钢铁基地）那样重要，除重点建设外，在各级领导各种技术人员中培养与增加大量的副手，为将来石油工业大发展准备好干部、技术人员与石油工人队伍。这一出差报告得到余建亭副局长的称赞，认为写得简要而有思想性与建议性，还批下指示，希望燃料局内各组也能参考看看。

我担任石油地质探勘组组长后，经常随燃料工业部苏联顾问石油工程师莫西耶夫到四川、甘肃等各探矿区出差，听取石油地质探勘汇报。莫西耶夫要去的地方，大多数都是已经过详查、细测和已开始打探井的地方，一般是先听取地质技术人员的汇报，根据勘探进展或出现的问题，提出些建议而已。他每到一地，地方的领导都相当重视，往往要开舞会招待，我们是随行人员，自然也要招待我们，可惜我不会跳舞，我都不会去参加舞会。到野外考察地质情况时，总会有一排的警卫保卫。当时中苏关系和谐，我和他的一个从苏联来的年轻翻译（刚大学毕业不久的）有时还会说点笑话，彼此没有什么隔阂。此外，有时我也会跟着中国自己的地质专家到野外了解地质探勘情况，接触比较多的是石油管理总局负责地球物理探勘的专家翁文波，他是曾任过国民政府行政院院长的翁文灏的亲弟弟。有次我跟着他到四川进行过一次地质考察，四川有泥盆纪的地层，他指着三叶虫的化石要我看，还说了些地层分层的知识给我听。为了能够负起自己的职责，增加知识，我还买了一些有关地质学、地球物理探勘、石油钻井、石油开采等方面的书来看，以便更好地理解这方面的工作，从而尽可能做好自己分内的石油地质探勘计划。

半年牢狱之灾

自 1952 年底至 1954 年底在计委工作两年的时间里，我工作勤恳热情，局里领导都很信任我，有次还派我到中央所在地中南海怀仁堂去听过报告。局长王新三有次还把招待他观看苏联芭蕾舞团首次来华演出的入场票给了我，显然是给我以鼓励。我们局里同事之间都十分友好，至今 60 多年了，我和陈荫镕（后来他担任过经委的局长，对我国石油工业建设很有贡献）等同事还经常有往来，有时我到北京还会住在他家。他和朱镕基有很好的友谊，前几年他还把他家与朱家的一张合照寄给了我（我和朱镕基也曾同事过一段时间，他任燃料局电业组组长时，我担任石油组组长）以作纪念……总之，我那段时间，正是工作顺利，人际和谐之时。

真是天有不测风云，人有旦夕祸福。正当我工作很起劲的时候，1955 年肃清反革命运动却突然把一场大祸降临到我的头上。

前面说过，我读初中时曾集体参加过三青团，"肃反"运动时要追查我的这一段历史问题。我如实地向组织交代，把我所知道的无一保留地向组织说清楚，只知道上过几次三青团课，在操场上集体进行了入团宣誓，所以我交代不出谁是小组长、分队长之类的组织机构情况，运动中接到个别初中时同学来信向我询问，我也只能告知我不知道。但在这个过程中，有个女同学来信说大家猜测我和其他几个人是三青团的小组长，我也立即把那封信交给了组织，因为在初中时我是童子军的副中队长，又是班会、学生会里的主要成员，一些同学猜说我是三青团的什么长是可以理解而不奇怪的。不过我想那时正值抗日战争国共合作之时（1943 年），我们年纪还小，从来没有进行过任何反共活动，而且又是学校要我们集体参加，不是自己自愿请求，何况自己在大学读书时还参加了中共地下党，所以自己对这段历史问题也不担心，更无恐慌，以为交代过后就什么问题也没有了。也看不出领导对自己不再信任，同事之间来往如常，自己也如平时一样上下班，正常工作，没有任何预感，也没有丝毫预兆将要发生什么事。

一天上午，正当我开始工作，忽然通知要大家到局长办公室集合。我到办公室没见到王新三局长，见到的是燃料局童铣副局长和几个不认识的人在那里，人到齐后，便立即宣布逮捕我，并宣布开除我的党籍。然后给我看逮捕令，我看到逮捕令是公安部部长罗瑞卿亲自签名的，除依稀记得说我是钻进党内的阶级异己、反革命分子外，其他是否还说了些什么，我一点也记不得了。来逮捕我的人，立即把我推进囚车，关进北京德胜门外的一座监狱。

这座监狱是否便是以后关过很多著名人物的秦城监狱，我无法肯定或否定。只记得我住的牢房是在放射状的一个长走廊里，走廊两边为两排牢房，每排有近二十间牢室。走廊的一头通往放射状走廊的中心，是个大厅堂，有次狱卒带我到那里去洗过一次衣服什么的。走廊的另一头通到外面放风之地，犯人放风都从这头进出。放风时，犯人之间不能说话，只能默默地走动，或自我伸展手脚，每次放风大概一个小时左右。记得好像是每隔一两天放风一次，是犯人难得的时光，可以看到太阳，暂时呼吸到外面新鲜的空气，也可以偷偷地窥看四周的屋宇狱房，看到站于高处荷枪实弹的卫兵。通过这些，我意识到这座监狱很大。

和我住在一间狱室的，还有两个人。监狱规定同室犯人之间不允许说话，室外走廊有狱警来往走动，监视着犯人，有时还会揭开狱室的小窗帘布窥看狱室里犯人的情况，但是，我们还是偷着打听彼此所在单位，说些与案情无关的话。同室那两个人中，有一个年纪和我差不多，大概只有二十多岁，他说他是个摄影记者，是从中央新闻单位被捕进来的，对被捕总有些愤愤不平，不以为然的样子。另一个年纪已很大，看来约有五十岁，是从财政部逮进来的，好像经历过许多世事，内心比较平静，他说出狱后要到一个无人的深山野岭去度过余生。

狱房里的犯人没有名字，只有编号，不允许说自己的真实名字。所以我们彼此也不知道真实姓名，狱警呼叫我们时也只叫编号。我记得我自己的编号是三百多号，确切的编号已记不清了。我出狱以后也从没再见过这两个人。

说来也好笑，也是狱中的一次无聊之谈，竟留在我的记忆里。有次，同室中那个较老的人要为我看相，说我五十岁以前不会有好日子过，但五十岁后会走运。我是个唯物主义者，从不相信鬼神与命运，何况那时正是年轻气盛，自以为获得马列真理，所以也是姑且听之，何况狱中闲着，听他说说也无妨。不过，他的测算，却和我以后的历史相当接近。

我在坐牢期间，一共只提审过我两次，也只问些我初高中时的活动情况，核实些他们调查来的材料，两次提审时间都很短，我也没有什么要进一步交代的地方。所以我在狱中相当清闲，没要我写交代材料，我思想上也不惧怕，只是时常想念着自己的父母。因为我工作时，我每月都会按时寄些钱给他们，现在坐了牢，不能按时给他们寄钱，几个月也没信给他们，我的父母一定会十分挂念自己远在北京的儿子。多年后，我回家探望父母亲，有亲人告诉我，那时罗定县公安局曾有人对我父亲说"等着吧，你儿子过几天就要被遣返回来了"，吓得我父母几乎晕倒。但我当时并不知道这些，所以心里仍然比较平静。

我在狱中借些书来看，记得曾看了一本由苏联学者撰写的有关美国社会的书，书名记不得了，书中对美国社会、政治批评多，说好的很少，但当时看了，虽在狱中受苦，并不反感，可见我当时对共产主义信仰的忠诚。

入狱一段时间后，到开饭时，派我出狱房帮着担饭分菜给各狱室犯人，一人一碗青菜，两个玉米面窝头。在狱中，担饭分菜，也是一种待遇，预示着你的案情大体已经弄清楚，不会是要犯重犯，可以叫你做点劳动了。

大概过了半年的铁窗生涯，于1955年底或1956年初便出狱了，确切坐了多长时间和哪一天出狱我都记不得了。狱警叫我出去，脱去犯人穿的囚服，换上我入狱时自己穿的衣服，交回入狱时拿去的手表、钢笔。局长王新三派了综合组组长兼他秘书的周传芳，坐着他的小轿车来接我回到原单位，住在单身职工住的宿舍里。就这样结束了我不应有的铁窗生涯。

出狱时审判官既不给我以任何定罪，又不给任何结论，就把我放出来了。逮捕我时说我是"反革命"，放我时却什么也不说，随意得很。但我当时还没有认识到这一点，反而觉得能出来是组织上对自己的爱护。局长王新三派他的秘书和小轿车来接我出狱，在当时的情况下，也多少表示了他对我的某种同情与对我这几年来努力工作的赞许。

在国家经委工作期间的四件事

1956年新成立了国家经济委员会，与国家计划委员会并立，把原来由国家计划委员会管的年度计划与日常事务划归国家经济委员会管理，以后的国家计划委员会则专管五年计划与长远规划。李富春为国家计划委员会主任，薄一波任国家经济委员会主任。王新三调任为国家经济委员会的副主任，在经委内设立了石油工业局，下设生产处、基建处和综合组。局长是与民主德国总统皮克共过事、级别为行政八级的闵一帆老同志，洪琪任副局长。我出狱后不久，被任命为综合组组长，负责局里计划综合工作，带有局长秘书的性质，协助局长总结石油工业建设上的一些经验等。

出狱后，组织上恢复了我的党籍，但却给了我留党察看两年的处分，在行政工作上没有给我任何处分，而且在1956年评薪时还提高了我的行政工资级别，升了一级。另还评定我为八级工程师，月工资116元。在当时，这个工资额算是比较高的了，超过一般县长的工资。由于这八级工程师的工资比行政级别工资拿得还多些，所以我以后就一直拿着这个数目的工资，直到1978年为止，这期间经过了22年之久。

我在国家经委石油工业局工作的两年多的时间里（1956年上半年至1958年6月），除平时日常工作之外，有四件事值得特别一提。

第一件，我与沈梅芳结婚成家。

我的夫人沈梅芳女士是与我隔六代姑姑的女儿，她小时来探她外婆时，我就认识了她。读初中时，我们又是同校的同学，我读初中三年级时，她读初中一年级。我到县城广东省立罗定中学读高中三年级时，她到县城罗定师范学校读中师一年级，也会经常见面。我们虽不是青梅竹马，但少年时就已相识。后来我们恋爱，1957年1月19日，我从北京回到家乡县城与她结婚，那时她是罗城镇第一小学校长。其后，我们生育了两男一女，两男于20世纪80年代在美国都获得了博士学位，后来都留在美国工作，分别做了大学的教授与公司的研发工程师。

1957年8月，结婚半年后与沈梅芳摄于北京颐和园

第二件，"反右"时我逃过一劫。

我回到工作岗位不久，1956年的下半年便开始了"大鸣大放"，不久我们石油局一组几个人出差到新开发的新疆克拉玛依油矿，了解建设情况，以便更好地审批该矿建设与生产的下一个年度计划。按照当时规定，出差期间也要进行政治学习，因为是在鼓励"大鸣大放"给领导提出改进意见的初期，我们各人自然也提了一些，可能我提的意见更多些，也说到毛主席写的《反对自由主义》的文章，认为其中有些说法值得商榷，如同学间交流亲密些就不是自由主义，等等。我们从新疆回到北京后，那时政治气氛已很不同了，《工人说话了》之类政论文章已经发表，"引蛇出洞""不是阴谋而是阳谋"的说法也已听到，而且快要抓右派了。看到这种势头，幸而我们大家都没把在克拉玛依政治学习时说过的话捅出来，或向组织汇报。如果有一个人说了，我们中的一些人，特别是我，被划为右派肯定无疑。因为我刚从监狱出来不久，有了"历史问题"，竟敢说出对毛主席大不敬的话，不划你是右派才怪呢！后来我经常想，如果那时不去新疆出差，而是留在北京参加运动，恐怕我也会像往日的同事朱镕基一样被划为右派分子。幸而我免去了这一难，也多谢同志间的不揭发。

事后多少次想起这一段,都毛骨悚然。

第三件,对中国东部地区部署石油地质探勘工作。

我在经委工作期间,较多的是管理石油地质探勘计划工作。1956年,有一次我们请来了苏联科学院地质方面的一位通讯院士,这位院士还带来了几个人,请他们对我国何处有可能钻出石油提出意见,并对可能希望较大的油矿远景提出展望。当时我从会议传达中得知,我国地质部部长、著名地质学家李四光根据整个东半球已知石油产地(包括中东、苏联、印尼等地油矿)位在一个"S"形的地带上,提出在我国东北和东部可能有大

1957年与国家经委石油工业计划局部分同事摄于经委大楼后门。后排左1为胡皆汉(该楼现为中国科学院院部驻地)

量石油资源的看法，比之苏联专家就眼前事论眼前事而提出的方案更具前瞻性，这对石油地质探勘工作的布局有着方向性的意义。

我们过去几年都把大部分石油地质探勘力量部署于甘肃、青海、新疆、四川等西部或西南部地区，而忽略了对东部与东北部石油地质探勘的开展，这固然与东部过去几乎没有进行过石油地质探勘工作，甚至连地质工作上初始粗查地质资料很少有关，但与我们计划工作者缺乏全局性的战略观念也不无关系，而我是国家计委中主要具体审查与参与制定石油地质探勘计划的人之一，对这方面的失误，我负的责任可能要更大些。

当时克拉玛依开采的石油是由汽车从新疆运到内地的，路途遥远，途中耗油量很大。我们听了李四光部长的建议之后，李富春主任指出，如果在经济发达的东部能够出产石油，则更加经济，更为有利。这样，我们就立即对东部地区部署石油地质探勘工作，进行地质上的普查和详查，打地质基准深井，了解被黄土覆盖下的各地层地质情况，把石油地质探勘工作逐步拓展至东北部地区。后来大庆油田、盘锦油田、胜利油田等的相继发现，证实这一方针无疑是十分正确的。然而我在执行这一方针后不久便离开了计划岗位，以后再没有机会与石油地质探勘计划接触了。

第四件，到云贵川地区了解石油资源。

1958年初，以石油工业部技术司司长唐海为组长，有我（代表国家经委）和田稼（代表国家计委）参加，并从石油工业部和下面厂矿抽调几个工程师，组成一个临时工作小组，出差到四川、云南、广西等地具体了解石油资源并向当地政府提出石油开发规划性建议。这次出差主要是想了解这些省份有关人造石油资源（油母页岩等）与目前开发等情况，因为

1958年春国家经委干部支持十三陵水库义务劳动时留影,后排左1为胡皆汉

那时正值国家"大跃进"开始时期,有关部门都想把产量跃进增加,派我们出去,可能是除天然石油外,看看这些省份是否也能对人造石油生产有所贡献。所以从下面厂矿抽来的几个工程师都是人造石油生产方面的技术人员,而唐海司长是20世纪30年代末毕业于上海交通大学后随即到延安参加革命的老干部,在到石油工业部之前,曾担任过抚顺人造石油二厂的厂长。

我们到了四川重庆后,四川地质管理局也派了一个工作人员黄美农,和我们一起到各地了解石油地质资源情况。我们跋山涉水走了许多地方,全没有得到实质性的结果,所以也无法向地方上提出具体性的石油建设规划建议,只是做了一般性的了解与汇报而已。这也可算是"大跃进"中的一个小插曲,留在个人的记忆中。

这次出差,我们到的市、县都不少,地方上的政府都招待我们。我们到云南昆明时,省政府招待我们住在翠湖宾馆。唐海司长在延安抗日时期的一个同学,是云南省一个厅的厅长,见老战友到来,十分热情地招待我们,一晚大开宴席,摆上茅台酒,佳馔满桌。厅长告诉我们,席上熊掌这菜,是过去专为国民党云南省省长龙云做菜的厨师所做,我过去从没吃过什么名贵的山珍,细尝熊掌,也吃不出有什么特别的滋味,倒好像吃猪蹄那样,有点韧劲罢了。人家说,猪八戒吃人参果,囫囵吞下不知其味,我便有点像猪八戒了。当晚我们大家喝得酩酊大醉,这恐怕也是我人生中仅有的一次了。

"身在政屋望科楼"

我从小喜欢数学,在大学读书时读的是理化系。1950年4月离开学校到东北工作的主要动机,也是想到东北工厂从事技术性工作,后来被安排从事行政工作,在内心是件不得已的事。我对科学的兴趣,也未能一日去怀。在工作之余,我经常看些科学家传记和数学、物理方面的科普读物。那时刚到国家计委,工作很紧张,只有星期天有点空儿,也把它用于读书了。还曾写过《读书乐》这么一首诗,诗云:

> 星期天不去游
> 纵是杏红花秀
> 歌声悠悠
> 一心醉读在书楼

> 李白为酒忧
>
> 我为无书愁
>
> 酒酣徒人醉
>
> 书香明双眸
>
> 我有钱不去沽美酒
>
> 愿光阴长留
>
> 书篇满手
>
> 不要空空到白头

经过1955年的坐牢,我对行政工作就更不感兴趣了,也觉得自己不适合行政工作。

1956年,党中央提出"向科学进军",大批毕业于理工科而未能从事科技工作的年轻知识分子都陆续调至科技工作岗位,称作"专业技术人员归队"。于是趁着国家提出"向科学进军"的机会,我便向领导提出把我调到中国科学院数学研究所去。几经请求,当时领导还是不同意我的申请,所以也只好暂时作罢。

在出狱后等待安排工作的最初一两个月里,我利用难得的空闲时间,每天吃完早餐后,便匆匆地从国家计委所在地三里河乘公共汽车到位于府右街的北京图书馆去,整天在那里看书,中午、晚上就在附近的饭馆就餐。这段时间几乎天天如此。我平生没有什么爱好,不抽烟,不饮酒,不会跳舞,又缺乏音乐艺术细胞,工作后也很少参加体育活动,除工作外,就爱好读书了。

有一件事可以说一说。牛顿著的《自然哲学之数学原理》一书,是一本很有名的经典力学名著,写于1686年。牛顿的这一本名著,是以严格的数学方法,定量地论证天体运行、潮汐起落、物体运动服从基本规律

在国家经委工作期间购买的牛顿著《自然哲学之数学原理》中译书

（如力学三大定律）的典范，影响了以后几百年物理学甚至整个自然科学的发展。1931年在中国出版了郑太朴的中译本，1957年5月由商务印书馆重印。重印第一版印数只有2100本，定价人民币三元五角，估计多为各大学、各有关研究单位与各地图书馆买去，除有关教授与学者外，想来其他购买者不会太多，可是就在它重印第一版后的两个月的1957年7月（我在书本内记了购买日期），我便从书店买了这本书，尽管我那时没有时间去钻研它，但也足以说明即使我在从事行政工作时，仍未能忘怀于科学。

"大跃进"初期，到西南调查期间，我和唐海司长建立了很好的友谊，他和我都很喜爱数学，饭后余暇往往谈些数学问题或科学问题，虽然他经过多年的革命锻炼与洗礼，还是满身知识分子气，所以我们彼此间很谈得来，我曾作《咏数》诗一首赠他：

仰望长空，众星远去，曷有尽头？

俯瞰大地，群峰起伏，哪有终首？

驾着数筹去遨游，拿来规矩，把日月画作圆球。

纵是百花竞秀，考科学、论精密，"数"占鳌头。

身居政屋望科楼，何日才能把数学探个够！

诗中的最后这一句，真个道出了我内心的渴望。

时机终于到来，1958年5月，就在我与唐海一行从云南等地出差回到北京时，便接到我们局的洪琪副局长从大连给我的来信。我在那次出差之前，洪琪仍未调离经委石油工业局，她也没对我谈过要调离的事，想不到在我出差期间她已调到大连。原来，她丈夫胡明那时从北京调到大连，任旅大市委代理第一书记。洪琪是石油工业局副局长，对石油工业比较熟悉，正值那时大连市有个中国科学院的大连石油研究所，所以她便随丈夫调至大连，安排到石油研究所担任所党委书记。她到任后，想起我很喜欢科学研究，且于1956年曾几次提出申请要调到中国科学院数学研究所去，她现在到了新岗位，便写信给我，问我愿不愿意调到大连石油研究所来。

那时，正值国家要建立华南经济协作区，广东省委书记陶铸任协作区主任，组织上要调我们经委石油工业局的局长闵一帆去当协作区的副主任，作为陶铸管理经济协作区的副手。闵想带几个局里的人一同前往广州赴任，他知道我是广东人，又是局里综合组组长，便极力争取我和他一同到广东，跟我说："你的老家在广东罗定，你爱人现在也在罗定城工作，你说你儿子刚出生，正好调回广州一块团聚……"我感谢闵局长对我的信赖和期望，对许多人来说，能回家乡工作，能够与家人团聚，能在广州高级行政单位工作，而且还可能获得新的提升，要想做官，这是最好不过的机会了。两位直接领导我的局长、副局长都争取我到他们新任工作单位去工作，摆在我面前的有三种选择。一是继续留在北京国家经委工作，这是我的老领导、现任国家经委副主任王新三最希望的，他最了解我，我相信我出狱后不久便立即任命我为经委石油工业局的综合组组长，很可能就是他的主意。二是回广东。三就是到大连。前二者意味着继续从事行政工作，继续做"官"（在大单位中做小官，权力不小），轻车熟路。到大连则要进入一个不熟悉的新领域,几乎要把前八年的工作经验、工作业绩,已有的人际关系全部放弃而从头做起。

"身居政屋望科楼"呵,我喜爱科学,喜爱钻研和探索,因此在从政与科研之间,我毅然选择了科研;在近乡(广东)与异乡(大连)之间,我决定选择异乡大连。

收到洪琪的信之后,我喜出望外,也没考虑多少,就立即给她回了信,说很愿意调去。

我原有的知识基础很低，在没人指导的情况下，要完成那么重的教学任务，其艰难程度可想而知。然而，我硬是靠着自己坚毅的意志，刻苦的钻研，一步一步地增长自己的知识，扩大自己的学习范围。虽然有不少地方理解不是那么深刻，但两年的学习与教学，恰恰为我"恶补"了未来从事研究工作所必备的基础知识。

第4章
在大连化物所的早年挫折与积累

中国科学院大连化学物理研究所沿革

大连化学物理研究所,简称"大连化物所"或"大化所"。其前身是日本侵华期间建立于1907年的"南满洲铁道株式会社中央试验所"。1945年抗战胜利后,由中长铁路局接管,更名为"大连科学研究所"。1949年3月移交给大连大学。1950年改属东北人民政府工业部,名为"东北科学研究所大连分所"。1952年归属中国科学院,名为"工业化学研究所";1954年6月,改称"石油研究所";1961年定名为"化学物理研究所"。1968年1月划归国防科委,1970年回归中国科学院,全称为"中国科学院大连化学物理研究所"。

本书在回顾性叙述中,为表述简洁,行文中涉及所名时,一般多用"大化所"。

大连化学物理研究所老楼（一二九街）

头一年里被开除党籍

1958年6月我办好手续，便只身到了大连石油研究所，从此到了科研单位，开始了新的工作。到大连之后，洪琪才对我说，她想在研究所建立一个新的"技术经济研究室"，设想用经济计划的方法来对研究所内各项研究课题进行经济预测与评估，以便提供研究人员参考和领导决策，已准备调来一两个同志，由我领导，逐步开展工作。在技术经济研究室尚未正式建立之前，暂把我放在所里学术委员会，云云。但这个新的技术经济研究室始终未能建立，这可能与洪琪初到研究所，脚跟还未站定而所里各主要领导还未取得一致意见等有关。我自己对此也不热心，因为技术经济研究还是像过去在国家计划委员会与国家经济委员会那样差不多，不是真正的自然科学研究，我到科研单位来，就是一心想从事真正的科学研究。

那时洪琪也不怎么催促我，所以我始终没有开展技术经济研究方面的工作，而自愿自择地（没人叫我，也没人阻止我）去着重了解当时研究所里有关"十万伏静电加速器"的研制。这项工作，由1955年从美国归国的王弘立博士领导，有徐哲尧等人参加。再就是去了解由章元琦副研究员领导的重水分离工作。我尽可能利用自己过去在北京工作的关系去为他们争取某些紧缺的材料。

那时，曾出现过所谓"全民大办原子能"的跃进高潮。某日，洪琪派我到北京去探询有关在大连建立原子反应堆建设的可能性问题。我持介绍信到了北京中关村，拜访了原子反应堆方面著名的科学家钱三强教授。钱教授接待了我，指出当时大连没有这方面的力量，建议大连不要搞这项工作。此外，我还在北京旁听过一次中国科学院有关开始研制原子弹的小型讨论会。

这种打杂性的工作大约持续了半年多，我的职务还没有确定下来。1959年3月，到大连石油研究所工作还不到一年的洪琪又调离了石油研究所，到大连造船厂当党委书记去了。她原拟要建立的技术经济研究室，自然也就胎死腹中，再不会有人提及了。这样，我的工作也就没了着落，也无人给我做什么具体安排。接着，我的厄运接踵而来。

首先是丢了党籍。前面说过，我在北京时曾被开除过一次党籍，出狱后已经恢复了我的党籍，但当时莫名其妙地给我一个留党察看两年的处分。两年期满了，据说，国家经委党组织寄来了他们的意见，意思是如何处理请石油研究所党组织决定。大概是洪琪调离石油研究所刚一个月后的1959年4月的某一天，原准备调来和我一起做技术经济工作的凤雅范来通知我，说所党委已经决定把我开除出党，这真是一个晴天霹雳！

我在留党察看期间，工作十分积极，在国家经委时我的行政级别还得到了提升。到大连以后，也没有犯过任何错误，对党没有任何抵触情绪，没有受到过党组织或同志间的任何批评。在决定开除之前，没有开过有我参加的党小组与党支部会来对我党籍问题进行讨论或提出批评，没有听取我个人申辩。宣布开除时也只是凤雅范一个人来通知我，并没有召开支部大会宣布，这都是极其不正常的。我多年参加党的组织生活，从没见过这样就把一个党员开除的。我想这与个别领导认为我是洪琪的心腹（其实我不是），而他们间有矛盾，有极大的关系。

洪琪来这个研究所之前，原来的党委书记是白介夫①。洪来所当书记，白改任副书记。洪离开了，白介夫重新担任研究所党委书记。我与他没有什么接触，他对我个人也没有提出过任何批评。洪琪前脚一走，就突然把我开除出党，把领导间的某些恩怨撒在我身上，这是我终生难以理解的！

在我被开除出党前不久的1959年春，我妻子沈梅芳已调到大连石油研究所来，这应该是洪琪在任时安排的。如果在我被开除党籍前不能调来，恐怕以后就会是长期两地分居了。幸亏她及时调到我身边，在我最艰难的时候帮助我、安慰我，这是我不幸中的大幸。现在我和老伴有时偶然谈起此事，仍会不寒而栗！

第二年被罚下放劳动

开除出党不久，1959年初夏的一天，由在所学术委员会中担任副秘书的李海出面，通知我妻子沈梅芳转告我，说是要把我调到大连市第六中

---

① 白介夫（1921—2013），陕西省绥德县人。1938年加入中国共产党。曾任营口市市长、市委书记，1957年3月任石油研究所党委书记、副所长（洪琪来所任职期间，白介夫一度降任副书记）。1964年调任中国科学院化学研究所（北京）党委书记、副所长。

学去教书，问我意见如何。这次，我再不沉默了。我坚决反对把我调走，我是真心想做科学研究而到研究所来的。正如前述，为了到研究所来，我放弃了自己过去八年行政工作的业绩与职位也在所不惜，现在要把我调离研究所，还不如当初继续留在北京国家经委或到广州去工作呢！我叫沈梅芳把我的意见转告李某，坚决反对把我调出研究所。

我毕竟是做过八年行政工作的人，觉察出所领导要把我清除出研究所的意向，我知道今后在大连石油研究所工作是很难的了，于是我私自写了一封信给在北京的中国科学院计算技术研究所党委书记阎沛霖①。阎书记在东北工业部时是部里教育处处长，我是部里人事处职工教育科副科长，我与他有工作来往，相互都比较熟悉。我在信中向他请求把我调到计算所去，因为我一向对数学都很感兴趣，自认为对数学也有点天分。1956年向科学进军后，我自己也曾几次申请要调到数学所去，但未获领导批准。现在处于要把自己调去做中学教员的困境，写信向他求援是最自然不过的了。然而，阎书记并没有给我直接回信，而是向大连石油研究所发出正式公文，希望能同意把我调到他们研究所去。

当时我并不知道有这个公文，事后过了很久，在秘书科工作的沈梅芳在一次整理文件时发现了这一文件，见文件上有所党委书记白介夫的批示，大意是说：此人（指我）素讲私人关系，不同意调京。

我没有选择科研工作的自由。

接着，李海按所里指示通知沈梅芳，说是如果不同意调走，就要把我下放到农村劳动一年，我虽是明知这是在继续整我，但为了以后能留在研

---

① 阎沛霖（1911—2003），黑龙江省宁安人。1937年毕业于南开大学物理系。1941年在延安自然科学院任教。建国后，曾任东北人民政府工业部教育处处长、东北工学院院长、党委书记，政务院重工业部任工业教育司长。1957年12月，调入中国科学院，主持我国第一个计算机技术研究所的筹建工作，任筹备委员会代主任。1959年任所长兼党委书记。

究所从事研究工作，我立即同意了这个惩罚性的决定。于是在我来研究所大约一周年的1959年6月，便和当时"需要"劳动锻炼的其他二三十位"干部"们，一同到大连市郊区旅顺口区的龙王塘劳动锻炼去了。

这时，我爱人沈梅芳带着一个刚满周岁的儿子刚刚从广东调到大连不久，远离故土，人地生疏，举目无亲，灶初烧，床未温，丈夫便被开除出党，便要下放劳动，内心充满着忧虑，但她忍受着这般凄苦，还为我安慰解忧。一天，我拉开抽屉，看到一个本子，翻看开头几页，看到我爱人写了几段很令我感动的话，大意是她对我很有信心，暂时落难并不可怕，夫妻要协力共渡难关……

当时，有些平时和我比较接近的人，特别是我来大连时很愿意接近我的某些人，当得知我已被开除出党时，看到我便好像看到瘟神一样，会远远地躲开。世态炎凉，人情冷暖，我当时感之特深。在这种孤独无援，又无处去讲理，无处去倾诉的情况下，我的夫人给我以温暖，在看到她从未对我说过而自诉内心的那几段独白，我暖从心中起，不觉潸然泪下。

下放农村劳动的第一站，是到龙王塘海边去帮助收海带。之后不久又去帮助筑海堤，我们主要是去背筑海堤所要用的大石块。这些都是重体力劳动，对出生于城市和富家的知识分子，无疑是一种锻炼，但对于我这个出生于农村，从小就要帮父母耕作的人来说，加上那时自己也只三十刚出头（31岁），正是体壮力强的时候，也不感到十分辛苦。只是内心感到自己是个被放逐之人，和其他下放农村受锻炼的人不一样。

后来我们又被安排到另一个村庄大石洞去收割玉米、竖立电线杆、上山养蚕等。正在收割苞米的时候，在广播里听到彭德怀、张闻天等在庐山会议上被打倒的消息，这些对革命有功的头面人物都被打倒，在自己思想上不免有些起伏，和他们相比，觉得自己的不幸也就不算什么了，也是无奈之下的一种自我宽慰吧。

下放劳动一年得益的是更强健了我的身体，但也使我在认识"社会"方面有了某些新的感受。大概是在收完海带后的某一天，请来一位贫苦渔民为我们作"忆苦思甜"报告，讲他过去所受到的剥削与苦难，其中讲到今日的甜时，讲过这么一句话，说："即使今天的菜没有放油也比解放前有油的菜好吃。"那时日常供应很匮乏并且处于三年困难时期，我听后感到很困惑，这是这个渔民的真心话吗？还是另有隐情，是别人要他这样说的？朴实的农民为什么会说出"没有油的菜比有油的菜好吃"这样不朴实的话呢？我想，如果不是患有某些特别疾病的人，在缺肉缺油、饥肠辘辘的情况下，不管他是农民、工人或知识分子，当一碗有油的菜和一碗没油的菜任他挑选时，他总不会去吃那碗没油的菜吧。

苦干流汗的一年很快地过去了，大多数一同下放劳动的人都先后被调回研究所，看到别人都先后被调回去了，自己一个人孤留在农村，加上得知彭德怀、张闻天这样的大人物都被赶下台，心中也开始感到政治的可怕。

做了两年物理教师

我是最后被调回去的人，时间大概是在1960年八九月份。那时还是"大跃进"狂热的年代，各地各单位有点儿力量的都想办"大学"，我们研究所也办了一所名叫大连化学物理学院的大学，那时正在筹建，也许领导觉得有这样一个地方可以安排我了，才把我调回去的。

大连化学物理学院，属大连石油研究所（不久后改称大连化学物理研究所）内的一个单位。院长由研究所所长、学部委员张大煜兼任，院址设在大连市星海二站附近，新建了一栋二层楼房，当年秋季招大学一年级新生，三个班大约150人。同时还从国内有关大学抽调来已读完大学二年的学生几十人，组成一个大学三年级班，所以学院一建立，便已有一定规模。

学院里在教学方面设有教务科，徐荫晟任教务科副科长（没有科长），负责整个学院的教务工作，并兼数学教研组组长，万邦和任化学教研组组长，我被任命为物理教研组组长。

我之所以能被任命为物理教研组组长，可能是人们认为我在大学时读的是物理系，而研究所里的研究人员那时很少有读物理系的。我从北京调来时的技术职称已是八级工程师，这职称相当于研究所里的助理研究员，在研究员系列里，当时研究所中具有这一中级职称的人也不多。

物理教研组一共只有三人，除我而外还有贾季征和张万宝。贾季征是北京大学1956届化学系毕业生，当时也被认为是不听话的落后分

1962年5月大连化学物理学院物理教研组三同事合影，左起：胡皆汉（怀抱着胡伽罗）、贾季征、张万宝

子，和我一起下放到龙王塘劳动了一年。由他担任普通物理实验课的讲授与实验指导。张万宝是具体带领学生做实验。我负责主讲普通物理课。我们三人分工合作，友情和谐。贾季征是北京人，那时还未结婚，住在集体宿舍里。正值三年困难时期，虽然当时我家吃粮也是十分艰难，偶尔我也会请他到家中吃顿饭。

正如前面已说过的，我在大学期间读了不到两年，普通物理课还没学完，微积分课则仅仅是开个头，也等于没学。以这样薄弱的基础，我只配做学生，而没有资格去讲授大学的普通物理课。但是，我一心想离开行政工作岗位，一心想从事科学研究，现在有了这个教物理学的机会，倒也十分愿意，十分高兴，我接受了这个对我来说是十分艰难的任务。我既已负责讲授普通物理课，那我也就决心一定要把它讲授好。

好在第一个学期没有普通物理课，正好利用这段时间"备课"。我在备课时，既要阅读工科大学的普通物理教程，也要学习理科大学的普通物理教程。前者相对来说比较"具体"，后者相对比较"抽象"，我要两者兼顾。同时我还要钻研高等教育部推荐的试用课本，即由苏联 С.Э. 福里斯与 А.В. 季莫列娃编著的《普通物理学》。在把它们融会贯通的基础上编写自己的讲义，主要以福里斯《普通物理学》为教本。老师仅有普通物理学的知识是远远不够的，必须有比它高一层次的知识才能整体地看清下面的东西。为此，我在讲授力学章节时，自己同时要去钻研理论力学；在讲授分子物理与热力学时，我自学了统计力学；在讲授电、磁学时，又找来电动力学方面的书来阅读；在讲授原子物理、近代物理时，则又去学习量子力学课程。

然而要学好这四大力学（理论力学、统计力学、电动力学与量子力学），我就必须有高等数学的知识，因此又得较系统地去自学微积分、数学物理方法等课程。在学习统计力学时，我还去看了概率论中的一些章节，在钻研电动力学时先看了矢量分析，等等。

我自学的能力比较强，初等数学基础比较好，虽然能够自学自懂，但在此期间的付出也是极大的。我每天早起，除吃饭时间与中午稍作小睡休息外，白天所有时间都用于读书、备课，往往每天都要看书看到深夜十二点，甚至凌晨一点。节假日也是一样。

家务事除一些需要强体力的重活外，买菜、做饭、管孩子与洗衣扫地，全由我爱人负担。她一面到研究所工作，一面承担繁重的家务，辛苦得很。她把时间全给了我，所以我才能全身心用于读书，备课。患难夫妻，相依相助，其苦也甜，其难能克。

我第一次走上大学讲台时，看着众多的青年学生，心里不免有些发怵。想到自己大学读了不到两年，那时学运又多，经常停课，根本就没学到什么知识，基本上还是个中学程度，而现在居然当了大学老师，站在大学的讲台上给大学生讲课，真有点不可思议。我尽量控制着自己的情绪，稳定着自己的声音，如临深渊，把课讲完。如此讲了几次之后，就能适应了。我备课充分，记忆力强，不看备课本就能一口气把一堂课讲完。发现学生反映良好，不致误人子弟，这才安下心来。

我讲课时，一般从具体的事物和事例切入，以抽象的规律和公式为归结。我特别重视基础概念、基础定律以及它们间的逻辑关系，以这种方式讲授了普通物理学中的力学部分，同样也以这种方法去讲授分子物理学、热力学、电磁学、光学与近代物理学。教学的两年很快就过去了，我较好地完成了讲授普通物理学的任务，得到了学生们的普遍好评。

学校每个学期都要举行几次考试。我每次出考题大体上都分为三类：第一类考题要求学生只要了解课本内容，概念清楚，记得重要公式，能在典型事例中简单应用,一般学生都能解答出来。这类题约占总分的百分之六十,能够做对,就能及格了。第二类考题则要求学生不但要较全面深入地理解学习内容,而且要会思考关联,要绕些弯子,才能解答出来。这类考题约占总分的百分之二十,能解答出来,则说明这个学生已达中上水平。第三类考题要求更高,不但要通晓所学内容,融会贯通,而且要更会思考,更会关联,要绕过两三道弯子,不是通常遇到的类型问题。这类考题占余下的百分之二十,如果都能全部解答出来,则说明这个学生优秀,会动脑筋,是比较聪明,甚至有点天分的了。

我评卷时,不只看最后的答数、解答是否正确,还要看解答的每一步过程。如果最后答数不对,但解答的思路对头,或是解答的前几步都对,但后面的运算出了错误,我都会适当地给分,而不是给零分。我认为对数学、对物理,更重要的是理解与思维,而不是具体的运算(虽然也很重要)。如碰到有新颖的不同于平常的解题思路或解题方法,我往往还会给额外的加分。

大连化学物理学院诞生于"大跃进"的末尾,后来贯彻"调整、巩固、充实、提高"的八字方针,于1962年8月后停办。只读了两年未毕业的学生,被分配到国内其他高等学校去继续学习;原先从各高校抽来已读完大学四年的毕业生,则多数留在大化所工作;所有教职员工,除个别外,都回到研究所里工作。离别前全学院师生照了一张相,留作纪念。

我原有的知识基础很差,在没人指导的情况下,要完成那么重的教学任务,其艰难程度可想而知。然而,我硬是靠着自己坚毅的意志,刻苦的钻研,一步一步地增长自己的知识,扩大自己的学习范围。虽然有不少地方理解不是那么深刻,但两年的学习与教学,恰恰为我"恶补"了未来从事研究工作所必备的基础知识。

自由探索之追求——胡皆汉自述
The Pursuit of Free Exploring: the Autobiography of Hu Jiehan

1962年7月30日大连化学物理学院全体师生留影。二排左起15~19为张大煜、万邦和（化学教研组组长）、胡皆汉、容瑶、徐萌晟

我教学这两年，正值三年困难时期。粮食不足，粮、油、肉、蛋乃至蔬菜，全凭票证定量配给。那时我家五口，二儿子胡伽尼于1960年5月1日出生，岳母从南方广东来帮助带小孩。我的口粮定量每月只有30斤，后来领导说国家困难，又减去了1斤，这样我每月口粮只有29斤。女性口粮比男性口粮定得更少，我爱人沈梅芳每月定量只有25斤。小孩出生当年粮食的月定量记得好像为6斤，其后每增一岁增加2斤，大儿子到1960年是月口粮10斤。二儿子胡伽尼口粮6斤。岳母从农村家乡来，没能迁出户口，所以没有口粮供应。这样我家五口口粮每月只能买到80斤左右的粮食。北方没有大米供应，面粉供应也很少，要想吃顿白面馒头也不容易。供应的主要是玉米面，困难时粮店连玉米面也供应不上，而以一些杂豆（不是大豆）代替。

一个月的口粮不让人一次买完，要分多次供应。供应最紧张时，几乎是三两天卖给一次，粮店门口排着长队。我家买粮，多由我去排队购买，左等右等，好不容易才能买到，浪费了我不少时间。开始时有些人询问粮店工作人员，为什么会是这样，答曰，是由于运输力量不足，不能把较多的粮食运到，所以要大家两日一买。这真是看着天说谎话。其实是怕人们一次买完口粮吃光，吃光了，以后没得吃就容易闹事。这样的办法，当然不是粮店工作人员私自所为，而是他们领导叫他们这样说的。

我爱人生老二时，产妇只供应鸡蛋6斤，新生婴儿也没有牛奶和奶粉供给。她本来就人瘦少奶，现在又缺粮无油无肉无蛋补身子，根本就没有母乳给孩子吃。幸好，我因为是助理研究员，有点优待，原可每日供应牛奶一斤，这时虽然已减为每日半斤，且牛奶质量也已大不如前，但总算多少有点营养品给婴儿吃呀。在这样困难的情况下，我岳母只好每天每顿用秤称着粮来下锅。她老人家想办法，用玉米糊加点牛奶来喂老二。我到黑市上用高价买到菜叶或萝卜缨，老人把它与玉米面和在一起，做成小窝窝头给老大吃。可怜的小孩有时还是吃不饱，睁着眼睛，嘟着小嘴，望着姥姥，问还有没有？

这样的苦日子没法继续下去，只好叫我岳母带着老二回到广东老家去，因为回到老家，她可以分到口粮，我们又可以把老二的粮票寄去，再寄些钱，乡下出钱还是可以偷着买到一些薯芋瓜菜之类可以充饥的东西，总比大家都留在城市挨饿要好一些。

当时由于饥饿，不少人都发生水肿。当时市上一些商店间或已有高价糖果卖，一些饭店已有高价餐吃。我工作多年，工资相对也比较高，除按月寄给我父母生活费（大约是每人每月十元到十五元）外，几年下来也节约储蓄了两三千元钱。在这样艰难的日子里，为了使自己与家人身体不出毛病，我们便有节制地去吃些高价餐，大概是每周去吃一次或二次。吃的多是糖醋炸鱼，可以补充糖、脂肪和蛋白质。当时一盘糖醋鱼要卖到十到二十元，相当于一个大学毕业生月工资的三分之一。每斤高价糖块也要卖到六元之多。这在当时是很贵很贵的了，一般老百姓绝对吃不起，就连我们这些收入比较高的人，也不能多去。也曾经按单位给受照顾的对象分发一些高价餐票。有一次，学院里给了我一张，可以凭这张票到某指定的餐店去就餐，但钱还是要交的。我带了老大一起前往，吃的只是稍带点儿肉的猪骨头之类的东西，我和老大吃后，还把吃后的所有猪骨头拿回家，再煮汤大家一起吃。

大概是1962年春节或稍后些，那时国内经济情况已略为好转，我家老二和岳母回到大连，为了庆祝全家团聚，我们到一家餐馆去吃了个"全家福"菜，外加几盘肉食，竟花去了100元人民币，差不多用去了我一个月的工资。我当时工资为116元，我爱人月工资56元。一两年下来，我们过去积蓄下来的钱,几乎都用在高价餐上面了。但是我们却保护了身体,全家没有一个人虚弱浮肿,我也有精力去读我的书,备我的课,讲授我要讲的普通物理学课程。用金钱换回了健康,至今想来也是一种明智之举。

我们算是很幸运的,挨饿那期间,很多人都得了病。很多地方有人饿死的。我家乡有一位堂叔,因为饿极了,便爬上屋檐上去掏麻雀窝,想找鸟蛋吃。人没力气,跌了下来,死了。

我印象中的陈景润

1960年,陈景润从北京中国科学院数学研究所下放到大连化学物理学院,1962年又被调了回去。陈景润是著名数学家华罗庚的爱徒,在拔"白旗"的年代,华罗庚成为"大白旗",陈景润为"小白旗",被下放到大连来,不能专门从事数学研究,多少是带点惩罚性的。正如我挨整后被下放农村,后又把我调到学院那样,多少有些相像。据我记忆,陈景润到大连化学物理学院后并没有给学生专门上过数学课,他那时只是个研究实习员(比助理研究员低一级),衣着简单陈旧,穿着一双破旧的鞋,住在研究所的第一宿舍里。有一天,他住的那间小房间的电灯坏了,他知道我是讲授物理课的,应该知道有关电的知识,便请我给他解决。我虽不是电工,但换个灯泡总可以做到,于是我便把那个坏灯泡换掉,小卧室里重新有了灯光,他也很高兴。当时他不太与人交往,一般人也不知道他在做什么。在大连期间没见他发表过数学论文。后来他出名了,成了大数学家。刚出名时,有次我向当时学院的党总支书记苏君夫问起他记不记得有个叫陈景润的人时，他竟然记不起他。可见陈景润在大连化学物理学院时，并没有引起别人的重视。我与他交往也不多，平常的同事，见面点头示意而已，没有学问上的交流。只有一次他来找我，问我有关电磁场方程方面的数学问题，我把我知道的告诉给他。1962年他调回北京去了，从此再没有见面。

在《物理学报》上发表第一篇学术论文

以前到我们研究所工作的研究人员，多是工科大学出身，学理科的很少。1961年改为化学物理研究所，研究方向有所调整，有一个说法是以后要从微观分子水平研究化学现象。这样一来，一些研究人员感到理论知识不足，因此，所领导决定要开办一个量子化学班，让一些骨干技术人员在工作时间上课。

1962年下半年，研究所里成立了一个量子化学班讲师团，由前些年从美国回来的王弘立博士牵头主讲。考虑到在正式讲授量子化学之前，一些人需要补些数学与物理知识，就请之前学院的数学教研组组长徐荫晟讲授数学。可能是因为对我在学院讲授普通物理课的反映良好，就让我讲授物理。

班中的同学，不少都是从事研究工作多年的研究人员，大都毕业于名牌大学，对研究工作已有不少的经验，我是个从未做过研究工作的无名小卒，在他们面前讲课，开始内心里不免有些惊慌。加上班里规定老师来上课时，大家都要起立敬礼，使我更觉得不好意思。这时我才意识到"师者学也，学者师也"的道理，师者不必贤于生，只要自己尽力而为，备好课，讲好课便是了。

经过化学物理学院和在量子化学班的讲课，研究所里的某些领导与一些研究人员对我也渐有了了解，知道我虽从事行政工作十年，但还是个喜爱做学问的人，这为我以后能到我梦寐以求的研究室去做研究工作，打下了一个基础。

到研究所后的四年多时间里，我对所里情况已略有所知。这个研究所直属中国科学院，是院中一个比较大的重点研究所，当时已有职工五六百人，有好几个研究室，有为研究服务的仪器厂，有藏书丰富的图书馆，所长张大煜是20世纪30年代毕业于德国的博士，是抗日战争期间著名的西南联合大学的化学教授，50年代是当时国内少有的学部委员。

我是个被开除党籍的人，保密性的研究工作当然不会让我去做，化学实验操作我也不灵，自认为到第一研究室（分析室）光谱组去比较合适。于是1963年初我便请求把我分配到光谱组去，光谱组的同志也争取和欢迎我去。这次调动，一切顺利，如愿以偿。但是，我那时已35岁了，或多或少已过了思维与创造力最旺盛的最佳时期。

光谱组当时有研究人员十多人，组长为关德俶同志。她早年毕业于燕京大学化学系，1949年9月来到研究所，一直从事光谱分析工作。她原籍也是广东，和我算是大同乡。她工作认真，为人宽和，欢迎我来。我能够踏进光谱研究之门，她是我的第一位引导者，我至今心存感激。其他的研究人员有戴亮、宋果男、朱桂梅、车迅、李长治、宋化民、董庆年、吕霄云、柯庆芝、张心平、王雪梅、严世钢等人。戴亮毕业于厦门大学，后留学苏联。宋果男毕业于北京大学。

光谱组当时有一台新进口的红外光谱仪，是民主德国蔡斯光学仪器厂产品。据说当时全国只购买了十台，我们光谱组也就是我国最先拥有红外光谱仪的研究组之一。光谱组另外还有一台摄谱仪和相应的设备。后来又购进一台拉曼光谱仪，由车迅和我进行调试。

　　光谱是物质结构内部发出的信息，通过对光谱的研究，人们便可以得知物质内部是如何构成的。20世纪开头的一二十年代是光谱研究的前沿年代。普朗克量子概念的提出，爱因斯坦的光电效应解释，玻尔原子结构模型的建立，量子力学的基础都无不与光谱的研究有关。我们仰视天空，群星灿烂，知道日月运行，都是通过光传到我们眼睛才感觉到的。所以光是星际空间向我们传递信息的使者。我们研究太阳与其他恒星发出的光的光谱，便可知道太阳与其他恒星含有什么元素，是由什么东西组成，有多高的温度，离我们有多远，等等。

　　我过去又没任何光谱专业知识，既已决心从事光谱研究，就要下苦功夫从头学起。到光谱组初期，我以主要的精力钻读了两本光谱理论经典名著。一本是美国著名光谱学家E. B. 小威尔逊等著的《分子振动——红外和拉曼振动光谱理论》[1]；另一本是赫兹堡著的《分子光谱与分子结构》，分两卷出版，第一卷是《双原子分子光谱》，第二卷为《多原子分子的红外与拉曼光谱》[2]。

　　《分子振动》一书作者小威尔逊是哈佛大学的著名教授，书中其余两位作者也是当代著名分子光谱专家。此书有十一章，叙述简洁，逻辑严谨，全用数学论述，详尽而又彻底地阐明红外与拉曼光谱的理论与计算方法。该书于1955年出版，法文、德文、俄文、拉丁文、日文均有译本，但直到1963年我开始学习时还没有中译本。

---

[1] E. B. Wilson Jr. et, al. *Molecular Vibrations*: *the Theory of Infrared and Raman Vibrational Spectra*.

[2] G. Herzberg. *Molecular Spectra and Molecular structure*, Vol. 1: *Spectra of Diatomic molecules*; Vol. 2: *Infrared and Raman Spectra of Polyatomic Molecules*.

我在学校读书时学的一点儿英文,由于多年不看不用,差不多都已忘掉。这时读英文原著,就要拿着英文字典,逐字逐句逐段地啃,以致把一本英文字典都翻得散了架。从专业方面说,发现书中用到的群论和矩阵数学的运算,我也是要从头开始学习的。因此,实际上是,一面琢磨英文,一面琢磨数学。这本书我反复地阅读了几遍,头一遍几乎用了半年的时间,上班时读,下班时也读,后来又断断续续地看了几遍,直至弄懂为止。

到光谱组工作的头半年多,我还着重研读了赫兹堡著的《分子光谱与分子结构》两卷本。赫兹堡是获得诺贝尔奖的著名光谱学家,《分子光谱与分子结构》一书是最早系统全面地论述分子光谱的经典名著。该书不但论述分子的振动光谱,同时详尽地系统地论述分子的电子光谱与转动光谱(后两部分是前书所没有的)。学了这本书,对整个分子光谱的概貌与理论便有了全面的理解。这本书相对说来要比《分子振动》一书较容易看懂,所用数学也相对少些,而且当时也已有了中文翻译本,所以我看起来并不像前书那样困难。

通过对这两本分子光谱经典专著的钻研学习,我对分子光谱的概貌与基本理论已有一定程度的了解。可是,我到光谱组工作的第一年把大部分时间用于读书,光谱组的同事,特别是关德俶组长,并没有说什么,但是研究室里的某些行政领导,看到我上班时天天看书,便以为我不做工作,像个闲人,有些不以为然。

当时在光谱组工作的同事,虽然大多都是大学本科毕业的,在大学读的也都是化学系,而且有的已从事光谱分析工作多年,有的也正在开展催化剂红外吸附态的研究等,他们做的都是实用性的研究,都感到光谱理论知识的不足。在我自学了上述那两本光谱理论著作之后,他们请我做些光谱理论方面的讲座，作为一项工作，我就把自己刚刚学过的东西贡献给他们。

当时或稍后，陶愉生①副研究员领导的一个研究组正在从事有关自由基闪光光谱与化学激光的研究工作，因为他们的工作都要熟悉光谱，所以也经常请我去给他们讲些光谱课。其后，大连化学化工学会也开办了有几十人参加的光谱学习班，学员是大连有关研究单位和工厂的技术员。他们请我们光谱组有关人员去讲课，光谱组的一些同志去讲授光谱仪的结构与操作、实验和光谱的实际应用等，我则负责一般光谱理论的讲述，没有教本，都是自编讲义。我曾编过两章讲义，印发给了学员。在对本组、外组与学会的三种讲授的过程中，教学相长，更增进了自己对光谱理论的体会。

当时国家长期科学规划里，有振动分析这一项，是光谱理论方面的研究工作。过去组里没有人从事过这方面的研究，当时在国内也还没人做，关德俶组长希望我能够进行此项研究，要我从头摸索。我到图书馆去查看有关文献，那时看得最多的期刊有美国出版的《化学物理学报》《美国化学学报》与英国出版的《法拉第会志》等。幸而我刻苦读懂了《分子振动》一书的理论知识，在做振动分析时给了我极大帮助。

一天，我在1962年《美国化学学报》期刊上，看到有人刚合成了CH_2N_2、CD_2N_2等分子。在同一期刊上，有另一篇论文报道了对这些分子的微波研究，测定了它们的键长与键角，并确定了它们的对称点群。其后

---

① 陶愉生（1923—2014），出生于北平。陶孟和之子。物理化学家。抗战期间入学西南联大，曾为中国远征军译员。1948年6月毕业于北京大学化学系。后留学美国斯坦福大学化学系，获硕士学位。1950年10月入大连大学科学研究所（化学物理研究所的前身）。1962年书面建议大化所开展化学激光研究，在他的领导下，1966年在国内首先实现了氯化氢激光实验，以后一直从事化学激光与激光化学方面的研究，他是我国化学激光研究的开创者。1983年8月晋升为研究员。

不久的1964年又有人在《化学物理学报》上报道了这些分子的红外光谱与振动分析,但这些分子的振动均方振幅还没人去做。我觉得这正是振动分析方面的一个课题,外国人还来不及去做,我们可以抢先去做。于是我就决定去推导计算这些分子振动均方振幅的理论公式。按照 S. J. Cyvin 在1959年提出的计算振动均方振幅的方法,结合自己从《分子振动》专著学到的专业知识,我于1964年便推导出了这类分子(普遍化写为 CY_2Z_2 分子)的振动均方振幅矩阵的一般化计算公式,把详尽的推导过程写成一篇文章。

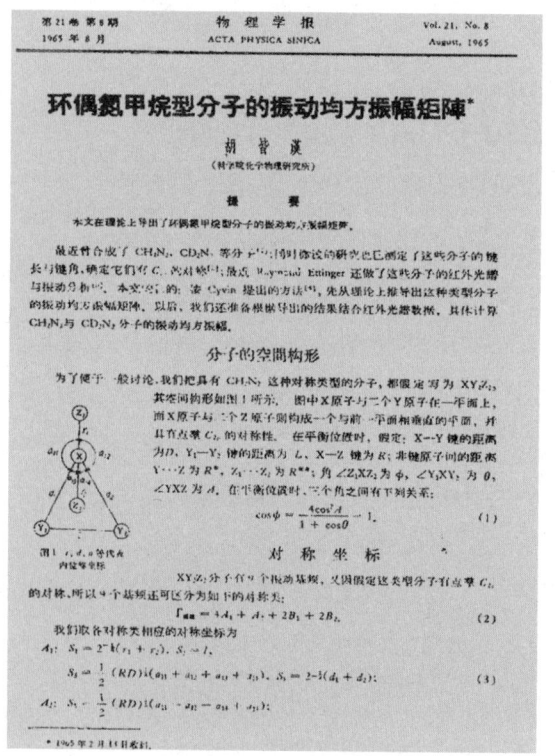

胡皆汉发表的第一篇科学论文首页

1964年初,原在光谱组工作而这时在研究所学术委员会工作的宋化民看到这篇文章后,便把它拿了去,送到长春请量子化学家、吉林大学副校长唐敖庆审阅。唐教授又请他的弟子王治中先生重新推导核对,认为我的推导与获得理论计算公式是对的。于是唐教授便直接把这篇论文推荐给国内《物理学报》,这样,就在1965年8月出版的第21卷第5期《物理学报》上发表了,题目是《环偶氮甲烷型分子的振动均方振幅矩阵》。

这是我直接从事研究工作一两年后发表的第一篇学术论文。我没想到自己这种习作性的工作,头一次写的研究文章，竟被刊登在国内高级学术刊物上，后来又被美国出版的著名《化学文摘》（CA）选录。

与这一篇文章有关，我参加了1964年在上海召开的全国性的光谱学术会议。会议由复旦大学著名教授光谱学界的老前辈周同庆教授主持，地点在上海的衡山宾馆。我之所以能够参加那次光谱学术会议，就是因为我写出的《环偶氮甲烷型分子的振动均方振幅矩阵》这篇论文被采纳了，获得了参加那次学术会议的资格。我们光谱组只有我一人参加，那时我到研究室工作只有一年多。刚刚踏入研究之门，便能参加这种全国性的高规格的学术会议，并在会上作了报告，自己也感到高兴，因为这表明我具备从事科研工作的能力。

也是1964年，我在国外相关期刊上，看到对六氟化苯振动光谱的相关研究。首先，Whiffen 与 Steele 于1959年根据对70多条谱带的分析，确定六氟化苯（C_6F_6）有点群 D_{6h} 的对称（如苯分子 C_6H_6 那样），并提出了全部振动基频的归属。其后在1960年，他们又根据所作的归属，计算了六氟化苯的力常数。但是按照他们所作的基频归属，仍有个别振动谱带不能加以解释，而且按照他们的振动基频归属计算得到的有关苯环形变振动对称力常数的数值，要比苯相应的力常数的数值显著的大，几乎达到后者的1.6倍。看了期刊上的那篇论文，我认为这是不合理的，其振动基频的归属仍可商榷。但他们都是国际上有名的光谱学家。我如果要对他们的归属进行部分修改，必须要拿出更有根据更为合理的解释和更好的计算结果。

我认为这又是一个学习振动分析研究的练兵课题。这时，《分子振动》一书阐述的理论知识，又帮了我的忙。我反复思考，按照文献报道的六氟化苯出现的70多条谱带，提出几种可能的基频归属方案并进行计算，找到了一种既不同于 W-S 的基频归属方案，又可解释他们未能加以解释的谱带，并且消除了上述那个力常数数值过大的不合理现象。我对那个力常数的计算值，与苯的相应值几乎一致。我又把这一研究结果写成一篇文章，取名为《六氟化苯的面外振动》，寄到《物理学报》去。审稿者提了些意见，我按所提意见进行了修改，最后发表在 1965 年 8 月第 21 卷第 8 期《物理学报》上，也被美国《化学文摘》（CA）摘录。

我这两篇论文，虽然提出点新的东西，敢于与国外著名光谱学者商榷，为国内振动分析方面的研究开了个头，填补了我国在这一领域研究上的小空白，但是这毕竟是跟着国外学者后面走，是利用国外文献上的数据，嚼人家嚼过的馍，并没有多大的创新性。

对于我自己而言，这两篇习作，却是我真正在科学研究自由探索的道路上迈出的重要一步。

激光研究新设想——丢失的机遇

我们研究所是国内研究催化方面最有名的研究所。所长张大煜便是这领域的国内领头人之一。20 世纪 60 年代中期，正是我初到研究室做光谱研究之时，研究所里研究催化的某些研究人员，特别是所长张大煜想开展催化剂化学吸附中生成表面键方面的研究，以便更好地阐明催化剂的活化机理。当时研究这方面的最好最新的方法之一，是利用红外光谱来研究催化剂的吸附态，这在国外早些时候已有人进行，但在国内尚没人开始。光谱组要配合这方面的研究工作，开始有组内董庆年等人与催化研究室的梁娟参加，建立适合于催化剂吸附态研究的红外光谱吸收池与相应的抽真空系统等。接着，便进行催化剂的红外吸附态研究。不久，董庆年随所里煤炭研究室迁到山西太原中国科学院太原煤炭研究所（由原来我们研究所的煤炭研究室扩建而成）工作，为了补缺，有较长的一段时间我便随梁娟做催化剂红外吸附态方面的工作。我过去从没有操作过仪器，通过这项工作，我学会了操作红外光谱仪和真空系统，学会了研磨催化剂压制薄片等技术。我在中学、大学时代都没有做过任何实验，这些实验上的操作与技巧的锻炼，对我尤为重要。这期间，我们带了一个合肥中国科技大学的学生做毕业论文，获得了一些结果，初步写了研究报告，只是因为"文化大革命"的到来，未能来得及拿去发表。

大概在1964年，我还参加过一段有关光氧化的研究工作。当时奚祖威（毕业于清华大学，后读研究生，1958年获副博士学位）领导的光氧化研究工作，需要光谱组合作做最适光波波长和量子效率的测定工作。这个工作落在车迅和我的头上，我们用摄谱仪先把光源的各光谱带拍在玻璃感光板上，然后用光度计再量度各谱带的强度；之后，再拍摄测量光氧化体系各光谱带吸收光的程度与反应产物的生产量，并计算出各光谱带的量子效率，从而获得最大效率的最适光波波长。在此过程，我又学会了感光玻璃板的切割与冲洗和摄谱仪的操作等技术。也是由于"文化大革命"到来的原因，所得结果直到1982年才在《太阳能学报》上发表。论文题目为《异戊烯光氧化反应的最适波长和量子效应》。

在我参加光谱研究工作的时候，光学光谱领域也出现了新的机遇。1960年出现了以前没有的新的激光，第一台红宝石激光器于当年在国外运转，这是一种新的东西。研究光学光谱的研究人员，如果能够及时进入这一新领域，那么获得重大发现的可能性就会大得多。

在我们研究所最先看出这个新领域重要性的，是陶愉生副研究员。在激光刚刚出现后不到三年的1962年，他即向研究所领导提出书面建议，希望在所里开展激光与化学相结合的研究。这是一个十分重要的好建议，随后他领导的研究组便在国内首先开展了化学激光的研究。

1964年，我到上海参加全国光谱学术会议期间，大会组织参观上海光机所有关激光研究的装置设备。1960年在世界上才第一次实现了红宝石激光的研究，1964年有关激光的研究还是很前沿的。在参观过程中，该所学术秘书知道我是来自大连化物所的（大连化物所只有我一个人参加会议），便请我代他转告陶愉生副研究员，希望陶愉生能及时在大连化物所开展化学激光方面的研究，能在全国负责起化学激光方面的研究工作，并说他们光机所就不开展化学激光方面的研究工作了。会后，回到大连，我立即如实转告给陶愉生。那时我对化学激光方面的研究也很有兴趣，不时地参加陶愉生领导小组的讨论。

我到研究室后的1963年至1966年的几年中，虽然仍在光谱组做振动分析研究，但应邀给陶愉生他们研究组讲授过光谱知识，此外还积极地参加了陶愉生领导的有关化学激光与激光化学研究工作的文献的阅读与一些工作上的讨论，特别是与该研究组的陈锡荣接触更多。之前，我还给他们组做过一些有关自由基闪光光谱的工作。

1966年，国外学者利用氢气（H_2）与氯气（Cl_2）的快速光化学反应，首次实现了利用化学能泵浦的氯化氢（HCl）化学激光器。国外学者之所以首选这个化学体系来实现化学激光，是因为早已有学者通过光谱研究，对这个反应体系生成的HCl分子的各个电子能级与各能级的最初粒子分布，都做了相当详细的了解，知道一些高能级最初的粒子数比低能级的粒子数还要多，实现了发生激光所必需的所谓粒子数反转条件，所以预言这个化学体系有可能产生激光。这是基础研究工作指导实验的一个例子。

就在国外实现 HCl 化学激光器的当年，陶愉生领导的研究组也立即对此体系进行了化学激光实验，同样出现了激光，获得了与国外学者同样的结果，在我国首次实现了用化学反应体系获得激光的产生。得知这一令人振奋的结果后，我立即对他们组的陈锡荣说，代替氯气而利用氟气（F_2）与氢气（H_2）的光化学反应，可能会获得更强的激光。虽然那时文献上对 HF 分子各个电子能级与各能级最初粒子数分布的研究远不如 HCl 那么详尽，还不能准确地预言这个化学体系是否可以产生激光。但是科学上的直觉与推想，有时更为重要。在化学上氟比氯更为活泼，这是中学生都知道的。要想实现高能态比低能态的粒子数反转，化学反应的速度必须十分迅速，因为处于高能态粒子的寿命很短，很快便会跃迁到低能态上，反应慢了就不可能实现粒子数反转，因而就不可能产生激光。因而我想氟与氢比氯与氢的光化反应更为迅速，前者的粒子数反转比后者更大，产生的激光因而更强，应立即用实验加以验证。可惜的是，那时"文化大革命"已经开始，很难进行实验了。后来国外研制出比氯化氢激光器更强更好的氟化氢激光器。生不逢时，至今想来仍觉可惜。

激光比一般的光有三大特点：一是它的单色性极好，谱线频率范围很窄；二是它的功率很高，比一般的光要大好几个数量级；三是方向性好，发散很小。抓住这三大特点，进行利用，进行研究，必定会获得许多重大的收获。我从第一个特点出发，希望利用激光分离同位素和进行能态间的化学研究。同位素间的差别是因为原子中所含的中子数不同，因而质量不等（原子量不同），质量的不等反映到光谱上，便是相应光谱线的频率稍微不等，而激光的谱线频很窄，便可利用激光把其中的一种同位素从基态跃迁至某一激发态，激发态的反应性自然与基态的反应活性不同，从而在理论上就有可能进行同位素的分离，这是一种很诱人的设想。

说到分离同位素，就会想到分离铀235与铀238最为重要，因为前者是制造原子弹的原料。应用新出现的激光技术来分离它们，自然便成为有关先进国家研究的一个课题。陶愉生研究组当时也用了很多的力量去研究它，当然这也是一个相当困难的课题，因为原子量235与238差别很小，其相应的光谱线频率相差也十分小，对技术条件的要求是十分苛刻的。

我主张先从氢与重氢的分离开始，以便首先从实验上证实利用激光分离同位素的可行；因为重氢的质量比氢的质量大了一倍，质量的光谱效应在所有元素中以它最大，因而最容易实现利用激光来分离它们。同时我更提议，利用激光的窄谱线与功率大的特点，把原子与分子从基态跃迁至各个电子激发态并研究各能态间的传能过程与各能态的化学反应性能等。这种研究过去显然很难进行，现在有了激光，有了新的工具，就可设法进行这种新的研究了。从而有可能出现一个新的"态态化学"分支。

1966年爆发"文化大革命"，一切成为泡影，以后我也再没有机会参与激光方面的讨论与研究。我对激光研究的那些想法和建议，只能在回忆中聊以自慰了。

在排球比赛中，每方六个队员中的五个队员都有相互固定的位置，只有其中的一个位置自由，称为自由人。我在光谱组中的工作，真有点像研究上的自由人。有时去做振动分析方面的研究，有时去参加激光研究上的讨论，有时又去做别的工作，使我在参加光谱的研究工作之初，便有了较多方面的锻炼。

通过三年的科研实践，我自认为还是一个比较适合做基础研究工作的人，从而坚定了自己做科学研究的信心。可惜，好景不长……

农村"社教"又一年

正当我对振动分析等研究工作开始略有进展时,1965年上半年却又把我派到农村去参加"社教"运动,也叫"四清"运动。当时我们研究所被抽调去十多人,我所在的第一研究室被抽调的除我外还有钟秀珍同志。我们研究室有几十名研究人员,他们大多工作多年,没参加过1958、1959年的干部下乡劳动锻炼,照一般道理讲,我于1959年已下乡劳动过一年,应该是轮不到我的。但是现在又要派我下去,我倒不是怕劳动,而是舍不得我的研究工作。我没有申辩,申辩也没有用,服从领导的安排吧。

我们去参加"社教"的农村,是郊区以种植蔬菜为主的泉水村大队,到此参加"社教"的单位还有大连市京剧团的团长和演员。领导这个大队"社教"工作的有三个头儿,一位是大连市轻工局的副局长,一位是军队干部,还有一位是已参加过上一年"社教"的行政干部。工作队中还有上一年经过"社教"的两个农村姑娘,是由那位领导过上一年"社教"的干部推荐带来的。泉水村大队下面分若干生产小队。我们工作队也按小队划分为工作组。和我同在一个工作组的有钟秀珍(她是小组组长),三级京剧演员周小楼和其他两个京剧老演员(名字记不起来了),一个外村姑娘。那时吃派饭,与农民"同吃",每天分配到各家吃饭,付钱付粮票。1965年那时候,经济生产已有起色,吃的虽然是青菜窝窝头,但可以吃饱。我们住在生产大队部的房子里,"社教"办公地点也设在那里,所以我们这些"社教"人员都能天天见面。

"社教"运动的主要对象,是生产队的大小队长、会计等基层领导干部。查所谓的"四不清"。所以工作队的主要工作,便是去查账目,找人了解情况,寻找贪污疑点,确定怀疑对象。然后进行深入调查,核对账目,找"四不清"对象谈话。因为工作队员大都是知识分子,特别是我们这些科技人员,做起事来都比较认真,不会无中生有,不会轻易冤枉人。到后来泉水村没有查出贪污犯,好像也没有公布"四不清"的干部。我们在农村"社教"了一年,"教"了些什么给自己吗?没有。"教"了些什么给农民吗?我看也没有。

我又白白地浪费了一年的研究时间。

　　那时，我们研究所被关进"牛棚"的人已经不少，"牛棚"有多处，分散在研究所内各处房子里。"牛棚"有大小，据说我们所的张大煜所长也曾被关进过小"牛棚"里。我那个"牛棚"的位置，是从研究所前面数起的第四排房子中的一间大房子。我被关时，房子里已关了十多人。每间"牛棚"都有人看管，监视着被关人的一举一动，不许被关人彼此接触说话，与我1955年在北京坐牢时看到的情况差不多。大家只能默默地坐着，不敢相视，偶然眼睛相视也是无言。

第5章
"文革"历劫记事

被赶出研究室

1966年春,我们在农村的"社教"工作结束,回到了研究所。那时研究工作还在进行,我可以经常到陶愉生领导的化学激光小组去参加讨论。但是,随着"文化大革命"的迅猛开展,所内形成了两派(后为三派)群众组织,研究工作很不正常。开始是揭发"反动学术权威""走资派"与"牛鬼蛇神"的大字报满天飞,批斗会此起彼落。逐渐发展至抄家抓人,私设公堂,任意打人,把人关入"牛棚"。后来又发展到械斗,动起刀枪来……

我是个对事喜欢提出疑问、颇爱独立思考的人。我不敢说当时我对"文化大革命"的性质有什么独到的看法,但我自知我不是什么革命群众,所以从不去参加什么革命群众组织。我也没有趁机贴大字报去发泄过去对某些"走资派"整我的不满。甚至我也估计到,在这场"革命"中,自己很可能也在劫难逃。

大概是1967年的某一天，确切月日记不清了，所里的一个什么"革命兵团"中的几个人，其中有两个是女的，命令我带他们一块到我家里。我开了房门，他们立即翻笼倒箱，把我书架上的书翻得满地，把书架也掀倒在地。有一个箱子，我没带钥匙，钥匙在我爱人那里，他们便把箱子砸开，乱翻乱找，把衣服翻得满地皆是。当时我住的是日本式楼房，每层楼房内都有隔音层，隔音层高有十多厘米，可以容人侧身进去，他们也要揭开进去搜查。自然是什么也没搜着，因为我们从来就没有在隔音层存放过任何东西。

那时我大儿子已读小学三年级，抽屉里放有他的一些练习本，他们也不放过，逐本逐页翻看。当看到我儿子做初中平面几何习题的一个本子时，还提高声音批评我满脑子资产阶级思想，说儿子年龄这么小，读小学时就教他学习初中的书，是要教儿子走白专道路。

乱抄了一大段时间之后，把我家来往的所有书信，和一些古典文学小说，如《红楼梦》《西游记》《三国演义》《水浒传》《儒林外史》等全部拿走，把一本我曾在书中写了一首感叹哥白尼敢于提出地动说（日心说）的诗和叙述群论的数学小册子也拿走，甚至连我和我爱人的结婚证以及我爱人当过家乡罗定县县人大代表与县人大委员的证书都拿走了……

这些人抄了我家之后，又把我带走，关在一栋二层楼上的一间实验室里，把门锁起来，要我交代问题。我愤愤不平，和他们争吵起来。科技大学毕业后分配到研究所工作的一个女的竟动手撕我上衣，她的手指甲长，在撕扯过程中竟把我的手背划破，流出血来，日后留下一道深深的痕，好几年后才完全消去。

我独坐牢室，夜里总是睡不着，想着自己的妻儿，怕家人为自己担忧；想到自己读大学时参加中共地下党，怀着美好的理想……如今竟得到这样的下场，不能做自己喜爱的科研工作。我被关了几日，没有什么好交代的，他们没得到他们假想要得到的东西，只好把我放了出来。

我初中时曾集体参加过三青团，我曾在高岗领导下的东北工业部和国家计划委员会工作，在斗"走资派"的同时或稍后，我便被视为"牛鬼蛇神""国民党特务"和"高岗分子"，因此不再让我做研究工作了，便把我放到所里专管清扫的杂务班劳动，我又离开了研究工作。

到杂务班后，我每天一早到杂务班报到，受杂务班班长的指派，扫地、洗厕所、刷墙，什么杂务都做。记得先后和我一起在杂务班劳动过的人有：万邦和（曾留学日本）、梁娟（据说解放前在国立南京中央大学读书时曾参加过三青团）、萧光琰（1950年从美国回国）、傅××（名字记不得了）等人。

关进"牛棚"

大概是在1968年，那时工宣队、军宣队已经进入研究所，与所里的群众组织，组成了研究所的革命委员会。进入我们研究所的工宣队的人员来自大连电瓷厂，多是工人和该厂的某些造反派干部，他们对研究工作一无所知。

一天，我所在的研究室把我从杂务班抽回研究室开会批斗，高压威胁，打我，逼跪，叫我交代所谓的反革命罪行、反革命组织，批斗我是阶级异己分子，是钻进党内的反革命分子……我觉得他们太无理了，我还是昂着头，愤然地反驳他们，说自己在大学读书时参加中共地下党，是拿着自己的头颅来革命，如果被国民党特务知道，是要被杀头的；我读初中时，是集体参加过三青团，那时我是个少年，才十五岁，又是学校叫我们集体参加的，何况那时是抗日战争时期，国共合作，我没有任何反共行动，怎么就说我是反革命分子！我参加中共地下党进行革命活动，为党做过一些工作，反说我是钻进党内的阶级异己分子，有拿着头颅来做阶级异己分子的吗！他们听了我的反驳，无话可说，只能高喊口号"打倒反革命分子胡皆汉""反革命分子胡皆汉必须老实低头认罪"等。几个人上来把我的头按下，我死死不肯低头，按下又昂起，昂起又按下，这样来回几次。他们批我骂我，我还是不停地高声据理力辩，有点像我初中快毕业时的那次"跳竿事件"那样。会开不下去了，他们就决定把我关进"牛棚"。

在关我第一天的晚上，天黑了，研究所里工作的人都下班回家了，研究所院内四面静寂，路无行人。这时来了两个人，把我叫到了一间小房，也不问我什么，把我按住，便拿起早已预备的皮鞭，猛向我身上脚上手上抽打，打肿了我的手，打紫了我的脚，打得我几乎晕了过去。他们打了好一阵子，最后只说了一句"看你还硬不硬"，便又把我拖回"牛棚"。我自然知道，这是对当天批斗会上我反驳他们的"回答"。在我过去看过的文学作品中，有说到"黑夜降临了，魔鬼出来了，趁着黑暗去作恶了"这样的句子，看时理解并不深刻。经过这次挨打，我才体会到文学作家描写之深切。此时一悟，我知道以后再挨打，也一定是夜深无人之时，后来的事实验证果然如此。

在将我关进"牛棚"的同时，又把我家抄了一次。这次抄家的已不是群众组织，而是"三结合"的革命委员会。"文化大革命"期间，我家被抄了两次，每次抄过都一片狼藉。我爱人胆小，三个孩子都小。我们又是南方人，在这里举目无亲。第二次抄家时我已被抓进了"牛棚"，使我爱人精神紧张，吓得小便失禁，以致留下了惊恐症。直到"文化大革命"后的一二十年，她一听到吓人的事，仍会胃肠不适而拉肚子。

那时，我们研究所被关进"牛棚"的人已经不少，"牛棚"有多处，分散在研究所内各处房子里。"牛棚"有大小，据说我们所的张大煜所长也曾被关进过小"牛棚"里。我那个"牛棚"的位置，是从研究所前面数起的第四排房子中的一间大房子。我被关时，房子里已关了十多人。每间"牛棚"都有人看管，监视着被关人的一举一动，不许被关人彼此接触说话，与我1955年在北京坐牢时看到的情况差不多。大家只能默默地坐着，不敢相视，偶然眼睛相视也是无言。

住了不长时间，又把我迁移到另一间"牛棚"。两者相去不远，原是玻璃细工吹玻璃仪器的一大间工作房。这间牢房较大，放置两排床位之外，还可以安放两排小桌子，中间门外有守卫看管两人，大便小便有事必须向看管人报告，允许后才被带出带进。这里关有十多头"牛"，其中有"文化大革命"初被打倒的所党委书记刘时平，研究室室主任楼南泉（后曾任所长、党委书记，中科院院士）和张存浩（后曾任所长、国家科学基金会主任，中科院院士，获2013年度国家最高科学技术奖），还有萧光琰研究员和研究所仪器厂厂长李东林等。"牛棚"里每人一张小桌，摆上用作交代"问题"的笔纸。有人偶然写写，但多数人大部分时间都是白天默默坐着，各想什么，不得而知。我没有什么问题要交代，更不会乱说去揭发别人。不动笔纸，整日默默坐着，脑袋里却不停地翻滚，想着妻儿，想着远在广东家乡的年迈父母，想着自己种种冤枉。也想到德高望重的张大煜所长被关押，想到我们光谱组组长关德傲只因在燕京大学读书时曾与同学们一起欢迎过蒋介石到校参观就被罚在研究所门前站立挂牌示众……这使我开始逐渐地感悟到社会的复杂，人性的扭曲，等等。

"牛棚"里的日子感觉好像比平常的日子更长，思想空间好像也特别的大。我也经常想些数学与物理上的问题，发过一些奇想，比如如何把语言、概念、记忆等物理化与数学化的问题。那时还没有用数码来显示图像的数码照相机，我当然也不可能想到这么具体的办法。头脑中有时也会泛起一些著名科学家的故事。如布鲁诺为坚持真理竟在罗马鲜花广场上被活活烧死，宗教裁判所对伽利略的审判，等等。在"牛棚"里孤寂无助的时候，这些偶尔想起的故事，也会鼓励受难人的勇气，从而继续抗争下去。

"牛棚"里的生活是高度程序化的。一早，看管人员吹哨，大家闻哨齐起，不得起迟。随后穿衣洗脸，趁还没人到所上班，像我在北京坐监狱放风时那样，我们来到所内打篮球的地方跑步。然后又趁着人们还没到所里食堂，我们赶紧到那里吃早餐。大概一日总要念几次毛主席语录，这是"必修课"，特别是有最新"最高指示"时，更是要每人背熟，须用立正姿势大声背出。一般是晚上十点就寝。有时工宣队人员来训话，特别是那个从大连电瓷厂来的工宣队领导之一的宋贵亭训话训得最多。训话内容总是吓唬人的那一套，危言耸听，说什么我们中有美国特务、国民党特务、反革命分子等。还说如果你们不交代，就会像延安整风时期王实味那样被杀掉，还说"整错了又能怎样"！好像他拿了尚方宝剑，我们的生死由他来决定。有时他还会具体指出姓名，说某某是什么特务。有次宋贵亭训话，就说我是国民党特务，要我老实交代，否则要受到严重处理。然而对我来说，这种叫喊并不起任何作用，只能引起我对他的反感。

我记得好像对我没有过一般问答式的提审，只有过两次长时间的批斗审问。每次都是夜以继日地被多人轮番审问，一帮人审过了，又换另一帮人来审我，反反复复，使得我疲劳不堪。他们用"车轮战术"来摧毁人的神经,是叫人说假话的一种方法。我们研究所里有一个从苏联留学获得副博士学位归来的副研究员,被关"牛棚",提审他时,可能一时扛不住了,他便乱说"家中什么地方藏有电台"等,提审者听后,便认为他"老实",自然就不会骂他打他,但却苦了家里人。专案组到他家怎样找,怎么挖,也没有这些东西。我没有这样,顶住了他们的"车轮战术"。第二次审我时,一直把我弄到凌晨两三点钟,还是得不到他们需要的东西。这时,有人上前来打我,几个人又来把我按倒,我无计可施,急中喊出一句"毛主席万岁",他们还真的松了手。过了一会,无奈之下,把我送回了"牛棚"。不久,天已微明,我好不容易挨过了这一天一夜。

萧光琰之死

萧光琰,长在美国,获博士学位,在美国本来有极好的工作,但一解放后就立即回国。我们这个大研究所,当时有五六百名职工,有研究员职称的也不过几个人,萧博士便是其中的一个。

我从研究室被赶到杂务班劳动时,与萧光琰先生成了"难友"。我在农村长大,从小参加耕作,体力劳动对于我来说算不了什么,只是在精神上感到屈辱而已。而对萧光琰先生这类出身经历的人来说,对又脏又累的体力劳动就很难承担,何况又有精神上的负担呢!

在杂务班劳动中,要他去扫地,洗厕所,其委屈可想而知。他每天跟着我们默默地拿起扫把扫地,拿起刷子洗厕所。有一次,锅炉房后面的大煤堆发生自燃,有几处冒烟,杂务班长要我和他一起往煤堆上浇水止燃。因为煤在深处自燃,我们寻来一根铁管插至深处,再把水从管中灌进。我们俩用扁担抬水时，我把桶置于离他三分之二、离我三分之一处。按杠杆原理，他抬水时便要轻得多，但即便如此，他抬水时走起来还是摇摇晃晃，脸上不停流汗。有一趟抬水上煤坡时他还跌了一跤，弄得满身是煤粉，满脸是黑点子，看了真是可怜。在和他一起劳动时，我也总是让着他，自己多做些，让他少做些，轻的让他做，重的我来做。他是高级研究人员，年纪也比我大，过去没做过体力劳动。萧博士和我不在同一个研究室，过去没有工作上的交往，相识而不熟。在这样的同劳动中，当时虽不能彼此多谈，但在患难之时，同病相怜，彼此理解，倒也结下了一段友谊。可惜后来他在"牛棚"中死去了，我常常想起与他一块劳动过的那段艰辛岁月，想到一个爱国归来的高级知识分子就这样死去，于今仍难释怀。

待到进入"牛棚"时，萧光琰博士也和我关在同一个"牛棚"。他的床位不在我这一排，是在对面一排北侧的地方，和楼南泉的床位挨近。在我的记忆中，他被叫出去提审较多，有次他被叫出去提审，没过几天又提审一次，我看到他回来时垂头丧气，衣服背上好像还留有个脚印似的。大概是第二天一早，看管人吹哨，大家都起床了，只有萧光琰不动，邻床的楼南泉叫他，仍是没有反应，摸他的鼻子已没有呼吸，死了。急忙报告看管人，立即来了一些人，把我们"牛棚"里的人，全部转移到另外的房间里，逐个脱衣搜身，看看我们身上衣服藏有什么可以用于自杀的东西没有。后来听人说，萧光琰有失眠症，他每天晚上向看管人员要一粒安眠药，他大概感到绝望，忍受不了凌辱，便把每晚要到的安眠药储存下来，待储到足够的量后，把它们全部服下。这样一个满怀爱国情怀、竭诚归来报国的高级研究人才，就在这史无前例的"文化大革命"中被"革"掉了生命。

萧光琰一家三口，他的夫人是归国华侨，在大连海运学院（现称大连海事大学）教外语，还有一个非常活泼聪明可爱的女儿，那时正读初中。萧光琰一家，住在一座单独的二层小楼房里，和我们研究所其他职工所住楼房不在一起。他被关进"牛棚"时，所里"革委会"已派人住在一层房里看管保护，怕他夫人想不开出事。他夫人和他女儿住在二层房间。据说，当他夫人得知萧光琰在"牛棚"死去后，没过多长时间，大概某一天她女儿有点感冒，当天晚上母亲叫女儿吃药，骗过女儿，把预备好的敌敌畏，喂女儿吃下，之后自己又喝下，然后二人抱着死去。第二天早晨日上三竿，看管人员见她母女仍未下楼，便骂骂咧咧说："这些臭知识分子这么晚还不起床，丈夫死了，还睡得这么稳……"又过了一会，仍未见下楼，便上楼敲打房门，不闻人声，破门进去，吓了一跳，看到母女二人和衣抱着，僵硬地躺在那里，目不忍睹。

在"文化大革命"中，我们这个当时有五六百名职工的研究所，以各种方式被迫害致死的有六人（家属死去的不包括在内），约占职工人数的百分之一。而先后被关进"牛棚"的有好几十人。那时我们研究所技术职称在助理研究员（相当大学里的讲师）以上的人不多，这些人很多都被关进过"牛棚"。我所住的那座人们称作"广和白楼"的四层楼，有四个门洞，每个门洞住八家，我所住的那个门洞就有四人被关进"牛棚"。抓人紧张的时候，住在我们楼里的人，晚上听到车声，都会心惊肉跳。

干杂活与搬"新"家

我在"牛棚"大约蹲了不到一年，便把我放了出来。在放我之前，同一"牛棚"的人，大多已先后陆续放了出去，我差不多是最后被放出去的人了。此后虽然已可回家食宿，与家人在一起，但是我还不能回到实验室工作，仍是戴"罪"之身，安排在所里锅炉房。每天一早到锅炉房去报到，听从工人师傅的指派，有时推煤，有时挖坑，更多的是帮助铲煤烧锅炉。日日与工人师傅为伍，名义上为接受工人阶级教育。有时又把我转到所里房屋维修组去做小工，筛沙子、和水泥、粉刷旧墙。有段时间，所里要学大庆油田盖"干打垒"房子，我又到了那里挖土抬砖担泥，在新屋顶上铺油毡纸。记得当时和我一起去干"干打垒"劳动的，还有楼南泉、张存浩等"罪人"。

有次，我和姜炳南等人被派去清理化粪池。姜炳南1949年毕业于上海大同大学，1957年获副博士学位。我们先打开化粪池上的几块水泥板盖。水泥板盖很重，几个无力的书生费了很大的劲，才把它们抬起移开。一股臭气冲鼻而来，平时爱清洁的学者们，也只能卷起袖子，挽起裤脚，蹑手蹑脚地下到臭气熏天的化粪池去，把粪池中的粪渣、沙石与淤泥铲到筐里抬出去。学者们做了清粪工的工作，原来的清粪工们当然不能去做学者的研究工作，反而清闲起来。

还有一件事也令我印象深刻，留在记忆中。一个原来管理所杂务（总务）的科长，当过八路军，没多少文化，在"文化大革命"中也挨了整。有段时间，他也被派和我一起推煤铲煤，但在挨整中还自鸣比知识分子高人一等。在和我劳动时，不是和我相惜相助，而总是说知识分子不会劳动，没有什么。我于是便与他较起劲来，他推一车煤，我接着也推一车煤，他装煤车装得满满的，我也装得满满的。他无法胜过我，我也不必胜过他。于是我对他说，你能做的我也能做，但我做的科学研究你能做吗！我做的是光谱研究，你知道什么是光谱吗！他无言以对。

在"文化大革命"中,不但我挨整受难,连我的小儿子也受到牵连。1967年我家老二胡伽尼刚入小学读一年级,在学校里有同学在墙上学写了几个什么字,有人认为这是反动标语,便立即怀疑是我老二写的,因为他的父亲是阶级异己分子,正被罚在研究所杂务班劳动。这种猜疑性的所谓阶级分析,在"文化大革命"中大行其道。于是反复追问吓唬他,罚他站立。我老二说,不是他写的。那年他只有七岁。

我住的广和白楼,是日本人占领大连时建的。一套房五六十平方米,内部结构按日本人生活方式设计,进门脱鞋,房内铺木地板;卧室两间,中间由拉门隔开;有小厕所和厨房。在研究所里,这座楼的房子分配给中层干部,即助研或科级行政干部住的,在当时相对来说是比较好的。但是,长期以来,所中大量进人却很少盖房,住房缺口极大。"文化大革命"中,掌权者借着"斗批改"的旗号,好像解放初期搞土改一样,要把我家住的这栋楼重新分配。掌权者规定,家里有五口人和五口人以上的不搬迁。我家大小正好是五口人,应属不搬迁之列。但是有一位掌权者看上了我的住房,于是就说我的孩子小,虽是五口也得搬迁,还说"要他搬他敢不搬"!无理可讲,我们被赶出去了,"新"家是原为一家住而后来隔为两家住的窄小房间。

举家下放农村

1970年春节刚过,上面领导说,可能要与苏修打仗了,形势紧张,为了安全,把我们全家迁移到农村去保护起来。

我家过去住所里的房子,家具也是由所里配备,下农村不能把公家配用的家具带走，临走前我们购置了几件到农村落户用的简单家具，有一个放餐具的小碗柜，一张吃饭用的小炕桌，一张备孩子读书用的小圆桌，还有农村用来做饭用的大铁锅，烧火用的风箱，挑水用的水桶和扁担，照明用的煤油和煤油灯，等等。此外，工宣队、军宣队说下去走"五七"道路的人，必须"五带"：带毛主席语录，带毛主席著作，带户口簿，带生产工具，带家属。因此，我们还买了铁铲、锄头等生产工具。

1970年初春的一个晚上，我们全家到了火车站，看到研究所里许多走"五七"道路的人。大家相见，各有心事，也不说什么，相知者也只是点个头而已。我们下去的地方是庄河县农村，还有的下放到新金县，这些地方离大连市内都比较远，必须先乘火车到城子坦，然后分转各地各村。我们研究所下放的人相当多，加上家属就更多了，所以为我们包了一列火车。

第二天上午，火车到了城子坦，把各家东西卸下，再分开转乘汽车到各家指定下放的农村。汽车大约跑了两三个小时，终于到了下放地点。我家是在庄河县大郑公社大林大队大林东小队。生产队小队长把我们带到一间尚未装好门窗的新建平房中。这平房原也不是为我家落户预备的，在我们到来之前，已有几家被政府安排从大连城里迁出的所谓"下放户"，他们也是新到的。平房建造为一门三房，在中间一房的两侧建炉灶，是放大铁锅做饭的地方。左右两边的房子为卧室，睡炕用石板砌成，上面用泥浆糊好，灶中的烟火从炕底下通过，可以把炕暖热，炕上铺席，就可以睡人了。

我们与下放户陶家住在一起，一家各住一边，同门进出。在到达的当晚，我们这一边的窗门还都没装上，灶冷炕寒。当晚雪花从窗口飘进来，湿了睡炕，冷气扑面而来。我只好把装煤的草袋子倒空，用草袋遮蔽窗口，使雪花飘不进来。再铺下睡被，戴着棉帽，和衣而卧。路上困顿，孩子们竟也慢慢入睡。

第二天起来做饭，我们是南方人，不会使煤生火。幸好，陶家是北方人，陶妈妈好心帮我们做了第一顿饭，才不至于挨饿。饭后，生产小队里带领大家干活的老组长来了，人宽厚和善，见我们没有柴草，便赶来牛车，带领我到山里人家去买了一车柴草。此后我们慢慢学会使煤生火，这样才解决了煮饭的问题。

下放到农村时，我家大男孩12岁，老二10岁，老三女儿7岁。大概是落难人家的孩子更懂事吧，在他们幼小的心灵里，也知道以后日子的辛苦。到农村的第二天一早，老大老二两兄弟便到附近山上去拾柴草。他们听村里小孩说，种菜要用粪肥，几天后两兄弟又拿着粪筐去拾牛粪了。作为父母的我们，很高兴看到孩子懂事，但内心里更感到内疚。下放到农村后，三个孩子就读于村中的大林小学。老大读四年级下学期，老二读二年级下学期，老三入学读一年级。那时村中小学实际上是半读半工，学生个个备有挑筐，经常参加生产队劳动。

我们下放农村，我和我爱人都要到生产队里劳动。我和男社员一样，早起晚归劳动一整天。我爱人干一个上午，中午回家煮饭，下午一般就不去劳动了。

记得刚下去头一年的三四月，春种开始，山上的旱地刚开始解冻，用人拉犁犁地，两人一犁，拉犁者都是身壮力强的青壮社员。有一次，我自告奋勇要和一个小伙子两人共拉一犁，我们二人齐头并进，一样用力，拉竿没有歪斜，就像一头很有力的大黄牛一样往前走，地很长，我们犁了一行又一行，大概犁了五六行后，我们才略为休息。那时我已是42岁，身力渐衰，农民见我一个城市人，一个执笔"先生"竟这么有劲儿，不怕辛苦,能和老百姓打成一片,倒也觉得有点奇怪。他们哪知我出身农村,和他们一样,从小干过种种农活的呀。

我们渐渐融入了农村的生活。下乡第二年,生产队给我们建了一门三房的平房,屋前留有规定大小的空地,可用来盖猪圈,围起来种菜等。建房费由三方面负担,政府、个人、生产队各出一部分。我们中的不少"五七战士"看当时的形势,都以为从此回不了城市了,就把新建房子收拾得整整齐齐,把屋前空地围了起来,以作永久之居。我这个人,一向比较乐观,尽管当时黑云密布,但我总觉得我们这些人不是没有才能,任何社会都要建设,总要用到有知识有才能的人。我认为我们总有一天是能回到城市的,所以,我对房子是得过且过,从不刻意收拾,更不会把屋前空地围成院子,只围了个猪圈养猪,一年养一头,年终把猪杀掉,以供家中肉食。

我们下乡的几年,村中老百姓一般对我们都很友善。我家养的母鸡到别家鸡窝下蛋了,邻居都会把蛋送回来。下乡几年都没人偷拿我们的东西。老组长分配我干活时也比较照顾我这个城市下来的书生。特别有一家邻居,男的是庄河县县医院的医生,是本村人,从小参加解放军,随军当卫生员,"文化大革命"中也挨过整,不过他仍留在县城县医院工作。他的妻子是我家不远的邻居,他们的两个

在农村时的全家住所(摄于1973年)

儿子与我的两个儿子都很要好。他们一家人都很同情我们,把发给他们家的一些购煤的煤票也送给我们。后来我们回城,他大儿子到旅顺参军,当了运输兵。上世纪70年代中过春节时,那时物资仍很缺乏,他总会设法弄到一个猪头送来给我们过春节,雪中送炭,我们都很感激他。以后,他们家与我们家经常有来往,直至于今。他们有时到大连城来探望我们,有时我们也到庄河去探望他们,几十年了,至今仍时有电话往来问候。

村居未敢忘读书

有一段时间,各地农村风行推广生产植物生长激素"九二〇"。据当时得到的一本宣传材料说,"九二〇"是一种细菌的代谢产物,施之于水稻等农作物,可以促进作物生长,增加产量。当时热了一阵,要各生产队推广使用。我所在的生产大队就叫我从事这项工作,以为我是研究所来的,适合做这个事。大林大队有个直属大队管理的果树队,试验生产"九二〇"的地方就设在果树队。果树队队长的儿子来给我做帮手。我下放时带有酒精灯、试管和温度计,原想是为儿子做实验用的。这时正好用得着,便拿到果树队做试验生产"九二〇"之用。我们在果树队要了一间房子,清扫后做了消毒。又做了一个密封操作箱,接菌种在操作箱内进行。另又做了培育箱,把接种后的菌株按要求温度在培育箱内培养。菌株是在斜面生长,斜面是由琼脂和淀粉混合后放在试管中经高压消毒制成。高压消毒的高压锅也从我家拿去。每次接种前,我都要把操作箱进行消毒,接种时先把接种小铁丝在酒精灯上灼烧,待铁丝冷却后,再进行接种。我们先从别处要来一支菌种。一支菌种可接种许多支试管斜面。开始时我们只用菌种的一小部分接种到几支斜面去。这样做是为了把原菌种的大部分保存下来，同时又可以扩大菌种数量。经过几轮的扩大接种，就生产出不少的"九二〇"。培育成熟了的斜面，从外观上看是一片雪白，如果污染了杂菌，斜面就会呈现斑点，出现杂色。当时，我们没有显微镜，不能细看菌形，只能靠肉眼来观察是否培育成功。

我们试验生产成功的消息，传到了公社，传到了庄河县，引起有关领导的注意，便开了个现场会，附近的生产队都派人来参观。生产小队拿我们试验生产的"九二〇"去育稻种，有的说稻根增加，有的说增根不明显。"九二〇"是否真像小册子所说的那样有效，我也是存疑的。像国内的任何运动一样，来时很猛，退时也骤，不久"九二〇"热也就过去了。于是我们也偃旗息鼓，结束了这项工作。我们辛苦了一阵，浪费了点钱物，并没有给农民任何好处。

社会上的事，风行风止，潮涨潮落，奉命行事，大抵都是如此吧。

我个人家里，读书学习，却是雷打不动的。

决定下放农村时，有些失望了或绝望了的知识分子，把自己过去所有的书籍都付之一炬，或是当废品处理了，我则把所有的书都带到了农村。我每天劳动归来，首先到井台汲水挑水，吃过妻子做好的晚饭后，点上煤油灯（后来有电灯），围着下乡时买来的小圆桌和小炕桌，和儿女们一起看书读书。我还对儿女说，即使在农村，也要努力读书，打好基础；即使将来做个农民、做个工人，也要有知识。我说将来一定会恢复大学，只要你们读好小学、中学，将来就有希望。大林东的农村，夜幕静寂，牛马归栏，路无行人，偶闻狗叫，纵有虫声唧唧，鸣声不大。农夫农妇沉睡之时，我们一家窗户总是透出微光，洒落屋外，往往要到夜里十点或十点多才熄灯入睡。

在走"五七"道路的三年半时间里,我重读英文的光谱学经典专著《分子振动》一书,断断续续地把它翻译成中文初稿,为以后的正式出版打下了很好的基础。

很难请的探亲假

我们下放到农村落户,走所谓的"五七"道路,人们称我们为"五七战士"。"五七战士"散落于各村各生产小队,一般一个生产小队只有一两个"五七战士"户。我所在的生产小队就只有我一家是"五七战士"户。管理我们的系统,是一个公社有一个"五七"连,一个生产大队有一个"五七"排。我们大林大队"五七"排有十多名"战士",分别来自大连皮革厂、大连染料工厂、大连塑料厂、大连邮局和大连化学物理研究所等单位。开始时排长为邮局下放来的刘云山同志,后又转为皮革厂的曲敬秋。各排"五七战士"每一两周集中开会一次,时间约为一个上午,学习政治、报纸或传达上级指示,或指出需要注意的地方。有时公社的"五七"连也开大会,集中全连"战士"传达重要文件,或对犯了"错误"的某些"战士"进行大会批评批判。

1971年发生"九一三"事件后,按程序进行内部传达,但是,在召开全连大会向全体"五七战士"传达时,包括我爱人在内的所有"五七战士"都去参加了,只有我一个"战士"留在村里,不准参加。由此可知,我是入"另册"的人物。

林彪事件后,便开始陆续有"五七战士"被抽调回单位去。待到1973年6月,我所在的排,除了我和我爱人外,几乎都已被抽调回去。我虽然有心理准备,但我的子女看到别的人家都回去了,不免有些心急,有时会问我们什么时候才能回去。我哪能回答得出来。

我和我爱人于1957年1月在家乡罗定结婚之后,第二年4月我大儿子出生时,我顺出差西南之便,回过一次老家。转眼15年过去,我们没有回去看望过年迈的父母。并非是儿子不想念父母,只是我屡遭整贬,苦之又苦,难之又难,无法接他们到身边来尽孝奉养。

到了1972年底,得知和我们一起到大郑公社走"五七"道路的同一个研究所工作的关哲同志,被批准回广州探亲去了。于是我们也提出申请,好不容易批准我爱人带着老二和老三于1973年初先行回老家探亲,我和老大留在村里。过了些时间,我也提出申请要回老家看望父母,起初"五七"连部没有批准,怕我趁机逃跑。后来知道是有排里领导刘云山为我说了好话,并愿意为我担保,于是连里便很勉强让我回去探亲了。我老大前一年多已经回过一次老家,并不随我回去,继续留在大林东村,有些人质的味道吧。

那时从大连到广州还没有飞机,辗转坐火车要坐四五天才能抵达广州,再从广州乘船坐汽车回老家,顺利时也要走一天多。好不容易才回到了久别的老家,看到溪山不改,住屋依旧,父母却老,难过之情涌起,不觉潸然泪下。入室拜老,下泪更多。父母看到儿子回来自然满脸高兴,但也知道儿子一家正在下放农村,也不免有些忧伤。我尽量不说"文化大革命"中的种种苦楚,而是尽可能多说些他们孙子孙女聪明听话、努力读书等好话给他们听。村里的兄弟叔伯来看我,我也没有什么东西谢赠给他们,一支香烟,一杯淡茶招待他们而已。我内心里深感到对不住自己父母,他们含辛茹苦养育了我,从小学、中学到大学,为我出了多少力,吃了多少苦,才能筹到学费、生活费来供我读书,他们在我身上寄托了多少希望与幻想。如今，我竟以一个"流放者"的身份来还乡省亲……

我在老家住了一段时间，又赶到广州去和妻子儿女会合。他们先前已先回了老家看过了我的父母，现在正住在妻子弟弟家。

我们在广州住了一大段时间，当时广州已比较开放，受香港影响，看到有些青年已穿开口大喇叭裤，有时也能听到偷渡逃跑到香港的故事，谈海外关系也无所顾忌，这与东北大不同。我们看了听了，也感到有些不可思议。到了1973年4月，我们就回到庄河大林东村了。

回到农村后，便听到关哲因为回广州探亲而受到"五七"连领导责难，批评他有借机逃跑的思想。关哲毕业于广州中山大学，解放前便参加了中共地下党领导的工作，到大连化学物理研究所工作后，曾任一个研究室的党支部书记，一向工作积极，没有什么错误。但在这史无前例的"文化大革命"中，也无法幸免。他同样受到了走"五七"道路的待遇。更令人奇怪的是，像他这样忠诚的党员回乡探亲也被怀疑，也要受到责难。

据说"五七"连部也正想开会批评我，大概理由也和责难关哲差不多，说我想逃跑。正在此时，他们知道有单位要把我抽调回大连市，也就作罢了。

在这期间，我曾先后获得了"轻化工所先进工作者"和"大连市化工局先进工作者"的称号，1977年大连市化学工业局还颁发一个"个人科技成绩显著奖"给我。

1978年全国科学大会之后，大连市也召开了全市的科学大会。作为我们研究所唯一的一个研究人员代表，我参加了那次大会。在此期间，大连市广播电台向全市播送了四个人的科技工作事迹，其中有一个便是我。

第6章 在大连轻化工研究所的六年安定时光

掌握了红外光谱分析

1973年5月，我的调令终于到来，这令我们全家都很高兴，但同时也使我们有些失望。因为我的调令不是把我调回原单位大连化学物理研究所工作，而是把我调到地方上的旅大市轻化工研究所去。另外，这个调令只是调我个人，没有我爱人的调令，这意味着她和孩子仍然要留在农村。但是，这总算是看到了曙光，我相信他们也很快就会回城的。

那时关哲也已接到了调令，他也不是调回大化所，而是调到设于大连的辽宁省化工研究所。我们两人约好一起回大连了解情况。我先到大化所，请求改调回光谱组工作。我说我在所里是搞光谱中的振动分析研究的，属基础性研究，现在调去地方研究所搞我不熟悉的应用研究，恐怕不合适，但是他们不接受我的请求。接着我又得知，我们光谱组组长关德俶同志，同样和我们一样下放庄河农村走"五七"道路，虽然调回了大化所，但是也不能回到原来的光谱组工作了。她是大化所光谱研究工作的元老，对她尚且如此，何况于我呢，于是我就死了这条心。

之后，我到大连轻化工研究所去了解情况，该所的办事人员热情地接待了我，领我到该所分析室去参观仪器，我看到有一台红外光谱仪，知道还是可以做点工作。

1973年6月，我正式到大连轻化工研究所（以下简称"轻化工所"）报到，分配在该所的分析室工作。这样我就结束了"五七战士"的生涯，告别了大林东村，也脱离了大化所。我自1958年6月进大化所至离开它，整整十五年。在这十五年中，我前后三次下农村共五年半时间，"文化大革命"中的坐"牛棚"与强制体力劳动又有三年多时间，加上初到所里的一年杂务行政工作，合起来整整十年，只有两年多的教书与两年多的研究工作。我当初满怀希望与向往走进科学院的研究所，想从事真正的科学研究，到头来，却是被扫地出门。

当时的轻化工所有职工两百多人，有四个研究室、一个车间、一座图书馆。主要从事抗氧化剂、阻燃剂、防水剂、抗静电剂与衣料整理剂等助剂的应用研究，以及氮肥增效剂的开发研制等。研究人员主要是来自辽宁大学、吉林大学、黑龙江大学、大连工学院等大学的本科毕业生，一般都比较年轻，大多在三十岁左右，职称差不多都是技术员或研究实习员，缺乏中级与高级研究人员，很希望有经验的研究人员能来指导他们。

到轻化工所后，我才知道，在下放农村走"五七"道路的大化所人员中，被调到轻化工所来的不止我一个人，连我在内一共有十个人。其中和我年纪差不多的人比较多，他们都已积累了不少的研究经验与技能。十人中的张兆兰和黎仁韬与我都有助理研究员的职称。张兆兰早年就读于北洋大学，大学毕业后，很早就到大化所工作，后来又到苏联留学，一直从事研究工作。黎仁韬早年毕业于浙江大学，下放农村前，是大化所一个课题的负责人，有多年的研究经验。还有苏君夫，年纪和我差不多，1949年就到大化所工作，1960年建立化学物理学院时，他是该学院的党支部书记，很有管理经验，也从事研究。我们这些人的到来，对大连轻化工研究所来说，无疑是一股重要力量，该所领导与一般研究人员还是很欢迎我们的。

我所在的分析室，当时有工作人员十人，有一台红外光谱仪、一台气相色谱仪、一台元素分析仪与经典的化学分析设备。室主任刘长乐同志，20世纪60年代中期毕业于大连工学院。该室工作主要为全所各课题组分析服务，当时没有自己研究的课题，类似于工厂的中心分析室。

我被分配做红外光谱分析工作，具体操作红外光谱仪与谱图分析工作，是一般的工作人员。在我到该分析室之前，据说所内各研究课题组来做红外光谱的很少，因为作出谱图后，他们自己也不会解释，所以红外光谱仪运转的时间很少。我到了该分析室后，大概他们都知道我过去在大化所时是做光谱研究的，便以为我对红外光谱分析十分精通，于是各课题组都拿来样品，要我画红外光谱图，并请我给予解释分析，要我指出他们合成的或试制的样品产品的化学结构是否对头。他们哪里知道我过去做的是理论性的光谱振动分析研究，具体实用性的红外光谱化学结构的分析工作，我过去从来就没做过。于是，我只得又从实用性的角度来学习有关书籍。

这方面最经典也最有名的一本著作是英国人 L. J. 贝拉米著的《复杂分子的红外光谱学》（*The Infrared Spectra of complex Molecules*），该书分章分节地列出了各种化学基团的相关特征红外光谱表，并作了相应的讨论，是一本很实用的书。于是我把它钻研了一番，再结合各种化合物的标准红外光谱图集与过去学过的光谱理论，应用于所里各课题组提出的实际问题，很快就收到了成效。不但可以给各课题组样品画谱图，而且也可以给予分析解释。我一看红外光谱图，根据它们出现的谱带与各谱带相对的强度，思考关联化学基团特征谱带和所画谱图，很快就能判定样品所含化学基团。如果再结合合成化合物或试制化合物的化学结构来思考，就可以比较容易地得出合成或试制的样品是否是所想合成或试制化合物的化学结构。

分析化合物基团，是红外光谱的拿手好戏，我就靠了这些实用性的光谱知识，再加上点思考，很快就解决了各课题组所提出的红外光谱分析问题。

我对红外光谱的具体分析工作渐渐熟练，我也很乐意为各课题组服务。一般的分析工作者，只画谱图或交出分析数据就算尽职了，我不会止于此。我会给他们解释光谱图，不仅要分析经过提纯的合成样品，还会主动为他们分析那些未经提纯的合成样品（混合物），指出合成样品中主成分之外的那些副产品，以便他们按分析结果来改进合成条件。

我很快就得到各课题组研究人员的信任和欢迎，他们愈来愈感到红外光谱分析的重要，随之而来的就是分析样品的大量增加，红外光谱仪的利用率大增，几乎每天都要开动七八个小时。我又要操作仪器，又要给人解释谱图，晚上还要看书，一天下来，相当疲劳。每天在研究所公共食堂吃饭，晚上一个人临时住在分析室的小办公室里。夜幕降临，我经常想念仍在农村的妻子儿女，往往难以入眠。有时夜半醒来，翻身侧看，不见妻儿，思念更深！

我爱人直到1973年12月才调回大化所，比我回城晚了半年。我回农村去接他们，临行前办了几桌席，酬谢村中乡邻，请了一些村中老者和平日对我们友好的邻居与生产小队的干部，大队的个别干部也来了。1973

回城后暂居办公室时全家合影（摄于1973年）

年12月我们举家离开了下放四年的大林东村，在艰困的岁月里，大林东村接纳了我们，留下了不少情谊与怀念。在隔了20多年后的1997年，我和我爱人专门回大林东村去了一次。

我们全家回到城里，没有住房，一家五口临时挤在轻化工所分析室那大约十平方米的小办公室里。分析室在一栋两层楼房的上层，两层房间全是实验室，不能煮饭用火，我们就只好在底层屋外临时架个露天炉灶煮饭，炉灶接近厕所。我爱人仍分配回大化所工作。轻化工所离大化所较远，要转两次车。她一早起来做早餐，然后匆忙地赶去上班，晚上往往抱着一大包青菜回家，因为那时孩子正是长身体、饭量大的时候。

幸好，不久之后，轻化工所在办公楼旁边建好了一栋三层楼房。我们搬到第三层最靠西南边的一套房子里。这套房子有两卧室一厨房，是这栋楼房面积最大的六户之一，因为我们家人较多，算是照顾的了。从此我们的生活与孩子的学习就比较正常了。虽然以后几年仍处在"文化大革命"中，风云变幻，各种批判运动仍在进行，但是我感谢轻化工所的领导和群众没有再借故整我，给了我一个难得的较为轻松的工作环境，这在当时实在难得，真要谢天谢地了。

首次接受所外任务：剖析法国助剂

20世纪70年代初期，国家决定在辽宁省辽阳市建立一个大型的现代化石油化纤联合企业，是国家重点建设项目之一。它以法国进口装置为主，由进口装置和国内配套项目两部分组成。建成的辽阳石油化学纤维总厂投产后，每年可生产几十万吨计的的确良、尼龙合成纤维原料，数万吨计的塑料原料，以及几十万吨计的可做合成橡胶、农药、医药等原料的各种副产品。这是一个大型的现代化企业，受到各方面的重视。

该总厂投产后，需要各种各样的配套助剂，有关方面已决定这些助剂不从法国进口，而由国内自己生产。在组织生产之前，必须掌握各种助剂的成分和化学结构以及有关分析指标。

总厂派人到轻化工所来商议，询问是否可以承担这一剖析任务。过去轻化工所分析室没做过这种带有探索性的剖析工作，因为这关系到国家重大项目的生产问题，带有一定的风险。所领导来征询我的意见，我说这项任务虽然艰巨，我过去也没做过，但凭我来轻化工所后的工作经验，只要大家合作，我们是可以承担这一剖析任务的。所里于是就决定承担下来。辽阳石油化学纤维总厂拿来了十四种助剂产品，每种助剂只标了个名称，如"Tinuvin 120"等，并没有提供组分和化学结构。总厂当时也没有提出要我们进行的具体分析项目和检验方法。所以此项任务，带有半分析半剖析[①]的性质，比一般指定的明确分析，要稍困难些。

据说辽阳石油化学纤维总厂给了轻化工所六万元的分析费，当时职工

---

① 一般说来，"分析"的内容是明确的，而"剖析"则往往是未知的，需要探索、研究。

的工资每月只有几十元，六万元可以够全所两百多人五六个月的工资开支，在当时可算是比较大的一笔款项了。分析室接受此项任务后，就指定我来任总负责人，具体制定分析项目，指挥全室十人分工合作，各守岗位，做好各人负责的分析任务，遇到难点共同讨论解决，然后由我综合，写出报告。我在分析室不是领导，不是室主任，但大家都信任我，都听从我的安排。

我们对每一种助剂都进行了详细的分析。首先是确定每种助剂的组分，然后对每个组分进行详细的化学结构鉴定。推定化学结构后，再寻找已知化合物与之对照，符合后才作结论。然后，还要测定其他的分析项目，如熔点、灰分、挥发性、色泽溶液颜色与折光率等。在分析中，最重要的是确定助剂组分的化学结构。当时能够使用的工具，主要是红外光谱仪、紫外光谱仪与元素分析仪。其中，主要是根据红外光谱图来分析助剂的化学结构，这一工作主要也由我来承担。

我们对十四种助剂都做了详细分析。对每种助剂都写了一篇详细的分析报告。报告列出了所有的分析项目、分析数据、红外光谱图与紫外光谱图，能够汽化的也画出了相应的气相色谱图，并对分析过程作了简要的叙述，最后按文献报道指出该助剂是一种什么类型的助剂。我编写的这十四篇分析报告，后来以《国外助剂分析鉴定资料专辑》为题，发表于1975年第三期的《助剂通讯》期刊上。

此项分析任务进行得相当顺利，对于我是一次实际分析工作上的锻炼，是我业务范围的一次扩充。我最初在大化所做研究工作时，是做振动光谱（即红外光谱与拉曼光谱）方面的理论性探讨，来到轻化工所后才开始做红外光谱应用性分析工作。这次助剂的分析任务，又需要我去熟悉紫外光谱、气相色谱与有关的化学分析，于是我又自学了与这些知识有关的经典专著，这使我在理论与实践上都逐步得到了锻炼，对我以后的研究工作是大有好处的。

这次助剂分析任务的完成，提高了轻化工所的声誉，也大大增强了分析室群体的自信。过去的分析室只是给所内各课题组做分析服务，几乎没有自己的分析课题。由于我们对十四种助剂的分析工作做得比较好，比较完整，辽阳石油化学纤维总厂很满意，于是接着又把第二批十三种助剂拿来请我们分析，又给了一笔相当可观的分析费。研究所领导与分析室也再没有第一次时的疑虑，有了自信，便立即一口答应承担下来。

这一次，分析室的领导也许是为了培养新人，一开始没有让我负责，但工作进行了一段时间后，原定负责人感到困难，便主动退下，领导又叫我做了总负责人。我们驾轻就熟，很快就完成了任务。我同样对每种助剂分析写了一篇详细的分析报告，又以《国外助剂分析鉴定资料专辑之二》为题，发表于 1977 年第一期《助剂通讯》期刊上。

在《助剂通讯》上发表这两期"专辑"时，都只在前言中署名"大连市轻化工研究所分析室"，没有写参加工作人员的名字，这是那个时代中国科研工作的一种"特色"。我觉得有必要借此机会写出他们的名字：胡皆汉、于中素、刘长乐、范桂花、张俊杰、张凯、黄洪铖、王永福、梁丽。

氮肥增效剂的分析报告

在大连轻化工所中，除研究各种助剂之外，还有一个李忠义领导的小组是研究氮肥增效剂的。氮肥施于土壤，被植物吸收，土壤里含有可分解氮肥的硝化菌，会降低植物吸收氮肥的利用率。氮肥增效剂的作用，便是抑制硝化菌的生长，达到增加肥效的目的，这项研究因此在当时受到了相当的重视。当时美国已有工厂生产氮肥增效剂，但没有发表它的化学结构，也没有发表它的红外光谱图。在这种情况下，李忠义小组请求我们协助分析增效剂中的有效成分，这是1975年的事情。

氮肥增效剂的合成原料，是由α-甲基吡啶与氯起反应而制得的。我们分析室的首要任务，是要弄清氮肥增效剂的化学结构是什么。α-甲基吡啶与氯反应，随着反应条件的不同，可以生成一系列的化合物，同时还由于使用的α-甲基吡啶不可能很纯，会含有少量的吡啶，它在氯化后生成系列化合物会更多。我们首先对主成分进行了分离，并利用红外光谱对它的化学结构进行考察，得出的结论是，氮肥增效剂的化学结构为2-氯-6-三氯甲基吡啶。

这样，我们就可以说是满足了李忠义小组提出的要求，完成了任务，但是，我是个喜爱研究的人，并不满足于此。希望再用其他各种光谱学方法对它的化学结构继续研究。同时，还想对其一系列的副产物的化学结构作出鉴定，尽量把工作做得更完整、更深入。于是，便有了下面所述的质谱、核磁共振与色谱等一系列研究工作。这些研究工作都不是李忠义与领导要我做的，是我自由探索的一种表现。如果我没有自由探索的追求，以下一系列工作中有点水平的色谱和核磁方面的一些理论创新都无从谈起。令人庆幸的是，领导与同志们都没有阻止我这样做，在当时的历史条件下是很难得的。

化学结构研究的另一个重要工具是质谱学。决定一个新分子的化学结构，首先需要知道新分子的分子量。高分辨的质谱仪给出的分子量可精确到小数点后四位，因而可以推出最可能的分子式。此外，质谱除出现分子离子峰外，还可以出现分子的碎片峰，研究人员可以从质谱图中的各个碎片峰，推出整个分子的化学结构。

为了从更多方面来探讨氮肥增效剂的化学结构，我到外单位画了它的质谱图，又找了一两本质谱学的书籍来读，然后摸索解释氮肥增效剂的质谱图。也写过一篇分析性的文章，发表在1977年第2期的《助剂通讯》上，虽然没有什么学术价值，但经过这么一练，也从此就懂得点质谱学的知识了。

1975年初，我在文献上偶尔看到说核磁共振法对化学结构鉴定比红外光谱法更为有效。我是个喜爱研究的人，在我用红外光谱法鉴定氮肥增效剂的化学结构之后，就想用核磁共振来鉴定。

核磁共振是分析分子化学结构的有效工具。自1946年，Purcell及其同事在哈佛大学测出了石蜡的核磁共振谱，Bloch及其合作者在斯坦福大学测出了液态水的核磁共振谱之后，1951年又发现在同一分子内处于不同化学环境的质子，测出了分离的共振谱线，便打开了用核磁共振方法来测定分子结构的重要科学领域。

1975年下半年，我先借来核磁共振波谱方面的专著来看，以便对核磁共振波谱学有些了解，其中有一本是由我国波谱学的先行专家梁晓天院士编著的小册子《核磁共振光谱解析简论》（1964年出版）。另外，我得知山西省太原市的一个单位刚从国外进口了一台简易的核磁共振仪，只能做氢的核磁共振谱，就出差到太原，请他们为我们画了一张氮肥增效剂的氢谱。回到大连，我用刚自学到的知识，对谱图进行了分析，用氢谱来鉴定氮肥增效剂的化学结构。我将分析结果写成一篇文章，发表于1977年的《分析化学》期刊第三期上。那时国内有关核磁共振研究方面发表的文章还是相当少的，这是我在核磁共振研究方面发表的第一篇文章。

我们对氮肥增效剂的化学结构做了多方面的分析工作，一方面使我对研究化学结构的各种工具仪器与学识都有了一定的认识，这对我以后的研究工作十分重要。另一方面，氮肥增效剂的研制是一项有关农业生产，提高化肥利用率的事项，在当时"以粮为纲"的年代，有关农业生产的研究项目，自然受到重视，大连市轻化工研究所对氮肥增效剂的研制自然也受到有关方面的重视。

李忠义领导的这个氮肥增效剂课题组，在研制了几年之后，于1978年召开了鉴定会。研究所领导叫我在会上作氮肥增效剂分析方面的报告。我把我们对氮肥增效剂做过的元素分析、分子量测定、色谱、质谱、红外光谱和核磁共振谱作了全面的汇报，并把氯化过程中产生的副产物的分析也作了介绍。与会者普遍认为分析工作做得十分全面，相当彻底，普遍给予了好评。北京化工部派来参加会议的人甚至说，这样彻底和有水平的分析工作，即使在中国科学院所属研究所做到这种程度也是难得，何况一个地方研究所呢！听到这样的评价，大连市轻化工研究所和大连市化工局的有关领导自然也很高兴。

还有一个与这项工作有关的小故事值得一讲。

大概是在轻化工所从事研制氮肥增效剂期间，20世纪70年代打开中美交流的大门之后，北京化工部曾有一个代表团到美国访问参观。在参观到一个生产氮肥增效剂的工厂时，据说是该厂一个工人给了我们一小瓶产品。参观团的人回国后，便把那瓶东西的一小部分送到大连轻化工所来，叫我们分析。我们分析后，知道美国产品的主成分和李忠义小组研制的氮肥增效剂的主成分是一致的，也证实了我们以前对氮肥增效剂化学结构鉴定之正确。不过令我惊奇的是，美国产品居然还有少量含硅的化合物。我们仔细地分析了这些含硅化合物，才知道它们主要是二氧化硅，即通常所说的沙子。我们把这种情况报告了北京化工部，后来化工部的人说，美国那个工人是临时在地上捡了个不干净的瓶子装的样品，沙子的来源也就弄明白了。通过此事,化工部的同志认为大连轻化工所的分析工作很认真,很有水平,给了他们一个好印象。这也给大连市化工局增了一点光彩,因为轻化工所的直接上级单位便是大连市化工局。

第一次投给《分析化学》的论文稿

在"文革"中"抓革命,促生产",即使完成了一项任务,也不见得是一定要写成论文的。对于我来说,撰写和发表学术论文,则是我研究工作不可缺少的组成部分。对氮肥增效剂有效成分的分析工作完成之后,我便把确定此化学结构的详细光谱依据写成一篇文章,投给《分析化学》期刊。

按当时通行的做法,投到学术期刊上的文章,在作者栏上只能写上"大连市轻化工研究所分析室"的单位名称,而不能以我个人署名。

按编辑程序,学术期刊都是要经过专家审稿的。当时,用红外光谱来确定文献上未载标准光谱图的未知分子结构的工作,在国内还比较少。轻化工所是个地方研究所,在学术上没有什么名气,分析室过去也从未在国内高级科学期刊上发表过任何论文。审稿者可能认为这种研究所的分析室做不了这样的工作,也可能是他的光谱专业知识不够,便否定了这篇文章。审稿者没有指出哪些具体地方有错误,哪些论据不足,只是一般原则性地推断:仅用红外光谱不足以确定分子的化学结构。

编辑部把稿件退了回来,同时也寄来了审稿意见。我接到审稿意见后,认为审稿意见有问题,便很不客气地回了一封信给《分析化学》编辑部,并请转告审稿者。我说,我们确定的是小分子而不是大分子的化学结构,在一般的红外光谱专业书籍里,也有不少仅用红外光谱法即可确定小分子化学结构的例子。我举出了具体的书名，希望审稿者能够抽空看看。同时我还指出，科学是具体的，对具体的事物要做具体的研究，不能用一般笼统的说法去否定别人的东西，何况自己所说的一般原则就不对头呢。

应该说，这个刊物的责任编辑还是很尽责的。他可能觉得我说的有道理，就把退回的稿件要了回去，再由审稿者重审。这次，审稿者很认真，只是指出了我引用参考文献中抄错了某作者名字的英文字母和个别可以商榷的标点符号。不久，该篇文章便以《红外光谱法鉴定氮肥增效剂——2-氯-6-（三氯甲基）吡啶的化学结构》为标题，发表于1975年第4期的《分析化学》期刊上。这是以"大连轻化工研究所分析室"的名义在国内高级学术期刊上发表的第一篇文章。

这次稿件经历的周折，也是给自己的一次警告。多年以后，我经常接到国内有关学报送来给我审阅的稿件，不论作者是谁，我都会认真加以对待。审阅不太知名或比较年轻作者的稿件时，我一般都尽可能指出稿件需要修改的地方，或指出需要再补做些什么实验，或补充些什么内容。

率先引进高压液相色谱仪与核磁共振仪

气相色谱是分离分析的有效工具，但是不能汽化或汽化发生裂解的样品便不能使用它来进行分离分析。为了克服这些困难，国外在20世纪70年代初期便有高压液相色谱仪器的生产。但是直到70年代中期，即使是国内研究色谱最早与领先的中科院大化所，都没有一台高压液相色谱仪。不知是什么原因，也许是因为我们对辽阳石油化学纤维总厂的两次助剂分析做得相当出色，得了一笔大钱，或是其他原因，大连市轻化工所竟于1977年或1978

年,在辽宁省率先从日本进口了一台高压液相色谱仪。这是通过设于沈阳的辽宁省科学仪器器材公司购进的。据该公司的那维本同志说,当时一共购进两台,一台给我们,另一台给中国科学院沈阳林业土壤研究所。

高压液相色谱仪由日本运到沈阳,我们再从沈阳运回到我们的分析室。这样昂贵的新仪器,过去没人操作过,也无法从大化所从事色谱研究的人那里取得经验与指导,日本厂家也没派人来教我们安装和试操作,一切都得由我们分析室的人来解决。为慎重起见,领导决定成立一个临时验收小组,由我担任验收小组的负责人。

我对色谱本来就是外行,对高压液相色谱就更是一窍不通,"文化大革命"的余威未过,我怕搞不好把仪器弄坏,人家就会说我是搞"破坏",是有心理负担的。但是领导既然信任我,我也不好拒绝,于是就答应下来。

我把随高压液相色谱仪而来的说明书,详细地阅读了一遍,并把它从英文翻译为中文。这台高压液相色谱仪,除主体高压泵与色谱柱和连通管外,还有紫外、荧光与折光视差三种鉴定器。我请鉴定小组里的人,分工负责,仔细阅读说明书,弄清楚说明书所说的每一句话。然后进行讨论,大家都弄明白了,再开始试操作试运转。验收工作并不是一帆风顺的,先后遇到管线阻塞、螺丝掉扣、排液管缺失等问题,都说明生产厂家并没有对这台仪器进行过严格检验,这使我怀疑日本人平时称道的严格,说他们的产品是如何如何地经过严格检验,保证质量等。反过来,如果不是这样,就要另解释他们是有意这样做的了,有意为难中国人,等到你不能解决时,便要请他们来了。幸好,我们自己解决了这些问题。经过十多天集体的努力,仪器终于验收成功,便投入正常的分析工作了。

据说,与我们所同时进口的林土所的那台仪器,在验收时也遇到了困难,以致在我们验收完后的较长一段时间,他们的那台仪器仍没正常运转。辽宁省科学仪器器材公司的那维本同志便请林土所负责验收那台仪器的人到我们分析室来取点"经",我们按那维本的嘱托接待了他们。

那维本通过这次验收仪器的对比,对我们的验收工作大为赞扬,说一个地方上的研究所能有这样的人才,能够做到这样,很令他信任。因此不久之后,他建议把将要建立的辽宁省分析中心也建在大连市轻化工研究所,或另在大连建立一个辽宁省分析中心。虽然后来这项提议未能实现,不过也足以说明他对我们分析室的信任。

1978年底,大连市轻化工研究所又从日本进口了一台永磁铁的简易核磁共振仪。据说当我们研究所提出要买台核磁共振仪时,辽宁省科委的某些领导觉得很惊奇,因为那时整个辽宁省的所有研究单位以及中国科学院在辽宁省的研究单位和高等院校都没有核磁共振仪,一个小小的地方研究所竟要购买,有这种人才吗?! 后来他们了解到该所有由大连化物所调来的研究人员,才同意购买的。我们购买的那台简易核磁共振仪大约相当于国外20世纪20年代初期的水平,只能做氢谱,共振频率也只有60兆赫,可是从历史的角度看,它却是辽宁省、大连市的第一台核磁共振仪,随之我也成为这里最早使用核磁共振仪的人。不过,在调试开始使用不久的一年后,我就调回大化所了。

一项具有创造性的研究工作

氮肥增效剂的结构分析工作,本来是为别人服务的一项工作,但对研究者来说,基础性、理论性的工作,往往是自己受到某种启发才要做的,而不是领导者或别人要你去进行的。我要做的有关气相色谱保留值与化学结构之间关系的研究，就属这种情况。

在完成氮肥增效剂的分析任务时，我把反应后生成的所有副产物进行了分离，并相继用不同测试手段对它们的化学结构进行了研究。

被分析化合物在色谱仪流出的时间，即出谱峰的时间，称作"色谱保留值"。它与化学结构间的关系，过去国内外都没有进行过定量化的研究，我过去没做过色谱工作，更不可能会有这样的想法。不过，在我开始接触气相色谱之后，在鉴定氮肥增效剂研制中的十四种产物的化学结构中，我注意到 (结构式1) 分子与 (结构式2) 分子相比，在同一色谱柱和相同的操作条件下，前者的保留值比后者的保留值小，即前者的流出时间短，出色谱峰在前，而后者的流出时间比前者长，出峰时间在后。它们有相同的分子量，相同的元素，相同的化学基团，相同的原子个数，只是前者的一个氯原子在吡啶环的3位，而后者的氯原子在吡啶环的2位。在化学结构上就这么一点不同，就造成了气相色谱保留值的不同，于是我想到：气相色谱保留值与分子的化学结构一定有着密切的关系。这一步的认识很重要，它打开了一个新的思路。

我是做光谱研究工作的，光谱与色谱是两个不同的研究领域，原理不同，理论不同，做光谱研究的人，一般是不会去追求这样的问题的。但我对这样的问题发生了兴趣，跟着兴趣走，使我进入了另一个领域的理论性探究。

色谱学作为一门在当时已发展了几十年的科学，它的基础理论已比较完备，而且已发现了各种各样的色谱规律，经典的色谱著作早已出版，70年代已发展为被普遍使用的分析工具。我既然对自己提出的色谱问题很感兴趣，而且想提出一种解释，自然首先就得阅读有关色谱的经典著作。

当我略读了一两本著作之后，我理解到分析样品与色谱柱固定相之间的相互作用，本质上是分子与分子之间力的相互作用。从物理学的角度来看，分子之间力的相互作用，大体上可以分为三种：一是静电力，中性分子不带电荷（正负电荷相等相消），但是分子内因电荷分配的不均匀，可产生电偶极矩，它们之间产生了力的相互作用，这便是这里所称的静电力；电偶极矩是一个有方向的向量，可以反映在分子的化学结构上。二是诱导力，在电场中，分子受到电场影响而极化，因而产生了诱导偶极矩，分子诱导偶极矩间同样产生了力的相互作用，这便是这里所称的诱导力。三是色散力，这种力不是由于偶极矩或诱导偶极矩而产生，是一种量子效应，1930年科学家伦敦用量子力学证明了这种力的存在。除这三种力之外，如果分子能产生氢键，分子之间的作用力，还应把氢键考虑进去。

上述的这些理论早为人知道，但当时的色谱著作与文献都没有报道过以定量的公式来处理气相色谱保留值与化学结构间的关系。我认识到了化学结构必定影响了色谱的保留值，这很重要，是带有突破性的第一步，它打开了一条新的思路，把化学结构与色谱保留值关联起来。进一步的工作，就是如何把分子的化学结构与分子间的三种力联系起来，用数学公式定量地进行表达。

经过一系列的关联，我把分子间的作用力，化为克分子折射度和偶极矩的计算，而克分子折射度和偶极矩又可以从分子的化学结构，把它拆开为构成它的化学键的相应值而计算出来。这样一来，根据一般的理论，最后我推出一个过去文献上没有的公式：

$$\log t_g = \frac{C_1}{RT} R_A + \frac{C_2}{RT} u_A^2 + C_3$$

式中 R_A 是 A 分子的克分子折射度，u_A 是分子的偶极矩，T 是绝对温度，R 为气体常数，t_g 是分析样品分子的保留值，C_1，C_2，C_3 是所用色谱柱和实验条件有关的数值，可以从实验求得。为了验证这个公式，我们做了上述氮肥增效剂和十三种副产物的气相色谱保留值的实测与理论计算。结果表明，公式计算的理论计算值与实测值是符合得相当好的。

对此结果，我十分高兴。因为这些新想法与一连串的关联和公式的推导都是由我一个人完成的，而且前人没有从化学结构的角度来进行过这样的关联和提出过这类公式。这是一种创新性的思维。我这时已 50 岁了。

我把这项成果写成一篇题为《某些 α-甲基吡啶氯化产物的气相色谱保留值与其分子结构间的关系》的论文，于 1979 年 9 月投给了《科学通报》编辑部，此时学术大环境已有大变化，与前期投稿不同，这次是个人署名，我为第一作者，并由我根据实际参与工作的情况决定其他署名作者。

这是我一生中最早、最有价值的一篇原创性论文。与这篇论文有关，我后来荣获了中国科学院重大科技成果奖二等奖。

参加全国第二届物质结构学术会议

用核磁共振方法分析氮肥增效剂的分子结构，从完成本单位的任务来说，属于锦上添花之类。我更感兴趣的，还是基础研究方面。

氮肥增效剂分子中的三个质子形成了三自旋，又由于我们当时所做的氮肥增效剂的氢谱，是在低磁场（只有 60 兆周，现在使用的核磁共振仪大多为 500 或 600 兆周）仪器做的，氢谱峰分裂很复杂，在核磁共振术语上属于强耦合，用开头的大写英文字母表示，所以氮肥增效剂分子内的三个质子在低磁场画得的谱图，便属 ABC 三自旋质子体系。对 ABC 自旋质子磁共振波谱的精确分析与理论计算公式，文献上提供了几种求解方法。在各种精确求解方法中，均先对实验谱峰，按照谱峰之间的间隔会出现重复相等的规则，或再结合谱峰强度来进行对谱峰的指认（归属），然后根据已指认的谱峰，计算出体系的能级，进而再求出体系的耦合常数和化学位移（这是核磁共振波谱中最重要的两个数值）。文献从 ABC 自旋体系量子力学的哈密顿（H）矩阵出发，而证明对任何 ABC 自旋体系的十五个谱峰均有十五种可能的指认（归属）和十列独立的能级。但在十五种可能的指认归属和十列独立的能级中，如何预先找出其中正确的一种指认归属和能级，我想出了一种比文献已报道过的方法更为简单的方法。我从已经证明过的 ABC 体系重复间隔规则等性质开始，采用一般的代数方法（而不是文献上用的哈密顿矩阵的性质），同样证明了任何 ABC 三自旋体系的十五个谱峰只有十五种可能的指认归属和十列独立的能级。同时我证明了在十五种可能的指认归属中，其相应的三个重复间隔之和中只有十种代数和的绝对值是独立的，而且只有一组代数和是不随实验条件（如由 60 兆赫的谱仪改为 100 兆赫的谱仪，或改变溶剂等）而变，其和正好等于三个耦合常数之和，而三个耦合常数之和也不随实验条件而变，这样一来我们便可以从十五种可能的指认归属中找出其中正确的一种指认归属了。有了正确的指认归属，就可进而求出体系的耦合常数和化学位移。由于我在推导过程中，使用了一般的数学表达式，推得的公式可以应用于任何的 ABC 三自旋系统。

这项研究工作，是在"文化大革命"刚结束后的 1977 年上半年完成的。它不是随前人的思路、前人的方法来推导应用于另一种体系的公式，而是从新的角度，从前人没有使用过的方法进行研究，提出了"ABC 三自旋质子磁共振谱的一个新的归属方法"，具有别开生面的意义，属于理论性的研究。我把此项研究的结果写成论文，发表在《化学学报》1979年第 2 期，被列在首篇。

我把推导出的新的归属方法，应用于氮肥增效剂氢谱的解析，对氢谱图进行了指认归属，并计算了它的三个耦合常数和谱峰的化学位移。论文发表于《化学学报》1980 年第 1 期。

这样，我的研究工作就真正进入了核磁共振波谱学领域，想不到一入门就得到了有意义的结果。在我写完我那篇"新归属方法"论文的当晚（1977 年 5 月 27 日），星光稀微，夏夜初暖，妻儿酣睡之时，我写了一首小诗，以表达我当时的心情：

> 始读核磁才朦通，不想初试竟成功。
> 前人知识终须学，更要追根启思聪。
> 现象纷纭研者喜，一根规丝天衣缝。
> 科学征途日月新，不畏崎岖攀高峰。

1978 年，"文化大革命"刚结束两年，在福州召开了全国第二届物质结构学术会议。会议由中国科学院福建物质结构研究所负责筹办。我提交了那篇《ABC 三自旋归属新方法》的论文，得到了采用，于是我到福州去参加了那次会议。

会议由福建物质结构所所长卢嘉锡（两年后出任中国科学院院长）主持，参加的人多是国内物质结构研究方面的权威，而我则是个刚入研究之门的无名小卒。也许是那篇"新归属方法"的文章有点新意。会议期间，卢教授曾单独接见我一次，询问我对光谱波谱上的一些研究。会议期间，我和南京大学游效曾老师（1991 年中科院院士）同住一间房，从此相识。

辽宁省去参加那次学术会议的有大连化物所的郭和夫、郭燮贤、王弘立和陈荣，再就是我，当时还在轻化工所。

大会期间我和大连化物所的四位来往较多，原本是一个研究所的嘛。郭和夫教授和我更为亲近，他以前没有和我打过交道，自此有所了解。我在会上做了报告，但几乎没人提问。也可见当时国内从事核磁共振研究的人还很少。当时国内召开的全国性学术会议还不多，我能参加那次会议进行学术交流，认识一些同行，这无疑对我又是一种有益的锻炼，使我能迅速站到科学前沿，融入到中国科学界的专业群体中去。不过，可惜的是，我那年已是50周岁，科学青春早已远去，仍是单打独斗，环顾四周，想到自己的种种遭遇不觉有点悲凉！

在我的学术生涯中，从初入门槛后第一次参加了1964年的全国性学术会议，到1978年第二次参加全国性学术会议，竟然相隔了14年。

探索性研究经验谈

探索性的研究工作，前沿性的研究工作，就像福尔摩斯侦探小说所说那样，案件的发生可以有各种各样的可能，侦察得来的线索可以有各种各样的解释。有经验又善于思考的侦察人员，能在错综复杂的情况中抓住最有决定意义的线索，加以分析，加以综合，最后才能破案。探索性的研究也是一样，首先要想到各种各样的可能，然后要在众多的可能中进行排除，尽可能多收集数据，进行思考，或发现可疑，或发现矛盾，综合分析。即使如此有时仍不能揭开谜底，足见探索性的研究工作没有直路可走，没有一种既定的方案可循。这是一种创造性的工作，唯其如此，更能吸引善于思考与爱好科学的人。

上面一段话,是根据我的经历悟出来的"道理",写在这里,对于与我"同道"的年轻人可能会有些帮助。信笔写来,言犹未尽,我想按我走的"道"的实例,来进一步讲讲这个"理"。

我一生的科研主要在"谱学",起点是红外光谱分析。前面说过,不管在大化所,还是轻化工所,这都是一项服务性的工作,但我很乐意为各课题组服务。我不仅给他们画样品的红外光谱图,还给他们解释光谱图。红外光谱分析的样品愈多,需要解释的量就愈大,而各课题组的研究人员就愈感到红外光谱分析对他们的重要。我不但为他们提出分析结果,指出同一合成前后各次分析结果的异同,建议他们应注意些什么,有时甚至建议他们改变某种合成条件(如增减温度,改变反应物比例等)。以看主、副成分产量的变化,从中找出规律,以便获得最佳合成条件。这样一来,我已不是一个别人有样品要画红外光谱图就画红外光谱图交差了事,也不仅仅是给他们解释样品光谱图(这是一般光谱仪操作人员不去做的)的被动光谱分析工作者,而变为主动提出建议、积极参与讨论的人,受到他们的欢迎,都不把我视为被贬的"罪人",觉得我有点本事,而愿意和我接触。下面说几件在我研究工作经历中感受到的带有启发性的例子。

第一例。有一段时间,张兆兰(前面说过,他和我一样是从大化所下放的"五七战士"中调到轻化工研究所来的)领导的小组,要合成一种阻燃剂,需经过多步的反应,才能获得最终产品。这种阻燃剂的研制工作也在北京的一个研究所同时进行。但是经过一段相当长的时间都没把最终产品合成出来。张兆兰和我商量,对每步反应物都进行红外光谱分析。当我分析到中间某一步的反应物时,红外光谱图上出现了可以解释为含氧基团的谱带,这是这步产物不应出现的谱带,我不确定我的解释是否正确,便建议张兆兰把露于空气的实验装置改为在氮气的气氛下进行。张兆兰立即把实验装置改为在氮气气氛下进行,并按照以前条件进行反应,把反应产品拿来给我分析,结果这次样品的红外光谱图不再出现我怀疑的含氧基团特征谱带。这证实我的解释是正确的,也为他们小组找到了他们过去为什么没有获得最终产品的原因,原来是中间某一步的反应出现了问题,这一步的反应产物不是后续反应所需要的不含氧的产物。这中间的这一步反应弄对了,以后各步反应都按设想进行,最终合成了所需的阻燃剂。老张高兴,他组里的人更高兴,我也高兴,所里领导知道后也高兴。而北京的那个研究所,据说,很久也没合成出来。研究是要动脑子的,即使试制工作有前人路子可循,容易些,但就像这个例子,如果忽略了某些条件,不利用专业知识详细考察和思考,即使人再多,时间再长,也将无济于事。

第二例。有一次衣料整理剂小组的同志,把合成的整理剂拿到沈阳某纺织研究所去做性能测试。头两次拿去的样品,纺织研究所测试结果都说不错,但第三次拿去的样品,测试结果没有整理性能,怀疑合成是否出了问题。整理剂小组的同志来问我,我说不会的,因为我每次把送去的样品都画了红外光谱图保留着,第三次送去样品的红外光谱图和第一、二次送去的是一样的,红外光谱就好像人的指纹,不同的人有不同的指纹,不同样品(化合物)有不同的红外光谱图,既然第一、二次送去样品性能是好的,那么第三次送去的性能也一定会好。我怀疑纺织研究所测试操作人员拿错了东西进行测试,建议他们重新寻找样品再做,后来他们找到了样品重新测试,结果与第一、二次一样。这是一次教训,以后各研究组送出样品都会留下一张红外光谱图,他们都很佩服我,对我也更加信任。

第三例。大概是我到轻化工所工作一年后的1974年秋天,我和图书馆的徐广泽出差到天津、广州等地调研,出差了一两个月。那时研究所里有一个小组试制一种东西，合成了一种化合物，该组把合成样品拿来，请分析室画红外光谱图。当时我出差在外，图是由室主任刘长乐画的。画出来的红外光谱图与文献上记载的该化合物的红外光谱对照，能看出来有很大的不同。他对该组的研究人员说，你们没有合成到那种化合物。该小组的同志回去找原因，进行了多次实验，画出的红外光谱图仍是一样，仍是对不上文献上所记载的红外光谱图。"文化大革命"时期，最讲献礼。那个小组本来想用此种合成化合物的样品，拿来向当年的国庆节献礼的，现在对不上文献上记载的红外光谱图，所以也只好作罢。国庆节过了之后，我从外地回到所里，该小组同志拿红外光谱图来叫我解释，我看到所画样品红外光谱图确与书上记载该化合物的红外光谱图有很大的差别。该小组的同志对我说，我们对合成样品所做的元素分析与熔点测定都很符合该化合物的数据，就只是红外光谱图不对。

正如上面说过，红外光谱图有如人的指纹，每一种化合物都有它自己特有的红外光谱图，红外光谱图不对，当然就不能说是这种化合物。我拿着红外光谱图，想来想去，一时也想不清楚。忽然（这是研究人员思考时的突然闪光），我想到这合成化合物是一种含氮化合物，有些含氮化合物的红外光谱图，如果作图条件不同，譬如一种是在固态下作图，一种是在液态下作图，它的红外光谱图是可以有很大区别的。于是，我急忙去查看书中所载该化合物红外光谱图的作图条件，但是该书没有注明是在什么条件下作的红外光谱图。我又问该小组的同志，该化合物的熔点温度是多少，他们说是四十多摄氏度。我又看刘长乐所作的谱图是在固态下得到的（样品和在所画谱区没有吸收即不出现光谱的溴化钾混合研磨、压片作成），于是我猜想书中该化合物谱图是在液态下作的。于是，我急忙拿来吹风机（理发用的那种），把样品置于透明的溴化钾片上，将有样品的溴化钾片置于光谱仪的光路上，打开吹风机，送进热风，样品逐渐在溴化钾片上熔化变为液态，趁熔化之时，开始画红外光谱，所得谱图与书中所记载的那张红外光谱图完全相同！这样便解决了所有的疑点。

第四例。与上例类似，大概发生于1975或1976年。当时大连工学院有一个组研究胶片催化剂。他们先剖析欧洲某国的一种胶片催化剂，然后按剖析结果进行试制。经过几次反复试制都没获得成功。他们怀疑是否剖析出了问题。于是负责剖析工作的老师拿着对各种分离物（被剖析的催化剂是一种混合物，所以需先分离，对逐个成分进行鉴定）所画的红外光谱图和有关化学分析数据，到轻化工所来找我。其实，那时我做实用性的红外光谱分析工作还很短，不知道他们为什么不去找大化所做红外光谱分析工作的有经验的人，反而来找我这个后学者。我请他们把所有红外光谱图与所有化学分析数据留下，那时我在本所的分析工作也很忙，答应抽空给他们看看。

我对他们分离开的各个组分的红外光谱和有关分析数据，与他们得出的每个组分的化学结构，进行了思考，并找相关标准红外光谱图进行核对，觉得他们对各组分的剖析结果都是对的。大连工学院负责剖析工作的老师都是很有水平、很有学问、很有经验的专业分析人员，正因为这样，所以他们都很相信他们剖析的结果，但是按照剖析结果进行的多次试制复合，都没有获得成功，都没有应有的催化性能。

这是一个谜，在这个谜未揭开之前，研制工作就无法继续下去，人多也没有用。我思考了多天，反复看他们给我的红外光谱图，进行分析核对，也不得要领。突然，又是这个"突然"，思想一亮，忽然想到，即使对分离后各个组分剖析的结果（化学结构）是对的，但是否有可能在分离过程中有些组分化学结构发生了变化，因而按变化了的组分复合得到的催化剂，才不能获得成功，没了催化性能。我想到了这种可能，便立即问大连工学院的老师，他们有没有画过不进行分离前原样品的红外光谱图，他们说没有画过。我立即叫他们画一张原样品的红外光谱图拿来给我。我把所有分离后各组分的红外光谱按各组分分析相对比例量，大致地在脑子里叠加，再与原样品红外光谱对照，如果分离的各个组分化学结构都没有发生变化，那么叠加后的红外光谱图就与原样品的红外光谱图一致。但是，情况并不是这样，我发现有些分离后组分的红外光谱谱带在原样品的红外光谱图上找不到，我断定有些组分在分离后发生了变化，按照新出现的谱带我进一步指出可能是由那些新出现的化学基团所引起的。

几天来的思索，终于有了结果。大连工学院的老师按照我的提示，他们改变了分离方法重新进行分离，再做剖析，再做合成或购买组分，再做复合，据说不久便获得成功，他们都很感谢我。大连工学院负责剖析工作的老师都是很有水平、很有经验的专业分析人员，在工作中有时也会偶然想不起一些事。在探索研究工作中，这种情况并不奇怪，也许更会是一种常常可能遇到的事呢。

难忘这一段"安定"的时光

20 世纪 70 年代后期的轻化工研究所的分析室，对化学结构的鉴定分析等方面，在大连市已有点小名气，以致大连化物所、大连工学院、大连合成纤维研究所，以及设于大连的辽宁省化工研究所与大连石油七厂研究所等单位，在分子化学结构分析或红外光谱分析等遇到问题时，往往都会到轻化工所分析室来向我们咨询或请求帮助解决。

在1973年6月到轻化工所分析室之前，我从来没有做过具体的分析工作，只懂得有关红外光谱理论方面的一点点知识，经过6年多来的学习、工作，我渐渐地了解了做化学结构分析需要用到的红外光谱、紫外光谱、核磁共振谱、色谱、质谱等的各种谱学知识，除给研究所各课题组做分析服务外，还撰写了27篇在《助剂通讯》期刊上发表的国外助剂分析剖析文章，1篇在《科学通报》上发表的带有点原创性的论文，2篇在《化学学报》上发表的有点学术价值的论文，以及在《分析化学》上发表的2篇文章，并调试了两种新仪器。

这6年中，之所以能够学到点东西，做出点成绩，除自己能努力和家人的支持之外，恐怕最重要的就是我得到了一个较为稳定的工作环境。6年多的前一半仍处在"文化大革命"中，后一半仍有"文化大革命"余威的影响。但是，我要十分感谢的是，轻化工所的职工群众没有借机来整我斗我，没有把我视为异己分子，领导也能正确对待我。特别是吴所长，虽然他是军人出身，对科研不见得很懂，但为人正直。我和他很少接触，也没有去找过他，但是我感到他能实事求是地对待我所做的工作。没有干涉我的自由探索研究，我内心上感到有这样的领导，真是自己身处乱世中的幸运。

由于他们这样友善地对待我，我也以积极工作相回报，以至于我父母在1976年一年内先后突然去世时，因为路远费时而工作忙，我都没能回去奔丧。

在这期间，我曾先后获得了"轻化工所先进工作者"和"大连市化工局先进工作者"的称号，1977年大连市化学工业局还颁发一个"个人科技成绩显著奖"给我。

更令我感动的事，是"文化大革命"后（1978年）全国性第一次调整工资的时候，开始时国家规定这次主要给月工资在 100 元人民币以下的人提升工资。我的月工资在 1956 年时就已被定为 116 元，以后一直没有变动。但毕竟已超过 100 元，所以这次调整工资不在考虑之列。后来，又来了一个附加规定，多给职工人数 2% 的调整工资名额，以奖励那些工作优秀的职工，这种名额不再受百元以上的限制。当时轻化工所有职工 200 多人，可以有 4 个附加调整工资名额。所领导让全所职工民主选出，结果在选出的名单中有我的名字，再次说明大家对我几年来工作的肯定和信任。这样，我的工资就在那一年提升了一级。我的工资在大连轻化工所的研究人员中，本来就是最高的了，现在又给我提高了一级，对我来说这不在于工资额增加多少，而更多的是从内心感受到大家和领导对我的鼓励和喜爱之情。

1978 年全国科学大会之后，大连市也召开了全市的科学大会。作为我们研究所唯一的一个研究人员代表，我参加了那次大会。在此期间，大连市广播电台向全市播送了四个人的科技工作事迹，其中有一个便是我。

我在轻化工所工作 6 年多的往事，令我永远难忘，以至于多年后见到轻化工所的同事或相识的人都感到亲切。

在这期间，我的儿女也逐渐长大。孩子们从农村回城转学时，我把他们兄妹三个都转低了一级，因为当时中学生一毕业就要离开父母做上山下乡的知识青年，我怕他们年纪小小又要下乡，

1977年获旅大市化工局颁发的奖状

保持荣誉，争取更大的光荣。

毛泽东

先进更先进　后进赶先进
革命加拼命　无往而不胜

华国锋

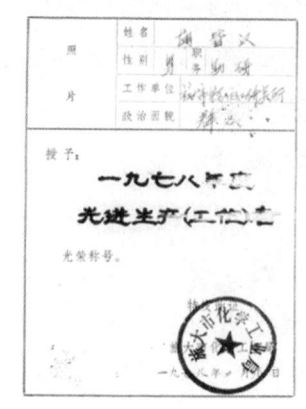

获旅大市化工局颁发的"1978年度先进工作者"称号证书

所以转低了一年。老大胡伽罗于1977年上半年中学毕业，毕业后也曾作为知识青年下乡，幸好那年全国恢复高考，到第四季度举行大学招生考试，他在农村考点应试，被东北工学院录取。老二胡伽尼，比他哥哥小两岁，中学毕业时已不下乡了。1977年，他在大连市全市中学生数学竞赛中获得了第一名，1978年中学毕业，考入辽宁大学物理系。

在地方研究所做的是实用性的研究工作，不是我喜爱的基础性的前沿研究工作，但在不安定的社会大环境中，我和我的一家能"享受"到如此一段比较安定的时光，也可算是我平生中的大幸了。

我从这件事例获得的一点启示是，在探索研究中，只有那些不怕失败而又能进行总结的人，才能获得研究上的成功。以至于后来我写了一句话："总结与吸取了教训的失败不是真正的失败，揭示失败原因之后仍能获得成功的成功，才为真正的成功！"

第7章
五十"归来",九年勤探索

郭和夫力争我"归来"

大概是 1979 年 11 月,我被调回大连化学物理研究所工作。我之所以能被调回来,一是由于我自己的主动申请,二是由于化物所副所长郭和夫教授下了大力气。

我对于大连市轻化工所是很有感情的,在艰难的岁月里它接纳了我。6 年中,我很好地完成了所里交给我的各项任务,所里也在研究工作上给了我一些自由,没有干涉我的一些自主研究,同事与领导都对我友好。我之所以要离开它,是因为这个研究所是一个实用性的地方研究所,而我的本性喜欢基础性、理论性、前沿性的研究。虽然大化所也是个实用性相当强的研究所,但它毕竟是属于科学院的机构,应用基础性的研究也多一些,在"任务带学科"的原则之下,理论探索性研究的舞台也比较大,这是作为地方性的轻化工所不可与之相比的。

"文革"结束后，大化所也逐渐恢复了正常的科研秩序。在我调回之前的大约一年时间里，大化所的某些研究组或研究人员，因为光谱或化学结构上的一些问题和我有所接触，有所探讨，大化所的有些同志和领导对我逐渐有所了解。还有，1978年大连召开全市科学大会时，大连广播电台还广播了我几年来的科研事迹。

大约是在1979年的上半年，大化所催化研究室的辛勤同志，正在做催化剂吸附态的红外光谱研究，他们怀疑他们研究的催化体系是否出现了文献上未观察过的新的吸附态，请我抽空回去一起讨论如何解释吸附红外光谱图。我们经过共同探讨，很快解决了原来存疑的问题，并进一步研究了水对此催化体系吸附态的影响，获得了一些新的结果。后来还合作撰写了两篇论文，分别于1980年发表在《催化学报》的第2期与第3期。这引起了时任大化所副所长和催化研究室室主任的郭燮贤对我的注意，很想争取我到他领导的研究室去。

另外还有一头。大化所副所长郭和夫在所里领导的第二研究室，主要从事有机合成等研究工作。他领导下的一个研究组的组长贝浼智同志（解放初北京大学本科毕业，50年代研究生毕业），过去和我也熟悉，曾到轻化工所去看过我一两次，向我询问过有关光谱和化学结构上的问题，恐怕是由于他的推荐，郭和夫教授逐渐了解了我。

使郭和夫教授特别注意我的是这么一件事：大概是在1979年下半年，有一天郭和夫教授要我看一篇文章。这篇文章是叙述作者对吡啶氯化铜量子化学计算的研究结果，并与文献上的光谱数据做了对比，看来计算结果与文献上的光谱数据符合得相当好。回到轻化工所后，我连夜看了那篇文章，发现文章有可能用错了文献上的光谱数据。文章所引光谱参考文献是德国期刊，我不懂德文，第二天把我的怀疑告诉了郭。他懂德文，便从所里图书馆里要来了光谱参考文献所指定的那期德国期刊，我请郭和夫教授译读给我听。文献上所说的是一个电子态里的不同振动态的数据，原来不是文章作者所理解的不同电子态的数据。文章作者把振动态理解为电子态了，这是张冠李戴，错得太大了。打个比方，电子态如果比作一个民族（如汉族等），振动态便像同一个民族内的不同姓氏（如陈氏、张氏等）。文章的其他地方，还有些可以商榷之处。我大概写了几条意见，把文章交回给郭和夫。

郭于第二天立即请量子化学计算研究的那篇文章的作者和合成吡啶氯化铜的负责人与我，四个人在郭和夫办公室开了一个讨论会。原来，这篇文章的署名中有现任大连化物所所长顾以健的名字，而顾所长当时在北京，正准备携带这篇文章与另一篇研究吡啶氯化铜合成的文章乘飞机到美国参加有关学术会议。那时正是国门刚打开，如果在国际学术会议上宣读，出现这种常识性的低级错误，又是一个中国国内有名的研究所所长所为，这真是非同小可！讨论结果，量子化学计算的作者，建议立即把那篇文章撤回。大概郭和夫教授立即给顾以健发了电报，以后的事情怎样处理我就不知道了。这件事情使郭和夫教授对我大概有了进一步的了解，也成为要把我调回大连化物所的重要原因。

大概是在大连市开过市的科学大会之后不久，轻化工所的吴所长调到别的研究所去了，来了一个新所长，也是个知识分子，过去大部分时间从事行政管理工作，年纪比我大十来岁。他对我有时回大连化物所参与研讨很不以为然，想方设法限制我。我说，本来研究人员彼此交流、促进，是件很好的事。我在完成了轻化工所给我的所有工作之后，大连化物所有些人请我帮忙，为什么要限制我？我是个喜爱自由的人，在这种情况下，我心情也不怎么好，这也是我要求调离的一个起因。

我申请调回大化所工作，遇到了重重困难。这时的大化所是欢迎我了，但是轻化工所就是不放我走。不同意把我调走，自然也有他们的说法，一说是"轻化工所不是干部储备所，大化所不要时把人送来，要时又把人调回去"，另一说是"牵一发而动全身，一子动而百子摇，大化所调来的十个研究人员，有一个人调回去了，其他人也会请求调回去，或者再不安心于工作了"。

郭和夫副所长为此多方奔走、协调，曾亲自来轻化工所与所领导面商，答应只调胡皆汉一人回去，而且还可以调给轻化工所需要的一个玻璃技术工人。

郭和夫是郭沫若的儿子，多届全国人大代表，是大连的社会名流。但是，他第一次来所面商并未谈妥。无奈之下，郭和夫只好亲自去找当时大连市的魏富海市长，请他给予帮助。据说，魏市长立即打电话给大连市化工局领导，经他先后三次催办，最后终于获得解决。

1979年的11月份，接到调令，我终于"归来"。我到大连化物所人事处报到，按正常程序，人事处应给我一张到研究室报到的正式条子，可是当时人事处并没有给我，以后也一直没有给我。为什么会是这样呢？据说是所领导之间意见不统一，除郭副所长要我到他领导的研究室外，领导催化研究室的郭燮贤副所长和领导激光研究室的张存浩副所长也都想要我。三位都是副所长，大概是人事处感到不好办，所以他们就没有给我开条子，而是任由我自己处理。人事处当时并没有对我这样说，也可见他们之"精明"。

1980年与恩师郭和夫教授摄于研究所门前

如果真正从学术方向来衡量,也许更适合我的是到激光研究室,但我自己觉得,郭和夫为我的调回做了这么多的实际工作,从道义上说,我没有丝毫考虑就自动到了他的第二研究室,否则我就太对不住他了。我遵从了道义高于学术兴趣的原则,"士为知己者死"嘛。这关键的一步决定了我以后研究工作的范围与性质,也影响到了我后来获得科研成果的学术高度。

再早些年的"当初",我如果去了数学研究所或物理研究所,也许我获得的科研成果会更好些。因为我这个人本性上是属于喜欢基础研究与抽象思维的人,而大连化物所并不属于这样的研究所,它"工"多于"理",是强调"任务带学科"的。

虽然我有看法,但到哪里工作不能由你个人来自由抉择,只能由组织,由社会环境来安排。能在认命中尽可能找个较为适合自己的工作,也就算是不错了。

化学核磁共振研究的起步

1979年底我到大化所第二研究室报到后，郭和夫便立即任命我为结构化学研究与分析研究组组长，这使我从此以后便有了一些研究上的助手。我过去在研究机构中的时间已有21年多，从事研究工作不到10年，身份都是属于被人领导的研究人员，自主性很少，也没有机会带研究生。这次调回大连化物所，郭和夫让我做组长，在头一两年里，又把他每年招的一个硕士研究生给我，全由我来安排研究。

我回到大化所时，郭和夫教授领导的第二研究室正从美国进口了一台80兆赫的核磁共振波谱仪，既可以做氢核磁共振谱，也可以做碳13核磁共振谱，还可以做其他能产生磁共振的核的核磁共振谱，比我在大连轻化工研究所时购买的那台要好多了。据说当年全国一共进口了十台这种仪器。同时，与之相配合，他还调集了六七个研究人员，新建了一个结构分析研究组。我主动到第二研究室工作后，就被任命为该组的组长，原先的组长纪涛同志为副组长。

我到该研究组之初，购买的核磁共振波谱仪刚从美国运到。生产这种仪器的美国瓦里安公司派了一个华人工程师来帮助安装调试仪器。据这个华人工程师介绍，他是在台湾大学毕业后去美国读硕士研究生，然后在美国公司工作的。从他安装与操作仪器的过程来看，他并不熟悉，也像是个新手，但在组内成员与他的共同努力下，仪器很快就安装完毕，并立即启用运转，迅速投入工作。一方面要面向全所，为各研究组需用核磁共振者服务，帮他们画样品的核磁共振谱图，并适当给予解释。实际上使用核磁共振仪最多的研究室，还是我所在的第二研究室。这个室主要是从事有机合成研究，合成样品比较多，有了核磁共振仪，大家都想用它来做合成样品的化学结构鉴定。20世纪80年代初，国内使用核磁共振谱配合合成研究工作来鉴定合成样品化学结构和探讨合成机理的工作才刚刚开始。

那时大多数人还不熟悉核磁共振波谱，我们为各组画谱之后解释谱图的工作就比较多。如果鉴定出了在文献上未报道过的新分子时，我们更会对这些新分子做详尽的核磁共振波谱学上的研究，找寻化学结构与碳谱氢谱间的关系等。这些工作是我们自己要做的，不属于服务性工作。在核磁共振仪运转的第一年，我们便在新化合物化学结构鉴定与其波谱研究方面写了两篇论文，发表于《分析化学》上。后来在这方面确定了几百种合成新化合物的化学结构与其核磁共振谱上的研究，发表了几十篇论文。

由于既要做服务性的核磁共振工作，又要做自己的核磁共振研究工作，所以我们那台核磁共振仪一年四季几乎是天天运转24小时，利用率极高。在中国科学院每年进行的各研究所（有100多所）仪器使用与保养的评比上，我们研究组年年都得到中国科学院发给的奖状。当时，一般大型仪器的利用率都比较低，如果仅限于做服务性分析，而别人要你画图分析的样品又不多，情况就往往是如此。如果你不给人家解释谱图，人家开始时也不熟悉谱图，那么要你分析的人就会愈来愈少，仪器的利用率就更低。我们那台仪器之所以有这么高的利用率，不仅是因为有我们自己的研究工作，而且我们把样品量少的样品往往都放于夜间让仪器自动累加画碳谱，所以每天都几乎可以把仪器运转24小时。后来因为画碳谱所需时间很长，往往样品做不过来，我们又购进一台只能作氢谱的简易核磁共振仪，专门作样品的氢谱，而原先的那台波谱仪就专门作碳谱与其他核的核

1982年结构化学研究组成员合影。右起：禄厚本、宋永哲、王国桢、肖正义（室支部书记）、纪涛、胡皆汉、姜增全、杨振云、程国宝、韩秀文、章晓华、腾英

磁共振谱。

核磁共振谱是研究分子化学结构最有效的工具，而红外光谱、紫外光谱也是研究化学结构的有效工具，自由基与不配对电子金属配合物（络合物）的研究又非要顺磁共振仪（电子磁共振仪）不可。我最初本来就是研究红外光谱的，所以我极力想把我们小组建成为仪器比较齐全的结构化学研究组。在郭和夫副所长的支持与我们积极的争取下，我们研究组又陆续购进一台红外光谱仪、一台顺磁共振仪、一台荧光仪等。在20世纪80年代初期，能够同时拥有这些仪器的研究组在国内也是比较少的。我们有了这些仪器，就可以开展较多的研究工作了。

获奖与晋升

前面说过，1979年9月我把题为《某些α-甲基吡啶氯化产物的气相色谱保留值与其分子结构间的关系》的论文投给了《科学通报》，1980年发表的时候，我已经回到大化所了。所中马兆兰同志是做气相色谱分析工作的。她对34种烷基吡啶化合物，在两种不同色谱固定相（PEG-1500与SE-30）色谱柱上系统地测定了它们的保留值。她把这些数据交给了我，我根据前面提出的公式，再加上氢键一项，从理论上计算了这34种烷基吡啶在这两种色谱柱上的气相色谱保留值，与实测保留值对比，同样得到十分好的结果。我们又写了一篇题为《某些烷基吡啶化合物的化学结构与其气相色谱保留指数间的关系》的论文，又投给了《科学通报》，刊登在《科学通报》1981年第14期上。

我做这项研究，纯粹是出于对科学探索上的兴趣与追求，从没想过要得到什么奖励。但在《科学通报》上发表了这两篇论文之后，得到了我国色谱领域大家卢佩章院士的称赞，后来经过大化所的科技处向中国科学院申请，凭这两篇论文获得了1982年中国科学院科技重大成果奖二等奖。

按中国科学院规定，获得这个奖项的人，在退休时便可以领到百分之百工资的退休金，这是我意想不到的。

可惜，我以后再也没有继续从事有关色谱基础性的研究。如果紧紧抓住已有的新思路继续深入研究，还有可能获得一些新的发现。后来自己主要从事核磁共振波谱学与确定新分子化学结构的研究，因而对色谱学的探讨只是开了个头，便把它丢掉了，这是科学研究上的大忌。我当时没有认识到，也没人向我指出，便轻轻地把它放掉了。至晚年才认识到，但已悔之晚矣。

我在1956年被国家经济委员会评为八级工程师后，1958年6月调到中科院大化所，改称为与工程师相当的助理研究员，这技术职称一直保持到1980年，其间跨了24年。"文化大革命"后的两三年，在大连化物所原来与我职称一样的人，大多数都已提升为副研究员了。我回到大化所后的一年，即1980年，郭和夫副所长便提议提升我的技术职称。按当时的规定，要晋升为副研究员或研究员的，先要送五篇论文给所外的五位国内学者审阅，并写出是否同意提升的意见寄回送审单位。郭和夫教授根据对我的了解和我送出的论文，他提议研究所把我越级直接提升为研究员。大连化物所从来没有越级提升的事例，他的这一提议出乎我和许多人的意料。据知情者后来告诉我，所外的五位评审学者居然有四位同意把我直接提升为研究员，这其中有三位是学部委员。所外学者的评价，对于我的越级提升是很有利的。我当时并不知道这些，自以为在大化所没有什么根基，人人都知道我是半路出家。我大学还未毕业，比不上他们一出校门就到研究单位从事研究工作的，在名额有限的情况，我不敢存任何幻想，只有心中感谢郭和夫教授对我的赏识了。然而，投票的结果又有点出乎我的意料之外。据说，那天所学术委员会讨论我的提升时，有十五个学委会委员参加，无记名投票时规定：同意提升正研究员的，在票上写个"正"字，同意提升副研究员的在票上写个"副"字，不同意任何提升的在票上写个"不"字。据后来一个与会的同志（不是郭和夫教授，他从来不把有关提升的任何情况告诉我）告诉我，投票结果是，七票同意直接提升为研究员，七票同意提升为副研究员，一票写"同意提升"但未写"正"或"副"字。这样便是七对七，不再举行一次投票。所领导说把投票结果报上去，由中科院沈阳分院决定吧。最后结果是，1981年初我被提升为副研究员。对于这样的结果,我已感满意。随后不久,又批准我有了带硕士研究生的资格。

尽管1981年我未能获得越级提升,但在1986年全国提升职称解冻后举行的首次职称评定时,我被提升为研究员。大化所那年首批被科学院批准为研究员的一共有十人,其中的五个人于同年被国务院学位委员会批准为博士生导师,其中也有我。五个博士生导师中,后有三人成为中国科学院院士。

当了博士生导师,对我是一种鼓励,也加强了我对科学研究的信心。1989年中国科学院教育局编了《中国科学院博士生导师简介》,我从书中查阅得知,全院560位博士生导师中,超过半数是早年从美、英等国获得博士、硕士学位归国的,其他人则多数是50年代国内研究生毕业或是早年北大、清华、南开等各名牌大学本科毕业生。据书中所载,当时全院只有我一个人是大学读了两年不到的肄业生而做了博士生导师的。我很珍惜这个资格,觉得真是来之不易,特别是我是在屡遭整肃、长期受压制的情况

1983年与郭和夫(前排左1)及研究生们于大连劳动公园留影。前排左起:郭和夫、胡皆汉、关慎恒;后排左起:章晓华、姚世杰

下得到的，更觉宝贵。

成为博导之后，我就有了比较好的研究条件，更想多做点工作，计划把自己领导的研究组建成为一个既有理论又有以各种谱学为实践工具的结构化学研究团队。

对核磁共振理论研究的布局

在进行核磁共振服务性工作与对新分子化学结构鉴定及其核磁共振谱研究的同时，基于我喜爱基础研究的个性，我们研究组还开展了核磁共振波谱学本身的一些研究。当时固态核磁共振方面的研究在国外开展不久，国内只是中科院武汉物理研究所有一台可以做固态样品的核磁共振仪，我便叫我的一个硕士研究生姚世杰到武汉物理研究所去做分子筛的固态核磁共振研究。除氢谱碳谱外，同时我们还开展了对 ^{195}Pt、^{111}Cd、^{117}Sn、^{119}Hg 等金属与 ^{14}N 的核磁共振研究，这些研究当时在国内还很少有人进行。我们先后在《中国科学》《科学通报》与《波谱学杂志》上发表论文十多篇。

我曾想开展核磁共振本身理论上与计算上的工作，力图在核磁共振研究上能从理论到实践都有一个比较完整的做法。在我调回大连化物所的第二年便叫我的第二个硕士研究生关慎恒从事这方面的工作。当时，我们大连化物所还没有计算机，关慎恒就到有计算机的大连造船厂去编程计算，获得了一些初步结果。他是广东人，在美国有侨属关系，不久便到美国攻读博士学位，没能留下来继续从事核磁共振计算方面的工作，致使我想做的这方面的工作，以后没能大力开展，实感可惜。

不过，在20世纪90年代初，我们在核磁共振积算符的理论上却做出

1985年在广州暨南大学时与学员们的合照。前排左3为暨大化学系主任欧阳政教授,左4为胡皆汉

了拓展性的成绩。我带的一个博士生缪希茹(毕业于浙江大学,在我这里取得博士学位后,到中科院武汉物理所继续从事研究工作)把积算符理论推进到强耦合体系。积算符理论是70年代发展起来的新理论,是为解决傅氏变换技术引入核磁共振作图后而发展起来的各种近代脉冲技术,对多维谱等起到十分重要的作用。但该理论过去只解决到"弱"耦合体系,而我们则首次把它拓展到"强"耦合体系,这在积算符理论应用于强耦合体系上,应是理论上比较大的突破,从而使该理论可以应用于核磁共振的所有耦合体系。所写论文发表于1993年《中国科学》A辑第23卷第4期上。

20世纪80年代,有关核磁共振波谱学方面的中文专著还很少,已经出版的几本书,有的偏理论,有的偏实用。我在学习了一些核磁波谱学的经典著作之后，再结合自己的一些实践经验，联系自己一贯把理论联系于实践，由实践上升到理论的想法与做法，编写了一套讲义，给大连化物所研究生班讲授，并于1985年被广州暨南大学邀请去给该校研究生班与广州有关高校及研究所从事核磁共振的研究人员或老师讲授。在此基础上，我编著了一本32万字的《核磁共振波谱学》，于1988年正式出版，这是我在国内核磁共振波谱学早年传播上所作的一点小贡献，也可算是我们研究组所做的工作之一。

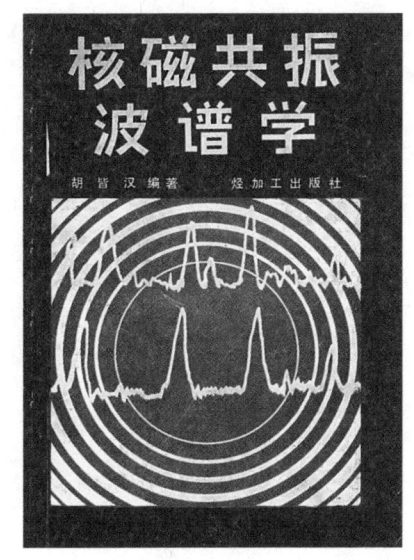

《核磁共振波谱学》封面

开展振动光谱基础研究

我在分子光谱领域做的工作，包括振动光谱（即红外与拉曼光谱）基础性研究和应用性研究两个方面。

在20世纪60年代中最初进入研究领域时，我做的就是振动分析理论性的研究，后来因"文化大革命"而中断了。调回大连化物所后，做了结构化学研究组组长，我就想恢复这方面的研究工作。我回所的第一年，郭和夫教授分来硕士研究生王国祯给我，我安排他研究生阶段的课题是"有关振动光谱方面的理论计算研究"。王国祯于60年代中期毕业于合肥的中国科技大学，因为"文化大革命"的关系，虽然工作了多年，但直到

1980年才有机会投考研究生,他差不多是"文化大革命"后恢复招考研究生时最初一拨的研究生了。他勤恳而正直,研究生毕业后留在组里继续做研究工作,与我又成了同事,后来曾派他到美国加利福尼亚理工学院进修过。

振动光谱的理论计算十分复杂,不是理论上存在什么问题,也不是

全国多原子分子简正坐标计算程序应用讨论班合影(1982年4月摄于沈阳)。前排右5为胡皆汉,后排左3为王国桢

没有计算方法，而是需要计算的量太大。所以分子振动光谱的理论计算非用计算机不可。80年代初的头一两年，国内拥有计算机的单位非常之少，所以我只好叫王国祯到沈阳一个有计算机的单位去编振动光谱理论计算的计算机程序和进行一些例子的实际计算。那时国内还没有其他研究单位或高等学校从事这方面的理论计算工作，一切都得我们从头做起。有一次，一个日本女科学家代表团到我们研究所来访问参观，其中有一位东京大学的平川修子，是从事振动光谱研究的专家。她介绍他们有一种振动光谱理论计算的计算机程序，回日本后寄了一份给我们。由于使用计算机的类型不同，王国祯参考寄来的程序，重新编制了适合所用计算机的程序，并进行了计算，获得了比较满意的结果。这是我国应用计算机计算振动光谱的开始。

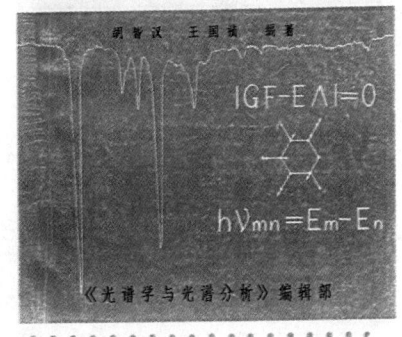

《红外与拉曼光谱的计算原理和计算程序》一书封面

随后不久，我们在沈阳举办了一个学习班，有全国相关研究单位和大学老师二十多人来参加。我在学习班上介绍了振动光谱理论，由王国祯具体介绍计算程序与计算机的输入等操作方法。到了1984年，那时王国祯早已研究生毕业并留在研究组里工作了，为了便于在国内推广使用学习，我们二人合作编著了一本《红外与拉曼光谱的计算原理和计算程序》的专著，计算原理由我编写，计算机计算程序由王国祯撰写，约40万字，由《光谱学与光谱分析》期刊编辑部出版发行。这是我国第一本有关振动光谱理论计算方面的专著。

1980年全国分子光谱理论学习班合影。前排左5为吴征铠,左6为吴学周,左10为胡皆汉

其实,在振动光谱理论学习方面,于1980年初便在长春举办过一次全国性的学习班,由中国科学院长春应用化学研究所所长吴学周①先生主持。他是光谱学方面的老前辈。来参加的几乎都是大学教师或研究机构人员,大约有五六十人。在班上的授课人员除长春应用化学研究所的曾广赋、李来明二人外,还有吉林大学的江元生(1991年当选为中国科学院学部委员(院士))、合肥中国科技大学的辛厚文(后任该校副校长)和我。江元生主讲数学方法,我主讲振动光谱理论,辛厚文主讲物理方面的知识,曾、李二人主讲实验方法等。临结束时,学部委员、复旦大学教授、光谱学老前辈吴征铠先生也来参加了。从此,我认识了一些从事光谱研究的同行,我也逐渐被专业同行所认识,特别是吴学周教授对我讲课印象很好。

前面已经说过,我早年自学过的那本振动光谱理论经典名著《分子振

---

① 吴学周(1902—1983),江西萍乡人,物理化学家,中国分子光谱研究的奠基人之一。中央研究院院士(1948),中国科学院学部委员(院士)(1955)。

动》一书，我自学自译，把它译了出来。我在长春光谱理论学习班上所讲内容多采用于此书。本来在大连轻化工研究所工作时，我就想拿去出版，但分析室的领导说，送出版社出版时译者不能写我的名字，而只能写单位分析室的名字。我觉得我翻译这本书时，还在大连化物所与下放农村期间，与大连轻化工所分析室一点关系也没有。那时还在"文化大革命"期间，无理可说，所以只好放下。

现在回到了大化所，我便把中文译稿送到北京的科学出版社。著名科学家、吉林大学校长唐敖庆教授很重视这本英文原著，据说在1978年召开全国科学大会时，他曾建议要将此书翻译出版。当科学出版社的同志告诉他已有人翻译了，他鼓励要及早出版。可是我翻译的版本是按1955年出版的英文本，科学出版社的同志说，听说已有英文新版，希望我能找到新版重译。好不容易把1980年出版的新版英文本拿到手，阅后觉得几乎没有什么改动，只是把1955年版印错的个别地方改正过来。其实，这些个别印错的地方，我在翻译时就已发现，并已把它改正过来。所以不必重译，便把译稿重新整理，再寄给出版社，终于在1985年正式出版。译文37万字，第一版印了2500册。

《分子振动——红外和拉曼振动光谱理论》中译本封面

我得了一笔可观的稿费，大约有2500元，当时相当于我一年半的工资了。我与沈梅芳1957年结婚后，近三十年了，一直没有给她买过一件首饰。她含辛茹苦地养育孩子，为家操劳，为我担心，得了这笔额外的稿费后，我买了一条金项链给她，以作纪念。

这本书只出了一版，以后市上书店无此书出售，不少大学与研究单位从事分子光谱研究的人，都来信给我，询问是否存有此书，是否可赠给或卖给他们一本。其实，我留下的一二十本书早已被朋友或学生要去，最后留下的一本也于2003年被大连理工大学的一位博士研究生借走了。

在振动光谱研究方面，以后几年，我们又陆续计算了几十种有机化合物、配位络合物与金属簇化合物的振动光谱与力场，找到了力常数与化学键长等的定量规律，并在国内首次应用光谱数据计算分子的热力学函数。先后在《光谱学与光谱分析》《分子科学与化学研究》《化学通报》等学术期刊上发表了多篇论文。

我们在振动光谱的基础性研究工作，获得了1989年中国科学院自然科学奖三等奖，获奖项目名称为《振动光谱的基础研究——振动光谱的计算机程序及计算》。获奖的主要贡献者，是我与王国祯。振动光谱的基础理论早在20世纪二三十年代就已建立，基本的光谱规律也已发现，我们是在五六十年代才进入这个领域，已几乎不可能有重大的发现，只是做些"添砖加瓦"式的研究罢了。因此，我们的这项研究工作也只配获得三等奖。

我力求在我领导的研究组内建立起比较完整的理论体系。因为分子中的力场与分子力学息息相关，而化学键等的力常数又可以从振动光谱计算出来。几年后，我又叫一个博士生从事分子力学领域研究，也发表了多篇论文。

应用性研究工作在所内遇到的麻烦

振动光谱理论性的基础研究已难于有重大的发现，也许更恰当的是把它作为一种有用的与成熟的工具应用于研究的各个领域。正如我过去在大连市轻化工研究所把它应用于化学结构的研究十分有效一样，红外与拉曼光谱，随着整个自然科学的发展，它的应用领域也会逐步扩大而深入。在我回所不久的 1980 年，我很想多做些事情。除了抓紧核磁共振谱有关分析与研究工作外，想对振动光谱也做点服务性工作。

当时，研究所中第二研究室有个研究组正研究有关吡啶氯化铜催化的问题，据说作为催化剂，吡啶氯化铜对某类反应最为有效。吡啶氯化铜是一种络合物，络合后的吡啶与不络合的吡啶在性质上是不同的，反映在它们红外光谱的振动基频上也有相应的变化。不同金属离子对吡啶的络合强弱也应有所不同，同样可以反映在它们振动基频的变化上。我想到能否从光谱的角度来阐明吡啶氯化铜最为有效的问题，于是我自作主张，便对这问题展开了研究。我从该研究组要了一点吡啶氯化铜的样品，画了红外光谱图，并对络合中吡啶的所有振动基频做了指认归属。又从文献上查到与铜同一周期的钪、钛、钒、铬、锰、铁、钴、镍的氯化吡啶络合物的吡啶振动基频数据，这一周期的过渡金属，就只缺与锌的络合吡啶了。于是我请我们研究组的程国宝[①]同志合成了吡啶氯化锌，顺便又合成了吡啶氯化镉，随后做了它们的红外光谱，对它们的振动基频也做了指认归属。这样，我们便有了这一周期的所有吡啶氯化过渡金属络合物的吡啶振动基频数据。我们发现吡啶中有一个振动基频的频率，随络合金属离子的不同而有规律地变化，而于吡啶氯化铜处达于最大值，这与吡啶氯化铜对某类反应最为有效相对应。这一结果令我看出一些规律，说明红外光谱可应用于此类研究，后来写了一篇论文发表于《光谱学与光谱分析》期刊上。

---

① 程国宝毕业于吉林大学化学系，是我们研究所 60 年代的研究生，对合成工作有很好的功底，后又到日本理化研究所从事晶体 X 射线衍射的研究，我希望我领导的研究组也有 X 射线衍射方面研究的人才，后成为我得力的助手，以研究员与硕士研究生导师退休。

本来我自以为是主动找课题，为该研究组做点贡献，结果却被有些人认为是我插足了他们的研究领域，引起人家不高兴。我一头埋进科研中，却出力不讨好，都是"自由研究"惹的祸！

另外还有两项工作，也可看出我与某些人合作研究的不容易。

一项是有关催化剂红外吸附态的研究。大化所是全国研究催化剂的重点单位（现在的国家催化开放实验室就设在这里）。我在60年代中期也曾做过很短时间的催化剂红外吸附态的研究工作。在我调回大连化物所前夕，催化研究室的辛勤同志也曾与我商讨过他们所做催化剂红外吸附态的工作。现在既然我们研究组有了红外光谱仪，我就决定开设这方面的一些研究工作。在组内立即建立了研究吸附态必须有的真空系统与红外吸收池等设备。催化剂样品的制备、真空系统的操作与吸附态红外光谱的画谱工作，主要由组内宋永哲（朝鲜族）同志负责。我每年都接纳来自大连理工大学、辽宁大学等高校做毕业论文的约十个大学生，让他们分别从事组内的各项研究工作，这也大大地增加了我们研究组的力量。催化剂吸附态的红外光谱主要方面的研究工作由我出主意、定题目，做吸附态光谱的解释。此外，我们还与外组研究催化剂的洪祖培、郭文硅、梁娟等人合作。先后研究了多种催化剂吸附体系，获得了一些规律性的结果，至1986年我们便先后在《催化学报》《光谱学与光谱分析》《燃料化学学报》《天然化工》等期刊上发表有关催化剂吸附态红外光谱研究的论文共十二篇。

最值得一提的一项研究工作是在1982年，洪祖培和我们合作，他把他们研究的铂-二氧化钛（$Pt-TiO_2$）催化剂体系，拿到我们这里一起做此体系的吸附态红外光谱研究。在做此体系的吸附态的红外光谱时，观察到吸附态红外光谱峰的位置会随时间而变化，这是国内外文献上也从未报道过的现象。开始时还以为是做大学毕业论文的学生操作不慎引起的结果，我要他重复做几次还是这样。我只好认真对待，后来我考虑到此催化剂体系是用氢气还原过的，很有可能是氢在催化剂中运动所引起。学生按照我的指导做实验，证实了我的想法，从而首次用红外光谱法证实了某些用氢还原过的催化体系存在重要的氢在催化剂中的反溢流现象。尽管存在反溢流的理论不久前已为国外科学家所提出，然而用实验证实它的存在，我们是首次，因而引起国外学者的重视。这一项研究成果使我们获得了1986年中国科学院科学技术进步奖三等奖。当时申请一项奖励，最多只能写上五个对本申请奖励有贡献的人。这项奖励的主要贡献者是我、洪祖培、宋永哲和王弘立四人。此外，还可以添上一个人。

洪祖培提出要将他们研究组组长的名字（也是当时的一位所领导）写上，事实上，这位组长在此项新发现上并没有参与过任何讨论或提出过任何意见。于是我问洪祖培，这位组长本人知道不知道要列上他的名字？洪说他知道，我要洪再一次问他，他的答复是"自然是要写上"。这样我就不好再坚持了。其实，我是这个工作的主要贡献者，如果要写上领导的名字，首先应该考虑的是我的顶头上司郭和夫，我没有这样做。我也相信，即使我提出这样做，按郭先生的为人，他也是不会接受的。

尽管如此，我还是得罪了人。1986年以后，由于受到来自领导方面的干涉，我停止了此项研究。

还有一项。80年代大化所的化工研究室陆续开展了膜分离技术的研究，后来成为本所的一个重要研究领域之一。大概是1987年，研究膜分离的陈嘉彦同志来找我，问我能不能与他合作研究水与反渗透膜相互作用的问题，以便弄清楚反渗透膜的某些机制。进一步说，就是通过研究渗透膜的分子结构与水的相互作用，把膜结构与分离效能关联起来，进而可以找到分离效能更好的膜结构。在科学院，这属于"应用基础研究"，是应用性研究，但又有相当的理论意义。我对这个课题很有兴趣，同意与他们合作。后来工作进展很顺利，根据初步的研究结果，我们找到了膜结构与反渗透效能间的一些规律，写成两篇文章，先后发表于1989年与1990年出版的《膜科学与技术》期刊上。

这样好的研究苗头，可惜不久就终止了。原因是陈嘉彦后来离开了大连化物所到别处工作去了，我虽曾对研制膜的同志说过，希望能在申请有关膜研究的项目中把这种应用基础性质的研究包括进去，做继续深入的研究，可是未能获得他们的同意，这项研究工作就此夭折了，现在想来仍觉可惜。什么原因呢？已发表的两篇文章都是我为第一作者，对于"主打"的研究室来说，或许是一种僭越吧。

取得显著经济效益的所外横向合作项目

我喜爱自己自立课题的研究，也愿意和别人进行合作研究，特别是当别人主动要和我协作时，我更加欢迎。大概是在1983年，大连石油七厂研究所的刘仕兰来找我，希望帮助他们研究工厂生产的烷基萘降凝剂的问题。原来，大连石油七厂生产了几十年的烷基萘降凝剂，质量时好时坏，始终未能弄清其原因。该厂研究所有研究人员近百人，有一定的研究力量，也有红外光谱仪、紫外光谱仪、凝胶渗透色谱装置与分子量测定仪等仪器。鉴于烷基萘降凝剂是一种聚合物，聚合物的特点是分子量会随聚合条件而变。我们的合作，主要是在研究方案的设计、光谱图的解释与聚合物化学结构的鉴定等方面，因此我们小组只有我和纪涛两人参与了这项工作。

工作程序大概是这样：先由我安排一周要做的具体实验，由石油七厂研究所的研究人员具体执行；下星期把实验数据与光谱图拿来给我们，由我作出解释，讨论后再布置下周工作。我们合作得十分好，终于确定了烷基萘降凝剂主成分的化学结构，发现原来文献上报道的化学结构是错误的；并且找出了烷基萘降凝剂有效成分的分子量范围。在重新确定其正确的化学结构与有效的分子量范围的基础上，重新制订了检测方法。还发现烷基萘降凝剂的生产时间可以缩短一半，在原有设备基础上可以大大增加产量。这样，就稳定与提高了产品的质量和缩短了生产时间，降低了产品的生产成本，获得了较大的经济效益。我们把这些实用性的研究成果写了五篇文章，发表于1984年出版的《大连化工》等期刊上。

由于此项实用性的研究获得了较大的经济效益，1986年中国科学院以《烷基萘降凝剂有效组分化学结构与检测方法》为奖励项目，发给此项研究以科技进步三等奖。同年，辽宁省对此项研究也颁发了同样的奖励，同样获得一个辽宁省科技进步三等奖。

另外还有一项横向合作项目是帮助丹东丝绸研究所弄清柞蚕丝生色机理的研究，成果也很突出，具体情况会在后面讲到。

同是科研合作，为什么与外单位合作得很好，而与研究所内的合作却很不顺当？是我个人有问题，还是体制上有问题呢？也许与大化所的"能人"很多（院士就有十多个），而我是个半路出家，又未大学毕业、又敢于直言的"外人"多少也有些关系吧。

走进生命科学研究领域

在我回到大化所的第三年（即1982年），我又把这种工作扩展到生物分子的化学结构研究上。这是因为一件偶然事情引起的。大概在1982年的某一天，郭和夫叫我和他一起到大连市药物研究所去，该所的所长郭永洇（早年留学日本，与郭和夫教授很熟悉）对我们说，他们几年前便从一种中草药中分离提纯出一种很纯而抗炎性能又好的化合物，并作了该化合物的色谱、质谱、红外光谱和核磁共振谱图。他们也曾把这些谱图向北京有关研究所的谱学研究人员进行过请教咨询，以便确定该化合物的化学结构，但直到我们去该所的那一天仍未解决，希望我能给予帮助。

我把他们已作的所有谱图拿回来思索了好几天，并按考虑到的问题，在我们组里的那台核磁共振仪上补作了一些核磁共振谱图。在分子结构鉴定中，合成化合物的分子结构已知的结构信息相当多，比较容易确定出来。天然化合物则不同，事前的结构信息很少，是哪类化合物，含哪几种元素，多大分子量，什么分子式，都不知道。特别是那些文献上从未报道过的生物新分子，没有任何谱图，没有任何数据可以参考，就更为困难。

我当时把他们大连药物研究所提供的红外光谱图与核磁共振谱图反复细看思考，一天，突然从该化合物的红外光谱图中分析出该化合物一定含有一个酯基，更进一步指出它是个内酯，这就大大地缩小了可能结构的范围。更进一步地分析，得知它是个五元环的内酯，这更进一步缩小了可能的结构范围。有了这个结构支撑点，以后的分析就容易多了。大约用了15天时间我终于推出了该化合物的化学结构，并确定是一种新的天然化合物。后来该所把样品送到日本做X射线衍射，也证实我们确定的化学结构是正确的。就此所写的论文，也在《科学通报》上发表了。

这是我为生物分子结构所做的第一次工作。此后，引起了我对生物分子结构研究的极大兴趣，便开始不时地阅读有关生物化学、分子生物学和药物化学等有关方面的书籍和文献，逐渐地认识到生命科学的重要性，它是当今科学研究的重要前沿之一。结合我们已拥有的仪器与确定分子结构所需要的各种谱学知识，我特别想到：中药是人类的宝贵财富，如果能把各种中草药的化学组成加以分离提纯，进行组分分子结构鉴定，并与药效进行关联，由几代人进行系统的深入的研究，撰写出一本分子水平的现代版《本草纲目》来，那该是多有价值呀！

我把这种想法告诉了郭和夫教授，他对这种见解极为赞赏。我们大连化物所是全国研究催化的重点单位，虽然过去研究的催化是多相催化与匀相催化，是面向工业生产的，与生物研究无关，但是生命科学既是当今科学研究的重要前沿，研究生物催化也许更为重要，而且也是多相催化与匀相催化研究上的一次拓展，在大连化物所开展有关生物催化方面的研究也应该是顺理成章之事。所以我很主张大连化物所应有一部分研究人员及时地转到有关生命科学研究的领域来。当时曾以我和郭和夫副所长的名义正式写了一份建议书给研究所，但未被采纳。直到20世纪90年代后期，大连化物所才逐渐开展有关生物化学方面的研究，现今已成为该所的重要研究领域之一，恐怕现在也没人记起我和郭和夫教授的那份建议了。

从1982年算起，在后来的30多年中，所内外研究生与某些研究人员在分子结构问题上来向我咨询与探讨最多的，还是生物新分子的化学结构问题。

柞蚕丝为什么呈黄色，为什么容易起毛？

尽管我们的倡议未被采纳，但在自己力所能及的范围内，我仍以相当的力量从事有关生物问题的研究。

丝绸是我国的传统特产，丝绸之路闻名中外，但蚕丝分子结构的研究多由国外进行。我国江浙一带盛产桑蚕，桑丝雪白；东北则多产柞蚕，柞丝呈黄色。80年代中期，我们研究所的党委书记王坪，通过郭和夫提出，希望我们研究组帮助丹东丝绸研究所弄清柞蚕丝呈黄色的生色机理。我们这位王书记，在来我们研究所之前，原来是在丹东市当领导的，丹东丝绸研究所通过这层关系找到了我们。

这个问题牵涉到生物分子结构。我们组自从为大连市药物研究所鉴定了一个生物新分子后，我更有兴趣于生物分子结构的研究，又是上级交办，因此我也很乐意合作。我和我们组的纪涛、程国宝与宋永哲等都参加了此项研究，并指定我的一个硕士研究生作柞蚕丝的水解分析。丹东丝绸研究所也派了两个研究人员来参加。经过大家的努力，我们终于弄清楚柞蚕丝之所以产生黄色是由于柞蚕丝里含有一种极微量的龙胆酸与丝蛋白发生交联而产生黄色的。桑蚕丝不含这种龙胆酸，所以是雪白的。

因为龙胆酸在柞蚕丝里含量极微，检测方法必须十分灵敏。龙胆酸在氧化过程中会产生不配对电子，因而可以运用灵敏的顺磁共振法来检测鉴定它。我们研究组有一台顺磁共振仪，正好应用它来研究，此项研究由程国宝和宋永哲来进行。但连续进行了两三个月，都未能获得柞蚕丝中龙胆酸在氧化过程中的顺磁共振信号。原来龙胆酸在氧化过程中生成的不配对电子的寿命是很短暂的，如果仪器画谱时间不与不配对电子寿命相匹配，未能在它存在的时间内画谱，那就永远得不到顺磁共振信号，所以操作条件十分严格。但是他们二人不怕失败，坚持研究，总结经验，摸索操作条件，有一天终于测出顺磁共振信号，证实柞蚕丝确实含有龙胆酸。进一步的一系列研究，终于弄清了柞蚕丝的生色过程与机制。

我从这件事例获得的一点启示是，在探索研究中，只有那些不怕失败而又能进行总结的人，才能获得研究上的成功。以至于后来我写了一句话："总结与吸取了教训的失败不是真正的失败，揭示失败原因之后仍能获得成功的成功，才为真正的成功！"后来这句话被登载于2008年中国文史出版社出版的《中外哲理名言》一书上。

在弄清柞蚕丝黄色生色机理后，我还想对柞蚕丝的丝蛋白进行分析。柞蚕丝是由氨基酸构成的蛋白质，可经水解而得氨基酸。我指定我的一个硕士研究生王晶来从事此项研究。

按国内外文献已有的知识，柞蚕丝只分为丝胶、丝素两层。丝胶、丝素氨基酸组成虽然不同，但它们每层的氨基酸组成却是均匀相同的。在研究中，王晶将柞蚕丝逐步（共11步）水解为氨基酸，再用红外光谱对各步水解产物进行鉴定。结果得到的红外光谱图并不一样，初看起来竟是杂乱无章，用丝胶、丝素组成均匀性的已有知识无法解释。出了这样的结果，王晶还以为自己的实验做得不好不对，再做一遍还是这样，他有点失望了，以为以后自己硕士学位论文也难以通过了。于是他把所有已做的红外光谱图拿来给我看，我开始也感到茫然，但我认为这既是客观事实，那就得认真分析，而不要放弃。突然（这是一种说不清的灵感）我在它们的相异而杂乱无章中，看出了可把整个11步水解产物红外光谱图依次分为四类，突然闪出了柞蚕丝多层分层结构的新概念，而不因循于过去只有两层的旧看法。这样解释得到的红外光谱图就不再是杂乱无章而是很有规律了。于是我兴奋地对王晶说，你的实验不但没有错，而且会是一篇优秀的硕士学位论文。后来的实验与用另一种紫外光谱法做的结果，都证明这种新的分层结构是对的，由此还说明了柞蚕丝的一些如容易起毛等过去难于理解的宏观性质。这是一种新的发现，打破了过去对柞蚕丝只分两层的旧

"柞蚕茧丝特性基础研究"获
中科院自然科学奖三等奖奖状

看法,但是这种发现不是预先就想到的,而是根据客观事实,根据实验,进行深入思考而得到的。不囿于旧看法,不怕与旧观点发生冲突,才能有所发现,有所创新。

在研究柞蚕丝与桑蚕丝的红外光谱图时,我还发现了一个有趣的事实。从各地采来的柞蚕丝所画的红外光谱图中有一条相同的光谱峰,是所有桑蚕丝红外光谱图所没有的。这一谱峰,可以作为区分柞蚕丝与桑蚕丝的一个判据。这在考古上可能特别有用,譬如长沙马王堆发掘出的丝绸,要判定它是柞蚕丝或桑蚕丝所织成,只要对它画一张红外光谱图便可迎刃而解。

我们将柞蚕丝黄色生色机理与柞蚕丝丝蛋白多层分层的新发现等研究所获得的结果,撰写成多篇论文,发表于《中国科学》《光谱学与光谱分析》等期刊上,并因此获得了1992年中国科学院颁发的自然科学奖三等奖。

探究人发中的自由基与人寿命和重大疾病之间的关系

我之所以要进行此项研究，是因为我在1987年出版的《科学通报》第19期上看到一篇论文，该论文的作者应用顺磁共振（ESR）饱和功率方法来研究人发自由基与肿瘤间的关系，提出患肿瘤人发与正常人发自由基饱和功率不同，因而可以作为诊断肿瘤的一种方法。作为人体的一部分，人发的研究早就引起人们的注意，对人发蛋白质、微量元素、色素、人发结构等，早就做了多方面的工作。现在有对人发自由基饱和功率与肿瘤间关系的报道，我认为这是人发自由基研究的一个新的开始，所以很感兴趣。加上我们组也有一台顺磁共振仪，所以我就决定开展这方面的研究，指定我的一个硕士研究生胥维昌（后曾任沈阳市化工研究所所长）来从事这方面的研究工作。后来这项研究，也得到中国科学院重点科研项目"生命科学中化学问题"的一些经费资助。

我先要胥维昌验证文献上刚报道过的人发自由基ESR谱饱和功率与肿瘤关系所做过的实验，然后还要他做别人没有做过的人发自由基浓度与癌症关系研究。他做了百多个患癌症的与不患癌症的人发自由基浓度后，发现患癌症的与不患癌症的人发自由基浓度高低不能区别，不能把患癌症的与不患癌症的区分开来，说明作此种关联没有意义，他请求我放弃此项研究。后来，我要他把所有做过的数据给我看，我在他的记录本中，看到记有被检测者的年龄，突然触动我考虑年龄与人发自由基浓度大小的关系，先比较相同年龄下患癌症的人与健康人的人发自由基浓度是否有较大的差别,这样一来差别就显出来了。发现在相同年龄下,人发自由基浓度可以作为诊断癌症的一种方法。但是我得先改变他的研究方向,要他先研究健康人各个年龄段(从出生到老年)人发自由基浓度与正常生长年龄间的关系。他跑到婴儿室、幼儿园、小学、中学等地方去剪人家的头发,测了千多人的人发自由基浓度,得到了一条分布很窄的人发自由基浓度与人生长年龄间关系的统计曲线带,从而首次发现了人发自由基浓度与人正常生长年龄间的关系。

有趣的是,人初生时的人发自由基浓度比较高,以后逐年降低,到4岁时达到最小值,以后又再逐年增大,而于60岁时增至最大。人发自由基浓度随生长年龄而变化的这一事实,可能寓有某些重要的生长衰老信息,与迄今还未弄清的控制人生长发育的机制有某种关系,是这种机制的一种表达,如果能够追踪溯源,步步向上追究,弄清自由基的由来,是什么控制了人发自由基浓度的变化,以这一简单的物质为依托,就有可能揭示这种控制生长发育的某些机制,对生命科学的研究就有可能成为很重要的一个课题。

我注意到,人初生时人发自由基浓度反而比二三岁时高,是否留下了母体传下来的母体人发自由基浓度较高的信息?当然,我们得到的是统计上的关系曲线,而不是追踪每个人从小到老得出的结果。我们虽然不能跟踪对每个人逐年人发自由基浓度的测定,但可以对生命较短的有毛动物作一定的跟踪测量。为此我们选定了一组老鼠,每隔五天对每只老鼠毛发进行自由基浓度测量,一直测了260天。每只老鼠毛发自由基浓度的变化,都是初生时浓度较高,以后逐渐降低,达到最小值后,又逐渐升高,与人发自由基浓度随年龄变化的统计规律相似。有可能是有毛动物的一种普遍现象。我们将所得研究结果,写了一篇论文,发表在《科学通报》1991

年第 21 期上。

这个研究生毕业了，我又安排了另一个研究生继续这项研究工作。鉴于上述发表的规律具有相当的科学意义，为了考察它的客观性，我叫这个研究生重新再做一次人发自由基浓度与人正常生长年龄间关系的研究。她对经医院调查过的 663 名（男 390，女 273）健康人的人发自由基浓度做了测定，得到了与前一研究的相同结论，再次证实了统计规律的客观性。从这一次的数据中，还可以看到女性与男性有着同样的变化规律。我们又研究了人发自由基的 ESR 饱和功率与人生长年龄间关系的研究，它却不随年龄而变化。

除此之外，我又安排这名学生针对各种疾病（不仅仅限于癌症）对人发自由基浓度（以 I 表示）与 ESR 饱和功率（以 P 表示）的影响做研究。选定分别患有肿瘤、心血管疾病、脑血管疾病、肾炎、皮肤病以及内分泌系统、消化系统、呼吸系统、免疫系统疾病的人，测定了 496 人的人发自由基，结果显示，总体说来，所列的九种疾病患者的人发自由基浓度或其 ESR 饱和功率，大多都偏离了健康人的正常范围。疾病影响了人的正常生理秩序，反映在人发自由基上，使它的 I、P 值都偏离了健康人的正常范围。这又是一个很有科学意义的发现，很值得人们去重视。我们将这些研究结果写了一篇论文，发表于 1992 年出版的《波谱学杂志》第 2 期上。

我们在《科学通报》与《波谱学杂志》上发表的有关人发自由基研究的两篇论文，受到国外学者的重视，且已被美国的 M. D. Ward Dean 教授在其新著 *Biological Ageing Measurements*（《生物老化观测》）一书所引用。

这些统计规律发现之后，我很想进一步研究为什么会是这样的原因。因为人发的自由基来自人发的黑色素，而黑色素又与蛋白质中苯丙氨酸在酶的催化作用下有关。如果把这些研究进一步与人的生长衰老联系起来研究，也许能够揭示人生长衰老的某些控制信息，这将是一个很有科学探索价值的课题。但是1988年我满60岁后就不能再当研究组组长，四五年后研究组也被人为地拆散，我个人已无能为力。

这个课题已获得的科学价值，在我看来要比上面说过的有关柞蚕丝研究获得的成果，在学术上有价值得多，有关柞蚕丝的研究都获得了中国科学院自然科学奖三等奖，如果要申请科学奖，它显然最低也要获得个中科院自然科学奖三等奖吧。但是，我心已冷，已没有先前那样看重奖励了。只要在文献中记录下研究成果就足够了，在这种心情支配下，所以我也没有拿这项研究成果去申请奖励。

两类抗癌药物

自从我为大连市药物研究所鉴定了那个抗炎药物的化学结构之后，我与该研究所便经常有所接触。1984年该所所长郭永沺等人从中药莪术分离到一种有抗宫颈癌活性的"β-榄香烯"，在此基础上，以郭永沺、我和大连医学院钱振超教授三人为课题组长，申请到国家"七五"科技攻关的"β-榄香烯"攻关课题。另外，以我为申请人，还在国家"七五"科技攻关项目中得到了"新铂类化合物研究"的立项。

抗癌药物的研究一直是药物研究的重点与热点之一。上述我们申请到的两项"七五"科技攻关课题，便属于新抗癌药物的研究。为此，我投入了众多的硕士生与博士生来从事这两个攻关课题的研究。

"新铂类化合物研究"，由大连化物所与大连医学院合作承担，我是课题负责人。铂类化合物抗癌药物的研究起始于1969年，Rosenberg发现顺式二氯二氨铂（Ⅱ）（简称顺铂）具有抗癌活性。现在顺铂已广泛用于治疗多种癌症，但它有很多局限性，主要是肾毒性大，因此，合成抗癌活性高、毒性低的顺铂类似物，便成为一个热门课题。

在获得立项后，我立即指定硕士研究生杨志勇专门做新铂类化合物的合成工作，并由组里的一位同志给他指导。在攻关的五年时间内，我们合成铂类化合物共26种，其中有5种为文献上从未报道过的新化合物，又有2种为当时国外已经投产的第二代铂类抗癌药物碳铂和异丙胺铂（顺铂为第一代铂类抗癌药）。对我们合成的铂类化合物，均进行了初步抗癌活性试验，从中筛选出2种在文献上未报道过的新铂类化合物，分别取名为NMDA与DNIC，具有很好的抗癌活性，其中尤以NMDA更好。

已做过的试验都表明，NMDA水溶性高、抗癌活性好、抗癌谱广、毒性较低，是具有很好临床应用前景的抗癌新化合物。我们从文献上得知国外用了20多年时间，合成了万余种金属化合物，花费了大量金钱，到1990年为止有临床应用价值的铂类抗癌药物也不过十余种，而我们在短短的五年时间内，只花了五万元便获得一种有如此好前景的抗癌化合物。

从科技攻关的角度来说，上述工作成果已很好地完成了国家规定的任务。但我个人向来喜欢进行深入研究，所以对此项专题，我又投入了一个博士研究生丁道远对NMDA等进行微观抗癌机理的研究。

为了从分子水平了解与弄清抗癌机制，我们首先对NMDA等对DNA的结构单元的相互作用进行了研究。研究结果揭示，NMDA与鸟苷、腺苷、胸苷与胞苷的键合作用，无论是在键合的难易程度、键合方式，还是键合速度等动力学上都与已投产的第二代碳铂相同或相近，而与顺铂很不相同。因为碳铂在临床上已证实是一种好的抗癌药物，基于两者微观作用与动力学数据上的相似性，也可预示NMDA有很好的临床应用前景。

在完成与核苷的键合作用研究工作之后，我们又进行了 NMDA 与 DNA 本身的相互作用研究。研究结果进一步揭示 NMDA 会有好的临床应用前景。此外，我们还应用二维核磁共振谱详细研究了 NMDA 与鸟苷反应产物的构象。我安排另一个博士生倪坚毅，应用分子力学方法，计算了 NMDA 等的立体空间结构。这些都为进一步深入研究 NMDA 的抗癌机制提供了必要的基础数据。

在微观机理的研究中，我们综合地应用高压液相色谱，红外光谱，紫外光谱，荧光光谱，一维、二维核磁共振谱等近代物理方法，并结合分子力学的计算，想来也是一种比较可行与合理的微观研究方案。我们之所以能够这样进行研究，这与我们组是结构化学研究组，我又比较熟悉各种近代物理方法有关系。这对抗癌药物的研究真是一个良好的开端。

在完成这一专题的"七五"科技攻关后，我专门编写了一本有 75 页的该项目的验收报告与论文汇编，送给了国家医药总局，并同时向国家医药总局提出了"八五"课题建议书。可惜的是，到"八五"科技攻关时，我已过了 60 岁，不能担任研究组的组长了。甚至我从国家医药总局要到的短期研究项目都被研究所退了回去。

就这样刚开了个好头，刚建立起所需的各种研究方法，随即又结束了。我又一次面临着无奈与无助。

另一个"七五"科技攻关课题是有关"β-榄香烯"的。β-榄香烯，是从中草药莪术提取而得。这是一种只含碳、氢两种元素的天然化合物。只含碳、氢两种元素而又有抗癌活性的化合物，当时文献上还从未见报道。这是一种新型的抗癌药物，因此我对它特别感兴趣。"七五"科技攻关期间由三个单位联合承担，分工是：大连药物研究所与大连医学院负责 β-榄香烯对各种癌谱的体外、体内抗癌活性试验，尽可能完成临床前需做的各项试验；我们大化所负责 β-榄香烯的结构分析，探索人工合成 β-榄香烯的途径。在"七五"科技攻关期间，我们做了 β-榄香烯结构分析的全面研究，作了它的质谱、红外光谱与各种核磁共振谱图，并对各种谱图做了详细的谱峰归属与解释，同时应用分子力学计算了它的立体结构。同时，我指定一名博士研究生贾卫民专门探究 β-榄香烯的人工合成路线，从最原始的原料开始，经过十多步反应，到最后一步快要成功时，由于有一种原料需要从美国进口，一时买不到，就停止到了那一步而最后未能成功。

对我来说，我最感兴趣的，不是"七五"科技攻关规定我们要做的结构分析与合成任务，而是研究药物的化学结构与抗癌活性间的关系（"构效关系"），探究为什么 β-榄香烯在结构上会有抗癌活性的问题。

因此在"七五"科技攻关任务之外，我安排一个硕士研究生来从事这方面的探索研究。他把 β-榄香烯进行了化学结构上的改造，如打开分子中的一个或两个双键，或在分子中的不同部位引入羟基（—OH）等，然后把改造后的衍生物进行初步抗癌活性试验。研究结果揭示，打开双键会降低抗癌活性；在环上引入羟基也会降低抗癌活性，但在双键上的甲基引入羟基，它的抗癌活性比 β-榄香烯本身要高不少，而且水溶性也要比 β-榄香烯好，便于打针注射。我们初步得到的结构与抗癌活性间的关系是：必须保持 β-榄香烯的三个双键，分子中环的构型不能改变，为了探究更高的抗癌活性可以在双键的甲基上引入其他的化学基团。初步指明了这类抗癌药物的结构研究方向。我认为这是这个课题"七五"科技攻关中另一个比较有科学意义的收获。

在"七五"科技攻关期间，我们三个单位都做了大量的研究工作，取得了明显的成果，因此获得了国家医药总局颁发的重大科技成果奖和国家颁发的"七五"科技攻关奖。在攻关基础上，大连药物研究所随后又做了若干年的临床试验，制成了乳剂，到 90 年代中期，便被国家正式批准为二类抗癌新药，正式由大连第四制药厂生产。因为有大连药物所的后续工作，最后总算是获得了有实用意义的结果，没有像上述"新铂类化合物"科技攻关专题那样被"腰斩"。

第一次出国

大约是 1981 年，我本来有一次可以到加拿大某研究所做访问学者的机会，这是副所长郭燮贤院士到该所做访问学者回来后推荐我去的。我的直属领导副所长郭和夫也表示同意，为此我曾到所外一个英文补习班去专门学了半年多的口语，但终于未能去成。那时大化所到国外去做过访问学者的人已经不少，而且已获得两位副所长的同意，据说大化所当时的党委书记王坪也已签字同意我出去了，在科学院是"所长负责制"，顾以健所长不同意签字，我就未能去成。我和当时的所长没直接打过什么交道，也从未去拜访过他，只是和他直接领导的一个研究组同在一个研究室。前面说过，我对他带去美国参加国际学术会议的一篇论文提出过否定性意见，是不是因此使他感到丢了面子，还是因为他"政治警惕性"特别高，担心我这个有"历史问题"的人叛逃不归？可党委书记都签了字的呀，我实在是想不出阻挡我出国的真实原因。

上面已经说过，1982 年我们在催化剂红外吸附态的研究中得到了很好的结果。1983 年，在法国里昂召开第一届国际溢流物种学术会议。我们将在实验中观察到的新现象与论证写了篇文章提交给这次会议。不久便接到回函，正式邀请我为该学术会议的共同主席，并将我们的文章安排在会议第一天上午作全体大会报告。国际同行学者这样重视我们寄去的文章，给予高规格的礼遇，我们自然十分高兴。但万万想不到的是，又在所里受阻，未能成行。

这时顾以健已高升到北京做了科学院的代理秘书长，由所里另一位领导代我回信（当时我并不知道），说是我工作忙，不能够去参加会议。

1988年，在美国俄亥俄州举行第43届国际分子光谱学术会议，会议录用了我的一篇论文，并邀请我担任一个分会场的即席主席。同时，美国范德堡（Vanderbilt）大学另邀请我前去讲学。这一次，研究所批准同意我前往了。那年我刚好60岁，才第一次走出了国门。

这次学术会议开了好几天，6月15日是会议的高潮。上午、下午都是

国际第一届溢流物种学术会议邀请胡皆汉为共同主席的来函

全体会议，有八个大报告，都是当时光谱学的前沿，我听后获益良多。分子光谱界的诺贝尔奖获得者都来参加了，李远哲（诺贝尔化学奖获得者，后来曾任台北"中研院"院长）也来了。分子光谱学泰斗 G. 赫兹堡原定有一场报告，最终因他身体不适没有来。另一位分子光谱理论泰斗、哈佛大学的 E. B. 威尔逊教授偕夫人来了，他的儿子、诺贝尔奖获得者 K. L. 威尔逊也来了。

晚上六点开始，为老威尔逊举行了庆祝 80 寿辰的宴会。参加宴会的人要交 27 美元膳费，几乎所有参加会议的人都参加了。我虽然出国生活费不多，但这种场合，我自然也要参加。老威尔逊就是光谱学经典名著《分子振动》的首位作者、哈佛大学教授。正式宴会开始之前，我把我译成中文的《分子振动——红外和拉曼振动光谱理论》一书当面赠送给他，他甚为高兴，和我亲切握手交谈。回国后我还接到他表示感谢的一封来信。

宴会开始，由俄亥俄州立大学物理系主任讲话。最精彩的应该算是小威尔逊的长篇演讲，他述说了他父亲对他从小到大的培养和影响，其中风趣逸事很多，说得令人发笑，既像一篇家事回忆，又像是述说老师对学生的要求。没有说教，用他经历的"小事"表达了他对父亲的感谢和评价，也教育了后人对科学的追求。其时，夫人、儿子、亲朋相陪在场，更有众多的同道者为他鼓掌庆贺，真是乐也融融，人生得此也足矣。

宴会后黄珏来到旅舍聚谈，他是我们研究所研究生毕业后到美国来深造并参加了宴会的人，他执意要送我一支他导师（外国人）送给他的笔，似乎对我很有好感，有意要和我交往，还专门请我吃了一次饭，也许他对我关于科学问题的认知很感兴趣。

那时，我的两个儿子胡伽罗、胡伽尼，还有三个我带过的硕士研究生，都在美国读博士研究生。他们分散在各地，老大在俄亥俄州，老二在田纳西州，三个学生分别在新泽西州、加利福尼亚州和亚特兰大。我的两个儿子都来探望我，会后陪我游玩了许多地方，南到美国的佛罗里达州，用了几天时间到迪斯尼游乐园游玩；东到纽约，在自由女神像下留了影。到纽约时，离得不远的位于新泽西州的学生，又欢迎我们前去，还特意叫我们到大西洋城去看了一次赌场。路经亚特兰大时，在那里读书的学生请我们住宿，陪我到市内观光。回国路经旧金山，在加利福尼亚州的学生到机场接我到他所在的太平洋大学，受到他导师的欢迎，还专门宴请了我一次。

会后到美国各地参观游玩，与儿子和学生团聚，当然令我愉快。但令我最感愉快的，还是参观了一些大学。那次我到过与参观过的大学有：普林斯顿大学、斯坦福大学、俄亥俄州立大学（参加学术会议的地方）、范德堡大学（邀我讲学的学校）、阿克伦大学（胡伽罗所在的大学）、亚特兰大大学、匹兹堡大学与太平洋大学。

当我参观著名的普林斯顿大学时，令我感触良多。爱因斯坦工作过的高等研究所，是一座不大的房子，前面是绿油油的草地，我进入那所房子观看，好像也没有什么特别的地方，但是它却是大科学家聚会研究的场所，爱因斯坦长期在那里工作，奥本海默在那里工作，杨振宁在那里工作过，一代一代的一些大科学家都在那里工作过。可说是"房不在大，有大师则名"吧。反观我们国内的研究所与高等学校，高楼大厦建了不少（这当然是需要的），但大师有多少？

幸运的是，那时有中国科学院某研究所的一位研究人员正在普林斯顿大学做访问学者，他知道我是搞光谱研究的，便带领我去参观了一个研究拉曼光谱的实验室。我进了那个实验室看到近十台的拉曼光谱仪，其中有的是他们为了自己新设想的研究而动手设计并安装的新仪器，是外面商场买不到的。我马上感到，这真是一个一流的实验室，只有自己能动手设计并安装上自己新设想研究的仪器，才有可能做出前沿性的一流研究工作。等到仪器都已商品化后，别人早已做了许多研究，然后你再进来，那就多半是拾人牙慧了。

我到斯坦福大学时，也看到一些类似于普林斯顿大学的做法。我对参观过的几所大学都留下了深刻的印象，他们的仪器先进，种类也多。大学化学系都有多台数百兆周的超导核磁共振仪，当时（1988 年）我们大化所全所只有一台电磁铁式 80 兆周的核磁共振仪，真是相差得太大了。我做客座教授的大连大学，是一座规模相当大的高等学府，过去没有核磁共振仪，今年（2014 年）才进口了一台 500 兆周的核磁共振仪，比美国落后了近 30 年。我当时对这一点感触特别深。

另一个令我感触最深的，是各大学的化学系都有不少力量从事生命科学领域的研究，而这一点正与我想把部分力量转到有关生命科学研究的想法相当吻合。

虽然直到 1988 年才允许我到国外参加国际学术会议，但在国内召开的有关光谱与结构化学或有机化学方面的几次国际学术会议我都参加了，并都在会上宣读了论文，特别是 1986 年在北京香山召开的国际结构化学学术会议，我还和参加会议的三个诺贝尔奖获得者合了影，见识了一些国外的著名学者，只是直到 1988 年才允许我出国办事。

在中国科学院直属的研究所工作，本来应多做些基础性、前沿性、探索性或应用基础性的研究工作，但在1980年代中期和1990年代面临巨大经济压力的中国科学界并不是这样的。从我自己要通过做服务性的分析剖析工作来争取经费保研究项目，就可以看出从事基础性研究工作的无奈。或许是出于本性，我又偏偏不肯轻易放弃对自由探索的追求，所谓"不待扬鞭自奋蹄"吧，乐在其中，苦亦在其中。

第8章
花甲奋蹄嗟叹多

争取经费保科研

1988年初,在我满60周岁之前,一位所领导找我谈话,说是所里有规定,满了60周岁的人,都不再担任任何领导职位,因此,我这个结构化学研究组的组长也不能当了。

接替我担任结构化学研究组组长的人,不是原来的副组长纪涛,而是组内的另一个人。新组长在接任的第二天便召开全组会议,宣布改变我原来要做的研究方向。我无权阻止他改变研究组的方向,这是他的权力。在我担任组长时,这位新组长对我还好,但一旦权在手,即使是很小的一点权,便把令来行,实出我意外。

一般的科研人员到60岁是要退休的,但因我是国务院学位委员会批准的博士生导师,按研究所规定可以工作到70岁,所以我仍可工作10年。当新任组长宣布要改变原来研究方向时,我立即声明:我带的硕士、博士研究生今后仍然由我指导。还有，我负责的两个"七五"科技攻关课题和我承担的其他基金项目，仍由我负责，别人不得插手。但这位新组长原来没有负责过任何基金课题，这次竟在没有与我商量的情况下，便把由我承担的"新铂类化合物研究""七五"科技攻关课题的负责人，在填表时改报由他负责。事后有人看到这张表格后告诉了我，我立即去找到那位推荐他任组长的副所长，说这是国家批准的科技攻关项目，研究所也无权改变承担项目的负责人，只有批准单位才有这个权力。由这位副所长出面召开个小会，那位新组长、纪涛和我参加，我当面提出了批评，指出新组长的错误。结果是把项目负责人的名字改了回来，我也因此更得罪了人。我在学术问题上得罪了不少有权的领导，这里只不过是其中的一位而已。

从60岁被免掉组长到70岁退休，这10年的研究环境，与做组长的前9年相比，对我来说是大大的不同了。接替我担任组长的那个研究员后来去了别的研究组，负责红外光谱理论计算与指导红外谱仪操作的王国祯同志（原来是我最早带过的一个研究生）去了《催化学报》编辑部。从事分子力学与分子结构理论计算的倪坚毅（我带过的博士研究生），第二任新任组长不要他了，去了色谱研究室。对有机合成很有造诣的程国宝副研究员，1993年挂靠到了另一个研究组。几乎所有的研究骨干都离开了，在这种情况下，我也愤然离开，与程国宝一起继续合作，做我们想做的研究工作。没过几年，连那个第二任组长本人都走了，我原来好不容易建立起来的有一定学术水平的结构化学研究组就此人为地解体！可惜复可惜！

大约自20世纪90年代初开始，研究所施行课题管理新办法，研究经费改由课题组自行负责。课题组除了购买试剂原料、增添仪器设备等要由自己出钱外,还要向研究所缴纳实验室房租、水电费等。研究经费完全由组里自己去争取,渠道有申请国家自然科学基金,或争取国家科技攻关项目,或从大连市科委及有关企业争取,或给别的单位做科技性服务而获取,五花八门,研究人员八仙过海,各显其能。研究所领导还掌握一笔研究经费,每年酌量发给所里认为需要支持的研究组,而这样的经费我是从来得不到的。在"经济效益"当道的情况下,想从事基础研究或应用基础研究的人们,日子是肯定不好过的。

1989年至1992年四年的研究经费,由于我有两个"七五"科技攻关项目,并又从国家医药总局获得了一项研究经费,虽然我那时已不是结构化学研究组的组长了,但看到组里经费有困难,虽然新任组长对我不友好,但为了仍能保有这个我曾为之付出了很多心血的研究组,组内所需交付的经费,大部分仍由我获得的经费来支付。

为了争取经费,我也做过与自己研究工作无关的服务性剖析工作。大概是在1992年,广东恩平化工实业公司,希望我能帮助解决一个难题。该公司的化工厂是生产活性碳酸钙的。活性碳酸钙是橡胶、塑料的一种填料,可以增加橡胶、塑料有关力学性能和大大降低橡胶、塑料有关制成品(如轮胎、鞋底等)的成本。该化工厂生产的活性碳酸钙有相当部分输出到东南亚销售,东南亚商人希望能买到如日本生产的某种活性碳酸钙那样的产品。于是该化工厂便请广州有关的研究单位对日本产品进行剖析,看看它含有什么成分,然后再进行试制、生产。据说广州的有关研究单位做了好几年的剖析都未能把组分确切地弄清楚。在一次有关的会议上,该公司的经理便请问与会者,在国内谁有能力解决这种剖析问题,后来有人告诉他,你可问问大化所的胡皆汉。该经理从广东给我打来了长途电话,问我能否帮助解决,我得知是广东工厂,多少有点故乡情怀,我便一口答应了他。我叫他派厂里的工程师立即把在广州方面做过的所有谱图和日本产品样品五百克拿到大连来给我。随即该厂工程师等二人拿了谱图和样品到了大连，我向他们问了一些有关情况，他们便回广东去了。正好，那时太原市的一家化工厂有两个搞分析工作的大学毕业生正在我这里进修，正好是他们练习的机会，我便叫王国祯带领他们二人做这项剖析工作。

原来，这种活性碳酸钙样品98%的成分都是碳酸钙微粒，只有约2%是有机活性成分，并且涂于碳酸钙微粒表面上，所以剖析起来并不容易。后来，我们将样品置于水中，再加盐酸处理，先把碳酸钙转化为氯化钙沉淀，再把有机活性成分提取、分离，再作各种分离物相应的谱图，我主要负责各种谱图的解释工作。经过一段不太长的时间的努力，我们终于剖析出有机活性部分的多种组分和各种组分的化学结构与相对含量。如果按照一般的剖析要求，将这些剖析结果寄给该厂便可以了。但是，我们毕竟是研究人员，有探求的兴趣，在我们看来，还须进一步证实我们的剖析结果是否真的正确，于是叫该工厂寄来了他们生产的未涂活性组分的纯碳酸钙微粒，再按我们剖析结果找来相应组分，做成配方涂于纯碳酸钙上，做成一定量的样品。然后，我们又按照活性组分的性质，如对某些组分改为有相似性质而化学结构有所不同的其他物质，或相对含量有所改变等，又做了四种配方，制成一定量的样品。连同前者，将五种已做好的样品，寄回给该工厂，该工厂将五种样品和日本产品，一并拿到华南理工学院（现称华南理工大学）去做掺于橡胶制品后的相关力学实验。结果是，按剖析结果配方制备样品的性能与日本产品基本相同，证实我们的剖析结果是正确的；另外有两种配方制备样品的性能比日本产品差，但又有两种却比日本产品更好。这些结果令该公司的所有负责人都十分高兴。后来，我又建议该厂应收集各国所有这类活性碳酸钙样品做一定的剖析，以便知己知彼，掌握国际生产情况。后来，他们给了我们研究组一笔相当可观的剖析费，因为我们研究组那时还没有计算机，他们还特别说明额外奖给我个人一台486计算机，当时这种型号的计算机也算是比较先进的了。后来那台计算机留给组内使用，1993年我离开结构化学研究组，那台计算机也没有随我拿到挂靠组去。

1993年，正如前面已说过的，我和程国宝挂靠到另外的一个研究组后，我带的研究生也随我到了那个挂靠组。我们挂靠的那个研究组不管我们的研究工作，只是名义在他们组里，实际上是独立的，就称之为"小小组"吧。一切经费由我们自己负责，"小小组"有自己的收支账本。那时我在结构化学组余下的研究经费已不多，把它转到挂靠组后，大约只够我们二人与研究生一年的研究开支。更不幸的是，那年以我名义向国家医药总局申请到一个研究项目，国家医药总局已经批准，来文要和我们单位签订合同，我们单位科技处的一位处长，竟要把负责人改为结构化学研究组的第二位新任组长。我向所里有关领导提出意见，但无济于事。

真是天无绝人之路，因为我们过去研究工作的进展与积累，第二年我们这个"小小组"向国家自然科学基金申请到一个"β-榄香烯抗癌药物基础研究"课题，向国家医药总局申请到"寻找新抗癌药物研究"课题，向大连市科委争取到"实用抗癌药物开发"的课题。虽然三个课题得到的研究经费都不多，但总可以解我们燃眉之急了，渡过了最困难的关口。

我们的研究需要画各种各样的谱图，我1993年离开结构化学研究组后，便不能再使用当初由我设法购买到的研究组的各种作图仪器。如果要画谱图就得支付相应的画谱图费，一年下来将需要支付一笔相当大的费用。为了节约画谱图方面的开支，我与离大化所不远的辽宁师范大学实验分析中心合作，我被聘为他们的研究顾问兼教授，帮助他们解释各种光谱、波谱图与适当指导其中一些研究人员的工作，不收他们一文顾问费，而我们到他们那里画各种谱图时也不收我们的任何费用。该校实验分析中心有核磁共振仪，红外光谱仪，紫外光谱仪，荧光光谱仪，气相、液相色谱仪，电子显微镜，元素分析仪与一些生物制样设备，我们都可以适当使用。1993年后，我们"小小组"没有在大连化物所画过任何一张光谱、波谱图，所有的谱图都是在该校实验分析中心画的。我最后招收的一个做生物酶研究的博士研究生，几乎所有的实验工作都是在该校实验分析中心进行的。我们合作得十分愉快，我给他们解释过谱图或确定过分子结构所写的文章，在发表时都写上我的名字；而我们在该实验分析中心做过工作所写文章，在发表时也写上曾参与过工作的不同单位人员的名字。我每星期都定期到该实验分析中心一两次，主要是与作核磁共振波谱、红外光谱与紫外光谱的人员接触。这样的合作彼此都得益，是一种好的合作方式。用当今时髦的话，便是一种双赢的做法。

上述项目，从申请立项到批准立项和下拨经费，需要一个过程。我们不得不依靠服务性的工作争取外来经费，不使工作停顿。1994年正是我和程国宝到挂靠组的第一年，那时我们"小小组"的研究经费十分紧张。大连石油七厂研究所一个项目的研究人员来找我（前些年我曾为他们解决过"降凝剂"的问题），希望我帮助分析各种反应条件下研制样品的组成与结构，并剖析一种国外样品，说好要给我们"小小组"一笔分析、剖析经费。这时，恰是在"小小组"处于无钱便要关门大吉，而向国家基金会等争取研究经费还需要一个时间过程的情况下，我们当然乐于接受此项工作。但不巧的是，1995年我要陪我夫人到美国探望两个儿子，要去6个月，该项目研究人员因为想在1995年进行项目鉴定，开鉴定会，不能等我回来再进行分析、剖析，于是又把此项工作交给了我原来所在的已经支离破碎了的结构化学研究组，给了该组一笔分析、剖析费。1995年鉴定会并没有召开，也许是石油七厂研究所那个项目的研究人员并不满意于1995年已做过的分析、剖析工作，1996年又拿来请我重新分析、剖析。经过一段不长的时间，我把分析、剖析结果写了一份相当详细的报告，交给了石油七厂研究所，有了我们的这份报告后，他们随后不久就召开鉴定会了。正如前面所述，我自1993年离开我原来所在的分析仪器比较齐全的结构化学研究组后，我所领导的研究工作，以后就没有在大化所画过一张光谱波谱图。石油七厂研究所请我做的这项工作，所有分析、剖析需作的谱图都是在辽宁师范大学实验分析中心作的，特别是该中心的负责管理与操作核磁共振仪的许永廷高级工程师做的工作更多。由于那时我和程国宝二人已获得了上面说过的三个项目的研究经费，我们"小小组"的研究经费已不是那么紧张，我考虑到几年来我们在实验分析中心画的各种谱图实在太多，而我们过去又没有给过他们任何画谱图费用，虽然我帮助他们的也不少，但为了感谢他们，我就把石油七厂研究所给的一万元分析、剖析费都全部给了该实验分析中心。我们往往就利用这种不是自己想做的服务性的分析、剖析工作，来弥补我们研究经费之不足，这里只是举两个例子而已。

在中国科学院直属的研究所工作，本来应多做些基础性、前沿性、探索性或应用基础性的研究工作，但在1980年代中期和1990年代面临巨大经济压力的中国科学界并不是这样的。从我自己要通过做服务性的分析剖析工作来争取经费保研究项目，就可以看出从事基础性研究工作的无奈，或许是出于本性，我又偏偏不肯轻易放弃对自由探索的追求，所谓"不待扬鞭自奋蹄"吧，乐在其中，苦亦在其中。

抗癌药物三项专利付东流

如上所述,我在花甲之后的工作,限于资源和人力,连个权力有限的研究组组长也不能担任了,有关光谱波谱学理论的研究,有关量子化学与分子力学计算的研究,除已做过的之外,都已无能为力了,只可在未被阻绝的路上再走几步,只能做一些自己仍感兴趣的研究。

我60岁后的一个重点研究课题,便是继续研究抗癌药物β-榄香烯项目。我们这课题的研究方向是,以β-榄香烯为先导物,寻找水溶性好(β-榄香烯难溶于水)、抗癌活性更强的新的抗癌药物。为了使研究能够较系统较深入地进行,我们有计划地在β-榄香烯上引进各种各样的化学基团,合成了百多种文献上未报道过的新的化合物(程国宝研究员是合成方面的专家),并对它们进行了初步抗癌活性试验,经筛选后,对抗癌活性好的新化合物,再进行小鼠体内抗癌疗效试验;并比较化合物化学结构与抗癌活性间的关系,以期找到抗癌活性更好的新的抗癌药物。

前面已经说过,在"七五"科技攻关期间对β-榄香烯( )结构与抗癌活性间关系的初步研究已经表明,只有保持分子中的三个双键与六元环己烷构型才会有较高的抗癌活性。所以我们在合成β-榄香烯新的衍生物时,首先就得保持三个双键与环己烷构型不被破坏,然后才在分子中引入各种化学基团。因此,需要我们想出一种适合此种要求的化学反应途径。几经探究,我所带的一个博士研究生找到了这种反应途径,就是在接于双键的甲基进行氯化,首先得到一些氯化衍生物。而这些氯化衍生物分子，本身就是文献上未报道过的新化合物，所以都逐一对它们进行了抗癌活性试验，并对它们的核磁共振谱、红外光谱与质谱等进行了有关谱学方面的研究，对个别典型分子还做了分子力学方面的计算，尽可能多地获得有关分子结构方面的信息。之后，还探索了各种反应条件，找到最佳反应过程，提高了所需氯化衍生物的产率。

在氯化衍生物的基础上，我们进一步引进各种各样的化学基团。在这方面我们做了大量的合成研究，又陆续投入了一个博士研究生和两个硕士研究生，在程国宝研究员的指导和参与下，进行了系统的研究。

第一类引进的化学基团是羟基，以便解决 β-榄香烯本身难溶于水的问题，并探索是否还可以更提高它的抗癌活性。以这类化学基团合成而获得的新衍生物有十多种。同样也对它们进行了抗癌活性试验和各种谱学研究。

这类化合物因为引入羟基，自然要比 β-榄香烯本身水溶性好些。值得高兴的是，初步抗癌活性试验，我们找到其中的一些衍生物比 β-榄香烯要高。为此，我们申请到了有关此项研究的一个国家专利。

第二类引进的化学基因是氨基。氨基的种类较多，如—NH_2，—CH_2NH_2，—$CH_2CH_2NH_2$ 等，以这些化学基团又合成了数十种新的衍生物。同样做了它们的抗癌活性试验和各种谱学研究。这类衍生物的水溶性极好，便于打针注射，而其中的某些衍生物抗癌活性更强。为此，我们再次申请到此项研究的一个国家专利。

第三类引进的化学基团是醚类（R_1—O—R_2），第四类引进的化学基团是酯类或酸类，第五类引进的化学基团是混合类，含两种或两种以上的化学基团。我们合成了大量的新化合物，进行了初步抗癌活性筛选，并进行了全面的谱学研究，可为后人的进一步研究提供参考。

我考虑到顺铂（前面已说过的）是一类无机抗癌药物，而β-榄香烯是有机抗癌药物，且β-榄香烯含有三个双键，双键是可以与金属离子形成配合物的。所以，我们想研制出一类既具有有机又具有无机的双功能抗癌药物。β-榄香烯与β-榄香烯衍生物与顺铂等反应后生成的配合物，就可能具有双功能的抗癌活性。这真是一种打开新思路的想法。我们的初步试验获得了成功。为此，我们又申请到了一项国家专利。上述三项专利的公告时间都是在1997年7月。

在上述研究工作基础上，我们特别筛选出三种抗癌活性既高、水溶性又好的新化合物，花了五万元试验费送到北京肿瘤研究所进行小鼠静脉注射试验，对被试验的癌，经三次重复试验，其抗癌活性都高于国家规定抗癌药物活性指标的两倍多。

新抗癌药物的研究用去我和程国宝的不少时间和精力，投入多个硕士、博士研究生从事这方面研究。当我们筛选出那三个最有临床前景的抗癌药物时，我们满怀信心，尽我们能及的研究与力量，又对其中的一种抗癌化合物做完了临床前在化学上所需做的一切工作。我们确定了抗癌化合物合成的路线，每步反应的最佳条件，检测方面与提纯产品的方法等。按规定，药物要求的纯度极高，可是我们研究的抗癌新化合物，在反应生产过程中，同时会生成一些与目标化合物结构极其相似的副产物，用色谱方法将其分离也十分困难，开始时我们连提纯方法都想不出来，经程国宝反复研究实验，用了好几个月的时间，摸到了很狭很窄的分离条件，只有在这种条件下才能把结构极其相似的副产品分离开来，最后获得了99.9%以上的纯度。并对此种抗癌新化合物做了不同条件下长期稳定性的考察。

如果接着对它们进行药代动力学研究与致畸等临床前必须做的各项试验，之后又进行临床试验的话，很有可能便创制出我们自己发现的有自主知识产权的抗癌新药,造福于人类。

我们对β-榄香烯类抗癌药的研究是比较系统的,不但合成了百多种新的β-榄香烯衍生物,为了研究分子中三个双键在抗癌活性中各起什么作用,我们又用催化加氢的方法,对各个双键进行加氢,或打开不同的一个双键,或打开不同的两个双键,或把三个双键全部打开而成饱和化合物,并对加氢产物进行初步抗癌活性试验,初步揭示了三个双键在抗癌活性中所起的作用与加氢的难易程度。

榄香烯在化学结构上有三种异构体,分别为α-榄香烯、β-榄香烯、γ-榄香烯。β-榄香烯在莪术油中虽然也只有百分之几,但它是三种异构体在莪术油中最多的一种,要在莪术油中提取出α-榄香烯、β-榄香烯、γ-榄香烯相当困难,尤其是α-榄香烯含量极低,即便如此,我的一个博士研究生董金华(现为沈阳药科大学教授、博士生导师)还是提取到了

1995年董金华博士论文答辩后合影。左3为胡皆汉,左5为董金华,左7为郭永沺(曾任大连市药物研究所所长)

γ-榄香烯，并对它进行了抗癌活性试验，发现其抗癌活性比 β-榄香烯还高些，这又是一个新的苗头。

我们花了这么多心血对 β-榄香烯类抗癌化合物做了有关方面的较系统的研究，除 β-榄香烯本身已用于临床（已见前述）外，其他衍生物尚未能应用于临床治疗癌症。由于缺少后续支持，加上我和程国宝不久都已退休，后继无人，这些已面临攻关的成果，现在还只能锁在保密箱里。如果我辛苦建立的那个研究组不被人为拆散，或者我是科学院院士，情况就可能不是这样了。

当然，我们在各种学术期刊上发表的几十篇论文和三项国家专利，都可留给后来从事这方面研究的人做参考利用，这对于科学研究来说仍是有益而不是全部白费的。不过，最后我们没有把它们推进至实用，总是一种遗憾！

金属离子与生物分子的配位络合研究

我60岁后的另一个研究课题，是研究金属离子在水溶液中与各种生物分子的配位络合作用。揭示它们在水溶液的配位结构与构象，是弄清金属在金属酶中的催化作用与它们在生物体中的功能所必须做的一项基础工作。我们从事化学结构研究工作，有必要的仪器与结构研究经验，要想把自己的研究工作纳入生命科学的领域，我觉得这是一个较为适宜的课题，尽管在当时的大化所是得不到鼓励与支持甚至是被某些领导反对的。

蛋白质是生物体的重要组成部分，没有蛋白质便没有生命；而氨基酸又是蛋白质的结构单元。生物体内的一切化学变化必须在生物酶的催化下进行，而生物酶也是一种蛋白质。基础性研究宜于从最简单的情况下开始，所以此项研究，我们首先从各种金属离子和各种氨基酸在水溶液中的配位络合研究开始。我们应用核磁共振、顺磁共振、紫外光谱与荧光光谱研究了 Cu^{2+}、Mn^{2+}、Fe^{3+}、Zn^{2+}、Cd^{3+} 等离子与氨基酸的相互作用，确定了它们的各种配位结构之后，又开始研究由氨基酸组成的肽在水溶液中的构象和动力学过程，以及各种金属离子与肽在水溶液中的相互作用。在《科学通报》等学术期刊上发表了十多篇论文，积累了一定的基础数据，也提出了一些新的实验研究方法。

我们提出的一种新的实验研究方法是研究溶液中非顺磁金属离子与配体络合的核磁共振弛豫增宽法。到我们提出此种新方法时，文献上已有的应用核磁共振方法研究溶液中金属离子的配位络合只有三种，即测量核磁共振化学位移变化、测量纵向核弛豫值（T_1 值）与测量顺磁弛豫谱线增宽的方法。

在这三种方法中，对研究配位最简单、直观与明显的方法就是顺磁弛豫谱线增宽的方法。但这方法的弱点是适用范围较窄，仅限于一些顺磁金属离子。对非顺磁金属离子的络合研究，这种弛豫谱线增宽法由于这种金属离子缺乏顺磁性，谱线增宽很不明显，一般不能用此种方法进行研究。到当时为止，文献上运用核磁共振研究非顺磁金属离子配位时都是通过测量核磁共振化学位移变化来实现的。但这一方法不足之处是非顺磁金属离子影响化学位移变化很小，测量误差较大，特别是在生化条件下金属离子对配体浓度比较小的情况下，几乎测不出配位前后化学位移变化，而对顺磁金属离子利用顺磁谱线增宽效应研究时，则没有这些缺点。

我和我的一个研究生考虑到这些情况，便首次提出了利用顺磁金属离子的谱线增宽效应来研究非顺磁金属离子的配位情况，获得了成功。这种新方法的简单原理是，当在一种金属络合物的溶液中加入另一种络合能力更强或差不多的络合金属离子时，原来络合物的络合金属离子势必被新的金属离子部分或全部取代（假定两种金属络合位置相同，一般情况下大多是这样的）。如果原来溶液中存在的是顺磁金属离子络合物，当加入一些络合能力比它更强或差不多的非顺磁金属离子时，则顺磁金属离子的络合位置将大部分或部分被非顺磁金属离子取代，这反映在核磁共振谱图上便是原来因顺磁金属离子配位而增宽的谱峰重新变窄、变高了。通过这种前后谱峰变宽、变窄的对比，便可测定非顺磁金属离子的配位情况。为验证我们这种想法是否正确，作为例证，我们先利用顺磁金属离子 Mn^{2+}、Fe^{3+}，对丙氨酸、赖氨酸及甘氨酸配位的核磁共振弛豫谱线增宽效应来研究非顺磁金属离子 Zn^{2+}、Ti^{4+} 等对丙氨酸、赖氨酸及甘氨酸的络合情况，证实了此种新方法的可行。由于非顺磁金属离子远比顺磁金属离子种类多，这种新方法的成功预示着它有着广阔的应用前景。我们将此新方法的研究撰写成论文，发表于 1991 年出版的《科学通报》第 10 期上。其后，我们又对此新方法进行了定量研究，完善了这种新方法的测量。

在《中国科学》上发表有关生物金属酶的新成果

也许在我 60 岁后最有科学价值的一项研究是对生物金属酶的研究。

正当我应用核磁共振法与顺磁共振法来研究水溶液中氨基酸与金属离子的配位络合结构时，郭和夫教授指导下的一位研究生当时也从事氨基酸与金属离子络合的合成研究。有次那个研究生把她合成得到的络合物拿来要我的一个研究生给她作顺磁共振谱图，然后将画好的顺磁共振谱图拿来，请我给她解释。当时，我看到她在一定反应条件下合成的络合物画出的顺磁共振谱图，与我们前些时不用合成而按相同克分子比在水溶液中混合配制得到的顺磁共振谱图几乎一致。这令我十分惊奇！说明混合制剂在顺磁共振的时间尺度下也存在着如用合成方法制得的那种络合结构。从这些实验事实出发，促使我想到溶液中的金属离子络合物结构，在水溶液中可能不是这么稳定，可以在络合物之间与多余的配体之间进行快速平衡。这是我从实验事实最初得到的第一步想法，但如果仅止于此，也不会有以后从事金属酶研究的一系列研究工作。

我进一步想到生物金属酶的催化活性中心，也是一种金属离子配位络合结构，是不是它在水溶液中的金属离子并不像前人认为的那样稳定而可以和外加配体进行快速交换平衡呢？把金属酶中的金属离子诱导出来，从而影响了金属酶的催化活性！这是前人没有想到过的一种新关联，如果能用实验加以证实，这将是一项重要的新发现，对金属酶在不同条件下的催化研究将会产生重要的影响。

要证明或验证这一想法，必须要有金属酶，必须有测定外加配体后将酶中金属离子诱导出来的方法，最后还必须要有测定酶催化活性变化的设备与知识，这些对于我们都有一定的难度。但是，这不是不可克服的，一颗虽老但仍然强烈求新的心，仍然促我想方设法来做到它。我决心已定，于是立即叫我的一位博士研究生舒占永来从事此项研究工作。（他毕业后，到北京中科院生物物理研究所，师从邹承鲁院士做博士后研究。）

我们选择一种重要的铜锌超氧化物歧化酶（简写为 CuZn-SOD）作为研究对象，它是一种广泛存在于动植物组织内的重要的金属酶。其生理功能为保护生物组织免受超氧负离子和羟基的氧化损伤，据说有防衰老的作用。分子量为 30 000~33 000。其结构特征为八股反平行 β 折叠，含有两个亚基。每个亚基含有由一个 Cu（Ⅱ）（二价铜离子）和一个 Zn（Ⅱ）（二价锌离子）及氨基酸构成的催化活性中心。在催化活性中心内 Cu（Ⅱ）与四个组氨酸分子和一个水分子形成五配位。这些结构特征正适合于作为验证我这种新想法的研究对象，特别适合于研究此种金属酶与外加氨基酸的相互作用。

真是天与之便，正好我所在挂靠组的邵昌平副研究员正在做有关 CuZn-SOD 方面的研究，我们很方便就从他那里要到了少量 CuZn-SOD。由于此种金属酶催化活性中心是以组氨酸为配体而形成的五配位体。所以，我们的研究便从外加组氨酸开始进行。把此种金属酶置于水中，然后加入不同量的组氨酸，相互作用后，再检测酶中的二价铜离子是否真的被组氨酸诱导出来。检测方法之一是使用顺磁共振方法，因为二价铜离子有不配对电子，因而会出现顺磁共振信号，但这种共振信号因配位环境的不同而发生改变，所以在酶中的铜离子所引起的共振信号会与外加组氨酸配位的铜离子所引起的共振信号是有区别的。如果酶中的铜离子不被外加组氨酸诱导出来，则外加组氨酸前后，所画谱图是不会改变的。但是，我们观察到外加组氨酸前后，所画谱图有显著的差别，随着外加组氨酸的量增加，谱图的差别愈显著，充分证实了酶中的铜确实被外加组氨酸诱导出来，这令我兴奋不已，完全符合我的预想。

这是一种前人没有发现过的新现象，因为过去的认识都认为金属酶中的催化活性中心结构都相当稳定，其金属离子不会被氨基酸诱导出来。现在发现金属酶中的金属离子竟能被它们诱导出来，这种新现象显然会具有重要的生理意义。正因为属于新的发现，我害怕操作者可能会出差错，除叫他重复实验外，我又请了另外的人再做一遍，都得到相同的结果，这才放下心来。

为慎重起见，我们又使用了另一种检测方法，即核磁共振法，利用顺磁金属离子（二价铜便是顺磁金属离子）对谱线的增宽效应来进行检测。如果CuZn-SOD中的二价铜离子被外加组氨酸诱导出来，则外加组氨酸的相关核磁共振谱峰，便会变宽、变矮，我们确实观察到此种现象，再一次证实了我们的新设想。

至此，我们已完全相信CuZn-SOD中的铜离子是可以被外加组氨酸诱导出来的，这一点已确信无疑。但是，是否真的会相应地影响酶的催化活性？关于这一点还须用实验来加以验证。

这又是天与之便，正好邵昌平那里有这种测试装置，我那个博士生便利用它来进行相关催化活性测定。发现外加组氨酸后，酶的催化活性降低了，外加组氨酸愈多，相应地酶的催化活性降低得也愈多，这再一次证实我的关联新想法是正确的。至此，我们已在一种金属酶与一种氨基酸的范围内完全证实了我的新设想。我对此十分高兴，十分兴奋，想不到在65岁时，在这样艰难的环境里，竟还能有点原创性的发现。

有谁能够理解这种兴奋呢？科学家看重的，不是金钱，不是权势，不是浮名。真正的科学家，重视的是新发现新创造，揭示自然界中的种种秘密……也正是这种精神，支持着那些追求科学真理的人！

我们把自己做过的这些带有点首创性的研究工作撰写成首篇论文投到我国最高科学期刊《中国科学》发表时，审稿者认为"作者的发现具有重大的创造性意义"，并将该论文（作者为胡皆汉与舒占永二人）刊载于1993年8月出版的《中国科学》（B辑）第23卷第8期上。这篇论文的英文版在1994年3月出版的 *Science in China*（series B）上发表后，立即引起了国外有关学者的注意，至当年6月底就已有美国、法国、日本、意大利、西班牙、波兰、哥伦比亚等国十多位学者来信索取复印件。

有关生物金属酶催化的后续研究

在做完组氨酸与铜锌超氧化物歧化酶相互作用的开创性研究工作后，接着又做了甘氨酸、丙氨酸、色氨酸等十多种人体必需氨基酸与 CuZn-SOD 的相互作用研究，得到了相同的结果，只是相互作用的强弱有所不同而已。证明此种金属酶不仅能与配体组氨酸发生相互作用，而且与人体所需的所有氨基酸都能同样发生相互作用，拓展了这种新现象的适用范围。

接着我们又做了二肽（由两个氨基酸组成）、三肽（由三个氨基酸组成）等多肽与铜锌超氧化物歧化酶的相互作用。我们发现随着肽链的增大，相互作用也迅速减弱，到三肽时已基本看不出有什么相互作用了，而二肽也比单独的氨基酸弱了许多，证明大分子不利于此种相互作用。

之后，我们又初步做了此种金属酶与遗传物质 DNA 结构单元鸟苷、腺苷、胸苷、胞苷的相互作用，同样观察到相似的结果。说明此种相互作用不仅仅限于氨基酸。

CuZn-SOD 的催化活性中心，除铜离子外还含有二价锌离子，前面说过的研究仅限于与铜离子的相互作用，但在与氨基酸的相互作用中，锌离子是否也被诱导出来了？我们对此也同样进行了研究。为此，我们必须研究出别的不同于前面说过的检测方法。

因为二价锌离子不同于二价铜离子，它所有电子都已配对、没有顺磁性，因而不能采用顺磁共振法与顺磁核弛豫谱线增宽法来进行检测，而是用重组的方法，先用钴把锌置换出后，再与组氨酸相互作用，采用紫外光谱法（钴的组氨酸配合物有紫外吸收光谱），看是否能把在锌位置上的钴诱导出来。实验结果表明，和铜离子一样，在锌位置上的金属离子也可以被诱导出来。

为了拓展我们的研究，之后几年我们陆续进行了核酸P1酶、枯草杆菌中性蛋白酶和碱性磷酸酶等金属酶与氨基酸等的相互作用研究，都获得了相似的结果。证明我们新发现的此种相互作用不仅仅限于铜锌超氧化物歧化酶，而对金属酶具有普遍的意义。

与此同时，我们又开展了氨基酸金属络合物（不是前面说的氨基酸而是以氨基酸为配体的金属络合物）与金属酶的相互作用研究。例如含锌的枯草杆菌中性蛋白酶与钴的组氨酸络合物在水溶液中相互作用后，蛋白酶催化活性中心的锌，部分甚至全部都被组氨酸络合物中的钴置换出来，这要看所加络合物数量的多少而定，所加络合物愈多被置换出来的锌离子愈多，而钴进入酶中的量也愈多。而且这种相互作用比仅仅外加组氨酸的相互作用更为强烈。

在开展了氨基酸金属络合物与金属酶的相互作用研究之后，我们又开展了无机金属络合物与金属酶的相互作用研究。例如氯化钴与枯草杆菌中性蛋白酶在水溶液中相互作用后，发现蛋白酶催化活性中心的锌，很快就被钴置换出来，相互作用比有机金属络合物更强。

随着研究范围的不断拓展，我们引入的检测方法也不断地增多，刚开始使用顺磁共振法与顺磁核弛豫谱线增宽法，后来又采用紫外光谱法、原子吸收法与一般核磁共振法。随着检测方法的增多，方法之间可以彼此验证，互为补充，使我们的检测更为完善。

因为检测方法的完善，不但可以定性地研究我们新发现的此种相互作用，而且还可以定量地研究此种相互作用，甚至可以测定此种相互作用的快慢。核酸 P1 酶是一种重要的金属酶,在它的催化下,可把 RNA(核糖核酸)进行水解。核酸 P1 酶的催化活性中心含有三个配位不同的二价锌离子,譬如在水溶液中与氯化钴相互作用时,我们可以利用紫外光谱法分析测定每种锌离子被钴置换的速度。

酶是一种有催化作用的蛋白质,分子量一般在几万以上。金属酶的催化部位发生在以金属离子为核心的配位络合部位上。对研究金属酶的催化机理而言,弄清催化活性中心的局部结构尤其重要。核磁共振是研究分子结构最为有效的工具,但因酶的分子量较大,仅用核磁共振法来对整个酶的结构作出分析是十分困难的。但是对金属酶催化活性中心的局部配位结构,文献上却给出了一种核磁共振测定法。这种测定方法的首要要求是,酶中的金属离子最好是二价钴离子,对铜、锌等金属酶都不适用。所以采用此种方法来研究铜、锌金属酶时,都必须先用强的螯合剂把酶中的铜、锌等金属离子螯合出来,并经透析,把螯合出来的金属离子除掉,然后再把二价钴离子滴入,孵育,使钴离子进入酶中原来由铜、锌占据的位置,这之后再作核磁共振谱,对谱图作出解析便可弄清催化活性中心的局部结构。所以,在画核磁共振谱图之前,须对铜、锌金属酶做螯合、透析、孵育等一系列复杂的处理。然而,在我们探究得知氯化钴在水溶液中与金属酶有强的相互作用,钴能把金属酶催化活性中心的金属离子置换之后,我立即提出,把 CuZn-SOD 与氯化钴在水溶液中相互作用,然后进行核磁共振画谱,看看是否真的得到如文献上已报道过的由螯合、透析、孵育方法后画出的核磁共振谱图。实验结果,不出我所料,真的得到了如文献报道那样的核磁共振谱图。这样,我们就获得了一种研究金属酶催化活性局部配位结构所用核磁共振制样新方法,避免了复杂的螯合、透析等过程。我们把所得结果,以《研究金属酶活性中心结构核磁共振技术中的一种新方法》为标题，发表于1997年出版的《科学通报》第42卷第17期上。随即，我们把这种新方法应用于枯草杆菌中性蛋白酶上，获得了研究其活性中心结构的核磁共振谱图，解析出它的活性中心结构。

我与我的研究生们与个别同事对我自己发现的金属酶新相互作用做了一系列的研究，并建立了比较完备的检测方法，我们发现的这种新相互作用，文献上过去没有报道，发表于1993年8月出版的《中国科学》（B辑）第23卷第8期上的那篇论文带有原创性的意义，所以能引出上面已叙述过的以后一系列的研究，这是首先由我们中国学者开辟引领出来的一条新路。由于金属酶的种类繁多，而且不是金属酶但有生物活性的生物金属络合物也很多，如叶绿素、血红素、细胞色素等都是生物金属络合物，可以预期由我们开创的这类新的相互作用研究，具有广阔的研究前景。我们把这种新相互作用初步拓展至对细胞色素的研究，也获得了成功。在我自己看来，这项研究比我以前的所有研究都更具科学价值，都更带有原创性，已做的研究较多，也较系统，建立的测试方法也较完备。如果说我以前的一些研究都能获得国家、中国科学院、辽宁省等颁发的自然科学奖或科技进步奖的二、三等奖奖励，那么这项已做过的带有原创性的研究，在我看来，至少也不能低于以前获奖的等级。

但是，此时我不想去申请什么奖了，这些基础性研究，不能很快产出经济效益，又眼见学术腐败渐重，我对科技奖励已不渴望，也不热心了。不过我深信真正有科学价值的东西，终会被人看到，终会被人运用，即使是十年，几十年以后的事。一想起这些，我还会在艰难和孤独中感到一丝安慰，觉得能留下论文待后人参考已足矣。

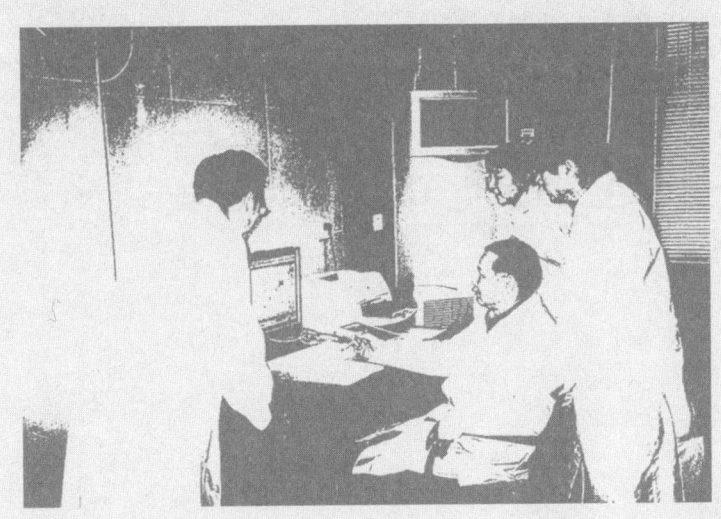

  1997年11月我终于退休了。本来我可以到1998年7月满70周岁时才退休,但是我终于提前了半年多,这或许与我的"一根筋"的性格有关。

  我退休后,虽然没有了自己的研究工作舞台,没有了自己主持的研究课题,没有了自己招收的研究生,但是人家请我,而我又热心于科学研究,随缘而至,所以仍然参与了不少研究工作。"日"虽已"暮",但"途"未"穷"。对自由探索的追求,是吾之魂,身在魂在,不能分离。

第9章
年过古稀途仍宽

退休

1997年9月我带的最后一个博士生郑学仿要毕业了，这个研究生是我在1994年招收的最后一个研究生（1995年起，就不允许我再招收研究生了），即人们说的，他是我的关门弟子。他的博士学位论文题目为《金属酶新的相互作用》，在答辩会上，众评委教授一致认为是一项突破传统观念的重要新发现。

1997年11月我终于退休了。本来我可以到1998年7月满70周岁时才退休，但是我终于提前了半年多，这或许与我的"一根筋"的性格有关。

大概是1997年上半年研究所里要实行改革，与职工订立工作合同，我刚与研究所签订工作合同不久，签订合同之笔墨未干，据说又有了新的做法，要职工再次签订合同。我对所里的人事部门说，我都快要退休了，

1997年10月20日郑学仿博士论文答辩会合影。左4为郑学仿，左5为胡皆汉

已签过合同，可否就不要再签了？他们说这不可以！我厌烦这种朝令夕改的"游戏"，对"他们想要怎样就怎样"的做法，我极为反感。于是，我对人事部门说，我不想再签订工作合同了，我现在就退休好了，就这样，我于1997年11月正式办完了退休手续。

我解放前在广西南宁读大学时，就参加了中共地下党，在改革开放后出版的中共南宁党史上都记载有我的名字。南宁解放后的一段时间，我又做了郊区农村的"革命工作"。按规定，凡是解放前参加中共地下党的都可以获得离休待遇，然而我们研究所的人事部门竟不给我离休待遇，说是我的工作时间只能从到东北工业部的1950年4月份开始，以前的都不算，要算也一定要找到当时广西大学开给东北工业部的集体介绍信（因为当时我们十多个同学一起到东北工业部的，所以开的是集体介绍信）。几十年后，单位变迁，早就没有了东北工业部（1953年撤销），我到哪里去找？我说我可以找到许多证明人来证明此事，但人事部门处长竟回答说，找到证明也不算数。这种无理的话，使早已被磨平了当年参加中共地下党时那种反抗精神的我，仍怒不可遏，我重重地批评了他几句。事后觉得，与这

全家福(2007年12月摄于加拿大女儿家中)

种人说理无用,又恐怕自己耐性不好,容易被人激怒,血压升高,若为这事产生烦恼,生出病来,反而不好。同时我看世界、对待人生也淡然了许多,我不计较了……

在20世纪70年代末80年代初平反冤假错案的时期里,我所在的第二研究室党支部曾派人对我说:"如果愿意,你可以恢复党籍,党龄从过去入党时算起……"我以"我已没有这种觉悟"回答,放弃再做个共产党员了。我的一个在大连化学物理学院时共事过的同事,知道了这事,还曾劝说过我要恢复党籍,还说你恢复党籍后就是个老党员,以后就会有……,但我没有听他的忠告,只希望以后自己仍是个科学研究人员,实事求是地做人便可。有了这样的看法,有了这样的心态,所以什么离休、退休对于我已无所谓,反正我的退休金也可养活自己,何况还有妻子儿女呢,于是我的心平静了许多。即使后来我的一些地下党同学知道后,要我向有关单位申诉,认为这很不合理,甚至我的儿子也为我抱不平,要找人申诉。我想,天下不合理的事太多了,有谁能说得清楚!何况于这区区的离休之事,不必去争,也不必去恼了,多留点精神去做自己愿意做的读书研究罢。

人生往往失之于此,而得于彼。我70周岁生日时,我的儿子、儿媳与孙辈从美国回来为我做生日庆祝,一家团聚,使我感受到亲情,感受到天伦之乐,忘却了退休时的一些不快。我想,这就是我之所得。如果我为退休之事气病了,我的生日还哪里有如此的快乐甜美呢?!

老年人,凡事想开为好。

退休后给研究生讲授光谱波谱课

我退休后，虽然没有了自己的研究工作舞台，没有了自己主持的研究课题，没有了自己招收的研究生，但是人家请我，而我又热心于科学研究，随缘而至，所以仍然参与了不少研究工作。"日"虽已"暮"，但"途"未"穷"。对自由探索的追求，是吾之魂，身在魂在，不能分离。

我退休后至今（2014年）一直被大连大学聘为客座教授；退休后的最初几年还被大化所一些研究室返聘为研究顾问。此外，还不时地接受大连理工大学、辽宁师范大学、大连市中医院研究所等单位有关师生与研究人员的业务咨询。17年来，我参与指导了20多个博士、硕士研究生与博士后的课题研究，并不比我过去自己带研究生时所费精力少。在接受众多咨询中，与他们一起发现了一些新的现象，新的规律，并确定了不少生物新分子的化学结构，在国内外科学期刊上，共同发表了70多篇论文。

2008年参加大连大学有机化学硕士生论文答辩会后留影。前排左起：第四人为郑学仿教授，第六人为胡皆汉，第九人为尹静梅教授

旧题余续

我继续参与了原来所做课题的一些研究。1997年11月正式退休时，我与程国宝研究员合作研究β-榄香烯抗癌药物的那个"小小组"只余下程国宝和他带领的两个硕士研究生，还有一个新来的应届硕士毕业生。我退休后，程国宝仍请我回去参与工作，正式返聘我为研究顾问，我一天只到研究室一个上午，下午回家休息。我们继续对β-榄香烯抗癌药物展开研究，有关的一些研究结果已在前面叙述。正当获得前面已经说过的三种很有临床前景的抗癌新化合物时，程国宝已满60周岁，也于2000年初办了退休手续。后来有关β-榄香烯类抗癌药物的研究转到了一个新成立的研究组，我和程国宝又都被返聘到了那里两年，直到2001年底结束。新成立的那个研究组在筹划成立时也一度表示出对β-榄香烯抗癌药物研究的支持，所以程国宝和我都比较乐意把我们研究了十多年的这项工作转到这个即将要建立的研究组去，希望后继有人。但是，后来事与愿违，程国宝带的那两个硕士研究生毕业走了，另一个年轻人去了美国，又没有安排新人进来，这项已有多年坚实积累，又很有实用前景的工作就此夭折。我退休后对此项研究又工作了四年的这份余热也散入了冰冷的夜空。

我最后所带的那个博士研究生于1997年毕业后，随即于1998年又到大连理工大学去做博士后。他在博士后期间，仍是继续做有关金属酶新的相互作用方面的研究，实质是他博士学位论文工作的继续。在做博士后的同时，他还帮他的指导老师带了一个博士研究生与一个硕士研究生，那个硕士研究生的研究内容也全都是做金属酶新的相互作用研究，而那个博士研究生的主要研究内容也是这方面。所以在1998年至2001年的几年间，他们三人所做的研究工作，仍是我开辟的有关金属酶新相互作用领域的研究，是我过去工作的继续。他们做这些研究时，都经常来请教我，要我给予指导，几乎他们在研究中所作的各种谱图都拿来由我做具体分析或解释，并不比过去自己带研究生所花精力少，甚至还要多些。我名义上不是他们的指导老师，也没被大连理工大学有关研究室正式聘用，没拿他们的一分钱，全出于自己对科学研究的兴趣，出于对自己发现的那种新相互作用的继续追求，所以我把他们视为自己的学生一样，热心于共同讨论研究，竟也发现了一些新的现象与规律，两三年内在《科学通报》等学术期刊上与他们共同发表了十多篇论文。博士后的工作完成后，我那个关门弟子由于研究工作突出，很快就被提升为正教授，现在担任着大连大学生命科学学院的副院长，兼大连大学研究生部副主任，仍经常与我往来，不时讨论一些有关研究上的问题。

所以我退休后三四年的上述两项顾问性工作，仍是我过去工作的继续，这与退休与否，在实质上并没有太大的差别，尽管名义上学生不是自己招收、指导的，好像全是为人作嫁衣裳，不过这种"衣裳"原本出于自己设计，剪裁也费了不少功夫，心里还是感到满足，与那些不参与研究但发表论文时却挂名的"收租者"相比，更是问心无愧。

个人思维操练之一例：氨基酸结构与RNA中碱基三字码的关系

在我的视野中，有些研究工作，类似于数学与理论物理领域，可以完全依靠个人的思维操练，而无需助手、无需实验即可进行的。这里举一个在这方面我做过的例子，是 RNA 三字码（密码子）与氨基酸化学结构间关系的问题。

20 种氨基酸中每种氨基酸的 RNA 三字码个数与种类，以及 20 种氨基酸的化学结构，文献上早已有完整的报道，不用我去做实验，也不用去请教别人，我自己提出的把 RNA 三字码与氨基酸化学结构间关联起来的问题，只需我自己运用思考，找出它们间的关系即可。我退休后的第三年便独自做了此课题的研究。

我对分子生物学颇感兴趣，有时也看些有关生物遗传密码的文献。众所周知，种豆得豆，种瓜得瓜，子女的长相和父母相像，这是遗传的结果。生物遗传是通过遗传物质 DNA 信息的世代传递进行的，对人类几万个基因的测序工作，已于 2003 年全部完成，亿万年来生物进化的历史与人类遗传的信息，都写在这本 DNA 序列"天书"上。如何读懂这本"天书"，从中揭示生命的奥秘，探索生物的遗传规律，成为当代科研人员研究的前沿课题。现在人们早已弄清楚，DNA 序列由 4 种碱基决定，它们是 G（鸟嘌呤）、A（腺嘌呤）、C（胞嘧啶）和 T（胸腺嘧啶）。而由 DNA 转录出的 RNA 则控制着各种蛋白质的合成序列，RNA 序列也由 4 种碱基决定，它们是 G、A、C 和 U（尿嘧啶）。生物体内的蛋白质结构则由 RNA 中 G、A、C、U 的排列来决定。蛋白质的结构单元是氨基酸，生物体的蛋白质只有 20 种氨基酸，现在已十分清楚，RNA 中的每 3 个碱基（形成三字码）决定着一种氨基酸。4 个碱基可以组合成 4^3（64）个三字码；而氨基酸只有 20 种，所以大多数氨基酸可以由 1 个以上的三字码来决定。例如苯丙氨酸有 2 个三字码（UUC、UUU）；甘氨酸有 4 个三字码（GGA、GGG、GGC、GGU）；亮氨酸有 6 个三字码（CUG、CUA、CUC、CUU、

UUA、UUG)；蛋氨酸（甲硫氨酸）只有 1 个三字码（AUG)；异亮氨酸有 3 个三字码（AUA、AUC、AUU）等。

为什么各个氨基酸的三字码个数会如此的不同？每种氨基酸三字码中的头两个字码在三字码不多于 4 个时都是相同的；而在三字码个数达 6 个时，其中 4 个三字码的头两个字码也是相同的，其余 2 个三字码的头两个字码也是相同的；而氨基酸只有 2 个三字码时，三字码中的第 3 个字码，必是 C、U 或 A、G，而不能是 C、A，C、G，U、A 或 U、G。上面说过的苯丙氨酸，2 个三字码的第 3 个字码便是 C、U。

我提出了这些问题，想弄清这些问题。我从分子结构的角度出发，把氨基酸和碱基的化学结构加以研究对比，想从中找出它们间的关系。经过一两个月的思考，我找到了决定每种氨基酸三字码个数的化学结构要素；同时指出决定氨基酸三字码的第 1、2 个字码的主要原因，是碱基的亲水性要与氨基酸的亲水性相匹配，强亲水性的碱基与强亲水性的氨基酸相应；而碱基的疏水性也要和氨基酸的疏水性相应；初步探讨了氨基酸结构与 RNA 中碱基三字码的关系，是遗传密码研究中的初始性、基础性工作之一。我把这些通过文献而不是实验得到的数据，经过思考整理后得到的研究结果写成论文，发表于 2000 年 9 月出版的《分子科学学报》第 16 卷第 3 期上。

我这一篇文章的发表，令我十分高兴，一来因为遗传密码的探讨正是当今生命科学研究的重要前沿之一，我的这一点点发现，也有可能加深对氨基酸和遗传密码之间关系的理解；二来说明我虽然 70 岁时退休了，仍可在研究上想点东西，尽管这些研究也不是我过去熟悉的领域。

回顾我的科学人生，我应该是更适合于这一类自由探索的研究，但道路难由自己选择，命乎？

返聘为所内海洋生物研究组的顾问

当 2001 年底结束了有关 β-榄香烯抗癌药物研究的顾问工作后,我本想不再去当研究所里任何室、组的什么研究顾问了。但禁不住金梅芳研究员一再代表他们海洋生物研究组组长请我去指导有关生物分子结构的研究,加上被返聘在该组工作的刘延年高级工程师的极力劝说,我终于应允返聘。我每星期只到该组去一个上午,其余时间有关研究生或工作人员随时可到我家来讨论,有关确定分子结构所画的各种谱图由我带回家里做分析研究。时间从 2002 年 1 月开始,没有签订什么合同之类的,彼此信任为重,君子协定吧。后来他们每月付给我 1000 元钱,问我可不可以,我说可以。我之所以愿意做顾问,主要是对科学研究仍有浓厚的兴趣,不是为图钱而来。

2002 年 1 月 7 日,是元旦过后上班的第一个星期一,上午我便到金梅芳研究员所在的研究组去。寒暄过后,有关人员拿出一种他们已做了若干时间而待确定化学结构的海绵提取物的有关谱图给我看。其中有一张是色谱图,一张质谱图,一张红外光谱图,并说从计算机质谱图库检索得知,提取物为 5α-胆甾烷-3β-醇,其化学结构与质谱图的符合度达 99%。但是此化合物的熔点为 141~142 ℃,而提取结晶物测得的熔点只有 116 ℃,相差较大,所以他们不敢最后确定,请我帮助解决。

从给出的色谱图中,只出现一个很尖锐的单峰,一般初步会假定它是一个纯化合物,而不会假定它是混合物。起初我也因此认为它是单一的化合物。但从他们提供的红外光谱图看到,在 3016 cm^{-1} 处出现一个相当强的吸收峰。熟悉红外光谱图的人都知道，出现在 3000~3100 cm^{-1} 区间的红外光谱峰，一般是由 C=C—H、⌬—H、—C—C—（H H）、CH$_3$X̄ 和 CH$_2$X̄$_2$ 中的 C—H 伸缩振动所引起的，但从提取物的质谱图可以判定，提取物分子不含卤素 X，也找不到 —C—C—（H H）的质谱碎片断裂峰，所以分子必有双键，这与上述由质谱推得的结构相矛盾。为了证实是否真有双键，我把样品拿到了辽宁师范大学分析实验中心去做了以前还没对该提取物做过的 ^{1}HNMR（^{1}H 核磁共振谱）、^{13}CNMR（^{13}C 核磁共振谱）。

分析实验中心的核磁共振仪是台工作了多年的老掉牙的 80 兆周核磁共振仪，加上样品量较少，所以作出的谱图质量不高，但是对解决我们所须解决的问题，也提供了相当的信息。从 ^{13}CNMR 谱图看出提取物中确实含有双键，综合考虑各种数据，样品最可能是由两种化合物组成的混合物，后经测定，其中一种是与 5α-胆甾烷-3β-醇结构十分相似但不是它的化合物，在混合物中占 80% 左右，另一种为含一个双键的化合物，含量约为 20%。

探寻的思路弯弯曲曲，费了十多天的时间，终于有了结果。这个结构分析问题，在海洋生物研究组里已做了一段较长的时间，得知我解决了这个问题，大家都十分高兴。因此初到他们组里就对我有了好感，特别是组里的博士、硕士研究生们。

2002 年 3 月初薛松从美国探亲回来，以海绵为对象，分离提取化合物，并对其进行化学结构分析等。她见我到他们组里做结构分析顾问，十分高兴，希望得到我的直接帮助。后来她在博士论文中所做的几十种未知生物分子结构鉴定,都是在我直接指导下完成的。说得更精确点,我在此项工作中,不仅是顾问,更是实际工作者,因为所有几十种未知化合物的谱图解释与化合物化学结构的确定都是由我作出的,特别是鉴定出一种文献上未报道过的且有抗艾滋病活性的化合物的化学结构(后申请了国家专利),更用去了我很多的精力。但在此过程中,因我与夫人于2003年初要去美国探亲,加上后来得知她的导师(一位所领导,院士)原与我有过过节,我便主动结束了海洋生物研究组的顾问工作。

指导所外人员

退休后我与所外人员的随缘研究不少,这里且举几例:

大连理工大学博士生

2002年秋季,大连大学的副校长高大彬教授与化学系的尹静梅副教授通过我在该校工作的学生郑学仿教授来找我,说是他们有一项研究须请我帮忙指导解释谱图等。原来,高、尹领导的一个研究项目,是研究烯烃在光促温和条件(常温常压)和非贵金属$Co(OAC)_2$的催化下与二氧化碳的羰基化反应。

羰基化反应是有机合成化学中常用的方法之一,其合成产品分别可以为醛、酮、酯、酸和酰胺等一系列化合物,可用做溶剂、增塑剂、涂料、催化剂、润滑剂以及天然产物的代用品。但是常规的羰基化反应大多要求高温高压或使用贵金属催化剂(如钌、铑、铱等),并且碳源多用一氧化碳。如何开发和利用二氧化碳这一丰富的碳资源,将其转化成有价值的精细化学品,并最大限度地利用二氧化碳以降低它在空气中的含量,以达到净化生态环境的目的，是一个富有挑战意义的课题。但因二氧化碳活化比较困难，在通常条件下难以转化成其他化学品，而在光促进下的羰基化反应克服了上述弊端，使反应在温和条件和非贵金属催化下完成，这是一个环境友好工艺，是一个很有实用前景的项目。

他们要我帮助的，是想弄清反应过程中的机理，在羰基化过程中，二氧化碳是不是真的参与了羰基化反应，如果没有参与，则上面说的利用二氧化碳就没有了科学依据。他们利用了^{13}C作为标记，从国外购进了很纯的$^{13}CO_2$（带标记的二氧化碳），以质谱为工具，研究反应产物的羰基碳是不是来自标记物的^{13}C。尹静梅副教授（也是在读博士研究生）把画好的羰基化目标产物的质谱图拿来给我，希望我能给出解释。我看了之后，经过分析，知道羰基化产物羰基碳的大约一半确实来自$^{13}CO_2$中的^{13}C，而另外一半则不是。这有点出乎意料，人们起初大多认为要么全部来自二氧化碳，要么就全部不来自二氧化碳，现在得出的却是个中间的结果。

另一半将会是来自何处呢？后经设计新的实验，分析结果表明，另一半是来自反应物中的甲醇。这个在此项研究中关键性的问题至此便获得解决。他们把所获结果写成论文发表于2003年7月出版的《科学通报》第48卷第13期上。

后续还有一些深入的工作。在我去美国探亲前的几个月，我们便获得了一些可喜的结果。由于有了良好的进展，这一研究课题获得了2003年国家科学基金的批准，成了此后三年国家科学基金的研究课题，在研究经费上有了一定的保证。

此外，退休后的四五年内，由于过去和辽宁师范大学分析实验中心合作得十分愉快，特别是与做核磁共振工作的许永廷高级工程师和做红外光谱工作的安悦副教授接触更多，友谊亦深。在退休后的几年内，我差不多每星期或每两星期一次仍到辽宁师范大学分析实验中心去和他们合作,每年都能发表一两篇论文。

较为近年者,有大连理工大学博士生矫文策的生物新分子的化学结构研究。

大概是在 2011 年,矫文策经他导师

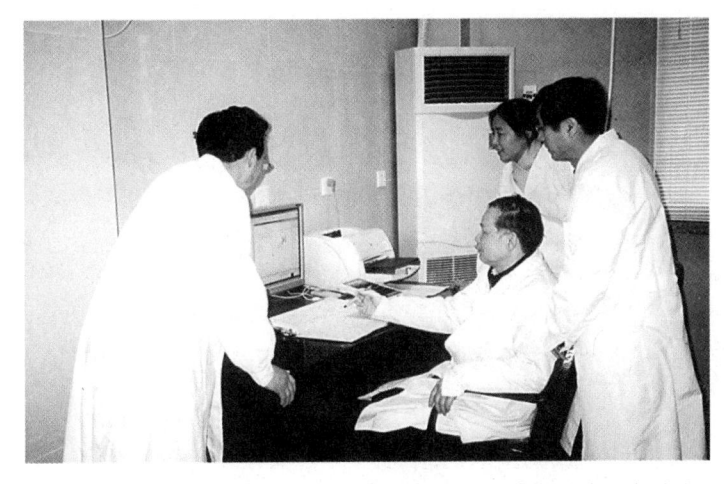

在辽宁师范大学核磁共振实验室。
右起:安悦、许永廷、胡皆汉、吕建洲

赵心清教授介绍来找我,希望我帮助他解决有关生物提取物的化学结构问题。原来他们在大连湾海洋细菌里分离提取到一种有生物活性的化合物,已作了该化合物的质谱,紫外光谱,红外光谱,^{1}H、^{13}C 一维二维各种核磁共振谱图,他们用了很长的时间仍未能把该提取物的化学结构确定下来。从质谱图分析出该提取物的分子量为 724.3390 道尔顿,与此分子量相近的分子式可以有几十种,如①$C_{50}H_{48}N_2OS$,分子量为 724.3385;②$C_{42}H_{52}N_4O_3S_2$,分子量为 724.3379;③$C_{50}H_{48}N_2O_3$,分子量为 724.3556;等等。从 ^{13}CNMR(^{13}C 核磁共振谱)与 ^{1}HNMR(^{1}H 核磁共振谱图)分析得知分子含有 25 个碳原子与 24 个氢原子,或它们的整倍数,即含有 50 个碳原子与、48 个氢原子,等等。符合 50 个碳原子 48 个氢原子的分子式,只可能是上述的①或③,而不可能是②,等等。又作红外光谱图,在 1070 cm^{-1} 处出现一条很强的 S=O 伸缩特征峰,所以分子应含有 S=O 基团。综上考虑,提取物的分子式应为 $C_{50}H_{48}N_2OS$,而且分子结构应有对称的形式。再根据各种一维二维核磁共振谱、紫外光谱、红外光谱、质谱碎片峰等，经过一番艰苦的综合分析（我用了十多天的时间，如何思考分析这里不再叙述），最后确定该提取物的化学结构。经查文献，过去没有报道过这种结构的分子，所以知道是一种生物新分子。矫文策博士研究生把研究结果写成英文论文投于美国生物科学期刊，已于2013年发表。

大连大学硕士生：创建一种极其灵敏的荧光测量的新方法

2005至2006年大连大学硕士研究生马君燕（她是我最后的一个博士生郑学仿教授招收的研究生）应用荧光光谱技术研究肌红蛋白与小分子相互作用时，遇到了很大的困难：在没有加入小分子前，肌红蛋白测得的荧光强度，每测一次荧光强度便减弱一次。这种实验结果，便宣告了在没有弄清其原因前是不能用荧光光谱技术来研究此项研究的。因为我是大连大学的客座教授，她又是我学生的学生（郑学仿教授当时正在英国做访问学者），她便来找我帮忙，希望我给予直接指导。

具体情况是，在未加入其他小分子之前，肌红蛋白样品荧光强度，每在荧光光谱仪上测量一次，样品荧光强度便降低一次。这种下降的原因，可以有许多种可能，如仪器的不稳定，溶液中溶质的逐渐沉淀，在仪器光照下变成不产生荧光的其他物质，等等。为此我给马君燕设计了各种各样的实验，几经思考，多次实验（详细过程，可参考2008年发表于《中国科学》（B辑）第38卷第1期上的文章），最后终于弄清，购买的肌红蛋白中结合了氧（可产生荧光）。在光照下，结合的氧可以脱去，而成为不产生荧光的纯肌红蛋白。在弄清这种原因之后，以后我们便用荧光光谱技术，又做了肌红蛋白与CO、CO_2、H_2、Cl_2、NO、CS_2等气体相互作用的详细研究，获得了很好的结果。

以上所述的种种研究，过去国内外都未见报道。又由于荧光光谱的灵敏度比其他光谱，如红外、拉曼、紫外、核磁共振等高得多，因而便创建了一种应用荧光技术来测定肌红蛋白含氧量及其与其他分子（如CO等）相互作用而灵敏度又极高的测试新方法。

此项研究成果，已发表于2008年出版的《中国科学》（B辑）第38卷第1期。

大连市中医院研究所：一种新发现——尿嘧啶水合物的新研究

尿嘧啶是遗传物质RNA中四种碱基中的一种。文献上对它的分子结构与各种谱学都做了详尽的研究。大概自2004年起大连市中医院研究所对鹿茸的成分进行了研究。其中提纯分离到三种很纯的化合物，并对其中的两种进行了细胞增殖实验，发现具有很高的细胞增殖活性。经过几年的努力与多方打探，他们仍未能弄清这三种化合物的化学结构。大概是2008年该研究所所长刘平同志找到我，希望我解释他们已画得的这些化合物的各种光谱图以确定它们的化学结构。经过一番努力，我确定了细胞增殖活性很高的两种化合物分别为尿嘧啶与尿苷，其他的一种为肌苷。于是便买来标准的尿嘧啶与我确定化学结构的鹿茸提取物进行各种谱学谱图与细胞增殖活性对比。

经用红外、紫外、核磁、旋光、细胞增殖活性各方面的详细测试对比，可以清楚地看到，鹿茸提取物（Lx）与买来的标准尿嘧啶样品（Ur）有相同的地方（如元素、分子量、化学结构），但也显示出它们之间的显著差别，特别是Lx的细胞增殖活性比Ur大了一倍多。如何去解释这种极其相同而又有显著差别的实验事实呢？一种可能的解释是：Lx与Ur有相同的分子式与相同的化学结构，但分子立体结构不同，Ur已在X射线衍射实验中证明它是平面型，分子中的所有原子都落在同一平面上，而 Lx 分子中的所有原子不能都落在同一平面上。我们曾对 Lx 培育成晶体，做过 X 射线衍射实验，但得不到明确的立体结构数据，至今仍没法用 X 射线衍射法来证明 Lx 分子是否为非平面型。如果我们暂时认为 Lx 是非平面型，这样尿嘧啶就有两种不同的立体结构，一种是大家一直认为的平面型立体结构，而另一种便是我们新发现的从鹿茸提取到的非平面型的 Lx 结构。如果事实真是这样，用现在流行的化学键理论是推不出尿嘧啶的非平面型立体结构的；因为理论必须符合实际，要从理论推出非平面型，那么现代化学键理论就必须进行某些修正或拓展。

这牵涉到一些基础性的问题，所以对弄清 Lx 分子的结构问题便成为一个带有原则性的重要问题。当然，对这种极其相同而又有显著差别的实验事实，还可以由其他"还未弄清的原因"引起吗？正在我百思不得其解时，我的二儿子胡伽尼从美国打来长途电话，说查遍文献，只有一篇文献偶尔提及在溶液 pH=3 与 pH=4 时 Ur 作出的 ^{1}H 核磁共振谱有所改变。因为那篇论文，主要研究的是 Ur 与其他四种与 Ur 相近化合物的 ^{1}H 核磁共振谱的归属等问题，对 pH=3 与 pH=4 溶液酸性改变谱图的问题未作任何进一步的研究，只说了 pH 的提高与较湿的样品可使两个氮上的氢交换过快，使两者谱峰连在一起而为一个谱峰。这一简单而又重要的提示，使我立即想到，水的 pH 为 7，如果 Ur 含水，便可以增加它的 pH。随后，按设想进行实验测试：一种办法是，把购买来的标准样品 Ur 置于空气中，放置七天，让其吸湿，作 ^{1}H 核磁共振谱图，得到与 Lx 几乎相同的 ^{1}H 核磁共振谱图（Lz）。证实 Lx 是尿嘧啶通过氢键与水结合的水合物，不是鹿茸所特有的。这就解决了困惑我们很久的问题。

从 Lz 谱图看到，双键碳上的两个氢，其氢谱均只分裂为二重峰，而不是原来 Ur 时的四重与八重峰；氮上的两个氢，与 Ur 一样仍分开为两个谱峰，只是低场的那个谱峰高度变得与另一谱峰高度一样，而在 Ur 则低场谱峰要比另一谱峰高些。此时水谱峰（δ_H3.3237 ppm）的峰面积为 0.43，尿嘧啶分子上每个氢的谱峰面积均约为 1，一分子水有两个氢原子，即其中的一个氢的谱峰面积为 0.215（0.43÷2＝0.215），1÷0.215≈5 或 4（考虑到有误差），即一分子水配五个或四个尿嘧啶便可使 Ur 氢谱变为耦合不同的 Lz 氢谱，水合的结果，便可以改变尿嘧啶的耦合性质。

另一种做法是，把 1 mol 水与 1 mol 尿嘧啶混合，置于密封小试管中，放置七天，见玻璃试管中略显露雾，取样品（取名 Ly），作出 ^{1}H 核磁共振谱图。此样品 Ly 氢谱与样品 Lx 氢谱完全相同。所以 Lx 样品也是由一分子水与二分子尿嘧啶水合而成，并非是鹿茸提取尿嘧啶分子立体结构不同所造成。至此问题得到完全的解决。

由此，一个重要的发现是，同为一个尿嘧啶分子，在水合时与不水合时（Lx 与 Ur）细胞增殖活性竟有如此大的差别，而各种谱学也出现了显著的差别，至少已在一个化合物的分子水平上，证明了加水（水合）可以使化合物的性能（活性）发生改变。因而我进一步想到，植物种子在干燥下不发芽，但在水中浸种子后便可发芽生长，是否与本实验有些类似，在加水后，种子中的某些组分因与水的作用（水合）而活性有所改变，发芽便是这些活性改变造成的效果呢？这是以后留待研究的问题。

据我们所知，文献上似乎还没有从分子水平上揭示水合与不水合化合物的结构与活性上都改变了的文章。因为水是生物必需的物质，对生物的作用有着普遍的意义，而本实验研究的正是首次从分子水平上揭示了水对尿嘧啶活性的重要性，为以后从分子水平上研究水对生物的生长、发育与组分等打开了另一扇大门（水合分子生物学）。加上尿嘧啶是遗传物质

RNA 中四种碱基中的一种，水合尿嘧啶与无水尿嘧啶在活性与结构上又有着这么大的区别，是否含水的 RNA 与无水的 RNA 其性能也会有所不同？这些都是以后值得研究的新问题，应抓紧去研究。

值得高兴的是，这些研究真正是自己做的具有原创性和基础性的东西。想不到自己在 80 岁以后的随缘研究中，竟然还能有此收获，虽已年暮，我以后还会更积极更主动与后辈们介入此项新开辟的研究工作。

著书立说

退休后，既无工作上与人事上的牵挂与烦恼，又无社会上与生活上的牵累，我想，何不利用人生历程中最后这一段好时光，根据自己的兴趣和积累去自由自在地写些东西，或许对后辈有些参考价值。基于这样的想法，退休后 17 年来，我先后撰写并出版了几本著作。

第一本是 2006 年由科学出版社出版的《破释分子——分子化学结构探究例解》。该书总结了我几十年来对光谱波谱与结构化学研究上的一些心得和研究成果及思考方法，突出创新思维，适合研究生与研究人员阅读参考。全书 26.5 万字。

为什么要写这么一本书呢？我在该书"前言"已说得比较清楚：

作者胡皆汉从事谱学与结构化学研究几十年，指导过众多的博士、硕士研究生，确定过许多合成的与天然的新分子的化学结构，剖析过若干未知化合物；……深感依据质谱、红外、紫外、核磁等谱图来确定分子化学结构时，进行深入思考与分析，抓住关键数据等思维的重要。现在确定分子化学结构所需的主要仪器——质谱仪、红外光谱仪、拉曼光谱仪、紫外-可见光谱仪、荧光光谱仪、各种核的核磁共振波谱仪与电子顺磁共振波谱仪等都已是常规的分析工具,在美国更是如此。这些仪器与主要用于分离分析的色谱联用,不用分离提纯便可以很快地提供各个组分的各种谱图。所以,现在有关分子结构的各种谱图信息很容易获得,关键的问题是如何根据各种谱图来分析确定分子的化学结构,这种具有探求思索的过程便变得十分重要了。

事实上,作者指导过的一些博士、硕士研究生,与前来向作者咨询的从事谱学与结构化学研究或需要确定分子化学结构的博士后、博士生、硕士生和年轻学者遇到的困难,大都是不知道如何分析、解释谱图。他们大多具有一定的各种谱学和结构化学的专业知识,学过有关谱学课程,对有关谱学的一般原理、规律等都有一定的了解。但遇到问题时,往往不知道如何解决,拿着谱图,往往不知道如何下手,怎样去解释,怎样利用各种各样的谱图去确定新分子(文献上未报道过的)或未知化合物的化学结构。他们并不是缺少知识,而是要学会思考,学会分析。研究不同于教学,论文不同于教材。教材的知识都是已知的,确定的东西;研究则不同,研究探索的往往是未知的,不确定的,或未发现的事物,探索起来,可能性往往很多,疑点很多,即使你把所有的可能性(能想出各种可能性,本身就不容易)都想出来,要确定其中哪一种是真实的也很不容易。所以,研究要富于思考,善于思考。

向作者咨询的一些博士、硕士研究生与年轻教师,都感到思考方法的重要,不少人都希望作者能够写一本在确定分子化学结构过程中,是如何依据谱图来进行思考与确定分子化学结构的书。希望能以举例的方式进行,要求书的内容最好是着重叙述在研究中真实的思考过程,每个问题是怎样解决的,如何从提供的谱图里,综合分析,提出设想,步步追根找据，直至最后得出正确的结论，推定分子的化学结构，等等。他们说，书不必写成教科书或论文那样，也不必把教科书或专业书已详细叙述过的各种谱学专业知识与仪器操作知识等写进去，主要是希望通过实例能看到实在的活跃的思考过程，增强解决实际问题的能力，多点启发，以便举一隅而以多隅返。这对刚从事研究工作的研究生与年轻学者来说是很重要的。此外，书可以写得活跃一些，因为写的主要是研究的思考过程，对的、错的思考都可以写进去，甚至在实际工作中做错了的谱图与数据都可以加以讨论，等等。作者觉得他们提出的建议有一定的道理，是一个好的建议，于是便有了写本书的初始动机。

既然是要以举例的方式来写在研究中进行过的思考过程，那么这本书所举的实例都是限于作者或作者与别人分析过的例子，因为只有自己才能知道自己进行过的思考……

我按这样的要求，把本书写了八章：1. 核磁共振谱的一些图表与经验公式；2. 质谱解析示例；3. 联合质谱、红外光谱与核磁共振谱来确定分子化学结构举例；4. 推定合成新分子化学结构举例；5. 生物分子结构鉴定举例；6. 利用核磁共振一、二维谱对复杂谱峰进行全面归属举例；7. 分子立体结构研究举例；8. 金属酶活性中心结构与有机络合结构研究举例。本书虽是利用光谱、波谱来确定分子化学结构的例解著作，但着重点则在于启思、启发、启导与创新。

第二本是2008年由吉林科学技术出版社出版的《思维——人类探索大自然的强大武器》。写此书的动机，是鉴于自己带过与指导过的众多研究生和年轻咨询研究人员，"能接受接收的多，能质疑会思考能创新创造的少"，同时也是针对我国传统教育中那种"填鸭式"的教育方法与"死记硬背"的学习方式，并吸取《九章算术》等数学书缺乏推理逻辑的教训，我在书中举了许多怎样启思，怎样拓思，如何推导，如何创思的经典数学例子，目的是使年轻读者能在开动脑筋方面受到某些启迪。

第三本是2009年由大连大学印发的《紫外、荧光与圆二色性光谱学基础讲义》。该书10.5万字，是根据我在2009年初对大连大学研究生和年轻教师的讲稿编辑而成。该书除叙述这些领域的一般原理与规律和应用外，特别强调这些原理与规律的由来，它们得出的根据与思考和历史过程。如量子力学基本定律薛定谔方程的由来，薛定谔是怎样根据前人的知识，受到怎样的启发与自己的创思和过程我都做了相当的论述。讲授中，我特别强调科学的创新精神，寄希望于我国年轻学者更具创造创新能力。

第四本是2011年由科学出版社出版的《实用红外光谱学》，那年我已83岁。该书58万字。该书讲理论、讲规律，有众多的应用实例，有相当多的标准红外光谱图，也掺入了不少我几十年来从事光谱研究的心得与一些研究成果。适合研究生作教本之用，以及红外光谱工作者阅读参考之用。

此外，我也写了些文学性著作：

1. 我平生喜爱诗词，兴趣始终，但无专工，唯工作之余记事咏物、寄情抒怀而已。2001年搜罗自作诗词三百余首，结成《秋虫集》，由中国文联出版社出版。

2. 还写了一本《回眸科研情》，2004年由中国文联出版社出版。

3. 我夫人沈梅芳女士喜爱绘画，2014年4月印行《泷罗晚画》，收入画作二百余幅，每幅画上均有我题诗词一首或数首。所以《泷罗晚画》实为夫妻之合作。印送子女孙辈或赠亲友、单位。后又将其中题诗与后续诗作及对联等结集为《泷罗晚画诗集》，刊诗词近四百首，可视为上述《秋虫集》之续集。

20 世纪中国科学口述史
The Oral History of Science in 20th Century China Series

胡皆汉退休后所著4本科学专著封面

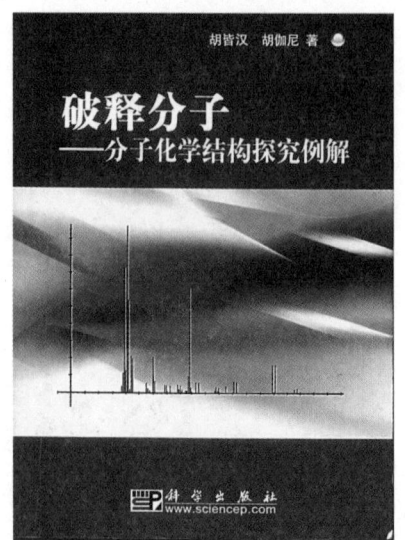
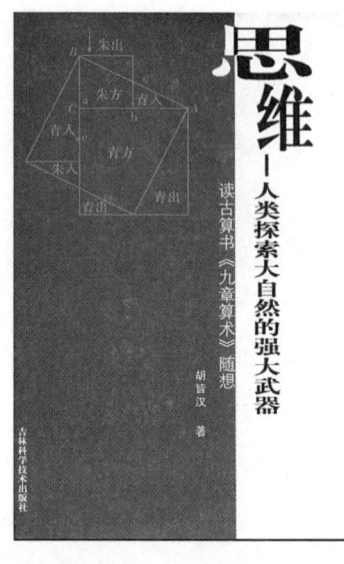
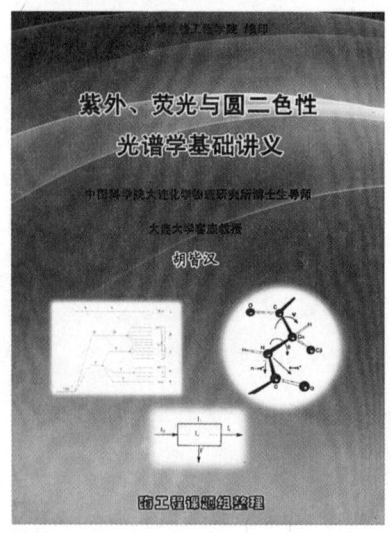

自由探索之追求——胡皆汉自述
The Pursuit of Free Exploring: the Autobiography of Hu Jiehan

胡皆汉夫妇(右上)与他们合作的画诗集(左上),下为其中的两幅作品

研读史籍议传统

我一向喜欢读书，从来如此，退休后有了这么多的空余时间，正好把它用于我喜爱的读书上。每天大约都要看几个小时的书，退休后17年来，我看了不少有关中西思想家和科学史方面的经典著作。诸如《考工记》、《史记》、《论衡》、《梦溪笔谈》、古本《周髀算经》、白尚恕著《〈九章算术〉注释》、李俨著《中国算学史》、克莱因著《数学：确定性的丧失》、邓纳姆著《天才引导的历程》、卡约里著《物理学史》、瑞德尼著《量子力学史话》、霍金著《时间简史——从大爆炸到黑洞》、海森堡著《物理学与哲学》、薛格洛夫主编《西洋哲学史简编》、蔡元培著《中国伦理学史》和我国先秦时诸子百家之书，诸如《易经》《诗经》《书经》《论语》《大学》《中庸》《孟子》《墨子》《墨经》《道德经》《庄子》等，凡影响我国思想文化深远的经典著作，我都乐意去看，有的甚至反复细读。

与年轻时读书只是着重吸取知识不同，我退休后读书，则更着重于对经典著作的欣赏、质疑、比较与探讨。有时也会吟些唐诗宋词，读点陶渊明和韩柳欧苏的文章，或看些古典小说，换换脑筋，这都有别于科技书籍，另有一番风味，一种人生体会。晚年舒闲，手执书本，乐趣无穷，真有如宋代朱熹所说"读书之乐乐何如，绿满窗前草不除"那样陶醉，忘却年老，正可谓"暮年人虽老，神清仍读书"也。

我粗读了这些书，古今中外对比，站在一个科研工作者的立场，使我感触特深的有两个方面：

第一，我国自古以来缺乏自然科学传统，所谓诸子百家，绝大多数都是社会科学这方面的学者或政治人物。我国思想文化奠基性的春秋战国时代的诸子人物，无一不是社会科学方面的思想家与学者或政治人物，没有一个是著名的自然科学家。影响我国思想文化深远的儒家经典四书五经，也没有一本是自然科学著作。

第二，即使是有一些在传统文化中不占主流地位的涉及一些自然科学的著作，在知识上多停留于实用阶段，而缺乏规律性原理上的探讨。关于这个问题，我有更多的研读与思考。

我国历史上的科技著作，本来就很少。我国思想文化奠基性的春秋战国时代连一本数学与物理学方面的专书都没有，在工艺技术上也只有《考工记》一本，此外只有一些散见于如《墨经》等的零星物理知识。一直到了汉朝，数学上才有《周髀算经》和《九章算术》等书的出现。然而就是在这些最需要抽象、最需要逻辑论证的数学里，我们仍然停留于实用数学阶段，缺乏论证，缺乏逻辑，缺乏推理。其他，如医学、农学等古代著作就更不用说了。

我在退休后阅读了一些中外科技史著作之后，了解到我国历代历朝最受重视的是天文历法。历朝都有专职天文官，记录了这么多的天文现象，早就把天区分为三垣二十八宿。汉武帝时的司马迁在《史记》天官书里就详细地记录了水星、金星、火星、木星、土星五个行星的运行周期和众多恒星的名称。从2700多年前的春秋战国时期起至元期末年的1368年就记录日食650次，甚至在《诗经》里还详细地记录了一次发生于约4000年前的夏代仲康元年的日食。此外，对彗星、流星、陨星、新星和超新星与黑子都有丰富的记载。观察之多，记录之详，并不比国外差。可是规律之寻求，理论之探讨，就几乎没有，只停留在观察阶段。西人则不同，他们既重视观测又重视逻辑思维，把它们统一起来运用。

下面分别举出天文学史、物理学史和数学史上具体而简明的例子予以说明。

天文学史批评三例

例一：我国早在公元前140年，就有关于太阳黑子的观测记录。之后，对太阳黑子的监测成为古代天文学者经常性的工作。他们积累了大量资料，对太阳黑子这一活动现象作了确切的描述。如对黑子以及黑子群出现的时间、大小和位置都说得一清二楚。欧洲关于太阳黑子的最早记录是在公元807年，比中国晚了近千年。遗憾的是，我们并没有从这丰富的资料中发现太阳活动周期为11年，发现这一重要规律的是欧洲人。

例二：公元前613年我国的《春秋》一书中就有哈雷彗星的记载。之后，我国古籍对这颗彗星的记录多达31次，记录可谓不少，但始终都没有发现它的运动周期。而英国著名天文学家哈雷于公元1682年考察了以前的彗星记录，运用思考，发现它的运动周期为75～76年，并预测了下一次的出现时间。

例三：我国观测天文现象这么多，历朝历代又有专职天文官，但在理论探讨上，只有定性的、笼统的盖天说与浑天说，甚至更模糊的宣夜说。而西方自古希腊柏拉图提出要把行星运行进行数学化处理以后，经托勒密体系、哥白尼体系、开普勒行星运行三定律，至牛顿提出万有引力定律以解释行星运行规律，都是一步步地把观察与思考（规律）结合得更好的例子。

物理学史批评一例

我国自春秋战国以来，在物理学方面，因受实用性、学以致用思想和欠缺逻辑思维的影响，几乎没有规律性、原理性的探讨研究。这里只举物理学中几何光学方面的反射定律与折射定律，作为例子来加以解说。

我们在墨家的《墨经》（这是春秋战国时代诸子百家中唯一说及科学技术的经书）中看到有八条经文说及光学的问题。按雷一东著《墨经校解》，把它们译为现代语言。八条经文依次便是：

第一条：影子不移动，关键是重新生成。〇[1]光照到的地方影子就消失了。如果影子还在，那是因为不断滋生的缘故。

第二条：如果有两种影，就是因为影的重叠。〇两片亮光夹着一片亮光，那一片被夹着的亮光就是影。

第三条：倒像的产生，是因为在光线交会贯穿的地方有一个小孔参与成像过程。关键是那个小孔应该既小又端正。〇光照到人就像射箭一样（按直线进行）：下方的光向上照到人，上方的光向下照到人。脚挡住了下方的光，所以上方成像；头挡住了上方的光，所以在下方成像。由于在或远或近的地方有个小孔限制了光，所以成像在密室内。

第四条：影子迎向太阳，是因为太阳光已经转了方向。〇太阳光反照到人时，则影在太阳和人之间。

第五条：影子的小或大，决定于被照射物体的斜正、远近。〇木斜，影短大；木正，影长小。光源小于木，则影大于木。不仅是光源小的问题，光源的远近也会影响影的大小。

第六条：面对镜子站立，就有反向的像出现；像很多，但又好像很少。这说的是单一的平面镜的情况。〇平面镜只有单一的像，它的形貌姿态、明暗、远近和斜正都由入射光引起。被鉴照的实物和像面对面地一同存在；并且面对面一同靠近或离开，方向都相反。被鉴照物的每一个像素

---

[1]《墨经》分为"经"与"说"两个部分。本文从雷一东著《墨经校解》摘录有关光学八条的文字，〇之前为"经"之译文，〇之后为"说"之译文。

没有不被照到镜子里的。像包含无数的像素，它们必定都在镜面的后方，所以都在一起。像素本来都在一起，但是镜子照的时候把它们拆分开来了。

第七条：凹镜有一个小的倒像和一个大的正像，关键看被鉴照的实物在中点的外侧还是内侧。○当实物在中点内侧时：（从中点观察）若被鉴照的实物离中点近，它看起来就大，所成的像也大；若实物离中心远，它看起来就小，生成的像也小；但这些像必定都是直立的。如果实物的光是由中点发出的，反射光就变成沿着主轴方向的、又长又直的光束。当实物在中点的外侧时：（从中点观察）若实物离中点近，它看起来就大，而成的像也大；若实物离中点远，它看起来就小，生成的像也小；这些像必定都是倒立的。（如果再进一步把被鉴照的实物移到离中点更为遥远的地方时）其结果就符合长而直的光束反射的情况。

第八条：凸镜只有一种像。○（从中点观察）若被鉴照物离镜面近，看起来就大，生成的像也大；若被鉴照物离镜面远，看起来就小，生成的像也小；但生成的像必定都是直立的。因为生成的像在镜面后方，所以它清晰。

这便是《墨经》上有关光学的全部记录，也是春秋战国时所有典籍中有关光学的记录。这里不讨论"译文"是否正确与准确。但已足够看出它们对影像的生成与消失，针孔成像，光的直射，平面镜、凸镜、凹镜成像的具体描述，仍然是只有实践观察，而没有规律性的原理性的探讨。直到1000多年后宋朝沈括所著有名的《梦溪笔谈》中记述有关成像的"阳燧照物""凸面镜""透光镜"三段记录，仍然如此。现把"阳燧照物"一段译文（把宋文译为今文）录出：

用阳燧（凹面镜）照物体都是倒立的影像是因为中间有障碍的缘故。算学家说这叫作"格术"。譬如人摇橹，作支撑的小木桩成了橹的障碍一样。像鹰在空中飞行，它的影子随着鹰飞而移动，如果鹰和影子之间的光线被窗子所约束，那么影子与鹰飞的方向就相反了。又像窗孔中透过楼塔的影子，中间的光线被窗孔所约束，也都是倒垂，与阳燧同样的道理。阳燧的镜面是凹陷的，当一个手指靠近镜面时，像是正的，当手指渐渐移远到某一位置，像就不见了，超过这一位置，像就倒过来了。那个看不见像的地方，正如窗户的孔，架橹的小桩，腰鼓的腰成了障碍一样，物体与像相对，就成了摇橹的情形。所以举起手来影子就越向下，放下手来影子就越向上。这应该是可以看得到的。岂止物体是这样，人也如此，中间不被外物阻碍的很少。小的就把利害互相改变，是非互相颠倒，大的就把自己当成外物，把外物当成自己。不要求去掉障碍，却想看到不颠倒的物像，太难了啊！

　　沈括只记录了这些现象，竟忘却了《墨经》曾说过的光直射，用比拟的方法，把凹镜的焦点（我国前人没有焦点的概念，这是古希腊欧几里得引入的述语）竟说成是个"障碍"，那还谈得上寻找这些现象的规律与原理吗?！在几何光学里，我国一直没有反射定律与折射定律的陈述，也在一个侧面上，反映了我们民族缺乏规律性的寻求思维，这是我们今后要特别加以改进的。

　　而重视思维、重视逻辑、重视数学的古希腊人，对光成像、凹面镜成像的研究情况却完全不同。他们不仅得出了反射定律的规律，而且还依靠反射定律，通过数学方法，定量地说明平面镜、凹凸面镜成像的远近、大小与正倒现象和凹面镜焦点的存在与位置。更进一步证明反射定律服从光通过路程为最短（最小）的原理。他们既重视"唯物"，对现象的观察观测，更重视唯思"唯心"的探讨，把现象上升至规律和原理，而不只是停留在实践上。

数学史批评二例

数学是最抽象，最讲逻辑的一门学科。它是定量物理学的基础，是天文学的支柱，随着科学的发展，数学也逐渐进入其他基础学科，量子化学便是数学、物理进入化学领域之一例。数学是从定义、公理、公设开始，经逻辑演绎而成体系，不需实验，而求证明，是最"用脑"的。但是，我国古代发展起来的数学，还只是停留于实用的最初阶段，与古埃及、古巴比伦的数学水平差不多，而没有发展至古希腊时代数学上的论证与公理体系。

例一：我国最早最系统的数学著作是汉代的《九章算术》。这是一本实用性的数学问题集。它是我国以后数学著作的经典模本，正如古希腊欧几里得撰写的《几何原本》是西方以后数学著作的模本一样。两者都对东、西方以后数学的发展产生了很大的影响。所谓"九章算术"便是算术在方田（38个问题）、粟米（46个问题）、衰分（20个问题）、少广（24个问题）、商功（28个问题）、均输（28个问题）、盈不足（20个问题）、方程（18个问题）和勾股（24个问题）九个方面的应用。该书对每个问题都是铁板一块的只有"问题""答案"与"算法"三方面的内容。问题与问题之间，计算方法与计算方法之间，没有联系，没有逻辑关系，计算方法也不说明是怎样得出或怎样论证而来的，只教你死记硬背，依样画葫芦，或稍作模仿推广，终归缺乏创造创新（这种写作与学习方法，两千年后的今天仍然盛行）。其后，魏晋时之刘徽对《九章算术》稍有注释，有些发展，但终归没有形成演绎公理体系。且举《九章算术》中的几个问题，便可略知其梗概与做法。

"方田章"中之一问为：有田广十二步，纵十四步，问为田几何。答曰：一百六十八步。术曰（计算方法）：广纵步相乘得积步。

"粟米章"中之一问为：今有粟一斗，欲为粝米，问得几何。答曰：为粝米六升。术曰：以粟求粝米，三之五而一。（当时粟米之法，规定粟米五十，粝米三十）。

"盈不足章"中之一问为：今有共买犬，人出五，不足九十，人出五十，适足，问人数犬价各几何。答曰：二，犬价一百。术曰：以盈及不足之数为实，置所出率，以少减多，余为法，实如法得一人；其求物价者，以适足乘人数得物价。

从这些举例中，看不出有什么推理和论证。有鉴于此，作为读我国古典数学著作之反思，于是我才撰写了那本《思维——人类探索大自然的强大武器》一书。

例二：我国古代是不可能有无理数概念的。

无理数用"小数方法"表达时，是个无穷无尽而又不循环的数。正因为它是个无穷无尽而又不循环的数，用实践方法，用数数方法，用计算法，是无法得出无理数的概念的。我国古代和古希腊前期都只有整数与分数的概念，而没有无理数的概念。第一个得出无理数概念的人是毕达哥拉斯学派的希帕萨斯，他就是用论证而非实践（计算）的方法得出的。可简述如下：

由毕达哥拉斯定律（即勾股定律）知

$a^2+b^2=c^2$；设 $a=1$，$b=1$，得 $1^2+1^2=c^2$，$2=c^2$，$c=\sqrt{2}$。

假设$\sqrt{2}$可用分数表示，即$\sqrt{2}=\dfrac{p}{q}$，p、q为整数，并且如有公共因子则约去。平方得$p^2=2q^2$。如此，p^2必为偶数，因为不管q为奇数或偶数，$2q^2$必为偶数。p因而也必为偶数，因任一奇数的平方必为奇数，而偶数的平方必为偶数。而$\dfrac{p}{q}$比是最简形式，p为偶数，q必为奇数，因p为偶数,故可设 $p=2c$,平方后得 $p^2=4c^2$,则 $4c^2=2q^2$,即 $2c^2=q^2$,所以 q^2 为偶数。若 q 是偶数,因此按上面两方面论证 q 为偶数,但同时又是奇数,因此 $\sqrt{2}=\dfrac{p}{q}$ 的这种假设产生了矛盾,即不能成立,即 $\sqrt{2}$ 不能用任何分数来表达。此外,我们又知道任何分数要么可以化为有限小数,如 $\dfrac{3}{5}=0.6$;要么化为循环小数,如 $\dfrac{1}{7}=0.142857142857\cdots=0.\dot{1}4285\dot{7}$,只有这两种情况。现在不能化为分数,所以它既不为有限小数,也不是循环小数,剩下的可能性只能是永无止境而又不循环的小数。现在反过来看,如果不用思维不用证明,而只用计算又怎能算出这个无穷无尽而又不循环的小数呢!我们古代中国人只重视实践(计算),而缺乏思维证明,有可能发现是个不可能用分数表达的数吗?绝对是不可能的!

其实,不能用实践、计算、检验而只能用逻辑思维的数学命题多的是,如"素数个数的无穷性""正立方体只有五种""圆周率 π 是个超越数"等。至今,所有数学命题只有运用逻辑论证后才能成立。可惜,我国古代数学缺乏逻辑论证,这与古代人只重视应用实践,所谓"学以致用"而不是"学以致知"有关。

九宫图研究——批评传统思维方法的例证

中国古代对纵横图的研究,首先开始于汉朝徐岳在《数术记遗》中叙述的九宫图问题,似乎也是我国最早不以实用而以智力游戏出现的数学问题,它的研究与发展,最能看出我国古人思维方法上的某些特点。

4	9	2
3	5	7
8	1	6

九宫图（如上），就是将 1 至 9 这九个数排列成方阵，使其纵行、横行与对行角的每一行三个数加起来都等于15。其始于汉朝的徐岳，后又过了许多年，魏晋时的数学家甄鸾对它并没有任何新的发展，只是注释说："九宫者，即二四为肩，六八为足，左三右七，戴九履一，五居中。"直到唐代中期王希明在《太乙金镜式经》仍采取这一说法："九宫之义，法以灵龟，以二四为肩，六八为足，左三右七，戴九履一，此为不易之常道也。"

王希明说"此为不易之常道"，即是说，只有这种放置方式了，亦可见他思想之保守而不思进取。其实，排列为纵行、横行与对角行每行数值之和等于15的方式可以有8种之多，如

4	3	8
9	5	1
2	7	6

等。

这就不是"二四为肩，……，戴九履一"了。这期间也没有人对他们的见解提出异议。

又过了几百年，宋朝时著名的数学家杨辉在所著《续古摘奇算法》书上说，通过"九子斜排""上下对易""左右相更""四维挺出"几种变化，得出了"戴九履一，左三右七，二四为肩，六八为足"的九宫图。杨辉比甄鸾和王希明等人推进了一步，告诉你可以用这种方法作出九宫图。不过，仍然是如《九章算术》那样，告诉你对它的作法（即《九章》的"术"），而没有论证为什么要这样作。

杨辉及其以后的一些数学家,曾提出16宫、25宫、36宫……以至100宫等纵横图,当然也算是有所进步,但对九宫图本身排列规律性的研究似乎再没有其他发展。总的来说,我国古代数学家,采用的多是猜测或尝试的猜算法、试错法,反复试探直至成功为止,而缺乏分析的与论证的思维。

我按分析思维的方法,看出九宫图有纵三行、横三行、斜二行与每行有三个数,放于中间位置 X 的一个数连接四行,如果我们把9放于这个位置,三个数相加等于15,其余两个数之和必须为6,能加起来等于6的两个整数,只能是 $5+1=6$,$4+2=6$ 两种,不能满足中间位置 X 需要四种结合的要求,所以9不能放于此位置。如果把6放于此位置,则余两数之和必须为9,能加起来等于9的两个数只能是 $1+8=9$,$2+7=9$ 与 $4+5=9$ 三种,也不能满足四种结合的要求,所以6也不能放于此位置。其他1,2,3,4,7,8,同样都不能与其他两个数相加而有四种结合等于15的可能,只有5放于此位置,符合此种要求。因为5放于此位置,其余两数之和必须等于10,满足条件的有 $1+9=10$,$2+8=10$,$3+7=10$,$4+6=10$ 四种,正符合四种结合的要求,所以 X 的位置只能放置5,这是必然的、唯一的,再不能有其他情况。

再来讨论角的位置 Y。与 Y 的连接有三行,先讨论9是否可以放于 Y 的位置上。上面已讨论过,与9相加等于15的两个数只能为 $1+5=6$ 与 $2+4=6$,即 $1+5+9=15$,$2+4+9=15$,只有两种连接方式,不符合 Y 位置需要三种结合的要求,所以9决不能放于四个角 Y 的位置上,而只能放于四边上的中间位置。结合上述中心位放置5考虑,便有

4	9	2
	5	
	1	

,又

由于 2+5+8=15，4+5+6=15，立即又得出
$\begin{array}{|c|c|c|}\hline 4 & 9 & 2 \\\hline & 5 & \\\hline 8 & 1 & 6 \\\hline\end{array}$
，又由于 2+6+7

=15，4+8+3=15，最后得出
$\begin{array}{|c|c|c|}\hline 4 & 9 & 2 \\\hline 3 & 5 & 7 \\\hline 8 & 1 & 6 \\\hline\end{array}$
，即甄鸾最初叙述的"二四为

肩，六八为足，左三右七，戴九履一，五居中"的九宫图。这种采用逻辑推理的分析方法，一步步地说明为什么要这样做，有根有据。

分析法与猜算法是两种不同的思维方式。可惜我国古代数学家没有人采用这种分析法来讨论过九宫图。

反映人们思维方法的另一个侧面，是我国古代人缺乏普遍化的思维与探求。九宫图中的 1，2，3，4，…，9 九个数形成一个等差级数数列，将之普遍化便为，设首项为 a，公差为 d，相应于 1，2，3，…，9 九个数数列的普遍写法便为 a，$a+d$，$a+2d$，…，$a+8d$。普遍化的九宫图是：

$a+3d$	$a+8d$	$a+d$
$a+2d$	$a+4d$	$a+6d$
$a+7d$	a	$a+5d$

这样每行每列与对角行三个数之和都是 $3a+12d$。设 $a=1$，$d=1$，$3\times 1+12\times 1=15$，代入上述普遍化的九宫图，便得到甄鸾所述的九宫图。如设

$a=3$，$d=7$ 便有
24	59	10
17	31	45
52	3	38
，每列每行与对角行三个数之和都等于93

（$3\times3+12\times7$）。又如设 $a=0.1$，$d=0.2$，便有
0.7	1.7	0.3
0.5	0.9	1.3
1.5	0.1	1.1
，每行每列与对角行三个数之和都等于2.7，而九宫图中的数也不再限于整数了。

如果中国古人能有更广的拓展思维，对九宫图的研究，还应该有更大的作为。在我看来，最少还可以在下列一些方面进行拓展。（具体作法，见我所写《纵横图研究》一书约50页）

一、把九宫图的加法拓展为乘法，即要求每行每列与对角行三个数的乘积都相等。

二、把原来九宫图拓展至二重等差级数的九宫图。

三、跳出原笼，拓展至求九宫图纵行横行与对角行总和之极大极小值。

四、拓展至对九宫图的对称性与对称变换的研究。由此可以推出九宫图有8种不同的位形。

上面讨论的只是三方阵的九宫图。

宋朝著名数学家杨辉首先拓展至16宫，25宫至100宫（十方阵），以后有些数学家也对它们进行了研究。不过都是局限于个别位形的纵横图，而没有全面与规律性的探索。

在四方阵的研究上，杨辉在其《续古摘奇算法》一书中只记载了"花十六图"和"阴图"两种位形的16宫方阵图。每列每行与对角行四

个数之和均等于34。而我根据我研究出的规律，可以很快推算出四方阵有128种位形，比杨辉的两种多了60多倍。

接着杨辉在五方阵（25宫）至十方阵（100宫）间的各个方阵都提出一或两个方阵位形。而他提出的十方阵百宫图，它的对角行和值与纵行、横行和值不相等，直到几百年后的清代张潮才给他更正，使百宫图的纵、横、对角行和值都相等。所以张潮在其著《心斋杂俎》一书中，不无得意地说："《算法统宗》所载是十有四图，纵横斜正，无不妙合自然，有非人力所能为者，大抵皆从洛书（即九宫图）悟而得之，内惟百子图，於隅径对角行不能合，因重加改定"云云。

这里的一个"悟"字，隐含了中国古人的一种思维方法。

用了一千多年的时间，只得到14种纵横图（方阵图），而其中的百子图还是不符合要求的。又说，得到这14种纵横图已很不容易（即"非人力所能为者"），他张潮好不容易才"悟"出正确的百子图而加以改正。

我国前人数学家之不重视寻求规律，思维之缺乏逻辑与拓展创造，在我国自己首先提出的方阵图研究中暴露无遗！

我按现代数学的思维求索其规律性，很快便找到不同于杨辉的"花十六图"与"阴图"的16宫位形，通过种种对称变换得出了四方阵的128种位形。

找到规律性之后，便会很容易地把古人提出的五方阵至十方阵（百宫图）的众多位形图推出来。而且古人没有提出过的十一方阵以上的方阵图也都能很容易地推导出来。我在不长（大约一个月）的时间内，便把11至20方阵的各个方阵的众多位形图推导出来，可见规律性研究的重要。

关于方阵图的研究，本人将撰写专书《纵横图论》讨论之。

正如上面已说过的，我在退休后读了不少有关科技史与我国古代思想家的著作，比较中外，对比古今，有些反思，上面举的有关天文学、数学与物理学的极少几个例子，便是我退休后读书的某些心得，作为我晚年生活的一部分，所以论及于此，目的还在于希望提高中华民族的科学文化素质与创新意识。

附 录

胡皆汉年表

胡皆汉主要著述目录

人名索引

胡皆汉年表

1928 年　7月23日，出生于广东省罗定县泗纶镇高寨村。

1935 年　入读村中小学。

1941 年　6月，高华小学毕业。

1942 年　入读泗水初级中学。

1943 年　获全校算术竞赛第一名，分级化学、物理竞赛第一名。

1945 年　8月，考入广东省立罗定中学，读高中。

1947 年　在校刊上发表讨论古代《孙子算经》中有关不定方程求解的数学文章。

1948 年　6月，高中毕业，考入国立南宁师范学院理化系。

1949 年　上半年，在香港出版的《新学生》杂志上，发表题为《三角基本公式的又一新证法》的文章。9月，在校中参加了中共地下党。12月4日，南宁解放，随即到中共南宁市委城郊农村工作组工作。

1950 年　3月初，转入国立广西大学物理系。4月，被东北人民政府工业部招聘，入该部人事处工资科工作。

1951 年　任人事处处长秘书。

1952 年　6月，任职工教育科副科长。12月底调北京新成立的国家计划委员会工作。

1953 年　1月，任国家计划委员会燃料工业计划局石油工业计划组组长，曾参与制定国家石油工业发展政策与编制石油工业计划等工作。

1955年　夏，因初中时集体参加三青团问题受到审查。秋，被开除党籍并入狱。

1956年　年初出狱，仍回到原单位工作。被任命为国家经济委员会石油工业计划局综合组组长，评为八级工程师，恢复党籍，但受到留党察看两年的处分。

1957年　1月，与沈梅芳结婚。后生两男一女，两男均获美国博士学位。

1958年　6月，调至中国科学院大连石油研究所工作，暂安排于学术委员会。

1959年　4月，留党察看期满，被开除党籍。6月，下放农村劳动一年。

1960年　8月，回研究所到大连化学物理学院任物理教研组组长，主讲普通物理课程。

1963年　年初，申请调至研究所第一分析室光谱组从事研究工作。自学钻读《分子振动——红外和拉曼振动光谱理论》与《分子光谱与分子结构》两本光谱学世界经典名著。

1965年　在《物理学报》上发表《环偶氮甲烷型分子的振动均方振幅矩阵》和《六氟化苯的面外振动》两篇论文。7月，被派到郊区泉水村参加"四清"运动，至1966年3月。

1966年　"文革"初期便受到冲击，之后曾被抄家两次和关"牛棚"。并到所杂务班、锅炉房等劳动，共达三年之久。

1970年　2月，全家下放到庄河县大郑公社大林大队大林东小队，走"五七"道路。

1973年　6月，调至旅大市轻化工研究所分析室工作。

1975年　完成辽阳石油化纤总厂委托的国外14种助剂的分析剖析工作，所写14篇剖析文章均在本年《助剂通讯》期刊上发表。确定了研制中的氮肥增效剂的化学结构，研究论文发表于本年《分析化学》上。

1977年　完成辽阳石油化纤总厂委托的第二批国外13种助剂的分析剖析工作并继续发表13篇剖析文章。

1978年　连续两年先后获旅大市轻化工研究所与大连市化工局先进工作者称号，出席大连市科学大会。以《ABC三自旋归属新方法》论文参加了在福州召开的全国物质结构学术会议。

1979年 11月，调回中国科学院大连化学物理研究所。

1980年 1月，任大化所第二研究室结构化学研究与分析研究组组长。开始指导研究生。应邀在长春举行的全国光谱理论学习班讲授振动光谱理论。在《科学通报》《化学学报》《催化学报》期刊上，共发表4篇论文。其中刊载于《科学通报》上的《某些α-甲基吡啶氯化产物的气相色谱保留值与其分子结构间的关系》一文，提出了一个关联化学结构与气相色谱保留值的带有普遍意义的计算公式，受到学术界的特别关注。

1981年 被提升为副研究员，并被批准为硕士生导师。继续在《科学通报》等期刊上发表论文5篇。

1982年 获中国科学院科技重大成果奖二等奖，获奖项目为《某些烷基吡啶化合物的化学结构与其气相色谱保留指数间的关系》。同年负责筹办在沈阳举行的"全国多原子分子简正坐标计算程序应用讨论班"，并讲授计算原理。

1983年 在 Spillover of Adsorbed Species 上的 "Evidence for Hydrogen Back-Spillover in Pt-TiO$_2$ System"，首次证实了催化 Pt-TiO$_2$ 体系氢反溢流的存在。以此论文被邀请作为在法国里昂召开的第一届国际溢流学术会议的共同主席。6月，应邀至中国科学院广州化学研究所讲学。

1984年 编著出版《红外与拉曼光谱的计算原理和计算程序》上、下册。

1985年 个人翻译的《分子振动——红外和拉曼振动光谱理论》（E. B. 小威尔逊等著）一书由科学出版社出版。5月，应邀至广州暨南大学讲学。

1986年 6月，晋升研究员。继被国务院学位委员会批准为博士生导师。同年，以《第一次用红外光谱法证实氢还原催化体系有反溢流氢存在》获中国科学院科学技术进步三等奖；以《烷基萘降凝剂有效组分化学结构与检测方法》获中国科学院与辽宁省分别发给的科学技术进步三等奖。同年，在《科学通报》发表《一种新的莪术内酯的生成及分子结构的确定》一文，是其发表的第一篇有关生物科学领域的文章。在北京香山举行的国际结构化学学术会议上，曾与三位诺贝尔化学奖获得者合影留念。

1987年　第一次招收博士研究生。在《科学通报》等期刊上发表论文12篇；其中发表于《光谱学与光谱分析》上的《分子力学MMIPI程序在VAX-11/750计算机上的实现》是国内早期分子力学计算的论文之一；发表于《催化学报》上的《Cd^{2+}交换的NaX型沸石中阳离子的固态核磁共振研究》，是国内最早的固态核磁共振研究之一。

1988年　6月，赴美国参加第43届国际分子光谱学学术会议，担任了分会场的即席主席。会后，应邀到范德堡大学讲学，并参观访问普林斯顿大学、斯坦福大学等七所高等学校。8月，因满60周岁而卸任结构化学研究组组长。

1989年　以《振动光谱的基础研究——振动光谱的计算机程序及计算》获中国科学院自然科学奖三等奖。编著《核磁共振波普学》一书由烃加工出版社出版。

1990年　在《光谱学与光谱分析》上发表《柞蚕丝分层结构的红外光谱研究》，首次发现柞蚕丝丝蛋白有四层不同的分层结构。

1991年　在《科学通报》发表《人发自由基浓度与生长年龄间关系的研究》，首次发现了人发自由基浓度与人正常发育生长间的关系。

1992年　以"柞蚕茧丝特性基础研究"获中国科学院自然科学奖三等奖。以"β-榄香烯"获国家医药管理局颁发的重大科技成果奖。在《中国科学》上发表《强耦合自旋系统的积算符理论》，首次把过去只应用于弱耦合自旋系统的核磁共振积算符理论推进到强耦合自旋体系；在《波谱学杂志》上发表《人发自由基的ESR研究》，首次发现人发自由基浓度与癌症等重大疾病的关联。获政府（国务院）特殊津贴奖状，享受政府特殊津贴。

1993年　在《中国科学》上发表的《铜锌超氧化物歧化酶活性中心铜与组氨酸的相互作用》一文，是一篇具有原创性的重要论文，受到多国学者的重视，带动了以后的一系列拓展研究。

1997年　11月底退休。退休前共发表科学论文172篇；并先后担任过中国光学会光谱委员会副主任委员，中国物理学会波谱委员会理事，大连市光谱学会理事长，《光谱学与光谱分析》《波谱学杂志》两科学期刊副主编与《结构化学》期刊编委等职。

1998年至今　　退休后被多所大学和研究机构聘为研究顾问、客座教授或研究生导师。多年来相继在《中国科学》《科学通报》《波谱学杂志》《分子科学学报》《光谱学与光谱分析》《催化学报》等期刊上发表研究论文70篇，其中2000年发表于《分子科学报》上的《关于氨基酸结构与RNA中碱基密码间关系的探讨》一文对遗传密码的研究有基础性的科学意义，2014年对"水合尿嘧啶"开创性的研究最具原创性与科学价值；出版科学著作4本，文学性著作4本，至今笔耕不辍。

胡皆汉主要著述目录

著作

1. 胡皆汉，王国祯编著. 红外与拉曼光谱的计算原理和计算程序（上、下册）.《光谱学与光谱分析》编辑部印刷发行，1984.

2. E. B. 小威尔逊，J. C. 德修斯，P. C. 克罗斯著. 胡皆汉译. 分子振动——红外和拉曼振动光谱理论. 北京：科学出版社，1985.

3. 胡皆汉编著. 核磁共振波谱学. 北京：烃加工出版社，1988.

4. 胡皆汉，胡伽尼著. 破释分子——分子化学结构探究例解. 北京：科学出版社，2006.

5. 胡皆汉著. 思维——人类探索大自然的强大武器. 长春：吉林科学技术出版社，2008.

6. 胡皆汉编著. 紫外、荧光与圆二色性光谱学基础讲义. 大连大学生物工程学院印发，2009.

7. 胡皆汉，郑学仿编著. 实用红外光谱学. 北京：科学出版社，2011.

8. 大连大学《选集》编辑组编. 胡皆汉论文选集. 大连大学印发，2008.

9. 胡皆汉著. 秋虫集（胡皆汉个人诗词集）. 北京：中国文联出版社，2001.

10. 胡皆汉著. 回眸科研情. 北京：中国文联出版社，2004.

11 沈梅芳，胡皆汉著. 泷罗晚画. 大连：大连理工大学印刷所印刷，2014.

12 胡皆汉著. 泷罗晚画诗集. 大连：大连理工大学印刷所印刷，2014.

学术论文

发表科学论文240余篇（详见《胡皆汉论文选集》里的论文目录，2008年印发），其中代表性的论文，主要有：

1 胡皆汉. 环偶氮甲烷型分子的振动均方振幅矩阵. 物理学报，1965，21（8）.

2 胡皆汉. 六氟化苯的面外振动. 物理学报，1965，21（8）.

3 胡皆汉，张俊杰，何国良. ABC三自旋质子磁共振谱的标划归属. 化学学报，1979，37（2）.

4 胡皆汉. 某些α-甲基吡啶氯化产物的气相色谱保留值与其分子结构间的关系. 科学通报（数理化专辑），1980.

5 胡皆汉，马兆兰，曾宪谋. 某些烷基吡啶化合物的化学结构与其气相色谱保留指数间的关系. 科学通报，1981，26（14）.

6 Hu Jiehan, Hong Zupei, Song Yuguan, Wang Hongli. Evidence for Hydrogen Back-Spillover in Pt-TiO2 System. *Spillover of Adsorbed Species*, 1983.

7 杨振云，韩秀文，胡皆汉，纪涛. 金属核的核磁共振研究Ⅰ：金属络合物的^{111}Cd、^{113}Cd、^{117}Sn、^{119}Sn、^{199}Hg NMR谱. 波普学杂志，1985，2（2）.

8 胡皆汉，韩秀文，纪涛等. 一种新的莪术内酯的生成及分子结构的确定. 科学通报，1986，3（11）.

9 胡皆汉，倪坚毅. 分子力学MMIPI程序在VAX-11/750计算机上的实现. 光谱学与光谱分析，1987，7（4）.

10 胡皆汉，姚世杰，郭和夫. 分子筛中^{113}Cd的固态NMR研究. 科学通报，1989，35（5）.

11 杨振云，韩秀文，胡皆汉等. ^{50}Co-NMR谱的介质效应、同位素效应及螯合物的立体构型. 中国科学（B辑），1989，19（3）.

12 胡皆汉，刘宏申，刘秀梅. 研究溶液中非顺磁金属络合的一种新方法离子—NMR 弛豫增宽法. 科学通报，1991，36（10）.

13 胡皆汉，胥维昌，纪涛. 人发自由基浓度与生长年龄间的关系的研究. 科学通报，1991，36（21）.

14 纪涛，胡皆汉，王晶等. 柞蚕黄茧生色物和生色机理研究. 中国科学（B 辑），1992，22（4）.

15 缪希茹，韩秀文，胡皆汉. 强耦合自旋系统的积算符理论. 中国科学（A 辑），1993，23（4）.

16 胡皆汉，舒占永. 铜锌超氧化物歧化酶活性中心铜与组氨酸的相互作用. 中国科学（B 辑），1993，23（8）.

17 胡皆汉，郑学仿，程国宝等. 研究金属酶活性中心结构 NMR 技术中的一种新方法. 科学通报，1997，42（17）：1 825~1 826.

18 胡皆汉，郑学仿，许永廷等. 枯草杆菌中性蛋白酶与无机金属化合物相互作用的核磁共振谱. 科学通报，2000，45（9）：932~934.

19 胡皆汉，程国宝，郑学仿. 关于氨基酸结构与 RNA 中碱基密码间关系的探讨. 分子科学学报，2000，16（3）.

20 胡皆汉，程国宝，叶金星. β-揽香烯振动光谱的量子化学从头计算. 光谱学与光谱分析，2001，21（2）.

21 Changhu Chu, Jiehan Hu, Tao Xu, et al. Structure of An Unexpected Trimer from the Reaction of Ageratochromene II with Aluminum Chloride. *Magnetic Resonance in Chemistry*, 2000, 40（7）: 458~460.

22 尹静梅，高大彬，胡皆汉等. 光促进下烯烃与二氧化碳的羰基化学反应及 $^{13}CO_2$ 和 $^{13}CH_3OH$ 同位素实验研究. 科学通报，2003，48（13）.

23 马君燕，郑学仿，郭明，唐乾，马静，高大彬，胡皆汉. 荧光法研究光诱导肌红蛋白的去氧过程. 中国科学（B 辑），2008，38（1）.

人名索引

A

爱因斯坦 89，191

安　悦 228，229

安志文 40

奥本海默 191

B

白崇禧 35

白介夫 75，76

白尚恕 240

L. J. 贝拉米 124

贝浼智 153

滨　中 41

Bloch 131

玻　尔 89

柏拉图 242

薄一波 61

布鲁诺 107

C

蔡廷锴 3

蔡元培 240

车　迅 88，89，95

陈伯文 35

陈鼎熹 24

陈东藩 3

陈翰笙 29

陈嘉彦 173，174

陈景润 86，87

陈　鸣 34

陈庆道 45

陈　荣 142

陈锡荣 96，97

陈荫镔 50，51，54，57

陈　郁 51

陈　章 3

陈芝馨　3

陈竺同　29

程国宝　159，171，178，195，198～203，205，221

程连昌　44，46～48

崔庆元　46

S. J. Cyvin　92

D

达　夫　37

大　山　34，41

戴　亮　88

M. D. Ward Dean　183

邓纳姆　240

邓日红　33

邓时忠　31，34

丁道远　185

董金华　204

董庆年　88，94，95

F

范桂花　129

方管（舒芜）　29

方燮基　41，43

凤雅范　74，75

С. Э. 福里斯　80

G

甘天德　37

高大彬　227

高　岗　48，49，51，104

高天行　29

哥白尼　103，242

顾以健　154，188，189

关德俶　88，90，91，106，122

关慎恒　162，163

关　哲　119，120，122

郭和夫　142，152～157，159，161，162，165，173，176～178，188，207

郭沫若　155

郭文硅　172

郭燮贤　142，153，155，188

郭永泗　176，184，204

H

哈　雷　242

海森堡　240

韩秀文　159

赫兹堡（G. Herzberg）　89，90，190

洪　琪　61，69，70，73～75

洪祖培　172，173

呼愈之　54

胡标洋　8

胡成巨　5

胡大本　10

胡干华　8

胡光球　8

胡　国　8

胡伽罗　6，79，150，190，191

胡伽尼　84，112，150，190，232

胡　明　69

胡瑞云　8

胡树汉　8

胡文洲　10

胡远华　8

华国锋　55

华罗庚　86

黄洪铖　129

黄华表　30

黄美农　65

黄　珏　190

霍　金　240

霍士章　46

J

纪　涛　157，159，174，178，194，195

A.B.季莫列娃　80

伽利略　23，107

贾季征　79，80

贾卫民　187

江元生　168

姜炳南　111

姜增全　159

蒋介石　106

矫文策　229，230

金梅芳　225

K

卡约里　240

康世恩　55

柯庆芝　88

克莱因　240

L

赖达真　13，18

蓝秀芳　6

雷一东　243

黎　晶　35，38

黎仁韬　123，124

李长治　88

李东林　106

李范一　51

李富春　55，61，64

李　海　75，76

李来明　168

李　林　46，48

李仁俊　51

李四光　63，64

李　俨　240

李永忠　34，35

李远哲　190

李忠义　129，130，132

李宗仁　35

梁　娟　94，95，104，172

梁　丽　129

梁任宽（梁健） 32，34
梁漱溟 29
梁晓天 131
梁志明 24
列　宁 48
林　彪 118
林砺儒 29
林泽生 41，46
刘长乐 124，129，145
刘汉明 24
刘　徽 246
刘青山 46
刘三进 41，43
刘时平 106
刘仕兰 174
刘锡三 36
刘心荣 24
刘延年 225
刘云山 118，119
龙　云 66
楼南泉 106，109，111
卢嘉锡 141
卢佩章 160
禄厚本 159
吕　东 40
吕建洲 229
吕霄云 88

吕祖谦 11
罗丽娟 34
罗瑞卿 58
罗愈奇 16
罗在培 24
伦　敦 138

M

马　洪 48
马家骠 41~43，45，47
马君燕 230
马兆兰 160
麦克斯韦 24
缪希茄 164
闵一帆 61，69
莫少琴 33
莫西耶夫 56
莫自煜 34，35
穆木天 29

N

那维本 135，136
倪坚毅 186，195
牛　顿 23，67，68，242

O

区怀祖 34
区寿年 3
区振懦 24
欧几里得 245，246

欧阳予倩 29

欧阳政 164

P

潘家龙 41

彭德怀 77，78

彭佐熙 3

皮　克 61

平川修子 167

普朗克 89

Purcell 131

Q

钱三强 74

钱振超 184

曲敬秋 118

R

容　瑶 83

Rosenberg 184

瑞德尼 240

S

邵昌平 209，210

沈大中 13

沈光汉 3，13

沈景达 20

沈　括 244，245

沈梅芳 6，33，61，62，75~77，84，
　　　　169，237

石普恒 43

石兆棠 29

舒占永 208，210

司马迁 241

斯大林 52

宋贵亭 107

宋果男 88

宋化民 88，92

宋世琴 41

宋永哲 159，172，173，178

宋云彬 29

Steele 93

苏君夫 86，124

孙立人 23

T

谭丕模 29

谭启秀 3

谭汝灼 24

唐敖庆 92，169

唐　海 64~66，68，69

唐廷纲 28

唐毓荆 33

唐志敬 30，34，35

陶惠慧 41，43

陶孟和 91

陶愉生 91，95~98，102

陶渊明 240

陶　铸 69

腾　英　159

田　稔　64

童　铣　58

W

万邦和　79，83，104

汪士楷　29

王　斐　41，45，46

王国祯　159，165～167，170，195，197

王鹤寿　40

王弘立　74，87，142，173

王宏发　31，34

王　晶　179

王　坪　178，188

王绍辉　4

王实味　107

王守正　41，47

王西彦　29，30

王希明　249

王新三　50，52，53，57，58，60，61，69

王雪梅　88

王永福　129

王治中　92

E. B. 小威尔逊（E. B. Wilson Jr.）　89，190

K. L. 威尔逊　190

韦元良　34，35

魏富海　155

翁文波　56

翁文灏　56

Whiffen　93

吴启芳　18

吴　千　50

吴学周　168

吴征铠　168

X

希帕萨斯　247

奚祖威　95

冼宗源　18

肖正义　159

萧光琰　104，106，108～110

谢德璋　32

谢厚藩　29，30

辛传开　20，24

辛厚文　168

辛　勤　153，172

胥维昌　181

徐广泽　144，181

徐今强　51

徐敬东　51

徐琳瑟　34

徐寅初　29

徐荫晟　79，83，87

徐　冰　30

徐　岳　248，249

徐哲尧　74

许永廷　200，228，229

薛定谔　237

薛格洛夫　240

薛　松　226

Y

严世钢　88

阎沛霖　76

杨虎城　55

杨　辉　249，250，252，253

杨荣国　29

杨协和　41，43

杨振宁　191

杨振云　159

杨拯民　55

杨志勇　185

杨祖榍　27，30~34，36，37

姚世杰　162，163

尹静梅　220，227，228

游效曾　141

于中素　129

余建亭　50，56

Z

曾广赋　168

曾国瑞　11

张　潮　253

张存浩　106，111，155

张大煜　79，83，88，94，101，106

张俊杰　129

张　凯　129

张万宝　79，80

张闻天　77，78

张心平　88

张兆兰　123，143，144

张子善　46

章晓华　159，162

章元琦　74

赵心清　229

甄　鸾　249，251

郑太朴　68

郑学仿　216，217，220，227，230

钟秀珍　99

周成元　41，43

周传芳　60

周恩来　30

周同庆　93

周小楼　99

周永堃　35

朱　德　34

朱桂梅　88

朱镕基　49，50，57，62

朱　熹　240

邹承鲁　208

图书在版编目(CIP)数据

自由探索之追求：胡皆汉自述 / 胡皆汉著. —长沙：湖南教育出版社，2015.8
(20世纪中国科学口述史 / 樊洪业主编)
ISBN 978-7-5539-2570-7

Ⅰ. ①自… Ⅱ. ①胡… Ⅲ. ①胡皆汉—自传 Ⅳ. ①K826.11

中国版本图书馆 CIP 数据核字（2015）第 165034 号

书　　名	20世纪中国科学口述史	
	自由探索之追求——胡皆汉自述	
	Ziyou Tansuo Zhi Zhuiqiu	
作　　者	胡皆汉　著	
责任编辑	朱　微	
责任校对	鲍艳玲　曾朝晖	
出版发行	湖南教育出版社出版发行（长沙市韶山北路443号）	
网　　址	http://www.hneph.com	
电子邮箱	hnjycbs@sina.com	
客　　服	0731-85486979	
经　　销	湖南省新华书店	
印　　刷	湖南天闻新华印务有限公司	
开　　本	710×1000　16开	
印　　张	18	
字　　数	221 000	
版　　次	2015年8月第1版　2015年8月第1次印刷	
书　　号	ISBN 978-7-5539-2570-7	
定　　价	48.00元